KAI ZAHRTE

Finanzierung durch Cash Pooling im internationalen mehrstufigen Konzern nach dem MoMiG

D1665420

Abhandlungen zum Deutschen und Europäischen
Gesellschafts- und Kapitalmarktrecht

Herausgegeben von

Professor Dr. Holger Fleischer, LL.M., Hamburg
Professor Dr. Hanno Merkt, LL.M., Freiburg
Professor Dr. Gerald Spindler, Göttingen

Band 43

Finanzierung durch Cash Pooling im internationalen mehrstufigen Konzern nach dem MoMiG

Von

Kai Zahrte

Duncker & Humblot · Berlin

Die Juristische Fakultät der Georg-August-Universität Göttingen
hat diese Arbeit im Jahre 2010 als Dissertation angenommen.

Bibliografische Information der Deutschen Nationalbibliothek

Die Deutsche Nationalbibliothek verzeichnet diese Publikation in
der Deutschen Nationalbibliografie; detaillierte bibliografische Daten
sind im Internet über http://dnb.d-nb.de abrufbar.

© 2010 Duncker & Humblot GmbH, Berlin
Fremddatenübernahme: Fotosatz Klaus-Dieter Voigt, Berlin
Druck: Berliner Buchdruckerei Union GmbH, Berlin
Printed in Germany

ISSN 1614-7626
ISBN 978-3-428-13446-5 (Print)
ISBN 978-3-428-53446-3 (E-Book)
ISBN 978-3-428-83446-4 (Print & E-Book)

Gedruckt auf alterungsbeständigem (säurefreiem) Papier
entsprechend ISO 9706 ⊚

Internet: http://www.duncker-humblot.de

Meinen Eltern und Stefanie sowie
allen meinen Freunden

Vorwort

Diese Arbeit lag der Juristischen Fakultät der Georg-August-Universität Göttingen im Sommersemester 2010 als Dissertation vor. Die Literatur ist auf dem Stand vom Herbst 2010.

Mein Dank gilt zunächst den Herausgebern für die Aufnahme in diese Schriftenreihe, insbesondere meinem Doktorvater Dipl. oec. Prof. Dr. Gerald W. Spindler – nicht nur dafür, dass er mein Interesse an dem Thema geweckt hat, sondern auch für eine spannende und lehrreiche Zeit, die ich als Assistent an seinem Lehrstuhl erleben durfte. Für die zügige Erstellung des Zweitgutachtens danke ich Prof. Dr. Torsten Körber, LLM.

Die Gelegenheit zur Erprobung der Praxisrelevanz meiner Ergebnisse habe ich im Rahmen des Referendariats bei der Wirtschaftskanzlei Lampe Legal in Göttingen erhalten, wo ich Herrn RA Dr. André Kupfernagel bei einer Cash-Pooling-Beratung für einen weltweit agierenden Konzern assistieren durfte.

Weiterhin danke ich dem Kolleg Eberle-Butschkau-Stiftung um Bärbel Kaatz, welches mich während meines gesamten Studiums unterstützt und die Veröffentlichung dieser Arbeit mit einem großzügigen Druckkostenzuschuss ermöglicht hat.

Für liebevolle Umsorgung und stete Diskussionsbereitschaft danke ich meiner Freundin Stefanie Manig.

Zum Schluss, doch keineswegs zuletzt danke ich meiner Familie, die meine insgesamt 26-jährige Schul-, Ausbildungs- und Studienlaufbahn begleitet und immerfort unterstützt hat.

Göttingen, im September 2010   *Kai Zahrte*

Inhaltsverzeichnis

3. Teil

Zahlungsströme beim Cash Pooling als Gesellschafterdarlehen 185

5. Teil

Cash Pooling im internationalen Konzern   301

6. Teil

Zusammenfassung der Ergebnisse in Thesen   361

Abkürzungsverzeichnis

a. A.	andere Auffassung
aaO.	am angegebenen Ort
abgedr.	abgedruckt
ABl.	Amtsblatt
abl.	ablehnend
Abs.	Absatz
AcP	Archiv für die civilistische Praxis (Zeitschrift)
a. E.	am Ende
AEUV	Vertrag über die Arbeitsweise der Europäischen Union
a. F.	alte Fassung
AG	Aktiengesellschaft, Die Aktiengesellschaft (Zeitschrift)
ähnl.	ähnlich
AktG	Aktiengesetz
allgM	allgemeine Meinung
Alt.	Alternative
AnfG	Gesetz über die Anfechtung von Rechtshandlungen eines Schuldners außerhalb des Insolvenzverfahrens
Anh.	Anhang
Anm.	Anmerkung
AP	Arbeitsrechtliche Praxis (Zeitschrift)
ArbuR	Arbeit und Recht (Zeitschrift)
arg.	argumentum
Art., Artt.	Artikel
ARUG	Gesetz zur Umsetzung der Aktionärsrechterichtlinie
Aufl.	Auflage
Ausg.	Ausgabe
Az.	Aktenzeichen
BaFin	Bundesanstalt für Finanzdienstleistungsaufsicht
BAG	Bundesarbeitsgericht
BAGE	Entscheidungen des Bundesarbeitsgerichts
BAGR	BAG-Report
BayObLG	Bayerisches Oberstes Landesgericht
BayObLGZ	Entscheidung des Bayerischen Obersten Landesgerichts in Zivilsachen
BB	Der Betriebsberater (Zeitschrift)
BCLC	Butterworths Company Law Cases
Bd.	Band

BDI	Bundesverband der Deutschen Industrie
Begr.	Begründung/Begründer
Beschl.	Beschluss
BFH	Bundesfinanzhof
BFHE	Sammlung der Entscheidungen und Gutachten des Bundesfinanzhofs
BGB	Bürgerliches Gesetzbuch
BGBl	Bundesgesetzblatt
BGH	Bundesgerichtshof
BGHSt	Entscheidungen des Bundesgerichtshofs in Strafsachen
BGHZ	Entscheidungen des Bundesgerichtshofs in Zivilsachen
BIP	Bruttoinlandsprodukt
BKR	Zeitschrift für Bank- und Kapitalmarktrecht
BR-Drucks.	Bundesrats-Drucksache
BRZ	Zeitschrift für Bilanzierung und Rechnungswesen
bspw.	Beispielsweise
BT-Drucks.	Bundestags-Drucksache
Bull.civ.	Bulletin des arrêts de la Cour de cassation – chambres civiles
BVerfG	Bundesverfassungsgericht
BVerwG	Bundesverwaltungsgericht
BVerwGE	Entscheidungen des Bundesverwaltungsgerichts
BW	Burgerlijk Wetboek (Bürgerliches Gesetzbuch Niederlande)
bzw.	beziehungsweise
Cass.Com.	Cour de cassation – chambre commerciale
Cass.Crim.	Cour de cassation – chambre criminelle
CC	Code Civil
CEO	chief executive officer
C.F.R.	Code of Federal Regulations
CMS	Cash-Management-System
Cons. Const.	Conseil constitutionnel
DAV	Deutscher Anwaltverein
DB	Der Betrieb (Zeitschrift)
DCGK	Deutscher Corporate Governance Kodex
dens.	denselben
ders.	derselbe
d.h.	das heißt
diff.	differenzierend
Diss.	Dissertation
DJT	Deutscher Juristentag
DM	Deutsche Mark
DNotI	Deutsches Notarinstitut
DNotZ	Deutsche Notar-Zeitschrift
DStR	Deutsches Steuerrecht (Zeitschrift)

DStZ	Deutsche Steuer-Zeitung (Zeitschrift)
DZWiR	Deutsche Zeitschrift für Wirtschafts- und Insolvenzrecht
EAEG	Einlagensicherungs- und Anlegerentschädigungsgesetz
EBLR	European Business Law Review (Zeitschrift)
EBOR	European Business Organization Law Review (Zeitschrift)
ECFR	European Company and Financial Law Review (Zeitschrift)
ECLR	European Competetion Law Review (Zeitschrift)
EDJ	El Derecho-Editores, Jurisprudencia (Zeitschrift)
EDV	Elektronische Datenverarbeitung
EG	Europäische Gemeinschaften
EGBGB	Einführungsgesetz zum Bürgerlichen Gesetzbuche
EGInsO	Einführungsgesetz zur Insolvenzordnung
EGV	Vertrag zur Gründung der Europäischen Gemeinschaft
EHUG	Gesetz über elektronische Handelsregister und Genossenschafts-register sowie das Unternehmensregister
Einl.	Einleitung
EKEG	Eigenkapitalersatz-Gesetz
ESMA	European Securities and Markets Authority
EStG	Einkommenssteuergesetz
etc.	et cetera
EU	Europäische Union
EuG	Europäisches Gericht erster Instanz
EuGH	Europäischer Gerichtshof
EuGHE	Entscheidungen des Europäischen Gerichtshofs
EUInsVO	Europäische Insolvenzverordnung
EuZW	Europäische Zeitschrift für Wirtschaftsrecht (Zeitschrift)
EWG	Europäische Wirtschaftsgemeinschaft
EWiR	Entscheidungen zum Wirtschaftsrecht
EWWU	Europäische Wirtschafts- und Währungsunion
EZB	Europäische Zentralbank
f., ff.	folgende
FAZ	Frankfurter Allgemeine Zeitung
FB	Finanz-Betrieb (Zeitschrift)
FG	Freundesgabe/Finanzgericht
FMStG	Finanzmarktstabilisierungsgesetz
Fn	Fußnote
FR	Finanz-Rundschau (Zeitschrift)
FS	Festschrift
GbR	Gesellschaft bürgerlichen Rechts
Ges. v.	Gesetz vom
GesR	Gesellschaftsrecht
GesRZ	Zeitschrift für Gesellschaftsrecht (österreichisch)
GewArch	Gewerbearchiv (Zeitschrift)

GG	Grundgesetz (für die Bundesrepublik Deutschland)
g. h. M.	ganz herrschende Meinung
GmbH	Gesellschaft mit beschränkter Haftung
GmbHG	Gesetz betreffend die Gesellschaft mit beschränkter Haftung
GmbHG-E	Entwurf des GmbHG
GmbHR	GmbH-Rundschau (Zeitschrift)
GmbHStB	Der GmbH-Steuerberater (Zeitschrift)
GmbH-Stpr	GmbH-Steuerpraxis (Zeitschrift)
grds.	grundsätzlich
GroßKomm	Großkommentar
GWB	Gesetz gegen Wettbewerbsbeschränkungen
GWR	Gesellschafts- und Wirtschaftsrecht (Zeitschrift)
Habil.	Habilitationsschrift
Halbs.	Halbsatz
HFR	Humboldt Forum Recht
HGB	Handelsgesetzbuch
h. M.	herrschende Meinung
Hndb.	Handbuch
Hrsg.	Herausgeber
HrsgHs.	HerausgeberHalbsatz
IAS	International Accounting Standards
IBAN	International Bank Account Number
i. d. R.	in der Regel
i. E.	im Ergebnis
IFRS	International Financial Reporting Standards
i. H.	in Höhe
INF	Die Information für Steuerberater (Zeitschrift)
InsO	Insolvenzordnung
i. S. (d.)	im Sinne (des)
IT	Informationstechnologie
i. V. m.	in Verbindung mit
JA	Juristische Arbeitsblätter (Zeitschrift)
JbFSt	Jahrbuch der Fachanwälte für Steuerrecht
JR	Juristische Rundschau (Zeitschrift)
jur.	juristisch
JuS	Juristische Schulung (Zeitschrift)
JW	Juristische Wochenschrift (Zeitschrift)
JZ	Juristenzeitung (Zeitschrift)
KAGG	Gesetz über die Kapitalanlagegesellschaften
Kap.	Kapitel
KapAEG	Kapitalaufnahmeerleichterungsgesetz
KG	Kammergericht/Kommanditgesellschaft

KGaA	Kommanditgesellschaft auf Aktien
KO	Konkursordnung
KölnerKomm	Kölner Kommentar
KostO	Gesetz über die Kosten in Angelegenheiten der freiwilligen Gerichtsbarkeit
krit.	kritisch
KSI	Krisen-, Sanierungs- und Insolvenzberatung (Zeitschrift)
KStG	Körperschaftsteuergesetz
KWG	Kreditwesengesetz
LAG	Landesarbeitsgericht
LC	Ley Concursal
LG	Landgericht
liSp	linke Spalte
LM	Lindenmaier-Möhring (Zeitschrift)
m. Anm.	mit Anmerkung
m. Bespr.	mit Besprechung
MDR	Monatsschrift für Deutsches Recht (Zeitschrift)
Mio.	Millionen
MittBayNot	Mitteilungen des Bayerischen Notarvereins, der Notarkasse und der Landesnotarkammer Bayern (Zeitschrift)
MitbestG	Mitbestimmungsgesetz
MoMiG	Gesetz zur Modernisierung des GmbH Rechts und zur Bekämpfung von Missbräuchen
Mrd.	Milliarde(n)
MünchHdb.	Münchener Handbuch
MünchKomm	Münchener Kommentar
m.w. N.	mit weiteren Nachweisen
n. F.	neue Fassung
NJ	Nederlands Juristenblad (Zeitschrift)
NJW	Neue Juristische Wochenschrift (Zeitschrift)
NJW-RR	NJW-Rechtsprechungs-Report Zivilrecht (Zeitschrift)
no.	Number, numero
NotBZ	Zeitschrift für die notarielle Beratungs- und Beurkundungspraxis
Nr.	Nummer
n. rkr.	nicht rechtskräftig
NStZ	Neue Zeitschrift für Strafrecht
NWB	Neue Wirtschafts-Briefe
NZA	Neue Zeitschrift für Arbeitsrecht
NZG	Neue Zeitschrift für Gesellschaftsrecht
NZI	Neue Zeitschrift für das Recht der Insolvenz und Sanierung
OECD	Convention on the Organisation for Economic Co-operation and Development
o. g.	oben genannten

OHG	Offene Handelsgesellschaft
OLG	Oberlandesgericht
öOGH	österreichischer Oberster Gerichtshof
OWiG	Gesetz über Ordnungswidrigkeiten
p., pp.	page, pages
p. a.	per anno
plc	public limited company
RabelsZ	Zeitschrift für ausländisches und internationales Privatrecht, begründet von *Rabel*
RefE	Referentenentwurf
RegBegr	Regierungsbegründung
RegE	Regierungsentwurf
req.	requête
reSp	rechte Spalte
Rev.	Revue
Rev. Soc.	Revue des Sociétés (Zeitschrift)
RG	Reichsgericht
RGZ	Entscheidungen des Reichsgerichts in Zivilsachen
RIW	Recht der Internationalen Wirtschaft (Zeitschrift)
RJDA	Revue de jurisprudence de droit des affaires (Zeitschrift)
rkr.	rechtskräftig
RL	Richtlinie
Rn	Randnummer
s.	siehe
S.	Seite
SAP	Sentencia de la Audiencia Provoncial (Urteil des spanischen Provinzialgerichts)
SBeil.	Sonderbeilage
SE	Societas Europaea
SEC	Securities and Exchange Commission
Sec.	Section
Sen.	Senat
SeuffA	Seufferts Archiv für Entscheidungen der obersten Gerichte in deutschen Staaten
SE-VO	Verordnung über das Statut der Europäischen Aktiengesellschaft
Slg.	Sammlung
sog.	sogenannt
StbJb	Steuerberater-Jahrbuch
StGB	Strafgesetzbuch
stRspr	ständige Rechtsprechung
StuB	Steuern und Bilanzen (Zeitschrift)
StuW	Steuern und Wirtschaft (Zeitschrift)
SWIFT	Society for Worldwide Interbank Financial Telecommunication

Syst. Darst.	Systematische Darstellung
TransPuG	Transparenz- und Publizitätsgesetz
u.	und
UG	Unternehmergesellschaft
UMAG	Gesetz zur Unternehmensintegrität und zur Modernisierung des Anfechtungsrechts
UmwG	Umwandlungsgesetz
unstr.	Unstrittig
Urt.	Urteil
U.S.	United States
USA	Vereinigte Staaten von Amerika
usw.	und so weiter
u. U.	unter Umständen
v.	von, vom
Var.	Variante
Verf.	Verfasser(s)
VersR	Versicherungsrecht (Zeitschrift)
vert.	vertiefend
vgl.	vergleiche
VGR	Jahrestagung der Gesellschaftsrechtlichen Vereinigung
VuR	Versicherung und Recht (Zeitschrift)
WBl.	Wirtschaftsrechtliche Blätter (Zeitschrift)
WiB	Wirtschaftsrechtliche Beratung (Zeitschrift)
WiVerw	Wirtschaft und Verwaltung (Zeitschrift)
WM	Wertpapier-Mitteilungen (Zeitschrift)
WPg	Die Wirtschaftsprüfung (Zeitschrift)
WpHG	Gesetz über den Wertpapierhandel
WuB	Wirtschafts- und Bankrecht (Entscheidungssammlung)
WuM	Wohnungswirtschaft und Mietrecht (Zeitschrift)
WuW	Wirtschaft und Wettbewerb (Zeitschrift)
z. B.	zum Beispiel
ZBB	Zeitschrift für Bankrecht und Bankwirtschaft
ZfIR	Zeitschrift für Immobilienrecht
ZGR	Zeitschrift für Unternehmens- und Gesellschaftsrecht
ZHR	Zeitschrift für das gesamte Handels- und Wirtschaftsrecht
Ziff.	Ziffer
ZInsO	Zeitschrift für das gesamte Insolvenzrecht
ZIP	Zeitschrift für Wirtschaftsrecht und Insolvenzpraxis
ZPO	Zivilprozessordnung
z. T.	zum Teil
zust.	zustimmend
zutr.	zutreffend

Einleitung

Die Anfänge des Cash Pooling lassen sich im US-amerikanischen Wirtschaftsraum der frühen 1950er Jahre verorten.[1] Nur wenig später begannen auch deutsche Konzerne, Konzepte zur Liquiditätsbündelung zu entwickeln und umzusetzen,[2] dies schon frühzeitig auch unter Nutzung von EDV-Technologie.[3]

Trotzdem rückte das Konzernfinanzierungsrecht erst 1984 in den Fokus der gesellschaftsrechtlichen Diskussion.[4] Die rechtlichen Rahmenbedingungen des Cash Pooling in Deutschland waren dabei lange Zeit das Produkt einer sich stetig weiterentwickelt habenden Rechtsprechungspraxis. Sie gipfelte im berühmt gewordenen „Novemberurteil" des BGH,[5] welches von verschiedenen Autoren schon als der „Todesstoß für das Cash Pooling"[6] angesehen wurde. Gegen die dort entwickelte Rechtsprechung richten sich deswegen ausdrücklich Teile der im Rahmen von MoMiG[7] und ARUG[8] durchgeführten umfassenden Reformen des deutschen Kapitalgesellschaftsrechts. Hervorzuheben sind die Rückkehr zu einer bilanziellen Betrachtungsweise im Recht der Kapitalerhaltung und die Abschaffung des Eigenkapitalersatzrechts verbunden mit einer Neuregelung des Rechts der Gesellschafterdarlehen in der Insolvenzordnung. Zeitgleich vollzog auch der BGH eine dogmatische Kehrtwendung in seiner Rechtsprechung zum Existenz

---

[1] *Korts,* Cash Pooling, S. 4; *Hangebrauck,* Cash-Pooling-Systeme, S. 31.

[2] Vgl. *Krämer,* Die Finanzpolitik westdeutscher Konzerne (1961), passim.

[3] Vgl. *Calman,* Linear Programming and Cash Management (1968); *Ochynski,* Internationales Cash Management mit Lotus 1-2-3 auf dem IBM-PC (1986), beide passim.

[4] Als wegweisend ist hier das Referat von *U. H. Schneider,* ZGR 1984, 497–537 zu nennen.

[5] BGH, Urt. v. 24.11.2003 – II ZR 171/01 („Novemberurteil") = BGHZ 157, 72 = ZIP 2004, 263 = BB 2004, 293 = DB 2004, 371 = DStR 2004, 427 = WM 2004, 325 = GmbHR 2004, 302 = NJW 2004, 1111 = Der Konzern 2004, 196 = NZG 2004, 233 = MDR 2004, 341 = NZI 2004, 396 = HFR 2004, 699 = DNotZ 2004, 720 = DZWiR 2004, 513 = WuB II C § 30 GmbHG 1.05 = DStZ 2004, 172 = WPg 2004, 130 = VuR 2004, 108 = LM 2004, 68 = sj 2004, Nr. 5, 38 = GmbH-StB 2004, 105 = StUB 2004, 479 = GmbH-Stpr 2004, 253 = ZfIR 2004, 610 = DNotI-Report 2004, 62 = EWiR 2004, 911 = ZBB 2004, 152.

[6] *Autschbach,* Finance 2004, 49; *Schäfer,* GmbHR 2005, 133.

[7] Gesetz zur Modernisierung des GmbH-Rechts und zur Bekämpfung von Missbräuchen, BGBl. I Nr. 48, 2008, 2026 ff. in Kraft getreten am 01.11.2008.

[8] Gesetz zur Umsetzung der Aktionärsrechterichtline, BGBl. I Nr. 50, 2009, 2479 ff. in Kraft getreten am 01.08.2009.

vernichtenden Eingriff,[9] weswegen die Diskussion über Cash Pooling nicht zur Ruhe kommt. Die weitreichenden Veränderungen dieses rechtlichen Komplexes haben so auch in den letzten Jahren zu einer Fülle an monographischer Literatur geführt.[10] Innerhalb dieser werden stets dem Gläubigerschutz dienende Normen untersucht, oft jedoch ohne zuvor herauszuarbeiten, inwieweit die Gewährleistung dieses Gläubigerschutzes ökonomisch überhaupt geboten ist. Dies sollte jedoch sinnvoller Weise an den Anfang gestellt werden, denn es bildet die Grundlage für die Beantwortung der Frage, wie eine ausgewogene Risikoverteilung beim Cash Pooling gesetzlich erreicht werden kann.

Überraschender Weise blendet die überwiegende Mehrheit der Monographien zum Cash Pooling auch die speziellen Probleme grenzüberschreitender Konzerne aus. Eine mögliche Erklärung hierfür wäre, dass es nach dem Scheitern der Neunten Richtlinie[11] weiterhin kein einheitliches europäisches Konzernrecht gibt,[12] sodass eine unüberschaubare Fülle von einzelstaatlichen Rechtsquellen zu beachten wäre. Da Konzerne aber schon seit Langem nicht mehr rein national agieren, greifen auf Deutschland beschränkte Betrachtungen zu kurz, wenn man sich dem Phänomen Cash Pooling nähern möchte. Mit dem Europäischen Wirtschaftsraum existiert heute nämlich ein Markt, der auf Grund seiner Einheitswährung und der Niederlassungs-, Kapital- und Zahlungsverkehrsfreiheit (Artt. 49, 54, 63 AEUV) den Liquiditätsaustausch zwischen Konzerntöchtern in unterschiedlichen EWWU-Staaten und mit sehr unterschiedlichen Unternehmungsverfassungen attraktiv macht.[13] Dies gilt zunehmend auch für mittelständische Betriebe.[14] Moderne Kommunikationssysteme haben hier dazu beigetragen, dass Informationsasymmetrien zunehmend abgebaut werden[15] und die Preistransparenz steigt, was Entscheidungen über Auslandsbeteiligungen überschaubar werden lässt. Flankiert wird dieser Effekt durch die Möglichkeit, einerseits auch in Deutschland Kapitalgesellschaften mit ausländischem Unternehmensstatut betreiben und

---

[9] BGH, Urt. v. 16.07.2007 – II ZR 3/04 („TRIHOTEL") = BGHZ 173, 246 = DB 2007, 1802 = WM 2007, 1572 = ZIP 2007, 1552 = GmbHR 2007, 1586 = Der Konzern 2007, 607.

[10] Vgl. nur *Billek, Deckart; Diers, Faßbender; Hangebrauck; Makowski, Wirsch* jeweils mit unterschiedlicher Schwerpunktsetzung.

[11] Vorschlag für eine neunte Richtlinie auf der Grundlage von Artikel 54 Abs. 3 g) des EWG-Vertrages über die Verbindungen zwischen Unternehmen, insbesondere über Konzerne (Az. III/1639/84 der EG-Kommission), abgedruckt in: ZGR 1985, 444 ff.; dazu *Hommelhoff,* in: FS Fleck (1988), 125 ff.

[12] *Schall,* in: Spindler/Stilz, AktG Vor § 15 Rn. 4; *Hopt,* in: 75 Jahre Max-Planck-Institut für Privatrecht, 17, 18.

[13] *Wehlen,* in: Lutter/Scheffler/Schneider, Hdb. Konzernfinanzierung, Rn. 23.5; *Ammelung/Kaeser,* DStR 2003, 655 f.; *Morsch,* NZG 2003, 97; *Oho/Eberbach,* DB 2001, 825; *Waldens,* IStR 2003, 497; *Korts,* Cash Pooling, S. 4.

[14] *Ammelung/Kaeser,* DStR 2003, 655, 656; *Burgard,* VGR 2002, 45, 47.

[15] *Stein,* in: Lutter/Scheffler/Schneider, Hdb. Konzernfinanzierung, Rn. 34.22; *Burgard,* VGR 2002, 45, 47.

so unter Umständen deutsches (Richter-)recht umgehen zu können,[16] andererseits umgekehrt eine deutsche GmbH ins Ausland verlegen und sich so dem deutschen Insolvenzrecht teilweise entziehen zu können. Ließ sich noch vor wenigen Jahren behaupten, der Betrieb eines Cash Pools unter Einbeziehung fremdländischer Rechtssubjekte wäre im Hinblick auf die bereits nach deutschem Recht bestehenden Unsicherheiten nicht ratsam,[17] so kann diese Aussage inzwischen nicht ohne eine detaillierte Untersuchung stehen bleiben.

Wenn man sich also zu Beginn des dritten Jahrtausends umfassend mit den Grenzen des Cash Pooling auseinandersetzen will, so bilden die im Rahmen von MoMiG und ARUG gründlich diskutierten deutschen Kapitalerhaltungs- und Eigenkapitalersatzvorschriften lediglich einen Teilaspekt einer Betrachtung, die erst nach Hinzuziehung weiterer Normen des Delikts-, Insolvenz- und Europarechts vervollständigt wird. Das Ergebnis ist eine komplexe Matrix,[18] deren Dimensionen die Art der Konzernierung, die Richtung der konzerninternen Zahlungsströme, die Rechtsformen der beteiligten Gesellschaften und das jeweils anwendbare nationale Recht bilden.

Dazu ist es notwendig, zunächst die wichtigsten Begrifflichkeiten des Rechts der Konzernfinanzierung im Allgemeinen zu erläutern[19] sowie ökonomische[20] und rechtliche[21] Grundlagen des Cash Pooling im Speziellen darzustellen. Im zweiten und dritten Schritt werden die gesellschaftsrechtliche Vermögensbindung[22] sowie das grundlegend reformierte Recht der Gesellschafterdarlehen[23] betrachtet. Anschließend ist auf sonstige Haftungsinstrumente, insbesondere des Deliktsrechts, einzugehen.[24]

Das Ergebnis dieser Darstellung soll ein Grundschema des Cash-Pooling-Rechts sein, welches im finalen 5. Teil auf seine Übertragbarkeit auf Auslandsgesellschaften untersucht wird.[25] Zwar kann eine Arbeit dieses Umfangs unmöglich die Vor- und Nachteile einer jeden Gesellschaftsform des EWWU-Raums aufzeigen, jedoch können generelle Aussagen dazu getroffen werden, inwieweit deutsches Recht anwendbar ist und wie ausländisches Recht beschaffen sein muss, um im in Deutschland agierenden Konzern Berücksichtigung zu finden.

---

[16] Ausführlich dazu 5. Teil, A. I. 1. b).

[17] *Deckart,* Kapitalerhaltung als Grenze des Cash Pooling, S. 153; vgl. dagegen etwa *Eidenmüller,* ZIP 2002, 2233, 2237 zu den seines Erachtens relativ geringen Informationskosten auf dem europäischen Markt.

[18] *Spindler,* ZHR 171 (2007), 245, 246.

[19] Seite 31.

[20] Seite 52.

[21] Seite 80.

[22] Seite 86.

[23] Seite 185.

[24] Seite 271.

[25] Seite 301.

Die gesamte Untersuchung wird dabei von der Frage geleitet, welche Änderungen MoMiG, ARUG und die jüngere BGH-Rechtsprechung zum Existenz vernichtenden Eingriff in Bezug auf Cash Pooling gebracht haben und wie sich hierdurch in den letzten Jahren die ökonomische Position der Beteiligten, insbesondere der externen Gesellschaftsgläubiger verändert hat.

1. Teil

Grundlagen

A. Begriffsdefinitionen

Zunächst sollen die Begrifflichkeiten des Titels dieser Arbeit definiert werden, also die Terminologien „Konzern", „Finanzierung" und „Cash Pooling".

I. Konzern

Konzerne kommen in nahezu jedem Rechtskreis vor.[1] Trotzdem besteht das deutsche Konzernrecht, das sich seit den 1920er Jahren entwickelte,[2] weitgehend ohne ein internationales Pendant.[3] Entscheidend für den Konzern ist, dass es sich dabei zwar um eine wirtschaftliche Einheit[4] (vgl. auch § 19 Abs. 2 KWG) und damit sogar um ein *Unternehmen,*[5] nicht jedoch um eine einzelne juristische Person handelt. Der Konzern als solcher hat weder Organe noch Vermögen oder eigene Vertragsbeziehungen,[6] ist damit folglich auch (bislang) nicht insolvenzfähig,[7] und die Konzernunternehmen sind nicht als Gesellschafter des Gesamtkonzerns zu betrachten. Unter einem Konzern versteht man vielmehr gemäß § 18 AktG die Zusammenfassung von mindestens zwei rechtlich selbstständigen Unternehmen unter einheitlicher Leitung.[8] Diese Legaldefinition übernimmt auch

---

[1] *Hertig/Kanda,* in: Kraakman et al., Anatomy of Corporate Law, 71, 75 f.

[2] Dazu *Spindler,* in: Bayer/Habersack, Aktienrecht im Wandel, Bd. I 2007, 13. Kap. Rn. 146 ff.

[3] *Hertig/Kanda,* in: Kraakman et al., Anatomy of Corporate Law, 71, 75; innerhalb Europas hat nur Portugal eine ähnliche, dem deutschen Recht zum Teil nachgebildete Konzernrechtskodifikation, vgl. zu dieser *Lutter/Overrath,* ZGR 1991, 394; *Engrácia Antunes,* ECFR 2005, 323.

[4] *Lutter/Scheffler/Schneider,* Hdb. Konzernfinanzierung, Rn. 1.2; *E. Scheffler,* Konzernmanagement, S. 1; *Emmerich,* in: Emmerich/Habersack, § 18 AktG Rn. 5.

[5] *Lutter,* in: FS Stimpel (1985), 825, 828; *Lutter,* in: FS Volhard (1996), 105 ff.; *Bayer,* in: FS Lutter (2000), 1011, 1012.

[6] *Lutter/Scheffler/Schneider,* Hdb. Konzernfinanzierung, Rn. 1.28; *Bayer,* in: FS Lutter (2000), 1011, 1012.

[7] *Haas,* in: Gottwald, Insolvenzrechts-Hdb. § 95 Rn. 2 ff.; *Liebscher,* GmbH-Konzernrecht, Rn. 1027 ff.; *Rittscher,* Cash-Management-Systeme in der Insolvenz, S. 51; zu einem Konzerninsolvenzrecht de lege ferenda vgl. *Hirte,* ZIP 2008, 444.

[8] *Bayer,* in: MünchKomm AktG § 18 Rn. 1; *Koppensteiner,* in: Kölner Komm AktG § 18 Rn. 3; *Hüffer,* AktG § 18 Rn. 2; *Emmerich,* in: Emmerich/Habersack, § 18 AktG

die betriebswirtschaftliche Literatur.[9] Die hieraus sich ergebenden rechtspraktischen Probleme sind offensichtlich: Der Konzern ist *de facto* nicht zu erfassen, und selbst wenn dies gelänge, so gäbe es keine Haftungsmasse, weswegen regulierende Vorschriften bei einzelnen Konzernunternehmen abhängig von ihrer Stellung im Konzern anzusetzen gezwungen sind. Die für Einzelunternehmungen vorgesehenen Gesetze versagen hier jedoch bisweilen, da Minderheitengesellschafter und Kreditoren in einem Konzernunternehmen oftmals stärker gefährdet sind als sie es gegenüber einer Einzelunternehmung wären.[10] Dies resultiert schon aus teilweise unüberschaubaren Konzernstrukturen, sowie aus der verbreiteten (indes in der Regel falschen) Annahme, die Haftungsmasse des Gesamtkonzerns stünde als Sicherheit hinter der Verbindlichkeit einer jeden Konzerntochter.[11] Zu guter Letzt mag der Gläubiger eines Einzelunternehmens dessen Motive und Handlungen unter Umständen noch überblicken können. Sind aber die Handlungen des Unternehmens vom Konzerninteresse beeinflusst, so wird dies erschwert oder gar unmöglich gemacht, sodass auch der kundige Unternehmensgläubiger nicht mehr abschätzen kann, ob eine Maßnahme seines Debitoren die Vollwertigkeit seines Anspruchs derart gefährdet, dass Abwehrmaßnahmen hiergegen geboten wären. Folgend sollen deswegen der Konzernbegriff und typische Effekte der Konzernfinanzierung noch näher beleuchtet werden.

1. Konzernbegriff

Ein Konzern setzt gemäß § 18 AktG herrschende und abhängige Unternehmen (§ 17 AktG) unter einheitlicher Leitungsmacht voraus.

a) Unternehmen

Der mit § 15 AktG in das Aktiengesetz eingeführte Begriff des „Unternehmens" erfährt bewusst keine legale Definition,[12] um anpassungsfähig in Bezug auf neue Wirtschaftssubjekte zu bleiben. Aus diesem Grund weist auch bereits die Begründung des Regierungsentwurfs zum Aktiengesetz 1965 darauf hin, dass er rechtsformneutral zu verstehen ist.[13] Das ergibt sich auch aus dem Umkehr-

---

Rn. 1; *Lutter/Scheffler/Schneider,* Hdb. Konzernfinanzierung, Rn. 1.1; *Liebscher,* GmbH-Konzernrecht, Rn. 118; *Scheffler,* in: FS Goerdeler (1987), 471.

[9] *Hopfenbeck,* Managementlehre, S. 157 ff.; *Wöhe,* Betriebswirtschaftslehre, S. 266 ff.

[10] *Hertig/Kanda,* in: Kraakman et al., Anatomy of Corporate Law, 71, 74; *Emmerich,* in: Emmerich/Habersack, Einl. Rn. 1.

[11] *Hertig/Kanda,* in: Kraakman et al., Anatomy of Corporate Law, 71, 75.

[12] Vgl. dazu *Kropf,* AktG Begr. RegE zu § 15, S. 27.

[13] *Kropff,* AktG Begr. RegE zu § 15, S. 27; heute allgemeine Meinung, vgl. BGH, Urt. v. 13.10.1977 – II ZR 123/76 = BGHZ 69, 334, 338 = NJW 1978, 104; BGH, Urt. v. 29.03.1993 – II ZR 265/91 („TBB") = BGHZ 122, 123, 127 = NJW 1993, 1200 m. Anm. *Kübler* = EWiR 1993, 327 m. Anm. *Altmeppen*; BGH, Urt. v. 12.02.1996 – II

schluss zu § 19 Abs. 1 AktG, der ausdrücklich eine bestimmte Rechtsform fordert.[14] Insofern finden die entsprechenden Vorschriften des Aktiengesetzes auf alle anderen Rechtsformen und sogar Einzelkaufleute Anwendung, insbesondere auch auf die im Kontext dieser Arbeit interessierende GmbH und auf Auslandsgesellschaften.[15] Auf die rechtliche Selbstständigkeit kommt es dabei nicht an.[16] Diesem am Gesetzeszweck orientierten und daher auch als „teleologisch" bezeichneten[17] weiten Unternehmensbegriff folgt die vorliegende Arbeit. In jüngerer Literatur wird daneben ein organisationsrechtlicher Unternehmensbegriff vertreten.[18] Frühere Versuche, sich dem Begriff funktional[19] oder institutionell[20] anzunähern, konnten sich dagegen nicht durchsetzen.[21]

b) Herrschendes Unternehmen

Ein herrschendes Unternehmen ist jeder Gesellschafter des abhängigen Unternehmens, bei dem zu seiner Beteiligung wirtschaftliche Interessenbindungen außerhalb der Gesellschaft hinzukommen, die stark genug sind, die ernste Besorgnis zu erregen, er könne seinen Einfluss zur Verfolgung gesellschaftsfremder Ziele einsetzen.[22]

ZR 279/94 = NJW 1996, 1283 f. = DStR 1996, 839 f. m. Anm. *Goette*; BGH, Urt. v. 25.11.1996 – II ZR 352/95 = NJW 1997, 943 = LM AktG 1965 zu § 302 Nr. 10 (5/ 1997) m. Anm. *Noack*; BAG Beschl. v. 22.11.1995 – 7 ABR 9/95 = ArbuR 1996, 325 m. Anm. *Oetker*; BAG Beschl. v. 30.03.2004 – 1 ABR 61/01 = BAGE 110, 100, 115 = ZIP 2004, 1468, 1473; BAG Urt. v. 29.09.2004 – 5 AZR 528/03 = BAGE 112, 116, 173 = AG 2005, 533, 534 = NZG 2005, 512; OLG Köln, Urt. v. 23.08.1996 – 11 U 99/94 = AG 1997, 379, 380; OLG Hamburg, Urt. v. 08.08.2003 – 11 U 45/03 = NZG 2003, 978 = AG 2003, 698, 699; *Koppensteiner*, in: Kölner Komm AktG Vorb. § 15 Rn. 11; *Windbichler*, in: Großkomm AktG Vor § 15 Rn. 53; *Schall*, in: Spindler/Stilz, AktG § 15 Rn. 10; *Hüffer*, AktG § 15 Rn. 11; *Emmerich*, in: Emmerich/Habersack, § 15 AktG Rn. 11; *Liebscher*, GmbH-Konzernrecht, Rn. 54.

[14] Vgl. *Windbichler*, in: Großkomm AktG Vor § 15 Fn. 221.

[15] *Schall*, in: Spindler/Stilz, AktG § 15 Rn. 55; *Hüffer*, AktG § 15 Rn. 5; *Koppensteiner*, in: Kölner Komm AktG Vorb § 15 Rn. 114.

[16] *Windbichler*, in: Großkomm AktG § 15 Rn. 14; *Schall*, in: Spindler/Stilz, AktG § 15 Rn. 56.

[17] *Raiser/Veil*, Kapitalgesellschaften § 51 Rn. 2 m.w. N.

[18] *Mülbert*, in: MünchKomm HGB KonzernR Rn. 30 ff.; *Mülbert*, ZHR 163 (1999), 1 ff.; ähnl. *K. Schmidt*, in: FS Koppensteiner (2001), 191 ff.

[19] Anknüpfend an die Ausübung unternehmerischer Planungs- und Entscheidungsgewalt, vgl. *Kropff*, BB 1965, 1281, 1285.

[20] Anknüpfend an den Kaufmannsbegriff des HGB, vgl. *Miegel*, Der Unternehmensbegriff des AktG 1965 (1970), S. 113 ff.

[21] Dazu *Emmerich*, in: Emmerich/Habersack, § 15 Rn. 8; *Schall*, in: Spindler/Stilz, AktG § 15 Rn. 11, beide m.w. N.

[22] BGH, Urt. v. 13.10.1977 – II ZR 123/76 = BGHZ 69, 334, 337 = NJW 1978, 104; BGH, Beschl. v. 08.05.1976 – KVR 1/78 = BGHZ 74, 359, 365 = NJW 1979, 2401; BGH, Urt. v. 29.09.1982 – I ZR 88/80 = BGHZ 85, 84, 90 f. = NJW 1983, 569; BGH, Urt. v. 16.09.1985 – II ZR 275/84 = BGHZ 95, 330, 337 = NJW 1986, 188, 189; BGH,

c) Abhängiges Unternehmen

§ 17 AktG spricht zudem von abhängigen Unternehmen. Gemeint ist ein zwar rechtlich selbstständiges Unternehmen, das sich jedoch aus seiner Perspektive in der Lage befindet, dass ein anderes Unternehmen herrschenden Einfluss ausüben kann.[23] Hierfür kommt es nicht darauf an, ob dieser Einfluss auch ausgeübt wird. Entscheidend ist allein die faktische Möglichkeit der Einflussnahme.[24] Unternehmensorganisationsverträge in Gestalt von Beherrschungsverträgen (§§ 291 Abs. 1 S. 1 1. Fall AktG)[25] sowie faktische Abhängigkeit durch (Mehrheits-)Anteilsbesitz.[26]

d) Einheitliche Leitungsmacht

Soweit der Gesellschaftsvertrag der Konzernobergesellschaft nichts Gegenteiliges regelt, sind die Mitglieder ihrer Geschäftsführung oder ihres Vorstandes zur Konzernleitung nicht nur berechtigt, sondern auch verpflichtet.[27] Der Begriff der einheitlichen Leitungsmacht hat bei der Schaffung des Aktiengesetzes allerdings ganz bewusst keine Legaldefinition erfahren, um eventuellen zukünftigen Gestaltungsmöglichkeiten gerecht zu bleiben.[28]

Auch wenn die einheitliche Leitung in den Fällen des § 18 Abs. 1 S. 2 und 3 AktG zu vermuten ist, scheint an dieser Stelle eine genauere Betrachtung geboten. Stellt man sich den Betriebsablauf als eine Matrix vor, die einerseits durch die Stadien unternehmerischer Zielverwirklichung – Planung, Durchführung und Kontrolle[29] – andererseits durch die unterschiedlichen Ressorts der Unterneh-

---

Urt. v. 23.09.1991 – II ZR 135/90 = BGHZ 115, 186, 190 = NJW 1991, 3142; BGH, Beschl. v. 17.03.1997 – II Z.B. 3/96 = BGHZ 135, 107, 113 = NJW 1997, 1855; BGH, Urt. v. 21.06.2001 – II ZR 212/99 = BGHZ 148, 123, 125 = NJW 2001, 2973; *Bayer,* in: MünchKomm AktG § 15 Rn. 13; *Koppensteiner,* in: Kölner Komm AktG § 15 Rn. 9 ff.; *Windbichler,* in: Großkomm AktG § 15 Rn. 11; *Schall,* in: Spindler/Stilz, AktG § 15 Rn. 13; *Liebscher,* GmbH-Konzernrecht, Rn. 56.

[23] *Bayer,* in: MünchKomm AktG § 17 Rn. 14 u. 25 ff.; *Windbichler,* in: GroßKomm AktG § 17 Rn. 9 ff.; *Hüffer,* AktG § 17 Rn. 4; *Emmerich,* in: Emmerich/Habersack, § 17 Rn. 5; *Krieger,* in: MünchHdb AG § 68 Rn. 37 ff.

[24] *Emmerich,* in: Emmerich/Habersack, § 17 Rn. 5; *Hüffer,* AktG § 17 Rn. 4.

[25] Dazu BGH, Urt. v. 04.03.1974 – II ZR 89/72 = BGHZ 62, 193, 196 = NJW 1974, 855 = WM 1974, 319; *Emmerich,* in: Emmerich/Habersack, Einl. Rn. 4 f.; *Hüffer,* AktG § 17 Rn. 12; vgl. auch Ausführungen unter 2. Teil, F. und 3. Teil, B. I. 5. d) aa) (1) (c) (aa).

[26] *Hüffer,* AktG § 17 Rn. 8; *Emmerich,* in: Emmerich/Habersack, § 17 Rn. 6; ausf. unten 2. Teil, A. und 3. Teil, B. I. 5. d) aa).

[27] *Scheffler,* in: FS Goerdeler (1987), 471; ausführlich auch *Hommelhoff,* Die Konzernleitungspflicht, passim.

[28] *Kropff,* AktG Begr. RegE zu § 18, S. 33.

[29] Vgl. aus der juristischen Literatur: *Koppensteiner,* in: Kölner Komm AktG § 18 Rn. 23; *Wehlen,* in: Lutter/Scheffler/Schneider, Hdb. Konzernfinanzierung,

mensleitung – z. B. Finanzen, Organisation, Personal – definiert ist, so ist ersichtlich, dass die nähere Eingrenzung des Begriffes einer einheitlichen Leitungsmacht sich auf beide Dimensionen zu beziehen hat. Relativ einfach ist hier die zeitliche Dimension: Während die Durchführung auch dem einzelnen abhängigen Unternehmen überlassen werden kann, ist von einheitlicher Leitungsmacht nur dann zu sprechen, wenn die voneinander abhängigen Stadien der Planung und der Kontrolle zentralisiert sind.[30] Umstrittener ist die zweite, Ressort bezogene Dimension. Der Regierungsentwurf des AktG 1965 führt dazu aus, es sei hinreichend, wenn die Konzernleitung „die Geschäftspolitik der Konzerngesellschaften und sonstige grundsätzliche Fragen ihrer Geschäftspolitik aufeinander" abstimme.[31] In Ermangelung einer verbindlichen Definition von „Geschäftspolitik" und „grundsätzlichen Fragen" haben sich in der Praxis zwei unterschiedliche Konzernbegriffe gebildet:

aa) Enger Konzernbegriff

Der enge Konzernbegriff resultiert aus einer wirtschaftswissenschaftlichen Betrachtungsweise.[32] Hiernach liegt ein Konzern dann vor, wenn die Konzernspitze für alle zentralen unternehmerischen Bereiche eine einheitliche Planung aufstellt und deren Umsetzung durchsetzt. Daher wird zumindest eine einheitliche konzernweite Finanzplanung gefordert.[33]

bb) Weiter Konzernbegriff

Die Rechtsprechung tendiert zu einem weiten Verständnis des Konzernbegriffs,[34] der anstelle der Finanzplanung auch eine einheitliche Planung anderer relevanter Ressorts wie Produktion, Absatz, Personal- oder Betriebsorganisation für ausreichend erachtet.[35]

Rn. 23.15 ff.; aus der betriebswirtschaftlichen Literatur: *Albach,* NB 1966, 30, 33 f.; *Wöhe,* Betriebswirtschaftslehre, S. 52 ff.

[30] *Koppensteiner,* in: Kölner Komm AktG § 18 Rn. 23; *Theisen,* AG 1991, 262, 263 ff.; *a. A. Albach,* NB 1966, 30, 33 f., der es für ausreichend erachtet, wenn sich die Konzernspitze die Leitung eines dieser Leitungsbereiche vorbehält.

[31] *Kropff,* AktG Begr. RegE zu § 18, S. 33.

[32] *Windbichler,* in: GroßKomm AktG § 18 Rn. 19 ff. m. w. N.

[33] *Hüffer,* AktG § 18 Rn. 10 f.; *Becker,* DStR 1998, 1528; *Scheffler,* in: FS Goerdeler (1987), 471, 473 f.

[34] BAG Beschl. v. 16.08.1995 – 7 ABR 57/94 = AG 1996, 367 f. = EWiR 1996, 151 m. Anm. *Oetker* = WiB 1996, 352 m. Anm. *Seitz*; OLG Düsseldorf, Beschl. v. 30.01. 1979 – 19 W 17/78 = WM 1979, 956; BayObLG Beschl. v. 24.03.1998 – 3Z BR 236/ 96 = AG 1998, 523, 524 = DZWiR 1998, 289 m. Anm. *Notthoff.*

[35] Dem zustimmend auch *Bayer,* in: MünchKomm AktG § 18 Rn. 33; *Emmerich,* in: Emmerich/Habersack, § 18 Rn. 14a; *Schall,* in: Spindler/Stilz, AktG § 18 Rn. 14; *Keck,* Nationale und internationale Gleichordnungskonzerne, S. 41 ff.

cc) Konzernbegriff dieser Arbeit

Um den Besonderheiten des Konzerns umfassend gerecht werden zu können, verdient der weite Konzernbegriff den Vorzug. Für die vorliegende Arbeit hätte allerdings auch der enge Konzernbegriff an keiner Stelle zu anderen Ergebnissen geführt, da offensichtlich ist, dass innerhalb von Unternehmensgruppen, die ein Cash-Pooling-System vorhalten, regelmäßig eine konzernweite Finanzplanung gegeben ist. Diese stellt gerade die Grundlage für die mit dem Cash Pooling erhofften Vorteile dar.[36] Zwar ist nicht ausgeschlossen, dass sich auch voneinander unabhängige Unternehmen vertraglich zur Bildung eines Cash Pools einigen könnten, jedoch wird das schon deswegen nicht der Regelfall sein, weil diejenigen Unternehmen mit überschüssiger Liquidität zumeist kein Interesse daran haben, diese Mittel fremden Unternehmen, mit denen sie u. U. gar im Wettbewerb stehen, zu Konditionen zur Verfügung zu stellen, die dem internen Liquiditätsaustausch vergleichbar sind.[37] Deswegen kann bei Vorliegen einer Cash-Pooling-Vereinbarung die Konzerneigenschaft der Unternehmensgruppe unterstellt werden.[38]

2. Konzernkonflikt

Die Konzernierung von Unternehmen birgt die Gefahr so genannter „Konzernkonflikte", die daraus resultieren, dass die Interessen der einzelnen Konzerngesellschaften und ihrer Gesellschafter in der heutigen Realität nicht mehr wie im Idealbild der präbörsianischen Zeit konform gehen.[39] Es ist somit Aufgabe von Gesetzen, dafür Sorge zu tragen, dass einzelne mächtige Gesellschafter ihren Einfluss auf Tochtergesellschaften nicht zu deren Nachteil missbrauchen, um ihre eigenen Partikularinteressen zu verfolgen.[40] Zum Schutz von Minderheitengesell-

---

[36] Dazu ausführlich unten 1. Teil, B., I. u. II.; vgl. auch BGH, Urt. v. 20.02.1989 – II ZR 167/88 = BGHZ 107, 7, 20 = NJW 1989, 1800 = ZGR 1991, 144 m. Anm. *Stimpel* = EWiR 1989, 431 m. Anm. *Fleck*; BGH, Urt. v. 23.09.1991 – II ZR 135/90 = BGHZ 115, 187, 191 = NJW 1991, 3142 = AG 1991, 429 m. Anm. *Mertens*; OLG Stuttgart, Beschl. v. 03.05.1989 – 8 W 38/89 = AG 1990, 168, 169 = DB 1989, 1128, 1129; LG Oldenburg, ZIP 1992, 1632, 1636; *Emmerich*, in: Emmerich/Habersack, § 18 Rn. 10; *Koppensteiner*, in: Rowedder/Schmidt-Leithoff, GmbHG § 52 Anh. Rn. 18.

[37] Dazu *Engert*, BB 2005, 1951, 1956.

[38] So auch *Makowski*, Cash Management in Unternehmensgruppen, S. 63.

[39] Vgl. bereits *Kropff*, AusschußB zu §§ 20, 21 AktG, S. 42; s. auch *Schall*, in: Spindler/Stilz, AktG Vor § 15 Rn. 28; *Vetter*, in: K. Schmidt/Lutter, § 15 AktG Rn. 34; *Wicke*, GmbHG Anh. 13 Rn. 9; *Drygala*, in: Oppenländer/Trölitzsch, § 40 Rn. 11.

[40] BGH, Urt. v. 23.09.1991 – II ZR 135/90 = BGHZ 115, 187, 190 = NJW 1991, 3142 = AG 1991, 429 m. Anm. *Mertens*; BGH, Urt. v. 29.03.1993 – II ZR 265/91 („TBB") = BGHZ 122, 123, 126 = NJW 1993, 1200 = WuB II C § 13 GmbHG 1.95 m. Anm. *Bayer* = WM 1993, 687 m. Bespr. *U. H. Schneider*, S. 782 = JuS 1993, 695 m. Bespr. *Emmerich* = JZ 1993, 575 m. Anm. *Lutter; Altmeppen*, in: Roth/Altmeppen,

schaftern und Gesellschaftsgläubigern setzt an dieser Stelle das Konzernrecht an, indem es unterschiedliche Konzernierungsformen einem spezifischen Normensystem unterstellt.

3. Konzernarten

Konzerne lassen sich anhand zweier Hauptkriterien untergliedern, namentlich – wie es § 18 AktG bereits vorsieht – hinsichtlich ihres Verhältnisses zueinander (Unter-/Gleichordnungskonzerne) und in Bezug auf die rechtliche förmliche Ausgestaltung (faktische Konzerne/Vertragskonzerne). Während die erstgenannte Unterscheidung eine untergeordnete Rolle spielen wird, da Gleichordnungskonzerne in der Praxis eher selten anzutreffen sind, ist die Unterscheidung zwischen faktischen und Vertragskonzernen für eine präzise Untersuchung der mit Cash Pooling verbundenen Rechtsprobleme unerlässlich.

a) Unterordnungskonzern, § 18 Abs. 1 S. 1 AktG

Beim Unterordnungskonzern (§ 18 Abs. 1 S. 1 AktG) liegt eine Abhängigkeitsbeziehung vor.[41] Zwar verbleibt den geschäftsführenden Organen der einzelnen Konzerntöchter meist ein Ermessensspielraum für ihr Handeln zum Wohle der Gesellschaft, jedoch wird dieser begrenzt durch den Einfluss der Konzernleitung, dem ansonsten Folge zu leisten ist.[42] Der Unterordnungskonzern ist der ganz überwiegende Regelfall, da der Hauptzweck einer Konzernierung – neben steuerlichen und bilanzrechtlichen Vorteilen – regelmäßig darin liegt, über andere Unternehmen herrschen zu können und aus dem gelenkten abgestimmten Verhalten wirtschaftliche Vorteile zu erzielen. Auch die noch zu behandelnden Cash-Management-Systeme lassen sich am ehesten in Konzernstrukturen durchsetzen, bei denen eine einheitliche Leitung durch ein Unternehmen an der Spitze erfolgt.[43]

b) Gleichordnungskonzern, § 18 Abs. 2 AktG

Im Gleichordnungskonzern (§ 18 Abs. 2 AktG) wird dagegen ein gemeinsamer Wille aller am Konzern beteiligten Unternehmen gebildet, welcher wiederum

---

GmbHG, Anh. § 13 (Konzernrecht) Rn. 2; *Zöllner,* in: Baumbach/Hueck, GmbHG, Anh. Konzernrecht, Rn. 1; *Bayer,* in: MünchKomm AktG § 15 Rn. 7; *Koppensteiner,* in: Kölner Komm AktG § 15 Rn. 10 f.; *Habersack,* in: Emmerich/Habersack, Einl. Rn. 1; *Schall,* in: Spindler/Stilz, AktG Vor § 15 Rn. 26; *Windbichler,* in: Großkomm AktG Vor § 15 Rn. 11; *Vetter,* in: K. Schmidt/Lutter, § 15 AktG Rn. 34.

[41] *Emmerich,* in: Emmerich/Habersack, § 18 Rn. 1; *Wöhe,* Betriebswirtschaftslehre, S. 267 f.

[42] *Lutter/Scheffler/Schneider,* Hdb. Konzernfinanzierung, Rn. 1.34.

[43] *Becker,* DStR 1998, 1528.

durch das individuelle Interesse jedes dieser Unternehmen begrenzt wird.[44] Bislang führt der Gleichordnungskonzern im deutschen Rechtskreis jedoch ein Schattendasein.[45] Daher sollen Gleichordnungskonzerne in der vorliegenden Arbeit nur insoweit behandelt werden, wie sich aus ihrer speziellen Struktur Besonderheiten für das Cash Pooling ergeben.[46]

c) Faktischer Konzern

Unter einem faktischen Konzern wird das rein tatsächliche Phänomen verstanden, dass Unternehmen auf Grund ihrer Gesellschafterstruktur von anderen Unternehmen abhängig sind, ohne diese Abhängigkeit aus einem Beherrschungsvertrag abzuleiten.[47] Dies geschieht dergestalt, dass Mehrheitsgesellschafter faktisch in der Lage sind, den Vorstand und Aufsichtsrat des im faktischen Konzern abhängigen Unternehmens zu bestimmen.[48]

d) Qualifizierter faktischer Konzern

Ist ein Grad der Abhängigkeit erreicht, der das Tochterunternehmen wie eine unselbstständige Abteilung der Konzernmutter erscheinen lässt, sodass sich auch Schadenszufügungen nicht mehr isolieren lassen, wurde früher vom „qualifizierten faktischen Konzern"[49] gesprochen.[50] Die Folge eines solchen qualifizierten faktischen Konzerns war abhängig von der Rechtsform der Untergesellschaft. Nach herrschender Meinung war er bei einer abhängigen AG unzulässig,[51] da

---

[44] *Lutter/Scheffler/Schneider*, Hdb. Konzernfinanzierung, Rn. 1.36; *Wöhe*, Betriebswirtschaftslehre, S. 268.

[45] So auch *Bayer*, in: MünchKomm AktG § 18 Rn. 49; *Koppensteiner*, in: Kölner Komm § 18 Rn. 11; *Krieger*, in: MünchHdb AG § 68 Rn. 77; *Lutter/Drygala*, ZGR 1995, 557; *Wöhe*, Betriebswirtschaftslehre, S. 268; zukünftig könnte die Bedeutung der Gleichordnungskonzerne dadurch steigen, dass auf europäischer Ebene infolge der Finanzkrise darüber diskutiert wird, Großbanken eine rechtliche Aufspaltung und Ausgliederung ihrer Geschäftsfelder vorzuschreiben, um eine Haftung von Spareinlagen für eventuelle Spekulationsverluste vorzubeugen. Einige Banken verfahren bereits freiwillig nach einem solchen Modell, vgl. Handelsblatt v. 21.01.2010, S. 39.

[46] So unten 3. Teil, B. I. 5. d) bb) (1).

[47] Möglicherweise ist die faktische Abhängigkeit aber Ergebnis eines sonstigen Unternehmensvertrags nach §§ 291 oder 292 AktG, vgl. *Emmerich*, in: Emmerich/Habersack, § 18 AktG Rn. 3.

[48] *Bayer*, in: MünchKomm AktG § 18 Rn. 8 f.; *Emmerich*, in: Emmerich/Habersack, § 18 AktG Rn. 3.

[49] Diese Terminologie wurde eingeführt durch den Arbeitskreis GmbH-Reform 1972, vgl. dort: Thesen zur GmbH-Reform, Bd. II, S. 49 ff.

[50] *Bayer*, in: MünchKomm AktG § 18 Rn. 11; *Hüffer*, AktG § 18 Rn. 4; *K. Schmidt*, GesR § 31 IV 4; *Lutter/Timm*, NJW 1982, 409, 412.

[51] *Bayer*, in: MünchKomm AktG § 18 Rn. 14; *Kort*, in: Großkomm AktG § 76 Rn. 150; *Spindler*, in: MünchKomm AktG § 76 Rn. 47; *Fleischer*, in: Spindler/Stilz, AktG § 76 Rn. 89; *Hüffer*, AktG § 76 Rn. 19.

das sich Weisungen unterwerfende Vorstandsmitglied regelmäßig gegen § 76 AktG verstieß,[52] auch wenn es offensichtlich – und rechtlich nicht zu beanstanden – ist, dass die faktische Personalentscheidungsgewalt beim herrschenden Unternehmen lag.[53] Die Folge eines Verstoßes war die analoge Anwendbarkeit des Verlustausgleichsanspruchs aus § 302 Abs. 1 AktG.[54]

Dies sollte in Bezug auf eine GmbH nur eingeschränkt gelten, denn das GmbH-Recht sieht ein Weisungsrecht der Gesellschafter gegenüber dem Geschäftsführer ausdrücklich vor (*arg. a.* §§ 37 Abs. 1, 45, 46, 49 Abs. 2 und 3 GmbHG).[55] Eine Unzulässigkeit konnte hier nach dem TBB-Urteil des BGH[56] nur dann gegeben sein, wenn der Gesellschaftereinfluss „objektiv missbräuchlich" und ohne Rücksichtnahme „auf die eigenen Belange der abhängigen GmbH" erfolgte.

In der Einführung der Rechtsfigur des „Existenz vernichtenden Eingriffs"[57] kann insofern eine Aufgabe der Rechtsprechung zum qualifizierten faktischen Konzern zumindest im GmbH-Recht gesehen werden.[58] Hierfür spricht insbesondere, dass weitere höchstrichterliche Rechtsprechung zum qualifizierten faktischen Konzern seitdem ausgeblieben ist, wohingegen das Recht des Existenz vernichtenden Eingriffs stetig ausdifferenziert und im Rahmen des TRIHOTEL-Urteils[59] auf eine neue dogmatische Grundlage gestellt wurde. Trotzdem wird in der Literatur teilweise noch bestritten, dass diese Aufgabe auch für die AG gilt.[60]

---

[52] KG Beschl. v. 03.12.2002 – 1 W 363/02 = ZIP 2003, 1042, 1049.

[53] *Bayer,* in: FS Lutter (2000), 1011, 1013.

[54] *Habersack,* in: Emmerich/Habersack, Anh § 318 Rn. 3.

[55] *Bayer,* in: FS Lutter (2000), 1011, 1013.

[56] BGH, Urt. v. 29.03.1993 – II ZR 265/91 („TBB") = BGHZ 122, 123, 130 = BB 1993, 1103, 1104 m. Anm. *Bauder* = WuB II C § 13 GmbHG 1.93 m. Bespr. *U. H. Schneider* = WUB II C § 303 AktG 2.93 = AP Nr. 2 zu § 303 AktG = LM AktG 1965 § 302 Nr. 6 m. Anm. *Heidenhain*; bestätigt, in: BGH, Urt. v. 19.09.1994 – II ZR 237/93 = ZIP 1994, 1690, 1692 m. Bespr. *K. Schmidt,* S. 1741 ff. = LM AktG 1965 § 302 Nr. 8 m. Anm. *Heidenhain* = EWiR 1995, 15 m. Anm. *H. P. Westermann*; anders noch BGH, Urt. v. 23.09.1991 – II ZR 135/90 = BGHZ 115, 187 = AG 1991, 429 m. Anm. *Mertens* = WuB II C § 13 GmbHG 1.92 m. Anm. *Hirte*.

[57] Dazu unten 4. Teil, A. II.

[58] *Hüffer,* AktG § 1 Rn. 23.

[59] BGH, Urt. v. 16.07.2007 – II ZR 3/04 („TRIHOTEL") = BGHZ 173, 246 = DB 2007, 1802 = WM 2007, 1572 = ZIP 2007, 1552 = GmbHR 2007, 1586 = Der Konzern 2007, 607; ausführlich dazu unten 4. Teil, A.

[60] Dagegen *Bayer,* in: MünchKomm AktG § 18 Rn. 14; wohl auch *Schall,* in: Spindler/Stilz, AktG § 18 Rn. 4; *Schürnbrand,* ZHR 2005, 35, 58; *Wiedemann,* ZGR 2003, 283, 296; dafür *Heider,* in: MünchKomm AktG § 1 Rn. 68; *Koppensteiner,* in: Kölner Komm AktG Anh § 318 Rn. 63 ff. und Rn. 72 ff.; *Hüffer,* AktG § 1 Rn. 25 f.; *Hüffer,* AktG § 302 Rn. 9; *Hüffer,* AG 2004, 416, 417; *Spindler,* in: Bamberger/Roth, § 826 Rn. 57; tendenziell auch OLG Stuttgart, 20. Zivilsenat, Urt. v. 30.05.2007 – 20 U 12/06 = ZIP 2007, 1210 = AG 2007, 633.

Das OLG Stuttgart hat es in zwei in jüngerer Zeit ergangenen Parallelentscheidungen vorgezogen, keine klare Stellung zu beziehen:[61]

> „Ob die Rechtsfigur des qualifizierten faktischen Konzerns, die der Bundesgerichtshof im GmbH-Recht zugunsten des existenzvernichtenden Eingriffs aufgegeben hat, angesichts der gesetzlich vorgesehenen Schutzmechanismen im Aktienrecht anzuerkennen ist, ist zweifelhaft, kann aber offen bleiben."

Da eine Fortexistenz des qualifizierten faktischen AG-Konzerns zumindest nicht ausgeschlossen werden kann, soll er an entsprechender Stelle in dieser Arbeit eine kurze Betrachtung erfahren.[62]

e) Vertragskonzern

Beim Vertragskonzern wird der Einfluss des beherrschenden Unternehmens durch Beherrschungsvertrag (§ 291 Abs. 1 S. 1 AktG) oder Eingliederung (§§ 319, 320 AktG) dahingehend ausgeweitet, dass es gemäß § 308 AktG der Tochter Weisungen erteilen kann.[63] Die Konzernleitung kann auf diese Weise auch gegen den Willen der Geschäftsführung ihrer Tochterunternehmen Maßnahmen zu deren Nachteil durchführen. Der Ermessensspielraum der Tochter-Geschäftsführung beschränkt sich somit auf Bereiche, für die keine Weisungen erteilt wurden.[64] Diese erhebliche Ausweitung der Befugnisse der Obergesellschaft ist nur gerechtfertigt, wenn Konzern externe Dritte vor den negativen Auswirkungen nachteiliger Weisungen geschützt werden. Das wird durch die Verlustübernahmepflicht des § 302 AktG[65] sowie durch flankierende Gläubiger schützende Bestimmungen in § 303 AktG gewährleistet.[66] Nicht selten wird auch in Konzernen, die Cash Pooling betreiben, die einheitliche Leitung durch die Konzernmutter vertraglich manifestiert,[67] sodass die Sonderregelungen Beachtung finden müssen.[68]

---

[61] OLG Stuttgart, Urt. v. 30.05.2007 – 20 U 12/06 = ZIP 2007, 1210 = AG 2007, 633; OLG Stuttgart, Urt. v. 30.05.2007 – 20 U 13/06.

[62] Unten 2. Teil, D. IV.

[63] *Makowski*, Cash Management in Unternehmensgruppen, S. 8.

[64] *Lutter/Scheffler/Schneider*, Hdb. Konzernfinanzierung, Rn. 1.35; *Makowski*, Cash Management in Unternehmensgruppen, S. 14.

[65] Ausführlich dazu unten 2. Teil, F. I. 1.

[66] *Kropff*, AktG Begr. RegE zu § 18, S. 393; vertiefend auch *Altmeppen*, in: Münch-Komm AktG § 302 Rn. 39 ff.; *Koppensteiner*, in: Kölner Komm AktG, Vor § 300 Rn. 6; *Hüffer*, AktG § 303 Rn. 1.

[67] *Becker*, DStR 1998, 1528.

[68] Ausführlich dazu unten 2. Teil, F.

II. Finanzierung

Unter dem Begriff der „Finanzierung", worunter auch das Cash Pooling zu subsumieren ist, werden die Beschaffung[69] und der Einsatz von Kapital zusammengefasst.[70]

1. Finanzierungsarten

Bei der Finanzierung von Gesellschaften ist zu unterscheiden, ob die Mittel von der Gesellschaft selbst, einem Gesellschafter oder einem gesellschaftsexternen Dritten stammen.

a) Interne Finanzierung

Interne Finanzierung bezeichnet eine Mittelherkunft, die nicht von außerhalb der Gesellschaft erfolgt. Die Hauptquelle dieser Innenfinanzierung ist der wirtschaftliche Überschuss der Geschäftstätigkeit eines Unternehmens (Cash Flow).[71] Er wiederum ist das Resultat erwirtschafteter Gewinne und der akkumulierten Erlöse nicht zahlungswirksamer Aufwendungen, also vor allem Abschreibungen auf Aktiva und Zuführungen zu nicht bilanzwirksamen Rückstellungen.[72]

b) Externe Finanzierung

Natürlich ist die interne Liquiditätsbeschaffung limitiert, weswegen der Gesellschaft häufig auch Kapital von außen zugeführt werden muss (Außenfinanzierung oder externe Finanzierung).[73] Dabei kann es sich einerseits um Eigenkapital

---

[69] Auf sie beschränkt sich der hier nicht gemeinte enge Finanzierungsbegriff.

[70] *Fleischer,* in: Michalski, GmbHG, Syst. Darst. 6, Rn. 16; *Scheffler,* in: Lutter/Scheffler/Schneider, Hdb. Konzernfinanzierung, Rn. 20.1; *Eichholz,* Das Recht konzerninterner Darlehen, S. 35 f.; ähnlich die betriebswirtschaftliche Literatur: *Wöhe,* Betriebswirtschaftslehre, S. 516; *Drucarczyk,* in: Bea/Dichtl/Schweitzer, Allgemeine Betriebswirtschaftslehre, S. 352.

[71] *Fleischer,* in: Michalski, GmbHG, Syst. Darst. 6, Rn. 102; *Scheffler,* in: Lutter/Scheffler/Schneider, Hdb. Konzernfinanzierung, Rn. 20.4; *Rudolph,* in: Lutter/Scheffler/Schneider, Hdb. Konzernfinanzierung, Rn. 2.9; *Wöhe,* Betriebswirtschaftslehre, S. 640 ff.

[72] *Fleischer,* in: Michalski, GmbHG, Syst. Darst. 6, Rn. 102; *Scheffler,* in: Lutter/Scheffler/Schneider, Hdb. Konzernfinanzierung, Rn. 20.3; *Rudolph,* in: Lutter/Scheffler/Schneider, Hdb. Konzernfinanzierung, Rn. 2.9; *U. H. Schneider,* ZGR 1984, 497, 501; *Eichholz,* Das Recht konzerninterner Darlehen, S. 39; *Makowski,* Cash Management in Unternehmensgruppen, S. 14.

[73] *Fleischer,* in: Michalski, GmbHG, Syst. Darst. 6, Rn. 101; *Rudolph,* in: Lutter/Scheffler/Schneider, Hdb. Konzernfinanzierung, Rn. 2.8; *Eichholz,* Das Recht konzerninterner Darlehen, S. 39; *Drucarczyk,* in: Bea/Dichtl/Schweitzer, Allgemeine Betriebswirtschaftslehre, S. 354 f.

handeln (externe Eigenfinanzierung), etwa durch die Erhöhung von Einlagen der Gesellschafter oder Emission neuer Aktien im Rahmen einer Eigenkapitalerhöhung bei der AG.[74] Das Gegenstück bildet die externe Fremdfinanzierung, bei der Fremdkapital hinzu geführt wird, zumeist durch Kreditaufnahme bei Banken oder durch Emission von Schuldverschreibungen.[75]

Bei der externen Finanzierung steht den Vorteilen einer zusätzlichen Liquidität auch der Nachteil einer Abhängigkeit vom Kreditgeber oder von neuen mitspracheberechtigten Gesellschaftern gegenüber.

c) Interne Außenfinanzierung

Da ein Konzern als wirtschaftliche Einheit anzusehen ist,[76] besteht innerhalb des Konzernverhältnisses als dritte Variante die Möglichkeit der internen Außenfinanzierung.[77] Sie ist bei der Betrachtung des Cash Pooling von zentraler Bedeutung. Die benötigte Liquidität stammt dabei von einem anderen Unternehmen aus dem Konzernverbund. Fokussiert man also das Unternehmen als juristische Einheit, läge eine *Außen*finanzierung vor. Rückt man die wirtschaftliche Einheit in den Mittelpunkt der Betrachtung, wäre dieselbe Maßnahme als Teil der Konzern*innen*finanzierung zu qualifizieren. Dieser hybride Charakter der Konzerninnenfinanzierung verursacht typische Finanzierungseffekte, die für interne wie externe Gläubiger gleichsam bedeutend sind:

aa) Durchleitungseffekt

Vom Durchleitungseffekt wird gesprochen, wenn eine Konzerngesellschaft aufgenommenes Fremdkapital wiederum einer Ober- *(up-stream-loan)* oder Untergesellschaft *(down-stream-loan)* zur Verfügung stellt, somit einerseits als Darlehensnehmerin gegenüber einem Dritten, andererseits als Darlehensgeberin gegenüber einem verbundenen Unternehmen agiert.[78]

---

[74] *Makowski,* Cash Management in Unternehmensgruppen, S. 14; *Wöhe,* Betriebswirtschaftslehre, S. 519.

[75] *Wöhe,* Betriebswirtschaftslehre, S. 596 ff.

[76] Vgl. oben 1. Teil, A. I.

[77] *Scheffler,* in: Lutter/Scheffler/Schneider, Hdb. Konzernfinanzierung, Rn. 20.11; *U. H. Schneider,* ZGR 1984, 497, 501 f.; *Wand/Tillmann/Heckenthaler,* AG 2009, 148; *Theisen,* Der Konzern, S. 318; *Eichholz,* Das Recht konzerninterner Darlehen, S. 40; *Makowski,* Cash Management in Unternehmensgruppen, S. 14.

[78] *U. H. Schneider,* ZGR 1984, 497, 502.

bb) Metamorphoseneffekt

Beim Metamorphoseneffekt kommt hinzu, dass sich zwischen den verbundenen Unternehmen der Charakter des Finanzierungsstroms ändert, etwa dadurch, dass eine Muttergesellschaft aufgenommenes Fremdkapital als neues Eigenkapital ihrer Tochter zuführt.[79] Solche Vorgänge bringen verschiedene strukturelle Probleme mit sich, die vor allem aus der unterschiedlichen Fristigkeit herrühren können. So wird das aufgenommene Fremdkapital irgendwann zur Rückzahlung bestimmt sein, während ein Eigenkapitaleinschuss nicht zurückgewährt wird.[80] Folglich bildet der Rückzahlungstermin eine zeitliche Linie, bis zu der zwangsläufig eine Anschlussfinanzierung gewährleistet sein muss.[81] Die Verzinsung birgt eine weitere Schwierigkeit: Während der aufgenommene Kredit nach Marktkonditionen[82] zu verzinsen ist, hängt die Rendite aus der Beteiligung am Tochterunternehmen maßgeblich von dessen wirtschaftlichem Erfolg und von Ausschüttungsvereinbarungen der Gesellschafterversammlung ab.

cc) Teleskopeffekt/Pyramideneffekt

Zwei weitere, zumeist gemeinsam auftretende Effekte entstehen dadurch, dass etwa eine GmbH mittels einer Bareinlage von 25.000,– € gegründet werden kann (§ 5 Abs. 1 GmbHG). Nun kann diese GmbH ihr Barkapital wiederum nutzen, um eine 100%ige Tochter-GmbH zu gründen und ihrerseits mit der genannten Kapitalsumme auszustatten. Die Reihe ließe sich endlos fortsetzen. Als Ergebnis bestünde ein Konzern, der eine Haftungsmasse von n x 25.000,– € repräsentierte, faktisch aber nur einmal mit dieser Summe ausgestattet wäre (Pyramideneffekt).[83] Neben der beschriebenen Eigenkapitalpyramide können sich nach demselben Prinzip Fremdkapital- und Kreditsicherheitenpyramiden[84] bilden. Die ur-

---

[79] *Rudolph*, in: Lutter/Scheffler/Schneider, Hdb. Konzernfinanzierung, Rn. 2.14; *U. H. Schneider*, ZGR 1984, 497, 502 f.; *Spindler*, ZHR 171 (2007), 245, 247; *Eichholz*, Das Recht konzerninterner Darlehen, S. 48; *Makowski*, Cash Management in Unternehmensgruppen, S. 16.

[80] Ausführlich zu den strukturellen Unterschieden zwischen Eigen- und Fremdkapital *Claussen*, in: FS H. P. Westermann (2008), 861, 869 f.; *Swoboda*, in: Ruppe/Swoboda/Nitsche, Die Abgrenzung von Eigen- und Fremdkapital (1985), S. 42 ff.

[81] *U. H. Schneider*, ZGR 1984, 497, 503.

[82] Unter dem Begriff des „Marktzinses" ist hier der Preis zu verstehen, der sich am freien Kapitalmarkt zwischen darlehensnehmenden und darlehensgebenden Marktteilnehmern bildet, vgl. *Eichholz*, Das Recht konzerninterner Darlehen, S. 80.

[83] *U. H. Schneider*, ZGR 1984, 497, 504; *Burgard*, AG 2006, 527, 533 f.; *Eichholz*, Das Recht konzerninterner Darlehen, S. 48; *Makowski*, Cash Management in Unternehmensgruppen, S. 17.

[84] *Theisen*, in: Lutter, Holding-Hdb., Rn. H 26; *Baums/Vogel*, in: Lutter/Scheffler/Schneider, Hdb. Konzernfinanzierung, Rn. 9.47.

sprünglichen 25.000,– € entfernen sich mit jeder weiteren Stufe zunehmend vom Zugriff der Gläubiger der allerersten Gesellschaft (Teleskopeffekt).[85]

dd) Dominoeffekt

Die in den genannten Effekten angelegten abstrakten Risiken manifestieren sich im Insolvenzfall in dem so genannten „Dominoeffekt", der den Zusammenbruch der Kapitalpyramide beschreibt: Wird eine darleihende Gesellschaft innerhalb der Kette zahlungsunfähig, wird ihr Insolvenzverwalter alle Außenstände zurückfordern, darunter auch die absteigend weitergereichten Darlehen, die im Regelfall nicht mehr als liquide Mittel zur Verfügung stehen.[86] Die Darlehensnehmergesellschaften müssten dann, wenn sie selbst Forderungen gegen anderes verbundene Unternehmen haben, diese ihrerseits zurückfordern, um nicht selbst zahlungsunfähig zu werden oder notwendiges Betriebskapital veräußern zu müssen (was im Regelfall ihren „Todeszeitpunkt" nur hinausschieben dürfte). Hat eine Untergesellschaft als Darlehen erhaltene Mittel dagegen als Eigenkapital weitergereicht, ist eine Rückzahlung von vornherein ausgeschlossen. Haben andererseits solvente Tochterunternehmen Darlehen an das Mutterunternehmen ausgegeben, so kann dessen Insolvenz ebenfalls zu unzureichender Liquiditätsversorgung der Töchter führen und diese dadurch insolvent werden lassen.

2. Finanzierungsfreiheit

Auch wenn anerkannt ist, dass bestimmte Finanzierungsformen risikoreicher sind als andere, schreibt das deutsche Recht den Betreibern eines Unternehmens keine Finanzierungsmethode vor. Weder besteht eine Pflicht, die Gesellschaft mit einem angemessenen Stammkapital zu gründen,[87] noch das Stammkapital bei Ausweitung des Geschäftsvolumens zu einem späteren Zeitpunkt zu Lasten des Privatvermögens zu erhöhen.[88] Es steht somit im unternehmerischen Ermessen gem. § 43 GmbHG bzw. § 93 AktG, auf welche Art ein Unternehmer seinen Be-

---

[85] Sehr ausführlich *Baums/Vogel,* in: Lutter/Scheffler/Schneider, Hdb. Konzernfinanzierung, Rn. 9.47.

[86] *Müller,* DStR 1997, 1577, 1580; *Kiethe,* DStR 2005, 1573, 1578.

[87] BGH, Urt. v. 14.12.1959 – II ZR 187/57 („Lufttaxi") = BGHZ 31, 258, 272 = NJW 1960, 285 = LM GmbHG § 2 Nr. 4; BGH, Urt. v. 30.11.1978 – II ZR 204/76 = NJW 1979, 2104; *Fastrich,* in: Baumbach/Hueck, GmbHG § 5 Rn. 5; *U.H. Schneider,* ZGR 1984, 497, 518; *Hommelhoff,* in: v. Gerkan/Hommelhoff, Rn. 2.9.

[88] BGH, Urt. v. 26.03.1984 – II ZR 171/83 („BuM") = BGHZ 90, 381, 389 = ZIP 1984, 572, 575 = LM Nr. 5 zu § 17 AktG 1965 m. Anm. *Fleck* = JZ 1984, 1031 m. Anm. *Schwark;* BGH, Urt. v. 11.07.1994 – II ZR 146/92 = BGHZ 127, 1, 14 = ZIP 1994, 1261, 1266 m. Anm. *Timm,* EWiR 1994, 1201; BGH, Urt. v. 11.07.1994 – II ZR 162/92 = BGHZ 127, 17, 30 = ZIP 1994, 1441, 1445 m. Anm. *Fleck,* EWiR 1994, 1107; *U.H. Schneider,* ZGR 1984, 497, 529; *Hommelhoff,* in: v. Gerkan/Hommelhoff, Rn. 2.9.

trieb kapitalisiert.[89] Diese Finanzierungsfreiheit ist eine Ausprägung des Grundsatzes der Privatautonomie und bezieht sich gleichermaßen auf das „Ob" und das „Wie" der Finanzierung.[90]

Diesem Grundsatz setzen jedoch das Gesellschafts- und in jüngerer Zeit auch zunehmend das Insolvenzrecht notwendige Grenzen, auf die im Rahmen dieser Arbeit detailliert einzugehen sein wird.[91]

III. Cash Management

Die unter II.1.c) dargestellten Effekte der Konzerninnenfinanzierung sind in dieser Arbeit insbesondere unter dem Aspekt ihrer Bedeutung bei Vorliegen eines zentralen „Cash-Managements" zu untersuchen. Hierunter wird die sachgerechte Gestaltung der Zahlungsströme und der kurzfristigen Geld- und Kreditbestände in einem Unternehmen oder Konzern zusammengefasst.[92] Ziele sind die Minimierung der Kassenhaltungs-, Zahlungsstrom- und Finanzierungskosten, Optimierung von Währungspositionen sowie die Maximierung der Geldanlageerlöse.[93] Dabei unterscheidet die betriebswirtschaftliche Literatur die drei Phasen der Liquiditätsplanung, Liquiditätsdisposition und Liquiditätskontrolle.[94] Unter rechtlicher Betrachtung ist nur die Phase der Liquiditätsdisposition von Interesse. Die Varianten sind hier vielfältig. Als sehr bedeutend in der Praxis haben sich Clearing und Cash Pooling erwiesen.[95] Häufig wird sich dabei verschiedener von Banken angebotener Paketlösungen bedient.[96] Nachfolgend sollen die wichtigsten Terminologien, die im Zusammenhang mit dem Cash Management dienen

---

[89] BGH, Urt. v. 26.11.1979 – II ZR 104/77 („Früchte") = BGHZ 75, 334 = ZIP 1980, 115; BGH, Urt. v. 13.07.1981 – II ZR 256/79 = BGHZ 81, 252, 257 = ZIP 1981, 974, 975; BGH, Urt. v. 26.03.1984 – II ZR 171/83 („BuM") = BGHZ 90, 381, 390 = LM Nr. 5 zu § 17 AktG 1965 m. Anm. *Fleck* = JZ 1984, 1031 m. Anm. *Schwark* = ZIP 1984, 572, 575; BGH, Urt. v. 21.03.1988 – II ZR 238/87, BGHZ 104, 33, 40 = ZIP 1988, 638, 641; *Hommelhoff,* in: v. Gerkan/Hommelhoff, Rn. 2.8; *U. H. Schneider,* ZGR 1984, 497, 507.

[90] *Hentzen,* ZGR 2005, 480, 484; *Hommelhoff,* in: v. Gerkan/Hommelhoff, Rn. 2.10.

[91] Vgl. unten 2. Teil, A. bis 2. Teil, C.; dazu auch bereits *Lutter,* in: FS Riesenfeld (1983), 165 ff.

[92] *Lutter/Scheffler/Schneider,* Hdb. Konzernfinanzierung, Rn. 1.75; *Ammelung/Kaeser,* DStR 2003, 655; *Becker,* DStR 1998, 1528; *U. H. Schneider,* ZGR 1984, 497, 499; *Sieger/Hasselbach,* BB 1999, 645; *Matschke/Hering/Klingelhöfer,* Finanzanalyse und Finanzplanung, S. 157; eine umfassende Analyse des Begriffes findet sich zudem bei *Makowski,* Cash Management in Unternehmensgruppen, S. 19 ff.

[93] *Ammelung/Kaeser,* DStR 2003, 655; *Sieger/Hasselbach,* BB 1999, 645.

[94] *Bonn,* FB 2007, 74; *Nitsch/Niebel,* Praxis des Cash-Managements, S. 36; ähnlich auch *Jetter,* Cash-Management-Systeme, S. 31.

[95] *Wunderlich,* BKR 2005, 387.

[96] *Ammelung/Kaeser,* DStR 2003, 655, 655.

und damit häufig entweder eine Vorstufe oder eine Ergänzung des hier interessierenden Cash Pooling darstellen, erklärt werden.

1. Electronic Banking: Balance Reporting und Money Transfer

Heute bildet die technische Basis einer jeden modernen Konzernfinanzierung der elektronische Zahlungsverkehr *(electronic banking)*.[97] Hierfür speziell entwickelte Software liefert als Standardmerkmal regelmäßig ein *balance-reporting-*Modul, also eine Art von elektronischem Kontoauszug, den die Finanzverwaltung des Konzerns von jeder Tochtergesellschaft im In- und Ausland abrufen kann, um so einen taggenauen Überblick über deren Finanzen zu behalten. Via *money transfer* können zentral auch Zahlungen zwischen den einzelnen Konten elektronisch veranlasst werden, etwa als Überweisung, Lastschrift usw.[98] Internationale Zahlungsverkehrsabkommen und -systeme wie IBAN,[99] SEPA[100] und SWIFT[101] führen zunehmend zu technischen und finanziellen Erleichterungen in diesem Bereich. Häufig ist den elektronischen Zahlungsverkehrssystemen auch ein Auswertungs- und Berichtssystem nachgeschaltet, das täglich Unternehmenskennzahlen berechnet und auf diese Weise schnelle Reaktionen auf Änderungen ermöglicht.[102]

2. Clearing

Das („Konzern-)Clearing" oder „Netting"[103] bezeichnet ein Verfahren der Aufrechnung (§§ 389, 387 BGB) von Forderungen zwischen Konzernunternehmen, sodass – gleich einer Kontokorrentvereinbarung (§ 355 HGB) – lediglich die

---

[97] *Makowski,* Cash Management in Unternehmensgruppen, S. 22 f.; *Vetter/Stadler,* Haftungsrisiken beim konzernweiten Cash Pooling, Rn. 1.

[98] *Makowski,* Cash Management in Unternehmensgruppen, S. 22 f.

[99] International Bank Account Number, eine internationale, standardisierte Notation für Bankkontonummern (ISO 13616:2003).

[100] Single Euro Payments Area, vgl. die Verordnung (EG) Nr. 2560/2001 des Europäischen Parlaments und des Rates vom 19. Dezember 2001 über grenzüberschreitende Zahlungen in Euro.

[101] Society for Worldwide Interbank Financial Telecommunication, eine internationale Bankengenossenschaft belgischen Rechts (SCRL), die die Durchleitung internationaler Zahlungsströme erleichtert.

[102] *Makowski,* Cash Management in Unternehmensgruppen, S. 25 ff.

[103] So bezeichnet bei *Becker,* DStR 1998, 1528; *Hormuth,* Recht und Praxis des konzernweiten Cash Managements, S. 63; *Rittscher,* Cash-Management-Systeme in der Insolvenz, S. 28; meist werden die Begriffe wie hier synonym genutzt. Einzelne Autoren differenzieren jedoch zwischen Netting als bilateraler und Clearing als multilateraler Verrechnung, so z.B. *Makowski,* Cash Management in Unternehmensgruppen, S. 24 mit Verweis auf *Wehlen,* in: Lutter/Scheffler/Schneider, Hdb. Konzernfinanzierung, Rn. 23.39 f., der indes seinerseits diese Trennung nicht explizit verfolgt.

Spitzen dieser Verrechnung physisch via Electronic Banking zu transferieren sind.[104]

Clearing dient in zweierlei Hinsicht der Kostenreduzierung: Zum Einen nimmt die Zahl der Einzeltransaktionen ab, die – insbesondere im grenzüberschreitenden Zahlungsverkehr – erhebliche Transaktions- und Devisentauschkosten verursachen können.[105] *Hormuth* beziffert die Einsparung hier mit bis zu 1,5 % der auf Grund des Clearings nicht übertragenen Summe.[106] Zweitens verhindert es Float-Verluste, also Zinsnachteile, die dadurch entstehen, dass es einen nicht verzinsten Zeitraum zwischen Belastung des einen und Erkennung des anderen Konzernkontos gibt.[107] Zusätzlich leistet Clearing einen Beitrag zur Stärkung der Transparenz im Unternehmen.[108]

Ein erweitertes Clearing wird zusätzlich zur Erhöhung der Sicherheit für den Fall der Zahlungsunfähigkeit der Konzernmutter praktiziert. Dabei werden externe Verträge dahingehend ergänzt, dass im Insolvenzfall Tochterunternehmen mit Ansprüchen anderer Tochterunternehmen gegen Forderungen der insolventen Konzernmutter aufrechnen dürfen, die externen Gläubiger somit das Nachsehen haben.[109]

3. Matching

Von „Matching" wird gesprochen, wenn das Clearing auf Unternehmen außerhalb des Konzerns ausgedehnt wird, mit denen dieser im regelmäßigen Leistungsaustausch steht (z. B. Zulieferbetriebe und Großabnehmer).[110] Gegenüber

---

[104] *Berger*, in: MünchKomm BGB § 488 Rn. 31; *Lutter/Scheffler/Schneider*, Hdb. Konzernfinanzierung, Rn. 1.76; *Ammelung/Kaeser*, DStR 2003, 655, 656; *Büschgen*, WM 1995, 733, 736; *Makowski*, Cash Management in Unternehmensgruppen, S. 24; *Vetter/Stadler*, Haftungsrisiken beim konzernweiten Cash Pooling, Rn. 13; *Matschke/Hering/Klingelhöfer*, Finanzanalyse und Finanzplanung, S. 157.

[105] *Büschgen*, WM 1995, 733, 768; *Vetter/Stadler*, Haftungsrisiken beim konzernweiten Cash Pooling, Rn. 14.

[106] *Hormuth*, Recht und Praxis des konzernweiten Cash Managements, S. 85 m.w.N.

[107] *Wehlen*, in: Lutter/Scheffler/Schneider, Hdb. Konzernfinanzierung, Rn. 23.39; *Rittscher*, Cash-Management-Systeme in der Insolvenz, S. 28.

[108] *Wehlen*, in: Lutter/Scheffler/Schneider, Hdb. Konzernfinanzierung, Rn. 23.39; *Ammelung/Kaeser*, DStR 2003, 655, 656 f.; *Hormuth*, Recht und Praxis des konzernweiten Cash Managements, S. 63.

[109] *Rendels*, ZIP 2005, 1583, 1584 ff.; *Rittscher*, Cash-Management-Systeme in der Insolvenz, S. 29; die Zulässigkeit solcher Klauseln ist in Deutschland allerdings stark eingeschränkt, vgl. BGH, Urt. v. 15.07.2004 – IX ZR 224/03 = BGHZ 160, 107 = NJW 2004, 3185 = NZI 2004, 585; BGH, Urt. v. 13.07.2006 – IX ZR 152/04 = ZIP 2006, 1740 = ZInsO 2006, 939; *Gursky*, in: Staudinger, BGB, Vor §§ 387 ff., Rn. 94 ff.

[110] *Ammelung/Kaeser*, DStR 2003, 655, 657; *Bonn*, FB 2007, 77; *Deckart*, Kapitalerhaltung als Grenze des Cash Pooling, S. 7; *Nitsch/Niebel*, Praxis des Cash-Managements, S. 55; *Rittscher*, Cash-Management-Systeme in der Insolvenz, S. 29.

dem Clearing nimmt die Komplexität des Verfahrens vor allem dadurch zu, dass das Management keinen alleinigen Einfluss auf die Zahlungsströme mehr hat, sondern Faktoren wie Zahlungsstockungen oder -ausfälle sowie individuelle Präferenzen der Geschäftspartner in seine Kalkulation mit einbeziehen muss.[111]

4. Cash Pooling

Bei dem in dieser Arbeit zentralen Finanzierungsverfahren des Cash Pooling werden die freien Mittel der Konzernunternehmen zentral in einer Weise disponiert, dass von einer „Sammelstelle" sämtliche Liquiditätsüberschüsse einzelner verbundener Unternehmen abgezogen und anderen Konzerngesellschaften mit Liquiditätsbedarf zur Verfügung gestellt werden.[112] Eine Verrechnung zwischen einzelnen Konzernunternehmen erfolgt im Grundmodell nicht.[113]

In der Praxis kommen die darzustellenden Formen des Cash Pooling allerdings nicht nur in „Reinform", sondern auch kombiniert mit Matching- oder Clearingsystemen vor. Gerade in mehrstufigen und internationalen Konzernen ergeben sich somit stark unterschiedliche komplexe Systeme mit vielfältigen Gestaltungsvarianten auf den jeweiligen Ebenen.[114] Bestimmt werden diese Systeme durch die Organisationsstruktur des Konzerns, Zahl und Art der Bankverbindungen sowie die Mittelverwendung, die das Cash Pooling als Instrument zur kurzfristigen Liquiditätsbeschaffung, langfristigen Finanzierung oder einer Kombination aus beiden erscheinen lässt.

a) Virtuelles Cash Pooling

Das virtuelle oder „Notional" Cash Pooling beschreibt ein in der Praxis seltener anzutreffendes Verfahren, bei dem seitens der Bank die Salden der bei ihr geführten Konten verrechnet werden und eine Zinsberechnung lediglich bezogen auf den so ermittelten Gesamtsaldo nach Soll und Haben erfolgt.[115] Es werden hierbei keine Beträge physisch transferiert, sodass sich das Notional Cash Pool-

---

[111] *Ammelung/Kaeser,* DStR 2003, 655, 657.

[112] *Wehlen,* in: Lutter/Scheffler/Schneider, Hdb. Konzernfinanzierung, § 23 Rn. 23.28; *Campos Nave,* StC 2007, 38; *Rümker,* in: FS Huber (2006), 919; *Wunderlich,* BKR 2005, 387; *Vetter/Stadler,* Haftungsrisiken beim konzernweiten Cash Pooling, Rn. 5 f.

[113] *Ammelung/Kaeser,* DStR 2003, 655, 657.

[114] *Kull,* in: FS Spühler (2005), 179, 183 Fn. 10; *Korts,* Cash Pooling, S. 10 f.; vgl. auch unten 5. Teil, C.

[115] *Ammelung/Kaeser,* DStR 2003, 655, 658; *Morsch,* NZG 2003, 97, 98; *Oho/Eberbach,* DB 2001, 825; *Seidel,* DStR 2004, 1130, 1134; *Waldens,* IStR 2003, 497, 498; *Faßbender,* Cash Pooling und Kapitalersatzrecht, S. 28; *Hormuth,* Recht und Praxis des konzernweiten Cash Managements, S. 59; *Korts,* Cash Pooling, S. 3 f., 10; *Vetter/Stadler,* Haftungsrisiken beim konzernweiten Cash Pooling, Rn. 10.

ing einzig im vertraglich geregelten Zwei-Personen-Verhältnis zwischen dem Konzern und seiner Bank abspielt,[116] Kontobeziehungen zwischen den Konzerntöchtern untereinander also in der Regel nicht bestehen,[117] wobei jedoch jede Konzerntochter über mindestens ein Bankkonto verfügt und sich so eine gewisse Unabhängigkeit bewahrt.[118] Entweder werden diese Konten zu einem günstigen, mit der Konzernmutter ausgehandelten Satz verzinst (Zinsoptimierungsmodell),[119] oder die Verzinsung erfolgt auf Basis der normalen Konditionen, verbunden mit der Auszahlung einer Kompensationssumme an die Muttergesellschaft (Zinskompensationsmodell).[120] Häufig wird als Argument für ein solches Notional Cash Pooling vorgebracht, es wäre rechtlich unproblematisch, da insbesondere die gesetzlichen Regelungen der Kapitalerhaltung hier nicht einschlägig seien.[121] Dieses pauschale Urteil bedarf jedoch zumindest dann einer Überprüfung, wenn die Unternehmen gegenseitig für ihre Verbindlichkeiten Garantien aussprechen[122] oder sonstige Sicherheiten bestellen.[123] Zu denken wäre in solchen Fällen möglicherweise zudem an sittenwidriges Verhalten.[124] Indes ist den Autoren, die beim Notional Cash Pooling keinerlei Rechtsprobleme sehen wollen, zuzugestehen, dass eine Besicherung der Darlehen durch Konzern verbundene Unternehmen schon aus ökonomischen Gründen einen atypischen Fall darstellen dürfte. Das liegt vor allem daran, dass die Vorteile des einfachen Verfahrens durch komplizierten Verwaltungsaufwand wieder wettgemacht würden. Soweit im Einzelfall dennoch eine Besicherung stattgefunden hat, gelten insoweit die folgenden Ausführungen zum physischen Cash Pooling auch für das virtuelle Verfahren.

---

[116] *Autschbach*, FINANCE 2004, 48, 49; *Bonn*, FB 2007, 74, 77; *Seidel*, DStR 2004, 1130, 1134; *Faßbender*, Cash Pooling und Kapitalersatzrecht, S. 28; *Vetter/Stadler*, Haftungsrisiken beim konzernweiten Cash Pooling, Rn. 10; a. A. *Rittscher*, Cash-Management-Systeme in der Insolvenz, S. 36, der dafür plädiert, alle Konzernunternehmen in den Vertrag mit einzubeziehen, da in Folge desselben für sie veränderte Zinsbedingungen gälten.

[117] *Kull*, in: FS Spühler (2005), 179, 182 f.

[118] *Kull*, in: FS Spühler (2005), 179, 182; *Seidel*, DStR 2004, 1130, 1134.

[119] *Oho/Eberbach*, DB 2001, 825; *Seidel*, DStR 2004, 1130, 1134.

[120] *Wehlen*, in: Lutter/Scheffler/Schneider, Hdb. Konzernfinanzierung, Rn. 23.31; *Ammelung/Kaeser*, DStR 2003, 655, 658; *Bonn*, FB 2007, 74, 77; *Oho/Eberbach*, DB 2001, 825; *Waldens*, IStR 2003, 497, 498; *Vetter/Stadler*, Haftungsrisiken beim konzernweiten Cash Pooling, Rn. 10.

[121] So etwa *Autschbach*, FINANCE 2004, 48 f.; *Stein*, DZWiR 2004, 493, 497; *Wunderlich*, BKR 2005, 387, 389.

[122] *Kull*, in: FS Spühler (2005), 179, 187; *Seidel*, DStR 2004, 1130, 1134; *Rittscher*, Cash-Management-Systeme in der Insolvenz, S. 130.

[123] Grundlegend zur Upstream-Besicherung im Konzern *Schön*, ZHR 159 (1995), 351 ff.; *Dampf*, Der Konzern 2007, 157 ff.

[124] *Schön*, ZHR 159 (1995), 351, 366; allerdings lehnt der BGH Sittenwidrigkeit ab im Fall eines durch eine GmbH besicherten Bankdarlehens an ihren Gesellschafter, vgl. BGH, Urt. v. 19.03.1998 – IX ZR 22/97 = BGHZ 138, 291, 298 ff. = DStR 1998, 1272, 1273 = WuB I F4 Sicherungsabtretung 4.98; zust. *Früh*, GmbHR 2000, 105, 108 f.

b) Physisches Cash Pooling

Beim physischen Cash Pooling erfolgt eine tägliche[125] Konsolidierung sämtlicher Saldi der Konzernkonten zu Gunsten eines zentralen Kontos, des „Cash Pools" oder „Master Accounts".[126] In dieser Arbeit soll im Folgenden vom Cash Pool gesprochen werden. Dieser ist entweder bei der Konzernmutter angesiedelt oder in eine eigens hierfür geschaffene Pool führende Finanzierungsgesellschaft (auch als „Inhouse-Bank"[127] oder „Treasury" bezeichnet) ausgegliedert.[128] Die Rechtsform dieser Pool führenden Gesellschaft ist frei wählbar.[129] Werden die Konten der Konzerntöchter zu Null saldiert, spricht man vom *„zero balancing"*.[130] Bleibt jeweils ein festgelegter Sockelbetrag stehen, heißt es *„target balancing"*.[131] Intern werden zu Gunsten der am Cash Pool teilnehmenden Unternehmen Kreditlinien vereinbart, bis zu deren Erreichen Sollsalden der Konzernkonten ausgeglichen werden können.[132] Die so transferierten Salden der Tochtergesellschaften werden auf internen Verrechnungskonten vermerkt. Teilweise bieten Kreditinstitute dabei als zusätzliche Dienstleistung eine simulierte Zinsrechnung an, mit deren Hilfe die Konzernspitze individuelle interne Verrechnungszinsen kreieren kann, während das Kreditinstitut grundsätzlich real nur den Saldo auf dem Zielkonto verzinst.[133] Die Zentralisierung, die das physische Cash Pooling mit sich bringt, kann unterschiedlich stark ausgeprägt sein. So ist es je nach Vertragsgestaltung z. B. denkbar, dass der gesamte Zahlungsverkehr des Tochterunternehmens an die Pool führende Gesellschaft abgegeben wird oder auch dass das Unternehmen seine Schuldner direkt an den Pool leisten lässt.

Der Cash Pool übernimmt so teilweise die Funktionen einer Bank gemäß § 1 Abs. 1 KWG,[134] jedoch wegen § 2 Abs. 1 Nr. 7 KWG ohne Kreditinstitut im

---

[125] Die tägliche Übertragung ist nicht zwingend, bietet aber die höchsten wirtschaftlichen Vorteile, vgl. dazu unten 1. Teil, B. I.

[126] *Altmeppen,* ZIP 2006, 1025; *Grothaus/Halberkamp,* GmbHR 2005, 1317; *Kiethe,* DStR 2005, 1576; *Oho/Eberbach,* DB 2001, 825; *Priester,* ZIP 2006, 1557; *Rümker,* in: FS U. Huber (2006), 919; *Schmelz,* NZG 2006, 456; *Waldens,* IStR 2003, 497; *Korts,* Cash Pooling, S. 3.

[127] *Sieger/Hasselbach,* BB 1999, 645.

[128] *U. H. Schneider,* in: Lutter/Scheffler/Schneider, Hdb. Konzernfinanzierung, Rn. 25.6; *Altmeppen,* ZIP 2006, 1025; *Engert,* BB 2005, 1951, 1956; *Faßbender,* Cash Pooling und Kapitalersatzrecht, S. 27.

[129] *Becker,* DStR 1998, 1528.

[130] *Altmeppen,* ZIP 2006, 1025; *Ammelung/Kaeser,* DStR 2003, 655 (657); *Bonn,* FB 2007, 74, 76; *Cahn,* ZHR 166 (2002), 278, 279; *Waldens,* IStR 2003, 497, 498; *Korts,* Cash Pooling, S. 9.

[131] *Ammelung/Kaeser,* DStR 2003, 655, 657; *Bonn,* FB 2007, 74, 76; *Cahn,* ZHR 166 (2002), 278, 279; *Waldens,* IStR 2003, 497, 498; *Korts,* Cash Pooling, S. 9f.

[132] *Bonn,* FB 2007, 74, 76.

[133] Vgl. die verschiedenen im Internet unter dem Stichwort „Cash Pooling" zu findenden Broschüren von Groß- und Landesbanken.

[134] *Becker,* DStR 1998, 1528; *Engert,* BB 2005, 1951, 1956; *Morsch,* NZG 2003, 97.

Rechtssinne zu sein.[135] Daraus folgt, dass etwa eine Partizipation am Einlagen-
sicherungsfonds der Kreditinstitute oder einem vergleichbaren Sicherungsinstru-
ment im Sinne des § 6 EAEG nicht in Betracht kommt.[136] Die Tatsache, dass die
Finanzierungsgesellschaft selbst keine Bank ist, schließt indes nicht aus, dass das
Management in seiner Umsetzung durch eine Bank geleistet wird.[137] Vielmehr
ist dies sogar der Regelfall.[138] Das bezieht sich jedoch nur auf die rein technische Dimension.[139] Die Bank hat grundsätzlich keinerlei Einfluss auf die Übertragung und Steuerung der Kontoumsätze.[140] In der Praxis sind Unternehmen
zudem oft gezwungen, mehrere Bankverbindungen zu unterhalten, sodass zunächst eine Aufaggregierung der Kontosalden bei den verschiedenen Banken und
anschließend der Transfer zur Pool führenden Hauptbank erfolgt.[141]

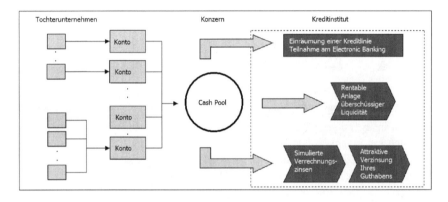

Abbildung 1: Cash-Pooling-Angebot einer deutschen Landesbank

[135] Dies war bis zur Klarstellung durch die 6. KWG-Novelle heftig umstritten, entspricht heute wegen des eindeutigen Gesetzeswortlauts aber der allgemeinen Ansicht,
statt vieler: *Götze,* WM 2005, 727, 729 ff.; *Rümker,* FS U. Huber (2006), 919; *Rittscher,*
Cash-Management-Systeme in der Insolvenz, S. 35; für die Schweiz: *Kull,* in: FS Spühler (2005), 179, 185 Fn. 10.

[136] Ebenso *Sieger/Hasselbach,* BB 1999, 645, 648.

[137] Dazu unten 1. Teil, C. III.

[138] *Wehlen,* in: Lutter/Scheffler/Schneider, Hdb. Konzernfinanzierung, Rn. 23.57;
Altmeppen, ZIP 2006, 102.

[139] Zum *electronic banking* s. o. 1. Teil, A. III. 1.

[140] BGH, Urt. v. 17.09.2001 – II ZR 178/99 („Bremer Vulkan") = BGHZ 149, 10 =
WM 2001, 2062 = NJW-RR 2002, 600; *Merkel,* in: Schimansky/Bute/Lwowski, Bankrechtshandbuch, § 98 Rn. 227.

[141] *Ammelung/Kaeser,* DStR 2003, 655, 658.

c) Zeitpunkt der Installation eines Cash Pools

Die Einführung von Cash-Pooling-Systemen fällt als gewöhnliche Geschäftsführungsmaßnahme in den Aufgabenbereich der Unternehmensleitung.[142] Bisher existieren keinerlei empirische Erhebungen darüber, aus welchen Situationen heraus entsprechende Beschlüsse gefasst werden. Teilweise ist zu lesen, eine Implementierung sei ein Anzeichen für Liquiditätsengpässe innerhalb des Konzerns.[143] Dem entgegen sehen andere Autoren hierin einen Beleg für solides Management und eine gesunde finanzielle Situation.[144] Das folgende Kapitel wird aufzeigen, wie facettenreich die ökonomischen Auswirkungen von Cash-Pooling-Systemen sind.[145] Dasselbe gilt für die sodann zu untersuchenden vertraglichen Gestaltungsmöglichkeiten.[146] Darum kann auch ohne entsprechende empirische Daten wenigstens gelten, dass sich aus der Tatsache, dass ein Konzern zu einem Zeitpunkt X ein zentrales Liquiditätsdispositionssystem einführt, kein Rückschluss auf seiner derzeitige wirtschaftliche Situation ziehen lässt.[147]

B. Ökonomische Vorüberlegungen

Cash-Management-Systeme werden in der Literatur bisweilen als „konzernrechtliche Sorgenkinder"[148] bezeichnet. Trotzdem greift nahezu jeder größere Konzern in irgendeiner Weise auf sie zurück.[149] Dieser scheinbare Widerspruch lässt sich mit einem bloßen Blick auf die rechtlichen Aspekte des Cash Pooling kaum aufklären. Deswegen strebt diese Arbeit zunächst eine wirtschaftliche Betrachtung an. Die Sinnhaftigkeit eines solchen Vorgehens ist auch unter Juristen spätestens seit den grundlegenden Arbeiten von *Coase*[150] anerkannt.[151] Die ökonomische Analyse von Sachverhalten dient dabei dem Ziel, zu ermitteln, an welcher Stelle und bei welchen Akteuren Regulierungen sinnvoller Weise ansetzen sollten.

---

[142] *Ammelung/Kaeser,* DStR 2003, 655, 659.

[143] *Weyand* INF 2005, 198.

[144] *Vetter/Stadler,* Haftungsrisiken beim konzernweiten Cash Pooling, Rn. 189.

[145] Dazu unten 1. Teil, B. I.

[146] Dazu unten 1. Teil, B. II.

[147] Ebenso *Hangebrauck,* Cash-Pooling-Systeme, S. 50.

[148] *Liebscher,* GmbH-Konzernrecht, Rn. 358.

[149] Ebenso *Altmeppen,* ZIP 2006, 1025; *Hangebrauck,* Cash-Pooling-Systeme, S. 32 m.w.N.

[150] Vgl. das so genannte „Coase-Theorem", grundlegend *Coase,* 3 J. L. & Econ. (1960), 1 ff.

[151] Zur Entwicklung in Deutschland vgl. *Schäfer/Ott,* 13 In. J. L. & Econ. (1993), 285.

Cash Pooling hat sich in der Vergangenheit als grundsätzlich ökonomisch sinnvoll erwiesen.[152] Die wirtschaftlichen Chancen aus Sicht des Konzerns, denen diametral auch Risiken gegenüber stehen,[153] sollen im Folgenden herausgearbeitet werden. Dabei wird sich, wie oben begründet,[154] nur auf das physische Cash Pooling bezogen. Überraschender Weise werden die Vorteile des Cash Pooling zumeist einfach enumerativ ohne weitere Unterscheidungen aufgezählt.[155] Lediglich *Hormuth* untergliedert nach finanziellen und organisatorischen Vorteilen.[156] Jedoch erscheint es zweckmäßiger, eine Unterteilung auch nach Konzerninteresse und Gesellschaftsinteresse vorzunehmen. Weitgehend wird nämlich unterschlagen, dass diese beim Cash Pooling längst nicht immer konform gehen. Vielmehr verhalten sie sich zueinander wie das Wohl des Bürgers zum Wohl des Staates: In einem Staat, der floriert, wird es zumeist auch dem Bürger recht gut gehen. Das aber wird letzteren dennoch nicht dazu veranlassen, seine eigenen Vorteile zu Gunsten des Staates – oder der Mitbürger – voll zurück zu stellen. In verschiedenen Bereichen, etwa bei fiskalen Fragen, laufen die Interessen von Bürger und Staat gar in entgegen gesetzte Richtung. Ebenso wie einem Staat kommt der Pool führenden Gesellschaft somit eine oft komplizierte Koordinierungsaufgabe zu. Will man Cash Pooling ökonomisch untersuchen, ist es deswegen sinnvoll, eine Unterteilung nach Interessengruppen anzustellen. Nur so lassen sich zuverlässige Aussagen darüber treffen, an welchen Stellen mittels gesetzlicher Regulierung einem Interesse gegenüber dem anderen ein Vorrang gewährt werden sollte bzw. welche Akteure in welchen Konstellationen besonders schutzwürdig sind. Eine umfassende Betrachtung darf auch nicht konzernintern enden, sondern es sind diejenigen Rechtssubjekte einzubeziehen, mit denen der Konzern durch seine Gesellschaften interagiert und die dadurch zu deren Schuldnern und Gläubigern werden. Dass auch die Interessen der Arbeitnehmer durch Teilnahme am Cash Pooling im Einzelfall tangiert sein mögen,[157] soll im Rahmen der folgenden Analyse ausgeblendet werden.

---

[152] So auch Begr. RegE MoMiG, BT-Drucks. 16/6140, S. 41; aus der Literatur: *Koppensteiner*, in: Kölner Komm AktG § 311 Rn. 80; *Kropff*, in: MünchKomm AktG § 311 Rn. 184 ff.; *Liebscher*, GmbH-Konzernrecht, Rn. 359; *U.H. Schneider*, in: Lutter/Scheffler/Schneider, Hdb. Konzernfinanzierung, Rn. 25.55; *Scheffler*, in: FS Goerdeler (1987), 471, 479; *Habersack/Schürnbrand*, NZG 2004, 689, 692 f.; *Hüffer*, AG 2004, 416 ff.; *Wessels*, ZIP 2004, 793, 796.

[153] *Burgard*, VGR 2002, 45, 50.

[154] 1. Teil, A. III. 4. a).

[155] So etwa bei *Hangebrauck*, Cash-Pooling-Systeme, S. 40 ff.; *Deckart*, Kapitalerhaltung als Grenze des Cash Pooling, S. 85 ff.

[156] *Hormuth*, Recht und Praxis des konzernweiten Cash Managements, S. 83 ff.

[157] Z.B. kann das Vorhandensein eines Cash Pools das Erfordernis der Bildung eines Konzernbetriebsrats indizieren.

I. Interne ökonomische Vorteile des Cash Pooling

Die Diskussion über die Möglichkeiten und Grenzen des Cash Pooling wird vor allem deshalb so lebhaft geführt, weil sich die verschiedenen Ausprägungen in der Praxis für verbundene Unternehmen als lukrativ erwiesen haben.[158]

1. Vorteile für Konzern und Konzerntochter

Die Betrachtung beginnt damit, die Vorteile des Cash Pooling darzustellen, die sich für Konzern und Konzerntochter ergeben, also parallel laufen.

a) Liquiditätssicherung

Als Primärziel des Cash Pooling kann die Sicherstellung einer ständigen Zahlungsfähigkeit aller Konzerntöchter gesehen werden.[159] Liquidität („Geld-nähe"[160]) ist aus ökonomischer Sicht für das Unternehmen überlebensnotwendig, da sie die Basis sämtlicher Investitionsentscheidungen bildet.[161] Im Gesetz spiegelt sich dies in § 17 InsO wider, der Zahlungsunfähigkeit als Insolvenzgrund anführt.[162] Unternehmen müssen deswegen mangels allumfassender Voraussehbarkeit sämtlicher Entwicklungen dafür Sorge tragen, stets über eine angemessene Liquiditätsreserve zu verfügen. Die Bildung solcher Puffer ist mit einer Renditeeinbuße verbunden,[163] was aus dem Zielkonflikt zwischen freier Verfügbarkeit und bestmöglicher Rentabilität bei vertretbarer Sicherheit einer Kapitalanlage resultiert.[164] Das Cash Pooling ermöglicht es hier auf Grund von Bodensatzbildungen, die in der Regel unrentabel angelegten Liquiditätspuffer des Ge-

---

[158] Ebenso *Koppensteiner,* in: Kölner Komm AktG § 311 Rn. 80; *Kropff,* in: Münch-Komm AktG § 311 Rn. 184 ff.; *U. H. Schneider,* in: Lutter/Scheffler/Schneider, Hdb. Konzernfinanzierung, Rn. 25.55; *Liebscher,* GmbH-Konzernrecht, Rn. 359; *Habersack/Schürnbrand,* NZG 2004, 689, 692 f.; *Hüffer,* AG 2004, 416 ff.; *Wessels,* ZIP 2004, 793, 796.

[159] *Wehlen,* in: Lutter/Scheffler/Schneider, Hdb. Konzernfinanzierung, Rn. 23.7; *Bonn,* FB 2007, 74; *Römermann/Schröder,* GmbHR 2001, 1015, 1019; *Sieger/Hasselbach,* BB 1999, 645; *Makowski,* Cash Management in Unternehmensgruppen, S. 1; *Faßbender,* Cash Pooling und Kapitalersatzrecht, S. 28; *Vetter/Stadler,* Haftungsrisiken beim konzernweiten Cash Pooling, Rn. 2.

[160] *Wöhe,* Betriebswirtschaftslehre, S. 581; *Matschke/Hering/Klingelhöfer,* Finanzanalyse und Finanzplanung, S. 10.

[161] *Becker,* DStR 1998, 1528; *U. H. Schneider,* ZGR 1984, 497.

[162] *Drucarczyk,* in: Bea/Dichtl/Schweitzer, Allgemeine Betriebswirtschaftslehre, S. 364.

[163] *Becker,* DStR 1998, 1528; *Wöhe;* Betriebswirtschaftslehre, S. 582.

[164] So das Modell des „magischen Dreiecks", dessen unvereinbare Eckpunkte Liquidität, Sicherheit und Rentabilität sind, vgl. *Matschke/Hering/Klingelhöfer,* Finanzanalyse und Finanzplanung, S. 1 ff.; ähnlich *Fleischer,* in: Michalski, GmbHG, Syst. Darst. 6, Rn. 26 ff.

samtkonzerns geringer zu halten als die Summe der Liquiditätsreserven der Einzelunternehmungen.[165] Die Senkung des unrentablen Liquiditätsbestands stellt somit einen wirtschaftlichen Vorteil für die Konzernspitze sowie für die verbundenen Unternehmen dar.

b) Interne Zinsvorteile

Innerhalb eines Konzerns kann es vorkommen, dass einzelne Konzerntöchter auf Konten einen Überschuss haben, der niedrig oder gar nicht verzinst wird, während Schwestergesellschaften hohe Zinsen für aufgenommenes Fremdkapital zu zahlen haben.[166] Die weitgehende Ausklammerung der Kreditinstitute im Rahmen des Cash Pooling führt nun dazu, dass die normalerweise den Banken zufallenden Zinsmargen als Kapital im Konzern verbleiben: Zum Einen wird verhindert, dass Konzerntöchter auf kreditorisch geführte Konten nur relativ geringe Habenzinsen erhalten, zum Anderen zahlen sie für debitorische Konten niedrigere Zinssätze als es üblicherweise bei Banken der Fall ist.[167]

Die so erzielte Ersparnis liegt bereits bei einer sehr geringen Bankmarge von 0,35% p.a.[168] und einem für große Konzerne nicht unüblichen Finanzierungsvolumen von 5 Mrd. € bei jährlich 17,5 Mio. €.[169] Ein weiteres Rechenbeispiel liefert die nachfolgende Tabelle,[170] die die Zinssummen desselben Konzerns mit und ohne Cash-Pool-System gegenüberstellt.

---

[165] *Altmeppen*, ZIP 2006, 1025, 1026; *Cahn*, ZHR 166 (2002), 278, 279; *Becker*, DStR 1998, 1528; *Büschgen*, WM 1995, 733, 736; *Hormuth*, Recht und Praxis des konzernweiten Cash Managements, S. 58; *Nitsch/Niebel*, Praxis des Cash-Managements, S. 63.

[166] *Cahn*, ZHR 166 (2002), 278, 279; *Oho/Eberbach*, DB 2001, 825; *Korts*, Cash Pooling, S. 4; *Matschke/Hering/Klingelhöfer*, Finanzanalyse und Finanzplanung, S. 157.

[167] *Altmeppen*, in: Roth/Altmeppen, § 30 Rn. 92; *Liebscher*, GmbH-Konzernrecht, Rn. 359; *Altmeppen*, ZIP 2006, 1025, 1026; *Becker*, DStR 1998, 1528 f.; *Büschgen*, WM 1995, 733, 736; *Grothaus/Halberkamp*, GmbHR 2005, 1317, 1318; *Habersack/Schürnbrand*, NZG 2004, 689, 690; *Hentzen*, ZGR 2005, 480, 481; *Hellwig*, in: FS Peltzer 2001, S. 163 ff.; *Morsch*, NZG 2003, 97, 98; *Nitsch/Niebel*, Praxis des Cash-Managements, S. 61; *Faßbender*, Cash Pooling und Kapitalersatzrecht, S. 29; *Hormuth*, Recht und Praxis des konzernweiten Cash Managements, S. 57, 84; *Vetter/Stadler*, Haftungsrisiken beim konzernweiten Cash Pooling, Rn. 8.

[168] Die Finanzmarktkrise der vergangenen Jahre macht es schwer, pauschal eine „übliche" Marge zu beziffern. Zu Zeiten eines gesunden Finanzmarkts gaben größere Institute ihre Margen mit 2–3% an.

[169] Rechenbeispiel nach Stellungnahme des BDI e.V. zum MoMiG-Entwurf, S. 15, online abrufbar unter http://webarchiv.bundestag.de/archive/2009/0314/ausschuesse/a 06/anhoerungen/Archiv/28_MoMiG/04_Stellungnahmen/Stellungnahme_Dr__S__nner. pdf [07.10. 2010].

[170] Angelehnt an *Matschke/Hering/Klingelhöfer*, Finanzanalyse und Finanzplanung, S. 158.

Konto	ohne Cash Pool (3 Konten)			mit Cash Pool (ein Poolkonto)		
	Saldo in €	Zinssatz	Zinsen in €	Gesamt-saldo in €	Zinssatz	Zins
A	1,0 Mio	0,5%	5.000			
B	– 2,5 Mio	6,0%	– 150.000	1,5 Mio	1,5%	22.500
C	3,0 Mio	2,0%	60.000			
Σ =			– 85.000			+ 22.500

Hinzu kommt, dass am Markt oft versteckte Zusatzkosten wie Bereitstellungs-gebühren oder unverzinste Tage[171] dazu führen, den Effektivzins für aufgenommene Mittel steigen zu lassen. Im Rahmen einer Konzerninnenfinanzierung wird hierauf zumeist verzichtet.[172] Sofern diese Zinsvorteile ganz oder teilweise an die Tochterunternehmen weiter gegeben werden, ist auch dies im allgemeinen Interesse.

c) Externe Zinsvorteile

Werden trotz dieser optimierten Kapitalverteilung Fremdmittel benötigt, so hat ein Konzern auf Grund größerer Volumina[173] und unter Umständen wegen des „guten Namens" gegenüber Banken eine wesentlich bessere Verhandlungsposition als das Einzelunternehmen.[174] Dieser Effekt ist besonders seit Einführung der Basel-II-Richtlinien von gesteigertem Interesse.[175] Die Konzernmutter erfährt durch die bei ihr gepoolte Liquidität ein besseres Rating, was die Aufnahme von Fremdmitteln begünstigt.[176] Die Kreditaufnahme bei Banken wird zusätzlich dadurch erleichtert, dass Konzerne gemäß § 19 Abs. 2 Nr. 1 KWG[177] Kreditnehmereinheiten bilden. Dem entgegen stufen Rating-Agenturen abhän-

---

[171] Vgl. die früher übliche kaufmännische oder „deutsche" Zinsmethode, die jeden Monat mit 30 Tagen, das Jahr mit 360 Tagen veranschlagt.

[172] *Hentzen*, ZGR 2005, 480, 482.

[173] *Grothaus/Halberkamp*, GmbHR 2005, 1317; *Morsch*, NZG 2003, 97, 98; *Rittscher*, Cash-Management-Systeme in der Insolvenz, S. 25 m.w.N.

[174] *Altmeppen*, in: Roth/Altmeppen, § 30 Rn. 92; *Liebscher*, GmbH-Konzernrecht, Rn. 359; *Altmeppen*, ZIP 2006, 1025, 1026; *Becker*, DStR 1998, 1528, 1529; *Cahn*, ZHR 166 (2002), 278, 279; *Fuhrmann*, NZG 2004, 552; *Jäger*, DStR 2000, 1653, 1654; *Morsch*, NZG 2003, 97, 98; *Nitsch/Niebel*, Praxis des Cash-Managements, S. 63; *Sieger/Hasselbach*, BB 1999, 645; *Rittscher*, Cash-Management-Systeme in der Insolvenz, S. 25.

[175] *Korts*, Cash Pooling, S. 1.

[176] *Hentzen*, ZGR 2005, 480, 482; *Wand/Tillmann/Heckenthaler*, AG 2009, 148; *Rittscher*, Cash-Management-Systeme in der Insolvenz, S. 25.

gige Unternehmen für sich genommen regelmäßig herunter, weil sie die *structural subordination* kritisch sehen.[178]

Aus den höheren Volumina der gepoolten Liquidität kann sich sogar ein direkter Zugang zum Kapitalmarkt und die Möglichkeit, eigene Anleihen zu emittieren, ergeben.[179] Weist der Cash Pool dagegen einen Überschuss aus, so kann hiermit in größerem Umfang spekuliert oder der Erwerb weiterer Unternehmen oder Beteiligungen für den Konzern finanziert werden.

d) Senkung von Betriebskosten

Die quantitative Reduzierung von Einzelaktionen führt auch zu Einsparungen von Betriebskosten.[180] So kann durch Zentralisierung des Zahlungsverkehrs die Notwendigkeit einer mehrfachen Vorhaltung von technischer Ausstattung im Bereich Buchhaltung und Controlling vermieden werden. Dies ist für die abhängigen Konzernunternehmen vorteilhaft, da – abhängig vom Marktsegment des Unternehmens – bei der Preiskalkulation der Fixkostenanteil fällt, somit die Deckungsbeiträge steigen. Auf diese Weise wird den Unternehmen bei der eigenen Preisgestaltung und in Bezug auf das Produktionsvolumen ein größerer Spielraum eingeräumt. (Überwiegt der Anteil variabler Kosten am Produktpreis, so kann die Produktion bei Absatzschwierigkeiten einfach zurückgefahren werden, ohne dass das Produkt dadurch unrentabel wird.) Der Effekt verstärkt sich, je höher der prozentuale Fixkostenanteil am Produkt oder der Dienstleistung war, und wird besonders interessant in Branchen, in denen bei relativ niedrigen Produktpreisen viele Einzeltransaktionen anfallen.

Diese Ausführungen gelten nicht nur für die technischen, sondern auch für die personellen Ressourcen. Die Konzernspitze kann zur Verwaltung der Liquiditätsüberschüsse Spezialisten der Finanz- und Kapitalmärkte vorhalten, die sich die einzelnen Tochterunternehmen oftmals nicht leisten könnten bzw. für die auf Grund der geringen Volumina auch kein Bedarf bestünde. Dies senkt die anteiligen Personalkosten bei gleichzeitiger Erhöhung der Qualität des Finanzmanagements.[181]

---

[177] Eingefügt durch die 5. KWG-Novelle in Umsetzung der Großkreditrichtlinie (Richtlinie 92/121/EWG des Rates vom 21. Dezember 1992 über die Überwachung und Kontrolle der Großkredite von Kreditinstituten).

[178] *Hentzen,* ZGR 2005, 480, 483; *Hangebrauck,* Cash-Pooling-Systeme, S. 43; vgl. auch die obigen Ausführungen zum Teleskopeffekt, 1. Teil, A. II. 1. c) cc).

[179] *Wehlen,* in: Lutter/Scheffler/Schneider, Hdb. Konzernfinanzierung, Rn. 23.32.

[180] *Liebscher,* GmbH-Konzernrecht, Rn. 359; *Altmeppen,* ZIP 2006, 1025, 1026; *Grothaus/Halberkamp,* GmbHR 2005, 1317, 1318.

[181] *Morsch,* NZG 2003, 97, 98; *Rittscher,* Cash-Management-Systeme in der Insolvenz, S. 24; dagegen wird allerdings teilweise eingewandt, die Komplexität des Cash Pooling erhöhe die Personalkosten wegen des Erfordernisses hoch qualifizierter Mitarbeiter, vgl. Abschnitt II. 1. c).

e) Minimierung von Float-Verlusten

Float-Verluste resultieren daraus, dass eine zeitliche Lücke zwischen Belastung des Abgangs- und Erkennung des bzw. Wertstellung auf dem Zielkonto klafft. Je nach Anzahl der bei Überweisungen zwischengeschalteten Kreditinstitute kann dies mehrere Tage dauern, in denen die Bank den im Transfer befindlichen Betrag an keiner Stelle zu verzinsen hat. Ein zentrales Cash Management reduziert einerseits die Transaktionsdauer und andererseits die Zahl der Einzeltransaktionen. Der Zinsverlust der Konzerngesellschaften kann somit gering gehalten werden.[182]

f) Minimierung von IT-Risiken

Nur selten finden sich bisher in der juristischen Literatur detaillierte Untersuchungen der IT-rechtlichen Konsequenzen von auf elektronischen Zahlungsverkehrssystemen basierenden Cash-Pooling-Systemen. Dies mag daran liegen, dass es sich betriebswirtschaftlich betrachtet um die auch hier schon angeführten Betriebskosten handelt. Die stetig steigende Relevanz des IT-Rechts lässt aber eine Explizierung geboten erscheinen, wenngleich dieser umfangreiche Themenkomplex auch im Rahmen der vorliegenden Arbeit selbstverständlich lediglich eine kurze Erwähnung finden kann.

Die Zentralisierung führt nicht nur zur Senkung von Software-Lizenzkosten, sondern minimiert auch die Zahl potenzieller Ziele von Rechnerangriffen. Zwar werden die Tochterunternehmen weiterhin eigene Hard- und Software vorhalten und insofern auch zukünftig in eigene IT-Sicherheit zu investieren haben, jedoch hat sich gezeigt, dass speziell Zahlungsverkehrssysteme bevorzugte Opfer so genannter Hacker- oder Phishing-Attacken sind.[183] Ermöglicht es die Zentralisierung, hier einerseits von vielen Einzelplätzen auf wenige zentrale Server umzustellen und andererseits professionelle IT-Dienstleister in Anspruch zu nehmen, so mindert sich das Haftungsrisiko – und damit auch Kosten für Versicherungen – immens.

g) Chancen aus dem länderübergreifenden Finanzmarkt

Beim multinationalen Cash Pooling, welches im 5. Teil dieser Arbeit eine tiefer gehende Würdigung erfahren und daher hier nur in gebotener Kürze behan-

---

[182] *Glaum/Brunner*, in: FS Welge (2003), 307, 317; *Göbel*, Elektronisches Geld (2005), S. 161.

[183] Anhang 20 der Mitteilungen der EU-Kommission an den Rat und das Europäische Parlament im Rahmen der SEPA (Single European Payment Area)-Initiative vom 02.12.2003 KOM(2003) 718, S. 77, online abrufbar unter http://eur-lex.europa.eu/Lex UriServ/LexUriServ.do?uri=COM:2003:0718:FIN:DE:PDF [07.10.2010].

delt werden soll, kommen die Chancen hinzu, die sich aus den unterschiedlichen Zinssätzen, Steuern und Währungskursentwicklungen der Länder ergeben.[184] Dem Konzern wird es so ermöglicht, seine Hedging-Strategie zu optimieren.[185] Die Abwicklung des Fremdwährungszahlungsverkehrs durch eine Auslandstochter, wie im Fall des Single Currency Pooling,[186] dient zudem der Einsparung von Wechselkosten, also wiederum der Reduzierung von Betriebskosten.[187]

2. Vorteile der Konzernmutter

Allerdings ergeben sich auch Vorteile, die die Konzerntochtergesellschaften nicht erreichen, sondern bei der Konzernspitze verbleiben:

a) Bessere Überwachung

Je nach Grad der Zentralisierung im Rahmen des Cash Pooling kann der gesamte Zahlungsverkehr des Konzerns bei der den Pool führenden Gesellschaft angesiedelt sein. Dies schafft höhere Transparenz und ermöglicht ihr die einfachere Allokation liquider Mittel. Die finanziellen Entwicklungen der Konzerntöchter können so stets genau im Auge behalten, Risiken schneller identifiziert und bekämpft werden.[188] Darüber hinaus kann die Konzernspitze bei begrenzten liquiden Mitteln zwischen unterschiedlichen Investitionsalternativen der Töchter entscheiden und diejenige auswählen, die den höchsten Profit verspricht.

b) Stärkung der Autonomie

Die Senkung des Fremdkapitalbedarfes fördert auch die Unabhängigkeit des Konzerns, indem die Aufnahme neuer Gesellschafter u.U. umgangen werden kann und die Einflussmöglichkeit der Fremdkapitalgeber geringer gehalten wird.[189]

---

[184] Ausführlich dazu *Boettger*, Strategien für das Cash Management, S. 86.

[185] *Ammelung/Kaesar*, DStR 2003, 655, 658.

[186] Vgl. unten 5. Teil, C. I. 1.

[187] *Ammelung/Kaesar*, DStR 2003, 655, 658; *Hormuth*, Recht und Praxis des konzernweiten Cash Managements, S. 60; *Vetter/Stadler*, Haftungsrisiken beim konzernweiten Cash Pooling, Rn. 2.

[188] *Grothaus/Halberkamp*, GmbHR 2005, 1317, 1318; *Hentzen*, ZGR 2005, 480, 482; *Wand/Tillmann/Heckenthaler*, AG 2009, 148; *Vetter/Stadler*, Haftungsrisiken beim konzernweiten Cash Pooling, Rn. 8.

[189] *Deckart*, Kapitalerhaltung als Grenze des Cash Pooling, S. 6; *Hormuth*, Recht und Praxis des konzernweiten Cash Managements, S. 87.

3. Vorteile der Konzerntochter

Spezielle Vorteile der Konzerntochter, die sich nicht auch bei der Mutter niederschlagen, existieren kaum. Erwähnenswert ist zumindest, dass der einzelnen
Gesellschaft die Möglichkeit eröffnet wird, sich vollständig auf ihr Kerngeschäft
zu konzentrieren, ohne zusätzlich eine Finanzverwaltung betreiben zu müssen.[190]
Es wird sich jedoch zeigen, dass diese partielle Aufgabe von Autonomie auch
typische Risiken birgt.[191]

II. Interne ökonomische Risiken des Cash Pooling

Die vielen Vorteile des Cash Pooling sollten nicht über die rechtlichen und
wirtschaftlichen Risiken hinwegtäuschen. So nutzbringend sich Cash Pooling im
gesunden Unternehmen darstellt, so gefährlich kann es in der Krise werden, wie
nicht zuletzt einige spektakuläre Konkurse und Insolvenzen der vergangenen
Jahrzehnte zeigen,[192] in denen Cash Pooling eine maßgebliche Rolle spielte und
die zur Wortschöpfung „crash pool" beitrugen.[193] Allerdings sind diese Nachteile
zumeist nicht im Vorfeld quantifizierbar, sondern bestehen in der Erhöhung der
abstrakten Finanzierungsrisiken.[194]

1. Risiken für Konzern und Konzerntochter

Erneut soll zunächst geprüft werden, wo die Risiken zwischen Konzerngesellschaft und Konzernspitze parallel laufen.

a) Bonitätsrisiko

Zunächst ist das allgemeine Risiko eines jeden Darlehensvertrags zu nennen,
nämlich dass der Darlehensnehmer, hier die Pool führende Gesellschaft, nicht in
der Lage ist, die erhaltenen Mittel vereinbarungsgemäß zurückzuzahlen.[195] Dieses Risiko ist jedoch kein spezifisches des Cash Pooling, sondern prinzipiell auch
im Verhältnis zur Hausbank existent, sofern man nur auf die Konzernmutter bzw.
die Pool führende Gesellschaft blickt. Allerdings greift eine derartige Betrach-

---

[190] *Fuhrmann,* NZG 2004, 552, 554.

[191] Dazu unten 1. Teil, B. II. 2. d).

[192] Hervorzuheben ist der Cash-Pooling-bedingte Konkurs der Bremer Vulkan AG im
Jahr 1996.

[193] *Kull,* in: FS Spühler (2005), 179, 192.

[194] Hierzu oben 1. Teil, A. II. 1. c).

[195] *Cahn,* ZHR 166 (2002), 278, 281; *U. H. Schneider,* ZGR 1984, 497, 534; *Vetter,*
VGR 2002, 70, 72; *Hormuth,* Recht und Praxis des konzernweiten Cash Managements,
S. 90; *Vetter/Stadler,* Haftungsrisiken beim konzernweiten Cash Pooling, Rn. 19 und
104.

tung zu kurz: Auf Grund der Konzernstruktur und der oben beschriebenen Besonderheiten der Finanzierung im Konzern[196] ist die Bonität der Konzernmutter abhängig von der Bonität jedes einzelnen Tochterunternehmens. Anders gesprochen ist die Gefahr hoch, dass die zuvor solvente Finanzierungsgesellschaft in den Sog eines Dominoeffektes gezogen wird.[197] So geschah es etwa beim Zusammenbruch der Bremer Vulkan-Gruppe, in dessen Folge der BGH erstmals die Pflichten der Pool führenden Gesellschaft konkretisiert hat.[198]

Dabei ging es – stark vereinfacht – um die Bremer Vulkan Verbund AG, deren Geschäftszweck in der Schiffskonstruktion bestand. Nach der deutschen Wiedervereinigung erwarb die AG zwei in der Rechtsform der GmbH organisierte ostdeutsche Werften, die Liquidität in Form öffentlicher Fördergelder (insgesamt je ca. 9,7 Mio. DM) erhielten. Diese führten sie im Rahmen eines Cash-Pooling-Vertrags an die Konzernmutter ab, die selbst Pool führende Gesellschaft war. Als die Konzernmutter 1996 insolvent wurde, unterfielen auch die eingezahlten Gelder der beiden ostdeutschen Werften der Konkursmasse. In mehreren anschließenden Verfahren hatte der BGH zu prüfen, ob Ansprüche (u. a. der Bundesanstalt für vereinigungsbedingte Sonderaufgaben, früher Treuhandanstalt) gegen die Vorstandsmitglieder der Bremer Vulkan Verbund AG bestanden.

Dieser Fall belegt, dass das Bonitätsrisiko sowohl die Konzerntochter als auch die Konzernspitze trifft.

b) „Klumpenrisiko"

Zwar als Resultat des eben gesagten, indes dennoch als eigene Kategorie ist das so genannte „Klumpenrisiko"[199] anzuführen. Der Begriff expliziert, dass die einzelnen Konzerngesellschaften mit der Finanzierungsgesellschaft tatsächlich nur einen einzigen Schuldner haben, dessen Ausfall – anders als bei einer Vielzahl von Schuldnern – in keinem Fall zu kompensieren wäre.[200] Es wird also auf den Sicherungsmechanismus der Risikostreuung verzichtet. Der Pool führenden Gesellschaft jedoch pauschal eine niedrigere Bonität zuzusprechen als einem Kreditinstitut, scheint dennoch unangebracht,[201] da auch dieses bei Ausfall weni-

---

[196] Vgl. 1. Teil, A. II. 1. c).

[197] *Burgard,* VGR 2002, 45 ff.; *Rittscher,* Cash-Management-Systeme in der Insolvenz, S. 39; *Vetter/Stadler,* Haftungsrisiken beim konzernweiten Cash Pooling, Rn. 27 f.

[198] BGH, Urt. v. 17.09.2001 – II ZR 178/99 („Bremer Vulkan") = BGHZ 149, 10 = ZIP 2001, 1874 m. Bespr. *Altmeppen* = NJW 2001, 3622.

[199] *U. H. Schneider,* in: Lutter/Scheffler/Schneider, Hdb. Konzernfinanzierung, Rn. 25.52; *Burgard,* VGR 2002, 45 ff.; *Engert,* BB 2005, 1951, 1956; *Hentzen,* ZGR 2005, 480, 481; *Spindler,* ZHR 171 (2007), 245, 250; *Vetter,* VGR 2002, 70, 73.

[200] *Vetter/Stadler,* Haftungsrisiken beim konzernweiten Cash Pooling, Rn. 26.

[201] So aber *Deckart,* Kapitalerhaltung als Grenze des Cash Pooling, S. 11.

ger Großkreditnehmer oder wie im Fall der Finanzmarktkrise ab Mitte 2007 zahlungsunfähig werden kann.

c) Bedarf hoch qualifizierten Personals

Die oben beschriebene Möglichkeit, mit größeren Volumina zu disponieren und damit Finanzmarktprodukte nutzen zu können, die kleineren Betrieben vorenthalten bleiben, erfordert selbstverständlich auch ein Finanzmanagement, das diese Märkte zu überschauen vermag. Die Pool führende Gesellschaft muss dazu hoch qualifiziertes Personal wie Finanzwirtschaftler, Steuerexperten und Mathematiker vorhalten und sollte ein Verständnis von Märkten besitzen, welches sich nicht in der Kenntnis des regionalen oder nationalen Finanzmarkts erschöpft. Hieraus werden höhere Personal- und Personalakquisekosten folgen. Eine Umlage dieser Kosten auf alle Konzerngesellschaften dürfte Teile der ersparten Kosten bei den Untergesellschaften wieder wettmachen.[202]

d) Entscheidungsferne

Durch den zentralisierten Entscheidungsprozess kann es sich ergeben, dass die Entscheidung über eine Investition letztendlich bei Personen verbleibt, die in den Entwicklungsprozess oder die Durchführung nicht selbst eingebunden sind. Hieraus ergeben sich bisweilen die typischen Probleme von Entscheidungen „am grünen Tisch".

2. Risiken für die Konzerntochter

a) Risiko der Illiquidität von Tochterunternehmen

Die Abführung überschüssiger Liquidität beraubt das Unternehmen teilweise auch dann seiner Handlungsfähigkeit, wenn die Solvenz des Cash Pools absolut sicher ist.[203] Zwar erhält es durch Abführung seiner Mittel stets einen Rückzahlungsanspruch, aber ein solcher ist nicht im selben Maße flexibel wie Finanzmittel im Kassenbestand, die bei Bedarf unverzüglich für Investitionsprojekte genutzt werden können.[204] Denn die Abrufung von Reserven aus dem Cash Pool kann – je nach Ausgestaltung des Vertrages – an bestimmte Bedingungen geknüpft sein, was schlussendlich auch zu Verzögerungen bei der Auszahlung führen mag. Hinzu kommt, dass innerhalb eines Konzerns oftmals verschiedene

---

[202] *Hormuth,* Recht und Praxis des konzernweiten Cash Managements, S. 90.

[203] *Scheffler,* in: FS Goerdeler (1987), 471, 479; *Rittscher,* Cash-Management-Systeme in der Insolvenz, S. 39; *Vetter/Stadler,* Haftungsrisiken beim konzernweiten Cash Pooling, Rn. 20.

[204] *Stimpel,* in: FS 100 Jahre GmbHG (1992), 335, 348 ff.

Investitionen zur Disposition stehen, sodass es letztlich vom Finanzmanagement abhängt, welches der verbundenen Unternehmen für welche Maßnahme die – selbstverständlich auch im „gesunden" Konzern nicht unbegrenzten – Mittel aus dem Pool erhält.[205] In diesem Fall drückt sich der messbare wirtschaftliche Nachteil des abhängigen Tochterunternehmens in der Differenz zwischen dem Habenzins im Cash Pool und der nicht erwirtschafteten Rendite der Alternativinvestition aus.[206]

b) Fehlen effektiver Überwachung

Teilweise kann es vorkommen, dass wirtschaftliche Fehlentscheidungen einzelner am Pool teilnehmender Unternehmen – fahrlässig oder durch diese Unternehmen intendiert – lange Zeit unentdeckt bleiben.[207] Der Cash Pool begünstigt also ein „Durchschleifen" von Konzerntöchtern, die eigentlich durch die Steuerungsmechanismen des Marktes hätten untergehen müssen. Es hängt dann von Zahl und wirtschaftlicher Größe dieser Konzerntöchter ab, ob der Pool und die ihm angeschlossenen Schwesterunternehmen dies verkraften können. Ein solches Durchschleifen geht auf Kosten aller im Konzern verbundenen Gesellschaften, obwohl einzig die Konzernspitze über ausreichend Informationen verfügen wird, derartige Unternehmen im Interesse aller zu identifizieren und Sanierungsvorschläge zu unterbreiten bzw. falls dies aussichtslos erscheint, eine weitere Liquiditätszufuhr zu verhindern und das Unternehmen kontrolliert abzuwickeln.

Das Risiko der Tochtergesellschaften besteht somit darin, sich von der korrekten Informationsversorgung durch die Konzernspitze abhängig gemacht zu haben. Die Folgen ineffektiver Überwachung durch die Konzernspitze werden dadurch auf die Tochterunternehmen externalisiert.

c) Erfordernis einer Bonitätskontrolle

Möchte eine Konzerngesellschaft das eben Ausgeführte nicht akzeptieren, so wird es ihr nicht erspart bleiben, sich regelmäßig Gewissheit über die fortbestehende Zahlungsfähigkeit der Pool führenden Gesellschaft sowie auch ihrer Schwestergesellschaften zu verschaffen. Unter Umständen kann diese laufende Bonitätskontrolle sogar zu einer rechtlichen Pflicht erstarken und bei Versäumnissen Haftungsfolgen mit sich bringen.[208] Bereits hier kann jedoch festgehalten werden, dass eine solche Bonitätsbeobachtung auch das Vorhalten eines gewissen

---

[205] *U.H. Schneider,* ZGR 1984, 497, 534 f.; *Vetter/Stadler,* Haftungsrisiken beim konzernweiten Cash Pooling, Rn. 107.

[206] *Vetter/Stadler,* Haftungsrisiken beim konzernweiten Cash Pooling, Rn. 108 f.

[207] *Deckart,* Kapitalerhaltung als Grenze des Cash Pooling, S. 13; *Hormuth,* Recht und Praxis des konzernweiten Cash Managements, S. 96.

[208] Ausführlich unten 4. Teil, C. I. 1. b).

Grades an Fachkompetenz erfordert und zeitlichen sowie administrativen Aufwand mit sich bringt.

d) Abhängigkeit der Tochtergesellschaften vom Cash Pool

Die Aufgabe der Autonomie hinsichtlich der Liquiditätssteuerung birgt noch weitere Nachteile. So mag es vorkommen, dass die Pool führende Gesellschaft insolvent wird, das Tochterunternehmen jedoch auf Grund einer guten Absicherung hierdurch zunächst keine eigenen Verluste erleidet. In solchen Situationen wirkt es sich fatal aus, wenn das Unternehmen keine eigene Hausbank mehr hat. In Ermangelung einer Historie der Geschäftsdaten und eines über die Jahre gewachsenen Vertrauensverhältnisses wird es nur schwerlich Zwischenkredite zur Überbrückung des Liquiditätsengpasses erhalten.[209] Schließlich kommt es sogar vor, dass Pool führende Gesellschaften nicht aus Mittelknappheit, sondern aus anderen Motiven nicht bereit sind, einer Tochter Liquidität zuzuführen, so etwa um sich eines weniger rentablen Konzernglieds zu entledigen.[210]

e) Nachteilige Konditionen

Durchaus sind auch Fälle denkbar, in denen ein Konzernunternehmen auf Grund eines guten eigenen Ratings oder eines innovativen Produktes externe Kredite günstiger hätte bekommen können als bei interner Aufnahme von der Pool führenden Gesellschaft.[211] Ähnlich stellt es sich dar, wenn die Vergütung beim Cash Pooling von vornherein nicht marktgerecht ausgestaltet wird, um eine höhere Marge als Ertrag in die Konzernspitze zu behalten.[212]

f) Risikoverlagerung

In der Regel haben Konzernunternehmen von hervorragender Bonität wenig Liquiditätsbedarf und nehmen daher eher die Rolle des Darlehensgebers ein,

---

[209] *Liebscher,* GmbH-Konzernrecht, Rn. 360; *Vetter,* in: Lutter, Holding-Handbuch, § 8 Rn. 3; *Vetter,* VGR 2002, 70, 73; *Makowski,* Cash Management in Unternehmensgruppen, S. 235 f.; *Matschke/Hering/Klingelhöfer,* Finanzanalyse und Finanzplanung, S. 1171; *Vetter/Stadler,* Haftungsrisiken beim konzernweiten Cash Pooling, Rn. 9, 21 und 110 f. m.w.N.

[210] Einen solchen Fall behandelt OLG München, Urt. v. 24.11.2005 – 23 U 3480/05 = GmbHR 2006, 144 m. Anm. *Blöse* = BB 2006, 286 m. Anm. *Habersack* = ZIP 2006, 25 = DB 2005, 2811 = NZG 2006, 195 = NJW-Spezial 2006, 126 = Der Konzern 2006, 78; vgl. auch *Burgard,* AG 2006, 527, 533; *Heckschen,* NotBZ 2006, 381, 386; allgemein zum Konzernkonflikt oben 1. Teil, A. I. 2.

[211] *Scheffler,* in: FS Goerdeler (1987), 471, 480; *Rittscher,* Cash-Management-Systeme in der Insolvenz, S. 40; *Vetter/Stadler,* Haftungsrisiken beim konzernweiten Cash Pooling, Rn. 23.

[212] *Vetter,* VGR 2002, 70, 74.

während diejenigen Gesellschaften einen besonders hohen Liquiditätsbedarf haben, deren Bonität im konzernweiten Vergleich eher schlecht ist. Cash Pooling kann dann dazu führen, dass sich die Mittel des Konzerns von den prosperierenden hin zu den eher kränkelnden Gesellschaften verlagern, sodass die Bonität des Gesamtkonzerns abnimmt.[213]

g) Entstehen eines Haftungsverbundes

Weiterhin wird auf die Gefahr hingewiesen, die sich aus der Mithaftung einzelner am Pool beteiligter Unternehmen für das Kreditvolumen des Gesamtpools ergibt: Da die Pool führende Gesellschaft mit Ausnahme des Pools selbst oft nicht über nennenswerte Vermögensgegenstände verfügen wird, werden Fremdkapitalgeber regelmäßig eine Besicherung ihrer an den Pool ausgegebenen Darlehen durch die Konzerngesellschaften fordern.[214] Auf diese Weise kann es passieren, dass ein Konzernunternehmen unverschuldet einer doppelten Haftung ausgesetzt ist, wenn es gleichzeitig seine eigene Forderung gegen den Pool verliert und darüber hinaus mit seinem verbleibenden Anlagevermögen haftet.[215]

III. Ökonomische Bedeutung für konzernexterne Rechtssubjekte

Solange durch das Cash Pooling ökonomische Vorteile für die Konzerngesellschaften produziert werden, ist das Verfahren *ceteris paribus* auch für diejenigen Rechtssubjekte sinnvoll oder wenigstens neutral, mit denen die Gesellschaften wirtschaftlich in Kontakt treten, namentlich ihre Schuldner und Gläubiger. Während es den externen Schuldner einer Konzerngesellschaft in der Regel nicht zu tangieren braucht, wie konzernintern Liquidität verschoben wird,[216] ist für den externen Gläubiger essenziell, ob bzw. wo die nötige Liquidität gepoolt wird, die die Werthaltigkeit seines Anspruchs gewährleistet. Das bestehende Gläubigerschutzsystem des Gesellschaftsrechts wurde durch das MoMiG, wie sich in dieser Arbeit noch zeigen wird, ganz erheblich modifiziert. Da es erklärtes Ziel des MoMiG war, Cash-Pooling-Maßnahmen zu erleichtern,[217] ohne jedoch den Gläu-

---

[213] *Hormuth,* Recht und Praxis des konzernweiten Cash Managements, S. 91.

[214] *Bender,* BB 2005, 1492; *Dampf,* Der Konzern 2007, 157; *Kollmorgen/Santelmann/Weiß,* BB 2009, 1818; *Sonnenhol/Groß,* ZHR 159 (1995), 388, 393; *Vetter,* VGR 2002, 70, 74; *Wand/Tillmann/Heckenthaler,* AG 2009, 148; *Makowski,* Cash Management in Unternehmensgruppen, S. 35 f.

[215] *Cahn,* ZHR 166 (2002), 278, 282; *Vetter/Stadler,* Haftungsrisiken beim konzernweiten Cash Pooling, Rn. 22.

[216] Die Probleme des heute häufig praktizierten Forderungshandels sollen hier nicht thematisiert werden.

[217] Begr. RegE MoMiG, BT-Drucks. 16/6140, S. 41.

bigerschutz zu vernachlässigen,[218] ist zunächst zu überprüfen, warum im Gesellschaftsrecht allgemein und bei Konzernstrukturen im Speziellen überhaupt ein Gläubigerschutzbedürfnis besteht und wie es erfüllt werden kann.

1. Zur Sicherstellung angemessenen Gläubigerschutzes im Gesellschaftsrecht

Auch wenn es keinesfalls selbstverständlich ist, dass Gläubigerschutz zu den Anliegen des Gesellschaftsrechts zählt,[219] ist er im deutschen Recht so lange und intensiv verortet,[220] dass der Grund dafür selten hinterfragt wird.

a) Trennungsprinzip im Gesellschaftsrecht

Von entscheidender ökonomischer Bedeutung ist das so genannte „Trennungsprinzip" des Gesellschaftsrechts (§ 1 Abs. 1 S. 1 AktG, § 13 Abs. 2 GmbHG). Getrennt wird das Vermögen einer Gesellschaft von dem ihrer Gesellschafter.[221] Dass den Gesellschaftern ob ihrer begrenzten Haftung nahezu vollumfänglich die Vorteile der Geschäftätigkeit ihrer Gesellschaft zukommen, auf der anderen Seite jedoch ein eher überschaubares Risiko korreliert, vermag zunächst zu überraschen.[222] Indes ist es keineswegs so, dass natürliche Personen unbeschränkt, juristische Personen dagegen beschränkt hafteten. Vielmehr haftet eine Kapitalgesellschaft gleich einer natürlichen Person mit ihrem gesamten Vermögen. Umgekehrt steht auch bei einer natürlichen Person regelmäßig niemand dahinter, der ergänzend haftet.[223] Funktionell ist die „Haftungsbegrenzung" der Kapitalgesellschaften eine Grundvoraussetzung dafür, dass sie in eigenem Namen Verträge schließen können (§ 13 Abs. 1 GmbHG/§ 1 Abs. 1 AktG): Nur die Trennung zwischen Gesellschaftskapital und Gesellschafterkapital ermöglicht

---

[218] „Missbrauchsfälle am Ende des Lebens der GmbH sollen bekämpft werden.", Begr. RegE MoMiG, BT-Drucks. 16/6140, S. 1.

[219] *Hertig/Kanda,* in: Kraakman et al., Anatomy of Corporate Law, S. 71, 71 f.; *Mülbert,* EBOR 2006, 357, 364 f.

[220] *Spindler,* JZ 2006, 839, 841 f.; *Haas,* Stellungnahme zum MoMiG-Entwurf (2007), S. 4; *Wöhe,* Betriebswirtschaftslehre, S. 245.

[221] Für die GmbH: *Emmerich,* in: Scholz, GmbHG § 1 Rn. 47; *Michalski,* in: Michalski, GmbHG § 1 Rn. 55; *Hueck/Fastrich,* in: Baumbach/Hueck, GmbHG, § 1 Rn. 56; *Roth,* in: Roth/Altmeppen, GmbHG § 1 Rn. 44; für die AG: *Heider,* in: Münch-Komm AktG § 1 Rn. 46 ff.; *Hüffer,* AktG § 1 Rn. 4; jeweils m.w.N.

[222] Hierzu schrieb die *London Times* bereits in ihrer Ausgabe vom 2. Mai 1824: *„Nothing can be so unjust as for a few persons abounding a wealth to offer a portion of their excess for the information of a company, to play with that excess – to lend the importance of their whole name and credit to the society, and then should the funds prove insufficient to answer all demands, to retire into the security of their unhazarded fortune, and leave the bait to be devoured by the poor deceived fish."*

[223] *Blaurock,* in: FS Raiser (2005), 3, 6; *Raiser,* in: FS Lutter (2000), 637, 640 f.

dies, da andernfalls die Vertragspartner der Gesellschaft gezwungen wären, sich vor jedem Vertrag über die wirtschaftlichen Verhältnisse der persönlich haftenden Gesellschafter Klarheit zu verschaffen.[224] Gleiches gilt für die Gesellschafter untereinander, deren Risiko mit schwindender Zahlungsfähigkeit der Kompagnons stiege.[225] Das Trennungsprinzip gestattet auch den relativ unkomplizierten Handel mit Geschäftsanteilen, indem es den Gläubigern – und soweit es um Haftungsrisiken geht auch den Mitgesellschaftern – nun egal sein kann, ob sich die Beteiligungsstruktur der Gesellschaft ändert, da das keine Auswirkung auf das Delkredere-Risiko hat.[226] Zusätzlich ermöglicht das Trennungsprinzip die Unterscheidung zweier Typen von Unternehmern, nämlich dem Rendite orientierten Kapitalgeber (z. B. Aktionär) und dem unternehmensorientierten Manager.[227]

Der vielleicht wichtigste Vorteil des Trennungsprinzips liegt jedoch darin, dass der Unternehmer entgegen seiner natürlichen Risikoaversität ermutigt wird, wirtschaftliche Wagnisse einzugehen, weil seine potenzielle Rendite den einzukalkulierenden Verlust übersteigt.[228] Das durch das Eigenkapital der Gesellschafter nicht abgedeckte Risiko verbleibt bei den Fremdkapitalgebern, die bei Insolvenz der Gesellschaft ihres Darlehens entsprechend einer Insolvenz- oder Vergleichsquote – schlimmstenfalls vollumfänglich – verlustig gehen.[229] Die Externalisierung von Risiken auf Gesellschaftsgläubiger kann also oftmals ökonomisch sinnvoll sein, indem etwa in sehr kleinen Kapitalgesellschaften wenige Gesellschafter große Teile ihres Kapitals und ihrer Arbeitsleistung in die Gesellschaft investiert haben. Ihr Risiko erfährt durch die Verlagerung auf eine größere Gläubigergruppe, zu der vornehmlich auch Banken gehören werden, eine Streuung.[230] Da die Banken Kreditausfälle bei ihrer Preisgestaltung berücksichtigen und umlegen, kann von einer Sozialisierung des Risikos gesprochen werden. Auf diese Weise

---

[224] *Easterbrook/Fishel*, The Economic Structure of Corporate Law, 40 ff.; *Hansmann/Kraakman*, in: Kraakman et al., Anatomy of Corporate Law, 1, 8 f.; *Halpern/Treblicock/Turnbull*, 30 Toronto L.J. (1980), 117, 133 ff.; *Kübler*, in: FS Heinsius (1991), 397, 405; *Schärtl*, Die Doppelfunktion des Stammkapitals im europäischen Wettbewerb, S. 14 f.

[225] *Easterbrook/Fishel*, The Economic Structure of Corporate Law, 42.

[226] *Easterbrook/Fishel*, The Economic Structure of Corporate Law, 42; *Hansmann/Kraakman*, in: Kraakman et al., Anatomy of Corporate Law, 1, 10.

[227] *Kübler*, in: FS Heinsius (1991), 397, 406; *Lehmann*, ZGR 1986, 345, 354.

[228] *Easterbrook/Fishel*, The Economic Structure of Corporate Law, 53; *Easterbrook/Fishel*, U.Chic.L.Rev. 52 (1985), pp. 89 ff.; *Halpern/Treblicock/Turnbull*, 30 Toronto L.J. (1980), 117, 118; *Kübler*, in: FS Heinsius (1991), 397, 405; *Kleindiek*, ZGR 2006, 335, 338 f.; *Lehmann*, ZGR 1986, 345, 354; *Spindler*, JZ 2006, 839, 840; *Haas*, Gutachten E 66. DJT, S. E 13; *Cheffins*, Company Law (1997), 500; *Schäfer/Ott*, Ökonomische Analyse des Zivilrechts, 2004, 661.

[229] *Spindler*, JZ 2006, 839, 840; *Schäfer/Ott*, Ökonomische Analyse des Zivilrechts, 2004, 664.

[230] *Eidenmüller/Engert*, GmbHR 2005, 433, 434; *Kleindiek*, ZGR 2006, 335, 338; *Kübler*, in: FS Heinsius (1991), 397, 405; *Cheffins*, Company Law (1997), 501.

trägt die soziale Gemeinschaft ein Teilrisiko, was zumindest dann akzeptabel ist, wenn sie andererseits auch von der Steuerkraft, den geschaffenen Arbeitsplätzen und der Kaufkraftsteigerung durch private Wagnisse profitiert.[231] Diese Überlegungen zeigen auch, dass nicht Ziel eines gesellschaftsrechtlichen Gläubigerschutzes sein kann, alle Forderungen gegen die Gesellschaft im Insolvenzfall in voller Höhe abzusichern. Das allgemeine Risiko einer jeden Investition hat auf jeden Fall bei den Gesellschaftsgläubigern zu verbleiben.[232]

Allerdings endet die erträgliche oder gar wünschenswerte Externalisierung gesellschaftlicher Risiken dort, wo mittels der durch das Trennungsprinzip vermittelten Haftungsbegrenzung Missbrauch betrieben wird.[233] Dies ist vor allem der Fall, wenn ein Gesellschafter es unternimmt, Teile des Vermögens der Gesellschaft, welches den Gesellschaftsgläubigern als Befriedigungsreserve dienen sollte, in sein Privatvermögen zu verlagern.[234] Missbrauch wird umso einfacher, je intransparenter sich die wirtschaftliche Lage eines Unternehmens darstellt, d. h. je schwieriger es einem potenziellen Gläubiger gemacht wird, sein Forderungsausfallrisiko einzuschätzen.[235] Dem Gläubiger bleibt ohnehin als Reaktion auf die Entwicklung der Gesellschaft in aller Regel nur die Möglichkeit, dieser sein Kapital zu entziehen. Er partizipiert damit am wirtschaftlichen Risiko der Unternehmung, ohne aber in den unternehmerischen Entscheidungsprozess eingebunden zu sein.[236] Nach dem Gesagten wird ersichtlich, dass den dem Gesellschafter durch das Trennungsprinzip gewährten Vorteilen ein gesetzlicher Schutz der Gesellschaftsgläubiger zu korrespondieren hat.[237] Dies gebietet nicht nur das Prinzip der Fairness, sondern auch die Notwendigkeit des fortbestehenden Marktvertrauens von Fremdkapitalgebern.

---

[231] *Cheffins,* Company Law (1997), 499 f.; *Eidenmüller/Engert,* GmbHR 2005, 433, 434; *Röhricht,* in: FS 50 Jahre BGH (2000), 83, 98; die Grenzen der Hinnehmbarkeit einer solchen Risikoexternalisierung haben sich freilich im Rahmen der Finanzmarktkrise gezeigt, wo Steuermittel in erheblichem Umfang zur Bankenrettung aufgewendet werden mussten.

[232] *Eidenmüller/Engert,* GmbHR 2005, 433, 434 f.; *Vetter,* ZGR 2005, 788, 790; *Wilhelmi,* GmbHR 2006, 13, 14; *Haas,* in: Hommelhoff/Helms, Neue Wege in die Europäische Privatgesellschaft, S. 155, 156; *Haas,* Gutachten E 66. DJT, S. E 13; *Hansmann/Kraakman,* in: Kraakman et al., Anatomy of Corporate Law, 1, 8 f.

[233] *Easterbrook/Fishel,* The Economic Structure of Corporate Law, 50; *Kirchner,* in: FS Raiser (2005), 181, 195; *Spindler,* JZ 2006, 839, 840; *Vetter,* ZGR 2005, 788, 790 f.

[234] *Pellens/Kemper/Schmidt,* ZGR 2008, 381, 382.

[235] *Fleischer,* in: Michalski, GmbHG, Syst. Darst. 6, Rn. 44 ff.; *Baums/Vogel,* in: Lutter/Scheffler/Schneider, Hdb. Konzernfinanzierung, Rn. 9.47.

[236] *De Kluiver,* The European private company?, S. 25 f.; *Haas,* Gutachten E 66. DJT, S. E 12.

[237] *Hennrichs,* StuW 2005, 257; *Pellens/Kemper/Schmidt,* ZGR 2008, 381, 384; *Pellens/Jödicke/Schmidt,* Der Konzern 2007, 427, 428.

b) Das Trennungsprinzip im Konzern

Das Trennungsprinzip greift auch im Konzern.[238] Hier sind die Gesellschafter keine natürlichen Personen, sondern übergeordnete Muttergesellschaften, deren Vermögen aber gleichsam gegen den Zugriff durch Gläubiger ihrer Tochterunternehmen geschützt ist[239] und über das ein separates Insolvenzverfahren zu eröffnen wäre.[240] Noch einmal ist sich dabei zu vergegenwärtigen, dass nicht jeder Gläubiger die Konzernstruktur zu überblicken vermag und damit oftmals nicht wissen wird, wer ihm in welchem Umfang haftet bzw. gar, wer überhaupt sein Kontrahent ist.[241] Dies könnte den Anreiz dazu liefern, Risiko behaftete Tätigkeiten in unterkapitalisierte Tochterunternehmen auszugliedern: Erfolge ließen sich dann durch die Muttergesellschaft abschöpfen, die unter Berufung auf das Trennungsprinzip aber für Verluste der Tochter nicht in Anspruch genommen werden könnte.[242] Bis zu einem gewissen Grade bleibt es dabei, dass ein solcher Unternehmergeist innovationsfördernd ist.[243] Ist der Rubikon des gesamtgesellschaftlich Wünschenswerten überschritten, wird man das ursprünglich erwünschte Verhalten dagegen als missbräuchlich ansehen müssen.

Trotzdem hat das Trennungsprinzip im Konzern auch eine Gläubiger schützende Wirkung, indem ein Gläubiger grundsätzlich davon ausgehen darf, dass die Haftungsmasse „seines" Geschäftspartners auch für „sein" Risiko einsteht und nicht durch eventuelle Ansprüche aus Geschäftsverbindungen von Dritten mit Schwesterunternehmen verwässert wird. Dies gilt jedoch nicht uneingeschränkt, wenn man sich der oben erläuterten Finanzierungseffekte erinnert: Mit jeder Konzernebene, über die die freien Mittel einer Gesellschaft weitergereicht werden, verwässert nämlich als Folge des Durchleitungseffekts auch sein Anspruch gegen die Insolvenzmasse.[244] Der Metamorphoseneffekt führt dazu, dass weitergereichte Fremdmittel aus externer Quelle, nicht immer an die unmittelbar Kredit nehmende Gesellschaft zurückfließen. Zwar erlangt die Kreditnehmerin dafür zunächst Vermögen in Form einer Beteiligung, jedoch können externe

---

[238] Zu den ökonomischen Auswirkungen und zur Überlegung einer übergreifenden Haftung der Konzernmutter für die Verbindlichkeiten aller Gesellschaften vgl. *Fleischer,* ZGR 2000, 1, 19 f.

[239] *Easterbrook/Fishel,* The Economic Structure of Corporate Law, 57.

[240] *Haas,* in: Gottwald, Insolvenzrechts-Hdb. § 95 Rn. 2; *Rittscher,* Cash-Management-Systeme in der Insolvenz, S. 51.

[241] *Baums/Vogel,* in: Lutter/Scheffler/Schneider, Hdb. Konzernfinanzierung, Rn. 9.47; *Easterbrook/Fishel,* The Economic Structure of Corporate Law, S. 58; *Fleischer,* ZGR 2000, 1, 22; *Halpern/Treblicock/Turnbull,* 30 Toronto L.J. (1980), 117, 149.

[242] *Easterbrook/Fishel,* The Economic Structure of Corporate Law, 57; *Wiedemann/ Hirte,* in: 50 Jahre BGH, FG a.d.Wissenschaft (2000), 337, 366.

[243] *Fleischer,* ZGR 2000, 1, 20.

[244] Vgl. *U.H. Schneider,* ZGR 1984, 497, 503; *Schön,* ZHR 159 (1995), 351, 361; ähnlich auch die Argumentation von BGHZ 157,72, ausführlich besprochen unten 2. Teil A. I. 2. c) bb).

Gläubiger diese schwieriger zu Geld machen. Wenn die Gesellschaft, an der die Kreditnehmerin mit Eigenkapital beteiligt ist, gar ihrerseits zahlungsunfähig wird, so nützt dem externen Gläubiger auch die Möglichkeit der Vollstreckung in den Gesellschaftsanteil nichts. Dies wird besonders häufig der Fall sein, wenn sich zugleich ein Pyramiden-/Teleskopeffekt einstellt, da dann das Risiko mit jeder weiteren Konzernebene erheblich ansteigt, ohne dass das wirkliche Kapital im Konzern erhöht würde.[245] Schließlich vermag der Dominoeffekt dazu zu führen, dass an sich solide geführte Gesellschaften bei Konkurs ihrer Ober- oder Untergesellschaften in einen Strudel gezogen werden, der auch bei ihnen zur Zahlungsunfähigkeit führt. Innenfinanzierung im Konzernverbund bringt es also mit sich, dass sich das Risiko externer Gläubiger – abhängig von der Intensität der Innenfinanzierung – auch auf die Entwicklung von verbundenen Unternehmen erstreckt.

Diese kurze Betrachtung zeigt, dass auch und gerade im Konzernverbund ein Schutz der Gläubiger vonnöten ist, da es andernfalls kaum möglich wäre, weiterhin Personen zu finden, die trotz bestehender asymmetrischer Informationsverteilung bereitwillig ihr Vermögen als Fremdkapital zur Verfügung stellen würden. Das Vertrauen der einzelnen Rechtssubjekte in die Kompensation ihrer Aufwendungen bildet insofern die Grundlage eines jeden Wirtschaftssystems.

Über die effektivste Gewährleistung dieses fundamentalen Gläubigerschutzes besteht ein – teilweise ideologisch geprägter – Streit innerhalb der Rechts- und Wirtschaftswissenschaften.

2. Arten des Schutzes von Gesellschaftsgläubigern

Ein sinnvolles Schutzkonzept für Gesellschaftsgläubiger muss nach Ergebnissen des vorherigen Abschnitts erstens eine angemessene Risikoverteilung gewähren, zweitens für alle Beteiligten nachvollziehbar bzw. überschaubar sein und drittens dem Prinzip der Finanzierungsfreiheit gerecht werden. Dabei kann es in personeller Hinsicht entweder bei der Geschäftsführung oder bei den Gesellschaftern einer Unternehmung ansetzen,[246] auf Gesellschaftsebene beim Vermögen, der Liquidität oder dem Nachteil. Grundsätzlich gibt es drei unterschiedliche Doktrinen bezüglich der Sicherstellung eines solchen effektiven Gläubigerschutzes.

a) *Bilanzieller* ex-ante-*Gläubigerschutz*

Eine traditionell starke Verankerung im deutschen Recht weisen gesellschaftsrechtliche Mindestkapital- und Kapitalerhaltungsvorschriften auf.[247] Das fixe

---

[245] *Baums/Vogel,* in: Lutter/Scheffler/Schneider, Hdb. Konzernfinanzierung, Rn. 9.47.
[246] *Vetter,* ZGR 2005, 788, 793.

Mindestkapital für Kapitalgesellschaften[248] soll den Gläubigern als Haftungsstock und einer ursprünglichen Intention nach auch der Gesellschaft als Arbeitskapital dienen.[249] Daneben fungiert es als Verlustpuffer und Seriositätsschwelle.[250] Die Gesellschafter haben einen durch die Satzung frei bestimmbaren Kapitalbetrag zu entrichten, den sie nicht zurückerhalten. Dieser Beitrag korrespondiert mit der späteren Stimmrechtsmacht in der Gesellschaft.[251] Die auch in Bezug auf das Mindestkapital grundsätzlich geltende Satzungsautonomie von Kapitalgesellschaften wird im deutschen Recht teilweise dadurch eingeschränkt, dass es traditionell eine von der Gesellschaftsform abhängige Begrenzung nach unten vorsieht. An dieser Stelle sei betont, dass das Recht der Eigenkapitalbindung theoretisch nicht auf ein Mindestkapital angewiesen ist,[252] jedoch nur durch dieses auch eine Gläubiger schützende Funktion entfalten kann.[253] Dem Rückzahlungsverbot korrespondiert die Haftungsbeschränkung der Gesellschafter: Mehr als ihre Einlage müssen sie nicht leisten, wohl aber unter Verletzung dieses Kapitals entzogene Werte zurückerstatten. Dies kann unter Umständen dazu führen, dass der Gesellschaft von ihnen gewährtes Fremdkapital bei Hinzutreten weiterer Bedingungen Eigenkapital ähnlich behandelt wird.[254] Basis der Betrachtung ist zumeist die Bilanz der Unternehmung. Dem Gesellschafter bietet das System gesetzlichen Mindestkapitals damit Planungssicherheit. In Reinform praktiziert entspricht es auch vollumfänglich dem Trennungsprinzip. Seine Gläubiger schützende Funktion besteht zunächst darin, dass der Gläubiger sich über die Höhe des Haftungsstocks vorab informieren kann. Dieser Haftungsstock fungiert als Risikopolster. Erst wenn er aufgebraucht ist, besteht die erhöhte Gefahr, dass Unternehmensverluste auch die Gläubiger treffen.[255] Dem Drang des Gesellschafters, diesem Polster Mittel wieder zu entziehen, um einen möglichst großen Teil des Risikos zu externalisieren, wirkt das System der Kapitalbindung entgegen.[256] Selbstverständlich schützt es aber nicht vor „Mitgläubigern". Insofern

---

[247] *Hennrichs,* StuW 2005, 256; *Kuhner,* ZGR 2005, 753; *Pellens/Kemper/Schmidt,* ZGR 2008, 381, 382; *Schön,* Der Konzern 2004, 162 ff.; *Spindler,* JZ 2006, 839, 841 f.

[248] Von *Wiedemann* als „Kulturleistung ersten Ranges" bezeichnet, GesR, Bd. I (1980), S. 557 f.

[249] *Goette,* Das neue GmbH-Recht, Rn. 12 ff.

[250] *Blaurock,* in: FS Raiser (2005), 3, 6 ff.; *Pellens/Kemper/Schmidt,* ZGR 2008, 381, 385; *Wilhelmi,* GmbHR 2006, 13 f.; vgl. auch unten 2. Teil, A. I. 1.

[251] *Spindler,* JZ 2006, 839, 842.

[252] So etwa das englische System, bei dem es entgegen verbreiteter Annahme eine strenge Kapitalbindung gibt, welche jedoch auf Grund des Minimalkapitals von 1 £ selten eine praktische Schutzwirkung entfalten wird.

[253] *Kleindiek,* ZGR 2006, 335, 341; *Schön,* Der Konzern 2004, 162, 168; jeweils m. w. N.

[254] Ausführlich unten 3. Teil.

[255] *Fleischer,* in: Michalski, GmbHG, Syst. Darst. 6, Rn. 6; *Kleindiek,* ZGR 2006, 335, 339; *Pellens/Kemper/Schmidt,* ZGR 2008, 381, 385; *Wilhelmi,* GmbHR 2006, 13 f.

[256] *Kleindiek,* ZGR 2006, 335, 339.

hängt es von der Verhandlungsposition jedes einzelnen Gläubigers ab, ob er neben dem Betrag des Stammkapitals auch die aus seiner Sicht ebenso notwendige Information erhält, wie viele weitere Gläubiger in welcher Höhe ggf. auf den Haftungsstock zugreifen würden.

Die Pflicht zur Einlage eines Mindestkapitals stellt darüber hinaus eine Seriositätsschwelle dar, indem es an der unkontrollierten Gründung zahlreicher zum Scheitern verurteilter Gesellschaften hindert.[257] Der Vorteil kapitalerhaltungsrechtlicher Gläubigerschutzregelungen ist schließlich, dass sie auch den nicht anpassungsfähigen (z. B. gesetzlichen) Gläubigern zu Gute kommen.

Zusammenfassend lässt sich feststellen, dass ein Unternehmer eine Haftungsbeschränkung für seine wirtschaftliche Tätigkeit um den Preis der Pflicht zur Einhaltung gewisser (Verhaltens-)Regeln erkauft.[258] Insofern wirken Systeme, die hinsichtlich des Gläubigerschutzes auf ein Mindestkapital setzen, präventiv. Als starre Regelungen, die normalerweise keinen Unterschied nach Umsatzstärke und Marktaktivität der Unternehmung machen, ist ihr Nutzen in der Praxis jedoch begrenzt.[259] Die Angemessenheit der Eigenkapitalausstattung einer Gesellschaft wird gerade nicht garantiert.[260] Hierauf wird im Verlauf der Arbeit zurückzukommen sein.[261] Bereits an dieser Stelle sei das Beispiel eines Global Players in der Rechtsform der GmbH genannt, für den ein gesetzlich festgesetzter Mindestkapitalstock von derzeit 25.000,– € so gering zu Buche schlüge, dass er prinzipiell auch verzichtbar erschiene. Dagegen mag es durchaus rentable und ökonomisch sinnvolle Kleinstunternehmungen geben, für die 25.000,– € Kapital zum Einen nicht aufzubringen, zum Anderen aber – entscheidender noch – auch gar nicht erforderlich wären.[262]

Die Verknüpfung des dargestellten Systems mit der Bilanz des Unternehmens führt unweigerlich dazu, dass es in Reinform nur in Fällen praktikabel ist, in denen die Vermögensentnahmen bilanzwirksam werden.[263] Insofern kann ein bilanzorientiertes System in Deutschland nur im Zusammenspiel mit den Grundsätzen ordnungsgemäßer Buchführung (GoB) gesehen werden, welche gemäß § 243

---

[257] *Goette,* ZGR 2006, 261, 265; *Kleindiek,* ZGR 2006, 335, 343; *Pellens/Kemper/Schmidt,* ZGR 2008, 381, 385; *Seibert,* BB 2005, 1061; *Vetter,* ZGR 2005, 788, 800.

[258] *Goette,* Das neue GmbH-Recht, Rn. 12.

[259] *Fleischer,* in: Michalski, GmbHG, Syst. Darst. 6, Rn. 59; *Kirchner,* in: FS Raiser (2005), 191, 195; *Kübler,* AG 1998, 345; vgl. zur völligen Ablehnung der Geeignetheit von Mindestkapitalvorschriften als Instrument des Gläubigerschutzes die Schlussanträge des Generalanwalts *Siegbert Alber* v. 30.01.2003 in der Rs „Inspire Art", abgedr. in, GmbHR 2003, 302 Rn. 141 ff.

[260] *Vetter,* ZGR 2005, 788, 799.

[261] Vgl. die Ausführungen zum Normzweck des § 30 Abs. 1 GmbHG im 2. Teil, A. I. 1. und zur Haftung wegen „materiellen Unterkapitalisierung" in 4. Teil, B.

[262] Ähnlich *Kleindiek,* ZGR 2006, 335, 337 und 346.

[263] *Kleindiek,* ZGR 2006, 335, 359.

Abs. 1 HGB dem Jahresabschluss zu Grunde zu legen sind.[264] Auch wird der Vorteil der Sicherheit der Gesellschafter mit dem Nachteil erkauft, dass der ggf. entstehende Wiederauffüllungsanspruch oft nicht hinreichen wird, sämtliche real entstandenen Folgeschäden zu kompensieren.

Hieraus folgt, dass bei der Ausgestaltung eines auf Mindestkapital basierenden Gläubigerschutzsystems die Effizienzeinbußen, die die Einengung der Vertragsfreiheit zwangsläufig mit sich bringt, sorgsam gegen den in seinem Umfang beschränkten Nutzen abzuwägen sind.[265] Schließlich beugt ein gesetzliches Kapitalschutzsystem in keiner Weise Kapitalminderungen nach unternehmerischen Fehlentscheidungen oder *ex-post*-Opportunismus vor.[266] Hier setzt das System eines reaktiven Gläubigerschutzes an, der beispielsweise in Form einer deliktischen Haftung konzipiert sein kann.[267]

b) Reaktiver Gläubigerschutz

Reaktiver Gläubigerschutz wird zumeist delikts- oder insolvenzrechtlich erreicht. Sofern er insolvenzrechtlich ist, hat die Insolvenz der Gesellschaft tatbestandlich regelmäßig der Haftungsfolge vorauszugehen.[268] Dies bedeutet aber gerade nicht, dass dieses Schutzkonzept nur auf die Kompensation möglicher Schäden setzen würde, ohne eine *ex-ante*-Wirkung zu entfalten. Ganz im Gegenteil ist es ein Vorteil solcher Systeme, dass ihnen ein starkes verhaltenssteuerndes Moment innewohnt: Zwar greifen die Haftungsregeln normalerweise erst dann, wenn das sprichwörtliche Kind in den Brunnen gefallen ist, jedoch führen gerade die unabsehbaren Haftungsfolgen für die Akteure auch dazu, dass diese im Vorfeld von riskanten Vorhaben Abstand nehmen können.

Die Kehrseite dieses Prinzips ist, dass auch riskantes, rechtlich aber grundsätzlich nicht zu missbilligendes Verhalten verhindert wird, indem es Geschäftsführern oder Gesellschaftern oft nicht mehr möglich ist, den Umfang einer eventuellen persönlichen Einstandspflicht zu beziffern. Dies kann zu einer Abnahme von politisch gewünschter[269] Risikobereitschaft führen und wirkt insofern dem Trennungsprinzip des Gesellschaftsrechts entgegen.[270]

Kommt es im Einzelfall zu einer Haftung, so kann diese gegenüber der Gesellschaft (Binnenhaftung) oder gegenüber den Gläubigern (Außenhaftung) be-

---

[264] Ausführlich dazu *Pellens/Kemper/Schmidt*, ZGR 2008, 381, 386 ff.; vgl. auch unten 2. Teil, A.

[265] Dieses Fazit zieht auch *Fleischer*, in: Michalski, GmbHG, Syst. Darst. 6, Rn. 59.

[266] *Kirchner*, in: FS Raiser (2005), 191, 196.

[267] Dazu unten 4. Teil.

[268] *Vetter*, ZGR 2005, 788, 797.

[269] Vgl. oben 1. Teil, B. III. 1. a).

[270] *Goette*, Das neue GmbH-Recht, Rn. 14.

stehen.[271] Vorteil der Außenhaftung ist eine schnelle und direkte Zugriffsmöglichkeit der Gläubiger, die indes zu einem „Windhund-Prinzip" führen kann. Aus diesem Grund wirkt das deutsche Recht, soweit es reaktiver Natur ist, zumeist in Form der Innenhaftung.[272] Die Leistung in das Gesellschaftsvermögen kompensiert damit der Idee nach gleichermaßen die Reflexschäden aller Gläubiger. Dieser Gedanke ist Ausdruck des im deutschen Recht grundsätzlich geltenden Gebots der Gläubigergleichbehandlung (vgl. z. B. auch § 1 InsO).

c) Vorrang der Privatautonomie

Eine besonders im angelsächsischen Rechtskreis, in jüngerer Zeit aber auch in Deutschland vertretene Lehre, spricht sich im Kern gegen jegliche Form korporationsrechtlicher Beschränkungen aus und will die Parteien eines Vertrages – nach Schaffung größtmöglicher Transparenz – auf die Kontraktionsfreiheit verweisen.[273] Gläubigerschutz solle somit individuell ausgehandelt werden. Hierbei wird auf den Abbau von Informationsasymmetrien gesetzt. Dem liegt die ökonomische These zu Grunde, dass vollkommene Märkte auch zu gerechten Preisen führen. Gläubigerrisiken wären damit in den Sollzinsen einzupreisen. Anschließend stünde es im wirtschaftlichen Ermessen eines Rechtssubjekts, ein größeres Risiko einzugehen, um eventuell auch eine höhere Rendite aus dem Geschäft zu erzielen. Besteht ein Interesse an dem Geschäft, nicht aber an der Risikotragung, so könnte der Gläubiger sich vertraglich etwa durch so genannte *financial convenants* absichern.[274] Hierbei handelt es sich um im US-amerikanischen Wirtschaftsraum populäre Klauseln in Kreditverträgen, die bestimmte Finanzkennzahlen vertraglich vereinbaren und damit in ihrer Wirkung mit den deutschen Kapitalaufbringungs- oder Eigenkapitalvorschriften vergleichbar sein können, teilweise gar über diese hinaus gehen, jedoch auf Grund der Relativität des Schuldverhältnisses unmittelbar nur zwischen den Vertragsparteien greifen.[275] Hierzulande geläufigere vertragliche Sicherheiten wären die Entgegennahme von Bürgschaften, Forderungsverkauf oder der Abschluss von Versicherungen.[276]

Da dies selbstverständlich eine Überschaubarkeit des Risikos voraussetzt, sehen die Verfechter dieses Ansatzes einen sinnvollen Gläubigerschutz dann gegeben, wenn die höchstmögliche Markttransparenz erreicht ist, der Gläubiger also *ex ante* über sämtliche Informationen verfügt, die er für seine Anlageentschei-

---

[271] *Vetter*, ZGR 2005, 788, 797 f.

[272] Dazu unten 4. Teil, A. II.

[273] Tendenziell *Blaurock*, in: FS Raiser (2005), 3, 10 f.; zu diesem „*self help*"-Ansatz auch *Mülbert*, Der Konzern 2004, 151, 153 und *Schall*, ZIP 2005, 965 m.w.N.

[274] *Wilhelmi*, GmbHR 2006, 13, 15.

[275] Ausführlich dazu *Merkel*, in: Schimansky/Bunte/Lwowski, Bankrechts-Handbuch, § 98 Rn. 255 ff.

[276] *Fleischer*, in: Michalski, GmbHG, Syst. Darst. 6, Rn. 54 ff.

dung benötigt (so genannter „informationeller Gläubigerschutz"[277]). Zu nennen wären hier vor allem die Höhe des Eigenkapitals der Unternehmung sowie typische Kennzahlen aus Bilanz, Gewinn- und Verlustrechnung und Kapitalabflussrechnung.[278]

Ein derart auf autonome Vorbeugung setzendes System hätte den positiven Nebeneffekt, dass es in besonderer Weise zu einer Selbstreinigungsfunktion der Märkte käme, indem schlecht wirtschaftende Unternehmen gemieden würden und dadurch entweder zur Effizienzsteigerung angehalten wären oder aus dem Wettbewerb ausschieden.

In den letzten Jahrzehnten wurde vor diesem Hintergrund in einigen Bereichen des Gesellschaftsrechts – nicht zuletzt durch die wachsenden Einflüsse des europäischen Gesetzgebers – die Transparenz erhöht. So ist es heute europaweit möglich, aus dem Gesellschaftszusatz der Firmierung einer Gesellschaft Rückschlüsse auf eine eventuelle Haftungsbegrenzung zu ziehen[279] und eine Vielzahl von Unternehmensinformationen elektronisch zu beschaffen.[280] Gegenüber Banken unterliegen Großkreditnehmer zudem den strengen Offenlegungspflichten des KWG. Einem opportunistischen Verhalten der Gesellschafter, also der Ausbeutung oder übermäßig riskanten Geschäftsführung im Vorfeld der Krise, kann dies jedoch nicht vollständig vorbeugen.[281] Kleingläubiger profitieren von den Vorschriften des KWG allenfalls mittelbar als „Trittbrettfahrer". Selbst aber wenn ihnen dieselben Informationen zur Verfügung stünden wie Kreditinstituten, würden ihnen oft die subjektiven Kenntnisse fehlen, um die richtigen Schlüsse zu ziehen. Die sofort ins Auge fallenden Merkmale sind dagegen in ihrer Aussagekraft begrenzt. So liefert etwa der Unternehmenszusatz keine Information über die tatsächliche wirtschaftliche Situation des Unternehmens. Bilanzielle Bewertungsvorschriften mindern auch häufig die Aussagekraft der offen zu legenden Kennzahlen. Problematisch ist weiterhin, dass solche Werte stets vergangenheitsbezogen sind und für die Beurteilung der zukünftigen Bonität einer Gesellschaft bestenfalls Indizwirkung haben können.[282]

Zudem wird häufig verkannt, dass ein effizienter Markt nicht nur Markttransparenz zur Grundlage hat. Das wird besonders deutlich, wenn man sich die nach wie vor bestehende Vielfalt an Oligopolen vergegenwärtigt.[283] Insofern ist auch

---

[277] *Pellens/Kemper/Schmidt*, ZGR 2008, 381, 387 m.w.N.

[278] *Vetter*, ZGR 2005, 788, 798.

[279] *Schäfer/Ott*, Ökonomische Analyse des Zivilrechts, 2004, 664 f.

[280] Zu nennen wären diesbezüglich die elektronischen Handels- und Insolvenzregister.

[281] *Spindler*, JZ 2006, 839, 841; *Rittscher*, Cash-Management-Systeme in der Insolvenz, S. 52.

[282] *Pellens/Kemper/Schmidt*, ZGR 2008, 381, 387.

[283] So kontrollieren etwa in Deutschland vier Konzerne 80% des Energiemarkts. Weitere Beispiele sind die vier Mobilfunknetzbetreiber T-Mobile, Vodafone, E-Plus und O2 sowie die internationalen Mineralölkonzerne.

nach Beseitigung von Informationsasymmetrien keinesfalls sicher, dass alle Gläubiger einer Gesellschaft über die entsprechende Verhandlungsmacht verfügen, individualvertraglich ihren Schutz durchzusetzen.[284] Während etwa ein Kreditinstitut auf Sicherheitenbestellung aus dem Privatvermögen von Gesellschaftern einer Kapitalgesellschaft bestehen kann, wird dies einem kleinen Zulieferer kaum möglich sein.[285] Dies gilt umso mehr, je höher eine Marktkonzentration vorliegt. Die gängige Praxis der Banken, Gesellschafter Forderungen gegen ihre Gesellschaft privat besichern zu lassen, weicht dabei die dargestellten Grundsätze des Trennungsprinzips auf. Gerade Kleingläubiger werden zudem häufig durch hohe Transaktionskosten abgeschreckt werden.[286] Zwar profitieren sie in gewissem Umfang als so genannte *free riders*[287] oftmals auch von *financial convenants* in Großverträgen, jedoch ist dies einerseits durch die Relativität des Schuldverhältnisses begrenzt, andererseits werden sich die Schutzbedürfnisse nicht immer decken, sodass ein Kleingläubiger nicht zwangsläufig von der wirtschaftlichen Vereinbarung einer bestimmten Unternehmenskennzahl mit der Hausbank profitiert.[288]

Erst recht muss dies für die Zwangsgläubiger gelten: Während es einem Vertragspartner in der Regel frei steht, mit einem Unternehmen zu kontrahieren (er dies also folglich unterlassen wird, sofern er an der Zahlungsfähigkeit und -bereitschaft des Unternehmens zweifelt), fehlt dem gesetzlichen Gläubiger diese *exit option*.[289] Die in diesem Zusammenhang am häufigsten angeführte Gruppe bilden die deliktischen Gläubiger: Zwar ist es grundsätzlich möglich, sich in einem gewissen Rahmen gegen die Folgen deliktischer Eingriffe zu schützen, jedoch besteht keine Möglichkeit, sich speziell gegen Rechtsgutsverletzungen durch finanzschwache Rechtssubjekte abzusichern. Außerhalb des deliktischen Rahmens stellt der Fiskus einen wichtigen gesetzlichen Gläubiger dar.[290] Auch wenn das genannte Problem bekannt ist, wird es bislang in kaum einer Rechtsordnung in der Weise berücksichtigt, dass Zwangsgläubiger vorrangig vor vertraglichen Gläubigern Befriedigung erführen.[291] Vor allem aber veranschaulicht dieses Exempel die Nachteile eines rein auf Transparenzvorschriften basierenden Gläubigerschutzes: Selbst eine 100%ige Transparenz der Kapitalstruktur dieser

---

[284] *Goette,* ZGR 2006, 261, 276; *Goette,* Das neue GmbH-Recht, Rn. 10 f.; *Hennrichs,* StuW 2005, 256, 260; *Vetter,* ZGR 2005, 788, 791.

[285] *Eidenmüller/Engert,* GmbHR 2005, 433, 436; *Goette,* ZGR 2006, 261, 276.

[286] *Hennrichs,* StuW 2005, 256, 260; *Kleindiek,* ZGR 2006, 335, 346.

[287] *Easterbrook/Fishel,* The Economic Structure of Corporate Law, 47 f.

[288] *Goette,* ZGR 2006, 261, 276; *Hennrichs,* StuW 2005, 256, 260; *Kleindiek,* ZGR 2006, 335, 346.

[289] *Easterbrook/Fishel,* The Economic Structure of Corporate Law, 52 f.; *Goette,* Das neue GmbH-Recht, Rn. 10 f.; *Hennrichs,* StuW 2005, 256, 260; *Jung,* Stellungnahme zum MoMiG-Entwurf (2008), S. 4.

[290] *Jung,* Stellungnahme zum MoMiG-Entwurf (2008), S. 4.

[291] *Hertig/Kanda,* in: Kraakman et al., Anatomy of Corporate Law, 71, 77.

Unternehmung könnte nämlich hier den gesetzlichen Gläubiger nicht schützen, wenn kein oder kein ausreichender Haftungsstock vorhanden ist.

Insgesamt ist daher festzustellen, dass informationeller Gläubigerschutz durchaus eine Berechtigung hat. Auch ist zu prognostizieren, dass sich sein Anwendungsbereich in Deutschland durch europarechtliche Einflüsse noch ausweiten wird. Trotzdem kann er nur als Ergänzung für vertragliche Gläubiger mit *exit option* und geringen *switching costs* taugen. Wo es Gläubigern nicht möglich ist, sich dem Einfluss eines Schuldners zu entziehen, ist auch zukünftig auf bilanziellen oder deliktischen Gläubigerschutz zu setzen.

d) Mischformen und sonstige Gläubigerschutzinstrumente

Häufig treten die dargestellten Ansätze nicht in Reinform auf. So wird etwa ein auf Mindestkapital basierendes System vorgeschlagen, dem sich Kapitalgesellschaften freiwillig anschließen und dies dann publizieren können.[292]

Abschließend sei der Vollständigkeit halber auf die Möglichkeit von Zwangsversicherungen hinzuweisen, wie es etwa im Kfz-Haftpflichtbereich in Deutschland üblich ist.[293] Eine solche Lösung würde aber im Wirtschaftsleben – anders als im Straßenverkehr – falsche Signale setzen: Während es schwer vorstellbar ist, dass jemand im Vertrauen auf seine Kfz-Haftpflichtversicherung bewusst das Risiko eines Verkehrsunfalls in Kauf nimmt, könnte ein Unternehmer durchaus zur Eingehung von übermäßigen wirtschaftlichen Risiken verleitet werden, wenn er wüsste, dass er die Folgen nicht selbst zu tragen hätte. Dies wiederum brächte den volkswirtschaftlichen Nachteil mit sich, dass auf Grund geringerer Vorsicht der Unternehmer die Zahl der Zahlungsausfälle und infolgedessen die Versicherungsprämien ansteigen würden. Das zu erwartende Resultat wären ein stark ansteigendes Verbraucherpreisniveau und eine wachsende Zahl von Insolvenzen.[294]

3. Speziell dem Cash Pooling geschuldete Risiken

Nachdem die allgemeinen Risiken von Konzerngläubigern sowie deren besonderes Schutzbedürfnis festgestellt werden konnten, soll in gebotener Kürze erklärt werden, wieso das Cash Pooling im Speziellen weiteres Risikopotenzial birgt.

Vor allem stellt Cash Pooling eine sehr intensive Form der Konzerninnenfinanzierung dar. Durch den täglichen Saldentransfer verbleibt den externen Gläubi-

---

[292] *Schön*, Der Konzern 2004, 162, 166 ff.; sympathisierend *Goette*, ZGR 2006, 261, 277 f.

[293] Dazu *Easterbrook/Fishel*, The Economic Structure of Corporate Law, 47 f.; *Vetter*, ZGR 2005, 788, 799.

[294] Ausführlich *Easterbrook/Fishel*, The Economic Structure of Corporate Law, 49.

gern – je nach dem, ob zu Null oder auf einen Restbetrag hin saldiert wird[295] – regelmäßig nur ein kleiner oder gar kein Liquiditätsstock, in den vollstreckt werden könnte. Die typischer Weise nicht erfolgende Besicherung der internen Darlehen führt dann dazu, dass sich der (mittelbare) externe Gläubiger aus einer sehr schlechten Position heraus in die Schlange der Anspruchsteller einreihen und ggf. sogar noch die Konzernverbundenheit seiner unmittelbaren Schuldnerin negativ anrechnen lassen muss.[296]

Da einer jeden einzelnen Finanzierungsmaßnahme wie dargestellt abstrakte Risiken innewohnen, steigt das Gesamtrisiko einer Finanzierungsstrategie mit der Zahl der Einzeltransaktionen. Speziell beim Cash Pooling liegt die absolute Zahl Konzern interner Darlehen regelmäßig um ein Vielfaches höher als bei anderen Varianten der Konzerninnenfinanzierung. Daraus folgt, dass sich die Einzelrisiken aufaggregieren und sich das Gesamtrisiko somit vervielfacht.

Auch in Bezug auf externe Gesellschaftsgläubiger kann daher gelten, dass die Teilnahme der Schuldnergesellschaft am Cash Pooling zwar keine grundsätzlich neuen Risiken mit sich bringt, gleichwohl jedoch die bestehenden abstrakten Risiken abhängig von der Intensität des Poolings erhöht.

4. Zwischenergebnis zur Stellung von Konzerngläubigern

Auf Grund unvollkommener Märkte besteht ein grundsätzliches Bedürfnis zur Sicherstellung eines angemessenen Gläubigerschutzes. Zum Einen können von Unternehmen negative externe Effekte ausgehen, zum Anderen könnten die beschriebenen Informationsasymmetrien von Märkten einen so genannten *race-to-the-bottom*-Effekt einleiten,[297] bei dem die natürliche Risikoaversion von Unternehmern dazu führt, dass das unternehmerische Risiko immer mehr auf Gesellschaftsgläubiger abgewälzt wird. Es konnte gezeigt werden, dass sich die abstrakten Risiken solcher Gesellschaftsgläubiger grundsätzlich jeweils erhöhen, wenn erstens die Gesellschaft in einen Konzernverband eingegliedert ist und zweitens in diesem Konzern Cash Pooling betrieben wird. Anders als konzerninternen Rechtssubjekten fehlen den externen Gläubigern oftmals die notwendigen Informationen und die Verhandlungsmacht, um sich selbst gegen Forderungsausfälle zu schützen. Damit sie durch das Trennungsprinzip des Gesellschaftsrechts nicht einseitig belastet werden, bedarf es eines weiteren gesetzlichen Gläubigerschutzes. Dieser kann zunächst darin bestehen, Systeme zu schaffen, in denen verbesserte Möglichkeiten der externen Gläubiger zum Selbstschutz existieren, etwa durch höhere Markttransparenz. Dort, wo auch dies nicht ausreicht, ist entweder deliktischer *ex-post*-Gläubigerschutz notwendig, der flexibel ist, jedoch das Tren-

---

[295] Vgl. oben 1. Teil, A. III. 4. b).
[296] Dazu ausführlich unten 3. Teil.
[297] Ebenso *Schäfer/Ott,* Ökonomische Analyse des Zivilrechts, 661.

nungsprinzip durchbricht, oder gesellschaftsrechtlicher *ex-ante*-Gläubigerschutz, der auf Grund seiner Unflexibilität in der Praxis hinderlich sein mag, aber vollumfänglich dem Prinzip der beschränkten Haftung gerecht wird.

IV. Ergebnis der ökonomischen Untersuchung

Der ökonomische Nutzen des Cash Pooling konnte festgestellt werden. Er stellt sich in einer Steigerung der Ertragskraft aller am Cash Pooling beteiligten Unternehmen durch Synergieeffekte im Bereich der Finanzierung dar.[298] Diesem Ergebnis steht nicht entgegen, dass die Vorteile nicht gleichmäßig verteilt sind, sondern ihr Übergewicht beim Konzern als solchem bzw. bei der Konzernspitze liegt.[299] Im gesunden Konzern scheinen dennoch keine Gründe dafür zu bestehen, Zinsmargenvorteile und Float-Gewinne den Kreditinstituten zu überlassen, solange sie bei vertretbarem Aufwand im Konzern gebunden bzw. neu investiert werden können. Hiervon profitieren auch und nicht zuletzt die Gläubiger, deren Ansprüche nur bei einem wirtschaftlich prosperierenden Schuldner vollwertig und durchsetzbar sind. Diese oftmals unterschlagene oder ganz am Rande erwähnte Tatsache sei hier ganz bewusst bereits vor der Betrachtung der rechtlichen Grundlagen betont, da auch ein Bündel von Risiken nicht über den simplen ökonomischen Zusammenhang hinwegtäuschen darf, dass wirtschaftlicher Erfolg des Schuldners wohl der beste Gläubigerschutz ist.

Die Risiken in der Krise dürfen trotzdem nicht vernachlässigt werden. Zwar sind es zumeist abstrakte Risiken, wie sie etwa auch bei der Zwischenschaltung eines Kreditinstitutes auftreten könnten, jedoch werden sie oftmals durch Missmanagement der Konzernspitze oder der Finanzierungsgesellschaft erhöht, welche eben nicht dieselben Sicherheitsvorkehrungen zu treffen haben wie sie etwa KWG oder EAEG den heutigen Kreditinstituten auferlegen.

Als die abstrakten Risiken in besonderer Weise verstärkend ist die Informationsasymmetrie zwischen Konzerngesellschaft und Konzernspitze und stärker noch diejenige zwischen Konzernspitze und Konzerngesellschaftsgläubiger anzuführen. Bei einem funktionierenden Informationsfluss ist die Entscheidung über die Teilnahme – und natürlich ebenfalls den rechtzeitigen Ausstieg – an einem Cash Pooling durch die Geschäftsführung eines Unternehmens im Rahmen ihres Ermessens und mit der Sorgfalt eines ordentlichen Kaufmanns unter Beachtung des Unternehmensinteresses zu fällen.[300] Hält die Konzernleitung Informationen über Schwierigkeiten von Schwesterunternehmen zurück, bleibt es den anderen Konzerntöchtern dagegen verwehrt, rechtzeitig und nach eigener Strategie auf

---

[298] *Morsch,* NZG 2003, 97, 98.

[299] Ähnlich bereits *Engert,* BB 2005, 1951, 1956; *Burgard,* AG 2006, 527, 533.

[300] *Ammelung/Kaeser,* DStR 2003, 655, 659; *Vetter/Stadler,* Haftungsrisiken beim konzernweiten Cash Pooling, Rn. 103.

eventuelle Kreditausfälle zu reagieren. Selbst wenn in Fällen krassen Missbrauchs zumeist eine repressive Haftung der Gesellschafter, u. U. flankiert durch persönliche Haftung bzw. strafrechtliche Verantwortlichkeit der Corporate Governance folgt,[301] kann als Zwischenfazit gelten, dass es zu einseitig ist, Cash Pooling als ausschließlich vorteilhaft zu sehen. Vielmehr erkaufen sich die Konzerntöchter (nicht immer freiwillig) höhere Renditen durch eine Erhöhung des allgemeinen Geschäftsrisikos.

Während das jenen noch bewusst ist, bleibt dem externen Gläubiger diese Information oft vorenthalten. Gegen die Externalisierung interner Risiken kann sich der außen stehende Gesellschaftsgläubiger nur sehr eingeschränkt und in Abhängigkeit von seiner Verhandlungsmacht schützen. Geht man realistisch von Informationsasymmetrien auf dem Markt aus, die nicht oder nicht vollständig durch den Gesellschaftsgläubiger beeinflussbar sind, so ist ein Bedürfnis nach einem gesetzlich geregelten Gläubigerschutz in diesem Bereich anzuerkennen.

Wie dieser am effektivsten zu gewährleisten ist, kann an dieser Stelle noch nicht entschieden werden. Lediglich konnte die ökonomische Analyse zeigen, dass nicht nur auf die Erhöhung von Markttransparenz gesetzt werden darf. Die gewonnenen ökonomischen Erkenntnisse sollen in den folgenden Kapiteln, auch im Rahmen der nun folgenden Ausführungen zur derzeitigen rechtlichen Einordnung des Cash Pooling in Deutschland berücksichtigt werden.

C. Vertragsrechtliche Grundlagen des Cash Pooling

Im folgenden Abschnitt werden die vertragsrechtlichen Grundlagen des Cash Pooling behandelt. Innerhalb von Cash-Pooling-Systemen ist dabei oft eine Vertragsvielfalt anzutreffen. Regelmäßig liegen mehrere Verträge zwischen verschiedenen Akteuren – Pool führende Gesellschaft, Konzernspitze (so nicht mit letzterer identisch), Konzernuntergesellschaften und Kreditinstitut – vor. Immer besteht dabei zum Einen der das physische Cash Pooling begründende Rahmenvertrag.[302] Aber auch jedem einzelnen Zahlungsstrom liegt ein Vertrag zu Grunde. Schließlich ergeben sich die Verträge mit dem Kreditinstitut, das einerseits den technischen Ablauf gewährleistet und andererseits sehr häufig als Fremdmittelgeber die Liquidität des Pools aufstockt bzw. auf dem Poolkonto eine Kontokorrentlinie einräumt.

---

[301] Ausführlich unten 4. Teil, C.

[302] Beim lediglich virtuellen Cash Pooling ist ein solcher Rahmenvertrag mangels den Tochtergesellschaften aufzuerlegender Pflichten nicht zwingend erforderlich, vgl. oben 1. Teil, A. III. 4. a).

I. Rechtsnatur des Rahmenvertrages zwischen den Unternehmen

Parteien des Cash-Pooling-Rahmenvertrags (oft auch als „Treasury Guidelines" bezeichnet) sind im Regelfall alle teilnehmenden Konzernunternehmen sowie die Konzernspitze und ggf. die Finanzierungsgesellschaft. Die Annahme eines Rahmenvertrages ist zunächst nicht zwingend. Denkbar wäre auch, jeden Zahlungsstrom als standardisierten Einzelvertrag auszugestalten. Eine solche Konstruktion ist aus der Praxis allerdings nicht bekannt. Sie wäre auch nicht sinnvoll, da der notwendige Verwaltungsaufwand die wirtschaftlichen Vorteile des Cash Pooling erheblich mindern würde.[303] Die herrschende Meinung qualifiziert den Rahmenvertrag überzeugend als Geschäftsbesorgungsvertrag.[304] Dem steht nicht entgegen, dass die Pool führende Gesellschaft, insbesondere wenn es sich dabei zugleich um die Konzernmutter handelt, auch oder vielleicht sogar überwiegend eigene Interessen verfolgt.[305] Die Geschäftsbesorgung der Pool führenden Gesellschaft liegt in der praktischen Durchführung, der Planung der konzernweiten Liquiditätsallokation und der Sicherstellung der notwendigen Bankverbindungen. Inhaltlich umfasst dieser Vertrag zumindest die Pflicht eines jeden Konzernunternehmens, in regelmäßigen Abständen (i. d. R. täglich), kreditorisch geführte Konten zu Gunsten eines zentralen Verrechnungskontos (dem Cash Pool) glattzustellen bzw. die automatisierte Glattstellung durch das Kreditinstitut zu akzeptieren.[306] Umgekehrt wird er Regelungen darüber enthalten, wie und zu welchen Konditionen die Konzerngesellschaften bei eigenem Liquiditätsbedarf Mittel aus dem Pool erhalten können. Ebenfalls sind Verrechnungszinssätze, Kündigungsmodalitäten, Valutierung und Besicherungsfragen zu regeln.[307] Aus diesem Grund gebietet es die Sorgfaltspflicht eines ordentlichen Kaufmanns, auf eine schriftliche Fixierung des Vertrags zu bestehen.[308]

---

[303] *Faßbender,* Cash Pooling und Kapitalersatzrecht, S. 35; *Hormuth,* Recht und Praxis des konzernweiten Cash Managements, S. 102; *Rittscher,* Cash-Management-Systeme in der Insolvenz, S. 31.

[304] *Schneider,* in: Lutter/Scheffler/Schneider, Hdb. Konzernfinanzierung, Rn. 25.14; *Sieger/Hasselbach,* BB 1999, 645; *Eichholz,* Das Recht konzerninterner Darlehen, S. 51; *Faßbender,* Cash Pooling und Kapitalersatzrecht, S. 36; *Makowski,* Cash Management in Unternehmensgruppen, S. 51 f.; *Rittscher,* Cash-Management-Systeme in der Insolvenz, S. 31; *Vetter/Stadler,* Haftungsrisiken beim konzernweiten Cash Pooling, Rn. 11.

[305] *Rittscher,* Cash-Management-Systeme in der Insolvenz, S. 31 f.; vgl. auch oben 1. Teil B. I.

[306] *U. H. Schneider,* in: Lutter/Scheffler/Schneider, Hdb. Konzernfinanzierung, Rn. 25.11; *Ammelung/Kaeser,* DStR 2003, 655, 659; *Morsch,* NZG 2003, 97, 98; *Hangebrauck,* Cash-Pooling-Systeme, S. 50.

[307] *Sieger/Hasselbach,* BB 1999, 645, 647; Formulierungsvorschläge bei *Weitzel/Socher,* ZIP 2010, 1069.

[308] Ausführlich *Hangebrauck,* Cash-Pooling-Systeme, S. 50 f.

II. Rechtsnatur der physischen Zahlungsströme

Im Rahmen dieser Arbeit ist ferner die rechtliche Einordnung der Zahlungsströme, also der einzelnen Finanztransfers zwischen den Konzernunternehmen
und der Pool führenden Gesellschaft festzustellen. Diese war bislang umstritten.

1. Unregelmäßiger Verwahrungsvertrag, § 700 Abs. 1 BGB

Einzelne Autoren schlagen vor, die Zahlungsströme als Verwahrungsverträge
gemäß § 700 Abs. 1 BGB zu klassifizieren. Der Tatsache, dass bei Geldtransfers
das Eigentum am konkreten Geld auf den Empfänger übergeht, dieser also nur
die Rückgabe *irgendwelchen* Geldes schuldet, soll durch die Annahme Rechnung
getragen werden, dass die Zahlungsströme beim Cash Pooling „unregelmäßige"
Verwahrungsverträge darstellten, bei denen ausnahmsweise auch das Eigentum
übergehe. Die Vertreter dieser Einordnung argumentieren vor allem mit der jederzeitigen Verfügbarkeit des Pool-Guthabens. Dies sei ein typisches Charakteristi-
kum von Verwahrungsverträgen (§ 700 Abs. 1 S. 3 i.V.m. § 695 BGB), wohingegen etwa bei Darlehensverträgen typischerweise im Vorfeld Laufzeiten vereinbart
werden bzw. die gesetzliche dreimonatige Kündigungsfrist des § 488 Abs. 3 S. 2
BGB greife.[309] Dennoch wird diese Ansicht von einer Autorenmehrheit mit dem
richtigen Hinweis verworfen, dass beim Cash Pooling nicht wie beim Verwahrungsvertrag ein Interesse des Hinterlegers an sicherer Aufbewahrung besteht.
Vielmehr ist die Motivation finanzwirtschaftlicher Natur, nicht selten durch die
Konzernmutter aufoktroyiert. Abgesehen davon ist das Darlehensrecht dispositiv,
sodass die dreimonatige Kündigungsfrist vertraglich abbedungen werden kann.
Die Kündigung erfolgte dann konkludent durch das Rückforderungsverlangen.[310]
Deswegen ist der unregelmäßige Verwahrungsvertrag hier mit der g.h.M. abzu-
lehnen.[311]

2. Vertrag sui generis

Vor allem *Hommelhoff* plädierte lange Zeit dafür, die konzerninternen Zahlungsströme beim Cash Pooling als Verträge *sui generis* zu klassifizieren.[312] Dies
begründete er damit, dass die abwärts gerichteten Zahlungsströme der Kompen-

---

[309] *Ulmer*, ZHR 169 (2005) 1, 4 f.; *Schäfer*, GmbHR 2005, 133, 135 f.; *Schäfer*, BB
2006, Beil. 7, 5, 5; zust. *Brinkmeier*, GmbH-StB 2005, 89.

[310] *Eichholz*, Das Recht konzerninterner Darlehen, S. 43.

[311] *Priester*, ZIP 2006, 1557; *Sieger/Hasselbach*, BB 1999, 645, 646; *Deckart*, Kapi-
talerhaltung als Grenze des Cash Pooling, S. 16; *Eichholz*, Das Recht konzerninterner
Darlehen, S. 43; *Faßbender*, Cash Pooling und Kapitalersatzrecht, S. 32; *Hommelhoff*,
WM 1984, 1105, 1106; *Makowski*, Cash Management in Unternehmensgruppen, S. 47.

[312] *Hommelhoff*, WM 1984, 1105, 1106; zust. *Blöse*, GmbHR 2006, 144, 147, *Blöse*,
GmbHR 2002, 675; wohl auch *Becker*, DStR 1998, 1528, 1531; *a.A.* aber neuerdings
Hommelhoff, in: Lutter/Hommelhoff, GmbHG § 30 Rn. 37.

sation des kurzfristigen Liquiditätsbedarfes der unterschiedlichen Konzerntöchter dienten und i. d. R. nicht zur artgleichen Rückerstattung bestimmt seien.[313] Aufwärts gerichtete Zahlungsströme dienten hingegen nicht der Tilgung bestehender Darlehen, sondern der konzernweiten Umverteilung momentan nicht benötigter Mittel. Insgesamt sei die Rechtsgrundlage der Zahlungsströme damit in den organisationsrechtlichen Vorgaben der Konzernspitze zu finden. Jeder Liquiditätsstrom begründete nach *Hommelhoff* realvertraglich (§§ 241, 305 a. F. BGB, heute §§ 241 Abs. 1, 311 Abs. 1 BGB) eine eigene Forderung. Diese Forderungen würden schlussendlich nicht getilgt, sondern miteinander verrechnet.[314]

Da ein Ausgleich also niemals durch Rückzahlung, sondern wie von Anfang an intendiert durch Aufrechnung erfolge, fehle ein für den Darlehensvertrag notwendiges charakterisierendes Moment. Hinzu käme, dass die die Zu- und Abflüsse limitierenden Grenzen keine ausgehandelten Kreditlinien seien, sondern von der Konzernspitze diktierte Vorgaben. Auch dies ließe nur die Annahme eines eigenen Vertragstypus zu.

3. Darlehensvertrag, § 488 BGB

Heute entspricht es der allgemeinen und überzeugenden Auffassung von Literatur[315] und Rechtsprechung,[316] Darlehensverträge gemäß § 488 BGB anzunehmen: Beim Darlehensvertrag über Geld handelt es sich gewöhnlich um ein Verpflichtungsgeschäft, auf Grund dessen der Darlehensgeber dem Darlehensnehmer einen Geldbetrag zur Verfügung zu stellen hat (Abs. 1 S. 1), für den der Darlehensnehmer Zins und Rückerstattung schuldet (Abs. 1 S. 2).[317] Da die gesetzlichen

---

[313] *Blöse,* GmbHR 2006, 144, 147.

[314] *Hommelhoff,* WM 1984, 1105, 1106.

[315] *Berger,* in: MünchKomm BGB § 488 Rn. 32; *Schneider,* in: Lutter/Scheffler/Schneider, Hdb. Konzernfinanzierung, Rn. 25.11; *Altmeppen,* ZIP 2006, 1025, 1026; *Ammelung/Kaeser,* DStR 2003, 655, 657; *Bayer,* in: FS Lutter (2000), 1011, 1014; *Brocker/Rockstroh,* BB 2009, 730, 731; *Burgard,* VGR 2002, 45, 48; *Cahn,* ZHR 166 (2002), 278, 280; *Cahn,* Der Konzern 2004, 235, 236; *Engert,* BB 2005, 1951, 1955 f.; *Grothaus/Halberkamp,* GmbHR 2005, 1317, 1318; *Hellwig,* in: FS Peltzer, (2001), 163, 165; *Jäger,* DStR 2000, 1653; *Joost,* in: Die GmbH-Reform in der Diskussion (2006), 31, 32; *Knapp,* DStR 2008, 2371; *Priester,* ZIP 2006, 1557; *Ränsch,* in: FG Döser (1999), 557, 558; *Rümker,* in: FS U. Huber (2006), 919; *Sieger/Hasselbach,* BB 1999, 645, 646; *Stein,* DZWiR 2004, 493, 496; *Wand/Tillmann/Heckenthaler,* AG 2009, 148; *Hangebrauck,* Cash-Pooling-Systeme, S. 57; *Makowski,* Cash Management in Unternehmensgruppen, S. 51; *Rittscher,* Cash-Management-Systeme in der Insolvenz, S. 31; *Vetter/Stadler,* Haftungsrisiken beim konzernweiten Cash Pooling, Rn. 38; für die Schweiz: *Kull,* in: FS Spühler (2005), 179, 185 Fn. 10.

[316] BGH, Urt. v. 16.06.2006 – II ZR 76/04 („Cash-Pool I") = BGHZ 166, 8, 12 = ZIP 2006, 665, 666 = DStR 2006, 765, 766 m. Anm. *Goette* = GmbHR 2006, 477, 478 m. Anm. *Langner.*

[317] *Berger,* in: MünchKomm BGB § 488 Rn. 25 ff.; *Rohe,* in: Bamberger/Roth, § 488 BGB Rn. 14 ff.; Palandt-*Weidenkaff* Vorb § 488 Rn. 2.

Ausgestaltungsmerkmale von Katalogverträgen regelmäßig disponibel sind, spricht weder die tägliche Fälligkeit der geschuldeten Leistungen beim Cash Pooling gegen einen Darlehensvertrag,[318] noch fehlt es den „Upstreams" und der anschließenden Verrechnung an einer Tilgungseigenschaft. Letztere ergibt sich bereits aus der herrschenden Theorie der realen Leistungsbewirkung.[319] Danach entfalten die Zahlungsströme allein durch die bloße Herbeiführung des Leistungserfolgs eine Tilgungswirkung. Dass subjektiv nicht primär Tilgung, sondern vielmehr Liquiditätsbündelung bei der Konzernmutter intendiert ist, ist also unerheblich.[320]

III. Vertragsbeziehungen zum Kreditinstitut

Als letzte Partei innerhalb eines Cash-Pooling-Systems ist die Bank (oft auch mehrere Banken) des Konzerns zu nennen. Die Beziehung zur Hausbank ist vielfältig[321] und erschöpft sich nicht in einem einzigen Vertrag. Zunächst unterhält die Pool führende Gesellschaft ein Kontokorrent- bzw. Girokonto.[322] Dieser Girovertrag, jetzt in §§ 674 ff. BGB geregelt, stellt nach ganz überwiegender Ansicht einen Geschäftsbesorgungsvertrag mit Dienstleistungscharakter (§§ 675, 611 BGB) dar.[323] Neben dem Zielkonto bestehen Zahlungsverkehrskonten für jedes am Cash Pooling teilnehmende Unternehmen.[324] Sie dienen der technischen Abwicklung der Liquiditätstransfers. Darüber hinaus werden die Daten des Cash-Pooling-Rahmenvertrags auch in einer Rahmenvereinbahrung mit der Bank festgehalten, welche ihrerseits einen Geschäftsbesorgungsvertrag darstellt.[325] Wie

---

[318] *Faßbender,* Cash Pooling und Kapitalersatzrecht, S. 35.

[319] BGH, Urt. v. 03.12.1990 – II ZR 215/89 = NJW 1991, 1294, 1295; BAG Urt. v. 03.03.1993 – 5 AZR 132/92 = NJW 1993, 2397, 2398; LG Hamburg, Urt. v. 17.02. 1983 – 2 S 17/82 = NJW 1983, 1860; *Olzen,* in: Staudinger, Vor §§ 362 ff. BGB Rn. 10; *Larenz/Canaris* SR I § 18 I 5; Soergel/*Zeiss,* § 362 Rn. 7; speziell für das Cash Pooling: *Faßbender,* Cash Pooling und Kapitalersatzrecht, S. 33 f.; *Makowski,* Cash Management in Unternehmensgruppen, S. 50.

[320] *Makowski,* Cash Management in Unternehmensgruppen, S. 50.

[321] *Hopt,* in: Schimansky/Bunte/Lwowski, Bankrechtshandbuch § 1 Rn. 1.

[322] *Vetter/Stadler,* Haftungsrisiken beim konzernweiten Cash Pooling, Rn. 11.

[323] BGH, Urt. v. 11.12.1990 – XI ZR 54/90 = NJW 1991, 978 = WM 1991, 317 = ZIP 1991, 435 = EWiR 1991, 557 m. Anm. *Pfister/Hohl;* BGH, Urt. v. 10.10.1995 – XI ZR 263/94 = BGHZ 131, 60, 63 = NJW 1996, 190 = WM 1995, 2094 = ZIP 1995, 1886; BGH, Urt. v. 07.05.1996 – XI ZR 217/95 = BGHZ 133, 10 = NJW 1996, 2032 = WM 1996, 1080 = ZIP 1996, 1079; BGH, Beschl. v. 18.07.2003 – IXa Z.B. 148/03 = WM 2003, 1891 = ZIP 2003, 1771; *Martinek,* in: Staudinger, BGB § 676f Rn. 2; *Schmalenbach,* in: Bamberger/Roth, BGB § 676f Rn. 1; *Schimansky,* in: Schimansky/Bunte/Lwowski, Bankrechtshandbuch § 47 Rn. 1.

[324] *Sieger/Hasselbach,* BB 1999, 645.

[325] *Hormuth,* Recht und Praxis des konzernweiten Cash Managements, S. 114; *Rittscher,* Cash-Management-Systeme in der Insolvenz, S. 33; *Vetter/Stadler,* Haftungsrisiken beim konzernweiten Cash Pooling, Rn. 11.

erörtert sind das Zinssätze, Kündigungsmodalitäten, Abbuchungsintervalle, entstehende Kosten, technischer Ablauf und die Höhe der Kreditlinie.[326] Häufig wird es zudem Teil dieses Vertrages sein, dass die am Cash Pooling beteiligten verbundenen Unternehmen für Negativsalden auf dem Zielkonto gesamtschuldnerisch haften.[327] Aus diesen Vertragsbeziehungen ergeben sich eine Reihe von vertraglichen Nebenpflichten, die insbesondere das Kreditinstitut treffen, so etwa Warn-, Beratungs- und Auskunftspflichten.[328] Der Konzern wird demgegenüber in aller Regel den Allgemeinen Geschäftsbedingungen (AGB) des Kreditinstituts zustimmen[329] bzw. abhängig von seiner Verhandlungsposition einzelne AGB abbedingen. In der Praxis werden die einzelnen Konzerngesellschaften an der Aushandlung dieses Vertrags zwischen Konzernspitze und Kreditinstitut regelmäßig nicht teilnehmen. Wenn der Vertrag abgeschlossen ist, treten sie im Nachhinein bei, oder sie haben bereits im Vorfeld die Muttergesellschaft zu ihrer Verpflichtung bevollmächtigt.[330]

IV. Vertragsbeziehungen zwischen Konzernschwestern

Beim typischen Cash Pooling erfolgt kein direkter Liquiditätsaustausch zwischen den einzelnen Konzernunternehmen, sondern die Zahlungsströme fließen immer über den Umweg des Pools. Grundsätzlich stehen die Gesellschaften daher untereinander auch nicht in Vertragsbeziehungen,[331] die sich aber freilich häufig – mit den daraus resultierenden Nebenpflichten – aus anderen rechtsgeschäftlichen Verbindungen ergeben werden.

---

[326] Sehr ausführlich dazu *Makowski,* Cash Management in Unternehmensgruppen, S. 32 ff.; ein Mustervertrag findet sich auch bei *Korts,* Cash Pooling, S. 12 ff.

[327] *Vetter/Stadler,* Haftungsrisiken beim konzernweiten Cash Pooling, Rn. 11; zu den Risiken dieser Haftung bereits oben 1. Teil, B. II. 2. g).

[328] Ausführlich *Wunderlich,* BKR 2005, 387 ff.; *Makowski,* Cash Management in Unternehmensgruppen, S. 33.

[329] *Makowski,* Cash Management in Unternehmensgruppen, S. 33 f.

[330] *Morsch,* NZG 2003, 97, 98; *Korts,* Cash Pooling, S. 12; *Hangebrauck,* Cash-Pooling-Systeme, S. 62.

[331] *Hangebrauck,* Cash-Pooling-Systeme, S. 60 f.

2. Teil

Kapitalerhaltung als Grenze des Cash Pooling

Aus den obigen Ausführungen zur ökonomischen Relevanz des Cash Pooling ergibt sich, dass Zahlungen von Gesellschaften an ihre Mutterunternehmen (Upstream-loans) in einzelnen Fällen erhebliche Risiken für die abhängigen Gesellschaften und deren Gläubiger bergen. Ein im Rahmen des Cash Pooling erfolgender aufwärts gerichteter Liquiditätstransfer muss sich deswegen in Deutschland am Recht des Kapitalschutzes messen lassen. Dieses wird als ein System aus drei Bausteinen, namentlich dem Mindestkapital, der Kapitalaufbringung und der Kapitalerhaltung beschrieben.[1] Als einen vierten Baustein sollte man das Bilanzrecht ansehen, das die Bewertungsvorschriften liefert, durch die die anderen drei Bausteine konkretisiert werden.[2] Die Schutzqualität eines jeden dieser Elemente ist abhängig vom Funktionieren der anderen.

Im Folgenden soll zuerst die Relevanz der Bausteine Mindestkapital und – damit verbunden – Kapitalerhaltung bei der GmbH auf das Cash Pooling untersucht werden. Dieses Vorgehen liegt auf der Hand, da die in diesem Zusammenhang relevante Rechtsprechung weitestgehend zur GmbH ergangen ist. Hinzu kommt, dass die klassische GmbH trotz der steigenden Relevanz ausländischer Gesellschaftsformen und der Sonderform UG (haftungsbeschränkt) in Deutschland mit fast einer Million Gesellschaften nach wie vor die mit Abstand am häufigsten gewählte Rechtsform für am Markt tätige Unternehmen ist.[3] Dies galt bisher insbesondere auch für Existenzgründungen,[4] weshalb in einem zweiten Schritt auf die Kapitalaufbringungsvorschriften zu schauen ist. Die Ergebnisse der Betrachtung werden sich teilweise auch auf andere Rechtsformen übertragen lassen. Dort, wo sich Besonderheiten ergeben, sollen diese ebenso dargestellt werden,

---

[1] *Hennrichs,* StuW 2005, 256.

[2] *Kleindiek,* ZGR 2006, 335, 348; *Stimpel,* in: FS 100 Jahre GmbHG (1992), 335, 337; *Wilhelmi,* Der Grundsatz der Kapitalerhaltung, S. 108 ff.

[3] Der Unterschied zur früher häufig zu lesenden Zahl von „weit über 1.000.000" (vgl. *Wachter,* in: Die GmbH-Reform in der Diskussion, 55 m.w.N.) liegt darin begründet, dass seit Inkrafttreten des EHUG und der Schaffung elektronischer Handelsregister ein Prozess der Bereinigung um „Karteileichen" stattfindet. Statistische Informationen sowie Darstellung des beschriebenen Validitätsproblems lieferte zuletzt *Kornblum,* GmbHR 2008, 19.

[4] Zukünftig kann hier mit einer Verlagerung hin zur Unternehmergesellschaft (haftungsbeschränkt) gerechnet werden, welche speziell für Existenzgründer als Sonderform der GmbH geschaffen wurde. Dazu unten 2. Teil, B.

insbesondere bei der UG (haftungsbeschränkt) und der Aktiengesellschaft. Natürlich ist trotz dieser Fokussierung auf das Kapitalgesellschaftsrecht, die die gesamte Literatur zum Cash Pooling kennzeichnet, nicht ausgeschlossen, dass am Cash Pooling auch Personengesellschaften teilnehmen können. In der Praxis wird das insbesondere auf die in Deutschland häufig gewählte Rechtsform der GmbH & Co KG zutreffen. Aus diesem Grund soll sie in gebotener Kürze auf Probleme und Schranken der Teilnahme am Cash Pool untersucht werden.[5]

Die darüber hinaus zunehmend populäreren Auslandsgesellschaften werden zunächst noch ausgeklammert. Sie sollen im 5. Teil eine eigene Betrachtung erfahren.

A. Die Gesellschaft mit beschränkter Haftung

Die Gesellschafter einer GmbH haften für Gesellschaftsverbindlichkeiten der Höhe nach auf ihre Einlage begrenzt (§ 13 Abs. 2 GmbHG). Dieses Privileg ist – wie oben ausführlich begründet – nur gerechtfertigt, wenn die Impermeabilität dieses „Stauwehrs"[6] in beide Richtungen besteht, also wenn ebenfalls ausgeschlossen ist, dass das eingezahlte Stammkapital der Gesellschaft wieder an die Gesellschafter zurückfließen könnte.[7] Beides ist Ausdruck des Prinzips der Trennung zwischen Gesellschafts- und Gesellschaftervermögen.[8]

Die generelle Zulässigkeit von aufsteigenden Liquiditätsflüssen beim Cash Pooling im Konzern *(upstream loans)* wird begrenzt durch die GmbH-rechtlichen Vorschriften der Kapitalerhaltung (§§ 30 ff. GmbHG) und -aufbringung (§ 19 GmbHG), in der Literatur einst als „eines der ehrwürdigsten Institute deutscher Gesellschaftsrechtsdogmatik"[9] geadelt. Im Folgenden sollen diese erst allgemein dargestellt und dann auf ihre Relevanz für das Cash Pooling untersucht werden.

I. Kapitalerhaltung, § 30 Abs. 1 GmbHG

§ 30 Abs. 1 S. 1 GmbHG wird zusammen mit § 19 GmbHG häufig als das „Kernstück des GmbH-Rechts" bezeichnet.[10] Die Norm untersagt – seit Be-

---

[5] Dazu unten 2. Teil, B. (Unternehmergesellschaft) und 2. Teil, C. (GmbH & Co KG).

[6] So bereits bezeichnet bei *Brodmann,* GmbHG § 30 Anm. 1 a.

[7] *Hennrichs,* StuW 2005, 256, 257; *Wilhelmi,* Der Grundsatz der Kapitalerhaltung, S. 94; vgl. auch oben 1. Teil, B. III. 1.

[8] 1. Teil, B. III. 1. a); vertiefend auch *Stimpel,* in: FS Goerdeler (1987), 601, 605 f.

[9] *Kuhner,* ZGR 2005, 753, 754.

[10] BGH, Urt. v. 30.06.1958 – II ZR 213/56 = BGHZ 28, 77, 78 = WM 1958, 936, 937; *H. P. Westermann,* in: Scholz, GmbHG § 30 Rn. 1; *Mayer/Fronhöfer,* in: Münch-Hdb GmbH § 51 Rn. 1; *Fleck,* in: FS 100 Jahre GmbHG (1992), 391; krit. dazu *K. Schmidt,* GesR § 37 I 2.

stehen des GmbH-Gesetzes in ihrem Wortlaut unverändert – jede Auszahlung des zur Erhaltung des Stammkapitals erforderlichen Vermögens an die Gesellschafter.[11] Geschützt wird also – entgegen bisweilen erfolgender oberflächlicher Darstellung – nicht das Stammkapital, sondern derjenige Teil des Vermögens, der dem rechnerischen Wert desselben entspricht.[12] Das ist insofern nicht bloß „Wortklauberei", als dass „Stammkapital" ein rechtlicher Begriff ist, der sich auf der Passivseite der Bilanz als gezeichnetes Kapital wieder findet (vgl. § 266 Abs. 3 HGB) und der Höhe nach in der Satzung verfasst (§ 3 Abs. 1 Nr. 3 GmbHG), im Handelsregister eingetragen (§ 10 Abs. 1 S. 1 GmbHG) und unveränderlich ist,[13] während „Vermögen" hier die Bezeichnung für die wertmäßig ständigen Schwankungen unterliegende Summe der Aktiva ist (§ 266 Abs. 2 HGB).[14]

Bei einem Verstoß begründet § 31 GmbHG eine Erstattungspflicht des begünstigten Gesellschafters (Abs. 1) und sogar eine Ausfallhaftung seiner Mitgesellschafter (Abs. 3). Wenn nachfolgend die §§ 30 f. GmbHG erläutert werden, so soll dies in zwei Schritten geschehen: Einleitend wird der ursprüngliche Normzweck eruiert und mit der heutigen Bedeutung verglichen. Daran anknüpfend sind Tatbestand und schließlich mit § 31 GmbHG die Rechtsfolgen zu untersuchen.

1. Normzweck

In der Gesetzesbegründung aus dem 19. Jahrhundert heißt es zum Auszahlungsverbot, dass „das Stammkapital als dauernd zu erhaltender Vermögensstock nicht durch Auszahlungen an die Gesellschafter geschmälert" werden dürfe.[15] Was dies bedeutet, war bereits Gegenstand zahlreicher Publikationen. Im Kontext

---

[11] *Heidinger,* in: Michalski, GmbHG § 30 Rn. 9; *Hueck/Fastrich,* in: Baumbach/Hueck, GmbHG § 30 Rn. 1; *Fleck,* in: FS 100 Jahre GmbHG (1992), 391; *Stimpel,* in: FS 100 Jahre GmbHG (1992), 335; jeweils m.w.N.

[12] BGH, Urt. v. 14.12.1959 – II ZR 187/57 („Lufttaxi") = BGHZ 31, 258, 276; BGH, Urt. v. 05.02.1990 – II ZR 114/89 = WM 1990, 502, 504 = NJW 1990, 1730, 1732 = GmbHR 1990, 249, 250; *H.P. Westermann,* in: Scholz, GmbHG § 30 Rn. 7; *Hueck/Fastrich,* in: Baumbach/Hueck, GmbHG § 30 Rn. 5; *Altmeppen,* in: Roth/Altmeppen, GmbHG § 30 Rn. 8 f.; *Heidinger,* in: Michalski, GmbHG § 30 Rn. 13; *Mayer/Fronhöfer,* in: MünchHdb GmbH § 51 Rn. 1; *K. Schmidt,* GesR § 37 III 1 b; *Fleck,* in: FS 100 Jahre GmbHG (1992), 391, 393; *Joost,* GmbHR 1983, 285, 286; *Joost,* ZHR 184 (1984), 27, 28.

[13] *H.P. Westermann,* in: Scholz, GmbHG § 30 Rn. 2; *Joost,* ZHR 148 (1984), 27, 28; *Wilhelmi,* Der Grundsatz der Kapitalerhaltung, S. 104 f. An dieser Stelle nicht interessierende Ausnahmen stellen die Maßnahmen der Kapitalerhöhung und Kapitalherabsetzung dar.

[14] *Fleck,* in: FS 100 Jahre GmbHG (1992), 391, 393.

[15] Entwurf eines Gesetzes, betreffend die Gesellschaften mit beschränkter Haftung, Stenographische Berichte über die Verhandlungen des Reichstages, 8. Legislaturperiode – I. Session 1890/1892, 5. Anlageband, Aktenstück Nr. 660, S. 3715, 3745.

dieser Arbeit ist es aber dennoch nötig, den Zweck der Kapitalerhaltung unter Berücksichtigung der neuesten Änderungen durch das MoMiG einmal mehr zu analysieren.

Für eine am Markt tätige GmbH sind prinzipiell drei Rechtssubjekte denkbar, die durch § 30 GmbHG geschützt werden könnten. Dies sind dieselben, die vorangehend Gegenstand der ökonomischen Analyse waren,[16] namentlich erstens die GmbH selbst (Sicherung der Selbstständigkeit der juristischen Person), zweitens ihre Gesellschafter (Sicherung der Gesellschaftergleichbehandlung) und drittens die Gläubiger (Gläubigerschutz).[17]

Die Tatsache, dass § 30 GmbHG ausnahmslos gelten soll, also selbst bei gegenteiligem einstimmigem Gesellschafterbeschluss nicht abdingbar ist,[18] schließt allerdings den Gesellschafterschutz als vorrangiges Motiv der Norm aus.[19]

Die verbleibenden Zielgruppen sollten nach ursprünglichem Gesetzeskonzept beide durch § 30 GmbHG geschützt werden, indem das Gesellschaftskapital „[...] den dauernden Grundstock des Unternehmens und zugleich ein bestimmtes Befriedigungsobjekt für die Gesellschaftsgläubiger bildet".[20] Mit diesem „Grundstock" war gemeint, dass das Stammkapital auch einer „materiellen Unterkapitalisierung" vorbeugen sollte.[21] Dieser Begriff umschreibt eine Finanzierungssituation, die durch unzureichende Eigenkapitalausstattungen verbunden mit der Unmöglichkeit, notwendiges Fremdkapital zu beschaffen, charakterisiert ist.[22] Anders formuliert sollte der Grundstock es der Gesellschaft ermöglichen, mit den eingelegten Mitteln zu arbeiten.[23] Bleibt man beim obigen Bild eines Bausteinsystems, so ist festzustellen, dass die Wirksamkeit des Bausteins „Kapitalerhaltung" maßgeblich von der Größe des Bausteins „Mindestkapital" abhängt. Bereits vor Inkrafttreten des MoMiG wurde in diesem Zusammenhang oft kritisiert, dass mit dem damaligen Mindeststammkapital von 50.000,– DM bzw. später 25.000,– € faktisch keine materielle Basis für eine Geschäftstätigkeit mehr zu erreichen war.[24] *Hommelhoff* macht es anschaulich, indem er konstatiert, es

---

[16] Oben 1. Teil, B. I.

[17] *Wilhelmi*, Der Grundsatz der Kapitalerhaltung, S. 97.

[18] *K. Schmidt*, in: Scholz, GmbHG § 45 Rn. 74, § 46 Rn. 42; *K. Schmidt*, GesR § 37 III 1 f; *Ulmer*, in: FS 100 Jahre GmbHG (1992), 363.

[19] *K. Schmidt*, GesR § 37 III 1 f; *Cahn*, Kapitalerhaltung im Konzern, S. 9; ähnlich *Wilhelmi*, Der Grundsatz der Kapitalerhaltung, S. 94 f.

[20] Entwurf eines Gesetzes, betreffend die Gesellschaften mit beschränkter Haftung, Stenographische Berichte über die Verhandlungen des Reichstages, 8. Legislaturperiode – I. Session 1890/1892, 5. Anlageband, Aktenstück Nr. 660, S. 3715, 3719.

[21] *Fleck*, in: FS 100 Jahre GmbHG (1992), 391, 392; zu diesem Begriff unten 4. Teil, B.

[22] *Hommelhoff*, in: v. Gerkan/Hommelhoff, Rn. 2.31.

[23] *H. P. Westermann*, in: Scholz, GmbHG § 30 Rn. 1.

[24] *Fleck*, in: FS 100 Jahre GmbHG (1992), 391, 392.

würde vielleicht noch für eine Fensterputzer-GmbH reichen, aber bereits die Gründung eines Friseurbetriebes mit ein paar Angestellten sei so nicht möglich.[25] Es gestaltet sich schwierig, den heutigen Gegenwert von den ursprünglichen 20.000,– Mark des Jahres 1890 zu beziffern, in welchem die Vorarbeiten für das GmbHG begannen. Aufgrund unterschiedlicher Verbraucherpreisindizes, mehrerer Währungsreformen und der Auseinanderentwicklung der Werte von Gold- und Papiermark zu Beginn des 20. Jahrhunderts finden sich in der Literatur die verschiedensten Umrechnungskurse, die mit etwa 1:5[26], 1:20[27] bis gar 1:100[28] erheblich divergieren. Unabhängig davon, welche dieser Angaben man favorisieren möchte, wird ersichtlich, dass 20.000 Mark 1890 heute jedenfalls die Kaufkraft eines sechsstelligen Euro-Betrages besäßen,[29] was als Kapitalausstattung eines mittelständischen Unternehmens durchaus hinreichen mag.

Der Referentenentwurf zum MoMiG sah dennoch ursprünglich vor, selbst die verbleibenden 25.000,– € auf 10.000,– € abzusenken,[30] um die GmbH gegenüber konkurrierenden Auslandsgesellschaften, die nahezu kapitallos geschaffen werden können, für Gründer attraktiver zu machen. Diese Summe, die der Höhe nach derjenigen von vor der GmbH-Novelle von 1980 entsprochen hätte, hätte als Kapitalbasis wohl kaum für mehr als einen Garagenverkauf getaugt. Die Herabsetzung wäre somit ein Indiz dafür gewesen, dass der Gesetzgeber der Gefahr einer materiellen Unterkapitalisierung nicht mittels dieses Instruments begegnen wollte. Allerdings wurde von diesem Vorhaben schließlich Abstand genommen, da in der neu geschaffenen UG (haftungsbeschränkt)[31] eine hinreichend attraktive Alternative für Gründer gesehen wurde.

Fraglich ist indes, ob trotz der Beibehaltung des bisherigen Mindeststammkapitals weiterhin davon ausgegangen werden kann, dass § 30 Abs. 1 GmbHG die Gesellschaft vor materieller Unterkapitalisierung schützen soll. Dabei ist zu

---

[25] *Hommelhoff,* in: v. Gerkan/Hommelhoff, § 2 Rn. 2.1.

[26] *U. Hübner,* in: FS Canaris (2007), 129, der es über den Metallwert der Goldmark berechnet.

[27] *Priester,* in: Schröder, Die GmbH im europäischen Vergleich, S. 168, der sich über das Einkommen eines deutschen Beamten annähert; ähnlich *Goette,* ZGR 2006, 261, 265.

[28] *Heidinger,* DNotZ 2005, 97, 104, bezogen auf die reine Kaufkraft, die er mit 2 Mio. € beziffert.

[29] So auch *Altmeppen,* NJW 2005, 1911, 1912; *Blaurock,* in: FS Raiser (2005), 3, 9 f.; *Vetter,* ZGR 2005, 788, 800; *Goette,* Das neue GmbH-Recht, Rn. 14.

[30] Eine entsprechende Herabsetzung sah schon das geplante Gesetz zur Neuregelung des Mindestkapitals in der GmbH (MindestkapG), Entwurf abgedr. in BR-Drucks. 619/05 und online abrufbar unter www.bmj.de/media/archive/950.pdf [07.10.2010] vor, welches aber auf Grund der durch vorgezogene Neuwahlen verkürzten 15. Wahlperiode nicht in Kraft treten konnte. Zum Entwurf: *Seibert,* BB 2005, 1061 f.; *Mellert,* BB 2005, 1809 f.

[31] Dazu unten 2. Teil, B.

bedenken, dass dem Gesetzgeber bekannt war, dass 25.000,– € hierzu nicht mehr ausreichen konnten. Trotzdem hat er nie ernsthaft erwogen, im Rahmen des MoMiG das Mindeststammkapital nach 1980 noch ein weiteres Mal *anzuheben.* Gerade da er sich mit der Schaffung der UG (haftungsbeschränkt) quasi für eine zweigleisige Lösung entschieden hat, hätte er durchaus die Möglichkeit gehabt, das Mindeststammkapital der „klassischen" GmbH wieder auf einen Betrag heraufzusetzen, der heute dazu taugt, vor materieller Unterkapitalisierung wirksam zu schützen.[32] Dies stand jedoch zu keinem Zeitpunkt ernsthaft zur Diskussion. Hinzu kommt, dass die Fremdkapitalfinanzierung die Finanzierung mit Eigenkapital im deutschen Wirtschaftsraum bedeutungsmäßig seit langem weit hinter sich gelassen hat,[33] sodass auch die rechtspolitische Notwendigkeit eines entsprechenden Schutzes in § 30 GmbHG angezweifelt werden kann. Es ist insofern davon auszugehen, dass heute der Schutz der Gesellschaft vor materieller Unterkapitalisierung nicht mehr durch eine Mindeststammkapitalziffer erreicht werden soll.

Selbstverständlich bedeutet dies nicht, dass das Auszahlungsverbot diese Funktion niemals übernimmt. Nach wie vor existiert in der Praxis eine Vielzahl von Gesellschaften mit beschränkter Haftung, deren Stammkapital die Mindesteinlage um ein Vielfaches übersteigt. In Bezug auf diese Gesellschaften kann der Hinweis *Stimpels,* dass es schließlich sogar den Gesellschaft*ern* nutze, wenn das Vermögen gegen deren Entzug geschützt wäre und so einer Insolvenz vorbeuge,[34] heute zwar noch eine gewisse Geltung beanspruchen. Allerdings sagt dies nichts mehr über den generellen Schutzzweck des § 30 Abs. 1 S. 1 GmbHG aus, da es den Gesellschaftern jederzeit frei stünde, das Kapital auf 25.000,– € herabzusetzen und im Übrigen an sich selbst auszuschütten.

Auch wenn § 30 Abs. 1 S. 1 durch das MoMiG keine Wortlautänderung erfahren hat, muss also konstatiert werden, dass ihm heute keine gesellschaftsschützende Funktion mehr innewohnt, als Schutzadressaten folglich nur noch die Gesellschaftsgläubiger verbleiben. An sie war offensichtlich auch vom historischen Gesetzgeber vordergründig bei der Kapitalbindung gedacht worden.[35]

Es kann im Übrigen spekuliert werden, dass auch die ursprünglich im MoMiG-Entwurf vorgesehene Absenkung des Mindeststammkapitals oder gar ein gänzlicher Verzicht auch bei der GmbH bei bloßer Betrachtung als Mindesthaftmasse keinen allzu großen weiteren Schutzverlust dargestellt haben würde. Denn für diejenigen Gesellschaften, deren Vermögen sich in der Höhe des Stammkapi-

---

[32] *Kleindiek,* ZGR 2006, 335, 341.

[33] Vgl. unten 3. Teil.

[34] *Heidinger,* in: Michalski, GmbHG § 30 Rn. 1; *Stimpel,* in: FS 100 Jahre GmbHG (1992), 335, 349; *Hangebrauck,* Cash-Pooling-Systeme, S. 205.

[35] Stenographische Berichte über die Verhandlungen des Reichstags, 8. Legislaturperiode, I. Session 1890/92, 6. Anlagenband S. 400.

tals erschöpft, wird § 30 Abs. 1 GmbHG zukünftig höchstens noch insoweit eine Gläubiger schützende Funktion haben, als dass er das vollständige Ausplündern einer Gesellschaft im Vorfeld der Insolvenz unterbindet und damit *in praxi* bisweilen eine minimale Befriedigungsquote an die Stelle eines Totalverlusts stellt.[36] In der Summe von nach wie vor 25.000,– € ist damit – wie offenbar schon 1980 vom Gesetzgeber intendiert[37] – vor allem eine Seriositätsschwelle zu sehen, die eventuell dazu taugt, von der allzu leichtfertigen Gründung kapitalloser und nicht marktfähiger Gesellschaften abzuhalten,[38] keinesfalls jedoch eine wirksame Insolvenzprophylaxe darstellt.[39]

2. Tatbestand

Nachdem der Gläubiger schützende Charakter der Vorschrift erörtert werden konnte, soll nun untersucht werden, in welchen Fällen das Auszahlungsverbot greift.

a) An Gesellschafter

Es müsste dem Wortlaut nach eine Auszahlung „an die Gesellschafter" erfolgt sein.

aa) Gesellschafter

Gesellschafter ist, wer den Gesellschaftsvertrag als Gründer unterzeichnet (§ 2 GmbHG) oder später einen Gesellschaftsanteil erworben hat (§ 15 Abs. 3 GmbHG) und diesen weiterhin hält.[40] Im Kontext dieser Arbeit braucht nicht entschieden zu werden, ob die Gesellschafterstellung bei § 30 Abs. 1 GmbHG objektiv festzustellen ist[41] oder nur vorliegen soll, wenn die Leistung *causa*

---

[36] Ähnlich *Haas,* Stellungnahme zum MoMiG-Entwurf (2007), S. 28.

[37] Vgl. die Darlegungen in der Beschlussempfehlung und dem Bericht des Rechtsausschusses zum Entwurf einer Novelle des GmbHG, BT-Drucks. 8/3908 vom 16. April 1980, S. 69 f.

[38] Begr. RegE MoMiG, BT-Drucks. 16/6140, S. 29 reSp; vgl. auch *K. Schmidt,* GesR § 37 III 2 d; *Goette,* ZGR 2006, 261, 265; *Schall,* ZGR 2009, 126, 131; *Seibert,* BB 2005, 1061; *Vetter,* ZGR 2005, 788, 800; *Kleindiek,* ZGR 2006, 335, 343; vor dem MoMiG: *Fleischer,* in: Michalski, GmbHG, Syst. Darst. 6, Rn. 61; *Wiedemann,* GesR § 10 IV 3.

[39] *Haas,* Stellungnahme zum MoMiG-Entwurf (2007), S. 28; *Haas,* ZIP 2006, 1373, 1374; *Haas,* in: Gutachten E 66. DJT, Bd. I E 125 ff. (zum Vorschlag einer Herabsenkung).

[40] *Wilhelmi,* Der Grundsatz der Kapitalerhaltung, S. 145.

[41] So BGH, Urt. v. 13.11.1995 – II ZR 113/94 = NJW 1996, 589, 590 = DStR 1996, 271, 272 m. Anm. *Goette;* BGH, Urt. v. 01.12.1986 – II ZR 306/85 = NJW 1987, 1194, 1195 = DB 1987, 573 = WuB II C § 30 GmbHG 3.87 m. Anm. *Lutter; Fleck,* in: FS 100 Jahre GmbHG (1992), 391, 400; *Stimpel,* in: FS 100 Jahre GmbHG (1992), 335, 354.

societatis dem Gesellschafter gerade auf Grund seiner Gesellschafterstellung zu-
fließt,[42] weil eine Auszahlung auf Grund eines Cash-Pooling-Abkommens im
Konzern immer zumindest auch *causa societatis* erfolgt.[43]

bb) Leistung an Dritte

Problematischer ist die Behandlung der Leistung an Dritte. Im Gesetzestext
findet sie keine Berücksichtigung, und es existieren durchaus Gründe, die eine
Analogie früher problematisch erscheinen ließen.[44] Jedoch hat sich in der Praxis
mit der Zeit die Überzeugung einer entsprechend weiten Anwendbarkeit als ganz
herrschende Meinung durchgesetzt. Dieser liegt die Erkenntnis zu Grunde, dass
andernfalls ein zu großes Umgehungspotenzial bestünde. Es muss sicher gestellt
sein, dass auch diejenigen Auszahlungen verboten sind, die an Dritte erfolgen, im
Ergebnis aber dazu führen, dass das Stammkapital gemindert wird und der Gesellschafter hieraus Vorteile zieht.[45] Nach einer häufig zu lesenden Formel des
BGH ist das der Fall, wenn die Leistung auf Veranlassung des Aktionärs an eine
ihm nahe stehende Person erfolgt.[46] Dies kann sich z. B. durch die Einschaltung
eines Strohmanns oder durch die Auszahlung an ein Familienmitglied des Gesellschafters ergeben.[47] Weiterhin soll das Auszahlungsverbot greifen, wenn durch
die Leistung der Gesellschaft eine Schuld des Gesellschafters bei Dritten getilgt

---

[42] So BGH, Urt. v. 24.03.1954 – II ZR 23/53 = BGHZ 13, 49, 54; OLG Branden-
burg, Urt. v. 23.09.1998 – 7 U 78/98 = OLG-NL 1999, 138, 139 = GmbHR 1999, 298;
Hueck/Fastrich, in: Baumbach/Hueck, GmbHG § 30 Rn. 23 ff.; *H. P. Westermann,* in:
Scholz, GmbHG § 30 Rn. 31 f.; *Mayer/Fronhöfer,* in: MünchHdb GmbH § 51 Rn. 29;
Wilhelm, DB 2006, 2729, 2731; *Makowski,* Cash Management in Unternehmensgrup-
pen, S. 110.

[43] *Wilhelm,* DB 2006, 2729, 2732; *Joost,* in: Die GmbH-Reform in der Diskussion
(2006), 31, 34.

[44] Ausführlich *Altmeppen,* in: FS Kropff (1997), 641 ff.; *Canaris,* in: FS Fischer
(1979), 31 ff.

[45] Heute g. h. M.: BGH, Urt. v. 11.10.1956 – II ZR 47/55 = WM 1957, 61; *H. P. Wes-
termann,* in: Scholz, GmbHG § 30 Rn. 40; *Altmeppen,* in: Roth/Altmeppen, GmbHG
§ 30 Rn. 29 ff.; *Hommelhoff,* in: Lutter/Hommelhoff, GmbHG § 30 Rn. 20; *Wicke,*
GmbHG § 30 Rn. 16; *Hueck/Fastrich,* in: Baumbach/Hueck, GmbHG § 30 Rn. 24 ff.;
K. Schmidt, GesR § 37 III 1 e; *Cahn,* Kapitalerhaltung im Konzern, S. 1; *Fleck,* in: FS
100 Jahre GmbHG (1992), 391, 404 f.; *Seidel,* DStR 2004, 1130 f.; *Hangebrauck,*
Cash-Pooling-Systeme, S. 207; *Vetter/Stadler,* Haftungsrisiken beim konzernweiten
Cash Pooling, Rn. 66.

[46] Erstmals BGH, Urt. v. 11.10.1956 – II ZR 47/55 = WM 1957, 61; seitdem st. Rspr.

[47] BGH, Urt. v. 28.09.1981 – II ZR 223/80 = BGHZ 81, 365, 368 („Dr. Krayer I");
BGH, Urt. v. 10.10.1983 – II ZR 233/82 = AG 1984, 52, 53 = NJW 1984, 1036 = ZIP
1983, 1448 („Dr. Krayer II"); BGH, Urt. v. 18.02.1991 – II ZR 259/89 = WM 1991,
678 = ZIP 1991 = EWiR 1991, 681 m. Anm. *Frey,* 366; *Altmeppen,* in: Roth/Altmep-
pen, GmbHG § 30 Rn. 29; *Hueck/Fastrich,* in: Baumbach/Hueck, GmbHG § 30
Rn. 26; *Fleck,* in: FS 100 Jahre GmbHG (1992), 391, 402 f.; *Cahn,* Kapitalerhaltung im
Konzern, S. 1.

wird.[48] In der Literatur werden daher zwei notwendige Kriterien für die Einbeziehung Dritter genannt: Erstens sei es entscheidend, dass die Leistung dem Gesellschafter wirtschaftlich zu Gute kommt.[49] Dies wird entweder aus einer Beteiligung des Gesellschafters an dem Dritten oder aus einer Betrachtung beider als wirtschaftliche Einheit resultieren. Für den hier interessierenden Fall der konzernrechtlichen Verbindung wird es von der ganz herrschenden Meinung unterstellt.[50] Zweitens soll der Gesellschafter die Auszahlung veranlasst haben.[51] Teilweise wird darüber hinaus gefordert, dass der die Zahlung empfangende Dritte bösgläubig ist.[52]

(1) Veranlassung durch die Muttergesellschaft

Zur Frage, worin eine Veranlassung zu sehen ist, kann die Literatur zu § 311 AktG herangezogen werden. Dort wird als Veranlassung jedes dem herrschenden Unternehmen zurechenbare Verhalten verstanden, aus dem sich ergibt, dass dieses ein bestimmtes Verhalten des abhängigen Unternehmens für wünschenswert hält, das der Adressat also als Handlungsanleitung verstehen muss und das auch tatsächlich für die fragliche Maßnahme ursächlich wird.[53] Beim Cash Pooling ist hierin das Betreiben der Konzernspitze zu sehen, die Tochtergesellschaft in das Liquiditätsmanagement einzubinden. In der Praxis wird sich die Veranlassung somit in Form schriftlicher Weisungen bezüglich der Teilnahme am Liquiditätsaustausch in aller Regel feststellen lassen.[54] Sollte dies indes einmal nicht der Fall sein, kann die Veranlassung durch die Muttergesellschaft nach den zu § 311 AktG anerkannten Grundsätzen widerleglich vermutet werden,[55] wenn die Vor-

---

[48] *Altmeppen,* in: Roth/Altmeppen, GmbHG § 30 Rn. 29; *Fleck,* in: FS 100 Jahre GmbHG (1992), 391, 402; *Cahn,* Kapitalerhaltung im Konzern, S. 2.

[49] *Hueck/Fastrich,* in: Baumbach/Hueck, GmbHG § 30 Rn. 24 f.; *Cahn,* Kapitalerhaltung im Konzern, S. 6 m.w.N.

[50] *H. P. Westermann,* in: Scholz, GmbHG § 30 Rn. 51; *Heidinger,* in: Michalski, GmbHG § 30 Rn. 80; *Hommelhoff,* in: Lutter/Hommelhoff, GmbHG § 30 Rn. 22; *Engert,* BB 2005, 1951, 1956; *Fleck,* in: FS 100 Jahre GmbHG (1992), 391, 402 f.; *Gesmann-Nuissl,* WM 2006, 1756, 1762; *Morsch,* NZG 2003, 97, 104; *U. H. Schneider,* ZGR 1985, 279.

[51] *Cahn,* Kapitalerhaltung im Konzern, S. 6 m.w.N.; vorsichtiger *Fleck,* in: FS 100 Jahre GmbHG (1992), 391, 403, der eine Veranlassung durch den Gesellschafter nur in Fällen für nötig erachtet, in denen die wirtschaftliche Nähe zwischen Gesellschafter und Zahlungsempfänger nicht offenkundig ist. Zur Notwendigkeit einer ausdrücklichen Veranlassung im Konzernverbund vgl. unten 3. Teil, B. I. 5. d) bb) (2) (c) (dd).

[52] *H. P. Westermann,* in: Scholz, GmbHG § 31 Rn. 12; *Fleck,* in: FS 100 Jahre GmbHG (1992), 391, 412 ff.

[53] *Koppensteiner,* in: Kölner Komm AktG § 311 Rn. 2 ff.; *H. F. Müller,* in: Spindler/Stilz, AktG § 311 Rn. 12; *Hüffer,* AktG § 311 Rn. 16; *Cahn,* Kapitalerhaltung im Konzern, S. 67; *Eichholz,* Das Recht konzerninterner Darlehen, S. 115.

[54] *Cahn,* Kapitalerhaltung im Konzern, S. 67.

[55] *Kropff,* in: MünchKomm AktG § 311 Rn. 85 ff.; *Hüffer,* AktG § 311 Rn. 20 f.; *Krieger,* in: MünchHdbAG § 69 Rn. 66; a. A. *Vetter,* in: K. Schmidt/Lutter, AktG § 311

teilszuwendung zum Nachteil der darleihenden Gesellschaft[56] oder bei Vorliegen personeller Verflechtungen[57] erfolgt.

(2) Fehlende Veranlassung durch die Muttergesellschaft

Nicht selten wird es aber gar keine ausdrückliche Veranlassung der Mutter zur Zahlung an die Pool führende Gesellschaft gegeben haben. In diesen Fällen ist zu überlegen, ob man eine Darlehensgewährung *causa societatis,* also nur auf Grund der Konzernzugehörigkeit, derjenigen auf Veranlassung durch die Mutter gleichstellen muss. Zwar geht das Interesse des Gesamtkonzerns nicht zwangsläufig mit denjenigen der abhängigen Konzerntöchter konform,[58] diese werden sich aber *in praxi* dennoch häufig die Interessen der Obergesellschaft zu Eigen machen und entsprechend handeln[59] – selbst dann, wenn die Obergesellschaft ihre Interessen nicht durch ihren anteilsvermittelten Einfluss durchsetzen könnte. Eine explizite Weisung durch die Konzernspitze wird in solchen Fällen auch häufig fehlen. Es ist aber offensichtlich, dass ein „freiwilliges" opportunes Verhalten, wenn es dem Verhalten entspricht, das bei einer Weisung erfolgen würde, auch dieselben Rechtsfolgen auslösen sollte. Andernfalls wäre einer Umgehung Tür und Tor geöffnet,[60] denn die möglichen Gründe für ein freiwilliges Unterwerfen sind vielfältig. An dieser Stelle sei nur darauf hingewiesen, dass die Entscheidungsträger einer abhängigen Gesellschaft in ihrem beruflichen Fortkommen letztlich vom guten Willen der Konzernspitze abhängig sind und deswegen geneigt sein werden, sich dem vermuteten Interesse der herrschenden Gesellschaft unterzuordnen – wenn sie nicht gar bereits durch die Obergesellschaft eingesetzt wurden.[61] Das Erfordernis einer Regulierung von im Konzernverbund *causa societatis* gewährten Darlehen zwischen Konzernschwestern liegt deswegen auf der Hand.

Rn. 30; *H. F. Müller,* in: Spindler/Stilz, AktG § 311 Rn. 25; *Koppensteiner,* in: Kölner-Komm AktG § 311 Rn. 10, die nicht von einer Vermutung, sondern vom *prima-facie-*Beweis sprechen.

[56] Ausführlich *Cahn,* Kapitalerhaltung im Konzern, S. 67 ff.

[57] In diesem Fall nimmt die wohl herrschende Meinung eine unwiderlegliche Vermutung an; vgl. *Hüffer,* AktG § 311 Rn. 22; *Krieger,* in: MünchHdb AG § 69 Rn. 75; *Neuhaus,* DB 1970, 1913, 1916; jeweils m.w.N. *a. A. Habersack,* in: Emmerich/Habersack, § 311 AktG Rn. 35; *H. F. Müller,* in: Spindler/Stilz, AktG § 311 Rn. 26, die einen Entlastungsbeweis zulassen wollen.

[58] Vgl. oben 1. Teil, B.

[59] *Cahn,* Kapitalerhaltung im Konzern, S. 62; *Karollus,* in: FS Claussen (1997), 199, 205 f.

[60] *Noack,* GmbHR 1996, 153.

[61] Dazu *Spindler,* in: MünchKomm AktG Vor § 76 Rn. 81 ff.; *Altmeppen,* ZHR 171 (2007), 320 ff., beide m.w.N.

(3) Sonderfall: Leistung an Tochtergesellschaften

Ist der Cash Pool bei der Muttergesellschaft angesiedelt, so werden auch Darlehen an Konzerntöchter vergeben. Ein solcher abwärtsgerichteter Liquiditätsfluss wird in Bezug auf einen möglichen Verstoß gegen § 30 Abs. 1 GmbHG selten thematisiert. Richtigerweise ist er auch abzulehnen. Selbst wenn man unzutreffend annähme, dass die Gesellschafterfremdfinanzierung nicht andernorts abschließend geregelt wäre,[62] so ergäbe sich für absteigende Leistungen beim Cash Pooling keine Notwendigkeit einer Anwendung von § 30 GmbHG. Ohne der Frage nach dem Vermögensbegriff des § 30 GmbHG vorgreifen zu wollen,[63] ist festzustellen, dass die Zuwendung an eine 100%ige Tochterunternehmung grundsätzlich ein neutraler Aktivtausch ist,[64] dessen Rückgängigmachung die herrschende Obergesellschaft selbst in der Hand hat. Deswegen kommt ein Auszahlungsverbot hier nicht in Betracht. Das spezielle Recht der Gesellschafterfremdfinanzierung wird im 3. Teil dieser Arbeit eine umfassende Würdigung erfahren.

(4) Zwischenergebnis zur Leistung an Dritte

Es konnte belegt werden, dass eine Umgehungsgefahr besteht, die es rechtfertigt, den Anwendungsbereich von § 30 Abs. 1 S. 1 GmbHG auch auf Leistungen an Dritte zu erstrecken, von denen der Gesellschafter wirtschaftlich profitiert. Diese Ausweitung darf aber nicht ausufern. Deswegen ist insbesondere im Konzernverbund zu prüfen, ob die Leistung auch von der Konzernspitze veranlasst wurde. Wenn eine solche Veranlassung fehlt, darf nur ausnahmsweise bei offensichtlichem Interesse der Konzernspitze auch eine Darlehensgewährung *causa societatis* tatbestandlich sein.

b) Auszahlung

Zentral in § 30 GmbHG ist der Begriff der „Auszahlung". Die Terminologie stellt einen Grundbegriff des betriebswirtschaftlichen Rechnungswesens dar. Dort bezeichnet sie die rein technische Weggabe von Zahlungsmitteln, also insbesondere Kassenbestand, Schecks oder Giralgeld. Die anfängliche Annahme, dass unter dem Auszahlungsbegriff des § 30 GmbHG ebenfalls nur Auszahlungen in

---

[62] Dies betonend *H. P. Westermann,* in: Scholz, GmbHG § 30 Rn. 55; vertiefend dazu unten 3. Teil.

[63] Dazu ausführlich 2. Teil, A. I. 2. c).

[64] OLG München, Urt. v. 06.07.2005 – 7 U 2230/05 = OLGR München 2007, 18 = GmbHR 2005, 1486 = WuB II C § 30 GmbHG 2.06 m. Anm. *Weber; H. P. Westermann,* in: Scholz, GmbHG § 30 Rn. 53; *a. A. Burgard,* AG 2006, 527, 530, der auf das Problem der strukturellen Nachrangigkeit verweist und absteigende Darlehen daher den horizontalen gleichstellen will.

diesem betriebswirtschaftlichen Sinne zu verstehen seien,[65] wurde schnell verworfen. Schon früh umfasste der Begriff ebenso die Abtretung von Geldforderungen und die Hingabe an Zahlungs statt. Heute besteht Konsens, ihn weit auszulegen. Er beschreibt Leistungen aller Art, die wirtschaftlich das Gesellschaftsvermögen verringern.[66] § 30 GmbHG schützt dabei nicht die Zusammensetzung des Stammkapitals, sondern lediglich seinen rechnerischen Wert. In welcher *Form* die Haftungsmasse erhalten bleibt, ist zunächst unerheblich. Ob bzw. wann das Stammkapital tangiert wird, ist anhand einer Bilanz zu fortgeführten Buchwerten (keine Zerschlagungswerte[67]) zu ermitteln.[68] Stille Reserven dürfen hierzu nicht angesetzt werden.[69]

c) Vermögen

Der in § 30 Abs. 1 GmbHG explizit genannte Begriff des Vermögens ist zentraler Bestandteil der Auszahlung. Problematisch ist dabei, dass „Vermögen" im deutschen Zivilrecht keine Legaldefinition erfährt,[70] ja nicht einmal einheitlich gebraucht wird.[71] Auch § 30 Abs. 1 GmbHG schweigt dazu, nach welchem Maßstab das Gesellschaftsvermögen zu ermitteln ist. Dies führte vor Inkrafttreten des

---

[65] So noch RG, Urt. v. 04.10.1912 – II 225/12 = RGZ 80, 148, 150; *Brodmann,* GmbHG § 30 Anm. 1b, h.

[66] RG, Urt. v. 22.04.1932 – II 349/31 = RGZ 136, 260, 264; BGH, Urt. v. 14.12.1959 – II ZR 187/57 („Lufttaxi") = BGHZ 31, 276; BGH, Urt. v. 01.12.1986 – II ZR 306/85 = EWiR 1987, 255 m. Anm. *H. P. Westermann; Mayer/Fronhöfer,* in: MünchHdb GmbH § 51 Rn. 9; *H. P. Westermann,* in: Scholz, GmbHG § 30 Rn. 1; *Habersack,* in: Ulmer/Habersack/Winter, GmbHG § 30 Rn. 75; *Heidinger,* in: Michalski, GmbHG § 30 Rn. 34; *Hueck/Fastrich,* in: Baumbach/Hueck, GmbHG § 30 Rn. 33; *Fleck,* in: FS 100 Jahre GmbHG (1992), 391, 399 f.

[67] BGH, Urt. v. 11.12.1989 – II ZR 78/89 = BGHZ 109, 334, 337; *Hueck/Fastrich,* in: Baumbach/Hueck, GmbHG § 30 Rn. 17; *Fleck,* in: FS 100 Jahre GmbHG (1992), 391, 394; *a. A. Ulmer,* in: FS Pfeiffer (1988), 853, 868 ff.

[68] BGH, Urt. v. 11.12.1989 – II ZR 78/89 = BGHZ 109, 334, 337, stRspr; *Heidinger,* in: Michalski, GmbHG § 30 Rn. 17; *Hueck/Fastrich,* in: Baumbach/Hueck, GmbHG § 30 Rn. 11; *Wicke,* GmbHG § 30 Rn. 5; *Altmeppen,* in: Roth/Altmeppen, GmbHG § 30 Rn. 10; *Raiser/Veil,* Kapitalgesellschaften, § 37 Rn. 11; zum Problem der IFRS Bilanzierung nach True und Fair Value und der Notwendigkeit von ergänzenden Instrumenten *H. P. Westermann,* ZHR 172 (2008) 144, 147.

[69] BGH, Urt. v. 07.11.1988 – II ZR 46/88 = BGHZ 106, 7, 12 m. Anm. *H. P. Westermann,* WuB II C § 30 GmbH 3.89; BGH, Urt. v. 11.12.1989 – II ZR 78/89 = BGHZ 109, 334, 337 ff. = JuS 1990, 668, 669 m. Bespr. *K. Schmidt;* BGH, Urt. v. 11.05.1987 – II ZR 226/86 = NJW 1988, 139 = GmbHR 1987, 390 = ZIP 1987, 1113 m. Anm. *H. P. Westermann;* BGH, Urt. v. 22.10.1990 – II ZR 238/89 = NJW 1991, 1057 = GmbHR 1991, 99, 101 = EWiR 1991, 61 m. Anm. *v. Gerkan.*

[70] Vgl. *Jickeli/Stieper,* in: Staudinger, BGB, Vorbemerkungen zu §§ 90–103, Rn. 24 ff.

[71] So meint er in der Regel die Summe der Aktiva einer natürlichen oder juristischen Person, umfasst (z. B. § 266 HGB) aber etwa im Erbrecht (§ 1922 ff., „Sondervermögen") auch Verbindlichkeiten.

MoMiG zu heftigen Diskussionen darüber, ob der bilanzielle Wert oder die konkrete Zusammensetzung des Vermögens geschützt werden sollte.[72] Dieser Streit, welcher in der November-Entscheidung BGHZ 157, 72 gipfelte, hatte maßgeblichen Einfluss auf die Änderungen, die das MoMiG an § 30 GmbHG durchführte.

Eine Betrachtung des geltenden Rechts ohne einen skizzenhaften Rückblick auf die letzten zehn Jahre der Rechtsprechungsentwicklung scheint schlechterdings nicht möglich, weswegen nachfolgend – in gebotener Kürze – der frühere Streit um den Vermögensbegriff des § 30 Abs. 1 GmbHG darzustellen ist.

aa) Klassische bilanzielle Betrachtungsweise

Der zivilrechtliche Vermögensbegriff bezieht sich generell immer dann auf alle Aktiva eines Rechtssubjekts, wenn er haftungsrechtlich gebraucht, also den Verbindlichkeiten gegenüber gestellt wird.[73] Deswegen herrschte auch im Schrifttum zu § 30 GmbHG lange Zeit ein bilanzieller Vermögensbegriff vor,[74]

---

[72] Vgl. *Altmeppen*, ZIP 2006, 1025; *Autschbach*, FINANCE 2004, 48; *Bähr/Hoos*, GmbHR 2004, 304; *Barnert*, WuB II C § 30 GmbHG 1.05; *Bayer/Lieder*, ZGR 2005, 133; *Berg/Schmich*, FR 2005, 190; *Binz*, DB 2004, 1273; *Bloching/Kettinger*, BB 2006, 172; *Bloching/Kettinger*, GmbHR 2005, 1098; *Börner*, BGH-Report 2004, 534; *Breuninger*, in: FS Raupach 2006, 437; *Burgard*, AG 2006, 527; *Cahn*, Der Konzern 2004, 235; *Deilmann*, AG 2006, 62; *Dieckmann/Knebel*, EWiR 2007, 483; *Drygala/Kremer*, ZIP 2007, 1289; *Engert*, BB 2005, 1951; *Frotscher*, in: FS Raupach 2006, 363; *Fuhrmann*, NZG 2004, 552; *Goette*, DStR 2006, 767; *Greulich*, sj 2006, Nr. 12, 40; *Grothaus/Halberkamp*, GmbHR 2005, 1317; *Grunewald*, WM 2006, 2333; *Habersack/Schürnbrand*, NZG 2004, 689; *Hahn*, Der Konzern 2004, 641; *Heidenhain*, LM 2006, 68; *Helmrich*, GmbHR 2004, 457; *Hentzen*, DStR 2006, 948; *Horath/Kauter*, StUB 2005, 437; *Janzen*, DB 2006, 2108; *Joost*, in: Die GmbH-Reform in der Diskussion (2006), 31, 34 ff.; *Klein*, r+s 2005, 69; *Kunkel/Lanzius*, NZG 2007, 527; *Langner*, GmbHR 2005, 1017; *Langner/Mentgen*, GmbHR 2004, 1121; *Lux*, MDR 2004, 342; *Niemann*, NZI 2004, 397; *Pentz*, ZIP 2006, 781; *Priester*, EWiR 2006, 497; *Priester*, ZIP 2006, 1557; *Pohl/Raupach*, JbFfSt 2006/2007, 409; *Reidenbach*, WM 2004, 1421; *Saenger/Koch*, NZG 2004, 271; *Schäfer*, GmbHR 2005, 133; *Schilmar*, DB 2004, 1411; *Schilmar*, DStR 2006, 568; *Schöne/Stolze*, EWiR 2004, 911; *Schulze-Osterloh*, in: FS Eisenhardt 2007, 505; *Seidel*, DStR 2004, 1130; *Servatius*, DStR 2004, 1176; *Spindler*, ZHR 171, 245; *Stein*, DZWiR 2004, 493; *Suchanek/Herbst*, FR 2005, 665; *Thomas*, ZInsO 2007, 77; *Vetter*, BB 2004, 1509; *Wachter*, GmbHR 2004, 1249; *Weitnauer*, ZIP 2005, 790; *Wessels*, ZIP 2004, 793; *Wilhelm*, DB 2006, 2729; *Winter*, NJW-Spezial 2006, 267.

[73] *Jickeli/Stieper*, in: Staudinger, BGB, Vorbemerkungen zu §§ 90–103, Rn. 25; *Holch*, in: MünchKomm BGB § 90 Rn. 46; *Larenz/Wolf*, § 21 Rn. 11.

[74] HM: *Rowedder*, in: Rowedder/Schmidt-Leithoff, GmbHG § 30 Rn. 19; *K. Schmidt*, in: Scholz, GmbHG, 8. Aufl. 1995, § 73 Rn. 2a; *K. Schmidt*, GesR § 37 III 1 c; *Maier-Reimer*, in: Lutter/Scheffler/Schneider, Hdb. Konzernfinanzierung, Rn. 16.30; *Fleck*, in: FS 100 Jahre GmbHG (1992), 391, 393 f.; *Joost*, GmbHR 1983, 285, 286; *Joost*, ZHR 148 (1984), 27, 28; *Koppensteiner*, ZHR 155 (1991), 97, 104; *Müller*, BB 1998, 1804, 1806; *Ränsch*, in: FG Döser (1999), 557, 561 f.; *U. H. Schneider*, in: FS Döllerer (1988), 537, 544; *Sotiropolous*, GmbHR 1996, 653, 654; *Vetter*, VGR 2002, 70, 76 f.; *Cahn*, Kapitalerhaltung im Konzern, S. 254; *Hormuth*, Recht und Praxis des konzern-

den ursprünglich auch der BGH vertrat.[75] Unter „Vermögen" im Sinne des § 30 Abs. 1 GmbHG sollte also die Summe aller Aktiva der Gesellschaft verstanden werden (vgl. § 266 HGB). Tauschte die Gesellschaft lediglich liquide Masse gegen einen Rückzahlungsanspruch ein, so wurde dieser Aktivtausch selbst „zu Lasten" des Stammkapitals für zulässig erachtet.[76] Auch hierbei galt das Niedrigstwertprinzip. Nicht zum Ansatz gebracht werden durften also stille Reserven, die aus der Differenz zwischen Verkehrs-/Liquidationswert und Buchwert eines Vermögensgegenstandes resultierten.

Diese bilanzielle Betrachtungsweise bot den Vorteil, dass die Grundsätze der Bewertung von Aktiva eindeutig und Überbewertungen, die zur Folge haben könnten, dass doch gebundenes Vermögen ausgezahlt würde, nicht möglich waren.[77] Selbstverständlich ist ein solcher Ansatz nur in Korrelation mit einem dazu passenden Bilanzrecht möglich.[78] Dieses ist hier nicht nur reines Publikationsrecht, sondern muss zusätzlich zur Information der Öffentlichkeit zumindest als Nebenzweck auch die Aufstellung sinnvoller Bewertungskriterien zur Ermittlung des gebundenen Vermögens beinhalten, also regeln, was zur Erhaltung des Kapitalstocks taugt.[79]

Gebunden war damit dasjenige Vermögen, welches zur Abwendung der Unterbilanzsituation erforderlich war. Der Begriff der Unterbilanz ist im Kontext dieser Arbeit von großer Bedeutung: Sie liegt vor, wenn die im Unternehmen verbleibenden Vermögensgegenstände (Aktiva) in ihrer Summe nicht mehr reichen, um nach Abzug aller Verbindlichkeiten das Stamm- oder Grundkapital zu decken.[80] Die Unterbilanzsituation indiziert noch nicht die Pflicht, einen Insolvenz-

---

weiten Cash Managements, S. 202; *Vetter/Stadler,* Haftungsrisiken beim konzernweiten Cash Pooling, Rn. 68; *a. A. Hommelhoff-Kleindiek,* in: Lutter/Scheffler/Schneider, Hdb Konzernfinanzierung, Rn. 21.42; *Schön,* ZHR 159 (1995), 351, 362; *Stimpel,* in: FS 100 Jahre GmbHG (1992), 335, 349 f.; *Wilhelmi,* Der Grundsatz der Kapitalerhaltung, S. 157 ff., 205 f.; die von einem realen Substanzschutz ausgingen.

[75] BGH, Urt. v. 11.05.1987 – II ZR 226/86 = NJW 1988, 139 f. = LM Nr. 15 zu § 31 GmbHG = WuB II C § 31 GmbHG 2.87 m. Anm. *Immenga*; BGH, Urt. v. 11.12.1989 – II ZR 78/89 = BGHZ 109, 334 = LM Nr. 15 zu HGB § 172 = WuB II F § 172 HGB 1.90 m. Anm. *Krieger*.

[76] *K. Schmidt,* GesR § 37 III 1 c.

[77] BGH, Urt. v. 11.12.1989 – II ZR 78/89 = BGHZ 109, 334, 337 f. = JuS 1990, 668, 669 m. Bespr. *K. Schmidt.*

[78] Zur diesbezüglichen Ungeeignetheit von IAS/IFRS vgl. *Arbeitskreis Bilanzrecht der Hochschullehrer Rechtswissenschaft,* BB 2002, 2372, 2373 f.; *Kleindiek,* ZGR 2006, 335, 348.

[79] Ausführlich dazu *Hennrichs,* StuW 2005, 256, 257 ff.

[80] *Hueck/Fastrich,* in: Baumbach/Hueck, GmbHG § 30 Rn. 19; *Hommelhoff,* in: Lutter/Hommelhoff, GmbHG § 30 Rn. 10 ff.; *Altmeppen,* in: Roth/Altmeppen, GmbHG § 30 Rn. 8 f.; *Hommelhoff,* in: v. Gerkan/Hommelhoff, Rn. 2.33; sehr ausführlich *Wilhelmi,* der Grundsatz der Kapitalerhaltung, S. 102 ff.

antrag zu stellen.[81] Vielmehr kann eine Gesellschaft durchaus über einen längeren Zeitraum unterbilanziell bewirtschaftet werden und die Unterbilanz bei entsprechendem Erfolg auch wieder beseitigen. Allerdings galt – und gilt z. T. bis heute – während einer Unterbilanzsituation ein diffiziles System aus geschriebenem und gesprochenem Recht, welches im Verlauf dieser Arbeit zu erläutern sein wird. An dieser Stelle bleibt festzuhalten, dass nach klassischer Sichtweise eine im Sinne des § 30 Abs. 1 GmbHG verbotene Auszahlung vorlag, wenn dadurch entweder eine Unterbilanz herbeigeführt wurde oder die Auszahlung zu einem Zeitpunkt getätigt wurde, in dem bereits eine Unterbilanz gegeben war.[82]

Die Gewährung von Darlehen – auch in Gestalt von Zahlungsströmen beim Cash Pooling – ist grundsätzlich bilanzneutral, da ein Darlehensrückforderungsanspruch einen aktivierungsfähigen Vermögensgegenstand darstellt. Gab also eine Gesellschaft ein Darlehen an ihren Gesellschafter und erwarb hierfür einen Rückzahlungsanspruch in gleicher Höhe, so lag nach dieser Ansicht im Normalfall ein Aktivtausch vor. In Ermangelung einer Vermögensweggabe wurde deswegen vertreten, dass es beim Cash Pooling bereits an der Auszahlung fehlte, sodass Cash Pooling auch „zu Lasten" des gebundenen Vermögens nicht durch § 30 Abs. 1 GmbHG untersagt war.[83]

Eine Abkehr von der Handelsbilanz als Bewertungsmaßstab lieferte jedoch das (von *Karsten Schmidt*) so genannte „Novemberurteil" des BGH.

bb) Ansicht von BGHZ 157, 72 („Novemberurteil")

Die „November-Entscheidung"[84] – inzwischen ein Stück Rechtsgeschichte[85] – war das in der Literatur im Kontext des Cash Pooling vor Inkrafttreten des Mo-

---

[81] Vgl. den Numerus Clausus der Insolvenzgründe in §§ 17–19 InsO.

[82] BGH, Urt. v. 21.09.1981 – II ZR 104/80 („Helaba/Sonnenring") = BGHZ 81, 311, 320 f. = LM Nr. 14a zu § 30 GmbHG m. Anm. *Fleck; H. P. Westermann,* in: Scholz, GmbHG § 30 Rn. 15, 46; *Heidinger,* in: Michalski, GmbHG, § 30 Rn. 13; *Lutter/Hommelhoff,* GmbHG, 16. Aufl., § 30 Rn. 13; i. E. auch *Stimpel,* in: FS 100 Jahre GmbHG, 1992, S. 335, 342 f.

[83] So etwa noch RG, Urt. v. 20.12.1935 – II 113/35 = RGZ 150, 28, 34 ff.; BGH, Urt. v. 14.12.1959 – II ZR 187/57 („Lufttaxi") = BGHZ 31, 258, 276 = NJW 1960, 285; *Hueck/Fastrich,* in: Baumbach/Hueck, GmbHG, 17. Aufl., § 30 Rn. 16; *Pentz,* in: Rowedder/Schmidt-Leithoff, § 30 Rn. 34; *Cahn,* Kapitalerhaltung im Konzern, S. 247; *Winter,* DStR 2007, 1484, 1485.

[84] BGH, Urt. v. 24.11.2003 – II ZR 171/01 = BGHZ 157, 72 = ZIP 2004, 263 = BB 2004, 293 = DB 2004, 371 = DStR 2004, 427 = WM 2004, 325 = GmbHR 2004, 302 = NJW 2004, 1111 = Der Konzern 2004, 196 = NZG 2004, 233 = MDR 2004, 341 = NZI 2004, 396 = HFR 2004, 699 = DNotZ 2004, 720 = DZWiR 2004, 513 = WuB II C § 30 GmbHG 1.05 = DStZ 2004, 172 = WPg 2004, 130 = VuR 2004, 108 = LM 2004, 68 = sj 2004, Nr. 5, 38 = GmbH-StB 2004, 105 = StUB 2004, 479 = GmbH-Stpr 2004, 253 = ZfIR 2004, 610 = DNotI-Report 2004, 62 = EWiR 2004, 911 = ZBB 2004, 152; *a. A.* aber die jüngste BGH-Rechtsprechung, vgl. BGH, Urt. v. 01.12.2008 – II ZR 102/07 (MPS) = DB 2009, 106 = ZIP 2009, 70.

MiG am meisten behandelte Urteil,[86] in welchem sich der BGH unter Anlehnung an *Stimpel*[87] der Mindermeinung angeschlossen hatte, die einen realen Substanzschutz forderte:

> *„Kreditgewährungen an Gesellschafter, die nicht aus Rücklagen oder Gewinnvorträgen, sondern zulasten des gebundenen Vermögens der GmbH erfolgen, sind auch dann grundsätzlich als verbotene Auszahlung von Gesellschaftsvermögen zu bewerten, wenn der Rückzahlungsanspruch gegen den Gesellschafter im Einzelfall vollwertig sein sollte."*[88]

Die große Neuerung bestand also darin, dass Auszahlungen an Gesellschafter auch bei Vollwertigkeit des Rückzahlungsanspruchs unzulässig sein sollten. Der BGH begründete dies mit dem Substanzschutz,[89] möglichen Rangverschlechterungen der Insolvenzgläubiger[90] und der Gefahr, dass das allgemein anerkann-

---

[85] Eine kurze Würdigung scheint im Rahmen dieser Arbeit dennoch unerlässlich, um nachfolgend den aktuellen Gesetzeswortlaut interpretieren zu können.

[86] Besprochen etwa bei *Altmeppen*, ZIP 2006, 1025; *Autschbach*, FINANCE 2004, 48; *Bähr/Hoos*, GmbHR 2004, 304; *Barnert*, WuB II C § 30 GmbHG 1.05; *Bayer/Lieder*, ZGR 2005, 133; *Berg/Schmich*, FR 2005, 190; *Binz*, DB 2004, 1273; *Bloching/Kettinger*, BB 2006, 172; *Bloching/Kettinger*, GmbHR 2005, 1098; *Börner*, BGHReport 2004, 534; *Breuninger*, in: FS Raupach 2006, 437; *Burgard*, AG 2006, 527; *Cahn*, Der Konzern 2004, 235; *Deilmann*, AG 2006, 62; *Dieckmann/Knebel*, EWiR 2007, 483; *Drygala/Kremer*, ZIP 2007, 1289; *Engert*, BB 2005, 1951; *Frotscher*, in: FS Raupach 2006, 363; *Fuhrmann*, NZG 2004, 552; *Goette*, DStR 2006, 767; *Greulich*, sj 2006, Nr. 12, 40; *Grothaus/Halberkamp*, GmbHR 2005, 1317; *Grunewald*, WM 2006, 2333; *Habersack/Schürnbrand*, NZG 2004, 689; *Hahn*, Der Konzern 2004, 641; *Heidenhain*, LM 2004, 68; *Helmreich*, GmbHR 2004, 457; *Hentzen*, DStR 2006, 948; *Horath/Kauter*, StUB 2005, 437; *Janzen*, DB 2006, 2108; *Joost*, in: Die GmbH-Reform in der Diskussion (2006), 31, 34 ff.; *Klein*, r+s 2005, 69; *Kunkel/Lanzius*, NZG 2007, 527; *Langner*, GmbHR 2005, 1017; *Langner/Mentgen*, GmbHR 2004, 1121; *Lux*, MDR 2004, 342; *Niemann*, NZI 2004, 397; *Pentz*, ZIP 2006, 781; *Priester*, EWiR 2006, 497; *Priester*, ZIP 2006, 1557; *Pohl/Raupach*, JbFfSt 2006/2007, 409; *Reidenbach*, WM 2004, 1421; *Rohde/Schmidt*, NWB 2008, 3783; *Saenger/Koch*, NZG 2004, 271; *Schäfer*, GmbHR 2005, 133; *Schilmar*, DB 2004, 1411; *Schöne*, DStR 2006, 568; *Schöne/Stolze*, EWiR 2004, 911; *Schulze-Osterloh*, in: FS Eisenhardt 2007, 505; *Seidel*, DStR 2004, 1130; *Servatius*, DStR 2004, 1176; *Spindler*, ZHR 171, 245; *Stein*, DZWiR 2004, 493; *Suchanek/Herbst*, FR 2005, 665; *Thomas*, ZInsO 2007, 77; *Vetter*, BB 2004, 1509; *Wachter*, GmbHR 2004, 1249; *Weitnauer*, ZIP 2005, 790; *Wessels*, ZIP 2004, 793; *Wilhelm*, DB 2006, 2729; *Winter*, NJW-Spezial 2006, 267; ausführlich monographisch *Deckart*, Kapitalerhaltung als Grenze des Cash Pooling, passim u. S. 33 ff.

[87] *Stimpel*, in: FS 100 Jahre GmbHG (1992), S. 335, 349 ff.

[88] BGH, Urt. v. 24.11.2003 – II ZR 171/01 = BGHZ 157, 72, 72 = ZIP 2004, 263.

[89] Dazu ausführlich *Stimpel*, in: FS 100 Jahre GmbHG (1992), 335, 338 ff.; *Deckart*, Kapitalerhaltung als Grenze des Cash Pooling, S. 38 f.

[90] Der Argumentation tendenziell zustimmend *Habersack*, in: Ulmer/Habersack/Winter, GmbHG § 30 Rn. 49; *Bayer/Lieder*, GmbHR 2006, 449, 452; *Habersack/Schürnbrand*, NZG 2004, 689, 696; *Schäfer*, GmbHR 2005,133, 137; *Servatius*, DStR 2004, 1176, 1178; *Deckart*, Kapitalerhaltung als Grenze des Cash Pooling, S. 56; *Hangebrauck*, Cash-Pooling-Systeme, S. 224; *Rittscher*, Cash-Management-Systeme in der Insolvenz, S. 91; vgl. auch die obigen Ausführungen zum Teleskopeffekt, 1. Teil, A. II. 1. c) cc); a.A. *Cahn*, Der Konzern 2004, 235, 241; *Drygala*, ZGR 2006, 587, 625 f.;

te[91] Stundungsverbot aus § 31 Abs. 1 GmbHG andernfalls allzu leicht zu umgehen sei.[92]

Nach der Entscheidung war allerdings noch unklar, inwieweit sich eine Relevanz für das Cash Pooling ergeben konnte, zumal der dort streitgegenständliche Sachverhalt weder eine Cash-Pooling-Konstellation betraf, noch auch nur allzu viel Ähnlichkeit mit einer solchen aufwies.[93] Andererseits waren die Argumente des BGH prinzipiell auf das Cash Pooling übertragbar.[94] Das Spektrum der Interpretationen des Urteils reichte deswegen von der Annahme eines generellen Cash-Pooling-Verbots[95] über zahlreiche Vorschläge einer Differenzierung[96] bis zur hin zu der Meinung, das Gesagte fände im Rahmen von Cash-Pooling-Systemen grundsätzlich keine Anwendung.[97] Im November 2005 nahm das OLG München hierzu in einem Urteil Stellung, das bisweilen als das „zweite Novemberurteil" bezeichnet wird:[98]

Suchanek/Herbst, FR 2005, 665, 673, die betonen, sofern der Rückzahlungsanspruch gegen den Gesellschafter vollwertig wäre, käme es normalerweise gar nicht zu der beschriebenen Verwässerung, sodass nicht zu erklären sei, wieso dem BGH ein vollwertiger Rückzahlungsanspruch nicht als Sicherheit für Gläubiger reichte.

[91] BGH, Urt. v. 27.11.2000 – II ZR 83/00 = BGHZ 146, 105 = NJW 2001, 830, 831; *Hommelhoff,* in: Lutter/Hommelhoff, GmbHG § 31 Rn. 26; *Altmeppen,* in: Roth/Altmeppen, GmbHG § 31 Rn. 31; *Heidinger,* in: Michalski, GmbHG § 31 Rn. 76; *Cahn,* Der Konzern 2004, 235, 237; *Goette,* DStR 1997, 1495, 1499; *Keller/Rödl,* BB 2005, Beil. 3, 16, 17; *Saenger/Koch,* NZG 2004, 271, 272; *Schön,* ZHR 159 (1995), 351, 360 f.; *Servatius,* DStR 2004, 1176, 1177; *Ulmer,* in: FS 100 Jahre GmbHG (1992), 363, 380 ff.; *Vetter,* BB 2004, 1509, 1514; a. A. *Lange,* NJW 2002, 2293.

[92] BGH, Urt. v. 24.11.2003 – II ZR 171/01 = BGHZ 157, 72, 76 f. = BB 2004, 293, 294; a. A. *Reidenbach,* WM 2004, 1421, 1422; *Schäfer,* GmbHR 2005, 133, 136; *Schilmar,* DB 2004, 1411, 1412; *Servatius,* DStR 2004, 1176, 1178, die darauf hinweisen, dass es ein Zirkelschluss wäre, diese BGH-Begründung auf den Rückzahlungsanspruch anzuwenden, der gerade durch die Hingabe des Darlehens zu Stande kommt. Vgl. auch *Vetter,* BB 2004, 1509, 1514, der betont, dass nicht jedes Geschäft, das die Gefahr der Umgehung einer Vorschrift in sich trage, deswegen verboten werden könne.

[93] *H. P. Westermann,* in: Scholz, GmbHG § 30 Rn. 20; *Gesmann-Nuissl,* WM 2006, 1756, 1761.

[94] *Langner,* GmbHR 2005, 1017, 1020; *Langner/Mentgen,* GmbHR 2004, 1121, 1123 f.; *Deckart,* Kapitalerhaltung als Grenze des Cash Poolings, S. 66 f.; *Hangebrauck,* Cash-Pooling-Systeme, S. 240; jeweils ausführlich und m. w. N.

[95] Dahin tendierend *Seidel,* DStR 2004, 1130, 1131.

[96] *Bender,* BB 2005, 1492; *Cahn,* Der Konzern 2004, 235 f.; *Fuhrmann,* NZG 2004, 552, 555; *Goette,* ZIP 2005, 1481, 1484; *Grothaus/Halberkamp,* GmbHR 2005, 1317, 1318; *Habersack/Schürnbrand,* NZG 2004, 689 f.; *Heidenhain,* LM 2004, 68 f.; *Hentzen,* ZGR 2005, 480, 506; *Henze,* WM 2005, 717, 719; *Kerber,* ZGR 2005, 437; *Kiethe,* DStR 2005, 1573, 1574; *Langner,* GmbHR 2005, 1017 ff.; *Langner/Mentgen,* GmbHR 2004, 1121; *Reidenbach,* WM 2004, 1421; *Schilmar,* DB 2004, 1411, 1413; *Seibt,* NJW-Spezial 2004, 219; *Stein,* DZWiR 2004, 493, 497.

[97] *Schäfer,* GmbHR 2005, 133, 137 f.; *Ulmer,* ZHR 169 (2005), 1, 4 f.; zweifelnd auch *Liebscher,* GmbH-Konzernrecht, Rn. 367; *Hahn,* Der Konzern 2004, 641, 645.

„Der Senat sieht auch keine Rechtfertigung, die im Streit stehenden Zahlungen von der Anwendbarkeit des § 30 GmbHG mit Rücksicht auf ein praktiziertes Cash-Pool-Verfahren auszunehmen. [...] Ob abgesehen hiervon nach der bestehenden Gesetzeslage überhaupt eine Privilegierung des Cash-Pool-Verfahrens gerechtfertigt werden kann, erscheint zweifelhaft. Der Senat sieht insoweit keinen entscheidenden Unterschied zu dem vom BGH in seinem Urteil vom 24.11.2003 entschiedenen Fall der Kreditgewährung an Gesellschafter. Ein funktionierendes Cash-Pool-Verfahren könnte zwar unter Umständen auch im Interesse der Gesellschaft liegen. Dies genügt jedoch keinesfalls, um eine Gefährdung des Kapitalerhaltungsgrundsatzes zu rechtfertigen, zumal es regelmäßig an ausreichenden Sicherheiten und angemessenen Kreditbedingungen fehlt."

Bestätigt wurde dies am 16. Januar 2006 durch den BGH:[99]

„Die in ein Cash-Pool-System einbezogenen Gesellschaften mit beschränkter Haftung unterliegen – ohne dass ein ‚Sonderrecht' für diese Art der Finanzierung anerkannt werden könnte – bei der Gründung und der Kapitalerhöhung den Kapitalaufbringungsvorschriften des GmbHG und den dazu von der höchstrichterlichen Rechtsprechung entwickelten Grundsätzen."

Insofern konnte kein Zweifel mehr daran bestehen, dass die Rechtsprechung aus dem Novemberurteil auch auf Cash-Pooling-Systeme Anwendung finden sollte.[100] Es wurde nur noch diskutiert, ob Cash Pooling zu Lasten des gebundenen Vermögens ausnahmsweise zulässig sein sollte, wenn die Darlehensvergabe im Interesse der Gesellschaft lag, die Darlehensbedingungen einem Drittvergleich standhielten und die Kreditwürdigkeit des Gesellschafters selbst bei Anlegung strengster Maßstäbe außerhalb jedes vernünftigen Zweifels stünden oder die Rückzahlung des Darlehens durch werthaltige Sicherheiten voll gewährleistet sei.[101] Dieser Streit braucht hier nicht mehr nachgezeichnet zu werden, da er sich mit der Gesetzesreform zumindest in diesem Punkt erledigt hat.

---

[98] OLG München, Urt. v. 24.11.2005 – 23 U 3480/05 (n.rkr.) = GmbHR 2006, 144 m. Anm. *Blöse* = BB 2006, 286 m. Anm. *Habersack* = ZIP 2006, 25 = DB 2005, 2811 = NZG 2006, 195 = NJW-Spezial 2006, 126 = Der Konzern 2006, 78.

[99] BGH, Urt. v. 16.01.2006 – II ZR 76/04 („Cash-Pool I") = BGHZ 166, 8 = DB 2006, 772 = WM 2006, 723 = ZIP 2006, 665 = BB 2006, 847 m. Anm. *Flitsch/Schellenberger* = DStR 2006, 764 m. Anm. *Goette* = GmbHR 2006, 477 m. Anm. *Langner* = AG 2006, 333 = NZG 2006, 344 = BKR 2006, 208 m. Anm. *Werner* = NJW 2006, 1736 = DZWiR 2006, 248 m. Anm. *Stein*.

[100] Schon vor BGHZ 166, 8 so vertreten von der wohl h. M.: *Bender,* BB 2005, 1492; *Cahn,* Der Konzern 2004, 235 f.; *Fuhrmann,* NZG 2004, 552, 555; *Goette,* ZIP 2005, 1481, 1484; *Grothaus/Halberkamp,* GmbHR 2005, 1317, 1318; *Habersack/Schürnbrand,* NZG 2004, 689 f.; *Heidenhain,* LM 2004, 68 f.; *Hentzen,* ZGR 2005, 480, 506; *Henze,* WM 2005, 717, 719; *Kerber,* ZGR 2005, 437; *Kiethe,* DStR 2005, 1573, 1574; *Langner,* GmbHR 2005, 1017 ff.; *Langner/Mentgen,* GmbHR 2004, 1121; *Reidenbach,* WM 2004, 1421; *Schilmar,* DB 2004, 1411, 1413; *Seibt,* NJW-Spezial 2004, 219; *Seidel,* DStR 2004, 1130, 1132; *Stein,* DZWiR 2004, 493, 497.

[101] Entsprechend ließ sich ein *obiter dictum* des BGH zum Novemberurteil interpretieren, vgl. BGH, Urt. v. 24.11.2003 – II ZR 171/01 = BGHZ 157, 72, 77 = ZIP 2004, 263.

cc) Das MoMiG: Rückkehr zur bilanziellen Betrachtungsweise

Hatte der vorangehende Referentenentwurf zum MoMiG[102] sich noch darauf beschränkt, die vom BGH im Novemberurteil *obiter dictum* definierten Ausnahmekriterien[103] in eine gesetzliche Form gießen zu wollen,[104] so vollzieht der Gesetzgeber mit der endgültigen Fassung im Regierungsentwurf[105] nach eigenem Bekunden die vollständige Rückkehr zur bilanziellen Betrachtungsweise, die sich „wie ein roter Faden" durch das neue Recht zöge.[106] Auch wenn die Entwurfsbegründung diesbezüglich nur von einer „Klarstellung" spricht,[107] ist darin eine Kehrtwende zu sehen. Kennzeichnend für das gesamte Reformgesetz ist die Abkehr vom präventiven *ex-ante*-Gläubigerschutz hin zu einem repressiven *ex-post*-Gläubigerschutz.[108] Zur Klärung von Rechtsunsicherheiten in Bezug auf den Vermögensbegriff von § 30 Abs. 1 S. 1 GmbHG wurde der Norm mit Satz 2 das Bekenntnis zur bilanziellen Betrachtungsweise bei Vorliegen eines vollwertigen Gegenleistungs- oder Rückgewähranspruchs angefügt. Vor diesem Hintergrund hat auch der BGH in seinem „MPS-Urteil" – offenbar dem Wochenende war es geschuldet, dass dieses auf einen 1. Dezember fiel und somit kein „drittes Novemberurteil" wurde – erklärt, die Grundsätze des Novemberurteils auch rückwirkend nicht mehr anwenden zu wollen.[109] Die Gesetzesbegründung führt zu der Änderung aus, dass das neue „Deckungsgebot" eine Doppelfunktion habe: Einerseits soll die Vollwertigkeit des Anspruches sichergestellt sein, also die Bonität des Gläubigers, zum Anderen aber auch das Äquivalenzinteresse der Gesellschaft. Das Erhaltene soll also wertmäßig dem Abgegebenen entsprechen. Die Begründung des MoMiG-Entwurfs hebt dabei hervor, dass bei Austauschverträgen die Marktwerte und nicht die Abschreibungswerte zu Grunde zu legen sind.[110] Grundsätzlich ist die „Klarstellung" zu begrüßen, indes trifft sie nicht bezüglich sämtlicher bestehender Fragen eindeutige Regelungen.

---

[102] Referentenentwurf eines Gesetzes zur Modernisierung des GmbH-Rechts und zur Bekämpfung von Missbräuchen – MoMiG vom 29.5.2006, abrufbar unter http://www.bmj.bund.de/files/-/1236/RefE%20MoMiG.pdf [13.05.2009].

[103] BGH, Urt. v. 24.11.2003 – II ZR 171/01 = BGHZ 157, 72, 77 = ZIP 2004, 263.

[104] Art. I Nr. 11 RefE-MoMiG; dazu ausführlich *Hangebrauck*, Cash-Pooling-Systeme, S. 327–344.

[105] Entwurf eines Gesetzes zur Modernisierung des GmbH-Rechts und zur Bekämpfung von Missbräuchen, RegE v. 23.05.2007, BT-Drucks. 16/6140, online abrufbar unter http://dip21.bundestag.de/dip21/btd/16/061/1606140.pdf [03.01.2009].

[106] Begr. RegE MoMiG, BT-Drucks. 16/6140, S. 35; vgl. auch Begr. RegE zu § 30 GmbHG, BR-Drucks. 354/07, S. 94.

[107] Begr. RegE MoMiG, BT-Drucks. 16/6140, S. 41.

[108] *Haas*, Stellungnahme zum MoMiG-Entwurf (2007), S. 5; zu diesem Trend auch *K. Schmidt*, GmbHR 2007, 1; *K. Schmidt*, ZIP 2006, 1925, 1932; *Spindler*, JZ 2006, 839, 841 f.; *Thole*, ZIP 2007, 1590.

[109] BGH, Urt. v. 01.12.2008 – II ZR 102/07 (MPS) = DB 2009, 106 = ZIP 2009, 70 (ergangen in Bezug auf eine AG).

[110] Begr. RegE MoMiG, BT-Drucks. 16/6140, S. 41.

(1) Vollwertigkeit, § 30 Abs. 1 S. 2 GmbHG

Der Begriff der Vollwertigkeit war schon in der November-Rechtsprechung zentral, sodass es nicht verwundert, dass er bereits seit dem Indizienkatalog des ersten Referentenentwurfs zum MoMiG im Mittelpunkt aller Überlegungen steht.[111] Trotzdem lässt der jetzige Gesetzeswortlaut eine präzise Definition von Vollwertigkeit vermissen. Auch die Begründung zum Regierungsentwurf des MoMiG führt lediglich aus, dass Vollwertigkeit jedenfalls nicht angenommen werden dürfe, wenn die Durchsetzung der (Gegen-)forderung „absehbar in Frage gestellt" sei.[112] Hieraus wird man aber kaum schließen dürfen, dass Vollwertigkeit immer bereits dann gegeben wäre, wenn die Durchsetzbarkeit absehbar *nicht* in Frage steht.[113] Vielmehr ist der unbestimmte Rechtsbegriff[114] durch Auslegung zu füllen

(a) Bilanzielle Vollwertigkeit

Wiederholt wurde darauf hingewiesen, dass das MoMiG sich für eine bilanzielle Betrachtungsweise entscheidet. Diese stellt auch bei der Auslegung des Vollwertigkeitsbegriffs zumindest einen ersten Vorfilter dar,[115] denn bedrohte Forderungen sind in der Bilanz abzuschreiben (§ 253 Abs. 3 S. 2 u. Abs. 4 HGB).[116] Insofern ist jedenfalls keine Vollwertigkeit gegeben, wenn bei Darlehensvergabe – also im Zeitpunkt der Ausreichung der Darlehensvaluta[117] – bereits Abschreibungsbedarf besteht.

(b) Übernahme des Vollwertigkeitsbegriffs von BGHZ 157, 72

Die terminologische Anlehnung an die November-Rechtsprechung könnte auch darauf hindeuten, dass der dortige Vollwertigkeitsbegriff („[...] selbst bei Anlegung strengster Maßstäbe außerhalb jedes vernünftigen Zweifels [...]"[118])

---

[111] RefE MoMiG v. 29.05.2006, S. 54.

[112] Begr. RegE MoMiG, BT-Drucks. 16/6140, S. 41.

[113] So aber *Kiefner/Theusinger,* NZG 2008, 801, 804; *Markwardt,* BB 2008, 2414, 2420.

[114] *Wicke,* GmbHG § 30 Rn. 10; *Drygala/Kremer,* ZIP 2007, 1289, 1293; *Wand/Tillmann/Heckenthaler,* AG 2009, 148, 151.

[115] *Cahn,* Der Konzern 2009, 67, 72 ff.; *Wirsch,* Der Konzern 2009, 443, 447; *a.A. Altmeppen,* NZG 2010, 401, 402, der die untergeordnete Bedeutung des Bilanzrechts betont.

[116] *Winter,* DStR 2007, 1484, 1486.

[117] *Hueck/Fastrich,* in: Baumbach/Hueck, GmbHG § 30 Rn. 43; *Gehrlein,* Der Konzern 771, 785; *Habersack,* ZGR 2009, 347, 361.

[118] BGHZ 157, 72, 77.

übernommen werden sollte.[119] Hiergegen spricht jedoch, dass das früher vom BGH geforderte, über die bilanzielle Vollwertigkeit hinausgehende Element in den Unterlagen des Gesetzgebungsprozesses an keiner Stelle mehr erwähnt wird.[120] So verwundert es auch nicht, dass die erste Rechtsprechung nach Inkrafttreten des MoMiG „eine an Sicherheit grenzende Wahrscheinlichkeit der Darlehensrückzahlung" für „nicht erforderlich" erachtet.[121]

(c) Drittvergleich

Teilweise wird dennoch vertreten, dass die Darlehensvergabe einem Drittvergleich standhalten müsse.[122] Hierzu ist zunächst anzumerken, dass sich die Vergleichbarkeit dann nicht auf das „Ob" der Darlehensvergabe, sondern nur auf das „Wie" beziehen kann, denn einem externen Dritten wird ein Unternehmen, sofern es kein Kreditinstitut ist, niemals ein Darlehen gewähren.[123]

Im Rahmen einer Gegenüberstellung wären also die Eckpunkte des „magischen Dreiecks der Kapitalanlageziele" – Liquidität, Sicherheit und Rendite – mit denjenigen der Anlage bei einer Bank zu vergleichen.

Allerdings sprechen die besseren Argumente gegen das Erfordernis einer Drittvergleichbarkeit. Insbesondere den von *Stimpel*[124] in die Diskussion zu § 30 GmbHG eingebrachten Liquiditätsschutz lehnt das MoMiG gerade ab,[125] sodass es verfehlt wäre, die Liquidität im Rahmen eines Vergleichs zu berücksichtigen.[126] Blendet man dieses Kriterium aber aus, ist ein valider Drittvergleich schlechterdings gar nicht möglich.

Auch die historische Auslegung belegt, dass ein Drittvergleich obsolet ist: Die November-Rechtsprechung, auf die sich die Begründung zum Regierungsentwurf des MoMiG ausdrücklich bezieht,[127] benutzt Vollwertigkeit und Drittvergleichbarkeit nicht synonym, sondern nennt sie als Kriterien nebeneinander. Auch der

---

[119] Hierzu tendiert offenbar *Altmeppen,* in: Roth/Altmeppen, GmbHG § 30 Rn. 97; *Altmeppen,* ZIP 2009, 49, 53, der von einem Verbot der Kreditvergabe zu Lasten gebundenen Vermögens ausgeht, wenn die Aktivierbarkeit des Rückzahlungsanspruchs „nur geringsten Zweifeln" unterliege; dem zustimmend *Saenger,* in: FS H. P. Westermann (2008), 1381, 1396; *Spliedt,* ZIP 2009, 149, 150 f.

[120] *Winter,* DStR 2007, 1484, 1486.

[121] BGH, Urt. v. 01.12.2008 – II ZR 102/07 (MPS) = DB 2009, 106, 107 = ZIP 2009, 70, 72.

[122] *Brocker/Rockstroh,* BB 2009, 730, 732; *Hirte,* ZInsO 2008, 689, 691 f.; *Spliedt,* ZIP 2009, 149, 150; *Winter,* DStR 2007, 1484, 1488.

[123] *Hangebrauck,* Cash-Pooling-Systeme, S. 300.

[124] *Stimpel,* in: FS 100 Jahre GmbHG (1992), S. 335 ff.

[125] Begr. RegE MoMiG, BT-Drucks. 16/6140, S. 41 reSp.

[126] Zur Rendite vgl. unten 2. Teil, I. 2. c) cc) (3).

[127] Begr. RegE MoMiG, BT-Drucks. 16/6140, S. 41.

Referentenentwurf führt den Drittvergleich noch ausdrücklich in der Begründung an.[128] Wenn nun der MoMiG-Gesetzgeber schlussendlich nur die Vollwertigkeit ausdrücklich für verbindlich erklärt und auf die Drittvergleichbarkeit gar nicht mehr eingeht, darf man davon ausgehen, dass sie heute nicht mehr gefordert ist.[129]

(d) Bemessung anhand des Ratings

Fraglich ist, welche Rolle externe Ratings bei der Feststellung der Vollwertigkeit spielen können.

Im Nachgang des November-Urteils wurde vereinzelt vertreten, eine Auszahlung zu Lasten des gebundenen Vermögens einer GmbH könne nur an AAA-geratete Gesellschafter erfolgen. Diese Überlegung mutet heute freilich historisch an, wenn man die Rolle der Ratingagenturen bei der Finanzkrise ab 2007 betrachtet.[130] Auch wenn bessere Überwachung und andere Bemessungsgrundlagen zukünftig dazu beitragen könnten, das Vertrauen in Rating-Agenturen wieder erstarken zu lassen,[131] hätte eine zwingende Berücksichtigung im Zusammenhang mit § 30 Abs. 1 GmbHG viele Nachteile. Ein AAA-Rating etwa war selbst bei Banken – auch vor 2007 – bereits terminologisch der Ausnahmefall,[132] und selbst wenn man ein Rating von A oder besser ausreichen lassen wollte,[133] wäre diese Lösung schon deshalb nicht praxistauglich, weil kleine und mittlere Unternehmen in Europa schlechterdings zumeist gar kein externes Rating besitzen.[134]

Davon zu trennen ist jedoch die Frage, ob den Pflichten eines Geschäftsführers Genüge getan ist, wenn er sich bei der Darlehensvergabe ausschließlich auf marktbasierte Methoden der Risikoeinschätzung wie ein Rating oder so genannte

---

[128] Begr. RefE MoMiG v. 29.05.2006, S. 54 f.

[129] I.E. ebenso *Altmeppen,* NZG 2010, 401, 403; *Mülbert/Leuschner,* NZG 2009, 281, 283; *Wand/Tillmann/Heckenthaler,* AG 2009, 148, 152.

[130] Die US-Investmentbank *Lehman Bros. Inc.* wurde von der Ratingagentur *Standard & Poor's* noch am 09. September 2008 – weniger als eine Woche vor der Ankündigung der Insolvenzantragstellung – langfristig mit „A" geratet, vgl. *Stock World* v. 09.09.2008, Ausgabe online abrufbar unter: http://www.stock-world.de/nachrichten/ausland/1805160-Standard_Poor_s_denkt_ueber_Rating [07.10.2010].

[131] Ab dem 01.01.2011 unterstehen Ratingagenturen in der EU der Aufsicht der ESMA.

[132] *Moody's* und *Standard & Poor's* übersetzen „AAA" mit „*exceptional*".

[133] Dies entspricht nach der Terminologie der Agenturen *Moody's* und *Standard & Poor's* immer noch dem Prädikat „*excellent*" bzw. nach der bankwirtschaftlichen Literatur einer Insolvenzwahrscheinlichkeit von 0,05 % innerhalb eines Jahres/0,12 % innerhalb von zwei Jahren, vgl. die Migrationsmatrizen von *Standard & Poor's* (2006), abgedruckt bei *Reichling/Bietke/Henne,* Praxishandbuch Risikomanagement und Rating, S. 81 f.

[134] *Deckart,* Kapitalerhaltung als Grenze des Cash Pooling, S. 75 f.

Credit Default Swaps verlässt.[135] Das ist nach überzeugender Ansicht zu verneinen.[136] Auch wenn einer Ratingagentur umfangreiche Daten zur Lage eines Unternehmens zugänglich sind, wird der Geschäftsführer oder Vorstand eines verbundenen Unternehmens in der Praxis über weitere Informationsquellen verfügen. Hierzu gehört etwa die kurz- und mittelfristige Liquiditätsplanung des Konzerns. Es wäre paradox, wenn ein Konzern-„Insider" sich von seinen Überwachungspflichten dadurch frei zeichnen könnte, dass ein externes Rating vorliegt. Das gilt erst recht, wenn es sich dabei nicht um ein isoliertes Rating der Konzernspitze, sondern wie praktisch häufig um ein Konzernrating handelt.

Zusammenfassend lässt sich daher feststellen, dass ein externes Rating weder notwendiges noch hinreichendes Kriterium für die Beurteilung der Vollwertigkeit eines Darlehensrückzahlungsanspruchs gegen die beherrschende Gesellschaft ist.

(e) Stellungnahme

Der Terminus „Vollwertigkeit" stellt einen unbestimmten Rechtsbegriff dar, der sich weder anhand des Gesetzeswortlauts noch mithilfe der Begründung zum Regierungsentwurf MoMiG präzisieren lässt. Die teleologische wie historische Auslegung des § 30 Abs. 1 S. 2 GmbHG verbietet es jedoch, allzu strenge Anforderungen zu stellen. Insbesondere sind weder die Existenz eines (positiven) Ratings noch das Bestehen eines Drittvergleichstests notwendig. Trotzdem befriedigt dieses Ergebnis nur zum Teil, indem es die entscheidende Frage lediglich verlagert: Nimmt man Vollwertigkeit immer dann an, wenn kein Abschreibungsbedarf besteht, so ist unvermeidliches Folgeproblem, wie der Abschreibungsbedarf festzustellen ist. Die Grundsätze einer vorsichtigen kaufmännischen Bilanzierung darzulegen, kann aber nicht Inhalt dieser Arbeit sein.

Zumindest sollte jedoch feststehen, dass ein umfangreiches Monitoring notwendig ist, welches sich nicht bloß auf die Auswertung viertel- oder halbjährlich verfügbarer handelsbilanzieller Unterlagen beschränken kann, sondern die konkrete kurzfristige Liquiditätsplanung der Unternehmensgruppe mit einzubeziehen hat. Kann oder will eine Gesellschaft dies nicht leisten, wird es ihr nicht erspart bleiben, Sicherheiten nach den im folgenden Abschnitt beschriebenen Prinzipien einzufordern.

---

[135] So *Cahn*, Der Konzern 2009, 67, 74 ff.; *Wand/Tillmann/Heckenthaler*, AG 2009, 148, 152; *Wirsch*, Der Konzern 2009, 443, 447; ähnlich vor der Reform *Fuhrmann*, NZG 2004, 552, 554; *Hahn*, Der Konzern 2004, 641, 645; *Hentzen*, ZGR 2005, 480, 500; *Keller/Rödl*, BB-Beil. 3/2005, 16, 17; wohl auch *Schilmar*, DB 2004, 1411, 1414.
[136] *Altmeppen*, NZG 2010, 401, 403.

(2) Werthaltige Besicherung

Während im Novemberurteil noch ausdrücklich die werthaltige Besicherung als Alternative zur Vollwertigkeit angeführt wurde,[137] findet sich diese Möglichkeit heute weder im Gesetz noch in den Materialien zum Entwurf wieder. Das mag daran liegen, dass nach dem Gesagten heute auch bei Vollwertigkeit des Rückzahlungsanspruchs keine weitere (banktübliche) Besicherung mehr notwendig ist.[138]

Wenn der Gesetzgeber aber die Konzerninnenfinanzierung vereinfachen wollte, so ist nicht anzunehmen, dass er zukünftig strenger vorgehen möchte als es bisher der Fall war. Daher wird man, sofern eine hinreichende Bonität nicht gegeben ist, werthaltig besicherte Darlehen nach wie vor den bonitätsmäßig einwandfreien gleichstellen müssen.[139] Fraglich ist damit, welche Qualität die Sicherungsinstrumente hinsichtlich Sicherungsgeber, Art und Höhe der Besicherung haben müssen.

(a) Sicherungsgeber

Als Sicherungsgeber käme zunächst die Obergesellschaft in Betracht, die die abgeführten Mittel erhält. Daneben wäre an verbundene Unternehmen und Konzern externe Dritte zu denken. Diese Frage hat ganz maßgeblichen Einfluss auf die Art der zu fordernden Sicherheit.

(b) Art der Besicherung

§ 232 BGB liefert einen Katalog möglicher Kreditsicherheiten. Sicherheiten am Umlaufvermögen einer Muttergesellschaft dürften allerdings die Ausnahme darstellen.[140] Auf Grund der Handhabbarkeit in der Praxis wurden deswegen im Zusammenhang mit der November-Entscheidung meist nur die Bürgschaft und die Stellung dinglicher Sicherheiten ernsthaft diskutiert.[141] Ist die Obergesellschaft der Sicherungsgeber, so leuchtet sofort ein, dass personelle Sicherheiten

---

[137] BGHZ 157, 72, 77.

[138] Allgemeine Ansicht, vgl. *Altmeppen,* in: Roth/Altmeppen, GmbHG § 30 Rn. 99; *Wicke,* GmbHG § 30 Rn. 10; *Rose,* in: Bunnemann/Zirngibl, § 6 Rn. 104; *Altmeppen,* NZG 2010 *Bayer/Lieder,* GmbHR 2006, 449, 452; *Blasche/König,* GmbHR 2009 897, 900; *Drygala/Kremer,* ZIP 2007, 1289, 1293; *Wessels,* ZIP 2006, 1701, 1705.

[139] So die heute wohl herrschende Meinung, vgl. *Blasche/König,* GmbHR 2009 897, 900; *Drygala/Kremer,* ZIP 2007, 1289, 1293; *Gehrlein,* Der Konzern 2007, 771, 785; *Kiefner/Theusinger,* NZG 2008, 801, 804; *Mülbert/Leuschner,* NZG 2009, 281, 282.

[140] *Merkel,* in: Lutter/Scheffler/Schneider, Hdb. Konzernfinanzierung, § 17 Rn. 17.67.

[141] So auch *Deckart,* Kapitalerhaltung als Grenze des Cash Pooling, S. 79.

nicht in Betracht kommen.[142] Was sollte es der Untergesellschaft nützen, wenn sich ihre Mutter für den bereits gegen sie bestehenden Anspruch verbürgte? Einzelne Autoren wollten aber mit dem Hinweis auf das Verwertungsrisiko auch dingliche Sicherheiten durch die Darlehensempfängerin nicht zulassen.[143] Selbst wenn die Verwertung in vertretbarer Zeit möglich wäre, so sei dies immer noch eine Verzögerung, verglichen mit der sofortigen Fälligkeit von Geld im Falle einer außerordentlichen Kündigung der Teilnahme am Cash Pool.[144] Diese Ansicht ist freilich mit der vom MoMiG geforderten rein bilanziellen Betrachtungsweise nicht mehr vereinbar. Im Übrigen galten auch zuvor gerade Hypotheken (§ 1113 BGB), Grundschulden (§ 1191 BGB) und Rentenschulden (§ 1199 BGB) als auch auf lange Sicht außerordentlich werthaltig und waren deswegen stets bevorzugte Sicherungsobjekte der Kreditinstitute.[145] Darum konnte eine Muttergesellschaft nach richtiger Ansicht auch schon vor der Reform insolvenzfeste dingliche Sicherheiten stellen, um die Rückzahlung an sie gewährter Kredite zu gewährleisten.[146]

Die zur Konzernspitze gemachten Ausführungen gelten auch dann, wenn die Sicherheit zwar nicht von der Muttergesellschaft, jedoch von einem verbundenen Unternehmen erbracht wird. Abgesehen davon, dass sich eine Personalsicherheit für Verbindlichkeiten der Konzernmutter ihrerseits an § 30 Abs. 1 S. 1 GmbHG messen lassen müsste,[147] wäre die Werthaltigkeit einer Garantie oder Bürgschaft der Schwestergesellschaft regelmäßig ebenso mit dem Schicksal der Muttergesellschaft verbunden wie deren eigene Bürgschaften.[148]

Bei Konzern externen Bürgen wäre der Wert der Bürgschaft nicht durch die Insolvenz der Zahlungsempfängergesellschaft beeinträchtigt, sodass hier auch die personelle Sicherheit in Betracht kommt.[149] Zu denken ist insbesondere an Bank-

---

[142] G.h.M.: *Beiner/Lanzius*, NZI 2004, 687, 689; *Engert*, BB 2005, 1951, 1954; *Grothaus/Halberkamp*, GmbHR 2005, 1317, 1322; *Hahn*, Der Konzern 2004, 641, 645; *Langner/Mentgen*, GmbHR 2004, 1121, 1126; *Rümker*, in: FS Huber (2006), 919, 926; *Schilmar*, DB 2004, 1411, 1414; *Seibt*, NJW-Spezial 2004, 219, 220; *Deckart*, Kapitalerhaltung als Grenze des Cash Pooling, S. 81; *Hangebrauck*, Cash-Pooling-Systeme, S. 310.

[143] *Deckart*, Kapitalerhaltung als Grenze des Cash Pooling, S. 80.

[144] *Schilmar*, DB 2004, 1411, 1414; *Deckart*, Kapitalerhaltung als Grenze des Cash Pooling, S. 80.

[145] *Bruchner*, in: Schimansky/Bunte/Lwowski, Bankrechtshandbuch § 86 Rn. 3 ff.; vgl. auch *Merkel*, in: Lutter/Scheffler/Schneider, Hdb. Konzernfinanzierung, Rn. 17.61 (allerdings vor BGHZ 157, 72). Dem steht nicht entgegen, dass das Vertrauen in Hypothekenschulden durch die Bankenkrise ab 2008 weltweit erheblich erschüttert wurde.

[146] So i. E. auch *Hahn*, Der Konzern 2004, 641, 645; *Tielmann*, Liber amicorum Happ (2006), 311, 317; *Hangebrauck*, Cash-Pooling-Systeme, S. 313 f. m.w. N.

[147] Dazu unten 2. Teil, A. I. 2. d).

[148] *Schilmar*, DStR 2006, 568, 571; *Hangebrauck*, Cash-Pooling-Systeme, S. 311; *Korts*, Cash Pooling, S. 28.

[149] *Langner/Mentgen*, GmbHR 2004, 1121, 1126.

avale oder Hermesbürgschaften. Für die Tauglichkeit des Bürgen kann auf die §§ 232 Abs. 2, 239 Abs. 1 BGB verwiesen werden. Bürgschaften auf erstes Anfordern hätten hier gegenüber dinglichen Sicherheiten sogar den Vorteil einer schnelleren Verwertbarkeit.[150]

(c) Höhe der Besicherung

Grundsätzlich gäbe es zwei mögliche Bemessungsgrundlagen für die Höhe der Besicherung: Erstens den Darlehensbetrag (evtl. zuzüglich Zinsen) und zweitens denjenigen Betrag, um den die Stammkapitalziffer verletzt wird.

Betrachtet man den Gläubiger schützenden Grundgedanken des § 30 Abs. 1 S. 1 GmbHG, so wird klar, dass das Vermögen in seiner Gesamtheit bei Eintritt in die Unterbilanzsituation geschützt werden soll. Eine werthaltige Besicherung kann aber der Vollwertigkeit des Rückzahlungsanspruchs nur dann gleichkommen, wenn sie der Darlehensvaluta entspricht. Die Besicherung in Höhe der Verletzung des Stammkapitals entspräche dagegen einem nur in Höhe des Unterbilanzbetrages sicheren Darlehen. Letztlich ist diese Überlegung natürlich obsolet, da das Darlehen in der Praxis ggf. einfach geteilt würde.

(3) Verzinsung

Nach wie vor höchst umstritten ist die Frage nach der Verzinsung beim Cash Pooling. Dass sie in der Begründung zum MoMiG-Regierungsentwurf nicht erörtert wird, lässt mehrere Schlüsse zu:

(a) Keine Verzinsung

Es wäre denkbar, dass der Verzicht auf eine ausdrückliche Regelung kein Versehen ist, sondern der Intention des Gesetzgebers Rechnung trägt, das Cash Pooling zu erleichtern.[151] Dafür spräche, dass die Gesetzesbegründung zum MoMiG einerseits ausdrücklichen Bezug zum Novemberurteil aufbaut, andererseits aber von den dort genannten Kriterien nur die Vollwertigkeit als weiterhin relevant betont. Die Zulässigkeit zinsloser Kapitalüberlassung wäre einfach handhabbar und würde zudem Rechtssicherheit schaffen. Auch wäre eine solche Deutung mit dem Wunsch nach Rückkehr zu einer bilanziellen Betrachtungsweise vereinbar: Gemäß § 252 Abs. 1 Nr. 4 HGB dürfen Gewinne, die am Stichtag noch nicht

---

[150] *Langner/Mentgen,* GmbHR 2004, 1121, 1126; *Schilmar,* DStR 2006, 568, 571; *Wessels,* ZIP 2006, 1701, 1705; *Deckart,* Kapitalerhaltung als Grenze des Cash Pooling, S. 81; *Hangebrauck,* Cash-Pooling-Systeme, S. 312; *Korts,* Cash Pooling, S. 28; ähnlich *Merkel,* in: Lutter/Scheffler/Schneider, Hdb. Konzernfinanzierung, § 17 Rn. 17.61.

[151] *Brocker/Rockstroh,* BB 2009, 730, 732 f.; *Rohde/Schmidt,* NWB 2008, 689, 692.

realisiert worden sind, in der Handelsbilanz keine Berücksichtigung erfahren.[152] Eine verbreitete Ansicht lehnt deswegen eine Verzinsungspflicht wenigstens für kurzfristige Kredite ab.[153] Zumindest aus Sicht der Konzernmutter und wohl auch aus Sicht des Gesamtkonzerns würde diese Interpretation einerseits die Attraktivität von Cash Pooling, andererseits auch die deutscher Gesellschaften als Konzernbausteine erheblich steigern. Zwar ist die Liquiditätsüberlassung ohne Gegenleistung allenfalls dann im Interesse des Unternehmens, wenn man das Recht, zu späterem Zeitpunkt selbst zinsfrei Liquidität beziehen zu können, als gleichwertige Kompensation begriffe.[154] Andererseits wird das Gesellschaftsinteresse auch von den Gesetzesmaterialien zum MoMiG gar nicht mehr betont. § 30 Abs. 1 GmbHG dient, wie oben festgestellt,[155] grundsätzlich nicht dem Gesellschafts- sondern dem Gläubigerschutz. Die Gesellschaft wird gegen zinslose Liquiditätsweggabe im faktischen Konzern bereits über § 43 Abs. 1 GmbHG geschützt,[156] so dass zumindest denkbar wäre, dass § 30 GmbHG an dieser Stelle keine Regelung mehr trifft.

(b) Drittvergleich

Prinzipiell könnte eine Nichterwähnung im Rahmen eines Änderungsgesetzes – entgegen der hier vertretenen Ansicht[157] – auch bedeuten, dass eben keine Änderung intendiert ist und weiterhin ein Drittvergleich durchzuführen wäre.[158] Immerhin kann eine dem Drittvergleich stand haltende Verzinsung als Ausprägung des Vollwertigkeitserfordernisses interpretiert werden.[159] Gerade weil § 30 GmbHG wie beschrieben dem Gläubigerschutz dient, ließe sich vertreten, die Norm verböte in der Unterbilanzsituation jede Auszahlung, die der Gesellschaft wirtschaftlich schadet, was auf eine zinslose oder nicht marktgerecht verzinste Darlehensweggabe – die auch steuerrechtlich betrachtet eine verdeckte Gewinn-

---

[152] *Drygala/Kremer,* ZIP 2007, 1289, 1293; *Kiefner/Theusinger,* NZG 2008, 801, 804.

[153] *H. P. Westermann,* in: Scholz, GmbHG, Ergänzung MoMiG, § 30 Rn. 26; *Altmeppen,* in: Roth/Altmeppen, GmbHG § 30 Rn. 118; *Hommelhoff,* in: Lutter/Hommelhoff, GmbHG § 30 Rn. 39; *Bormann/Urlichs,* GmbHR Sonderheft MoMiG 2008, 37, 48; *Drygala/Kremer,* ZIP 2007, 1289, 1293; *Gehrlein,* Der Konzern 2007, 771, 785; *Goette,* DStR 2009, 2602, 2604; *Habersack,* in: FS Schaumburg (2009) 1291, 1304; *Wand/Tillmann/Heckenthaler,* AG 2009, 148, 152.

[154] Dies im Einzelfall bejahend *Altmeppen,* in: Roth/Altmeppen, GmbHG § 30 Rn. 118; *Mülbert/Leuschner,* NZG 2009, 281, 283; ablehnend *Spliedt,* ZIP 2009, 149, 150.

[155] 2. Teil, A. I. 1.

[156] Ausführlich unten 4. Teil, C. I. 1.

[157] 2. Teil, A. I. 2. c) cc) (1) (c).

[158] Vgl. dazu bereits oben 2. Teil, A. I. 2. c) cc) (1).

[159] So *Wicke,* GmbHG § 30 Rn. 10; *Mülbert/Leuschner,* NZG 2009, 281, 283; *Hirte,* ZInsO 2008, 689, 691.

ausschüttung i. S. d. § 8 Abs. 3 S. 2 KStG darstellte[160] – zweifelsfrei zutrifft.[161] An dieser Stelle könnte dann das Argument, die Gesellschaft erhalte später auch günstigere Mittel aus dem Pool, erneut nicht gelten.

(c) Marktzins als Ausprägung des Deckungsgebots

§ 30 Abs. 1 S. 2 n. F. GmbHG will eine Auszahlung zu Lasten des gebundenen Vermögens zulassen, sofern ein vollwertiger Gegenleistungs- oder Rückerstattungsanspruch vorliegt. Grundsätzlich könnte es sein, dass die angemessene Verzinsung eine Ausprägung des vollwertigen Gegenleistungsanspruchs ist, der auch als das „Deckungsgebot" bezeichnet wird.[162] Dieses Deckungsgebot findet sich im Wortlaut von § 30 Abs. 1 GmbHG nur in Gestalt des Wortes „gedeckt" wieder, ist jedoch in der Gesetzesbegründung sehr präsent. Allerdings bezieht letztere es ausdrücklich nur auf Austauschverträge, indem „[…] bei einem Austauschvertrag der Zahlungsanspruch gegen den Gesellschafter nicht nur vollwertig sein muss, sondern auch wertmäßig nach Marktwerten und nicht nach Abschreibungswerten den geleisteten Gegenstand decken muss".[163] Könnte man diese Formulierung auch auf Darlehen direkt anwenden, so wäre klar, dass der Gesetzgeber einen Drittvergleich fordert,[164] der Rückzahlungsanspruch müsste also nicht nur vollwertig sein, sondern auch den Wert der jetzt abgegebenen Liquidität haben, was unter betriebswirtschaftlichen Gesichtspunkten z. B. auf die Barwert-Methode, jedenfalls aber auf eine angemessene Verzinsung bei der Rückzahlung hindeuten könnte. Manche Autoren sehen in Darlehen auch tatsächlich Austauschverträge.[165] Juristisch wird diese Terminologie unterschiedlich besetzt. Neben der ursprünglichen Bedeutung als Synonym für Vertikalvereinbarungen im Kartellrecht[166] bezeichnet sie heute im bürgerlichen Recht synallagmatische Verträge, also solche, bei denen das *do ut des* kennzeichnend ist (§§ 320 ff. BGB).[167] Weiter existiert der kostenrechtliche Begriff der Austauschverträge in § 39 KostO, der neben synallagmatischen Verträgen auch solche Verträge umfasst, bei denen zwei nicht gegenseitige Verträge miteinander im Aus-

---

[160] *Altmeppen,* in: Roth/Altmeppen, § 30 Rn. 98; *Bohne,* DStR 2008, 2444 ff.; *Podewils,* GmbHR 2009, 803, 805.

[161] *Eichholz,* Das Recht konzerninterner Darlehen, S. 79 f.

[162] So offenbar *Winter,* DStR 2007, 1484, 1487 f.; dagegen *Wand/Tillmann/Heckenthaler,* AG 2009, 148, 152.

[163] Begr. RegE MoMiG, BT-Drucks. 16/6140, S. 41 reSp.

[164] Ausführlich zum Drittvergleich bei „echten" Austauschverträgen *Eusani,* GmbHR 2009, 512 ff.

[165] So etwa *Ulmer,* in: MünchKomm BGB, Vor § 705 Rn. 107.

[166] Vgl. Begriffsdefinition in *Creifelds* Rechtswörterbuch.

[167] *Emmerich,* in: MünchKomm BGB § 320 Rn. 4 f.; *Otto,* in: Staudinger, BGB Vor §§ 320–326, Rn. 1 ff.; *Grothe,* in: Bamberger/Roth, § 320 BGB Rn. 4.

tausch stehen,[168] etwa Schenkung gegen Erbverzicht, Hofübergabe gegen Unterhaltsverpflichtung, Darlehensgewährung gegen Wohnraumüberlassung usw. Es ist offensichtlich, dass der Gesetzgeber bei seiner Formulierung zunächst an die typischen gegenseitigen Verträge des BGB, also Kauf (§ 433 BGB), Tausch (§ 480 BGB), Dienst- (§ 611 BGB) und Werkvertrag (§ 631 BGB) dachte. Hierfür streitet insbesondere, dass er von geleisteten *Gegenständen* und von Abschreibungswerten spricht.[169] Ein Zahlungsstrom stellt aber keinen Gegenstand dar, und bei Vergabe eines Darlehens ergibt sich ein Rückzahlungsanspruch immer in Höhe der Darlehensvaluta. Eine Abschreibung auf diesen erfolgt allenfalls wesentlich später durch die darleihende Gesellschaft. Außerdem sind Darlehensverträge zwar zweiseitig verpflichtende Schuldverhältnisse, jedoch stehen zumindest die Hauptpflichten der Parteien nicht im Synallagma,[170] da Motivation für die Überlassung des Darlehensbetrages nicht der Rückzahlungsanspruch, sondern der Anspruch auf Zinszahlung ist.[171] Andererseits lässt sich ein Synallagma nach Ansicht verschiedener Autoren auch durch das Gegenübertreten einer Haupt- und einer Nebenpflicht begründen, also einer Darlehensgewährung und einem Zinsanspruch.[172] Teilte man diese Auffassung, so wäre eine angemessene Verzinsung konzerninterner Darlehen Gegenstand des Deckungsgebots. Dass der Gesetzgeber des MoMiG jedoch in einer Darlehensvergabe keinen synallagmatischen Vertrag sah, zeigt sich daran, dass er in seiner Begründung nur wenige Absätze früher eine sorgfältige Unterscheidung vollzieht indem er dem synallagmatischen Vertrag einen „Gegenanspruch" und der Auszahlung mit Kreditcharakter einen „Rückzahlungsanspruch" gegenüberstellt.[173]

(d) Abwägung

Es verblüfft, dass der Gesetzgeber das Cash-Pooling-Verfahren als einen der Anlässe für die umfangreichste Reform seit Bestehen des GmbH-Gesetzes nennt, dann aber in den Gesetzesmaterialien die Grenzen der Zulässigkeit von Darlehensgewährungen kaum präzisiert und stattdessen Leitlinien für Kauf- und verwandte Verträge aufstellt. Zumindest scheint es aber unwahrscheinlich, dass er zinslose Upstream-Darlehen zu Lasten des gebundenen Vermögens, die bisher nach ganz herrschender Meinung verboten waren, jetzt zulassen wollte. Für eine entsprechende Intention lassen sich in den Gesetzesmaterialien jedenfalls keiner-

---

[168] *Bengel/Tiedke,* in: Korintenberg Kostenordnung, § 39 Rn. 5; *Hartmann,* Kostengesetze, § 39 KostO Rn. 14.

[169] Begr. RegE MoMiG, BT-Drucks. 16/6140 S. 41 reSp.

[170] *Berger,* in: MünchKomm BGB, Vor § 488 Rn. 10; *Mülbert,* AcP 192 (1992), 447, 454.

[171] *Saenger,* in: Erman BGB § 488 Rn. 9; Palandt-*Weidenkaff* § 488 Rn. 18.

[172] *Berger,* in: MünchKomm BGB, Vor § 488 Rn. 10.

[173] Begr. RegE MoMiG, BT-Drucks. 16/6140 S. 41 liSp.

lei Anhaltspunkte finden. Auch der Hinweis auf die grundsätzliche Vorteilhaftigkeit der Partizipation am konzernweiten Liquiditätsmanagement versagt, wenn
die darleihende Gesellschaft hierauf in absehbarer Zeit nicht angewiesen sein
wird.[174] Andererseits ist nicht ersichtlich, dass der Gesetzgeber womöglich
fortan an typische Austauschgeschäfte mit Gesellschaftern strengere Kriterien
stellen wollte als an Darlehensausreichungen. Wenn auch die Gesetzesbegründung nur über Austauschverträge schreibt, so ist doch der Grundgedanke übertragbar, nämlich dass in der Unterbilanzsituation aus Gläubigerschutzgesichtspunkten jede wirtschaftlich nachteilige Begünstigung eines Gesellschafters unterbunden sein sollte. Diese Einschätzung lässt sich auch anhand der geforderten
bilanziellen Betrachtungsweise belegen: Unverzinsliche oder unterverzinste Forderungen sind in der Bilanz regelmäßig mit ihrem Barwert anzugeben, der unter
dem Nennwert liegt.[175] Rein bilanziell gesehen wäre damit also kein neutraler
Aktivtausch mehr gegeben, folglich läge nach obiger Definition[176] eine Auszahlung in Höhe der Differenz zwischen Nennwert und Barwert vor, die keine Kompensation erführe.

Das wäre eventuell bei Vorliegen eines Cash Pools anders zu beurteilen, wenn
man bedenkt, dass hier regelmäßig ein tägliches Kündigungsrecht besteht. Der
Barwert der zu bilanzierenden Forderung wird sich dann *ceteris paribus* mit dem
Nennwert decken. Allerdings handelt es sich bei den täglich kündbaren Mitteln
trotzdem wirtschaftlich betrachtet keineswegs um kurzfristige Darlehen, sondern
in der Praxis sind Prolongationen oft über Jahre hinweg üblich. Gerade solche
„Bodensatzbildungen" machen ja einen erheblichen Teil der Attraktivität eines
Cash Pools aus, weswegen Bilanzierungsregeln hier nicht als Freibrief der Gesellschafter zur kostenfreien Liquiditätsbeschaffung zu Lasten ihrer Gesellschaften missbraucht werden dürfen.[177] Dabei ist insbesondere auch der Sinn und
Zweck dieser Bilanzierungsregeln zu beachten: Die Abzinsung von unterjährigen
Forderungen darf nämlich auch in der Handelsbilanz nur aus Vereinfachungs-
gründen unterbleiben, welche bei der hier interessierenden Frage gar nicht durch-
greifen.[178]

---

[174] *Mülbert/Leuschner,* NZG 2009, 281, 283; *Spliedt,* ZIP 2009, 149, 150.

[175] BFH, Urt. v. 23.04.1975 – I R 236/72 = BFHE 116, 16, 18 ff. = BStBl. 1975 II,
875, 876 f.; BFH, Urt. v. 24.10.2006 – I R 2/06 = BFHE 215, 230 = DStR 2007, 476,
477; *Schulze-Osterloh,* in: Baumbach/Hueck, GmbHG, 18. Aufl., § 42 Rn. 367; *Wohl-
gemuth,* in: Pelka/Niemann, StB-Hdb., Rn. 472 und 667; *Winter,* DStR 2007, 1484,
1487.

[176] Vgl. 2. Teil, A. I. 2. b).

[177] Anders offenbar *Drygala/Kremer,* ZIP 2007, 1289, 1293; *Kiefner/Theusinger,*
NZG 2008, 801, 804, die damit eine Verzinsungspflicht im Cash Pool im Ergebnis ablehnen.

[178] *Blasche/König,* GmbHR 2009, 897, 899; *Mülbert/Leuschner,* NZG 2009, 281,
282.

Selbst wenn man das anders sehen wollte, gelangte man zum selben Ergebnis, denn die bilanzielle Betrachtungsweise ist gerade kein starres Dogma, sondern wird durch das Deckungsgebot erheblich erweitert.[179] Diese für Austauschverträge explizit formulierte Wertung sollte als Grundgedanke bei der Überprüfung auch eines jeden anderen Geschäfts zwischen Gesellschaft und Gesellschafter herangezogen werden.[180]

Insgesamt ist damit festzuhalten, dass die Verzinsung der Zahlungsströme sich auch zukünftig am Marktniveau zu orientieren hat.[181] Einer bilanziellen Betrachtungsweise sowie dem Willen des Gesetzgebers, das Cash Pooling zu begünstigen, würde es allerdings entsprechen, nicht das gesamte zinslose Darlehen zum Gegenstand eines Rückzahlungsanspruches zu machen, sondern nur die festgestellte Auszahlung in Höhe der Differenz zwischen Nennwert und Barwert.[182] Die Berechnungsformel lautet deswegen nach hier vertretener Auffassung:[183]

$$(Darlehenshöhe \times Marktzinsfaktor^{Laufzeit}) - (Darlehenshöhe \times Istzinsfaktor^{Laufzeit})$$

Wird also ein vollwertiges Darlehen in Höhe von 5.000,– € während der Unterbilanz ausgegeben und für die Dauer von zwei Jahren mit 1,5 % p.a. verzinst, während 4,5 % marktüblich gewesen wären, so lässt sich der Rückzahlungsanspruch nicht etwa auf 5.000,– € nebst Zinsen beziffern, sondern lediglich auf

$$(5.000,- € \times 1{,}045^2) - (5.000,- € \times 1{,}015)^2 =$$
$$5460{,}13 € - 5151{,}13 € = \underline{390{,}- €}$$

Dieses Ergebnis entspricht einerseits weitgehend einer bilanziellen Sichtweise, berücksichtigt aber andererseits dort, wo die Bilanz als Kriterium versagt, den Grundgedanken des Deckungsgebots.

dd) Zwischenergebnis zum Vermögensbegriff des § 30 Abs. 1 GmbHG

Nach heutigem Recht ist das Vermögen der Gesellschaft wieder grundsätzlich anhand der Bilanz zu bestimmen. Wird Liquidität gegen einen aus *ex-ante*-Sicht vollwertigen Rückzahlungsanspruch getauscht, dann liegt demnach bereits keine Auszahlung vor, sodass eine Relevanz von § 30 GmbHG nicht in Betracht kommt.[184] Dies befreit jedoch – insbesondere wegen des unbestimmten Vollwer-

---

[179] Vgl. 2. Teil, A. I. 2. c) cc) (3) (c).

[180] Wie hier: *Eusani*, GmbHR 2009, 795, 800; *Mülbert/Leuschner*, NZG 2009, 281, 283.

[181] I.E. ebenso *Altmeppen*, ZIP 2009, 49, 55.

[182] *Wicke*, GmbHG § 30 Rn. 10; *Kiefner/Theusinger*, NZG 2008, 801, 804; *Spliedt*, ZIP 2009, 149, 150.

[183] I.E. ebenso *Mülbert/Leuschner*, NZG 2009, 281, 284.

[184] *Winter*, DStR 2007, 1484, 1485.

tigkeitsbegriffs – nicht davon, zu bilanzierende Ansprüche gegen verbundene Unternehmen auf ihre Werthaltigkeit zu untersuchen und ggf. entweder auf eine zusätzliche Besicherung zu bestehen oder im Extremfall die Teilnahme am Cash Pool aus wichtigem Grund aufzukündigen.

Ein weiteres Ergebnis dieses Abschnitts ist, dass ein unverzinstes Darlehen, dessen Rückzahlung ansonsten außer Frage steht, das gebundene Vermögen nur in Höhe der nicht erwirtschafteten Zinsen verletzen kann.

Der Gewinn der neuen Rechtslage besteht für Konzerne vor allem darin, dass die Zulässigkeit des Cash Pooling festgeschrieben wurde, weil der Gesetzgeber den wirtschaftlichen Nutzen erkannt hat und das Verfahren fördern möchte. Diese Wertung wurde bereits von den ersten höchstrichterlichen Entscheidungen übernommen,[185] sodass spekuliert werden kann, dass die Rechtsprechung zukünftig Cash-Pooling-freundlicher urteilen wird, als es in der Vergangenheit oft der Fall war.

Im Folgenden soll geklärt werden, ob dieses Ergebnis sich auch auf Sicherheitenbestellung zu Gunsten des Cash Pools anwenden lässt.

d) Besicherung von Bank-Darlehen zu Gunsten des Cash Pools

Wie beschrieben, fordern Kreditinstitute im Rahmen von Cash-Pooling-Verträgen in der Regel eine gesamtschuldnerische Haftung der am Pool beteiligten Unternehmen für Darlehen, die sie dem Target Account zur Verfügung stellen,[186] sowie bisweilen die Stellung zusätzlicher Sicherheiten. Frühzeitig nahm das Reichsgericht an, dass auch eine solche aufwärts gerichtete Besicherung eine Verletzung von § 30 Abs. 1 GmbHG darstellen kann.[187] Dies entspricht auch heute noch der allgemeinen Ansicht.[188] Trotzdem wird die Upstream-Besicherung in den Entwurfsunterlagen zum MoMiG an keiner Stelle thematisiert.

Nach wie vor umstritten ist deswegen, ob bereits die Verpflichtung zur Sicherheitenbestellung,[189] die Bestellung selbst[190] oder erst die Rückstellung bzw. Ver-

---

[185] BGH, Urt. v. 01.12.2008 – II ZR 102/07 (MPS) = DB 2009, 106 = ZIP 2009, 70.

[186] Vgl. 1. Teil, B. II. 2. g) und 1. Teil, C. III.

[187] RG, Urt. v. 04.10.1912 – II 225/12 = RGZ 80, 148; RG, Urt. v. 23.10.1931 – II 67/31 = RGZ 133, 395; RG, Urt. v. 22.04.1932 – II 349/31 = RGZ 136, 264; RG, Urt. v. 15.12.1941 – II 103/41 = RGZ 168, 297.

[188] *H. P. Westermann*, in: Scholz, GmbHG § 30 Rn. 43; *Altmeppen*, in: Roth/Altmeppen, GmbHG § 30 Rn. 127 ff.; *Hueck/Fastrich*, in: Baumbach/Hueck, GmbHG § 30 Rn. 59 f.; *Heidinger*, in: Michalski, GmbHG § 30 Rn. 54; *Hommelhoff*, in: Lutter/Hommelhoff, GmbHG § 30 Rn. 34 ff.; *Mayer/Fronhöfer*, in: MünchHdb GmbH § 51 Rn. 12; *Früh*, GmbHR 2000, 105, 107; *Mülbert*, ZGR 1995, 578; *Schön*, ZHR 159 (1995), 351; *Stimpel*, in: FS 100 Jahre GmbHG (1992), 335, 352 ff.; *Wilhelmi*, Der Grundsatz der Kapitalerhaltung, S. 206; alle m.w.N.

[189] So *Bayer/Lieder*, ZGR 2005, 133, 146; *Bender*, BB 2005, 1492, 1493; *Kleindiek*, NZG 2000, 483, 484 f.; alle m.w.N.

wertung[191] den maßgeblichen Zeitpunkt für das Vorliegen einer Auszahlung darstellen.

Dieser Streit basiert letztlich auf einem zweigeteilten Verständnis der Sicherheitenbestellung. Die Meinung, welche erst die Verwertung einer Sicherheit als Auszahlung ansieht, argumentiert damit, dass es zuvor nicht zu einem realen Vermögensabfluss käme, folglich das gebundene Vermögen auch nicht verletzt sein könne.

Die Gegenansicht zielt bereits auf die Gefährdung des Vermögens ab. Dies wird einerseits mit dem Hinweis begründet, dass insbesondere bei der dinglichen Besicherung das Sicherungsgut ab Bestellung gebunden ist und damit nicht mehr nach Belieben verwertet oder als Sicherung für eigene Kreditaufnahmen genutzt werden kann.[192] Abgesehen davon verschlechtere jedwede Form der Besicherung wirtschaftlich betrachtet die Vermögenslage der Untergesellschaft.[193] Zu guter Letzt entspräche eine solche Beurteilung der Wertung des Novemberurteils, nach der auch eine Darlehensausgabe bei vollwertigem Rückzahlungsanspruch nur im Ausnahmefall zulässig wäre.[194] Deswegen sei auch die Besicherung nur ausnahmsweise zulässig, wenn sie auch gegenüber einem Dritten erfolgt wäre.[195] Innerhalb dieser Meinung wird des Weiteren z. T. vorgeschlagen, nach der Art der Sicherheit zu differenzieren: Dingliche Sicherheiten sollen sich ob des eben Gesagten sofort bei Bestellung auswirken, schuldrechtliche erst bei Verwertung bzw. Rückstellung.[196]

Zur Frage der Upstream-Sicherheiten können die zur Darlehensgewährung aufgestellten Grundsätze herangezogen werden. Schließlich wird der Gesetzgeber Besicherungen, die nur eventuell zu einem realen Kapitalabfluss erstarken, keinen strengeren Regeln unterwerfen wollen als Darlehensausgaben.[197] Folglich ist

---

[190] BGH, Urt. v. 20.10.1975 – II ZR 214/74 = NJW 1976, 751, 752 = LM Nr. 16 zu HGB § 171; *Bayer*, in: MünchKomm AktG § 57 Fn. 286; *Grothaus/Halberkamp*, GmbHR 2005, 1317, 1321; *Habersack/Schürnbrand*, NZG 2004, 689, 696; *Meister*, WM 1980, 390, 394; *Schön*, ZHR 159 (1995), 351, 357; *Stimpel*, in: FS 100 Jahre GmbHG (1992), 335, 356; mit Einschränkungen auch *H. P. Westermann*, in: Scholz, GmbHG § 30 Rn. 45.

[191] OLG München, Urt. v. 19.06.1998 – 21 U 6130/97 = OLGR München 1998, 389 = ZIP 1998, 1438 = NZG 1998, 855 m. Anm. d. Red.; *Hueck/Fastrich*, in: Baumbach/ Hueck, GmbHG § 30 Rn. 60; *Tillmann*, NZG 2008, 401, 404.

[192] *Stimpel*, in: FS 100 Jahre GmbHG (1992), 335, 356; dem zustimmend *Altmeppen*, in: Roth/Altmeppen, GmbHG, § 30 Rn. 130; *Schön*, ZHR 159 (1995), 351, 357.

[193] *Grothaus/Halberkamp*, GmbHR 2005, 1317, 1321.

[194] *Weitnauer*, ZIP 2005, 790, 792.

[195] So noch *Altmeppen*, in: Roth/Altmeppen, GmbHG, 5. Aufl., § 30 Rn. 98; a. A. jetzt aber offenbar *Altmeppen*, in: Roth/Altmeppen, GmbHG § 30 Rn. 129 ff.

[196] So *Schilmar*, DB 2004, 1411, 1415; *Wessels*, ZIP 2004, 793, 797; vgl. auch bereits *Meister*, WM 1980, 390, 393.

[197] *Cahn*, Der Konzern 2009, 7, 9.

heute auch im Recht der Besicherungen durch eine GmbH prinzipiell von einer bilanziellen Betrachtungsweise auszugehen. Das spräche u. U. dafür, auf den Zeitpunkt der Bildung einer notwendigen Rückstellung zu rekurrieren, da die zuvor gemäß § 251 HGB unter dem Bilanzstrich aufgeführte Sicherheitenbestellung erst ab dann bilanzwirksam wird.[198]

Da sich der Gesetzgeber aber im MoMiG-Entwurf zur Sicherheitenbestellung nicht äußerte, ist nicht ausgemacht, dass die bilanzielle Sichtweise sich auf mehr beziehen soll als lediglich auf die Aktivierungsfähigkeit des Rückzahlungsanspruchs. Insbesondere ist also keineswegs eindeutig, dass auch der Zeitpunkt einer Auszahlung bilanziell zu ermitteln sein sollte.[199] Tatsächlich ist dies sogar sehr unwahrscheinlich, denn eine solche Lösung trüge dem Unterschied zwischen Darlehen und Sicherheitengewährungen nicht ausreichend Rechnung: Bei der Darlehensgewährung fallen Beurteilungszeitpunkt, bilanzielle Wirksamkeit und Weggabe von Vermögensgegenständen zusammen, weswegen sich das Problem dort nicht stellte. Verschlechterte sich die Bonität eines Schuldners erkennbar, so sind bei der Darlehensgewährung nachträgliche Korrekturen wie die Einforderung neuer Sicherheiten oder die Aufkündigung des Darlehensvertrags möglich und entsprechen – nicht erst seit der MPS-Entscheidung des BGH[200] – auch den Geschäftsführerpflichten. Die Sicherheitengewährung stellt sich komplett anders dar. Zum Zeitpunkt der Sicherheitenbestellung wird die Obergesellschaft selten von schwacher Bonität sein, sodass eine Prognoseentscheidung hier zumeist positiv ausfallen wird. Danach hält die Sicherheitengeberin aber regelmäßig kein probates Mittel mehr in den Händen, um auf eine Bonitätsverschlechterung zu reagieren, denn es kommt dem Sicherheitennehmer ja gerade darauf an, dass die Untergesellschaft für das Delkredere-Risiko der Mutter haftet. Insofern wird der Sicherungsvertrag ein Kündigungsrecht bei Bonitätsverschlechterung ausschließen. Deswegen stellt eine Sicherheitengewährung ein ungleich höheres abstraktes Risiko für die Sicherheitengeberin dar.[201]

Insofern wäre es abwegig, erst den Zeitpunkt der Rückstellungsbildung oder gar der Verwertung als Auszahlungszeitpunkt anzunehmen. Andernfalls käme es zu der kuriosen Situation, dass eine (verbotene) Auszahlung zu Lasten des gebundenen Vermögens erst dann gegeben wäre, wenn bereits eine vertragliche Pflicht zu dieser Auszahlung bestünde. Der präventive bilanzielle Gläubigerschutz des § 30 Abs. 1 GmbHG liefe dann bei Sicherheitenbestellung weitgehend leer.[202]

---

[198] *H. P. Westermann*, in: Scholz, GmbHG § 30 Rn. 44 ff.; *Dampf*, Der Konzern 2007, 157, 160; *krit. Hommelhoff*, in: Lutter/Hommelhoff, GmbHG § 30 Rn. 34 ff.

[199] *Tillmann*, NZG 2008, 401, 404.

[200] BGH, Urt. v. 01.12.2008 – II ZR 102/07 („MPS") = DB 2009, 106 = ZIP 2009, 70. Ausführlich hierzu unten 4. Teil, C. I. 1. b).

[201] Wie hier: *Kollmorge/Santelmann/Weiß*, BB 2009, 1818, 1819.

[202] *Hommelhoff*, in: Lutter/Hommelhoff, GmbHG § 30 Rn. 35.

Richtigerweise ist deswegen der relevante Zeitpunkt so zu bestimmen, dass der Schutz des § 30 Abs. 1 GmbHG für Sicherheitenbestellung demjenigen entspricht, der auch für Darlehenausgaben gewährleistet wird. Folglich bleibt nur der Zeitpunkt der Eingehung der bedingten Verpflichtung zur Auszahlung, also der Zeitpunkt der Sicherheitenbestellung.

Daher hat die Geschäftsführung der Sicherheitengeberin bei der Sicherheitenbestellung eine zweistufige Prüfung durchzuführen: Im ersten Schritt ist festzustellen, ob eine mögliche Inanspruchnahme sich überhaupt auf das gebundene Vermögen erstreckt. Ist auch nach vorsichtiger kaufmännischer Prognose davon auszugehen, dass eine Inanspruchnahme der Sicherheit nur das freie Vermögen belasten wird, so ist der Anwendungsbereich des § 30 Abs. 1 GmbHG bereits nicht eröffnet.[203] Problematisch ist dann nur, was gelten soll, wenn sich die wirtschaftliche Situation der darleihenden GmbH so entwickelt, dass die Sicherheit zum Zeitpunkt der Verwertung entgegen früherer Annahme doch zu Lasten des gebundenen Vermögens weggegeben wird. Der Hinweis des MoMiG-Gesetzgebers, eine nachträgliche Verschlechterung der Bonität lasse eine Auszahlung nicht nachträglich rechtswidrig werden,[204] betrifft eigentlich den Fall, in welchem sich die Bonität des *Schuldners* verschlechtert und nicht die wirtschaftliche Lage des Gläubigers. Trotzdem muss die Wertung übertragen werden. Wenn es zum Zeitpunkt der Sicherheitenbestellung nicht absehbar ist, dass eine Inanspruchnahme das gebundene Vermögen verletzen wird, so kann es nicht angehen, dass eine Darlehensgewährung zulässig wäre, eine Sicherheitenbestellung dagegen nicht. Dieses Ergebnis entspricht der Wertung des MoMiG, dass nur *vernünftige* Zweifel an der Verletzung gebundenen Vermögens auszuräumen sind. In Abkehr von der Wertung des November-Urteils spielen darüber hinausgehende Eventualitäten keine Rolle.

Etwas anderes muss gelten, wenn die Geschäftsleitung bereits im Rahmen der Prognose zu dem Ergebnis kommt, dass im Verwertungsfall auch das gebundene Vermögen betroffen wäre. Dann nämlich ist in einem zweiten Schritt – unter Zugrundelegung der nun maßgeblichen bilanziellen Betrachtungsweise – zu prüfen, ob ein werthaltiger Rückgriffsanspruch bestünde. Nicht sachgerecht wäre es an dieser Stelle, nach der Wahrscheinlichkeit einer Inanspruchnahme zu fragen.[205] Hierfür liefert § 30 GmbHG nämlich keinerlei Anhaltspunkte. Auch im Fall der Darlehensgewährung wird nicht gefragt, mit welcher Wahrscheinlichkeit der Schuldner aus *ex-ante*-Sicht mit der Hauptforderung ausfällt, sondern ob zum Rückzahlungszeitpunkt ein unter Zugrundelegung bilanzieller Maßstäbe wert-

---

[203] *Hommelhoff,* in: Lutter/Hommelhoff, GmbHG § 30 Rn. 36.
[204] Begr. RegE MoMiG – BT-Drucks. 16/6140, S. 41 reSp.
[205] So aber *Kiefner/Theusinger,* NZG 2008, 801, 805, die auf das Recht der Darlehensgewährung verweisen, ohne die grundlegenden Unterschiede zwischen Kreditvergabe und Sicherheitenstellung zu thematisieren.

haltiger Vermögensposten zur Verfügung stehen wird. Nichts anderes kann bei der Sicherheitenbestellung gelten. Dies ergibt sich auch aus folgender Überlegung: Selbst wenn die Inanspruchnahme nur mit einer Wahrscheinlichkeit von 1:1.000.000 anzunehmen ist, würde sich die darleihende Gesellschaft unwiderruflich verpflichten, in diesem extrem unwahrscheinlichen Fall das als Stammkapital gebundene Vermögen zu Gunsten ihres Gesellschafters wegzugeben. Die Eingehung einer Verpflichtung, gegen ein gesetzliches Verbot zu verstoßen, stellt aber regelmäßig bereits einen Verbotstatbestand dar (vgl. § 134 BGB). Deswegen ist richtigerweise nicht nach der Wahrscheinlichkeit der Inanspruchnahme zu fragen, sondern einzig danach, ob *im Fall der Inanspruchnahme* ein vollwertiger Regressanspruch gegen die Obergesellschaft vorliegen wird.

Dies dürfte in den allermeisten Fällen nicht gegeben sein. Zwar reichen die Mittel des durch die Besicherung begünstigten Aktionärs zum Besicherungszeitpunkt in aller Regel aus, um nach einer Inanspruchnahme die Regressforderungen der Gesellschaft zu befriedigen. „Spätere nicht vorhersehbare negative Entwicklungen [...] und bilanzielle Abwertungen" führen auch nach dem Wortlaut der Gesetzesbegründung „nicht nachträglich zu einer verbotenen Auszahlung".[206] Somit ergäbe sich auf den ersten Blick eine generelle Zulässigkeit von Upstream-Besicherungen.[207] Diese Betrachtung übersieht jedoch erneut den Unterschied zwischen einer Darlehensvergabe und einer Besicherung. Die Besicherung erfolgt – anders als die Darlehensgewährung – genau für den zum Besicherungszeitpunkt nicht absehbaren Fall, dass es durch zufällige Bonitätsverschlechterung zu einem Forderungsausfall kommt. Das heißt, die Vermögensweggabe ist nicht nur dem generell dem Zufall unterliegenden Risiko einer Bonitätsverschlechterung von Gläubigern unterworfen, sondern unmittelbar an eine solche Bonitätsverschlechterung gekoppelt. Erst im Verwertungsfall entsteht dann auch der Regressanspruch als Forderung gegen den Aktionär, dessen Zahlungsfähigkeit zu diesem Zeitpunkt in aller Regel nicht mehr gegeben ist. Insofern kann konstatiert werden, dass der Regressanspruch gegen den Aktionär, dessen Werthaltigkeit von denselben Faktoren abhängt, wie die Inanspruchnahme aus der Besicherung, bereits seinem Wesen nach nicht taugt, um gegen mögliche aus der Verwertung resultierende Verluste zu schützen. Deswegen ist er auch niemals ein „vollwertiger Gegenleistungs- oder Rückgewähranspruch" im Sinne von § 30 Abs. 1 S. 2 GmbHG.[208]

---

[206] Begr. RegE MoMiG – BT-Drucks. 16/6140, S. 41 reSp.

[207] *Drygala/Kremer,* ZIP 2007, 1289, 1295; *Gehrlein,* Der Konzern 2007, 771, 785; *Kiefner/Theusinger,* NZG 2008, 801, 805.

[208] *Hommelhoff,* in: Lutter/Hommelhoff, GmbHG § 30 Rn. 35 f.; *Wand/Tillmann/ Heckenthaler,* AG 2009, 148, 152; ähnlich *Henze,* in: Großkomm AktG § 57 Rn. 51, der allerdings in einzelnen Konstellationen des Vier-Personen-Verhältnisses Ausnahmen von diesem Grundsatz zulassen will.

Daraus folgt, dass die Bestellung einer Sicherheit zu Lasten des gebundenen Vermögens unter Zugrundelegung einer bilanziellen Betrachtungsweise nur zulässig ist, wenn die Sicherheitengeberin sich von vorneherein ihrerseits den eventuellen Regressanspruch besichern lässt. Dies wird die Muttergesellschaft allerdings kaum tun, denn wenn sie über taugliche Sicherheiten verfügte, hätte sie diese auch gleich ihrem Darlehensgeber zur Verfügung stellen können und bedürfte nicht des Umwegs über die Tochtergesellschaft.[209]

3. Rechtsfolge:
Rückzahlungsanspruch nach § 31 GmbHG

Ist eine das Stammkapital verletzende Auszahlung nach den Ergebnissen des Abschnitts I tatbestandlich gegeben, so entsteht als spezielle Rechtsfolge der – gesellschaftsrechtlich qualifizierte[210] – Rückzahlungsanspruch nach § 31 GmbHG. Indem er die Haftungsbasis der Gesellschaft wieder in den Zustand vor der verbotenen Auszahlung zurückversetzt, dient damit auch § 31 GmbHG in allererster Linie dem Gläubigerschutz.[211]

a) Art und Höhe

In der Literatur war lange Zeit umstritten, ob sich der Anspruch auf Rückgewähr des Erlangten[212] oder auf bloßen Wertersatz[213] richtet. Inzwischen hat sich die Rechtsprechung der überzeugenden erstgenannten Auffassung angeschlos-

---

[209] So auch *Spliedt,* ZIP 2009, 149, 152.

[210] RG, Urt. v. 15.12.1941 – II 103/41 = RGZ 168, 292, 301; BGH, Urt. v. 14.12. 1959 – II ZR 187/57 („Lufttaxi") = BGHZ 31, 258, 265 = LM GmbHG § 2 Nr. 4; *Hommelhoff,* in: Lutter/Hommelhoff, GmbHG § 31 Rn. 2; *H. P. Westermann,* in: Scholz, GmbHG § 31 Rn. 1; *K. Schmidt,* GesR § 37 III 2 a; *Wilhelmi,* Der Grundsatz der Kapitalerhaltung, S. 192 f.

[211] *Hueck/Fastrich,* in: Baumbach/Hueck, GmbHG § 31 Rn. 1; *Hommelhoff,* in: Lutter/Hommelhoff, GmbHG § 31 Rn. 1; *K. Schmid,* GesR § 37 III 2; *Ulmer,* in: FS 100 Jahre GmbHG (1992), 363; weiter gehend *Heidinger,* in: Michalski, GmbHG § 31 Rn. 1, der auch die das Gesellschafts- und Gesellschafterinteresse geschützt sehen will. Zur Vertretbarkeit dieser Ansicht sei auf die Ausführungen zum Normzweck von § 30 Abs. 1 GmbHG verwiesen.

[212] So die heute h.M., vgl. *H. P. Westermann,* in: Scholz, GmbHG § 31 Rn. 2; *Habersack,* in: Ulmer/Habersack/Winter, GmbHG § 31 Rn. 23; *Pentz,* in: Rowedder/Schmidt-Leithoff, GmbHG § 31 Rn. 14 ff.; *Hueck/Fastrich,* in: Baumbach/Hueck, GmbHG § 31 Rn. 16; *Hommelhoff,* in: Lutter/Hommelhoff, GmbHG § 31 Rn. 8; *Heidinger,* in: Michalski, GmbHG § 31 Rn. 26; *Ulmer,* in: FS 100 Jahre GmbHG (1992), 363, 377 ff.; *Veil,* in: Raiser KapGesR § 37 Rn. 25.

[213] So *K. Schmidt,* GesR § 37 III 2 a; *Joost,* ZHR 148 (1984), 52 ff.; *Wilhelmi,* Der Grundsatz der Kapitalerhaltung, S. 198 f.

sen.[214] Da es bei Problemen des Cash Pooling indes immer um Geld geht, soll der Streit hier nicht vertieft werden.

Wichtiger und davon zu trennen ist die Frage nach der Höhe des Anspruchs, also ob bei Herbeiführung der Unterbilanz das Erlangte *komplett* zurückzugewähren ist[215] oder nur in Höhe der Verletzung.[216] Dem Wesen des § 30 GmbHG als bilanzielle Ausschüttungssperre entspricht es hier, wenigstens sofern die Verletzung durch eine Weggabe von Geld erfolgte, diese nur insoweit anzunehmen, wie das Stammkapital der GmbH betroffen ist. Für diese Ansicht spricht auch, dass sich eine Geldzahlung beliebig teilen lässt, sodass selbst die Verfechter der Gegenauffassung es als dem Gesetzeswortlaut genüge tuend ansehen müssten, wenn das Erlangte zunächst in voller Höhe zurückgewährt, dann aber das zur Erreichung der Stammkapitalziffer nicht mehr benötigte sofort wieder ausgeschüttet würde.

b) Anspruchsinhaber

Berechtigte des Anspruchs aus § 31 GmbHG ist alleine die Gesellschaft,[217] sodass der Anspruch im Normalfall durch den oder die Geschäftsführer geltend gemacht wird. Im Insolvenzverfahren erfolgt die Einziehung durch den Insolvenzverwalter (§ 148 Abs. 1 InsO).[218] Insofern dient der Anspruch zwar wie beschrieben dem Gläubigerschutz, kann jedoch trotzdem nicht durch Gesellschaftsgläubiger geltend gemacht werden.[219] Selbstverständlich besteht aber

---

[214] BGH, Urt. v. 17.03.2008 – II ZR 24/07 = ZIP 2008, 922 = DStR 2008, 1055 = GmbHR 2008, 656 m. Anm. *Podewils* = WM 2008, 925 = BB 2008, 1192 m. Anm. *König; a. A.* das vorinstanzliche Urteil des OLG Celle v. 17.05.2006 – 9 U 172/05 = OLGR Celle 2006, 868 = ZIP 2006, 1399 = ZInsO 2006, 1167; noch offen lassend BGH, Urt. v. 10.05.1993 – II ZR 74/92 = BGHZ 122, 333, 338 = WuB II C § 30 GmbHG 1.93 m. Anm. *Hunecke.*

[215] So *Altmeppen,* ZIP 2009, 49, 53; *Bormann/Urlichs* GmbHR-Sonderheft MoMiG, 2008, 37, 48.

[216] So *Hirte* ZInsO 2008, 689, 691; *Kiefner/Theusinger,* NZG 2008, 801, 804; *Mülbert/Leuschner,* NZG 2009, 281, 284.

[217] *H. P. Westermann,* in: Scholz, GmbHG § 31 Rn. 8; *Heidinger,* in: Michalski, GmbHG § 31 Rn. 6; *Altmeppen,* in: Roth/Altmeppen, GmbHG § 31 Rn. 8; *Hueck/Fastrich,* in: Baumbach/Hueck, GmbHG § 31 Rn. 6; *Hommelhoff,* in: Lutter/Hommelhoff, GmbHG § 31 Rn. 3; *Wilhelmi,* Der Grundsatz der Kapitalerhaltung, S. 195.

[218] RG, Urt. v. 21.01.1918 – VI 339/17 = RGZ 92, 77, 81; *H. P. Westermann,* in: Scholz, GmbHG § 31 Rn. 8; *Hueck/Fastrich,* in: Baumbach/Hueck, GmbHG § 31 Rn. 6; *Wilhelmi,* Der Grundsatz der Kapitalerhaltung, S. 195.

[219] St. Rspr., so schon RG, Urt. v. 21.01.1918 – VI 339/17 = RGZ 92, 78, 81; *H. P. Westermann,* in: Scholz, GmbHG § 31 Rn. 8; *Hueck/Fastrich,* in: Baumbach/Hueck, GmbHG § 31 Rn. 6; *a. A. Altmeppen,* in: Roth/Altmeppen, GmbHG § 31 Rn. 9, der eine Rechtsanalogie zu §§ 62 Abs. 2, 93 Abs. 5, 116, 117 Abs. 5, 309 Abs. 4 S. 3, 310 Abs. 4, 317 Abs. 4, 318 Abs. 4 erwägt.

die Möglichkeit des Gläubigers, den Anspruch pfänden[220] oder sich abtreten[221] zu lassen.

c) Anspruchsgegner

§ 31 GmbHG expliziert nicht, wer letztlich auf Erstattung haften soll. In der Praxis kommen einerseits der – ggf. mittelbar – begünstigte Gesellschafter, andererseits aber auch der unmittelbare Zahlungsempfänger in Betracht.

aa) Begünstigter Gesellschafter

Grundsätzlich schuldet derjenige Gesellschafter Rückzahlung, der auch die Auszahlung erhalten hat.[222] Hat also im Rahmen des Cash Pooling eine Gesellschaft unter Verstoß gegen § 30 Abs. 1 GmbHG Liquidität an ihre direkte Muttergesellschaft abgeführt, so trifft diese ganz unproblematisch die Ersatzpflicht. Die gleiche Pflicht soll einen nur mittelbar Beteiligten, also etwa den Gesellschafter der Muttergesellschaft treffen.[223] Begründet wird dies mit einer entsprechenden Intention des mittelbaren Gesellschafters,[224] allgemein mit einem Näheverhältnis[225] oder mit der vorangehenden Investition (mittelbar) gebundenen Risikokapitals durch den mittelbaren Gesellschafter.[226]

---

[220] RG, Urt. v. 21.01.1918 – VI 339/17 = RGZ 92, 78, 81; *H. P. Westermann,* in: Scholz, GmbHG § 31 Rn. 8; *Heidinger,* in: Michalski, GmbHG § 31 Rn. 8; *Hueck/ Fastrich,* in: Baumbach/Hueck, GmbHG § 31 Rn. 6.

[221] BGH, Urt. v. 29.09.1977 – II ZR 157/76 = BGHZ 69, 274, 282 ff. = NJW 1978, 160 = LM Nr. 5 zu § 31 GmbHG m. Anm. *Fleck;* BGH, Urt. v. 07.11.1994 – II ZR 270/ 93 = BGHZ 127, 336, 345 ff. = NJW 1995, 326, 330 = WuB II C § 32a GmbHG 2.95 m. Anm. *v. Gerkan;* OLG Stuttgart, Urt. v. 18.03.1998 – 20 U 84/97 = OLGR Stuttgart 1998, 238 f. = GmbHR 1998, 935 = KTS 1999, 78; *Pentz,* in: Rowedder/Schmidt-Leithoff, GmbHG Rn. 4; *Hommelhoff,* in: Lutter/Hommelhoff, GmbHG § 31 Rn. 4; *Altmeppen,* in: Roth/Altmeppen, GmbHG § 31 Rn. 8; vorsichtiger aber *H. P. Westermann,* in: Scholz, GmbHG § 31 Rn. 9, *Heidinger,* in: Michalski, GmbHG § 31 Rn. 9 ff. und *Ulmer,* in: FS 100 Jahre GmbHG (1992) 363, 382 f., die auf eine Umgehungsgefahr hinweisen.

[222] *Heidinger,* in: Michalski, GmbHG § 31 Rn. 14; *H. P. Westermann,* in: Scholz, GmbHG § 31 Rn. 11; *Hueck/Fastrich,* in: Baumbach/Hueck, GmbHG § 31 Rn. 8; *Hommelhoff,* in: Lutter/Hommelhoff, GmbHG § 31 Rn. 6; *Altmeppen,* in: Altmeppen/Roth, GmbHG § 31 Rn. 2; *Ulmer,* in: FS 100 Jahre GmbHG (1992), 363.

[223] BGH, Urt. v. 21.09.1981 – II ZR 104/80 („Helaba/Sonnenring") = BGHZ 81, 311, 315 ff. = LM Nr. 14a zu § 30 GmbHG m. Anm. *Fleck;* BGH, Urt. v. 28.09.1981 – II ZR 223/80 = BGHZ 81, 365, 368 = LM Nr. 13 zu § 30 GmbHG m. Anm. *Brandes;* BGH, Urt. v. 16.12.1991 – II ZR 294/90 = GmbHR 1992, 165 = LM Nr. 36 zu § 30 GmbHG; BGH, Urt. v. 13.11.1995 – II ZR 113/94 = LM Nr. 6 zu § 29 GmbHG = DStR 1996, 271 f. m. Anm. *Goette; Vetter/Stadler,* Haftungsrisiken beim konzernweiten Cash Pooling, Rn. 79.

[224] So *H. P. Westermann,* in: Scholz, GmbHG § 30 Rn. 35; *Fleck,* in: FS 100 Jahre GmbHG (1992), 391, 415 f.

bb) Empfangende Schwestergesellschaft

Von der oben angestellten Untersuchung um die Erfüllung des Tatbestands von § 30 Abs. 1 GmbHG bei einer Auszahlung an dem Gesellschafter nahe stehende Dritte ist die Frage zu trennen, ob gegen solche Dritte neben dem vertraglichen Rückzahlungsanspruch aus § 488 Abs. 1 BGB auch der stärkere[227] gesellschaftsrechtliche Anspruch aus § 31 GmbHG besteht.[228] Häufig übersieht die Literatur zum Cash Pooling dieses Problem, indem sie der Einfachheit halber unterstellt, die Liquidität würde bei der Konzernmutter gebündelt. In der Praxis wird diese Konstellation aber eher den Ausnahmefall darstellen. Zumeist ist der Cash Pool an eine Finanzierungsgesellschaft ausgelagert, bei der es sich aus Sicht der Darlehensgeberin um eine Schwester handelt. Dann aber wird dem Gläubiger eines Anspruches aus § 31 GmbHG daran gelegen sein, nicht nur gegen den unmittelbaren oder mittelbaren Gesellschafter, sondern auch gegen die Pool führende (Schwester-)Gesellschaft vorgehen zu können, da diese mit höherer Wahrscheinlichkeit über liquide Mittel verfügt, die keinem nennenswerten Verwertungsrisiko unterliegen. Grundsätzlich steht dem entgegen, dass § 31 GmbHG sich auf § 30 GmbHG bezieht, welcher wiederum nur die Leistung an Gesellschafter verbietet. Insofern ist ein Dritter als Zuwendungsempfänger mangels eigener Gesellschafterstellung grundsätzlich nicht nach § 31 GmbHG verpflichtet.[229] Hiervon wollen aber weite Teile der Literatur Ausnahmen zulassen. Insbesondere der BGH sieht eine solche bei den beim Cash Pooling regelmäßig vorliegenden Unternehmensverbindungen gegeben.[230] Dabei wird aber nicht immer deutlich, dass nicht

---

[225] So *Hueck/Fastrich,* in: Baumbach/Hueck, GmbHG § 31 Rn. 12; *Hommelhoff,* in: Lutter/Hommelhoff, GmbHG § 31 Rn. 6.

[226] *Altmeppen,* in: Roth/Altmeppen, GmbHG § 30 Rn. 60; *Heidinger,* in: Michalski, GmbHG § 30 Rn. 124.

[227] Man bedenke etwa das Aufrechnungs- und Stundungsverbot, vgl. 2. Teil, A. I. 3. e).

[228] *A.A.* wohl *Wilhelmi,* Der Grundsatz der Kapitalerhaltung, S. 196, der die Haftung Dritter offenbar immer dann automatisch annehmen will, wenn die Zahlung an sie einen Verstoß gegen § 30 dargestellt hat.

[229] *Altmeppen,* in: Roth/Altmeppen, GmbHG § 31 Rn. 4; *Hommelhoff,* in: Lutter/Hommelhoff, GmbHG § 31 Rn. 6; *Hueck/Fastrich,* in: Baumbach/Hueck, GmbHG § 31 Rn. 10; *Burgard,* AG 2006, 527, 530 f.; *Deckart,* Kapitalerhaltung als Grenze des Cash Pooling, S. 29; *Makowski,* Cash Management in Unternehmensgruppen, S. 169; *Vetter/Stadler,* Haftungsrisiken beim konzernweiten Cash Pooling, Rn. 84; *Hangebrauck,* Cash-Pooling-Systeme, S. 281 m.w.N.

[230] BGH, Urt. v. 21.09.1981 – II ZR 104/80 („Helaba/Sonnenring") = BGHZ 81, 311, 315 ff. = NJW 1982, 383; BGH, Urt. v. 28.09.1981 – II ZR 223/80 = BGHZ 81, 365, 368 f. = NJW 1982, 386; BGH, Urt. v. 10.10.1983 – II ZR 223/82 = NJW 1984, 1036; BGH, Urt. v. 24.09.1990 – II ZR 174/89 = NJW 1991, 357; BGH, Urt. v. 22.10.1990 – II ZR 238/89 = NJW 1991, 1057, 1059; zust. *Cahn,* Kapitalerhaltung im Konzern, S. 76 ff.; *Deckart,* Kapitalerhaltung als Grenze des Cash Pooling, S. 29 f.; *Makowski,* Cash Management in Unternehmensgruppen, S. 169; *Vetter/Stadler,* Haftungsrisiken beim konzernweiten Cash Pooling, Rn. 79; *a.A. Altmeppen,* in: Roth/Alt-

das Vorliegen der Unternehmensverbindung schlechthin den Ausschlag geben darf. Andernfalls würde der Anwendungsbereich von § 31 GmbHG weit über die Wortlautgrenze ausgedehnt. Richtigerweise wird man also prüfen müssen, ob durch die Leitung des Zahlungsstroms an eine Schwestergesellschaft von der Mutter eine Konstellation geschaffen wird, die dazu taugt, die Wirkung von § 31 GmbHG zu umgehen. Das ist wenigstens dann gegeben, wenn bei der Muttergesellschaft keine Mittel mehr verbleiben, deretwegen sich eine Vollstreckung nach § 31 GmbHG lohnen würde. So eine Konstellation bestünde beispielsweise bei einer Konzernholding, deren Vermögen hauptsächlich in Form von Gesellschaftsanteilen besteht, deren nachgeordnete Finanzierungsgesellschaft jedoch über liquidere Mittel verfügte. Nachdem festgestellt ist, ob eine Umgehungsmöglichkeit geschaffen wurde, ist in einem zweiten Schritt zu prüfen, ob eine solche Umgehung auch wirklich erfolgte. Das kann unterstellt werden, wenn die Zahlungen an die Finanzierungsgesellschaft auf Veranlassung der Muttergesellschaft oder aus freiwilliger Unterwerfung unter das Konzerninteresse erfolgten. Insoweit kann nach oben verwiesen werden.[231]

Damit bleibt an dieser Stelle festzuhalten, dass Leistungen, die zu Lasten des gebundenen Kapitals an Schwestergesellschaften (oder deren Abkömmlinge) erfolgten, auch einen Rückzahlungsanspruch gegen diese aus § 31 GmbHG begründen können. Die Zahlungsempfängerin haftet sodann gesamtschuldnerisch mit der Muttergesellschaft.[232] Inwieweit die zur Rückgewähr verpflichteten Schwesterunternehmen sich dann ihrerseits an die Muttergesellschaft halten können, ist einzelfallabhängig nach den allgemeinen Grundsätzen zu ermitteln. Oft wird man dabei zu dem Ergebnis gelangen, dass ein Erstattungsanspruch besteht, weil die Einrichtung des Cash Pools auf Betreiben der Muttergesellschaft erfolgte.[233]

---

meppen, GmbHG § 30 Rn. 64 ff., der sich gegen eine Ausnahme ausspricht, da Schwestergesellschaften auch bei wirtschaftlicher Betrachtungsweise niemals mit Risikokapital an einer GmbH beteiligt sind; *Hangebrauck,* Cash-Pooling-Systeme, S. 281 f., der eine Haftung nach allgemeinen Grundsätzen für ausreichend erachtet und deswegen keine Notwendigkeit für eine Ausdehnung des § 31 GmbHG sieht.

[231] 2. Teil, A. I. 2. a) bb).

[232] *Pentz,* in: Rowedder/Schmidt-Leithoff, GmbHG § 31 Rn. 10; *Habersack,* in: Ulmer/Habersack/Winter, GmbHG § 31 Rn. 18; *Roth,* in: Roth/Altmeppen, GmbHG § 30 Rn. 47; *Vetter,* in: Holding-Hdb. § 8 Rn. 12; *Deckart,* Kapitalerhaltung als Grenze des Cash Pooling, S. 30; *Makowski,* Cash Management in Unternehmensgruppen, S. 169; *Vetter/Stadler,* Haftungsrisiken beim konzernweiten Cash Pooling, Rn. 79; *einschr.: Hueck/Fastrich,* in: Baumbach/Hueck, GmbHG § 31 Rn. 12: Gesamtschuldnerische Haftung nur bei Veranlassung durch Gesellschafter.

[233] *Cahn,* Kapitalerhaltung im Konzern, S. 79; *Deckart,* Kapitalerhaltung als Grenze des Cash Pooling, S. 30.

cc) Solidarhaftung der Mitgesellschafter, § 31 Abs. 3 GmbHG

Nach Abs. 3 der Norm können auch die Mitgesellschafter solidarisch zur Wiederauffüllung des Stammkapitals herangezogen werden. Diese Haftung ist allerdings subsidiär und greift nur, wenn einerseits der Empfänger der verbotswidrigen Zahlung seiner eigenen Rückzahlungsverpflichtung nicht nachkommt und andererseits der fehlende Betrag zur Befriedigung der Gesellschaftsgläubiger erforderlich ist.[234]

Sie erfolgt auch nicht gesamtschuldnerisch, sondern entsprechend der Beteiligung an der GmbH.[235] Prinzipiell entspricht diese Haftung dem Umfang nach derjenigen, die auch den begünstigten Gesellschafter träfe.

Allerdings ist anerkannt, dass die Ausfallhaftung der Höhe nach durch die Stammkapitalziffer begrenzt wird.[236] Wurde einem Gesellschafter also mehr Aktivvermögen ausgezahlt als der Stammkapitalziffer entspricht, so haften die Mitgesellschafter nicht für den Überschuss. Dies lässt sich dogmatisch damit begründen, dass das Gesetz keine Nachschusspflicht für Gesellschafter vorsieht.[237] Ob es noch weitere Begrenzungen gibt, ist umstritten.[238] Teilweise wird vertreten, dass von dem zu zahlenden Betrag die eigene Stammkapitalziffer abzugsfähig sei.[239] Hauptsächlich *Karsten Schmidt* plädiert demgegenüber sehr vehement dafür, die Ersatzhaftung auf den Betrag der Höhe der Stammeinlage des begünstigten Gesellschafters zu deckeln.[240] Indes hat der BGH eine weitere Abzugsfähigkeit in einem Grundsatzurteil verneint.[241] Diese Ansicht, die sich auch mit dem

---

[234] *K. Schmidt,* GesR § 37 III 3 a; *Goette,* DStR 2003, 2131; *Ulmer,* in: FS 100 Jahre GmbHG (1992), 363, 370; *Wilhelmi,* Der Grundsatz der Kapitalerhaltung, S. 200.

[235] BGH, Urt. v. 25.02.2002 – II ZR 196/00 („L-Kosmetik") = BGHZ 150, 61 = DStR 2002, 1010 = WuB II C § 13 GmbHG 2.02 m. Anm. *Bitter; Goette,* DStR 2003, 2131.

[236] BGH, Urt. v. 29.03.1973 – II ZR 157/76 = BGHZ 60, 324, 331 f. = NJW 1979, 1036 (aber offen gelassen in BGH, Urt. v. 05.02.1990 – II ZR 114/89 = NJW 1990, 1730, 1732); *Hommelhoff,* in: Lutter/Hommelhoff, GmbHG § 31 Rn. 22; *Heidinger,* in: Michalski, GmbHG § 31 Rn. 65; *Goette,* DStR 2003, 2131; *Ulmer,* in: FS 100 Jahre GmbHG (1992), 363, 371 f.; *Hangebrauck,* Cash-Pooling-Systeme, S. 283; *Vetter/Stadler,* Haftungsrisiken beim konzernweiten Cash Pooling, Rn. 79; *Wilhelmi,* Der Grundsatz der Kapitalerhaltung, S. 200 alle m.w. N.

[237] BGH, Urt. v. 25.02.2002 – II ZR 196/00 = BGHZ 150, 61 = GmbHR 2002, 551; BGH Urt. v. 22.09.2003 – II ZR 229/02 = GmbHR 2003, 1424 = ZIP 2003, 2068 = DStR 2003, 2128 zust. *Goette; Hommelhoff,* in: Lutter/Hommelhoff, GmbHG § 31 Rn. 22; *Ulmer,* in: FS 100 Jahre GmbHG (1992), 363, 371 f.

[238] Sehr ausführlich zum Streit *Cahn,* ZGR 2003, 289 ff.; *Ulmer,* in: FS 100 Jahre GmbHG (1992), 363, 370 f.

[239] So *Hommelhoff,* in: Lutter/Hommelhoff, GmbHG § 31 Rn. 22.

[240] *K. Schmidt,* BB 1995, 529, 532; *K. Schmidt,* GesR, § 37 III 3 b; *K. Schmidt,* in: FS Raiser (2005), 311, 317 ff.

[241] BGH, Urt. v. 22.09.2003 – II ZR 229/02 = WM 2003, 2238 = BB 2003, 2423 = ZIP 2003, 2068 = NJW 2003, 3629 = NZG 2003 1116 = BKR 2003, 947 = WuB II C § 31 GmbHG 1.04 = GmbHR 2003, 1424 = DStR 2003, 2128 zust. *Goette.*

Gesetzeswortlaut deckt, stößt heute weitestgehend auf Zustimmung in der Literatur.[242] Ihr ist der Vorzug zu geben, da der Erstattungsanspruch gegen den Begünstigten ebenfalls keine weitere Einschränkung erfährt und die strikte Anwendung des Gesetzeswortlauts auch keine unerträglichen Ergebnisse liefert. Hinzu kommt, dass die Gesellschafter bei Verschulden des Geschäftsführers diesen nach § 31 Abs. 6 in Regress nehmen können. Eine Ausfallhaftung der Mitgesellschafter besteht damit im Verhältnis der Beteiligung bis zur Höhe der Stammkapitalziffer, wobei keinerlei Anrechnung von geleisteten Einlagen erfolgt, sodass sich aus § 31 Abs. 3 GmbHG ein gewisses Haftungsrisiko für Mitgesellschafter ergibt. Dieses ist aber tragbar, da es den Gesellschaftern möglich bleibt, ihren Mitgesellschafter in Regress zu nehmen und u. U. auch gegen den Geschäftsführer vorzugehen (§ 31 Abs. 6 GmbHG).

Die Relevanz der Haftung von Mitgesellschaftern beim Cash-Pooling-Verfahren ist als eher gering einzustufen, da Gesellschaftermehrheiten und Minderheitsbeteiligungen in typischen Konzernsystemen die Ausnahme bilden.[243]

d) Fortdauer

Von großer Bedeutung ist oftmals die Frage, was passieren soll, wenn sich die finanzielle Situation der Gesellschaft, die nach § 31 Abs. 1 GmbHG einen Rückzahlungsanspruch hat, bessert. Dazu wurde lange Zeit vertreten, dass der Anspruch aus § 31 Abs. 1 GmbHG wegen Zweckerreichung wegfiele, sobald das Stammkapital nachhaltig wieder gedeckt sei.[244] Dagegen hat der BGH im Rahmen seiner drei „Balsam/Procedo"-Urteile[245] aus dem Jahr 2000 entschieden, dass der einmal entstandene Rückzahlungsanspruch nicht automatisch wegfallen soll, wenn das Stammkapital zwischenzeitlich wiederhergestellt wurde.[246] Diese

---

[242] *Goerdeler/Müller,* in: Hachenburg, GmbHG § 30 Rn. 46; *Heidinger,* in: Michalski, GmbHG § 30 Rn. 27; *H. P. Westermann,* in: Scholz, GmbHG § 30 Rn. 18; *Cahn,* ZGR 2003, 298, 307; *Blöse,* GmbHR 2002, 1107; *Goette,* DStR 2003, 2131.

[243] Ebenso *Hangebrauck,* Cash-Pooling-Systeme, S. 283.

[244] BGH, Urt. v. 11.05.1987 – II ZR 226/86 = ZIP 1987, 1113, 1114 m. Anm. *H. P. Westermann* = DB 1987, 1781 f. = BB 1987, 1553 f. = NJW 1988, 139 = WM 1987, 1040 f. = WuB II C § 31 GmbHG 2.87 m. Anm. *Immenga*; OLG Stuttgart, Urt. v. 18.03.1998 – 20 U 84/97 = OLGR Stuttgart 1998, 238 = NZG 1998, 683 m. Anm. d. Red.; *Immenga,* WuB II C § 31 GmbHG 2.87; *K. Müller,* EWiR 1987, 1099 f.

[245] „Balsam/Procedo I": BGH, Urt. v. 29.05.2000 – II ZR 118/98 = BGHZ 144, 336 = ZIP 2000, 1251 = WM 2000, 1445 = BB 2000, 1483 m. Bespr. *Thümmel* = DB 2000, 1455 = NZG 2000, 883 m. Anm. *Altmeppen* = DStR 2000, 1234 m. Anm. *Goette*; „Balsam/Procedo II": BGH, Urt. v. 29.05.2000 – II ZR 347/97 = ZIP 2000, 1256 = StUB 2000, 642; weitere Parallelentscheidung: BGH, Urt. v. 29.05.2000 – II ZR 75/98 = NZG 2000, 888.

[246] Dem zustimmend die heute h. M.: *Hommelhoff,* in: Lutter/Hommelhoff, GmbHG § 31 Rn. 12; *Hueck/Fastrich,* in: Baumbach/Hueck, GmbHG § 31 Rn. 17; *Pentz,* in: Rowedder/Schmidt-Leithoff, GmbHG § 31 Rn. 18; *Bayer,* in: FS Röhricht (2005), 25, 27;

Ansicht überzeugt, denn der Erstattungsanspruch aus § 31 GmbHG korrespondiert mit der Verletzung des Stammkapitals gemäß § 30 Abs. 1 GmbHG. Ein
Wegfall der Verpflichtung zur Wiederherstellung des Stammkapitals lässt sich
aber richtigerweise nicht damit begründen, dass das Kapital irgendwann auf andere Weise wieder hergestellt worden ist. Die frühere Ansicht würde Gesellschafter dazu verleiten, ihre Rückzahlungspflicht einfach „auszusitzen". Zudem ist der
Erstattungsanspruch funktional mit dem Einlageanspruch vergleichbar, der ebenfalls nicht erlischt, nur weil auf andere Weise Kapital aufgebracht wurde (§ 19
Abs. 2 S. 1 GmbHG).

Unter Berücksichtigung der BGH-Rechtsprechung zur verwandten Problematik der Heilung einer verdeckten Sacheinlage ist sogar davon auszugehen,
dass die Rechtsprechung es nicht für ausreichend erachten wird, wenn eine Wiederauffüllung ohne entsprechende Tilgungsbestimmung bezogen auf den Anspruch aus § 31 GmbHG durch spätere Inanspruchnahme von Liquidität aus
dem Cash Pool zu Stande kommt.[247] Der BGH führte zur verdeckten Sacheinlage aus:

> „Zwar kann – wie beim verbotenen, nicht zur endgültig freien Verfügung der Ge-
> schäftsführung führenden Hin- und Herzahlen (vgl. Sen.Urt. v. 21. November 2005 –
> II ZR 140/04, ZIP 2005, 2203 und v. 9. Januar 2006 – II ZR 72/05, z. V.b.) – auch im
> Falle der verdeckten Sacheinlage die weiterhin geschuldete Bareinlage grundsätzlich
> durch nochmalige Zahlung zur freien Verfügung der Geschäftsführung bewirkt wer-
> den. Eine derartige Leistung muss sich dann aber zweifelsfrei der noch offenen Ein-
> lage zuordnen lassen, sei es im Wege einer ausdrücklichen oder – sofern keine ande-
> ren Forderungen in ähnlichem Umfang bestehen – konkludenten, gegebenenfalls
> durch Auslegung zu ermittelnden Tilgungsbestimmung."

Es ist nicht ersichtlich, dass das MoMiG an der Rechtsprechung zum Fortbestehen des Erstattungsanspruchs rütteln wollte. Zum Einen liegen ihre zeitlichen
Wurzeln lange vor dem Novemberurteil, zum Anderen spricht die Einschränkung
des Tatbestands von § 30 Abs. 1 GmbHG dafür, dass in den wenigen verbleibenden – regelmäßig aber wohl krassen – Anwendungsfällen der Erstattungsanspruch gegen den Gesellschafter auf der Rechtsfolgenseite unverändert bestehen
bleiben sollte.

Kort, ZGR 2001, 615 ff.; Wilhelmi, Der Grundsatz der Kapitalerhaltung, S. 195; bereits
früher dieser Ansicht: H. P. Westermann, in: Scholz, GmbHG § 31 Rn. 6 f.; Ulmer, in:
FS 100 Jahre GmbHG (1992), 363, 385 ff.; unentschieden Heidinger, in: Michalski,
GmbHG § 31 Rn. 36 ff.
[247] Vgl. BGH, Urt. v. 16.01.2006 – II ZR 76/04 („Cash-Pool I") = BGHZ 166, 8, 17
= GmbHR 2006, 477 = WuB II C § 19 GmbHG 2.06 m. Anm. Hangebrauck; a. A. noch
BGH, Urt. v. 21.11.2005 – II ZR 140/04 = BGHZ 165, 113, 118.

e) Fälligkeit

Der Anspruch ist sofort fällig ab der unzulässigen Leistung und bedarf insbesondere keines weiteren Gesellschafterbeschlusses.[248] Eine Stundung ist ausgeschlossen.[249]

4. Ergebnis zur Bedeutung der §§ 30 f. GmbHG für das Cash Pooling

Durch die Änderung in § 30 Abs. 1 S. 2 GmbHG stellt der Gesetzgeber klar, dass § 30 GmbHG konzerninterne Darlehen – vor allem auch in Gestalt von Cash-Pooling-Systemen – und die üblichen aufsteigenden Besicherungen nicht verbietet. Zusätzlich stellt die Norm Grundregeln auf, die beim Cash Pooling zu beachten sind. Der Intention des MoMiG entsprechend sind weite Teile der Rechtsunsicherheiten, die das Cash Pooling insbesondere nach dem Novemberurteil betrafen, damit ausgeräumt worden. Insbesondere wurde zur bilanziellen Betrachtungsweise zurückgekehrt mit dahingehender Ergänzung, dass einem Ausplündern der Gesellschaft in der Krise durch das Deckungsgebot weiterhin vorgebeugt wird. Dieses Deckungsgebot begründet als allgemeines Prinzip auch die Pflicht der Pool führenden Gesellschaft, das eingelegte Vermögen der Konzernunternehmen angemessen zu verzinsen.[250] Trotz der Erleichterung der Ausgabe von Darlehen zu Lasten des gebundenen Vermögens könnte die Reform am Ende zu der intendierten Stärkung des Gläubigerschutzes führen, indem sinnvolle und international übliche Finanzierungsstrategien nicht unnötig behindert werden. Mittel, die andernfalls an die Banken abgeführt würden, werden hierdurch länger im Konzern gebunden und können die Basis notwendiger Investitionen bilden sowie den Gläubigern als Haftungsmasse dienen.[251] Vorsätzlichem Missbrauch der gelockerten Kapitalbindungsregeln kann dagegen delikts- und strafrechtlich begegnet werden.[252]

---

[248] BGH, Urt. v. 08.12.1986 – II ZR 55/86 = BGHZ 76, 326, 328 = BB 1987, 293 = GmbHR 1987, 224 = NJW 1987, 779 = ZIP 1987, 370, 371 = EWiR 1987, 163 m. Anm. *H. P. Westermann; Hueck/Fastrich,* in: Baumbach/Hueck, GmbHG § 31 Rn. 5; *Hommelhoff,* in: Lutter/Hommelhoff, GmbHG § 31 Rn. 11; *Veil,* in: Raiser, KapGesR § 37 Rn. 25; *Werner,* WuB II C § 31 GmbHG 1.87; *Wilhelmi,* Der Grundsatz der Kapitalerhaltung, S. 193.

[249] Heute h. M., vgl. BGH, Urt. v. 27.11.2000 – II ZR 83/00 = BGHZ 146, 105 = NJW 2001, 830, 831; *Hommelhoff,* in: Lutter/Hommelhoff, GmbHG § 31 Rn. 26; *Altmeppen,* in: Roth/Altmeppen, GmbHG § 31 Rn. 31; *Heidinger,* in: Michalski, GmbHG § 31 Rn. 76; *Cahn,* Der Konzern 2004, 235, 237; *Goette,* DStR 1997, 1495, 1499; *Keller/Rödl,* BB 2005, Beil. 3, 16, 17; *Saenger/Koch,* NZG 2004, 271, 272; *Schön,* ZHR 159 (1995), 351, 360 f.; *Servatius,* DStR 2004, 1176, 1177; *Ulmer,* in: FS 100 Jahre GmbHG (1992) 363, 380 ff.; *Vetter,* BB 2004, 1509, 1514; *Wilhelmi,* Der Grundsatz der Kapitalerhaltung, S. 193; a. A. *Lange,* NJW 2002, 2293.

[250] 2. Teil, A. I. 2. c) cc) (3) (d).

[251] Vgl. oben 1. Teil, B. I.

[252] Dazu unten 4. Teil.

Leider lässt der neue Gesetzeswortlaut eine Präzisierung des früher von der Rechtsprechung verwendeten und nun in § 30 Abs. 1 S. 2 GmbHG verankerten Vollwertigkeitsbegriffs vermissen. Klargestellt ist also in Bezug auf das Cash Pooling nur die Zulässigkeit im „gesunden" Konzern. Wann die Bonität des Cash Pools die Grenze erreicht hat, ab welcher ein Rückzahlungsanspruch nicht mehr vollwertig im Sinne der Norm ist, sodass eine Darlehensgewährung eine Verletzung des Stammkapitals und damit eine verbotene Auszahlung darstellt, wird deswegen Praktiker wie Gerichte in Zukunft beschäftigen.

II. Kapitalaufbringung, § 19 GmbHG

Dem Gebot der Stammkapitalerhaltung entspricht die Pflicht des § 19 GmbHG zur Aufbringung desselben. Auch an dieser Stelle hat das MoMiG erhebliche Änderungen herbeigeführt, die sich nur mit Blick auf die Rechtsprechung der vergangenen Jahrzehnte erklären lassen. Erneut ist es daher erforderlich, einen entsprechenden rechtsgeschichtlichen Exkurs voranzustellen.

1. Rechtsentwicklung

Die Leistung der Stammeinlage einer GmbH erfolgt in der Regel in bar. Zwar war vom Gesetzgeber ursprünglich die Sachgründung als Regelfall vorgesehen worden (§§ 19 Abs. 5, 5 Abs. 4 GmbHG), jedoch unterlag eine Aufbringung durch Sacheinlagen sehr strengen Publizitätsanforderungen (§ 5 Abs. 4 a. F. GmbHG). Die Werthaltigkeit der Sache war durch das Registergericht zu überwachen und ggf. durch die Bestätigung eines Wirtschaftsprüfers nachzuweisen.[253] Damit dies nicht umgangen würde, hat die Rechtsprechung[254] in langer Tradition[255] die verdeckte Sacheinlage, also die Leistung einer Bareinlage und einen daran anknüpfenden Sacherwerb der Gesellschaft vom Gesellschafter (oder einem ihm nahe stehenden Dritten[256]) mit der Folge, dass das Barvermögen an-

---

[253] *Gesell,* BB 2007, 2241, 2242; *Kleindiek,* ZGR 2006, 335, 347; *Wirsch,* GmbHR 2007, 736, 737.

[254] Vgl. BGH, Urt. v. 18.02.2008 – II ZR 132/06 = ZIP 2008, 788 = DB 2008, 920 = WM 2008, 784 = DStR 2008, 1052 = BB 2008, 1026 m. Anm. *N. Krause*; BGH, Urt. v. 09.07.2007 – II ZR 62/06 = BGHZ 173, 145 = ZIP 2007, 1751; BGH, Urt. v. 20.11.2006 – II ZR 176/05 = BGHZ 170, 47 = ZIP 2007, 178 = AG 2007, 121 = LM 2007, I, 55 m. Anm. *Kort*; BGH, Urt. v. 16.01.2006 – II ZR 76/04 („Cash-Pool I") = BGHZ 166, 8 = ZIP 2006, 665, 666; BGH, Urt. v. 07.07.2003 – II ZR 235/01 = BGHZ 155, 329 = ZIP 2003, 1540 = WuB II C § 19 GmbHG 1.04 m. Anm. *Mülbert/Tauber*; BGH, Urt. v. 18.02.1991 – II ZR 104/90 = BGHZ 113, 335 = DB 1991, 1060; OLG Düsseldorf, Urt. v. 11.07.1996 – 6 U 192/95 = DB 1996, 1816; OLG Karlsruhe, Urt. v. 29.11.1990 – 18a U 92/90 = DB 1991, 32; OLG Hamburg, Urt. v. 09.10.1987 – 11 U 125/87 = DB 1988, 646.

[255] Vgl. bereits RG, Urt. v. 16.10.1936 – II 80/36 = RGZ 152, 292, 300 f. (für die AG).

[256] BGH, Urt. v. 02.12.2002 – II ZR 101/02 = BGHZ 153, 107, 111; BGH, Urt. v. 21.02.1994 – II ZR 60/93 = BGHZ 125, 141, 144.

schließend verloren und ein Sachwert zu bilanzieren wäre, verboten.[257] Eine solche verdeckte Sacheinlage lag nach g. h. M. vor, wenn zwar eine Bareinlage vereinbart wurde, die Gesellschaft aber absprachegemäß bei wirtschaftlicher Betrachtung vom Inferenten eine Sacheinlage erhalten sollte.[258] Das Bestehen der Absprache wurde vermutet, wenn ein enger zeitlicher und sachlicher Zusammenhang zwischen Einzahlung und Gegengeschäft bestand.[259] Auch die Freistellung von einer Forderung wurde als sacheinlagefähig erachtet. Deswegen kam es beim Cash Pooling zur verdeckten Sacheinlage, wenn eine Gesellschaft, die Schulden beim Cash Pool hatte, eine Bareinlage erhielt, die sogleich wieder an den Pool abgeführt wurde:[260] In Höhe der Bareinlage wurde die Forderung des Pools gegen die Gesellschaft getilgt, sodass die Gesellschaft wirtschaftlich betrachtet vom Inferenten keine Barmittel erhielt, sondern lediglich die Befreiung von Forderungen des Pools. Selbstverständlich galt nichts anderes, wenn der Pool nicht direkt beim Inferenten angesiedelt, diesem aber zuzurechnen war.[261] Das schuldrechtliche Verpflichtungsgeschäft wie auch das dingliche Erfüllungsgeschäft war dann analog § 27 Abs. 3 AktG nichtig, sodass die Einlage als nicht erfolgt galt.[262] Für den Inferenten stellte diese Rechtsfolge im Insolvenzfall eine harte Sanktion dar,[263] denn er konnte zur nochmaligen Leistung seiner Einlage verurteilt werden. Die parallele Rückabwicklung des Ursprungsgeschäft brachte ihm

---

[257] Zustimmend aus der Literatur *Bayer,* in: Lutter/Hommelhoff, GmbHG § 5 Rn. 43; *Ebbing,* in: Michalski, GmbHG § 19 Rn. 143; *Pentz,* in: Rowedder/Schmidt-Leithoff, GmbHG § 19 Rn. 149 f.; *Hueck/Fastrich,* in: Baumbach/Hueck, GmbHG, 17. Aufl., § 19 Rn. 30; *K. Schmidt,* GesR § 37 II 4.

[258] BGH, Urt. v. 07.07.2003 – II ZR 235/01 = BGHZ 155, 329 = ZIP 2003, 1540 = WuB II C § 19 GmbHG 1.04 m. Anm. *Mülbert/Tauber*; BGH, Urt. v. 16.01.2006 – II ZR 76/04 („Cash-Pool I") = BGHZ 166, 8 = ZIP 2006, 665, 666; BGH, Urt. v. 20.11.2006 – II ZR 176/05 = BGHZ 170, 47 ff.; *Gesell,* BB 2007, 2241, 2242; *Hueck/ Fastrich,* in: Baumbach/Hueck, GmbHG § 19 Rn. 45 m. w. N.

[259] G. h. M., vgl. BGH, Urt. v. 21.02.1994 – II ZR 60/93 = BGHZ 125, 141, 143 f. = NJW 1994, 1477 = EWiR 1994, 467 m. Anm. *v. Gerkan* = WuB II C § 19 GmbHG 1.95 m. Anm. *Bayer* = LM GmbHG § 19 Nr. 16 (8/1994) m. Anm. *Heidenhain*; BGH, Urt. v. 04.03.1996 – II ZR 89/95 = BGHZ 132, 133, 139 = NJW 1996, 1286 = LM GmbHG § 5 Nr. 14 (6/1996) m. Anm. *Heidenhain* = DZWiR 1996, 285 m. Anm. *v. Gerkan* = WiB 1996, 479 m. Anm. *H.-C. Ihrig; Röhricht,* in: Großkomm AktG § 27 Rn. 203; *Hüffer,* AktG § 27 Rn. 16; *Henze,* ZHR 154 (1990), 105, 114; *Mülbert,* ZHR 154 (1990), 145, 187 ff.; *Ulmer,* ZHR 154 (1990), 128, 141, alle m. w. N.

[260] *Bayer,* in: Lutter/Hommelhoff, GmbHG § 19 Rn. 105; *Maier-Reimer/Wenzel,* ZIP 2008, 1449, 1454.

[261] BGH, Urt. v. 20.07.2009 – II ZR 273/07 („Cash-Pool II") = DB 2009, 1755, 1758 = NZG 2009, 944, 947 = NZI 2009, 616, 619 m. Anm. *Bruckhoff*; BGH, Urt. v. 02.12.2002 – II ZR 101/02 = BGHZ 153, 107, 111 = DB 2003, 387; BGH, Urt. v. 16.01.2006 – II ZR 76/04 („Cash-Pool I") = BGHZ 166, 8 = DB 2006, 772; *Bayer,* in: Lutter/Hommelhoff, GmbHG § 19 Rn. 61; *Roth,* in: Roth/Altmeppen, GmbHG § 19 Rn. 59; *Ziemons,* in: Ziemons/Jäger, GmbHG § 19 Rn. 162 ff.

[262] BGH, Urt. v. 21.11.2005 – II ZR 140/04 = BGHZ 165, 113 = ZIP 2005, 2203 = GmbHR 2006, 43 = DStR 2006, 104 m. Anm. *Goette* = WuB II A § 54 AktG 1.06 m. Anm. *Bayer/Graff.*

dann zumeist keinen wirtschaftlich verwertbaren Vorteil mehr, da eine Aufrechnung des Rückgewähranspruchs mit der Einlagepflicht an den §§ 19 Abs. 2 und 5 a. F. GmbHG scheiterte, er also Befriedigung allenfalls in Höhe der Insolvenzquote erfuhr.[264]

Keine verdeckte Sacheinlage sollte es darstellen, wenn eine Gesellschaft Guthaben beim Cash Pool hatte. Die eingelegten und sofort wieder abgezogenen Barmittel stellten dann aus wirtschaftlicher Sicht die Einlage einer – täglich fälligen – Forderung dar. Allerdings wurden Forderungen mangels einer Aussonderung der Mittel aus dem Vermögen des Gesellschafters grundsätzlich als nicht sacheinlagefähig betrachtet – und konnten infolgedessen auch niemals *verdeckte* Sacheinlagen sein.[265] Trotzdem ist ersichtlich, dass die Leistung einer Einlage auf ein Gesellschaftskonto mit sofortigem Wiederabzug dasselbe Umgehungspotenzial birgt wie die verdeckte Sacheinlage. Wäre sie nämlich zulässig, so könnte die gesellschaftsrechtliche Einlageforderung auf einfachste Weise gegen eine schwächere schuldrechtliche und hinsichtlich ihrer Fälligkeit hinausgeschobene Forderung ausgetauscht werden.[266] Um dieses Problem zu lösen, wurde mit dem Wortlaut des § 8 Abs. 2 S. 1 a. F. GmbHG argumentiert, der eine Einlageleistung „endgültig zur freien Verfügung der Geschäftsführer" forderte. Die Rechtsprechung verneinte eine Überlassung zur endgültigen freien Verfügung, wenn die Einlage nach kurzer Zeit vereinbarungsgemäß als Darlehen wieder an den Gesellschafter abgeführt wurde.[267] Rechtsfolge war, dass die Bareinlageforde-

---

[263] *Ziemons,* in: Ziemons/Jäger, GmbHG § 19 Rn. 137; *Heidenhain,* GmbHR 2006, 455: „Katastrophale Folge".

[264] *Hueck/Fastrich,* in: Baumbach/Hueck, GmbHG, 18. Aufl., § 19 Rn. 38, 44; *Ziemons,* in: Ziemons/Jäger, GmbHG § 19 Rn. 204; *Fuchs,* BB 2009, 170.

[265] H.M., vgl. BGH, Urt. v. 09.01.2006 – II ZR 72/05 = BGHZ 165, 352 ff. = GmbHR 2006, 306, 307 f. = DStR 2006, 382 f. m. Anm. *Goette;* BGH, Urt. v. 21.11. 2005 – II ZR 140/04 = BGHZ 165, 113, 117 = ZIP 2005, 2203 = GmbHR 2006, 43 m. Anm. *Werner* = DStR 2006, 104 m. Anm. *Goette* = WuB II A § 54 AktG 1.06 m. Anm. *Bayer/Graff; Ulmer,* in: Ulmer/Habersack/Winter, GmbHG § 5 Rn. 54; *Zeidler,* in: Michalski, GmbHG § 5 Rn. 112; *Bormann/Urlichs,* GmbHR 2008, 119; *Gesell,* BB 2007, 2241, 2244; *Lutter,* in: FS Stiefel (1987), 505; *Schall,* ZGR 2009, 126, 135 ff.; *Rose,* in: Bunnemann/Zirngibl, § 6 Rn. 42; *a. A.* aber OLG Schleswig, Urt. v. 27.01.2005 – 5 U 22/04 = GmbHR 2005, 357; *Cahn,* ZHR 166 (2002), 278, 306; *Drygala,* ZGR 2006, 587, 629; vgl. aber *ders.,* NZG 2007, 561, 564.

[266] BGH Versäumnisurt. v. 07.07.2003 – II ZR 235/01 = BGHZ 155, 329 = GmbHR 2003, 1051; BGH, Urt. v. 16.09.2002 – II ZR 1/00 = BGHZ 152, 37, 42; BGH, Urt. v. 16.03. 1998 – II ZR 303/96 = GmbHR 1998, 588, 590; BGH, Urt. v. 04.03.1996 – II ZR 89/95 = BGHZ 132, 141, 143; BGH, Urt. v. 21.02.1994 – II ZR 60/93 = BGHZ 125, 141, 143 f.; BGH, Urt. v. 18.02.1991 – II ZR 104/90 = BGHZ 113, 335, 340 ff.; OLG Köln, Urt. v. 10.11.1999 – 26 U 19/99 OLGR Köln 2001, 423 = NZG 2000, 489; OLG Düsseldorf, Urt. v. 11.07.1996 – 6 U 192/95 = OLGR Düsseldorf 1996, 228 = GmbHR 1996, 855; OLG Frankfurt, Urt. v. 24.06.1991 – 11 U 18/91 = AG 1991, 402; *H. Winter/H. P. Westermann,* in: Scholz, GmbHG § 5 Rn. 78.

[267] BGH, Urt. v. 21.11.2005 – II ZR 140/04 = BGHZ 165, 113 = ZIP 2005, 2203 = GmbHR 2006, 43 m. Anm. *Werner* = DStR 2006, 104 m. Anm. *Goette* = WuB II A § 54

rung der Gesellschaft gegen den Inferenten in voller Höhe bestehen blieb, einer späteren Rückzahlung jedoch Erfüllungswirkung hinsichtlich der Einlagepflicht zukommen konnte.[268] Eine Ausnahme für Cash-Pooling-Verträge, bei denen die Abführung der Liquidität typisch ist und bei entsprechender Vertragsgestaltung eine im Ermessen der Geschäftsführung stehende Anlageform darstellt, lehnte die wohl herrschende Meinung ab.[269] Auf die umfassende Kasuistik zum Tatbestand des Hin- und Herzahlens braucht an dieser Stelle heute nicht mehr vertieft eingegangen zu werden, da sich die gesetzlichen Rahmenbedingungen seit Inkrafttreten des MoMiG erheblich geändert haben.

2. Verdeckte Sacheinlage und Hin- und Herzahlen nach dem MoMiG

Die große Neuerung besteht darin, dass sich – anders noch als im Referentenentwurf geplant[270] – schlussendlich[271] eine Fassung des § 19 GmbHG durchsetzen konnte, welche die Folgen der verdeckten Sacheinlage wie auch des Hin- und Herzahlens für den Inferenten in Teilen abmildert und damit eine konsequente Fortführung der bilanziellen Betrachtungsweise darstellen soll.[272] Indes knüpft das neue Recht nach wie vor unterschiedliche Rechtsfolgen an die beiden Tatbestände. Die verdeckte Sacheinlage wird nun in § 19 Abs. 4 GmbHG geregelt, das Hin- und Herzahlen in § 19 Abs. 5.

AktG 1.06 m. Anm. *Bayer/Graff*; BGH, Urt. v. 12.06.2006 – II ZR 334/04 = ZIP 2006, 1633 = DB 2006, 1889 = WuB II C § 55 GmbHG 1.07 m. Anm. *Bayer/Graff*; zust. *Ulmer*, in: Ulmer/Habersack/Winter, GmbHG § 19 Rn. 120.

[268] BGH, Urt. v. 09.01.2006 – II ZR 72/05 = BGHZ 165, 352 = NJW 2006, 906 = ZIP 2006, 331 = DStR 2006, 382 m. Anm *Goette; Bayer*, in: Lutter/Hommelhoff, GmbHG § 19 Rn. 86.

[269] BGH, Urt. v. 09.01.2006 – II ZR 72/05 = BGHZ 165, 352 = NJW 2006, 906 = ZIP 2006, 331 = DStR 2006, 382 m. Anm *Goette*; BGH, Urt. v. 16.01.2006 – II ZR 76/04 („Cash-Pool I") = BGHZ 166, 8 = NJW 2006, 1736; zust. *Bayer/Lieder*, GmbHR 2006, 449, 453; *a.A. Sieger/Hasselbach*, BB 1999, 645, 649, die aus eben diesen Gründen von einer Ausnahme für Cash-Pooling-Verträge ausgehen.

[270] Eine Ausnahmemöglichkeit sollte sich unter Anwendung der kodifizierten Grundsätze des November-Urteils ergeben. Die Begründung des Referentenentwurfs geht insofern davon aus, „dass die in §§ 30 GmbHG, 57 AktG geregelten Maßstäbe ohne weiteres auch dorthin [= auf das Recht der Kapitalaufbringung] übertragen werden können."; zust. *Seibert*, ZIP 2006, 1157, 1163; *Schäfer*, BB 2006 Special 7, 5, 9.

[271] Es wurde sich für die vom DAV entwickelte (Handelsrechtsausschuss des DAV, Stellungnahme zum Referentenentwurf eines Gesetzes zur Modernisierung des GmbH-Rechts und zur Bekämpfung von Missbräuchen (MoMiG), abgedr. in: NZG 2007, 211, 222 f.) so genannte „Anrechnungslösung" entschieden. Zur zwischenzeitlich favorisierten Lösung des Regierungsentwurfs über eine Änderung des § 8 Abs. 2 S. 2 GmbHG vgl. *Büchel*, GmbHR 2007, 1065, 1067 ff.; *Drygala*, NZG 2007, 561, 563 f.

[272] Begr. RegE MoMiG, BT-Drucks. 16/6140, S. 76 liSp.

a) Verdeckte Sacheinlage, § 19 Abs. 4 GmbHG

Die verdeckte Sacheinlage wird vom neuen § 19 Abs. 4 S. 1 GmbHG legal definiert als „Geldeinlage eines Gesellschafters [, die] bei wirtschaftlicher Betrachtung und aufgrund einer im Zusammenhang mit der Übernahme der Geldeinlage getroffenen Abrede vollständig oder teilweise als Sacheinlage zu bewerten" ist. Auch wenn diese Definition missglückt sein mag,[273] ist ersichtlich, dass nach wie vor eine verdeckte Sacheinlage vorliegt, wenn die Schulden der Gesellschaft beim Cash Pool zum Zeitpunkt der Einlage deren Höhe übersteigen, weil die Gesellschaft durch die Rückführung der Einlage an den Pool in Wirklichkeit eine Befreiung von Verbindlichkeiten erhalten hat.[274]

Die Legaldefinition klammert allerdings die Einlagefähigkeit von Forderungen nicht ausdrücklich aus. Dies könnte dafür sprechen, dass das neue Recht Forderungen für sacheinlagefähig erachtet.[275] Immerhin würde es befremdlich anmuten, wenn eine Einlage für eine einzige Sekunde mit anschließender darlehensweiser Ausreichung als Hin- und Herzahlen nach § 19 Abs. 5 GmbHG zulässig,[276] dagegen aber die sofortige Einlage einer Darlehensforderung bzw. die Stundung der Einlage verboten wäre.[277] Schließlich konnte es auch schon früher nicht überzeugen, dass die Rechtsfolge bei der Einlage auf ein in das Cash-Pooling-Verfahren eingebundenes Konto davon abhängig sein sollte, ob der Saldo zufällig gerade positiv oder negativ ausfiele. Dem erklärten Ziel der Vereinfachung des Cash Pooling würde es damit nur entsprechen, auch Forderungen fortan für sacheinlagefähig i. S. d. § 19 Abs. 4 GmbHG zu halten.

Einer solchen Ausdehnung stehen allerdings gewichtige Bedenken entgegen. Diese ergeben sich zunächst aus dem Wortlaut des § 19 Abs. 5 GmbHG („[...] eine Leistung an den Gesellschafter [...], die wirtschaftlich einer Rückzahlung der Einlage entspricht und die nicht als verdeckte Sacheinlage im Sinne von Absatz 4 zu beurteilen ist [...]"). Ganz offensichtlich soll es sich also beim Hin- und Herzahlen gerade nicht um einen Spezialfall der verdeckten Sacheinlage, son-

---

[273] Es wird nicht eine Geldeinlage übernommen, sondern ein Geschäftsanteil! Vgl. zu weiteren Problemen der Definition *Pentz*, in: FS K. Schmidt (2009), 1265 ff.; *ders.*, GmbHR 2009, 505, 507 f.; *ders.*, GmbHR 2009, 126, 127.

[274] BGH, Urt. v. 20.07.2009 – II ZR 273/07 („Cash Pool II") = DB 2009, 1755 f. = NZG 2009, 944, 945 = NZI 2009, 616, 617 m. Anm. *Bruckhoff*; *Roth*, in: Roth/Altmeppen, GmbHG § 19 Rn. 101; *Bayer*, in: Lutter/Hommelhoff, GmbHG § 19 Rn. 105; *Altmeppen*, ZIP 2009, 1545; *Altmeppen*, NZG 2010, 441, 442; *Maier-Reimer/Wenzel*, ZIP 2008, 1449, 1454; *Schall*, ZGR 2009, 126, 143 f.; *Heckschen*, Das MoMiG, in der notariellen Praxis, Rn. 129.

[275] So *Wicke*, GmbHG § 19 Rn. 33; *Bormann/Urlichs*, GmbHR 2008, 119, 120; *Römermann*, NZI 2008, 641, 642 f.; offen lassend *Rose*, in: Bunnemann/Zirngibl, § 6 Rn. 58 f.; *a.A. Heinze*, GmbHR 2008, 1065, 1072 f. (Arg. Wortlaut); *Seibert/Decker*, ZIP 2008, 1210 (o. Begr.).

[276] Vgl. unten 2. Teil, A. II. 2. b).

[277] Ebenso *Drygala*, NZG 2007, 561, 564; *Bormann*, GmbHR 2007, 897, 903.

dern um einen im Exklusivitätsverhältnis dazu stehenden eigenen Tatbestand handeln.[278] Der wäre jedoch niemals eröffnet, wenn jede Einlageleistung bei Vorliegen eines Cash-Pooling-Systems schon eine verdeckte Sacheinlage wäre.[279] Dieses Problem ließe sich nur lösen, wenn man zwar in der Einlage einer Forderung gegen einen Gesellschafter zukünftig eine verdeckte Sacheinlage sähe, diese aber unter den speziellen Voraussetzungen des § 19 Abs. 5 GmbHG[280] gegenüber sonstigen verdeckten Sacheinlagen privilegierte. Dann wäre – entgegen dem unzweideutigen Gesetzeswortlaut – nicht von einem Exklusivitätsverhältnis auszugehen, sondern § 19 Abs. 5 GmbHG müsste als speziellere Norm vorrangig geprüft werden, während Abs. 4 einen Auffangtatbestand bildete.[281] Es wird sich im weiteren Verlauf dieser Arbeit zeigen, dass eine solche Lesart von den Rechtsfolgen her durchaus überzeugen würde.[282] Allerdings hat ihr der BGH[283] bereits in seinem ersten Urteil zur Kapitalaufbringung im Cash Pool nach Inkrafttreten des MoMiG[284] eine eindeutige Absage erteilt, indem er feststellt:

> „Soweit im Zeitpunkt der Weiterleitung des Einlagebetrags der Saldo auf dem Zentralkonto zu Lasten der Gesellschaft negativ ist, liegt eine verdeckte Sacheinlage vor. [...] Soweit die Einlage dagegen auf ein Zentralkonto des Inferenten weitergeleitet wird, dessen Saldo ausgeglichen oder zugunsten der Gesellschaft positiv ist, liegt ein reines Hin- und Herzahlen vor."

Deswegen ist mit dem Gesetzeswortlaut und der Rechtsprechung davon auszugehen, dass eine Sacheinlagefähigkeit von Forderungen auch zukünftig nicht existiert. Kurz zuvor hatte der BGH in seinem Qivive-Urteil[285] noch einmal darauf hingewiesen, dass die Sacheinlagefähigkeit notwendige Voraussetzung für die Annahme einer verdeckten Sacheinlage ist.[286] In Konsequenz dieser beiden

---

[278] *Goette,* GWR 2009, 333.

[279] *Bormann/Urlichs,* GmbHR 2008, 119, 120.

[280] Dazu unten 2. Teil, A. II. 2. b).

[281] Dafür offenbar *Heidinger,* in: Heckschen/Heidinger, Die GmbH in der Gestaltungs- und Beratungspraxis, § 11 Rn. 96; *a.A.* die h.M. *Wicke,* GmbHG § 19 Rn. 33; *Heckschen,* Das MoMiG, in der notariellen Praxis, Rn. 132; *Rose,* in: Bunnemann/Zirngibl, § 6 Rn. 57.

[282] Unten 2. Teil, A. II. 2. c) cc).

[283] BGH, Urt. v. 20.07.2009 – II ZR 273/07 („Cash-Pool II") = ZIP 2009, 1561 m. Bespr. *Altmeppen,* S. 1545 = DB 2009, 1755 = BB 2009 1705 = DStR 2009, 1858 = ZInsO 2009, 1546 = NZG 2009, 944 = NZI 2009, 616 m. Anm. *Bruckhoff* = GmbHR 2009, 926 m. Anm. *Bormann* = EWiR 2005, 537 = GWR 2009, 268 = WM 2009, 1574 = ZNotP 2009, 359; vgl. auch bereits BGH, Urt. v. 16.02.2009 – II ZR 120/07 („Qivive") = GWR 2009, 58; dazu *Habersack,* GWR 2009, 129 ff.

[284] Die Entscheidung zum neuen Recht erging so zeitnah, weil der Gesetzgeber in § 3 Abs. 4 EGGmbHG eine rückwirkende Geltung des § 19 Abs. 4 GmbHG auch für Altfälle anordnet. Zu den Ausnahmen von diesem Grundsatz vgl. dort.

[285] BGH, Urt. v. 16.02.2009 – II ZR 120/07 („Qivive") = BB 2009, 973 f. = NZG 2009, 463, 464.

[286] Zust. *Habersack,* GWR 2009, 129.

Judikaturen ist derzeit davon auszugehen, dass § 19 Abs. 4 GmbHG ausschließlich diejenigen Fälle regelt, die schon nach altem Recht verdeckte Sacheinlagen waren.[287]

Geändert hat sich das Recht der verdeckten Sacheinlage jedoch auf der Rechtsfolgenseite. Zwar bleibt es dabei, dass die verdeckte Sacheinlage den Inferenten prinzipiell nicht von seiner Bareinlagepflicht entbindet, jedoch wird der eingelegte Gegenstand fortan *ipso iure* auf die Einlageforderung angerechnet, sodass der Inferent nur auf die Differenz zwischen geschuldeter Bareinlage und objektivem Nettowert der Sacheinlage (ohne USt) im Zeitpunkt der Anmeldung zur Eintragung in das Handelsregister haftet.[288] Zu diesem Zeitpunkt wird die eingelegte Freistellung in aller Regel werthaltig sein, oftmals sogar tatsächlich einen Wert haben, der dazu taugt, die Einlageverpflichtung aufzuwiegen. Der *Inferent* wird dadurch davor geschützt, wie bisher im Insolvenzfall schlimmstenfalls ein zweites Mal leisten zu müssen. Trotzdem macht sich der *Geschäftsführer* nach wie vor gemäß § 82 Abs. 1 Nr. 1 GmbHG strafbar, wenn er bei geleisteter verdeckter Sacheinlage die vollständige Erfüllung nach § 8 Abs. 2 S. 1 GmbHG versichert.[289]

b) Hin- und Herzahlen, § 19 Abs. 5 GmbHG

Ein Hin- und Herzahlen liegt jetzt vor, wenn der Saldo zwischen Einlagegläubigerin und Zentralkonto ausgeglichen oder zu Gunsten der Einlagegläubigerin positiv ist.[290] Grundsätzlich bleibt es dabei, dass das Hin- und Herzahlen die Einlageschuld nicht tilgt.[291] Allerdings wird ein Sonderfall des Hin- und Herzahlens

---

[287] Ebenso *Ziemons,* in: Ziemons/Jäger, GmbHG § 19 Rn. 142; *Bormann,* GmbHR 2009, 930; *Goette,* GWR 2009, 333; *Lieder,* GmbHR 2009, 1177, 1178.

[288] BGH, Urt. v. 20.07.2009 – II ZR 273/07 („Cash-Pool II") = DB 2009, 1755, 1756 = NZG 2009, 944, 945 = NZI 2009, 616, 617 m. Anm. *Bruckhoff; Bayer,* in: Lutter/Hommelhoff, GmbHG § 19 Rn. 67; Beispiele zu Einzelfallproblemen bei *Pentz,* GmbHR 2009, 126 ff.

[289] H. M.: BGH, Urt. v. 20.07.2009 – II ZR 273/07 („Cash-Pool II") = DB 2009, 1755, 1756 = NZG 2009, 944, 945; *Bayer,* in: Lutter/Hommelhoff, GmbHG § 19 Rn. 73: *Ziemons,* in: Ziemons/Jäger, GmbHG § 19 Rn. 200 f.; *Haas,* in: Baumbach/Hueck, GmbHG § 82 Rn. 12; *Dauner-Lieb,* AG 2009, 217, 226; *Habersack,* AG 2009, AG 557, 560; *Kleindiek,* in: FS K. Schmidt (2009), 893, 898; *Maier-Reimer/Wenzel,* ZIP 2008, 1449, 1454; *Maier-Reimer/Wenzel,* ZIP 2009 1185; *Pentz,* in: FS K. Schmidt (2009), 1265 ff.; *Schall,* ZGR 2009, 126, 139; *Schluck-Amend/Penke,* DStR 2009, 1433; *Ulmer,* ZIP 2009, 293, 300 f.; *a. A. Altmeppen,* in: Roth/Altmeppen, GmbHG § 82 Rn. 13 f.; *Altmeppen,* ZIP 2009, 1545, 1548 ff.; *Altmeppen,* NZG 2010, 441, 442, der die Annahme einer Falschversicherung ablehnt.

[290] *Roth,* in: Roth/Altmeppen, GmbHG § 19 Rn. 101; *Bayer,* in: Lutter/Hommelhoff, GmbHG § 19 Rn. 105; *Altmeppen,* ZIP 2009, 1545; *Altmeppen,* NZG 2010, 441, 442; *Maier-Reimer/Wenzel,* ZIP 2008, 1449, 1454.

[291] *Ziemons,* in: Ziemons/Jäger, GmbHG § 19 Rn. 230 f.

nach neuem Recht (§ 19 Abs. 5 GmbHG) privilegiert, indem beim kumulativen Vorliegen von insgesamt sechs Voraussetzungen[292] Erfüllung eintritt:

aa) Vollwertiger Rückgewähranspruch

Es wurde schon mehrfach darauf hingewiesen, dass die §§ 19 und 30 GmbHG zwei Ausprägungen ein und desselben Prinzips sind. Deswegen gelten hinsichtlich des Vollwertigkeitskriteriums die zu § 30 Abs. 1 GmbHG getätigten Ausführungen[293] einschließlich des ungeschriebenen, jedoch auch dem Deckungsgebot folgenden Erfordernisses einer angemessenen Verzinsung.[294] Wie bei § 30 GmbHG wohnt auch § 19 Abs. 4 GmbHG ein Prognoseelement inne.[295] Umstritten ist jedoch, auf welchen Zeitpunkt sich diese Vollwertigkeit beziehen muss. Denkbar wären diejenigen der Anmeldung,[296] der Eintragung[297] und der Darlehensvergabe („Herzahlen").[298] Richtigerweise kann aber – entgegen der wohl herrschenden, indes selten begründeten, Meinung – nur auf den Zeitpunkt der Anmeldung rekurriert werden. Zwar schweigt das Gesetz in diesem Punkt, jedoch ergibt sich die Relevanz des Anmeldungszeitpunkts aus einer ganz praktischen Überlegung: Das geplante Hin- und Herzahlen soll gemäß § 19 Abs. 5 GmbHG in der Anmeldung nach § 8 GmbHG angegeben werden. Daraus folgt zwangsläufig, dass der Geschäftsführer bereits bei der Anmeldung eine Prognose über die Vollwertigkeit zu treffen und die Nachweise seines ordnungsgemäß durchgeführten Ermessens beizubringen hat.[299] Dieses hat natürlich zu berücksichtigen, ob der Rückzahlungsanspruch auch zum Auszahlungszeitpunkt noch vollwertig sein wird. Da aber niemand sicher wissen kann, wie sich die Bonität

---

[292] Ausführlich dazu *Bayer,* in: Lutter/Hommelhoff, GmbHG § 19 Rn. 91 ff.; *Roth,* in: Roth/Altmeppen, GmbHG § 19 Rn. 102 ff.; *Ziemons,* in: Ziemons/Jäger, GmbHG § 19 Rn. 233 ff.; *Markwardt,* BB 2008, 2414, 2419.

[293] Begr. RegE MoMiG, BT-Drucks. 16/6140, S. 76 liSp.

[294] Ebenso *Ziemons,* in: Ziemons/Jäger, GmbHG § 19 Rn. 243; a. A. *Roth,* in: Roth/Altmeppen, GmbHG § 19 Rn. 102, der wegen der täglichen Fälligkeit des Rückzahlungsanspruchs ein Erfordernis der bilanziellen Abzinsung ablehnt. Zu dieser Argumentation vgl. oben 2. Teil, A. I. 2. c) cc) (3) (d).

[295] *Bayer,* in: Lutter/Hommelhoff, GmbHG § 19 Rn. 95; *Ziemons,* in: Ziemons/Jäger, GmbHG § 19 Rn. 244; *Schall,* ZGR 2009, 126, 142.

[296] *Markwardt,* BB 2008, 2414, 2420.

[297] *Büchel,* GmbHR 2007, 1065, 1067.

[298] So die wohl h. M.; *Bayer,* in: Lutter/Hommelhoff, GmbHG § 19 Rn. 95; *Roth,* in: Roth/Altmeppen, § 19 GmbHG Rn. 102; *Priester,* in: Scholz, GmbHG § 56a Rn. 28, 30; *Hueck/Fastrich,* in: Baumbach/Hueck, GmbHG § 19 Rn. 79; *Wicke,* GmbHG § 19 Rn. 36; *Altmeppen,* NZG 2010, 441, 444; *Bormann,* GmbHR 2007, 897, 902; *Gehrlein,* Der Konzern 2007, 771, 782; *Heckschen,* Das MoMiG, in der notariellen Praxis, Rn. 136; *Schall,* ZGR 2009, 126, 142.

[299] *Bayer,* in: Lutter/Hommelhoff, GmbHG § 19 Rn. 93; *Ziemons,* in: Ziemons/Jäger, GmbHG § 19 Rn. 249; *Wälzholz,* MittBayNot 2008, 425, 431.

des Gesellschafters entwickeln wird, kann hier nur auf Basis der bei Antragstellung bekannten Tatsachen entschieden werden. Es ergibt sich sodann weder aus § 19 GmbHG noch aus den Gesetzesmaterialien, dass vor dem Herzahlen eine zweite Prognose anzustellen sei, womöglich mit der Folge, dass der Inferent sich anders zu verhalten habe, als es in der Anmeldung angekündigt worden war. Folglich spricht nichts für das Erfordernis einer mehrfachen Folgenabschätzung. Im Gegenteil würden Inferent und Registergericht mit einem hochgradig komplizierten Prozedere belastet. Aus dem Abstellen auf den Zeitpunkt der Anmeldung ergibt sich auch keine unverhältnismäßige Gefahr für Gesellschaftsgläubiger, denn sie werden ja gerade durch die Eintragung auf das entsprechende Risiko hingewiesen. Sollte sodann ein unvorhergesehenes Ereignis die Kreditwürdigkeit des Inferenten nach Eintragung der Gesellschaft schmälern, so stellte die Hingabe liquider Mittel an ihn im Übrigen wiederum einen Verstoß gegen die Geschäftsführerpflichten dar und wäre somit unzulässig.[300] Für den Verstoß hätte dann aber der Geschäftsführer einzustehen, der es – anders als der Inferent – in der Hand gehabt hätte, die Rückzahlung zu verweigern. Dieses Ergebnis deckt sich mit der Haftungsverteilung, die das MoMiG vorsieht.[301]

bb) Vereinbarung vor Bewirkung der Einlage

Das Erfordernis einer entsprechenden Vereinbarung hätte eigentlich keiner expliziten Erwähnung bedurft, denn wenn die Absprache bei der Anmeldung zum Handelsregister nach §§ 19 Abs. 5 S. 2, 8 Abs. 1 S. 1 GmbHG offen zu legen ist,[302] so muss die Einigung zwangsläufig dieser Bekanntgabe vorangehen.[303] In Bezug auf das Cash Pooling bedeutet das noch nicht, dass die neu zu gründende Gesellschaft bzw. deren Vor-GmbH dem Rahmenvertrag bereits beigetreten ist. Man wird es stattdessen als ausreichend ansehen dürfen, dass sich in irgendeiner Weise darüber verständigt wurde, dass die Einlagesumme darlehensweise an den Inferenten zurückfließen soll.[304] Eines weiteren zeitlichen oder sachlichen Konnexes bedarf es dann nicht.[305]

---

[300] Dazu unten 4. Teil, C.

[301] Vgl. oben 2. Teil, A. II. 2. a).

[302] Vgl. sogleich 2. Teil, A. II. 2. b) ff).

[303] *Altmeppen,* NZG 2010, 441, 444; *Markwardt,* BB 2008, 2414, 2420; *Wälzholz,* MittBayNot 2008, 725, 731 f.

[304] *Markwardt,* BB 2008, 2414, 2419.

[305] BGH, Beschl. v. 04.03.1996 – II ZB 8/95 = BGHZ 132, 141, 148 = NJW 1996, 1473; *Ziemons,* in: Ziemons/Jäger, GmbHG § 19 Rn. 148; *Bayer,* in: Lutter/Hommelhoff, GmbHG § 19 Rn. 57; *Bayer/Lieder,* GmbHR 2006, 449, 451.

cc) Gleich einer Einlagenrückgewähr

Regelmäßig unproblematisch ist beim Cash Pooling, dass die Rückzahlung einer Einlagenrückgewähr gleichen soll, da sowohl die ursprüngliche Hingabe wie auch die Herzahlung in derselben Weise, namentlich in Geld erfolgen.

dd) Keine verdeckte Sacheinlage

Die Abgrenzung zwischen verdeckter Sacheinlage und Hin- und Herzahlen war nur unmittelbar nach Inkrafttreten der Reform umstritten. Nach der Cash-Pool-II-Entscheidung des BGH[306] dürfte es der allgemeinen Ansicht entsprechen, dass eine verdeckte Sacheinlage – und damit niemals ein Fall des Hin- und Herzahlens vorliegt, wenn bei wirtschaftlicher Betrachtungsweise eine Freistellung von Verbindlichkeiten inferiert wurde. Umgekehrt handelt es sich um ein Hin- und Herzahlen, wenn die Einlage und anschließende Weggabe der Einlage einer Forderung gegen den Cash Pool entspräche.[307]

ee) Jederzeit fällig oder kündbar

Das Liquiditätskriterium des § 19 Abs. 5 GmbHG wurde der Gesetzesreform erst kurz vor Ende der Beratungen auf Drängen zahlreicher Kritiker hinzugefügt.[308] Der zusätzliche Filter bewirkt, dass sich die Privilegierung des Hin- und Herzahlens nicht auf den klassischen Fall der Einlage einer langfristigen Darlehensforderung erstreckt und damit die Bareinlagepflicht weitgehend verwässern kann. Vielmehr gilt die Ausnahmeregelung gerade nur für Cash Pooling und verwandte Systeme.[309] Auch an diese sind allerdings besondere Anforderungen zu stellen. Der BGH fordert hierzu jetzt, dass die Kündigungsmöglichkeit nicht nur aus wichtigem Grund (§ 314 Abs. 1 BGB) und bei Verschlechterung der Vermögensverhältnisse (§ 490 Abs. 1 BGB) gegeben ist, sondern dass ein jederzeitiges fristloses Recht zum Ausstieg aus dem Cash-Pooling-Rahmenvertrag auch ohne Angabe von Gründen bestehen muss.[310]

---

[306] BGH, Urt. v. 20.07.2009 – II ZR 273/07 („Cash-Pool II") = DB 2009, 1755, 1756 = NZG 2009, 944, 945 = NZI 2009, 616, 617 m. Anm. *Bruckhoff* = GmbHR 2009, 926, 927 m. Anm. *Bormann.*

[307] Vgl. bereits oben 2. Teil, A. II. 2. a).

[308] Dazu *Ulmer,* ZIP 2008, 45, 54; *Rose,* in: Bunnemann/Zirngibl, § 6 Rn. 52; beide m.w.N.

[309] *Markwardt,* BB 2008, 2414, 2420; *Schall,* ZGR 2009, 126, 140.

[310] BGH, Urt. v. 20.07.2009 – II ZR 273/07 („Cash-Pool II") = DB 2009, 1755, 1757 = NZG 2009, 944, 946 = NZI 2009, 616, 619 m. Anm. *Bruckhoff.*

ff) Offenlegung, §§ 19 Abs. 5 S. 2, 8 Abs. 1 S. 1 GmbHG

Mit dem Gebot der Offenlegung schützt der Gesetzgeber die Gläubiger der neu gegründeten Gesellschaft auf dreierlei Weise. Zum Einen ist es ihnen möglich, Kenntnis davon zu erlangen, dass die Gesellschaft nicht über die zu erwartenden liquiden Mittel verfügt, zum Anderen ermöglicht die Offenlegung in einem gewissen Umfang auch die Überprüfung der behaupteten Vollwertigkeit des eingelegten Anspruchs.[311] Schließlich und drittens entfaltet die Vorschrift *ex-ante*-Wirkung, indem eine Zuwiderhandlung gemäß § 82 Abs. 1 Nr. 1 GmbHG strafbewehrt ist. Sofern ein Gesellschafter also erklärt, der Gesellschaft seine Einlage endgültig zur freien Verfügung zu überlassen, so ist dies auch zukünftig nicht mit dem sofortigen Wiederabzug im Rahmen des Cash Pooling vereinbar. Erfolgt ein Abzug dennoch, so hat der Gesellschafter zum Zwecke der Eintragung eine falsche Angabe gemacht, die nach § 82 Abs. 1 Nr. 1 GmbHG eine bis zu dreijährige Freiheitsstrafe nach sich ziehen kann. Für Altfälle, auf die das neue Recht gemäß § 3 Abs. 4 EGGmbHG Anwendung finden soll, führt das Offenlegungsgebot dazu, dass es in den allerseltensten Fällen zur Anrechnung kommen wird, denn vor der Gesetzesreform dürfte kaum ein Inferent seine entsprechenden Pläne gemäß § 8 GmbHG angezeigt haben.[312] Da der BGH eine teleologische Reduktion des § 19 Abs. 5 Satz 2 in Bezug auf Altfälle ablehnt,[313] dürfte der Rückwirkung kaum praktische Bedeutung zukommen.

c) Sonstige Fälle

Es wird ersichtlich, dass das Gesetz nicht alle denkbaren Fälle der Einlage auf ein dem Cash Pool angeschlossenes Konto regelt.

aa) Nichtprivilegiertes Hin- und Herzahlen

Praktisch relevant werden dürfte die Konstellation, in der der Kontokorrentsaldo der neuen Gesellschaft beim Pool ausgeglichen oder positiv ist, die Privilegierung nach § 19 Abs. 5 GmbHG jedoch am Nichtvorliegen eines dort genannten Kriteriums scheitert.

---

[311] *Bayer*, in: Lutter/Hommelhoff, GmbHG § 19 Rn. 93; *Herrler*, DB 2008, 2347, 2349; *Schall*, ZGR 2009, 126, 140; *Wälzholz*, MittBayNot 2008, 425, 431.

[312] Ebenso *Merkner/Schmidt-Bendun*, NJW 2009, 3072, 3074; *Theusinger*, NZG 2009, 1017, 1018.

[313] BGH, Urt. v. 20.07.2009 – II ZR 273/07 („Cash-Pool II") = NJW 2009, 3091 = NZG 2009, 944 Rn. 14, 25; BGH, Urt. v. 16.02.2009 – II ZR 120/07 („Qivive") = NJW 2009, 2375, 2377 Rn. 16; dagegen *Roth*, in: Roth/Altmeppen, GmbHG § 19 Rn. 108; *ders.*, NJW 2009, 3397, 3401; *Lieder*, GmbHR 2009, 1177, 1179; krit. auch *Altmeppen*, ZIP 2009, 1545, 1548; *Theusinger*, NZG 2009, 1017, 1018.

Grundsätzlich wäre es denkbar, dann die Rechtsfolge des Abs. 4 analog anzuwenden. Allerdings fehlt es dafür an einer planwidrigen Regelungslücke, denn der Bundesrat hatte bereits im Gesetzgebungsprozess angeregt, das Wörtchen „wenn" in § 19 Abs. 5 GmbHG durch „soweit" zu ersetzen.[314] Dies hätte zu einer dem Abs. 4 vergleichbaren Anrechnungslösung geführt. Hiergegen wandte die Bundesregierung jedoch ein, die Privilegierung des Hin- und Herzahlens gegenüber der verdeckten Sacheinlage sei nur dann gerechtfertigt, wenn der Rückzahlungsanspruch wirtschaftlich mit einer Bareinlage vergleichbar sei. Insbesondere deute auch eine teilweise notwendige Wertberichtigung der Forderung auf eine erhöhte Gefahr des Totalausfalls hin.[315] Unabhängig davon, ob man diese Auffassung teilen mag,[316] wird jedenfalls deutlich, dass der Gesetzgeber eine Alles-oder-Nichts-Lösung gewollt hat, sodass für eine Analogie kein Raum verbleibt.[317] Die ursprüngliche Einlageforderung bleibt damit ungekürzt bestehen,[318] kann aber u. U. durch spätere Rückzahlung des an den Cash Pool Geleisteten getilgt werden.[319] Hierfür soll allerdings der „normale" Liquiditätsaustausch im Rahmen des Cash Pooling nicht ausreichen, sondern die jüngste Rechtsprechung fordert eine Zahlung, die sich eindeutig dem Einlageanspruch zuordnen lässt.[320]

bb) Verdeckte Mischeinlage

Häufig – so auch in dem Fall, der dem BGH-Urteil „Cash-Pool II" konkret zu Grunde lag – wird es vorkommen, dass die die Einlage empfangende Gesellschaft Schulden beim Cash Pool hat, die niedriger sind als der Betrag der Einlage. Bei wirtschaftlicher Betrachtung erhält die Gesellschaft sodann in Höhe des Debet-Saldos eine Freistellung von ihren Verbindlichkeiten – nach dem Gesagten

---

[314] Bundesrat in seiner Stellungnahme, BR-Drucks. 354/07, Nr. 13 (§ 8 Abs. 2 S. 2), S. 13.

[315] Gegenäußerung zu den Empfehlungen des Bundesrates zu Nr. 13, S. 7 f.; vgl. auch die Stellungnahme des Handelsrechtsausschusses des Deutschen Anwaltvereins, NZG 2007, 735, Rn. 32.

[316] Dazu unten 2. Teil, A. II. 2. c) cc).

[317] Wie hier: *Bayer,* in: Lutter/Hommelhoff, GmbHG § 19 Rn. 100; *Herrler,* DB 2008, 2347, 2348; *Maier-Reimer/Wenzel,* ZIP 2008, 1449, 1453.

[318] BGH, Urt. v. 20.07.2009 – II ZR 273/07 („Cash-Pool II") = DB 2009, 1755, 1756 = NZG 2009, 944, 946 = NZI 2009, 616, 618 m. Anm. *Bruckhoff; Bayer,* in: Lutter/ Hommelhoff, GmbHG § 19 Rn. 101; *Roth,* in: Roth/Altmeppen, GmbHG § 19 Rn. 105.

[319] BGH, Urt. v. 20.07.2009 – II ZR 273/07 („Cash-Pool II") = DB 2009, 1755, 1756 f. = NZG 2009, 944, 946 = NZI 2009, 616, 619 m. Anm. *Bruckhoff; Roth,* in: Roth/Altmeppen, GmbHG § 19 Rn. 105.

[320] BGH, Urt. v. 20.07.2009 – II ZR 273/07 („Cash-Pool II") = DB 2009, 1755, 1757 = NZG 2009, 944, 946; *Bormann,* GmbHR 2009, 930, 931 = NZI 2009, 616, 619 m. Anm. *Bruckhoff; Bormann/Urlichs,* DStR 2009, 641, 645; *Maier-Reimer/Wenzel,* ZIP 2008, 1449, 1454.

eine verdeckte Sacheinlage –, darüber hinaus läge ein Hin- und Herzahlen vor („verdeckte Mischeinlage"[321]). In diesen Fällen ist es sachgerecht, auch hinsichtlich der Rechtsfolgen zu unterscheiden. Soweit eine verdeckte Sacheinlage vorliegt, muss § 19 Abs. 4 GmbHG greifen.[322] Hinsichtlich des darüber hinausgehenden Anteils kommt es darauf an, ob er nach § 19 Abs. 5 GmbHG privilegiert ist.[323] Insoweit gilt damit wieder das Alles-oder-nichts-Prinzip.[324]

cc) Gemeinsamer Anwendungsbereich der §§ 19 ff. und 30 ff. GmbHG

Schließlich sind diejenigen Fälle von Interesse, in denen die Regeln der Kapitalaufbringung und diejenigen der Kapitalerhaltung gemeinsam zur Anwendung kommen. So ergab es sich in der Rechtssache „ADCOCOM",[325] dass nach Leistung der Bareinlage in eine GmbH diese vom Inferenten ein Lizenzpaket zu einem Preis erwarb, der die Höhe der Stammeinlage weit überstieg. Die Mittel hierfür entstammten folglich zum Teil den Rücklagen der Gesellschaft. Der BGH erkannte, dass in Höhe der Einlageverpflichtung eine verdeckte Sacheinlage vorlag. Die aus den Rücklagen aufgebrachte Zahlung wurde an § 30 Abs. 1 S. 2 GmbHG gemessen.

3. Kritik und Bedeutung für das Cash Pooling

Die Neuordnung des Rechts der Kapitalaufbringung wurde ausweislich der Gesetzesbegründung auch geschaffen, um den Besonderheiten des Cash Pooling gerecht zu werden.[326] Teilweise hat der Gesetzgeber das Recht der Kapitalaufbringung im Cash Pool tatsächlich vereinfacht, indem er Rahmenbedingungen geschaffen hat, die die Einbeziehung einer neu gegründeten Gesellschaft in das konzernweite Liquiditätsmanagement zumindest ermöglichen.[327] Dabei hat er es aber leider unterlassen, die unsägliche Differenzierung zwischen verdeckter Sacheinlage und Hin- und Herzahlen aufzugeben.[328] Dies ist umso unverständ-

---

[321] *Bayer*, in: Lutter/Hommelhoff, GmbHG § 19 Rn. 78.

[322] BGH, Urt. v. 20.07.2009 – II ZR 273/07 („Cash-Pool II") = DB 2009, 1755, 1756 = NZI 2009, 616, 618 m. Anm. *Bruckhoff; Bayer*, in: Lutter/Hommelhoff, GmbHG § 19 Rn. 78.

[323] BGH, Urt. v. 20.07.2009 – II ZR 273/07 („Cash-Pool II") = DB 2009, 1755, 1756 = NZG 2009, 944, 946 = NZI 2009, 616, 618 m. Anm. *Bruckhoff*.

[324] Vgl. oben 2. Teil, A. II. 2. c) aa).

[325] BGH, Urt. 22.03.2010 – II ZR 12/08 („ADCOCOM") = NZI 2010, 533 = GWR 2010, 266.

[326] Begr. RegE MoMiG BT-Drucks. 16/6140, S. 34 reSp; ebenso *Wicke*, GmbHG § 19 Rn. 31.

[327] *Bode/Herzing*, BRZ 2009, 227, 232; *Drygala*, NZG 2007, 561, 564; *Rose*, in: Bunnemann/Zirngibl, § 6 Rn. 47 f.

[328] Dies ebenfalls kritisierend *Wicke*, GmbHG § 19 Rn. 33; *Altmeppen*, NZG 2010, 441, 446; *Drygala*, NZG 2007, 561, 564; *Gehrlein*, Der Konzern 2007, 771, 782;

licher als es ein Leichtes gewesen wäre, die Sacheinlagefähigkeit von Forderungen anzuerkennen.

Sodann hätte sich das bei der Würdigung des § 19 Abs. 4 GmbHG bereits angedeutete und auch vom Bundesrat in ähnlicher Weise vorgeschlagene Stufensystem hinsichtlich der Rechtsfolgen angeboten: Wäre der Anspruch gegen den Cash Pool über jeden Zweifel erhaben, würde der Einlage gemäß § 19 Abs. 5 GmbHG Erfüllung zukommen. Bestünden dagegen Bedenken hinsichtlich der Bonität, die eine bilanzielle Abwertung geboten erscheinen ließen, so würden die Rechtsfolgen der verdeckten Sacheinlage ausgelöst, folglich eine Differenzhaftung in Höhe der Abschreibung. Damit bestünde ein schlüssiges und lückenloses System, welches insbesondere auch einer bilanziellen Betrachtungsweise am nächsten käme.

Dem Einwand der Bundesregierung, eine teilweise notwendige Wertberichtigung der Forderung deute auf erhöhte Gefahr des Totalausfalls hin,[329] ist entgegenzuhalten, dass das Fehlen von Privilegierungsgründen noch keine Notwendigkeit einer *Schlechterbehandlung* vergleichbarer Situationen anzeigt. Anders gesagt ist nicht nachvollziehbar, warum im Falle der Minderwertigkeit eines regelmäßig schwerer zu verwertenden Sachgegenstands nur die Differenz geschuldet sein soll, beim Hin- und Herzahlen mit der Folge der Entstehung eines nicht vollwertigen Anspruchs gegen den Cash Pool dagegen die gesamte Einlageschuld bestehen bliebe. Es ist bereits keineswegs ausgemacht, dass fehlende Vollwertigkeit eines Rückzahlungsanspruchs auf ein erhöhtes Ausfallrisiko hindeutet: Nach den obigen Ausführungen greift die Privilegierung des Abs. 5 bereits dann nicht, wenn der Anspruch lediglich nicht oder nicht angemessen verzinst wird.[330] In diesem Fall wäre eine Differenzhaftung zweifelsfrei ein besser geeignetes Schutzinstrument als die Alles-oder-Nichts-Regelung. Selbst wenn man aber annähme, dass fehlende Vollwertigkeit regelmäßig ein Indiz für ein erhöhtes Risiko des Totalausfalls darstellte, so müsste dies dann ebenso – wenn nicht gar erst recht – gelten, wenn ein überbewerteter Sachgegenstand verdeckt eingelegt wird. Es zeigt sich somit, dass die vom Gesetzgeber gelieferte Begründung für eine Differenzierung zwischen Hin- und Herzahlen und verdeckter Sacheinlage nicht stichhaltig ist. Besonders zu betonen ist nochmals, dass zwar beiden Instrumenten Erfüllungswirkung zukommen kann, jedoch einzig das offengelegte Hin- und Herzahlen auch straffrei hinsichtlich § 82 Abs. 1 Nr. 1 GmbHG ist.[331] So verwundert es nicht, dass nach wie vor nach besonderen rechtlichen Konstruktionen zur Sicherstellung der korrekten Kapitalaufbringung im Cash Pool gesucht wird.[332]

Gesell, BB 2007, 2241, 2246; zu hieraus folgenden Wertungswidersprüchen bei Mischeinlagen *Roth,* NJW 2009, 3397, 3399.

[329] Gegenäußerung zu den Empfehlungen des Bundesrates zu Nr. 13, S. 7 f.; vgl. auch die Stellungnahme des Handelsrechtsausschusses des Deutschen Anwaltvereins, NZG 2007, 735, Rn. 32.

[330] 2. Teil, A. I. 2. c) cc) (3).

Vor diesem Hintergrund mag man zwar zweifeln, ob das neue Recht der Kapitalaufbringung „vollständig misslungen"[333] ist, muss zumindest aber denjenigen Autoren Recht geben, die *de lege ferenda* Nachbesserung fordern.[334]

III. Kapitalerhöhung, §§ 55 ff. GmbHG

Die Kapitalerhöhung[335] ist eng mit der Kapitalaufbringung verwandt,[336] sodass insoweit auf die dortigen Ausführungen verwiesen wird.[337] Insbesondere ist auch bei der Barkapitalerhöhung weiterhin die sorgfältige Differenzierung zwischen Hin- und Herzahlen und verdeckter Sacheinlage notwendig.[338] Nur soweit der Cash Pool keine Forderungen gegen die Untergesellschaft hat, kann ein Hin- und Herzahlen vorliegen.[339] Würde die Obergesellschaft dagegen eine Kapitalerhöhung in Höhe eines Betrages beschließen, der nicht ausreicht, um die Verbindlichkeiten der Untergesellschaft gegen den Cash Pool zu kompensieren, und sodann Liquidität einschießen, könnte dies gerade keinen jederzeit fälligen Rückzahlungsanspruch begründen. Der Darlehensrückzahlungsanspruch würde vielmehr durch Aufrechnung mit den bestehenden Forderungen der Pool führenden Gesellschaft erlöschen, die Zahlung wirtschaftlich betrachtet somit keine Überlassung von Liquidität, sondern die Befreiung von Verbindlichkeiten darstellen und damit eine Sacheinlage.[340] Folglich soll an dieser Stelle der Hinweis genügen, dass im Fall der Kapitalerhöhung einer ins Cash Pooling eingebundenen Gesellschaft nach neuem wie altem Recht die Regeln der verdeckten Sacheinlage greifen, soweit die Gesellschaft Schulden beim Cash Pool

---

[331] BGH, Urt. v. 20.07.2009 – II ZR 273/07 („Cash-Pool II") = DB 2009, 1755, 1756 = NZG 2009, 944, 945; *Bayer,* in: Lutter/Hommelhoff, GmbHG § 19 Rn. 73: *Ziemons,* in: Ziemons/Jäger, GmbHG § 19 Rn. 200 f.; *Bormann,* GmbHR 2009, 930, 931.

[332] *Ziemons,* in: Ziemons/Jäger, GmbHG § 19 Rn. 257 und *Theusinger,* NZG 2009, 1017, 1018 f. schlagen die Einrichtung eines Sonderkontos für die Stammeinlage vor. *Bormann/Urlichs,* DStR 2009, 641, 645 plädieren sogar dafür, die GmbH für mindestens sechs Monate aus dem Cash Pool herauszunehmen.

[333] So *Altmeppen,* NZG 2010, 441, 446.

[334] *Bayer,* in: Lutter/Hommelhoff, GmbHG § 19 Rn. 108; *Altmeppen,* ZIP 2009, 1545, 1548.

[335] Ausführlich zur Kapitalerhöhung im Cash Pool *Cahn,* ZHR 166 (2002), 278 ff.

[336] *Bayer,* in: Lutter/Hommelhoff, GmbHG § 19 Rn. 1 ff.; *Roth,* in: Roth/Altmeppen, GmbHG § 19 Rn. 4; *Ziemons,* in: Ziemons/Jäger, § 19 Rn. 80; *Heckschen,* Das MoMiG in der notariellen Praxis, Rn. 600.

[337] Oben 2. Teil, A. II. 2.; die Anwendbarkeit wurde zuletzt bestätigt durch BGH, Urt. 22.03.2010 – II ZR 12/08 („ADCOCOM") = NZI 2010, 533 = GWR 2010, 266.

[338] *Herrler,* DNotZ 2008, 903, 906; *Maier-Reimer/Wenzel,* ZIP 2008, 1449, 1454.

[339] Vgl. oben 2. Teil, A. II. 2. b).

[340] BGH, Urt. v. 15.01.1990 – II ZR 164/88 = BGHZ 110, 47, 60; BGH, Urt. v. 18.02.1991 – II ZR 104/90 = BGHZ 113, 335, 339; *Bayer/Lieder,* GmbHR 2006, 449, 451; vgl. auch oben 2. Teil, A. II. 2. a).

hat.[341] Hinsichtlich eines hierüber hinausgehenden Betrags liegt ein Fall des Hin- und Herzahlens vor.[342]

B. Die Unternehmergesellschaft (haftungsbeschränkt)

Soweit sich das MoMiG das Doppelziel gesetzt hatte, einerseits die deutsche GmbH im Vergleich zur englisch-walisischen *private company limited by shares* (oftmals kurz „Limited" genannt) attraktiver werden zu lassen, auf der anderen Seite aber den Gläubigerschutz zu stärken, wird sofort ersichtlich, dass dies zwei Seiten einer Medaille sind, die sich schwerlich in ein und derselben Gesellschaftsform vereinen lassen. Aus diesem Grund schuf das MoMiG den neuen § 5a GmbHG, der eine dem deutschen Recht bis dahin widersprechende neue Rechtsfigur konstituiert: eine Kapitalgesellschaft ohne Mindestkapital,[343] die so genannte „Unternehmergesellschaft (haftungsbeschränkt)" – kurz UG (haftungsbeschränkt) – womit das bislang im deutschen Kapitalgesellschaftsrecht vorherrschende Prinzip eines präventiven bilanziellen Gläubigerschutzes[344] verlassen wird.[345] Bei der UG (haftungsbeschränkt) soll es sich um eine spezielle Gestaltungsvariante der GmbH handeln.[346] Ihre Einführung ist in der Fachwelt auf geteiltes Echo gestoßen.[347] Noch ist schwer abzuschätzen, welche Bedeutung sie mittel- und langfristig erlangen wird,[348] wobei bemerkenswert ist, dass in den ersten zwei Jahren seit Inkrafttreten der Novelle bereits fast 40.000 UGs errichtet worden sind,[349] während die Neugründung von Limiteds in Deutschland

---

[341] *Roth*, in: Roth/Altmeppen, GmbHG § 19 Rn. 56; *Heckschen*, Das MoMiG in der notariellen Praxis, Rn. 607 ff.; *Herrler*, DNotZ 2008, 903, 907.

[342] *Herrler*, DNotZ 2008, 903, 907; vgl. auch oben 2. Teil, A. II. 2. b).

[343] „Ohne" Mindestkapital erfordert lediglich die Übernahme mindestens eines Geschäftsanteils von 1,– € je Gesellschafter. Die allererste UG (haftungsbeschränkt) Deutschlands konstituierte sich mit einem Stammkapital von 12,– € unter HRB 16525 am 03.11.2008 in Bonn, vgl. *Bayer/Hoffmann*, GmbHR 2008, 1302.

[344] Vgl. 1. Teil, B. III. 2. a).

[345] *Götte*, Stellungnahme der Bundesnotarkammer zum MoMiG-Entwurf (2008), S. 5.

[346] Begr. RegE MoMiG, BT-Drucks. 16/6140, S. 25 reSp; *Fastrich*, in: Baumbach/Hueck, GmbHG § 5a Rn. 2 f.; *Veil*, GmbHR 2007, 1080, 1081; *Wälzholz*, GmbHStB 2007, 319; dies entspricht auch dem entsprechenden Beschluss des DJT, abgedr. in, BB 2006, Heft 39.

[347] Sie begrüßend *Fastrich*, in: Baumbach/Hueck, GmbHG § 5a Rn. 4; *Hirte*, ZInsO 2008, 933, 934; *Joost*, ZIP 2007, 2242 ff.; *Leuering*, NJW-Spezial 2007, 315, 316; *Triebel/Otte*, ZIP 2006, 1321; *Wilhelm*, DB 2007, 1510 ff.; dagegen *Freitag/Riemenschneider*, ZIP 2007, 1485; *Goette*, Status: Recht 2007, 236; *Goette* WPg 2008, 231, 237; *Heckschen*, DStR 2007, 1442, 1445; *Leyendecker*, GmbHR 2008, 303 ff.; *Niemeier*, ZIP 2007, 194 ff.; *Veil*, GmbHR 2007, 1080 ff.; differenzierend *Wälzholz*, GmbHStB 2007, 319, 322.

[348] Zur ersten Gründungswelle vgl. *Bayer/Hoffmann*, GmbHR 2008, 1302.

stagniert.[350] Es ist zu vermuten, dass sie der Idee entsprechend in Reinform hauptsächlich von Existenzgründern gewählt werden wird. So sieht das Gesetz vor, ein „normales" Mindeststammkapital zur Pflicht zu machen, sobald eine Kapitalerhöhung in der Unternehmergesellschaft die Grenze der 25.000,– € erreicht oder überschreitet. Eine „Rückkehr" zur „1-Euro-Gesellschaft" ist dann nicht mehr möglich (§ 5a Abs. 5 GmbHG). Insofern ist die UG (haftungsbeschränkt) dem Konzept nach als Durchgangsstadium angelegt, wobei eine Auffüllung des Kapitals im Prinzip nicht zwingend vorgeschrieben ist.[351] Allerdings verpflichtet § 5a Abs. 3 S. 1 GmbHG die UG (haftungsbeschränkt) zur Bildung einer gesetzlichen Rücklage, in die ein Viertel des um den Verlustvortrag aus dem Vorjahr geminderten Jahresüberschusses einzustellen ist. Gemäß Satz 2 darf diese Rücklage außer zur Kompensation von Verlustvorträgen und Jahresfehlbeträgen nur für eine nominelle Kapitalerhöhung i. S. d. § 57c GmbHG genutzt werden. Eine am Markt erfolgreiche Unternehmergesellschaft soll somit nach und nach zu einer „vollwertigen" GmbH anwachsen.[352] Für die Gründer ist dies erstrebenswert, da sie dann die Einstellung in die Rücklage beenden können und die Möglichkeit haben, zukünftig ohne den Makel einer UG als zahlungskräftigere GmbH aufzutreten.

I. Ausschüttungsfähigkeit der Rücklagen

Im Kontext dieser Arbeit interessiert, was bis dahin mit vorhandener Liquidität, vor allem auch in der gesetzlichen Rücklage, zu geschehen hat, also ob sie als Darlehen im Rahmen des Cash Pooling ausgegeben werden darf. Als Spezialform der GmbH sind sämtliche Normen des GmbHG auf die UG (haftungsbeschränkt) anwendbar, sofern nicht § 5a GmbHG als *lex specialis* ihnen vorgeht.[353] Damit ist zunächst festzustellen, dass auch die Kapitalerhaltungsregeln des § 30 GmbHG – trotz ihrer hier sehr rudimentären Wirksamkeit[354] – volle Gültigkeit haben. Ist also ein Stammkapital der Höhe X eingetragen, darf dieses gemäß § 30 Abs. 1 S. 1 GmbHG nur zu den oben erarbeiteten Bedingungen[355] an Gesellschafter ausgezahlt werden.

---

[349] Erhebung der Rechtswissenschaftlichen Fakultät der Universität Jena unter Leitung von *Bayer*, regelmäßig aktualisiert unter: http://www.rewi.uni-jena.de/Forschungs projekt_Unternehmergesellschaft.html [06.10.2010].

[350] *Kornblum*, GmbHR 2010, R 53.

[351] Ebenso *Wälzholz*, GmbHStB 2007, 319, 321; krit. dazu *Hoffmann-Becking*, Stellungnahme zum MoMiG-Entwurf (2008), S. 2.

[352] Die Realitätsnähe dieses Ansinnens offenbar bezweifelnd *Veil*, ZGR 2009, 623, 633 f. m.w.N. in Fn. 59.

[353] *Wälzholz*, GmbHStB 2007, 319.

[354] Dazu *Desch*, in: Bunnemann/Zirngibl, § 8 Rn. 176 f.

[355] Oben 2. Teil, A. I. 2. c) cc).

Man könnte an dieser Stelle überlegen, die gesetzliche Rücklage ebenfalls der Kapitalerhaltung nach §§ 30, 31 GmbHG zu unterwerfen. Das Gesetz schweigt hierzu,[356] und die Passage der Entwurfsbegründung („gegebenenfalls kann man auch ausdrücklich auf die Kapitalerhaltung nach §§ 30, 31 verweisen"[357]) erlaubt eine Vielzahl von Deutungen.[358] Definitiv vermag sie nur zu belegen, dass der Gesetzgeber einen entsprechenden Schutz zumindest nicht gänzlich ausschließt. Dafür spräche auch, dass die Mindestrücklage konzeptionell der Anwachsung auf ein dem GmbHG entsprechendes Mindeststammkapital abzielt.

Andererseits ist es der UG (haftungsbeschränkt) unbenommen, keine einstellungsfähigen Gewinne zu erwirtschaften. Da es sich zumeist um kleine Unternehmen mit Gesellschafter-Geschäftsführer handeln wird, sollte es möglich sein, über dessen Gehalt die Gewinne gegen Null zu halten und zusätzlich noch hohe Auszahlungen an einen Gesellschafter abzuführen. Insofern wäre eine Bindung der Rücklage gemäß §§ 30, 31 GmbHG im Prototyp der Gesellschaft leicht zu umgehen.[359] Gegen eine Einbeziehung spricht auch, dass dem Gesetzgeber die Möglichkeit gegeben gewesen wäre, einen Schutz der gesetzlichen Rücklage in § 30 GmbHG zu kodifizieren, wovon er Abstand genommen hat.

Zum Streitentscheid ist ein Blick auf die generellen Wertungen und Ziele des MoMiG zu werfen. Dabei fällt auf, dass trotz des Zieles einer Anwachsung nicht der gesamte Gewinn, sondern lediglich ein Viertel desselben in die Rücklage einzustellen ist. Mit dem restlichen Betrag kann die UG (haftungsbeschränkt) nach Belieben verfahren, ihn also auch ausschütten. Das in die Rücklage eingestellte Viertel entspricht damit quasi einer Seriositätssperre ähnlich der Seriositätsmarke des Stammkapitals. Eine Gesellschaft, die ernsthaft und längerfristig am Markt bestehen will, wird auch auf Rücklagenbildung angewiesen sein. Die kapitallose Gesellschaft muss nämlich Investitionen tätigen und benötigt dazu einen Eigenkapitalsockel. Bedenkt man ferner, dass das MoMiG als erklärtes Ziel die Vorbeugung von Missbräuchen umfasst, so spricht alles dafür, dass eine kapitallos gegründete UG (haftungsbeschränkt) im Normalfall die Anwachsung zur GmbH anstreben sollte. Die dazu vorgesehene Mindestrücklage muss deswegen in derselben Weise geschützt werden, wie das Stammkapital einer GmbH. Berücksichtigt man schließlich dessen – trotz nicht erfolgter Herabsetzung eher geringe – Mindesthöhe von 25.000,– €, so lässt sich auch nicht damit argumentieren, dass die Kapitalbindung die UG (haftungsbeschränkt) an sinnvollen Investitionen irgendeiner Art hindern und damit dem Zweck der Gründungserleichterung zuwi-

---

[356] *Roth,* in: Roth/Altmeppen, GmbHG § 5a Rn. 22; *Wälzholz,* GmbHStB 2007, 319, 321.

[357] Begr. RegE MoMiG, BT-Drucks. 16/6140, S. 32 ReSp.

[358] Ebenso *Noack,* DB 2007, 1395, 1396.

[359] *Bormann,* GmbHR 2007, 897, 899; *Goette,* Stellungnahme zum MoMiG-Entwurf (2008), S. 11; *Veil,* ZGR 2009, 623, 634; *Veil,* GmbHR 2007, 1080, 1083.

der laufen könnte. Deswegen ist es folgerichtig, bei der UG (haftungsbeschränkt) sowohl das Stammkapital als auch die gesetzliche Rücklage der Kapitalbindung des § 30 GmbHG zu unterwerfen.[360] Beides muss sich daher bei der Einbeziehung in ein Cash Pooling an den oben zu § 30 GmbHG entwickelten Grundsätzen[361] messen lassen.

II. Sinnvolle Alternative für Konzerne mit Cash Pooling?

Fraglich ist, ob die UG (haftungsbeschränkt) für bestehende Konzerne, die ein Cash Pooling System betreiben, interessant sein kann, oder ob der Verzicht auf ein gesetzliches Mindeststammkapital nur auf den ersten Blick attraktiv wirkt. Dabei ist zu beachten, dass dem Makel der „1-Euro-Gesellschaft" eine große Signalwirkung zukommen könnte.[362] Vielfach wird also das Motiv, nicht als „unseriös" abgestempelt werden zu wollen, die Gründung einer „echten" GmbH vorzugswürdig erscheinen lassen. Dem in der Literatur häufig zu lesenden Hinweis auf die höhere Attraktivität von Auslandsgesellschaften ohne Mindeststammkapital beim Cash Pooling dürfte auch vor dem Hintergrund des neuen § 30 Abs. 1 S. 2 GmbHG weitgehend der Wind aus den Segeln genommen worden sein. Heute ist es problemlos möglich, auch mit einer Voll-GmbH im gesunden Konzern Cash Pooling zu betreiben. Die geänderten Regelungen betreffend das Hin- und Herzahlen im Rahmen der Kapitalaufbringung erlauben es sogar, eine solche Gesellschaft zu gründen, ohne das hierfür nötige Stammkapital dem Liquiditätskreislauf des Konzerns zu entziehen.

Demgegenüber hat die Kapitalaufbringung bei der UG (haftungsbeschränkt) stets in bar zu erfolgen. Sacheinlagen sind dagegen ausgeschlossen (§ 5a Abs. 2 S. 2 GmbHG). Bei der Einbeziehung einer neu gegründeten UG (haftungsbeschränkt) in das Cash Pooling fällt somit die ansonsten denkbare Variante der Befreiung der Gesellschaft von einer Verbindlichkeit als Einlage fort.[363] Nur wenn die engen Voraussetzungen eines zulässigen Hin- und Herzahlens gemäß § 19 Abs. 5 GmbHG vorliegen, kann die UG (haftungsbeschränkt) von Anfang

---

[360] So i.E. auch *Roth,* in: Roth/Altmeppen, GmbHG § 5a Rn. 22; *Hennrichs,* NZG 2009, 921, 923; *Wälzholz* GmbHStB 2007, 319, 321; ähnlich (analoge Anwendbarkeit) *Miras,* in: Ziemons/Jäger, GmbHG § 5a Rn. 80; offen lassend *Grunewald,* Stellungnahme zum MoMiG-Entwurf (2007), S. 2.

[361] Oben 2. Teil, A. I. 2. c) cc).

[362] Begr. RegE MoMiG, BT-Drucks. 16/6140, S. 31 reSp; skeptisch *Veil,* GmbHR 2007, 1080, 1082; *Wilhelm,* DB 2007, 1510, 1511; vgl. aber F. A. Z.-Artikel 65/2009, S. 23, online abrufbar unter: www.fazfinance.net/Aktuell/Steuern-und-Recht/Unter-Geiern-2268.faz [06.10.2010], nach welchem sich für die Abbreviatur „UG" bereits die Deutungen „Unter Geiern", „Unter Gaunern" und „Unsaubere Geschäfte" etabliert hätten.

[363] Vgl. *Fastrich,* in: Baumbach/Hueck, GmbHG § 5a Rn. 12; *Miras,* in: Ziemons/Jäger, GmbHG § 5a Rn. 155; *Wicke,* GmbHG § 5a Rn. 8; *Bormann,* GmbHR 2007, 897, 901; *Freitag/Riemenschneider,* ZIP 2007, 1485, 1486; *Hirte,* ZInsO 2008, 933, 935; *Joost,* ZIP 2007, 2242, 2244.

an unproblematisch am Cash Pooling teilnehmen. Damit wird die UG (haftungs-beschränkt) für Konzerne, die ein Cash-Pooling-System betreiben, eher unattraktiv.

Hinzu kommt, dass Konzerne ab einer gewissen Größe in der einmaligen Aufbringung von 25.000,– € kein ernsthaftes Hindernis sehen werden, unter Umständen aber sehr wohl in dem zusätzlichen bürokratischen Aufwand, den die vorgeschriebene Rücklagenbildung bei der UG (haftungsbeschränkt) mit sich brächte.

Schließlich scheint die Zulässigkeit von Gewinnabführungsverträgen mit der UG (haftungsbeschränkt) vor dem Hintergrund des Thesaurierungsgebots sehr problematisch.[364]

Das Gebot der Rücklagenbildung dürfte den Abschluss solcher Verträge[365] jedenfalls dann verbieten, wenn sie den gesamten Gewinn der Untergesellschaft abschöpfen, ohne ihr den gesetzlich vorgeschriebenen Rücklagenanteil zu belassen.[366] Wollte die UG also abführende Gesellschaft im Rahmen eines solchen Vertrags werden, müsste sie vor einer jeden Abführung zunächst ihren Gewinn ermitteln und dann 25 % in die Rücklage einstellen,[367] was in der Praxis zu regelmäßig unnötigen Umständen führen würde.

Es ist daher zu vermuten, dass die UG (haftungsbeschränkt) im Konzernverbund zukünftig eine sehr geringe Rolle spielen wird.[368] Da sie in den das Cash Pooling betreffenden Bereichen rechtlich betrachtet keine Vorteile gegenüber der „normalen" GmbH bereit hält, sondern im Gegenteil mit der Unklarheit bezüglich der Art der Zweckbindung der gesetzlichen Rücklage und erheblichen Einschränkungen bei der Einbeziehung neuer Gesellschaften aufwartet, ist nicht ersichtlich, wieso ihr langfristig eine besondere Bedeutung bei Fragen im Zusammenhang mit Cash Pooling zukommen sollte. Rechtsprobleme der Kapitalaufbringung und -erhaltung dürften sich vielmehr im hier nicht interessierenden Bereich der Existenzgründungen und möglicherweise bei der Nutzung der UG (haftungsbeschränkt) als Komplementärin einer „UG & Co. KG"[369] oder „UG & Co. OHG"[370] ergeben.[371] Deswegen soll die UG (haftungsbeschränkt) im weiteren Verlauf dieser Arbeit keine Berücksichtigung mehr erfahren.

---

[364] So schon *Wälzholz,* GmbHStB 2007, 319, 321; *Veil,* GmbHR 2007, 1080, 1084.

[365] Zum Inhalt solcher Verträge ausführlich unten 2. Teil, F.

[366] *Miras,* in: Ziemons/Jäger, GmbHG § 5a Rn. 71.

[367] *Wicke,* GmbHG § 5a Rn. 20; *Heckschen,* Das MoMiG in der notariellen Praxis, Rn. 212; *Heckschen,* DStR 2009, 166, 171.

[368] Ebenso *Veil,* GmbHR 2007, 1080, 1084 ff.

[369] *Böhringer,* BWNotZ 2008, 104, 106; die bisher h. M. sieht es als unproblematisch vor dem Hintergrund des Thesaurierungsgebots an, wenn die UG als Komplementärin keine Gewinne erwirtschaftet, vgl. grundlegend *Stenzel,* NZG 2009, 168, 171.

[370] Hierbei handelt es sich um eine OHG, deren Gesellschafter sämtlichst UGs sind, was gemäß § 19 Abs. 2 HGB bei der Firmierung zum Ausdruck kommen muss, vgl. KG, Beschl. v. 08.09.2009 – 1 W 244/09 = NJW-Spezial 2009, 673.

C. Die GmbH & Co. KG

In Deutschland erfreut sich die Mischgesellschaftsform der GmbH & Co. KG großer Beliebtheit, da sie die steuerlichen Vorteile einer Personengesellschaft auch dann bieten kann, wenn keine natürliche Person als Komplementär unbeschränkt haftet. Die GmbH & Co. KG wird auch als Konzernbaustein genutzt, sodass zu prüfen ist, inwieweit sich, so sie am Cash Pooling teilnimmt, die für die Kapitalgesellschaften herausgearbeiteten Ergebnisse übertragen lassen.[372]

Grundsätzlich gelten die gesetzlichen Vorschriften über Kapitalrückzahlungen für die beiden im Hybrid vereinten Gesellschaftsformen gesondert, je nachdem aus welchem Gesellschaftsteil die Zahlung erfolgt.[373] Da die Komplementär-GmbH einer kapitalistischen GmbH & Co. KG eine „normale" GmbH ist, gelten für sie folglich ganz unproblematisch sämtliche oben[374] erarbeiteten Regeln.[375] Hieraus ergeben sich aber zwei Konstellationen, in denen Leistungen der GmbH & Co. KG an Kommanditisten auch gegen § 30 Abs. 1 GmbHG verstoßen können.

Erstens gilt dies dann, wenn die GmbH selbst mit einem Kapitalanteil an der KG beteiligt ist: Durch Mittelabfluss verringert sich – so kein gleichwertiges Surrogat erhalten wird – das Gesellschaftsvermögen und damit der Wert des Kapitalanteils in der Bilanz der GmbH. Dies wiederum kann deren Vermögen u. U. derart schmälern, dass es nicht mehr zur Erhaltung des Stammkapitals taugt.[376]

Die zweite Möglichkeit ergibt sich aus der Komplementärshaftung nach § 128 HGB, die greift, wenn die Leistung der KG zu deren Überschuldung führt.[377]

Beide Konstellationen können dazu führen, dass bei der Komplementär-GmbH durch Verhalten der KG eine Unterbilanz herbeigeführt wird. Darum ist aner-

---

[371] Ende 2009 wurden in Deutschland bereits über 1.000 UG & Co. KGs gezählt, diese Zahl hat sich innerhalb eines halben Jahres noch einmal verdoppelt, vgl. Erhebung der Rechtswissenschaftlichen Fakultät der Universität Jena unter Leitung von *Bayer,* regelmäßig aktualisiert unter: http://www.rewi.uni-jena.de/Forschungsprojekt_Unternehmergesellschaft.html [06.10.2010].

[372] Monographisch zur Einbindung der GmbH & Co. KG in den konzernweiten Liquiditätsaustausch *Diers,* Konzerninnenfinanzierung, S. 179 ff.

[373] BGH, Urt. v. 10.12.2007 – II ZR 180/06 = BGHZ 174, 370 = NZG 2008, 143; *Heidinger,* in: Michalski, GmbHG § 30 Rn. 100; *Pentz,* in: Rowedder/Schmidt-Leithoff, GmbHG § 30 Rn. 66; *Hueck/Fastrich,* in: Baumbach/Hueck, GmbHG § 30 Rn. 68; *K. Schmidt,* GmbHR 1989, 141.

[374] 2. Teil, A.

[375] *Grothaus/Halberkamp,* GmbHR 2005, 1317, 1319.

[376] BGH, Urt. v. 11.12.1989 – II ZR 78/89 = BGHZ 60, 324, 329; *Hueck/Fastrich,* in: Baumbach/Hueck, GmbHG § 30 Rn. 68; *Diers,* Konzerninnenfinanzierung, S. 188.

[377] *Hueck/Fastrich,* in: Baumbach/Hueck, GmbHG § 30 Rn. 68; nicht zuzustimmen ist *Grothaus/Halberkamp,* GmbHR 2005, 1317, 1319, die die Komplementärshaftung schon bei Unterbilanz ausgelöst sehen wollen.

kannt, dass die für die GmbH entwickelten Grundsätze in diesem Fall auch für die GmbH & Co. KG Anwendung finden müssen, um der Gefahr einer Umgehung wirksam begegnen zu können.[378]

Eine über diese Feststellung hinausgehende Vertiefung des Rechts der GmbH & Co KG soll hier indes unterbleiben.

D. Die Aktiengesellschaft

Die soeben behandelte GmbH mitsamt ihrer Derivate wird auch als „kleine Kapitalgesellschaft" bezeichnet. Die „große Kapitalgesellschaft" ist die AG, die zwar gemessen an der absoluten Häufigkeit in Deutschland weit hinter der GmbH zurückbleibt, jedoch wegen ihrer Möglichkeiten zur Beschaffung großer Mengen an Eigenkapital diejenige Rechtsform ist, die von den meisten der wirtschaftlich besonders potenten Marktteilnehmer gewählt wird. International tätige Konzernverbände ohne jedwede Beteiligung von Aktiengesellschaften sind in Deutschland die absolute Ausnahme. Aktiengesellschaften bilden häufig die Spitze von Konzernen. Durch die – besonders in den letzten Jahren zahlreichen – Unternehmensübernahmen geraten Aktiengesellschaften aber auch oft in das wirtschaftliche Eigentum anderer Kapitalgesellschaften.

Betreiben Konzerne in Deutschland Cash-Pooling-Systeme, ist für die Beurteilung des rechtlich Zulässigen somit neben dem GmbH-Recht das Aktienrecht von großer Bedeutung. Im Folgenden soll das System der aktienrechtlichen Kapitalerhaltung bezüglich seiner Relevanz auf Cash-Pooling-Systeme untersucht werden.

Die konzerninternen Darlehen könnten hier gegen § 57 AktG oder gegen § 89 AktG verstoßen.

I. Kreditgewährung bei personeller Verflechtung, § 89 AktG

§ 89 AktG ist eine der GmbH-rechtlichen Regelung aus § 43a GmbHG verwandte Spezialnorm für Darlehensvergaben. Die Norm behandelt Kreditgewährungen an Vorstandsmitglieder (Abs. 1), Prokuristen und Handlungsbevollmächtigte (Abs. 2), deren Angehörige (Abs. 3) und Unternehmen, mit deren Geschäftsleitung eine personelle Verflechtung besteht (Abs. 4). Anders als im GmbH-Recht verbietet jedoch § 89 AktG entsprechende Darlehensgewährungen nicht vollständig, sondern knüpft sie an die Zustimmung des Aufsichtsrats.[379] Für das Cash-Pooling-Verfahren könnte Absatz 4 der Norm relevant werden, denn oftmals platzieren herrschende Unternehmen ihre Entscheidungsträger zu-

---

[378] *Grothaus/Halberkamp,* GmbHR 2005, 1317, 1319.
[379] *Henze,* in: GroßKomm AktG § 57 Rn. 49; *Deilmann,* AG 2006, 62, 64.

gleich in zentralen Positionen im Betrieb der Tochtergesellschaften. Gerade für verbundene Unternehmen enthält § 89 Abs. 4 AktG jedoch eine explizite Ausnahme. Man könnte insoweit von einem Konzernprivileg sprechen, welches geschaffen wurde, um die zwischen verbundenen Unternehmen regelmäßig anzutreffenden Kredite nicht zu verkomplizieren.[380] Für das Cash Pooling bedeutet dies, dass es kein Zustimmungserfordernis des Aufsichtsrats für jeden Zahlungstransfer gibt. Beschränkungen des konzernweiten Cash Pooling im Aktienkonzern werden sich daher aus § 89 AktG grundsätzlich nicht ergeben.

II. Rückgewährverbot, § 57 Abs. 1 AktG

Gemäß § 57 AktG ist nicht nur das zur Erhaltung des Stammkapitals erforderliche Vermögen gebunden, sondern die Norm untersagt die Rückzahlung jedweden Vermögens an Aktionäre.[381] Insofern sollte nicht von Kapital- sondern von Vermögensbindung gesprochen werden.[382] Hiervon existierten bislang drei Ausnahmen, namentlich die Ausschüttung des Bilanzgewinns (§ 58 Abs. 4 AktG), das neutrale Drittgeschäft und die ausnahmsweise gesetzliche Zulässigkeit.[383] Mit dem MoMiG hat § 57 AktG durch Einfügung des neuen Abs. 1 S. 3 dieselbe Erweiterung erfahren wie § 30 GmbHG.[384]

1. Normzweck des § 57 AktG

Der gegenüber dem GmbH-Recht strengere aktienrechtliche Schutz dient mehreren Zwecken. Zunächst konstituiert er erneut das Gebot der Erhaltung eines

---

[380] *Spindler*, in: MünchKomm AktG § 89 Rn. 32; *Fleischer*, in: Spindler/Stilz, AktG § 89 Rn. 22.

[381] *Cahn/Senger*, in: Spindler/Stilz, AktG § 57 Rn. 1; *Vetter/Stadler*, Haftungsrisiken beim konzernweiten Cash Pooling, Rn. 86.

[382] *Bayer*, in: MünchKomm AktG § 57 Rn. 10; *Henze*, in: GroßKomm AktG § 57 Rn. 10; *Cahn/Senger*, in: Spindler/Stilz, AktG § 57 Rn. 1; *Hüffer*, AktG § 57 Rn. 1; *Reidenbach*, WM 2004, 1421, 1427; *Grothaus/Halberkamp*, GmbHR 2005, 1317, 1318; *Hüffer*, AG 2004, 416, 417; *Reidenbach*, WM 2004, 1417, 1421.

[383] OLG Hamm, Urt. v. 10.05.1995 – 8 U 59/94 = ZIP 1995, 1263, 1270; *Henze*, in: Großkomm AktG § 57 Rn. 49; *Bayer*, in: MünchKomm AktG § 57 Rn. 81; *Lutter*, in: Kölner Komm AktG § 57 Rn. 28; *Cahn/Senger*, in: Spindler/Stilz, AktG § 57 Rn. 14; *Hüffer*, AktG § 57 Rn. 2; *Habersack/Schürnbrand*, NZG 2004, 689, 690; *Stein*, DZWiR 2004, 493, 496.

[384] Gegen Art. 15 Abs. 1 der EU-Kapitalrichtlinie (Zweite Richtlinie 77/91/EWG des Rates vom 13.12.1976 zur Koordinierung der Schutzbestimmungen, die in den Mitgliedstaaten den Gesellschaften i. S. d. Art. 58 Abs. 2 des [damaligen] EWG-Vertrages im Interesse der Gesellschafter sowie Dritter für die Gründung der Aktiengesellschaft sowie für die Erhaltung und Änderung ihres Kapitals vorgeschrieben sind, um diese Bestimmungen gleichwertig zu gestalten, ABl. EG Nr. L 26 v. 31.1.1977, 1–13) verstößt dies nicht, da ein neutraler Aktivtausch keine Ausschüttung gemäß Art. 15 Abs. 1 dieser Richtlinie darstellt, vgl. *Wand/Tillmann/Heckenthaler*, AG 2009, 148, 151.

Haftungsfonds zum Gläubigerschutz,[385] was dem Trennungsprinzip im Aktienrecht (§ 1 Abs. 1 S. 2 AktG) Rechnung trägt. Darüber hinaus wird – anders als durch § 30 GmbHG im GmbH-Recht – auch dem Aktionärsschutz gedient, indem § 57 AktG die Gleichbehandlung aller Aktionäre (§ 53a AktG) durch das Verbot einzelner Vorteilszuwendungen sichert.[386] Weiterhin ist die Hauptversammlung als Organ ein Nebenschutzadressat, weil die Gewinnverwendung ihren Beschluss voraussetzt (§§ 119 Abs. 1 Nr. 2, 174 Abs. 1 S. 1, Abs. 2 Nr. 2). Ließe man daneben Auszahlungen zu, würde ihre verfassungsmäßige Zuständigkeit unterminiert,[387] und ein vollständiger Gewinnausweis wäre nicht mehr gewährleistet.

2. Tatbestand

Gemäß § 57 Abs. 1 S. 1 AktG dürfen den Aktionären[388] die Einlagen nicht zurückgewährt werden. Im Gegensatz zu § 30 GmbHG spricht § 57 AktG nicht von „Auszahlung", sondern von „Rückgewähr". Dies bedeutet indes nicht, dass sich das Verbot lediglich auf das tatsächlich Eingelegte bezieht. Nach richtiger Ansicht ist es vielmehr unerheblich, ob das Zurückgewährte tatsächlich die Einlage ist.[389]

a) Rechtsentwicklung

Umstritten war allerdings, ob eine nur vorübergehende „Rückgewähr" in Form einer Darlehensvergabe tatbestandlich sein sollte.

---

[385] H.M.: RegBegr. AktG 1965 – *Kropff*, S. 73; RG, Urt. v. 20.02.1923 – II 36/22 = RGZ 107, 161, 168; *Bayer*, in: MünchKomm AktG § 57 Rn. 1; *Lutter*, in: KölnerKomm AktG § 57 Rn. 2; *Cahn/Senger*, in: Spindler/Stilz, AktG § 57 Rn. 6; *Hüffer*, AktG § 57 Rn. 1; *Kropff*, NJW 2009, 814, 815; diese Ansicht deckt sich auch mit der Begründung zur Vorläufernorm des Art. 180 ADHGB (1. Entwurf), abgedruckt bei *Schubert/Schmiedel/Krampe*, Quellen zum Handelsgesetzbuch von 1897, Bd. 2/1, S. 119.

[386] LG Dortmund, Urt. v. 01.08.2001 – 20 O 143/93 = AG 2002, 97, 99; *Bayer*, in: MünchKomm AktG § 57 Rn. 2; *Hüffer*, AktG § 57 Rn. 1; *Bitter*, ZHR 168 (2004), 302, 308; *a. A. Cahn/Senger*, in: Spindler/Stilz, AktG § 57 Rn. 6; *Fleischer*, in: K. Schmidt/Lutter, AktG § 57 Rn. 3; *Kropff*, NJW 2009, 814, 815.

[387] *Lutter*, in: Kölner Komm AktG § 57 Rn. 2; *Henze*, in: GroßKomm AktG § 57 Rn. 7; *Bayer*, in: MünchKomm AktG § 57 Rn. 2; *Hüffer*, AktG § 57 Rn. 1; *Schön*, in: FS Röhricht (2005), 559, 560 ff.

[388] Zur Ausschüttung an den Aktionären nahe stehende Dritte gelten die obigen Ausführungen, 2. Teil, A. I. 2. a).

[389] RG, Urt. v. 19.10.1934 – II 85/34 = RGZ 146, 84, 87 und 94; OLG Frankfurt, Urt. v. 30.01.1992 – 16 U 120/90 = AG 1992, 194, 196; LG Bonn, Urt. v. 01.06.2007 – 1 O 552/05 = WM 2007, 1695, 1698: Leistung durch Übernahme der Prospekthaftung; *Bayer*, in: MünchKomm AktG, § 57 Rn. 10; *Lutter*, in: Kölner Komm AktG § 57 Rn. 5; *Hüffer*, AktG § 57 Rn. 3; *Habersack/Schürnbrand*, NZG 2004, 689, 690; *Schwark*, in: FS Raisch (1995), 269, 275 f.

Wie im GmbH-Recht wollte eine klassische Ansicht Darlehen an Gesellschafter als neutralen Aktivtausch einstufen und damit nicht der Vermögensbindung unterwerfen, sofern sie auch gesellschaftsfremden Dritten zu diesen Konditionen gewährt worden wären.[390] Teilweise wurde dazu ausgeführt, dass Cash Pooling damit immer gegen § 57 Abs. 1 AktG verstoße, sofern eine Gesellschaft für gewöhnlich keine Darlehen ausgebe.[391] Dem ist entgegenzuhalten, dass heutzutage jedes am Markt tätige Unternehmen zur Zahlungsabwicklung über ein Konto verfügt, welches in der Regel auch mit einer Kreditlinie ausgestattet ist. Somit existiert durchaus die Basis eines Drittvergleichs, die sich zwar nicht auf das „Ob", wohl aber auf das „Wie" beziehen kann. Die Zulässigkeit von Cash Pooling ist also nicht schon deshalb ausgeschlossen, weil das Unternehmen ansonsten keine Kredite vergibt.

Nach dem Novemberurteil des BGH[392] wurde darüber debattiert, inwieweit die dort für die GmbH herausgearbeiteten Grundsätze auch im Recht der AG Anwendung finden sollten. Die Konsequenzen wären hier wesentlich weiter gewesen, da wegen der fehlenden Beschränkung des § 57 Abs. 1 AktG auf das Grundkapital unabhängig vom Vorliegen einer Unterbilanz jede Darlehensvergabe eine Auszahlung zu Lasten „gebundenen Vermögens" dargestellt hätte,[393] was einem generellen Verbot der Darlehensgewährung nahe gekommen wäre.[394] Die vielfältigen Ansätze der Literatur, dies mithilfe des Kreditwesengesetzes,[395] einer – dem Aktienrecht freilich fremden[396] – Beschränkung der Vermögensbindung auf

---

[390] OLG Koblenz, Urt. v. 10.02.1977 – 6 U 847/75 = DB 1977, 816 = AG 1977, 231 m. Anm. *Verhoeven/Heck; Lutter,* in: KölnerKomm AktG § 57 Rn. 15; *Henze,* in: Großkomm AktG § 57 Rn. 35, 49; *Bayer,* in: MünchKomm AktG § 57 Rn. 100; *Hüffer,* AktG § 57 Rn. 8; *K. Schmidt,* GesR § 29 II 2 a.

[391] *Bayer,* in: MünchKomm AktG § 57 Rn. 100 ff.

[392] Dazu ausführlich oben 2. Teil, A. I. 2. c) bb).

[393] OLG Jena, Urt. v. 25.04.2007 – 6 U 947/05 = ZIP 2007, 1314, 1315 (n. rkr.); *Wessels,* ZIP 2004, 793, 796; *Grothaus/Halberkamp,* GmbHR 2005, 1317, 1318.

[394] *Pentz,* in: Rowedder/Schmidt-Leithoff, GmbHG § 30 Rn. 34; *Cahn,* Der Konzern 2004, 235, 244; *Drygala,* ZGR 2006, 587, 630; *F. Emmerich,* Konzernweite Cash-Pool-Finanzierung, 2007, S. 6; *Seidel,* DStR 2004, 1130, 1136; *Tielmann,* in: Liber amicorum Happ (2006), 311, 313 f.; *Wunderlich,* BKR 2005, 387, 389; *Hangebrauck,* Cash-Pooling-Systeme, S. 359.

[395] *Cahn/Senger,* in: Spindler/Stilz, AktG § 57 Rn. 33; *Cahn,* Der Konzern 2004, 235, 244; a. A. aber die überzeugende herrschende Meinung: *Deckart,* Kapitalerhaltung als Grenze des Cash Pooling, S. 116 f.; *Hangebrauck,* Cash-Pooling-Systeme, S. 361; jeweils m.w.N., u. a. mit dem Hinweis, dass es ansonsten nur konsequent wäre, bei Beteiligungen von über 10% die Zustimmung des Aufsichtsorgans gemäß § 15 Abs. 1 KWG ebenfalls die Vermögensbindung des § 57 AktG durchbrechen zu lassen. Richtigerweise ist aber davon auszugehen, dass die Rechtsform übergreifende bankaufsichtsrechtliche Norm des § 15 Abs. 1 S. 1 Nr. 10 KWG einen Mindeststandard der Kreditaufsicht erzeugen will, der Rechtsform spezifische Vorschriften des Gesellschaftsrechts aber nicht verdrängt.

[396] *Hüffer,* AktG § 57 Rn. 3 a; *Wessels,* ZIP 2004, 793, 796; *Hangebrauck,* Cash-Pooling-Systeme, S. 365 f.

das Grundkapital[397] oder dem Verweis auf die kapitalistische Prägung der AG[398] zu widerlegen überzeugten dogmatisch sämtlich nicht.[399].

b) Heute: Bilanzielle Betrachtungsweise

Die „Rückkehr"[400] zu einer bilanziellen Betrachtungsweise sollte auch im Aktienrecht erfolgen, weswegen dem § 57 Abs. 1 AktG derselbe Satz angefügt wurde wie § 30 Abs. 1 GmbHG. Der Hinweis auf das Recht des Aktienvertragskonzerns ist hier selbstverständlich lediglich dem Gleichlauf der Normen geschuldet, da § 291 Abs. 3 AktG den Anwendungsbereich von § 57 AktG schon früher suspendierte.

Entscheidender ist die Ausnahmeregelung bei vollwertigem Gegenleistungs- und Rückgewähranspruch. Hierzu kann auf die obigen Ausnahmen verwiesen werden,[401] wobei zu beachten ist, dass die Vollwertigkeitsprüfung im Aktienrecht einer jeden Vermögensweggabe voranzugehen hat, also auch dann erfolgen muss, wenn das Grundkapital und die gesetzlichen Rücklagen nicht berührt sind. Fällt die Bonitätsprognose nach den oben entwickelten Grundsätzen positiv aus, so kann auch eine Aktiengesellschaft heute darlehensweise Mittel an die Konzernspitze oder eine dieser nachgelagerte Finanzierungsgesellschaft abführen.[402]

c) Besicherung von Bank-Darlehen zu Gunsten des Cash Pools

Die stärkere Vermögensbindung des Aktienrechts gegenüber dem Recht der GmbH führte dazu, dass Sicherheitenbestellungen zu Gunsten von Aktionären bislang von der ganz herrschenden Meinung als generell unzulässig bereits ab Bestellungszeitpunkt angesehen wurden.[403] Begründet wurde dies bereits damit,

---

[397] *Immenga,* ZIP 1983, 1405, 1411 f.; *Veil,* ZGR 2000, 223, 249; *Ketzer,* Eigenkapitalersetzende Aktionärsdarlehen, S. 175 ff., alle m.w.N.; *ähnl.* (Grundkapital plus gesetzliche Rücklagen): *Bayer,* in: MünchKomm AktG § 57 Rn. 210 f.; *Lutter,* in: Kölner Komm AktG § 57 Rn. 95; *Henze,* in: Großkomm AktG § 57 Rn. 147; *Cahn/Senger,* in: Spindler/Stilz, AktG § 57 Rn. 112; *Hommelhoff,* WM 1984, 1105, 1118; *Schwark,* JZ 1984, 1036 f.

[398] *Oechsler,* ZIP 2006, 1661, 1662; *Seidel,* DStR 2004, 1130, 1132.

[399] So auch *Hüffer,* AktG § 57 Rn. 3 a.

[400] Begr. RegE MoMiG, BT-Drucks. 16/6140, S. 41; zu Recht krit. *Mülbert/Leuschner,* NZG 2009, 281, 282, die betonen, dass im Aktienrecht auf Grund des früher von der herrschenden Meinung geforderten Drittvergleichs präziser nicht von einer Rückkehr, sondern von einer bisher neuen Einschränkung der Kapitalerhaltungsregeln gesprochen werden sollte.

[401] Oben 2. Teil, A. I. 2. c) cc) (1).

[402] Vgl. die jüngste BGH-Rechtsprechung, BGH, Urt. v. 01.12.2008 – II ZR 102/07 (MPS) = DB 2009, 106 ff. = ZIP 2009, 70 ff.

[403] OLG Hamburg, Urt. v. 23.05.1980 – 11 U 117/79 = DB 1980, 2437, 2438 = AG 1980, 275, 278; OLG München, AG 1980, 272, 273; OLG Koblenz, Urt. v. 10.02.1977

dass die Übernahme eines „fremden" Insolvenzrisikos niemals (auch nicht bei Zahlung einer marktüblichen Avalprovision[404]) für einen Dritten erfolgen würde.[405] Diese Ansicht überzeugte in ihrem Ergebnis, denn wenn eine Ausschüttung jedweden Vermögens an Aktionäre unzulässig sein sollte, so musste auch die Eingehung einer bedingten Verpflichtung hierzu unzulässig sein. Die Ergänzung des § 57 Abs. 1 S. 3 AktG durch das MoMiG stellt an die Stelle des bisherigen Drittvergleichs nun eine bilanzielle Sichtweise, sodass zum Teil auf die Ausführungen zur Sicherheitenbestellung durch die GmbH zurückgegriffen werden kann. Der entscheidende Unterschied zum Recht der GmbH liegt hierbei darin, dass bei der GmbH zum Zeitpunkt der Bestellung einer Sicherheit in der Regel noch nicht feststeht, ob eine eventuelle Verwertung zu Lasten gebundenen oder freien Vermögens erfolgen wird.[406] An dieser Stelle ist sich das Ergebnis des Abschnitts A I. 3. in Erinnerung zu rufen, wonach im GmbH-Recht als erster Schritt einer zweistufigen Prüfung festzustellen ist, ob das Stammkapital im Verwertungsfall verletzt würde. Anders als in der zuvor behandelten Konstellation ist bei der AG von Beginn an klar, dass im Fall der Inanspruchnahme gebundenes Vermögen ausgeschüttet wird,[407] sodass sich eine jede Upstream-Besicherung an § 57 Abs. 1 S. 3 AktG messen lassen muss. Beurteilungszeitpunkt ist auch hier die Sicherheitenbestellung,[408] da sich die vom MoMiG geforderte „rein bilanzielle Betrachtungsweise" – wie oben erläutert[409] – nur auf die Werthaltigkeit des Regressanspruchs, nicht aber auf den Beurteilungszeitpunkt bezieht.

Bei Sicherheitenbestellung hat der Vorstand der AG zu beurteilen, ob im Fall einer Inanspruchnahme ein Rückgriff gegen das Mutterunternehmen erfolgreich

---

– 6 U 847/75 = DB 1977, 816 = AG 1977, 231, 232; *Bayer*, in: MünchKomm AktG § 57 Rn. 104; *Henze*, in: Großkomm AktG § 57 Rn. 51; *Hüffer*, AktG § 57 Rn. 12; *Maier-Reimer*, in: Lutter/Scheffler/Schneider, Hdb. Konzernfinanzierung, Rn. 16.28, 16.44; *Bayer*, in: FS Lutter (2000), 1011, 1023 ff.; *Bayer/Lieder*, ZGR 2005, 133, 144 ff.; *Habersack/Schürnbrand*, NZG 2004, 689, 696 f.; *Henze*, WM 2005, 717, 721; *Lutter/Wahlers*, AG 1989, 1, 9; *Schön*, ZHR 159 (1995), 351, 370; nur im Ergebnis zustimmend *Mülbert*, ZGR 1995, 578, 595; krit. *Cahn/Senger*, in: Spindler/Stilz, AktG § 57 Rn. 37.

[404] OLG Koblenz, Urt. v. 10.02.1977 – 6 U 847/75 = DB 1977, 816 = AG 1977, 231 m. (abl.) Anm. *Verhoeven/Heck; Bayer*, in: MünchKomm AktG § 57 Rn. 105; *Maier-Reimer*, in: Lutter/Scheffler/Schneider, Hdb. Konzernfinanzierung, Rn. 16.18; *Bayer*, in: FS Lutter (2000), 1011, 1025; *Schön*, ZHR 159 (1995), 351, 367.

[405] OLG Hamburg, Urt. v. 23.05.1980 – 11 U 117/79 = DB 1980, 2437, 2438 = AG 1980, 275, 278; *Henze*, in: Großkomm AktG § 57 Rn. 51; *Bayer*, in: MünchKomm AktG § 57 Rn. 104; *Bayer*, in: FS Lutter (2000), 1011, 1024; *Bayer/Lieder*, ZGR 2005, 133, 145 f.

[406] *Henze*, in: Großkomm AktG § 57 Rn. 51; *Bayer*, in: MünchKomm AktG § 57 Fn. 286; *Mülbert*, ZGR 1995, 578, 599.

[407] *Henze*, in: Großkomm AktG § 57 Rn. 51; *Mülbert*, ZGR 1995, 578, 599; *Schön*, ZHR 159 (1995), 351, 370.

[408] *Kiefner/Theusinger*, NZG 2008, 801, 805.

[409] Vgl. oben 2. Teil, A. I. 2. d).

sein kann. Aus den beschriebenen Gründen ist der Regressanspruch gegen das Mutterunternehmen ebenso wie GmbH-Recht kein „vollwertiger Gegenleistungs- oder Rückgewähranspruch" i. S. d. § 57 Abs. 1 S. 3 AktG. Eine Upstream-Be- sicherung durch eine abhängige AG ist damit nun zwar generell möglich, jedoch nur, soweit neben den allgemeinen Regressanspruch noch eine zusätzliche ver- wertbare Sicherung tritt.

Dieses Ergebnis erscheint insofern unbefriedigend als es erklärtes Ziel der Ge- setzesreform war, die Konzerninnenfinanzierung, zu der auch die Sicherheiten- bestellung gehört, zu vereinfachen. Aus dargestellten Gründen sind wenig Fälle denkbar, in denen die Upstream-Besicherung im Aktienrecht nun zulässig wäre, wäre das Verbot doch selbst dann gegeben, wenn die Wahrscheinlichkeit einer Inanspruchnahme gegen Null tendierte. Dennoch ist die hier präferierte Lösung vor dem Hintergrund der besonderen Risiken von Besicherungen – insbesondere der fehlenden Ausstiegsmöglichkeit bei sich verschlechternder Bonität der Ober- gesellschaft[410] – sachgerecht. Weder der neue Gesetzeswortlaut noch die Mate- rialien aus dem Gesetzgebungsprozess behandeln aufsteigende Sicherheiten im Aktienkonzern. Daraus kann nur geschlossen werden, dass der Gesetzgeber hier keine Änderung intendierte, die über den Wortlaut des § 57 Abs. 1 S. 3 AktG hinausginge. Waren Upstream-Besicherungen früher nach herrschender Meinung im Recht der AG fast immer unzulässig, so hat sich daran folglich nichts ge- ändert.

Anders soll sich die Lage nach bisher herrschender Meinung darstellen, wenn im Einzelfall der besicherte Kredit auch vollumfänglich der abhängigen AG zu Gute kommt, diese also wirtschaftlich betrachtet Kreditnehmerin ist.[411] Insofern dürfte es auch zulässig sein, im Cash-Pooling-Vertrag mit dem Kreditinstitut zu regeln, dass konzernverbundene Aktiengesellschaften für Bankdarlehen zu Guns- ten des Pools insoweit einstehen, wie sie selbst Liquidität aus dem Pool in An- spruch genommen haben.

3. Rechtsfolge: § 62 AktG

§ 62 AktG regelt die Pflicht des Leistungsempfängers, das wider § 57 AktG Erhaltene an die Gesellschaft zurück zu übertragen. Die Norm entspricht ihrem Sinn nach dem § 31 AktG, weswegen wiederum nach oben verwiesen werden kann.[412] Da eine Aktiengesellschaft jedoch grundsätzlich keine personalistische

---

[410] Vgl. oben 2. Teil, A. I. 2. d).

[411] *Henze*, in: Großkomm AktG § 57 Rn. 52; *Bayer*, in: MünchKomm AG § 57 Rn. 106; *Maier-Reimer*, in: Lutter/Scheffler/Schneider, Hdb. Konzernfinanzierung, Rn. 16.20; *Bayer*, in: FS Lutter (2000), 1011, 1025; *Hirte*, in: Lutter/Scheffler/Schnei- der, Hdb. Konzernfinanzierung, Rn. 35.8; *Schön*, ZHR 159 (1995), 351, 368 u. 370.

[412] 2. Teil, A. I. 3.

Prägung mehr aufweist, beinhaltet § 62 AktG auch keine dem § 31 Abs. 3 GmbHG entsprechende Verpflichtung der Mitgesellschafter zum Ersatz. Einen ähnlich adäquaten Gläubigerschutz will § 62 AktG dennoch erreichen, indem Absatz 2 Gesellschaftsgläubigern im Rahmen einer gesetzlichen Prozessstandschaft erlaubt, Leistungen an die Gesellschaft, nicht jedoch an sich selbst zu verlangen.[413]

III. Faktischer Aktienkonzern, §§ 311, 317 AktG

Während im faktischen GmbH-Konzern die allgemeinen Regeln der §§ 30 ff. GmbHG uneingeschränkt zur Anwendung kommen,[414] liefert das Aktienrecht mit den §§ 311 ff. AktG ein spezielles Regelungssystem für die faktische Konzernierung.[415] Danach darf das herrschende Unternehmen die abhängige AG ausnahmsweise zu für diese nachteiligen Rechtsgeschäften veranlassen, muss hieraus resultierende Nachteile aber im selben Geschäftsjahr ausgleichen oder den Ausgleich jedenfalls verbindlich bestimmen.[416] Kommt sie ihrer Ausgleichpflicht nicht nach, so verwandelt sich diese nach Fälligkeit in einen Schadensersatzanspruch, § 317 AktG.

Unter einem Nachteil ist nach klassischer Definition jede Minderung oder konkrete Gefährdung der Vermögens- oder Ertragslage der Gesellschaft zu verstehen.[417] Im Kontext dieser Arbeit sind nur solche Nachteile von Interesse, die sich aus der Darlehensvergabe an verbundene Unternehmen ergeben können.

Das sind zunächst diejenigen, die sich bilanziell niederschlagen, weil der Darlehensrückzahlungsanspruch abzuwerten oder die Verzinsung unter Marktniveau ist. Die andere Gruppe stellen solche Nachteile dar, die sich trotz bilanzieller Vollwertigkeit ergeben, etwa weil alternativ zur Darlehensvergabe eine gewinnbringende Investition möglich gewesen wäre.

---

[413] Heute g. h. M.: *Lutter,* in: Kölner Komm AktG § 62 Rn. 45; *Bayer,* in: MünchKomm AktG § 62 Rn. 8, 78 ff.; *Henze,* in: Großkomm AktG § 62 Rn. 19, 102 ff., 108; *Cahn,* in: Spindler/Stilz, AktG § 62 Rn. 30; *Hüffer,* AktG § 62 Rn. 3, 13 f.; *a. A.* die früher h. M., vgl. noch BGH, Urt. v. 29.09.1977 – II ZR 157/76 = BGHZ 69, 274, 284 = NJW 1978, 160, 163 = LM Nr. 5 zu § 31 GmbHG m. Anm. *Fleck* (für die GmbH & Co. KG); *v. Godin/Wilhelmi* § 62 AktG Anm 3.

[414] Vgl. oben 2. Teil, A. I. 2. a).

[415] *Kropff,* in: MünchKomm AktG Vor § 311 Rn. 1; *Vetter,* in: Spindler/Stilz, AktG § 311 Rn. 1; *Hüffer,* AktG § 311 Rn. 1; *Deckart,* Kapitalerhaltung als Grenze des Cash Pooling, S. 125.

[416] *Habersack,* in: Emmerich/Habersack, § 311 Rn. 4.

[417] BGH, Urt. v. 01.12.2008 – II ZR 102/07 („MPS") = DB 2009, 106 = ZIP 2009, 70, 71; BGH, Urt. v. 01.03.1999 – II ZR 312/97 = BGHZ 141, 79, 84 = JuS 1999, 1132 m. Bespr. *Emmerich* = WuB II A § 317 AktG 1.99 m. Anm. *U. H. Schneider/Singhof; Hüffer,* AktG § 311 Rn. 25; *Habersack,* in: Emmerich/Habersack, § 311 Rn. 39.

1. Bilanzwirksamer Nachteil

Sofern der Nachteil sich verkürzend auf die Bilanzsumme auswirkt, wären dem Wortlaut nach sowohl § 311 AktG als auch § 57 Abs. 1 AktG einschlägig, da gleichzeitig eine Auszahlung und eine Nachteilszufügung vorlägen.[418] Es ist indes offensichtlich, dass die Rechtsfolgen der beiden Normen sich gegenseitig ausschließen: Ein Verstoß gegen § 57 Abs. 1 AktG lässt einen sofort fälligen Anspruch nach § 62 AktG entstehen, wohingegen der Anspruch aus § 311 AktG zeitlichen Aufschub bis zum Ende des Geschäftsjahres duldet. Anders als § 291 Abs. 3 AktG hebt § 311 AktG auch § 57 AktG nicht ausdrücklich auf.[419]

Lange war daher umstritten, in welchem Verhältnis § 311 AktG zu § 57 AktG steht. Die Meinungen gingen von einer vollständigen Verdrängung als *lex specialis*[420] über eine nur teilweise Verdrängung[421] bis hin zu der Annahme, dass die Normen nebeneinander stehen sollten.[422]

Seit Inkrafttreten des MoMiG hat sich dieses Problem erheblich entschärft. Indem § 57 Abs. 1 S. 3 AktG klarstellt, dass eine aufwärts gerichtete Darlehensvergabe im Aktienkonzern grundsätzlich zulässig ist, muss auch gelten, dass sie *grundsätzlich* keinen Nachteil darstellt. § 311 AktG ist in diesen Fällen also nicht anzuwenden, sofern nicht sonstige, außerbilanzielle Nachteile aus der Darlehensvergabe erwachsen.[423]

Ist § 57 AktG dagegen verletzt, weil der Darlehensrückzahlungsanspruch nicht vollwertig und unbesichert ist, kann das Privileg des § 311 AktG ebenfalls nicht

---

[418] *Deckart,* Kapitalerhaltung als Grenze des Cash Pooling, S. 126.

[419] Dies betonen OLG Frankfurt, Urt. v. 28.02.1973 – 13 U 2/72 = AG 1973, 136, 138; *Michalski,* AG 1980, 261, 263; ähnlich *Altmeppen,* ZIP 2006, 1025, 1032; a. A. *Zeidler,* Zentrales Cash Management, S. 99, der darauf hinweist, dass das Versäumnis einer entsprechenden Suspendierung des § 50 AktG in der Entstehungsgeschichte des § 311 AktG begründet liegt.

[420] BGH, Urt. v. 01.03.1999 – II ZR 31297 = BGHZ 141, 79, 87; OLG München, Urt. v. 15.12.2004 – 7 U 5665/03 = OLGR München 2005, 95 f. = NZG 2005, 181, 183; OLG Frankfurt, Urt. v. 30.11.1995 – 6 U 192/91 = AG 1996, 324, 327; OLG Hamm, Urt. v. 10.05.1995 – 8 U 59/94 = ZIP 1995, 1263, 1271; OLG Stuttgart, Urt. v. 21.12.1993 – 10 U 48/93 = AG 1994, 411, 412; LG Düsseldorf, Urt. v. 22.12.1978 – 40 O 138/78 = AG 1979, 290, 291 f.; aus der Literatur: *Koppensteiner,* in: KölnerKomm AktG § 311 Rn. 161; *Bayer,* in: MünchKomm AktG § 57 Rn. 129; *Hüffer,* AktG § 57 Rn. 8 ff., § 311 Rn. 30, § 311 Rn. 49 f.; *Bayer/Lieder,* ZGR 2005, 134, 147; *Habersack,* ZGR 2009, 347, 354 f.; *Habersack/Schürnbrand,* NZG 2004, 689, 691; *Henze,* BB 1996, 489, 498 f.; *Hüffer,* AG 2004, 416, 418; *Reidenbach,* WM 2004, 1421, 1427.

[421] Vgl. *Bayer,* in: FS Lutter (2000), 1011, 1030 f.: Verdrängung i. H. v. Grundkapital und Rücklagen; sympathisierend *Reidenbach,* WM 2004, 1421, 1428; strenger noch *Deckart,* Kapitalerhaltung als Grenze des Cash Pooling, S. 126: Verdrängung nur i. H. d. Grundkapitals.

[422] *Bayer,* in: MünchKomm AktG § 57 Rn. 81; *Henze,* in: Großkomm AktG § 57 Rn. 49.

[423] *Altmeppen,* in: MünchKomm AktG § 311 Rn. 241; *Habersack,* ZGR 2009, 347, 357.

greifen, weil es in diesen Fällen an der Ausgleichsfähigkeit des Nachteils fehlt:[424] Der Mangel bei der Darlehensvergabe liegt dann nämlich in der fehlenden Bonität der Darlehensempfängerin, und der jährlich nachträgliche Kompensationsanspruch aus § 311 AktG wäre mit demselben Makel belastet.[425]

In Konkurrenz können die §§ 57, 311 AktG damit nur noch dort treten, wo sich unter Zugrundelegung einer bilanziellen Betrachtungsweise ein Nachteil aus nicht marktgerechter Verzinsung eines Darlehens ergibt. Es mag der geringen Relevanz dieses Problems geschuldet sein, dass es der MoMiG-Gesetzgeber nicht für nötig erachtet hat, sich diesbezüglich zu äußern. Das jedoch leistet der BGH, indem er – der schon früher herrschenden Meinung entsprechend[426] – in seiner MPS-Entscheidung § 311 AktG zur *lex specialis* vor § 57 AktG erklärt.[427] Ein Zinsnachteil wäre damit gemäß § 311 AktG jährlich nachträglich auszugleichen. Zu Recht führt das Gericht dazu aus:

> „Der dadurch entstehende Nachteil von u. U. nur ein bis zwei Prozentpunkten ist aber ein anderer als derjenige eines die gesamte Darlehenssumme ergreifenden, nicht ausgleichsfähigen konkreten Kreditrisikos [...]"

Nach dieser überzeugenden Ansicht ist die „Gefährdung" der Schutzzwecke des § 57 AktG durch eine unangemessen niedrige Verzinsung nur sehr gering, sodass Gründe für die Ablehnung der Streckung des Kompensationsanspruchs nicht erkennbar sind.[428]

---

[424] Vgl. *Bayer,* in: MünchKomm AktG § 57 Rn. 129; *Kropff,* in: MünchKomm AktG § 311 Rn. 318 ff.; *Habersack,* in: Emmerich/Habersack, § 311 Rn. 78 u. 82; *Hüffer,* AktG § 57 Rn. 6; *Bayer/Lieder,* ZGR 2005, 134, 148.

[425] *A. A. Mülbert/Leuschner,* NZG 2009, 281, 284 f.; *Wilhelmi,* WM 2009, 1917, 1919, die darauf hinweisen, dass im Einzelfall selbst mangelnde Bonität des Darlehensempfängers keinen Nachteil begründet, sofern die abgebende Gesellschaft über ausreichende Liquidität verfügt und der im Zins enthaltene Risikoaufschlag das spekulative Geschäft wirtschaftlich dennoch attraktiv erscheinen lässt. Nach hier vertretener Ansicht wäre diese Frage indes irrelevant, da bereits ein Verstoß gegen § 57 Abs. 1 AktG vorläge, der eine sofortige Rückzahlbarkeit nach § 62 AktG begründete; *wie hier: Altmeppen,* NZG 2010, 401, 403.

[426] BGH, Urt. v. 01.03.1999 – II ZR 31297 = BGHZ 141, 79, 87; OLG München, Urt. v. 15.12.2004 – 7 U 5665/03 = OLGR München 2005, 95 f. = NZG 2005, 181, 183; OLG Frankfurt, Urt. v. 30.11.1995 – 6 U 192/91 = AG 1996, 324, 327; OLG Hamm, Urt. v. 10.05.1995 – 8 U 59/94 = ZIP 1995, 1263, 1271; OLG Stuttgart, Urt. v. 21.12.1993 – 10 U 48/93 = AG 1994, 411, 412; LG Düsseldorf, Urt. v. 22.12.1978 – 40 O 138/78 = AG 1979, 290, 291 f.; aus der Literatur: *Koppensteiner,* in: KölnerKomm AktG § 311 Rn. 161; *Bayer,* in: MünchKomm AktG § 57 Rn. 129; *Hüffer,* AktG § 57 Rn. 8 ff., § 311 Rn. 30, § 311 Rn. 49 f.; *Bayer/Lieder,* ZGR 2005, 134, 147; *Habersack,* ZGR 2009, 347, 354 f.; *Habersack/Schürnbrand,* NZG 2004, 689, 691; *Henze,* BB 1996, 489, 498 f.; *Hüffer,* AG 2004, 416, 418; *Reidenbach,* WM 2004, 1421, 1427.

[427] BGH, Urt. v. 01.12.2008 – II ZR 102/07 („MPS") = BGH, DB 2009, 106, 107 = ZIP 2009, 70, 71.

[428] Zustimmend *Habersack,* ZGR 2009, 347, 359 f.; wohl auch *Altmeppen,* NZG 2010, 401, 404.

Soweit also eine einwandfrei solvente beherrschende Darlehensnehmerin keine marktgerechte Verzinsung bietet, verdrängt § 311 Abs. 1 AktG den § 57 Abs. 1 AktG mit der Folge, dass gemäß § 311 Abs. 1 AktG am Ende des Geschäftsjahres die Zinsdifferenz zu erstatten ist.

2. Nicht bilanzwirksamer Nachteil

Das MPS-Urteil sollte allerdings nicht dahingehend fehl interpretiert werden, dass bei Vorliegen der Kriterien des § 57 Abs. 1 S. 3 AktG ein Nachteil im Sinne von § 311 AktG immer ausgeschlossen wäre. Er liegt vielmehr immer dann vor, wenn die darlehensweise weggegebene Liquidität andernorts einen höheren Profit erwirtschaftet hätte.[429] Dies jedoch muss im Zweifel bewiesen und vor allem beziffert werden.

In Cash-Pooling-Konstellationen wird das Gesagte selten zum Tragen kommen, da aufgrund der täglichen Fälligkeit der Darlehen normalerweise der Cash Pool als solcher vernünftigen Investitionen nicht im Wege stehen wird.

3. Übertragbarkeit auf die GmbH

Ergebnis der voran stehenden Ausführungen ist, dass im Falle einer nicht marktgerechten Verzinsung aufsteigender Darlehen das ansonsten strengere Aktienrecht auf einmal großzügiger verfährt als das GmbH-Recht.

Insofern drängt sich die Frage auf, ob § 311 AktG im Wege der Analogie auch auf die GmbH anwendbar sein sollte. Dies allerdings wurde durch die Rechtsprechung[430] unter Zustimmung durch die Literatur[431] bereits mehrfach abgelehnt. Allerspätestens seit Inkrafttreten des MoMiG dürfte es diesbezüglich auch keine Gegenansicht mehr geben, da es jedenfalls an der Planwidrigkeit einer Regelungslücke fehlt.[432]

---

[429] *Altmeppen,* NZG 2010, 401, 403; *Habersack,* ZGR 2009, 347, 359.

[430] BGH, Urt. v. 17.09.2001 – II ZR 178/99 („Bremer Vulkan") = BGHZ 149, 10, 16; BGH, Urt. v. 16.09.1985 – II ZR 275/84 („Autokran") = BGHZ 95, 330, 340; BGH, Urt. v. 05.06.1975 – II ZR 23/74 („ITT") = BGHZ 65, 15, 18.

[431] *Altmeppen,* in: MünchKomm AktG Vor § 311 Rn. 81; *Emmerich,* in: Scholz, GmbHG Anh. § 13 Rn. 68, 75; *Habersack,* in: Emmerich/Habersack, Anh. § 318 Rn. 6; *Hüffer,* AktG § 311 Rn. 51; *H.-F. Müller,* in: Spindler/Stilz, AktG Vor §§ 311–318 Rn. 21; *J. Vetter,* in: K. Schmidt/Lutter, AktG § 311 Rn. 11; *Ulmer,* in: Hachenburg, GmbHG Anh. § 77 Rn. 55 f.; *Zöllner,* in: Baumbach/Hueck, GmbHG SchlAnhKonzernR Rn. 109; *Koppensteiner,* in: Rowedder/Schmidt-Leithoff, GmbHG Anh. nach § 52 Rn. 74; *Lutter,* in: Lutter/Hommelhoff, GmbHG Anh. § 13 Rn. 15, 20; *Casper,* in: Ulmer/Habersack/Winter, GmbHG Anh. § 77 Rn. 53 ff.; *Decher,* in: MünchHdb GmbH § 67 Rn. 6; *Goette,* Die GmbH, § 9 Rn. 9; *K. Schmidt,* GesR § 39 III 2 c; *Raiser/Veil,* KapGesR § 53 Rn. 7; *Zeidler,* in: Michalski, GmbHG Syst. Darst. 4 Rn. 236, 241; *Ulmer,* ZHR 148 (1984), 391, 411 ff.; *Hommelhoff,* Konzernleitungspflicht S. 252 f.

[432] *Habersack,* ZGR 2009, 347, 360.

4. Zwischenergebnis zum faktischen Aktienkonzern

Ein Anwendungsbereich von § 311 AktG verbleibt in Bezug auf das Cash Pooling nur dort, wo Darlehen von der Pool führenden Gesellschaft nicht oder nicht marktgerecht verzinst werden.[433] Gründe, die gegen eine solche Privilegierung sprächen, sind nicht ersichtlich, da das in der Regel geringe absolute Volumen des Zinsbetrages zum Einen selten ein entscheidungsrelevantes Ausmaß erreichen wird und zum Anderen die Bonität der Darlehensempfängerin zwangsläufig bereits in einem vorangehenden Schritt festgestellt worden ist. Insbesondere stellt die Regelung des § 311 AktG damit auch kein großes Risiko unter dem Aspekt des Gläubigerschutzes dar.

IV. Qualifizierter faktischer Aktienkonzern

Wie bereits oben beschrieben[434] hat der BGH seine Figur des qualifizierten faktischen GmbH-Konzerns inzwischen wieder aufgegeben.[435] Teilweise wird jedoch – entgegen der hier vertretenen Ansicht – für die AG an ihr festgehalten.[436] Das überrascht insofern, als der qualifizierte faktische Konzern ursprünglich nur für die GmbH entwickelt worden war und erst nachträglich von einer Übertragbarkeit auf Aktiengesellschaften ausgegangen wurde.[437] Dass nun – trotz einer bisher eher geringen Relevanz im Recht der AG[438] – die Abschaffung nicht übertragbar sein soll, begründen die Anhänger dieses Rechtsinstituts mit ansonsten verbleibenden Lücken des Gläubigerschutzes.[439]

Dieser Streit müsste hier nur dann vertieft werden, wenn der qualifizierte faktische Aktienkonzern im Zusammenhang mit Cash Pooling bedeutungsvoll wäre.

---

[433] Ebenso *Habersack,* ZGR 2009, 347, 359.

[434] 1. Teil, A. I. 3. d).

[435] BGH, Urt. v. 29.03.1993 – II ZR 265/91 („TBB") = BGHZ 122, 123, 130 = BB 1993, 1103, 1104 m.Anm. *Bauder* = WuB II C § 13 GmbHG 1.93 m.Bespr. *U.H. Schneider* = WUB II C § 303 AktG 2.93 = AP Nr. 2 zu § 303 AktG = LM AktG 1965 § 302 Nr. 6; BGH, Urt. v. 19.09.1994 – II ZR 237/93 = ZIP 1994, 1690, 1692 m.Bespr. *K. Schmidt* S.1741 ff. = LM AktG 1965 § 302 Nr. 8 m.Anm. *Heidenhain* = EWiR 1995, 15 m.Anm. *H. P. Westermann.*

[436] *Bayer,* in: MünchKomm AktG § 18 Rn.11; *Schall,* in: Spindler/Stilz, AktG § 18 Rn. 4; *Emmerich,* in: Emmerich/Habersack, § 18 Rn. 3; *Habersack,* in: Emmerich/Habersack, Anh. § 317 Rn. 5.

[437] So auch OLG Stuttgart, Urt. v. 30.05.2007 – 20 U 12/06 = ZIP 2007, 1210 = AG 2007, 633.

[438] *Vetter,* in: K. Schmidt/Lutter, AktG § 317 Rn. 44 ff.; für die geringe Relevanz spricht auch, dass die Frage nach dem Fortbestehen im Aktienrecht bis heute keine höchstrichterliche Klärung erfahren hat.

[439] *Schürnbrand,* ZHR 169 (2005), 35, 58; *Wiedemann,* ZGR 2003, 283, 296; *Eichholz,* Das Recht konzerninterner Darlehen, S. 120.

Vor allem *Bayer* wollte bereits dann einen qualifizierten faktischen Konzern annehmen, wenn im Rahmen eines Cash-Management-Verfahrens die gesamte
Kontrolle über Finanzmittel an die Konzernmutter abgegeben wird.[440] Hierzu be-
rief er sich weitgehend auf Ausführungen *Lutters*[441] (die allerdings aus der Zeit
vor dem die dogmatische Wende einleitenden Urteil BGHZ 122, 123 stammen).
Die Ansicht *Bayers* hätte für das Cash Pooling ganz erhebliche Auswirkungen,
wenn man bedenkt, dass qualifizierte faktische Aktienkonzerne weitgehend als
verboten eingestuft wurden. Wäre ein stark zentralisiertes Cash-Pooling-Verfahren bereits hinreichendes Kriterium für das Vorliegen der Qualifikation, so
müsste man es konsequenter Weise im nicht vertraglich geregelten Aktienkonzern für generell unzulässig erachten.[442] In einer neueren Ausführung verlangt
auch *Bayer* für die Qualifikation immerhin ein „rigides" Cash Management[443] –
ohne allerdings zu erklären, wo für ihn Rigidität beginnt. Dies erinnert an die
häufig wieder kehrende Frage, wann denn eine faktische Konzernierung „qualifiziert" ist. Dessen ungeachtet vertritt die heute wohl herrschende Ansicht das
genaue Gegenteil, indem sie sich auf die ursprünglichen Ausführungen des BGH
zum qualifizierten faktischen Konzern zurückbesinnt. Als ein Kriterium wird
hier nämlich die „Unmöglichkeit des Einzelausgleichs des zugefügten Nachteils"
genannt.[444] Das einzige hier in Frage kommende Beispiel dafür wäre die so
genannte „Waschkorblage",[445] in der mangels einer Dokumentationshistorie das
schädigende Einzelereignis im Nachhinein nicht mehr feststellbar ist. Gerade ein
modernes, EDV-gestütztes Cash-Pooling-System zeichnet sich aber durch eine
umfassende Dokumentation eines jeden Finanztransfers aus. Selbst wenn sich
also eine Nachteilszufügung durch Cash Pooling feststellen ließe, wäre es damit
in der Praxis regelmäßig – notfalls anhand der Aufzeichnungen des das Cash
Pooling abwickelnden Kreditinstituts – möglich, diese zu isolieren und zurückzu-
erstatten.[446] Das gilt unter Zugrundelegung von Prognosen selbst dann, wenn der

---

[440] *Bayer,* in: MünchKomm AktG, 2. Aufl., § 18 Rn. 11; *Bayer,* in: FS Lutter (2000),
1011, 1030.

[441] *Lutter,* AG 1990, 180, 182; die Rechtsfigur des qualifiziert faktischen Konzerns
heute generell ablehnend *Lutter,* in: Lutter/Hommelhoff, GmbHG Anh § 13 Rn. 33.

[442] Selbstverständlich stünde eine solche Auffassung in krassem Widerspruch zu den
Ausführungen, die der Gesetzgeber im Rahmen des MoMiG zum Cash Pooling macht.

[443] *Bayer,* in: MünchKomm AktG, 3. Aufl., § 18 Rn. 11.

[444] BGH, Urt. v. 29.03.1993 – II ZR 265/91 („TBB") = BGHZ 122, 123, 130 = WuB
II C § 13 GmbHG 1.93 m. Bespr. *U. H. Schneider;* zur Unmöglichkeit des Nachteilsaus-
gleichs auch *Krieger,* in: Lutter/Scheffler/Schneider, Hdb. Konzernfinanzierung, § 4
Rn. 4.59; *Mülbert,* DStR 2001, 1937, 1938.

[445] *Lutter/Hommelhoff,* GmbHG, 16. Aufl., Anh. § 13 Rn. 31; *Krieger,* ZGR 1994,
375, 385; *Mülbert,* DStR 2001, 1937, 1944; *Faßbender,* Cash Pooling und Kapitalersatzrecht, S. 221.

[446] *U. H. Schneider,* in: Lutter/Scheffler/Schneider, Hdb. Konzernfinanzierung, § 25
Rn. 25.75; *Vetter,* VGR 2002, 70, 80; *Deckart,* Kapitalerhaltung als Grenze des Cash
Pooling, S. 141; *Hormuth,* Recht und Praxis des konzernweiten Cash Managements,

zugefügte Nachteil in der Vorenthaltung gewünschter Liquidität aus dem Cash Pool besteht. Insofern scheint ein nicht ausgleichfähiger Nachteil beim Konzern weiten Cash Pooling nach heutigen Maßstäben nahezu unmöglich zu sein.[447] Zwar mögen fantasiebegabte Juristen auch hier noch Ausnahmen finden, jedoch würden diese wohl Gegenstand anderer Haftungsinstrumente wie etwa der Vermögensvermischung oder des unten zu behandelnden Existenz vernichtenden Eingriffs sein.[448]

Festzuhalten bleibt damit, dass das Vorhandensein eines modernen Cash-Pooling-Systems einen qualifizierten faktischen AG-Konzern, selbst wenn man weiterhin an dessen Existenz festhalten möchte, in der Praxis regelmäßig ausschließt.

V. Kapitalaufbringung, §§ 27, 37 Abs. 1 AktG

Das Problem des Hin- und Herzahlens hat im Aktienrecht eine weit geringere praktische Relevanz als im Recht der GmbH, da eine Darlehensausgabe an Gesellschafter bisher regelmäßig wenn nicht an der strengeren Vermögensbindung, dann jedenfalls am Gebot der Gleichbehandlung der Aktionäre (§ 53a AktG) scheiterte. Beim Cash Pooling im Konzern liegen aber oftmals 100%ige Beteiligungen vor, sodass auf dieses Problem keine Rücksicht genommen werden müsste. Deswegen soll in gebotener Kürze auch auf die Rechtsänderungen bezüglich der Kapitalaufbringung bei der in den Cash Pool eingebundenen Aktiengesellschaft eingegangen werden.

In Erwartung einer baldigen Änderung der Kapitalrichtlinie[449] hatte der Gesetzgeber bei der AG daher anders – als bei der GmbH – im Rahmen des MoMiG noch keine Neuregelungen gegenüber dem früheren Recht der Sachgründung und des Hin- und Herzahlens herbeigeführt. Stattdessen sollten zunächst die Reaktionen auf die Anpassung des GmbH-Rechts abgewartet werden.[450] Offensichtlich hat der Gesetzgeber diese Reaktionen für zufriedenstellend erachtet, denn der 16. Deutsche Bundestag hat nach einem Vorschlag des Rechtsausschus-

---

S. 219 f.; *Vetter/Stadler,* Haftungsrisiken beim konzernweiten Cash Pooling, Rn. 128; insoweit zustimmend auch *Weidenbach,* WM 2004, 1421, 1428 f.

[447] *U. H. Schneider,* in: Lutter/Scheffler/Schneider, Hdb. Konzernfinanzierung, § 25 Rn. 25.76; *Deckart,* Kapitalerhaltung als Grenze des Cash Pooling, S. 141; *Hormuth,* Recht und Praxis des konzernweiten Cash Managements, S. 219 f.; *Vetter/Stadler,* Haftungsrisiken beim konzernweiten Cash Pooling, Rn. 128.

[448] Dazu 4. Teil, A.

[449] RL 2006/68/EG des Europäischen Parlaments und des Rats v. 6.9.2006 zur Änderung der Richtlinie 77/91/EWG des Rates in Bezug auf die Gründung von Aktiengesellschaften und die Erhaltung und Änderung ihres Kapitals, ABl. EU Nr. L 264/32.

[450] Vgl. auch RegE ARUG, BR-Drucks. 847/08, S. 28, online abrufbar unter: http://rsw.beck.de/rsw/upload/Beck_Aktuell/br-drs847-08.pdf [06.10.2010].

ses[451] mit Inkrafttreten des ARUG[452] am 01.09.2009 mit § 27 Abs. 3 und 4 AktG des § 27 AktG eine Regelung geschaffen, die wortgleich zu § 19 Abs. 4 und 5 GmbHG ist. Deswegen hat sich der kurzzeitig aufgeflammt habende Streit darüber, ob § 19 GmbHG analog auf die Aktiengesellschaft anzuwenden sei, inzwischen erledigt. (Richtigerweise durfte man allerdings in Ermangelung einer planwidrigen Regelungslücke von einer Nichtanwendbarkeit ausgehen.[453])

Mit dem Gleichlauf von § 19 GmbHG und § 27 AktG ist nun auch ein Hin- und Herzahlen im Aktienrecht grundsätzlich zulässig (§ 27 Abs. 4 AktG), was nicht ausschließt, dass es in einigen Konstellationen gegen das aktienrechtliche Gleichbehandlungsgebot verstoßen mag, sofern es Minderheitenaktionäre gibt. Auch wenn die Neuerungen im Aktienrecht anders als bei der GmbH noch allerlei Probleme – nicht zuletzt europarechtlicher Natur[454] – aufwerfen werden,[455] soll an dieser Stelle ein Rückverweis auf die obigen Ausführungen[456] genügen.

Wie bei der GmbH kann es auch in Bezug auf die AG im Einzelfall ratsam sein, auf eine der zahlreichen für das frühere GmbH-Recht entwickelten Gestaltungsvarianten zurückzugreifen. Diese reichten von der Nutzung nicht Pool verbundener Konten,[457] der Einräumung weitgehender Verfügungsbefugnisse der Neugesellschaft über den Cash Pool,[458] dem Ausschluss der Gesellschaft vom Pooling bis zur abgeschlossenen Mittelverwendung bis hin zur vorangehenden Schaffung eines Debetsaldos der Gesellschaft auf dem Poolkonto mit anschließender Sacheinlage der Befreiung von der Verbindlichkeit.[459]

---

[451] Beschlussempfehlung des Rechtsausschusses, BT-Drucks. 16/13098, S. 53.

[452] Gesetz zur Umsetzung der Aktionärsrechterichtlinie v. 30.07.2009, BGBl. I 2009, 2479 ff.

[453] So auch *Bormann/Urlichs,* DStR 2009, 641, 645; *Heckschen,* Das MoMiG, in der notariellen Praxis, Rn. 822; *a. A.* offenbar *Grunewald,* GesR, S. 252 ff.

[454] Ausführlich dazu *Habersack,* AG 2009, 557, 558 ff.

[455] Man beachte die neuerdings wieder aufkeimende Diskussion zur sicheren Kapitalaufbringung bei einer in den Cash Pool eingebundenen GmbH, vgl. oben 2. Teil, A. II. 2. c) cc); ausführlich monographisch jetzt auch *Wirsch,* Kapitalaufbringung und Cash Pooling in der GmbH (2009), passim.

[456] 2. Teil, A. II.

[457] Dazu OLG Köln, Urt. v. 02.02.1999 – 22 U 116/98 = OLGR Köln 1999, 256, 257 = ZIP 1999, 400, 401 = GmbHR 1999, 663, 664; OLG Hamburg, Urt. v. 31.10.2006 – 11 U 4/06 = ZIP 2007, 580; *Hüffer,* AktG § 27 Rn. 10; *Hueck/Fastrich,* in: Baumbach/ Hueck, GmbHG, 17. Aufl., § 19 Rn. 30a; *Kiethe,* DStR 2005, 1573, 1574; *Morsch,* NZG 2003, 97, 102 f.; *Sieger/Hasselbach,* BB 1999, 645, 649; umstritten ist jedoch, ob und wenn ja wann eine spätere Einbindung dieses Kontos in den Liquiditätsaustausch möglich ist. Die vorstehend zitierte Rechtsprechung geht diesbezüglich von einer Sperre für mindestens sechs Monate aus.

[458] *Goette,* DStR 1999, 1451, 1452; *Jäger,* DStR 2000, 1653, 1657; *Morsch,* NZG 2003, 97, 101; *a.A.* aber BGH, Urt. v. 16.01.2006 – II ZR 76/04 („Cash-Pool I") = NZG 2006, 764, 766 f.

[459] *Cahn,* ZHR 166 (2002), 278, 306; *Kiethe,* DStR 2005, 1573, 1574; 649; *Schmelz,* NZG 2006, 456, 457; *Sieger/Hasselbach,* BB 1999, 645.

VI. Ergebnis zur Vermögensbindung bei der AG

Im Recht der nicht vertraglich konzernierten AG hat das MoMiG erhebliche Erleichterungen beim Cash Pooling mit sich gebracht. War nach dem November-urteil mit einiger Berechtigung von einem Verbot des Cash Pooling bei der AG außerhalb des Vertragskonzerns auszugehen, so besteht heute wieder eine Zulässigkeit wie im Recht der GmbH. Eine Ausnahme bildet insoweit nur das nach wie vor anzunehmende faktische Verbot der Upstream-Besicherung durch die AG.[460] Nach dem MoMiG ist es auch bezüglich einer Darlehensvergabe nicht mehr von großer Bedeutung, ob eine AG faktisch konzerniert ist. Lediglich in Detailbereichen wie der angemessenen Verzinsung kann § 311 AktG noch eine Verdrängungswirkung erzeugen.[461]

E. Die Societas Europaea

Neben der traditionellen Aktiengesellschaft gewinnt in Deutschland die „Europäische Aktiengesellschaft" *Societas Europaea* (SE) zunehmend an Bedeutung.[462]

Auch wenn ihre Grundlagen im Europarecht zu finden sind, ist für die SE weitgehend nationales Aktienrecht anwendbar, und zwar jeweils dasjenige Aktienrecht des Staates, in welchem die SE ihren Sitz hat. Für eine in Deutschland ansässige SE ist damit gemäß Art. 5 SE-VO bezüglich Aufbringung, Erhaltung und Änderung des Kapitals deutsches Aktienrecht einschlägig[463] mit dem Unterschied, dass das gezeichnete Kapital der SE wenigstens 120.000,– € betragen muss (Art. 4 Abs. 2, 3 SE-VO). Ist eine SE in einen Konzern eingebunden, der Cash Pooling betreibt, so gelten demnach die Ausführungen zur AG.

F. Der Vertragskonzern

Das deutsche Recht unterstellt, dass die Partikularinteressen von im Konzern eingegliederten Tochtergesellschaften vielfach unterlaufen würden. Aus diesem Grund wird die nachteilige Leitungsausübung in Vertragskonzernen gesetzlich vorgesehen und teilweise privilegiert,[464] sofern den Gläubigerinteressen an ande-

---

[460] 2. Teil, D. II. 2. c).

[461] 2. Teil, D. III. 4.

[462] Selbst DAX-Unternehmen greifen inzwischen teilweise auf diese Rechtsform zurück, vgl. Allianz SE, BASF SE; ebenso Fresenius SE, MAN SE, Klöckner & Co SE, SOLON SE.

[463] Dazu *Oechsler,* in: MünchKomm AktG Art. 5 SE-VO Rn. 12 ff.; *Casper,* in: Spindler/Stilz, AktG, Art. 5 SE-VO Rn. 3 f.; *Fleischer,* in: Lutter/Hommelhoff, SE-Kommentar, Art. 5 SE-VO Rn. 6.

[464] *Kropff,* Begr. RegE AktG, S. 374; *Habersack/Schürnbrand,* NZG 2004, 689, 691.

rer Stelle Rechnung getragen wird. § 291 Abs. 3 n. F. AktG nimmt vor diesem Hintergrund diejenigen Leistungen von der aktienrechtlichen Kapitalbindung aus, die bei Bestehen eines Beherrschungs- oder Gewinnabführungsvertrags erfolgen. Damit werden Vermögensverschiebungen, die aus Sicht der Einzelgesellschaft nachteilig sind, aber dennoch im Konzerninteresse liegen, unter bestimmten weiteren Voraussetzungen zulässig.

I. Beherrschungsvertrag, § 291 Abs. 1 S. 1 1. Alt. AktG

Im Rahmen eines Beherrschungsvertrags unterstellt eine Aktiengesellschaft oder Kommanditgesellschaft auf Aktien ihre Leitung einem anderen Unternehmen.

1. Verlustausgleichspflicht, § 302 AktG

Liegt ein Beherrschungsvertrag vor, so verdrängt das Recht zur nachteiligen Weisung im Konzerninteresse (§ 308 Abs. 1 AktG[465]) die Regeln der §§ 57, 58, 62 AktG. Die hierdurch klaffende Lücke des Gläubigerschutzes wird über die Verlustausgleichspflicht aus § 302 AktG kompensiert.

a) Anspruchsinhalt

Anders als der Anspruch aus § 62 AktG richtet sich der des § 302 AktG grundsätzlich auf Geld.[466] Im Bereich des Cash Pooling ist dieser Unterschied natürlich unerheblich.

b) Anspruchsinhaber

aa) Aktiengesellschaft als Anspruchsinhaberin

In Bezug auf den Inhaber des Anspruches gilt bei einer Aktiengesellschaft dasselbe wie für § 62 AktG. Inhaberin ist also grundsätzlich die Gesellschaft. Abtretung und Pfändung sind jedoch nach allgemeinen Grundsätzen möglich.[467]

---

[465] Dazu unten 2. Teil, F. I. 2.

[466] BGH, Urt. v. 10.07.2006 – II ZR 238/04 = NZG 2006, 664, 665; *Koppensteiner,* in: Kölner Komm AktG § 302 Rn. 39 50; *Emmerich,* in: Emmerich/Habersack, § 302 AktG Rn. 40.

[467] *Koppensteiner,* in: KölnerKomm AktG § 302 Rn. 39 ff.; *Veil,* in: Spindler/Stilz, AktG § 302 Rn. 25; *Hüffer,* AktG § 302 Rn. 15 ff.

bb) GmbH als Anspruchsinhaberin

Nachdem lange Zeit umstritten war, ob die aktienrechtlichen Regelungen für Vertragskonzerne auch für GmbHs greifen würden,[468] hat das MoMiG durch den expliziten Verweis des § 30 Abs. 1 S. 2 GmbHG auf § 291 AktG der schon früher herrschenden Meinung den Vorzug gegeben. Auch wenn die Entwurfsbegründung diese Einfügung mit keinem Wort kommentiert,[469] ist damit das Recht des Aktienvertragskonzerns eindeutig auch auf vertraglich konzernierte GmbHs anzuwenden. Diese Klarstellung ist zu begrüßen.

(1) Direkte oder analoge Anwendung?

Zu klären bleibt nur, ob das übrige Recht des AG-Vertragskonzerns auf die GmbH fortan direkt oder analog anzuwenden ist. Für eine direkte Anwendbarkeit spricht der ausdrückliche Verweis von § 30 Abs. 1 S. 2 auf § 291 AktG. Dort allerdings wird nur die Suspendierung der Vermögensbindung geregelt. Diese greift demnach zukünftig direkt. Auf die folgenden aktienrechtlichen Normen wird indes nicht verwiesen, obwohl dem Gesetzgeber dies möglich gewesen wäre. Auch die Tatsache, dass eine rechtliche Regelung des GmbH-Vertragskonzerns in losen Abständen diskutiert wird, spricht dafür, dass das Aktienkonzern-

---

[468] *Dafür (Derogationstheorie):* BGH, Urt. v. 14.12.1987 – II ZR 170/87 = BGHZ 103, 1, 6 = NJW 1988, 1326; (Zweifel ließ allerdings das Urteil BGH, Urt. v. 10.07.2006 – II ZR 238/04 = BGHZ 168, 285 = NZG 2006, 664 aufkommen, das die aus § 30 GmbHG analog entwickelten Rechtsprechungsregeln zum Eigenkapitalersatz für auch im Vertragskonzern anwendbar erklärte. Teilweise wurde daraus geschlossen, der BGH würde entgegen seiner bisherigen Rechtsprechung auch die direkte Anwendbarkeit wieder zulassen wollen.); *H. P. Westermann*, in: Scholz, GmbHG § 30 Rn. 51; *Habersack*, in: Ulmer/Habersack/Winter, GmbHG § 30 Rn. 86; *Pentz*, in: Rowedder/Schmidt-Leithoff, GmbHG, § 30 Rn. 75; *Altmeppen*, in: Roth/Altmeppen, GmbHG Anh § 13 Rn. 17 ff.; *Altmeppen*, ZIP 2006, 1025, 1030, 1032; *Cahn*, Der Konzern 2004, 235, 241 f.; *Fleck*, in: FS 100 Jahre GmbHG 2002, S. 391, 395 f.; *Gross*, WM 1994, 2299, 2300; *Habersack/Schürnbrand*, NZG 2004, 689, 691; *Hentzen*, ZGR 2005, 480, 521; *Klein*, r+s 2005, 69, 70; *Schön*, ZHR 159 (1995), 351, 373; *Seidel*, DStR 2004, 1130, 1136; *Spindler*, ZHR 171 (2007), 245, 258; § 30 Rn. 54 f.; *Cahn*, Kapitalerhaltung im Konzern, S. 87; *Deckart*, Kapitalerhaltung als Grenze des Cash Pooling, S. 147 f.; *Makowski*, Cash Management in Unternehmensgruppen, S. 119; *Vetter/Stadler*, Haftungsrisiken beim konzernweiten Cash Pooling, Rn. 171; *dagegen (Kumulationstheorie):* *Emmerich*, in: Scholz, GmbHG Anh. § 13 Rn. 177; *Zöllner*, in: Baumbach/Hueck, GmbHG, 17. Aufl., SchlußanhangKonzernR Rn. 77; *Brandes*, in: FS Kellermann 1991, 25, 33; *Cahn*, Der Konzern 2004, 235, 242; *Emmerich*, ZGR 1986, 64, 80; *Langner*, GmbHR 2005, 1017, 1021; *Peltzer*, GmbHR 1995, 17, 19; *Kühbacher*, Darlehen an Konzernunternehmen, 1993, S. 134 ff.; *Ulmer*, AG 1986, 123, 129; *Hormuth*, Recht und Praxis des konzernweiten Cash Managements, S. 202 f.; zumindest für § 302 AktG analog *Joost* in: Die GmbH-Reform in der Diskussion (2006), 31, 41; Raiser/*Veil*, Recht der Kapitalgesellschaften, § 54 Rn. 50.

[469] *Winter* führt dies auf eine kurzfristige Einfügung in Folge von BGHZ 168, 285 zurück, DStR 2007, 1484, 1490.

recht grundsätzlich immer noch nicht unmittelbar als Regelungswerk auch für die GmbH angesehen wird. Weder der Gesetzeswortlaut noch die Gesetzesbegründung zum MoMiG deuten auf eine Abkehr von dieser Ansicht hin. Deswegen bleibt es dabei, dass die Regelungen über den Vertragskonzern im GmbH-Recht nur analog zur Anwendung kommen.

(2) Zwischenergebnis zum GmbH-Vertragskonzern

Seit Inkrafttreten des MoMiG ist den Gegnern der Anwendbarkeit von Regelungen des aktienrechtlichen Vertragskonzerns auf GmbH-Vertragskonzerne die Argumentationsgrundlage entzogen. Zwar bleibt es unbeschadet des Verweises von § 30 Abs. 1 S. 2 GmbHG auf § 291 Abs. 3 AktG bei einer lediglich analogen Anwendbarkeit der sonstigen Normen auf die GmbH, jedoch besteht fortan bei der praktischen Rechtsausübung kein Unterschied zwischen den beiden Gesellschaftsformen. Vielmehr ist von einem einheitlichen deutschen Recht des Vertragskonzerns auszugehen, weswegen dieses auch in der vorliegenden Arbeit im Folgenden insgesamt, d.h. ohne Unterscheidung nach AG oder GmbH, besprochen werden soll.

c) Anspruchsgegner

Es stellt sich die Frage, wer Schuldner des Ausgleichsanspruchs nach § 302 Abs. 1 AktG ist.

aa) Gegenpartei des Beherrschungs-/Gewinnabführungsvertrags

Grundsätzlich ist dies die andere Partei des Konzernierungsvertrags (§ 302 Abs. 1 AktG). Sind dies mehrere herrschende Unternehmen, und erfüllt ein jedes für sich den Tatbestand des § 302 AktG, so haften sie als Gesamtschuldner.[470]

bb) Konzernspitze

Im mehrstufigen Konzern mit so genannten Beherrschungs- oder Gewinnabführungsketten kommt es vor, dass der Beherrschungsvertrag zwar mit einem übergeordneten Unternehmen, nicht aber mit der Konzernspitze geschlossen wurde. Dann ist zu klären, ob sich ein Verlustausgleichsanspruch dennoch auch

---

[470] G.h.M.: *Koppensteiner,* in: KölnerKomm AktG § 302 Rn. 44; *Hirte,* in: GroßKomm AktG § 302 Rn. 66; *Stephan,* in: K. Schmidt/Lutter, AktG § 302 Rn. 13; *Veil,* in: Spindler/Stilz, AktG § 302 Rn. 27; *Hüffer,* AktG § 302 Rn. 21; *Krieger,* in: MünchHdbAG § 70 Rn. 59; *Hommelhoff,* in: FS Goerdeler (1987), 221, 237; *a.A. K. Schmidt,* DB 1984, 1181 ff., der für eine Haftung *pro rata* der Beteiligung plädiert.

gegenüber dieser ergibt. Teilweise wird vertreten, die Konzernspitze träfe eine derartige subsidiäre Verlustausgleichspflicht, weil sich beim Vorliegen so genannter Beherrschungs- oder Gewinnabführungsketten die der Gesellschaft entzogenen oder entgangenen wirschaftlichen Vorteile letztlich bei ihr niederschlügen.[471] Richtigerweise fehlt es aber an einer Notwendigkeit hierfür, denn der Bilanzverlust einer abhängigen Gesellschaft belastet auch die Bilanz ihres Mutterunternehmens. Entsteht bei diesem dadurch ein Bilanzverlust, so hat es wiederum einen Anspruch gegenüber seinem eigenen herrschenden Unternehmen. Aus diesem Grund trifft der Bilanzverlust eines Enkel- oder Urenkelunternehmens bei Vertragsketten ohnehin im Ergebnis letztendlich die Konzernspitze.[472]

cc) Leistungsempfänger

Auf Grund der Besonderheiten des Cash Pooling könnte man überlegen, ob auch im Vertragskonzern ein Ausgleichsanspruch gegen eine die Zahlung empfangen habende Schwestergesellschaft bestehen kann, wie er nach hier vertretener Auffassung bezüglich § 31 GmbHG besteht.[473] Hiergegen spricht jedoch bereits, dass es sich bei § 302 AktG um ein gesetzliches Dauerschuldverhältnis handelt,[474] eine Ausweitung der Haftung auf Dritte damit also an der Relativität des Schuldverhältnisses scheitert. Ein anderes Ergebnis liefe davon abgesehen dem Sinn des § 302 AktG zuwider: Es geht hier nicht darum, einzelne Verluste innerhalb des Konzerns zu kompensieren, sondern einen Ausgleich dafür herzustellen, dass ein Bilanzverlust vorliegt, für den als Ursache unwiderleglich die nachteilige Weisung eines herrschenden Unternehmens vermutet wird. Dieser Ausgleich erfolgt demnach auch nicht bezogen auf einzelne Transaktionen, sondern ermittelt sich saldiert anhand der Gewinn- und Verlustrechnung. Deswegen scheidet im Vertragskonzern die Haftung einer (Pool führenden) Schwestergesellschaft anders als bei § 31 GmbHG generell aus.[475]

---

[471] *Pentz,* Die Rechtsstellung der Enkel-AG in mehrstufigen Unternehmensverbänden, S. 49 ff.

[472] *Hirte,* in: GroßKomm AktG § 302 Rn. 67; *Altmeppen,* in: MünchKomm AktG § 302 Rn. 97 ff.; *Koppensteiner,* in: KölnerKomm AktG § 302 Rn. 49; *Emmerich,* in: Emmerich/Habersack, § 302 AktG Rn. 19; *Stephan,* in: K. Schmidt/Lutter, AktG § 302 Rn. 14; ebenso, wenngleich missverständlich, *Hüffer,* AktG § 302 Rn. 21.

[473] Vgl. oben 2. Teil, A. I. 3. c) bb).

[474] H.M., grundlegend dazu *K. Schmidt,* ZGR 1983, 513, 516; zust. *Koppensteiner,* in: KölnerKomm AktG § 302 Rn. 15; *Hirte,* in: GroßKomm AktG § 302 Rn. 6; *Veil,* in: Spindler/Stilz, AktG § 302 Rn. 12; *Hüffer,* AktG § 302 Rn. 4; *a.A. Stephan,* in: K. Schmidt/Lutter, AktG § 302 Rn. 10, der von einem gesetzlich normierten Vertragsinhalt des Beherrschungsvertrags ausgeht.

[475] Zur Nichtanwendbarkeit des Konzernprivilegs bei rechtswidrigen Weisungen vgl. unten 2. Teil, F. I. 2. c).

d) Entstehung, Fälligkeit und Höhe

Der Anspruch entsteht – anders als der nach § 31 GmbHG/§ 62 AktG – nicht sofort, sondern erst mit Ende des Geschäftsjahrs, in dem der Jahresfehlbetrag eingetreten ist,[476] und ist sofort fällig (§ 271 Abs. 1 BGB).[477] Unter dem Jahresfehlbetrag ist der negative Saldo zu verstehen, der gemäß § 275 Abs. 2 u. 3 HGB als Posten 20 bzw. 19 der Gewinn- und Verlustrechnung (GuV) auszuweisen wäre, wenn ihm nicht der Verlustausgleichanspruch gegenüber stünde.[478] Die Höhe der Ausgleichspflicht richtet sich damit nach der ordnungsgemäß aufgestellten – d.h. nicht von der Muttergesellschaft nachteilig veränderten – Bilanz der abhängigen Gesellschaft,[479] wobei diese – somit in der Regel fiktiv[480] – zum Bilanzstichtag aufzustellen ist. Von diesem Zeitpunkt an ist der Anspruch auch zu verzinsen.[481] Der BGH will der Anspruchsschuldnerin allerdings – anders als bei § 31 GmbHG/§ 62 AktG – das Recht zur Aufrechnung belassen.[482]

---

[476] BGH, Urt. v. 10.11.1999 – II ZR 120/98 = BGHZ 142, 382, 345 f. = NJW 2000, 210 = AG 2000, 129 = ZIP 1999, 1965 = LM AktG 1965 § 302 Nr. 12 m. Anm. *Spindler*; *Koppensteiner*, in: KölnerKomm AktG § 302 Rn. 52; *Veil*, in: Spindler/Stilz, AktG § 302 Rn. 20; *Emmerich*, in: Emmerich/Habersack, § 302 AktG Rn. 40; *Altmeppen*, DB 1999, 2453, 2456 f.

[477] Heute herrschende Meinung, BGH, Urt. v. 14.02.2005 – II ZR 361/02 = WM 2005, 745 = DStR 2005, 750 = WuB II A § 302 AktG 1.05 m. Anm. *Hennrichs/Schubert*; BGH, Urt. v. 10.11.1999 – II ZR 120/98 = BGHZ 142, 382, 345 f. = NJW 2000, 210 = AG 2000, 129 = ZIP 1999, 1965 = LM AktG 1965 § 302 Nr. 12 m. Anm. *Spindler*; BFH, Urt. v. 16.02.1979 = BStBl. II 1979, 278 = BFHE 127, 56 = WM 1979, 1266; LG Bochum, Urt. v. 01.07.1986 – 12 O 67/86 = GmbHR 1987, 24, 26 = BB 1987, 355, 357; *Altmeppen*, in: MünchKomm AktG § 302 Rn. 68 ff.; *Veil*, in: Spindler/Stilz, AktG § 302 Rn. 20 f.; *Emmerich*, in: Emmerich/Habersack, § 302 AktG Rn. 40; *Hüffer*, AktG § 302 Rn. 15; *Altmeppen*, DB 1999, 2453, 2456 f.; *Spindler/Klöhn*, NZG 2005, 584; *Wolf*, NZG 2007, 641; *a. A.* OLG Schleswig, Urt. v. 03.04.1987 – 1 U 71/85 = AG 1988, 382 = ZIP 1987, 1448; *Krieger*, NZG 2005, 787 ff., die Entstehung und Fälligkeit auf Grund der Ungenauigkeiten von Prognosen erst mit der Feststellung des Jahresabschlusses gegeben sehen wollen; *a. A. Koppensteiner*, in: KölnerKomm AktG § 302 Rn. 53 f., für den Entstehung und Fälligkeit auseinander fallen: Zwar entstehe der Anspruch zum Bilanzstichtag, werde aber erst mit erfolgter Feststellung des Jahresabschlusses bezifferbar und fällig.

[478] *Koppensteiner*, in: KölnerKomm AktG § 302 Rn. 18; *Altmeppen*, in: MünchKomm AktG § 302 Rn. 28; *Emmerich*, in: Emmerich/Habersack, § 302 AktG Rn. 28; *Hüffer*, AktG § 302 Rn. 11.

[479] LG Hamburg, Beschl. v. 30.05.1985 – 64 T 37/84 = ZIP 1985, 805, 806 = GmbHR 1986, 50 = EWiR 1985, 507 f. m. Anm. *Schulze-Osterloh*; *Emmerich*, in: Emmerich/Habersack, § 302 AktG Rn. 29.

[480] *Spindler/Klöhn*, NZG 2005, 584, 585; *Wolf*, NZG 2007, 641, 642.

[481] OLG Oldenburg, Urt. v. 23.03.2000 – 1 U 175/99 = NZG 2000, 1138, 1140 m. Anm. *Fleischer/Rentsch*; *Hüffer*, AktG § 302 Rn. 16; *Emmerich*, in: Emmerich/Habersack, § 302 AktG Rn. 40 a.

[482] BGH, Urt. v. 10.07.2006 – II ZR 238/04 = BGHZ 168, 285 = DB 2006, 1778 = ZIP 2006, 1488 = WM 2006, 1585 = AG 2006, 629 = ZIP 2006, 1488 m. Bespr. *Schilmar*, S. 2346; dazu *Goette*, DStR 2006, 2132, 2319.

Der Unterschied zu § 311 AktG besteht also vor allem in der Höhe: Während die Haftung nach § 311 AktG auch dann eintreten kann, wenn eine abhängige Gesellschaft trotz des schädigenden Gesellschaftereinflusses noch profitabel gewirtschaftet hat, zielt § 302 AktG einzig auf das Bestehen oder Nichtbestehen eines Jahresfehlbetrags ab.

2. Nachteilige Weisungen, § 308 Abs. 1 S. 2 AktG

Der aus Konzernsicht entscheidende Vorteil der vertraglichen Konzernierung ist die Möglichkeit der Obergesellschaft, ihrer Tochter auch nachteilige Weisungen zu erteilen (§ 308 Abs. 1 S. 2 AktG), die deren Vorstand bzw. Geschäftsführer binden (§ 308 Abs. 2 AktG), soweit sie im Konzerninteresse stehen (§ 308 Abs. 1 S. 2 2. Hs AktG).[483] Letzteres ist immer dann anzunehmen, wenn die Weisung eine wirtschaftlich günstigere Position des Konzerns bewirkt.[484] Widerspricht eine Weisung diesem Konzerninteresse offensichtlich, so ist die Befolgung durch den Vorstand verboten.[485]

a) Zulässige nachteilige Weisungen

Nachteilig, aber auf Grund des Konzerninteresses zulässig, kann etwa die Weisung sein, unter Verzicht auf marktübliche Verzinsung oder Besicherung der Darlehen am Cash-Pooling-Verfahren teilzunehmen.[486] Die Möglichkeiten der Gestaltung des Cash Pooling sind damit im Vertragskonzern weiter gefasst als im faktischen Konzern.[487]

b) Weisung zur Upstream-Besicherung zu Lasten gebundenen Vermögens

Fraglich ist, ob bei vertraglicher Konzernierung eine Weisung zur Stellung aufsteigender Sicherheiten zu Lasten des gebundenen Vermögens einer Kapitalgesellschaft zulässig ist. Auf Grund der Suspendierung der §§ 30 GmbHG und 57 AktG ist eine Bewertung hier allein vor dem Recht des Vertragskonzerns vorzu-

---

[483] Vgl. oben 1. Teil, A. I. 3. e).

[484] *Jula/Breitbarth,* AG 1997, 256, 258; *Hangebrauck,* Cash-Pooling-Systeme, S. 393.

[485] Allgemeine Ansicht: *Altmeppen,* in: MünchKomm AktG § 308 Rn. 148; *Koppensteiner,* in: KölnerKomm AktG § 308 Rn. 70; *Hüffer,* AktG § 308 Rn. 22; alle m.w.N.

[486] *Seidel,* DStR 2004, 1130, 1134; *Eichholz,* Das Recht konzerninterner Darlehen, S. 79.

[487] *Veil,* in: Spindler/Stilz, AktG § 291 Rn. 70; *Langenbucher,* in: K. Schmidt/Lutter, AktG § 291 Rn. 70; *Hüffer,* AG 2004, 416 f.; *Habersack/Schürnbrand,* NZG 2004, 689, 692.

nehmen. Deswegen ist zuerst zu prüfen, ob die Weisung zur Sicherheitenbestellung überhaupt einen Nachteil darstellt. Hinsichtlich des Nachteils hat der BGH in seinem MPS-Urteil erkannt, dass in der Hingabe eines ungesicherten Darlehens jedenfalls noch kein Nachteil vorliegen soll, wenn die Rückzahlungsforderung im Zeitpunkt der Darlehensausreichung vollwertig ist.[488] Allerdings wurde bereits mehrfach darauf hingewiesen, dass Darlehensgewährung und Sicherheitenbestellung zwei Paar Schuhe sind. Anders als den §§ 30 GmbHG und 57 AktG ist dem Recht des Vertragskonzerns die Belassung eines überschaubaren Insolvenzrisikos der Muttergesellschaft bei der abhängigen Gesellschaft nicht fremd. Die Gläubiger der Tochtergesellschaft werden hierüber durch die weiter gehenden Publizitätserfordernisse nach Ansicht des Gesetzgebers hinreichend geschützt. Insofern scheint es sachgerecht, mit der bislang herrschenden Meinung[489] im Vertragskonzern Upstream-Besicherungen auch zu Lasten gebundenen Vermögens zuzulassen, wenn mit einer Inanspruchnahme *ex ante* nicht zu rechnen ist. Unter konsequenter Übertragung der Wertung des MPS-Urteils läge dann bereits kein Nachteil vor.

Anders stellt sich die Situation dar, wenn davon auszugehen ist, dass der Verwertungsfall eintritt. In dieser Konstellation bleibt es dabei, dass der Verlustausgleichsanspruch nicht dazu taugt, im Fall einer Inanspruchnahme der Sicherheit eine erfolgreiche Inregressnahme zu gewährleisten. Der Nachteil wäre also nicht ausgleichsfähig, sodass sich eine Sicherheitenbestellung verböte.

c) Verbot Existenz gefährdender Weisungen

Die herrschende Meinung unterstellte das Recht zur Erteilung nachteiliger Weisungen bisher einer weiteren Schranke, namentlich dem Verbot der Gefährdung der Existenz der Untergesellschaft.[490] Dieser Ansicht ist zuzustimmen. Der Sinn des § 302 AktG liegt darin, für die Dauer des Beherrschungsvertrags nach-

---

[488] BGH, Urt. v. 01.12.2008 – II ZR 102/07 („MPS") = LMK 2009, 275577.

[489] *Altmeppen,* in: MünchKomm AktG § 291 Rn. 228; *Koppensteiner,* in: Kölner Komm AktG § 291 Rn. 79; *Kiefner/Theusinger,* NZG 2008, 801, 803.

[490] OLG Düsseldorf, Beschl. v. 07.06.1990 – 19 W 13/86 = AG 1990, 490, 492; *Langenbucher,* in: K. Schmidt/Lutter, AktG § 308 Rn. 31; *Hüffer,* AktG § 308 Rn. 19; *Altmeppen,* in: Roth/Altmeppen, Anh § 13 Rn. 58 ff.; *Grothaus/Halberkamp,* GmbHR 2005, 1317, 1321; *Hommelhoff,* WM 1984, 1105, 1112; *Immenga,* ZHR 140 (1976), 301, 307; *Kiethe,* DStR 2005, 1573, 1575; *Schmelz,* NZG 2006, 456, 458; *Seidel,* DStR 2004, 1130, 1134; *Zeidler,* NZG 1999, 692, 695; *Deckart,* Kapitalerhaltung als Grenze des Cash Pooling, S. 142; *Hangebrauck,* Cash-Pooling-Systeme, S. 396; *Vetter/Stadler,* Haftungsrisiken beim konzernweiten Cash Pooling, Rn. 176; a.A. *Veil,* in: Spindler/Stilz, AktG §§ 291 Rn. 16, 308 Rn. 31 der auf die Schwierigkeit einer *ex ante* Feststellbarkeit der Existenzbedrohung hinweist und *Koppensteiner,* in: Kölner Komm § 308 Rn. 28 ff., der es als vom unternehmerischen Ermessen der Konzernspitze gedeckt sieht, die „Einstellung des Geschäftsbetriebs" abhängiger Unternehmen durchzusetzen.

teilige Maßnahmen durch das herrschende Unternehmen zwar zuzulassen, gleichzeitig jedoch mittels der Verlustausgleichspflicht den Fortbestand des abhängigen Unternehmens zu sichern. Die erweiterten Weisungsrechte werden also mit einer Art Fürsorgepflicht erkauft. Wird diese durch eine Existenz gefährdende Weisung verletzt, so erlischt insoweit das Weisungsrecht.

Beim Cash Pooling sind zwei Fälle der Existenzgefährdung durch Weisungen denkbar:[491] Erstens wird in der Literatur die Weisung zur Teilnahme an einer Variante des Cash Pooling genannt, die das Unternehmen – ggf. ohne unter Zugrundelegung einer bilanziellen Sichtweise eine Auszahlung darzustellen[492] – seiner überlebensnotwendigen Liquidität beraubt.[493] Existenz bedrohend und damit rechtswidrig kann eine Weisung zur Teilnahme am Cash Pooling zweitens sein, wenn bereits abzusehen ist, dass der Darlehensrückzahlungsanspruch wertlos und auch der Verlustausgleichsanspruch zumindest zweifelhaft wäre.[494] Dass ein von vorneherein wertloser Verlustausgleichsanspruch seinem Sinn und Zweck niemals gerecht werden kann, eine Zahlung also nicht erfolgen darf, wenn *ex ante* feststeht, dass der Ausgleich scheitern wird,[495] bedarf keiner weiteren Begründung.

d) Rechtsfolge befolgter rechtswidriger Weisungen

Hieraus ergibt sich die Frage, was gelten soll, wenn Existenz gefährdende Weisungen verbotswidrig doch erfolgten und zu einer Auszahlung geführt haben. Wenn das abhängige Unternehmen die abgeführten Mittel zur Erhaltung seiner

---

[491] *Deckart,* Kapitalerhaltung als Grenze des Cash Pooling, S. 142 f.

[492] *Mülbert/Leuschner,* NZG 2009, 281, 286 f.

[493] *Zeidler,* in: Michalski, GmbHG Syst. Darst. 4, Rn. 98; *Liebscher,* GmbH-Konzernrecht, Rn. 716; *Emmerich,* in: Emmerich/Habersack, § 308 AktG Rn. 62; *Habersack/Schürnbrand,* NZG 2004, 689, 691 f.; *Becker,* DStR 1998, 1528, 1529; *Hommelhoff,* WM 1984, 1105, 1112 ff.; *Jäger,* DStR 2000, 1736, 1739; *Jula/Breitbarth,* AG 1997, 256, 258 ff.; etwas anderes kann sich allenfalls ergeben, wenn die Liquidität im Konzern an anderer Stelle ebenso dringend benötigt wird, vgl. *Koppensteiner,* in: KölnerKommAktG § 308 Rn. 52 f.

[494] *Altmeppen,* in: MünchKomm AktG § 302 Rn. 35 ff., § 308 Rn. 115 ff.; *Emmerich,* in: Emmerich/Habersack, § 308 AktG Rn. 61; *Heidinger,* in: Michalski, GmbHG § 30 Rn. 119; *Altmeppen,* in: Roth/Altmeppen, GmbHG Anh § 13 Rn. 60; *Burgard,* AG 2006, 527, 532; *Habersack/Schürnbrand,* NZG 2004, 689, 691; *Seidel,* DStR 2004, 1130, 1134; MünchKomm AktG; *Deckart,* Kapitalerhaltung als Grenze des Cash Pooling, S. 143; *Hormuth,* Recht und Praxis des konzernweiten Cash Managements, S. 164 f.; Vetter/Stadler, Haftungsrisiken beim konzernweiten Cash Pooling, Rn. 174 ff.

[495] *Henze,* in: Großkomm AktG § 57 Rn. 190; *Altmeppen,* in: Roth/Altmeppen, GmbHG § 30 Rn. 54; *Altmeppen,* ZIP 2009, 49, 55 f.; *Habersack/Schürnbrand,* NZG 2004, 689, 691; *Meister,* WM 1980, 390, 399 f.; *Deckart,* Kapitalerhaltung als Grenze des Cash Pooling, S. 143.

Zahlungsfähigkeit vor dem Hintergrund des § 17 InsO dringend benötigte, mag der Verlustausgleichsanspruch am Jahresende zumindest zu spät kommen.

aa) Bisher herrschende Meinung: Kein Fall von § 291 Abs. 3 AktG

§ 291 Abs. 3 AktG begründete bisher die Verdrängung der normalen Normen der Kapitalerhaltung für Leistungen, die „auf Grund" eines Beherrschungs- oder Gewinnabführungsvertrages erfolgen. Insofern ist eine Verdrängung für sonstige Leistungen zwischen den Parteien eines solchen Vertrags offenbar nicht intendiert gewesen.

Ein rechtswidriges Verhalten kann indes niemals vertraglich geschuldet sein (§ 134 BGB).[496] Für die hier interessierende Frage bedeutete das, dass rechtswidrige Weisungen von Muttergesellschaften stets außerhalb des Anwendungsbereiches von Beherrschungs- oder Gewinnabführungsverträgen erfolgten, sodass sie auch nicht „auf Grund" solcher Verträge befolgt werden können. Deswegen galten die §§ 30 f. GmbH, 57 ff. AktG hier nach bisher herrschender Meinung nahtlos weiter.[497] Dabei war es unpräzise – gleichwohl häufig zu lesen – von einem „Wiederaufleben" der Kapitalerhaltungsvorschriften zu sprechen. Richtig ist vielmehr, dass das Konzernprivileg des § 291 Abs. 3 AktG für Leistungen auf Grund rechtswidriger Weisungen von vornherein nicht in Betracht kam.

bb) Heute wohl herrschende Meinung: Änderung durch den neuen Gesetzeswortlaut

Der Gesetzgeber hat um Beweisschwierigkeiten auszuräumen[498] bei der Einfügung des Konzernprivilegs in § 30 Abs. 1 S. 2 GmbHG und § 57 Abs. 1 S. 3 AktG den Wortlaut des früheren § 291 Abs. 3 AktG nicht vollständig übernommen, sondern lässt das Privileg dort für Leistungen „*bei Bestehen* eines Beherrschungs- oder Gewinnabführungsvertrags" gelten. Im selben Zug wurde kurz vor Ende des Gesetzgebungsverfahrens auch der Wortlaut des § 291 Abs. 3 AktG entsprechend geändert. Das könnte bedeuten, dass die Lockerung der Vermögensbindung fortan stets greifen soll, wenn ein derartiger Vertrag existiert. Darauf ob eine Leistung vom Vertragszweck gedeckt ist, käme es dann nicht mehr an. Einer solchen wortlautgetreuen Interpretation wäre zu Gute zu halten, dass

---

[496] *Armbrüster,* in: MünchKomm BGB § 134 Rn. 1; *Sack,* in: Staudinger, BGB (2003) § 134 Rn. 10; *Wendtland,* in: Bamberger/Roth, § 134 BGB Rn. 2.

[497] *Koppensteiner,* in: KölnerKommAktG § 368 Rn. 107; *Hüffer,* AktG § 291 Rn. 36; *Altmeppen,* in: MünchKomm AktG § 291 Rn. 229; *Emmerich,* in: Emmerich/Habersack, § 291 Rn. 75, § 308 Rn. 59 ff.; *Habersack/Schürnbrand,* NZG 2004, 689, 691.

[498] *DAV-Handelsrechtsausschuss,* NZG 2007, 735, 740; *Winter,* DStR 2007, 1484, 1490.

sie nicht nur Beweisprobleme ausräumte, sondern auch der gewollten Vereinfachung des Cash Pooling Rechnung trüge. Wohl deswegen wird sie von der überwiegenden Literatur zum neuen Recht akzeptiert.[499]

cc) Gegenansicht: Beibehaltung der bisherigen Rechtslage?

Gegen den dargestellten Ansatz spräche, dass die Missbrauchsbekämpfung ebenso ein erklärtes Ziel des MoMiG war. Die Tatsache, dass die Gesetzesbegründung an dieser Stelle völlig schweigt, könnte deswegen ebenfalls dafür sprechen, dass eine Änderung der Gesetzeslage zum Nachteil der Gläubiger nicht intendiert war. Insbesondere ist nicht nachvollziehbar, welchen rechtspolitischen Sinn es ergeben sollte, ausgerechnet anerkannter Weise rechtswidrige Weisungen an abhängige Gesellschaften im Konzern fortan zu privilegieren.[500]

Winter schlug deswegen bereits während des Gesetzgebungsprozesses vor, es im Ergebnis bei der alten Regelung zu belassen. Dies begründet er allerdings damit, dass die §§ 30 Abs. 1 S. 2 GmbHG, 57 Abs. 1 S. 3 AktG auf den gesamten – ursprünglich dem Wortlaut nach nicht geänderten – § 291 AktG verwiesen, damit also auch auf Absatz 3 der Norm, was für dessen Fortgeltung gesprochen hätte.[501] Diese Begründung vermag freilich vor dem Hintergrund des letztlich doch geänderten Wortlauts der Norm nicht mehr zu überzeugen.

dd) Stellungnahme

Das offenbare Ziel, Beweisschwierigkeiten auszuräumen, sollte im Rahmen einer Abwägung Berücksichtigung erfahren. Diese kann jedoch nicht soweit gehen, künftig ausgerechnet rechtswidrige Weisungen zu begünstigen. Auch die offizielle Bezeichnung „Gesetz zur Modernisierung des GmbH-Rechts und *zur Bekämpfung von Missbräuchen*"[502] belegt, dass Möglichkeiten zum Missbrauch, so weit dies mit den weiteren Zielen der Reform vereinbar ist, ausgemerzt werden sollten. In Bezug auf die Verdrängung der Kapitalerhaltungsvorschriften durch das Konzernrecht führt denn auch der BGH an anderer Stelle aus, die Tatsache, dass der Verlustausgleichsanspruch an Stelle der Kapitalerhaltungsvor-

---

[499] So die heute wohl h.M.: *Habersack,* in: FS Schaumburg (2009), 1291, 1296; *Pentz,* in: FS K. Schmidt (2009), 1265, 1268; *Wand/Tillmann/Heckenthaler,* AG 2009 148, 154; *Winkler/Becker,* ZIP 2009, 2361, 2365 f.

[500] Wie hier: *Altmeppen,* NZG 2010.

[501] *Winter,* DStR 2007, 1484, 1490 zur ursprünglich geplanten Formulierung des Regierungsentwurfs, der von Leistungen „zwischen" den Parteien eines Beherrschungs- oder Gewinnabführungsvertrags sprach.

[502] Hervorhebung durch den Verfasser.

schriften trete, bedeute „nicht [...] die gänzliche Preisgabe des von diesen Vorschriften intendierten Gläubigerschutzes".[503]

Insofern entspräche es der Intention des MoMiG ebenso wie der Linie des BGH, die §§ 30 Abs. 1 S. 2 GmbHG, 57 Abs. 1 S. 3 AktG dahingehend zu interpretieren, dass zwar grundsätzlich das Vorliegen eines Beherrschungsvertrages ausreichte, also auch diejenigen rechtmäßigen Leistungen zu erfassen wären, die nicht *auf Grund* dieses Vertrages erfolgten. Andererseits muss jedoch die Grenze dort gezogen werden, wo der Grund der jeweiligen Leistung rechtswidrig ist.[504]

II. Isolierter Gewinnabführungsvertrag, § 291 Abs. 1 S. 1 2. Alt. AktG

Per Gewinnabführungsvertrag nach § 291 Abs. 1 S. 1 2. Alt. AktG verpflichtet sich ein Unternehmen, seinen gesamten Gewinn an ein anderes Unternehmen abzuführen. Spiegelbildlich dazu trifft das begünstigte Unternehmen gem. § 302 Abs. 1 AktG die Pflicht, eventuelle Jahresfehlbeträge auszugleichen. Nach heute allgemeiner Ansicht kann ein Gewinnabführungsvertrag auch dann existieren, wenn ein Beherrschungsvertrag nicht vorliegt.[505] Eine solche Konstellation ist etwa im faktischen GmbH-Konzern denkbar, der wegen der Weisungsabhängigkeit der Geschäftsführung einer Untergesellschaft keiner vertraglich vereinbarten Beherrschung bedarf. Gleichwohl kann ein Gewinnabführungsvertrag gewollt sein, weswegen zu überprüfen ist, ob in solchen Konstellationen die Regelungen für Vertrags- oder für faktische Konzerne greifen sollen.

Problematisch ist dabei, dass das Vorliegen eines isolierten Gewinnabführungsvertrags regelmäßig indiziert, dass sich das abführungspflichtige Unternehmen in einem Abhängigkeitsverhältnis befindet. Insofern müsste bei isoliertem Gewinnabführungsvertrag denknotwendig § 311 AktG greifen.[506] Der Verweis der §§ 30 Abs. 1 S. 2 GmbHG und 57 Abs. 1 S. 3 AktG auf § 291 AktG spricht dagegen dafür, dass keine Differenzierung zwischen Beherrschungs- und Ge-

---

[503] BGH, Urt. v. 10.07.2006 – II ZR 238/04 = BGHZ 168, 285, 287 f. = NZG 2006, 664, 665 = ZIP 2006, 1488, 1489 = NJW 2006, 3279, 3280 (zum GmbH-Vertragskonzern).

[504] I.E. ebenso *Altmeppen*, NZG 2010, 361, 363; *Rose*, in: Bunnemann/Zirngibl, § 6 Rn. 130.

[505] OLG Karlsruhe, Beschl. v. 12.04.2001 – 11 WX 77/00 = NJW-RR 2001, 973 = AG 2001, 536, 537; LG Kassel, Beschl. v. 15.11.1995 – 12 T 10/95 = NJW-RR 1996, 1510 = GmbHR 1996, 292; *Altmeppen*, in: MünchKommAktG § 291 Rn. 148 ff.; *Emmerich*, in: Emmerich/Habersack, Aktien- und GmbH-Konzernrecht, § 291 Rn. 61; *Hüffer*, AktG § 291 Rn. 24.

[506] *Altmeppen*, in: MünchKomm AktG § 311 Rn. 273; *Altmeppen*, NZG 2010, 361, 365 f.

winnabführungsvertrag mehr intendiert ist.[507] Dann aber müssten – entgegen § 316 AktG – die §§ 311, 317 AktG auch bei isolierten Gewinnabführungsverträgen suspendiert sein.[508]

Letztlich kann dieser Streit in der Regel offen bleiben. Hat sich eine Gesellschaft nämlich verpflichtet, ihre Gewinne an eine beherrschende Gesellschaft abzuführen, ist es für sie kein Nachteil, zu einem weniger rentablen Geschäft gezwungen zu werden, da sie den Mehrertrag ohnehin nicht hätte behalten dürfen.

Bestünde der Nachteil dagegen darin, dass der Darlehensrückzahlungsanspruch nicht werthaltig wäre, so träfe dies auch auf den Verlustübernahmeanspruch aus § 302 AktG zu. Dann aber müssten beim Cash Pooling umgehend sowohl der Cash-Pooling-Vertrag als auch der Gewinnabführungsvertrag durch die Geschäftsleitung der Untergesellschaft aufgekündigt werden.

Zusammenfassend kann daher gelten, dass – unabhängig davon, ob man die §§ 311, 317 AktG bei Vorliegen eines isolierten Gewinnabführungsvertrags suspendiert sehen möchte – beim isolierten Gewinnabführungsvertrag in aller Regel dieselben Grundsätze gelten wie bei einem Beherrschungsvertrag.

III. Generelles Vorliegen eines Beherrschungs- oder Gewinnabführungsvertrags?

Vereinzelt wurde überlegt, ob das Vorliegen eines Cash-Pooling-Vertrags automatisch die aktienrechtlichen Vorschriften des Konzernrechts gemäß § 291 Abs. 3 AktG auslösen sollte, da es sich beim Cash-Pooling-Rahmenvertrag um einen „atypischen Beherrschungsvertrag" handeln könnte.[509] Dies wird aber zu Recht abgelehnt. Zwar decken sich einzelne charakteristische Inhalte des Rahmenvertrags mit denen typischer Beherrschungsverträge, indem sie die Finanzplanung und -kontrolle der Gesellschaft auf die Konzernspitze übertragen. Wäre aber der Gesetzgeber davon ausgegangen, dass Cash-Pooling-Rahmenverträge deswegen auch stets Beherrschungsverträge darstellten, so wären die Verweise der neuen §§ 30 Abs. 1 S. 2 GmbHG und 57 Abs. 1 S. 3 AktG auf das Aktienkonzernrecht überflüssig. Hinzu kommt, dass Beherrschungsverträge eine enge Zusammenarbeit zweier Unternehmen in der Regel erst begründen, wohingegen

---

[507] *H. P. Westermann*, in: Scholz, GmbHG, Ergänzung MoMiG, § 30 Rn. 49; *Hueck/ Fastrich*, in: Baumbach/Hueck, GmbHG § 30 Rn. 44; *Hommelhoff*, in: Lutter/Hommelhoff*, GmbHG § 30 Rn. 47; *Habersack*, in: Emmerich/Habersack, § 316 Rn. 10; *Wicke*, GmbHG § 30 Rn. 14; *Habersack*, in: FS Schaumburg (2009), 1291, 1299 f.; *Mülbert/ Leuschner*, NZG 2009, 281, 287.

[508] *Habersack*, in: Emmerich/Habersack, § 316 Rn. 10; *Habersack*, in: FS Schaumburg (2009), 1291, 1299 f.

[509] Ähnliche Überlegungen stellen *Eichholz*, Das Recht konzerninterner Darlehen, S. 111 und *Makowski*, Cash Management in Unternehmensgruppen, S. 58 ff. an.

die Teilnahme am Cash Pooling erst in Betracht kommt, wenn bereits eine entsprechend enge Verknüpfung der Unternehmen vorliegt.[510] Dieser Bewertung steht nicht entgegen, dass ein Vertrag, der sowohl den Rahmen des Cash Pooling regelt als auch weitere Leitungsbefugnisse auf die Konzernspitze überträgt, im Einzelfall einen Beherrschungsvertrag darstellen kann.[511]

Auch die Qualifikation eines jeden Cash-Pooling-Vertrags als verdeckten Gewinnabführungsvertrag ist abzulehnen, da im Normalfall kein Gewinn abgeführt, sondern nur Liquidität verlagert wird, sodass bilanziell ein Aktivtausch vorliegt.[512]

IV. Folgen für den Gläubigerschutz im Vertragskonzern

Da die Kausalität zwischen einer Zahlung und dem Vorliegen eines Beherrschungs- oder Gewinnabführungsvertrages nicht mehr darzulegen ist, wurde der Bereich, in dem das aktienrechtliche Konzernrecht die Normen der Kapitalerhaltung verdrängt, ausgeweitet. Im Vertragskonzern erhält eine Gesellschaft nun anstelle eines sofortigen Rückzahlungsanspruchs den zeitlich hinausgeschobenen Verlustausgleichsanspruch. Damit drängt sich die Frage auf, ob die Neuregelungen durch das MoMiG in diesem Bereich zu Lasten der Gläubiger abhängiger Gesellschaften gehen. Unter Zugrundelegung einer geforderten streng bilanziellen Sichtweise erleiden diese zwar keinen Nachteil, jedoch ist nicht von der Hand zu weisen, dass auch aus Gläubigersicht ein Interesse an der jederzeitigen Verfügbarkeit von Haftungsmasse besteht.

Die Neuregelung sichert trotzdem auf dreierlei Weise ein angemessenes Gläubigerschutzniveau: Erstens sind Existenz bedrohende Weisungen nach wie vor unzulässig, der abstrakte Gläubigerschutz wird also nur dort scheinbar heruntergefahren, wo eine spätere Rückzahlung als gesichert erscheint. Zweitens dient die Rückkehr zur bilanziellen Betrachtungsweise dem Ziel, einen impraktikablen und überzogenen Gläubigerschutz rückgängig zu machen. Indem auch bei einer nicht vertraglichen Konzernierung zur bilanziellen Betrachtungsweise zurückgekehrt wurde, wurde lediglich die Lücke, die im Schutzniveau zwischen vertraglichem und faktischem Konzern klaffte, verkleinert.

Drittens darf nicht übersehen werden, dass Gläubigerschutz im Vertragskonzern nicht nur durch Kapitalerhaltung gewährt wird: § 294 Abs. 1 S. 1 AktG verpflichtet die Parteien eines Unternehmensvertrags, dessen Bestehen und Art ins Handelsregister der abhängigen Gesellschaft einzutragen.[513] Spätestens seit In-

---

[510] *Rittscher,* Cash-Management-Systeme in der Insolvenz, S. 34.

[511] *Makowski,* Cash Management in Unternehmensgruppen, S. 58 ff.

[512] So auch *Grothaus/Halberkamp,* GmbHR 2005, 1317, 1322; *Spindler,* ZHR 171 (2007), 245, 260; *Makowski,* Cash Management in Unternehmensgruppen, S. 62.

krafttreten des EHUG[514] am 01.01.2007 ist es deswegen jedem Vertragsgläubiger möglich, sich mittels des elektronischen Handelsregisters in kostengünstiger Weise über den Inhalt potenzieller Unternehmensverträge einer abhängigen Gesellschaft zu informieren.[515] Im Rahmen einer Gesamtschau wird man so zu dem Ergebnis kommen müssen, dass eher eine Verlagerung des Gläubigerschutzes stattfindet denn eine Erosion.

Insgesamt kann daher unterstellt werden, dass das MoMiG den Gläubigerschutz im Vertragskonzern nicht in unvertretbarer Weise aufgeweicht hat.[516]

V. Ergebnis der Untersuchung zum Vertragskonzern

Die Würdigung der Auswirkungen des MoMiG auf Vertragskonzerne lieferten mehrere Ergebnisse. Zunächst konnte belegt werden, dass seit der Schaffung des neuen § 30 Abs. 1 S. 2 GmbH kein Zweifel an der Verdrängung der §§ 30 ff. GmbHG durch § 291 Abs. 3 AktG bei Vorliegen eines Vertragskonzerns verbleibt.[517] Folglich ist es bei vertraglicher Konzernierung grundsätzlich unerheblich, ob es sich bei der abhängigen Gesellschaft um eine AG oder eine GmbH handelt.

Weiterhin kann angenommen werden, dass es trotz einer eventuellen Ausdehnung der Anwendbarkeit der Regelungen über den Vertragskonzern zu Lasten der allgemeinen Kapitalerhaltungsvorschriften durch das MoMiG nicht zu einer wesentlichen Schlechterstellung der Gesellschaftsgläubiger gekommen ist.[518] Insbesondere gilt das Verbot der Erteilung Existenz gefährdender Weisungen trotz des geänderten Gesetzeswortlauts fort.[519] Wenn nach dem Novemberurteil die vertragliche Konzernierung als einzige Möglichkeit eines rechtlich unproblemati-

---

[513] Dies wurde von der herrschenden Meinung bereits vor Inkrafttreten des MoMiG wegen des satzungsändernden Charakters auch auf die GmbH angewandt (vgl. § 54 GmbHG), so BGH, Beschl. v. 24.10.1988 – II ZB 7/88 = BGHZ 105, 324, 342 ff. = ZIP 1989, 29 = BB 1989, 95 = AG 1989, 91 = DB 1988, 2623 = WM 1988, 1819 = WuB II C § 54 GmbHG 1.89 m. Anm. *U. H. Schneider*; OLG Zweibrücken, Beschl. v. 02.12.1998 – 3 W 174/98 = OLGR Zweibrücken 1999, 159 f. = AG 1999, 328, 329; AG Duisburg, Beschl. v. 18.11.1993 – HRG 3196 = DB 1993, 2522 = AG 1994, 568; *Zeidler,* in: Michalski, GmbHG, Syst. Darst. 4 Rn. 69; *Altmeppen,* in: MünchKomm AktG § 294 Rn. 4 ff.; *Hüffer,* AktG § 294 Rn. 1; *Deckart,* Kapitalerhaltung als Grenze des Cash Pooling, S. 147.

[514] Gesetz über elektronische Handelsregister und Genossenschaftsregister sowie das Unternehmensregister, Gesetz vom 10.11.2006, BGBl. 2006 Teil I Nr. 52, S. 2553.

[515] Zur Senkung von Transaktionskosten durch Verschärfung von Registerrecht vgl. *Kirchner,* in: FS Raiser (2005), 191, 195.

[516] Ähnlich *Rose,* in: Bunnemann/Zirngibl, § 6 Rn. 129.

[517] 2. Teil, F. I. 1. b) bb).

[518] 2. Teil, F. IV.

[519] 2. Teil, F. I. 2. d) dd).

schen Cash Pooling gewertet wurde, so kann dies seit der Rückkehr zu einer bilanziellen Betrachtungsweise nicht mehr gelten. Dennoch bietet der Vertragskonzern rechtliche Vorteile, deren Ausmaß allerdings nach wie vor von der Rechtsform der abhängigen Gesellschaftsform bestimmt wird.

1. GmbH-Vertragskonzern

Die Darlehensvergabe an ein bonitätsmäßig einwandfreies Verbundunternehmen ist im faktischen wie im Vertragskonzern auch zu Lasten des gebundenen Vermögens gleichermaßen möglich. Ist dagegen *ex ante* erkennbar, dass das Darlehen nicht zurückgezahlt werden kann, so darf die abhängige GmbH weder im faktischen noch im Vertragskonzern zur Vergabe angewiesen werden. Erfolgt diese dennoch, so bleibt es bei beiden Konzernierungsformen beim Anspruch aus § 31 GmbHG. Ein praxisrelevanter Vorteil der vertraglichen Konzernierung von GmbHs verbleibt damit nur dort, wo zu Lasten des Stammkapitals unverzinste Darlehen ausgegeben werden sollen oder wo zu vermeiden gesucht wird, dass Rückzahlungsansprüche gegen darlehensnehmende Schwestergesellschaften erwachsen. Damit hängt die Frage nach der Vorteilhaftigkeit einer vertraglichen Konzernierung hier von der präferierten Gestaltungsvariante des Cash Pooling ab. Aus Sicht der Konzernspitze kann der Abschluss eines Beherrschungs- oder Gewinnabführungsvertrags mit einer abhängigen GmbH unter Umständen sogar nachteilig sein. Es darf nämlich nicht übersehen werden, dass der Anspruch aus § 302 AktG nicht beim Erreichen der Stammkapitalziffer endet, sondern selbst dann auf Ausgleich des gesamten Bilanzverlustes gerichtet ist, wenn das Stammkapital am Bilanzstichtag unversehrt ist. Er kann also betragsmäßig weit über den Anspruch aus § 31 GmbHG hinausgehen.[520]

2. AG-Vertragskonzern

Demgegenüber stellt die vertragliche Konzernierung bei der AG in Bezug auf Cash Pooling wegen der strikteren Kapitalbindung des § 57 AktG auch heute noch eine interessante Alternative dar: Durch die Möglichkeit zur Erteilung nachteiliger Weisungen, können beispielsweise auch im Aktienkonzern Upstream-Sicherheiten bestellt werden, was die Aufnahme von Fremdmitteln erleichtert.[521] Anders als bei der strengen Kapitalbindung nach § 57 AktG ist bei vertraglicher Konzernierung praktisch jede Gestaltungsvariante des Cash Pooling zulässig, solange die Bonitätsprüfung ergibt, dass der Kompensationsanspruch aus § 302 AktG werthaltig ist. Insbesondere können dann Darlehen unter Ver-

---

[520] BGH, Urt. v. 10.07.2006 – II ZR 238/04 = NZG 2006, 664, 665; *Verse,* ZIP 2005, 1627, 1631.
[521] 2. Teil, F. I. 2. b).

zicht auf angemessene Besicherung und Verzinsung ausgegeben sowie Upstream-Sicherheiten bestellt werden.

3. Fazit zum Vertragskonzern

Inwieweit der Vertragskonzern seine in den letzten Jahren gewachsene Bedeutung als Rahmen für rechtlich unbedenkliches Cash Pooling beibehalten wird, kann nicht mit Sicherheit vorhergesagt werden. Jedoch ist die Vermutung auszusprechen, dass der Wunsch nach der Etablierung eines Cash-Pooling-Systems – insbesondere im GmbH-Konzern – zukünftig kein entscheidendes Argument für den Abschluss eines Beherrschungs- oder Gewinnabführungsvertrages mehr sein wird.

G. Ergebnis zur Kapitalerhaltung

Unabhängig von Gesellschaftsform und Konzernierung konnte festgestellt werden, dass eine Darlehensvergabe im Rahmen des Cash Pooling immer zulässig ist, wenn ein vollwertiger oder hinreichend besicherter Rückzahlungsanspruch besteht, da diesbezüglich heute durchweg eine bilanzielle Betrachtungsweise gilt.[522] Die entgegenstehende Auffassung des BGH im Rahmen seines Novemberurteils ist mit dem geltenden Recht nicht mehr vereinbar. Nach wie vor ist die Upstream-Besicherung im GmbH-Recht rechtlich nur zu Lasten des freien Vermögens unproblematisch. Soll sie zu Lasten gebundenen Vermögens erfolgen, sind besondere Sicherheitsvorkehrungen zu treffen.[523] Auf Grund der umfassenden Vermögensbindung im Aktienrecht ist davon auszugehen, dass es hier regelmäßig bei einem Verbot bleibt, sofern keine zusätzlichen Sicherheiten bestehen[524] und kein Beherrschungsvertrag vorliegt.[525]

Die Rückkehr zu einer bilanziellen Betrachtungsweise ist zu begrüßen. Indem Cash Pooling im Konzern nicht mehr unter dem Motiv eines überschießenden Gläubigerschutzes behindert wird, ist vor allem auch den Gläubigern gedient, die von der kostengünstigeren Innenfinanzierung des Konzerns mittelbar profitieren.

Durch die Gesetzesreform wurde klar gestellt, dass die Regeln über den aktienrechtlichen Vertragskonzern auch im GmbH-Recht gelten.[526] Trotz der weiter gehenden Formulierung des neuen Gesetzestextes bleiben dort Existenz gefährdende Weisungen nach wie vor unzulässig.[527] Insgesamt hat das Recht des Ver-

---

[522] 2. Teil, A. I. 2. c) cc).
[523] 2. Teil, A. I. 2. d).
[524] 2. Teil, D. II. 2. c).
[525] 2. Teil, F. I. 2. b).
[526] 2. Teil, F. I. 1. b) bb).
[527] 2. Teil, F. I. 2. c).

tragskonzerns kaum eine Änderung erfahren. Da konzerninterne Darlehensvergabe nun auch bei nur faktischer Konzernierung wieder problemlos möglich ist, entfällt zukünftig auch ein mögliches Motiv für den Abschluss von Beherrschungsverträgen.

Auch das Recht der Kapitalaufbringung steht der Einbindung von neu gegründeten GmbHs in ein konzernweites Cash-Management-System jetzt nicht mehr entgegen.[528] Hier sind allerdings Regelungslücken und wenig nachvollziehbare Differenzierungen hinsichtlich der Rechtsfolgen vergleichbarer Sachverhalte zu bemängeln, die die Rechtsprechung – vielleicht auch erneut den Gesetzgeber – in den nächsten Jahren beschäftigen werden.[529] Im Aktienrecht hat diesbezüglich keine Veränderung stattgefunden.[530]

Hinsichtlich der Teilnahme anderer kapitalistisch geprägter Gesellschaftsformen am Cash Pooling ergeben sich nur geringe Unterschiede zum Recht der GmbH[531] und AG.[532]

---

[528] 2. Teil, A. II. 2. c).
[529] 2. Teil, A. II. 2. c).
[530] 2. Teil, D. V.
[531] UG (haftungsbeschränkt): 2. Teil, B.; GmbH & Co KG: 2. Teil, C.
[532] SE: 2. Teil, E.

3. *Teil*

Zahlungsströme beim Cash Pooling
als Gesellschafterdarlehen

Im folgenden Abschnitt soll die Behandlung von Gesellschafterdarlehen durch das MoMiG untersucht werden. In Cash-Pooling-Systemen liegen sie in Reinform als *downstream loans* vor allem dann vor, wenn Gesellschaften Liquidität aus dem bei der Konzernspitze angesiedelten Pool in Anspruch nehmen oder wenn die Konzernspitze Mittel bei einer ihr nachgelagerten Finanzierungsgesellschaft anlegt. Während die oben ausführlich besprochenen Upstream-Finanzierungen nach dem Novemberurteil in Bezug auf das Cash Pooling eine besondere Fokussierung durch die Fachwelt erfuhren, wurde der Blick auf Downstream-Finanzierungen zuletzt bisweilen vernachlässigt.[1] Dies verwundert insofern, als dass Gesellschafterdarlehen bereits viel früher diffizile Rechtsfragen aufwarfen und in diesem Bereich eine wesentlich umfangreichere Judikatur existiert.

Das Fundament fast aller Probleme im Zusammenhang mit Gesellschafterdarlehen legte der historische Gesetzgeber, indem er davon ausging, die Gesellschafter würden im Fall einer unzulänglichen Ausstattung ihrer Gesellschaft mit Eigenkapital gemäß §§ 26 ff. GmbHG weiteres Eigenkapital zuführen.[2] In der Realität hat sich dagegen schnell gezeigt, dass oft eine Vielzahl rechtlicher und ökonomischer Gründe dafür sprechen, anstelle neuen Eigenkapitals eher zusätzliches Fremdkapital in Form von Gesellschafterdarlehen zu gewähren.[3] Hieraus ergab sich eine rechtliche und rechtspolitische Schieflage, die die Väter des GmbHG nicht voraus gesehen hatten und die nach und nach zwangsläufig zu einer Weiterentwicklung und Ausdifferenzierung des GmbH-Rechts führen musste.

Lange Zeit existierte in Deutschland daher das hochkomplexe System des Eigenkapitalersatzrechts als Produkt der weit zurück reichenden Historie von Recht-

---

[1] Ebenso *Klinck/Gärtner,* NZI 2008, 457, 458.

[2] Dazu *T. Bezzenberger,* in: FS G. Bezzenberger (2000), 23, 26; *Goette,* ZGR 2006, 261, 265.

[3] Zu nennen wären hier etwa die steuerlichen Vorteile des Fremdkapitals, eine feste Verzinsung unabhängig vom Unternehmenserfolg, hohe Flexibilität, gegenüber dem Eigenkapital vorrangige Rückzahlung, schnelle und unbürokratische Abwicklung und fehlende Registereintragungspflicht; Dieser Hinweis findet sich bereits bei *Feine,* Die Gesellschaft mit beschränkter Haftung (1929), 317; aus der jüngeren Literatur ausführlich *Vervessos,* Eigenkapitalersatzrecht, S. 31 ff. m.w.N.

sprechungsregeln[4] und Gesetzesreformen,[5] die das Richterrecht teilweise im Recht der GmbH kodifizierten (§§ 32 a, b GmbHG). Danach waren Darlehen, die Gesellschafter ihrer Gesellschaft in der Krise gewährten, unter Umständen wie haftendes Eigenkapital zu behandeln. Die Bedeutung dieser Normen wuchs mit zunehmender Konzernierung von Gesellschaften, da das Gesellschafterdarlehen im Rahmen einer modernen Konzerninnenfinanzierung nun nicht mehr der Ausnahmefall war, sondern zu einer der wichtigsten Finanzierungsformen avancierte[6] – dies nicht zuletzt in der Gestalt des Cash Pooling. Einen weiteren Bedeutungsgewinn erlangte die Gesellschafterfremdfinanzierung durch die Basel-II-Gesetzgebung. Spätestens diese führte nämlich dazu, dass eine nur mit dem Mindeststammkapital ausgestattete Gesellschaft am Kapitalmarkt keinen Kredit bekommen würde,[7] sodass ergänzende Gesellschaftermittel heute fast immer notwendig sind.

Mittels Analogien fanden die Regelungen betreffend solche Gesellschafterunterstützungen daher auch Einzug in das Recht anderer Gesellschaftsformen.[8] Allerdings traten in diesem Zusammenhang viele Unsicherheiten auf. Umstritten war etwa, wann von einer Krise auszugehen war,[9] welche Darlehen von Nicht-Gesellschaftern als Eigenkapital ersetzend zu behandeln wären, und unter welchen Bedingungen es zur „Rückumwandlung" von Eigenkapital zu Fremdkapital kommen sollte. Später kamen europarechtlich motivierte Diskussionen hinzu, die sich aus der Tatsache ergaben, dass GmbH-Recht meist nicht analog auf ausländische Rechtsformen in Deutschland anwendbar ist.[10] Insgesamt ist *Gehrlein* zuzustimmen, wenn er ausführt, das überaus komplexe Rechtsprechungsgeflecht sei nur noch für einen kleinen Kreis von Fachleuten durchschaubar gewesen.[11]

---

[4] Ansätze schon bei RG, Urt. v. 16.11.1937 – II 70/37 = JW 1938, 862, 864, (auf § 826 BGB gestützt) und RG, Urt. v. 22.10.1938 – II 58/38 = JW 1939, 229, 231 (wegen „Formenmissbrauchs").

[5] Diskutiert wurden die Probleme bereits in Vorbereitung eines Entwurf aus dem Jahr 1939, vgl. *Schubert,* Entwurf des Reichsministeriums zu einem Gesetz über die Gesellschaften mit beschränkter Haftung, S. 103: *„§ 36 Abs. 1 S. 1: Hat ein Gesellschafter, obwohl nach Sachlage die Erhöhung des Stammkapitals geboten war, der Gesellschaft ein Darlehen gewährt, so kann er den Anspruch auf Rückgewähr des Darlehens im Konkurse über das Vermögen der Gesellschaft [...] nicht geltend machen."* Schlussendlich wurde dieser Entwurf aber wegen des ausgebrochenen II. Weltkrieges nicht mehr umgesetzt.

[6] So bereits *Fränkel,* Die Gesellschaft mit beschränkter Haftung (1915), S. 103 ff.; dieselbe Entwicklung beschreiben *T. Bezzenberger,* in: FS G. Bezzenberger (2000), 23 m.w.N. in Fn. 1 und *Vetter/Stadler,* Haftungsrisiken beim konzernweiten Cash Pooling, Rn. 39.

[7] *Altmeppen,* NJW 2006, 1911, 1912.

[8] Zuletzt OLG Köln, Urt. v. 05.02.2009 – 18 U 171/07 = AG 2009, 703, 704.

[9] Dazu *Goette,* ZGR 2006, 261, 267.

[10] Dazu unten 5. Teil, A. I. 1. b) cc); zum sich stetig wandelnden Diskurs über das Eigenkapitalersatzrecht zuletzt *K. Schmidt,* GmbHR 2005, 797.

Dieser Befund wird freilich von denjenigen Autoren bestritten, die sich in der Vergangenheit um die Fortentwicklung des Eigenkapitalersatzrechts verdient gemacht haben.[12] Selbst *Karsten Schmidt* konstatierte jedoch bereits 1990, innerhalb von damals fünf Jahren seien so viele Urteile zum Kapitalersatzrecht ergangen, dass es ihm „den Atem verschlagen" habe.[13]

Durch das MoMiG wurde das Recht der Gesellschafterdarlehen deswegen neu gefasst und unter Abschaffung der Rechtsfigur des Eigenkapital ersetzenden Gesellschafterdarlehens[14] zu großen Teilen aus dem GmbHG in die Insolvenzordnung verlegt.[15] Auch dies trägt augenscheinlich dem bereits beschriebenen Trend fort vom *ex-ante-* und hin zum *ex-post-*Gläubigerschutz[16] Rechnung.

Zur Auslegung der neuen Normen ist es allerdings unerlässlich, bisweilen weiterhin auf die Ausführungen zum alten System des Eigenkapitalersatzrechts zurückzugreifen. Darum soll eine knappe Darstellung desselben den Auftakt des folgenden Kapitels bilden.

A. Rechtsentwicklung

Über zwanzig Jahre lang galt bezüglich des Eigenkapitalersatzrechts in Deutschland ein zweistufiges Schutzsystem. „Zweistufig" deswegen, weil es zum Einen auf einem Sockel aus richterrechtlich entwickelten Rechtsprechungsregeln, zum Anderen auf einem Aufbau aus deren teilweiser nachträglicher Kodifizierung in den inzwischen abgeschafften §§ 32a, b GmbHG fußte.[17] Interessant ist dabei, dass die Zweistufigkeit keinesfalls beabsichtigt war.[18] Stattdessen sollten

---

[11] *Gehrlein,* BB 2008, 846; *Kallmeyer,* GmbHR 2004, 377, 378; einen umfassenden Überblick über die Kritik liefern *Claussen,* in: FS H. P. Westermann (2008) 861, 864 ff.; *v. Gerkan,* in: FS Lutter (2000), 1318 f. und *K. Schmidt,* GmbHR 2005, 797, 798 f. jeweils m.w.N.

[12] So etwa *Goette,* ZGR 2006, 261, 275 ff.; *Hommelhoff,* in: Die GmbH-Reform in der Diskussion, 115, 116.

[13] *K. Schmidt,* ZIP 1990, 69.

[14] Zur fortdauernden Anwendbarkeit bei Altfällen vgl. BGH, Urt. v. 26.01.2009 – II ZR 260/07 („Gut Buschow") = WM 2009, 609 = ZIP 2009, 615; BGH, Urt. v. 26.01. 2009 – II ZR 217/07 = ZIP 2009, 662, 663 = WM 2009, 612, 613.

[15] *Burg/Westerheide,* BB 2008, 62; *Krolop,* ZIP 2007, 1738.

[16] *Haas,* Stellungnahme zum MoMiG-Entwurf (2007), S. 6; zu diesem Trend auch *K. Schmidt,* GmbHR 2007, 1; *K. Schmidt,* ZIP 2006, 1925, 1932; *Spindler,* JZ 2006, 839, 841 f.; *Thole,* ZIP 2007, 1590.

[17] *Heidinger,* in: Michalski, GmbHG §§ 32a, 32b Rn. 19; *Cahn,* AG 2005, 217, 218; *Kleindiek,* ZGR 2006, 335, 351; *Hommelhoff,* in: Die GmbH-Reform in der Diskussion, 115, 117; *U. Huber,* in: Lutter, Europäische Auslandsgesellschaften, 131, 133.

[18] *Heidinger,* in: Michalski, GmbHG §§ 32a, 32b Rn. 14; *Löwisch,* Hdb. Eigenkapitalersatzrecht, Rn. 9; *Gehrlein,* BB 2008, 846; *Hommelhoff/Kleindiek,* in: FS 100 Jahre GmbHG (1992), 421, 429.

die §§ 32a, b GmbHG im geschriebenen Gesetz eine Grundlage für das teilweise komplizierte und auf zahlreichen Analogien basierende System der Rechtsprechung schaffen.[19] Es zeigte sich indes, dass der Wortlaut dieser „Novellenregeln" unglücklich gewählt war, sodass sie teilweise größeren Schutz gewährten als das System der Rechtsprechung, dafür aber an anderer Stelle traditionelle Gläubigerschutzmechanismen nicht aufgriffen.[20] In seinem berühmten Nutzfahrzeuge-Urteil[21] erkannte der BGH deswegen auf eine fortbestehende Anwendbarkeit der Rechtsprechungsregeln neben den §§ 32a, b GmbHG.[22] Während man anfangs von einem dualen Schutzsystem ausging,[23] setzte sich im Ergebnis weitgehend die Ansicht durch, dass bis zur Stammkapitalziffer die strengen Regeln aus §§ 30, 31 GmbHG mit den dazu entwickelten Grundsätzen der Rechtsprechung gelten sollten.[24] Bei Beweisschwierigkeiten konnte aber auf §§ 32a, b GmbHG zurückgegriffen werden.[25] Oberhalb dieser Grenze seien dagegen nur die §§ 32a, b GmbHG einschlägig.[26] Im Folgenden sollen die beiden Schutzstufen kurz dargestellt werden.

---

[19] Begr. RegE 1977, BT-Drucks. 8/1347, S. 39.

[20] *Heidinger,* in: Michalski, GmbHG §§ 32a, 32b Rn. 14; *Löwisch,* Hdb. Eigenkapitalersatzrecht, Rn. 9; *Cahn,* AG 2005, 217, 218; *Gehrlein,* BB 2008, 846; *Hommelhoff/ Kleindiek,* in: FS 100 Jahre GmbHG (1992), 421, 429.

[21] BGH, Urt. v. 26.03.1984 – II ZR 14/84 („Nutzfahrzeuge") = BGHZ 90, 370 = ZIP 1984, 698; bestätigt etwa durch BGH, Urt. v. 06.05.1985 – II ZR 132/84 = WM 1985, 1028 = ZIP 1985, 1075; BGH, Urt. v. 08.07.1985 – II ZR 269/84 = BGHZ 95, 192; BGH, Urt. v. 25.11.1985 – II ZR 93/85 = WM 1986, 447 = WuB II G GmbHG § 32a 1.86, 995; BGH, Urt. v. 09.10.1986 = GmbHR 1987, 55 = WM 1986, 1554; BGH, Urt. v. 28.09.1987 – II ZR 28/87 = DB 1988, 38 = WM 1987, 1488; BGH, Urt. v. 12.12. 1988 – II ZR 378/87 = ZIP 1989, 161 = GmbHR 1989, 157; BGH, Urt. v. 20.09.1993 – II ZR 151/92 = BGHZ 123, 289 = ZIP 1993, 1614; BGH, Urt. v. 28.11.1994 – II ZR 77/93 = ZIP 1995, 23, 25 = WuB II C § 32a GmbHG 3.95.

[22] Zust. *Lutter/Hommelhoff,* GmbHG, 16. Aufl., § 32a/b Rn. 7 ff.; *Hueck/Fastrich,* in: Baumbach/Hueck, GmbHG, 18. Aufl., § 32a Rn. 89; *Löwisch,* Hdb. Eigenkapitalersatzrecht, Rn. 9; *K. Schmidt,* GesR § 37 IV 1 b; *Hommelhoff,* in: v. Gerkan/Hommelhoff, § 1 Rn. 1.4; *Hommelhoff,* ZGR 1988, 460, 478 ff.

[23] Z. B. *Cahn,* Kapitalerhaltung im Konzern, S. 235; *v. Gerkan,* GmbHR 1986, 218, 219; *H. P. Westermann,* in: FS Fleck (1988), 423 f.

[24] *Lutter/Hommelhoff,* GmbHG, 16. Aufl., § 32a Rn. 17; *Hommelhoff,* in: v. Gerkan/ Hommelhoff, Rn. 1.5; *Faßbender,* Cash Pooling und Kapitalersatzrecht, S. 54 f.

[25] *Hueck/Fastrich,* in: Baumbach/Hueck, GmbHG, 18. Aufl., § 32a Rn. 92; wohl auch *Lutter/Hommelhoff,* GmbHG, 16. Aufl., § 32a Rn. 17; *a. A.* aber noch *Hommelhoff,* ZGR 1988, 460, 481, der in diesem Bereich die BGH-Regeln als ein die §§ 32a, b GmbHG verdrängende *lex specialis* ansieht.

[26] *Heidinger,* in: Michalski, GmbHG §§ 32a, 32b Rn. 19; *Pentz,* in: Rowedder/ Schmidt-Leithoff, GmbHG § 32a Rn. 224; *Lutter/Hommelhoff,* GmbHG, 16. Aufl., § 32a Rn. 17; *Hommelhoff,* in: v. Gerkan/Hommelhoff, Rn. 1.5; *Hommelhoff,* ZGR 1988, 460, 481; *Faßbender,* Cash Pooling und Kapitalersatzrecht, S. 53 f.

I. § 30 GmbHG analog (Rechtsprechungsregeln)

Dass die Rechtsprechungsregeln jedenfalls nur bis zum Erreichen der Stammkapitalziffer greifen können, ergibt sich bereits daraus, dass sie ihren Ursprung in einer Analogie zu §§ 30, 31 GmbHG haben.

1. Entwicklung der Rechtsprechungsregeln

Erstmals 1959 erklärte der BGH im Rahmen seiner „Lufttaxi"-Entscheidung[27] den § 30 GmbHG für auf die Rückzahlung von Darlehen durch Gesellschafter entsprechend anwendbar, wenn sich die Gesellschaft in einer Krise befände und das Darlehen zur Vermeidung des Konkurses (später der Insolvenz) wie Eigenkapital fungiere, also in der Überschuldungsbilanz nicht zum Ansatz gebracht würde. Begründet wurde das damals noch mit dem Grundsatz des *venire contra factum proprium*: Es sei ein Verstoß gegen das Prinzip von Treu und Glauben, wenn der Gesellschafter das Darlehen in der Bilanz wie Eigenkapital ausweise und die hieraus resultierenden Vorteile genieße, sich dann aber im Konkursfall auf den eigentlichen Fremdkapitalcharakter berufe.[28] Deswegen seien solche Gesellschafterdarlehen wie Eigenkapital zu behandeln, sodass eine Rückzahlung gegen § 30 GmbHG in analoger Anwendung verstoßen und einen Rückzahlungsanspruch nach § 31 GmbHG analog auslösen könne.[29] Diese mehrfach bestätigte und ausgeweitete Rechtsprechung erfuhr eine Konkretisierung im Rahmen der Grundsatzentscheidung vom 24.03.1980.[30] Die Ergebnisse des Rechtsentwicklungsprozesses fasst *Hommelhoff*[31] wie folgt zusammen:

---

[27] BGH, Urt. v. 14.12.1959 – II ZR 187/57 („Lufttaxi") = BGHZ 31, 258 = NJW 1960, 285 = JR 1960, 180 = JZ 1960, 539 = MDR 1960, 205 = BB 1960, 18 = DB 1960, 25 = WM 1960, 41 = GmbHR 1960, 43 = LM GmbHG § 2 Nr. 4.

[28] BGH, Urt. v. 14.12.1959 – II ZR 187, 57 = BGHZ 31, 258, 272; BGH, Urt. v. 27.09.1976 – II ZR 162/75 = BGHZ 67, 171, 175 = NJW 1977, 104, 105 m. Anm. *K. Schmidt*; BGH, Urt. v. 26.11.1979 – II ZR 104/77 („Früchte") = BGHZ 75, 334, 336 = NJW 1980, 592 = ZIP 1980, 115, 116 m. Anm. *Klasmeyer; a. A. Meilicke,* GmbHR 2007, 225, 227, der darauf hinweist, dass eine derartige Haftung das vorangegangene Setzen eines zurechenbaren Vertrauenstatbestandes voraussetzt, welches hier nicht gegeben sei.

[29] BGH, Urt. v. 14.12.1959 – II ZR 187, 57 = BGHZ 31, 258, 272 f.

[30] BGH, Urt. v. 24.03.1980 – II ZR 213/77 = BGHZ 76, 326 = WM 1980, 589 = DB 1980, 1159 = BB 1980, 797 = GmbHR 1980, 178 = ZIP 1980, 361 = LM Nr. 8 zu § 43 GmbHG m. Anm. *Fleck*; bestätigt durch BGH, Urt. v. 08.11.2004 – II ZR 300/02 = WM 2005, 78 = ZIP 2005, 82 = DStR 2005, 117 = DB 2005, 97 = BB 2005, 176 = GmbHR 2005, 234 m. Anm. *Blöse* = WuB II C § 30 GmbHG 2.05 und durch BGH, Urt. v. 19.09.2005 – II ZR 229/03 = ZIP 2005, 2016 = WuB II C § 30 GmbHG m. Anm. *S. H. Schneider* = EWiR 2005, 883 m. Anm. *v. Gerkan*.

[31] *Hommelhoff,* in: v. Gerkan/Hommelhoff, Rn. 1.8 ff.; ähnlich *Cahn,* Kapitalerhaltung im Konzern, S. 235 f.; *Faßbender,* Cash Pooling und Kapitalersatzrecht, S. 45.

1. Gewährt ein Gesellschafter der GmbH, die bei gesellschaftsfremden Dritten kreditunwürdig oder gar insolvenzreif ist, anstelle einer in dieser Lage benötigten weiteren Kapitaleinlage Darlehensbeträge, so sind diese Gelder so zu behandeln, als seien sie haftendes Kapital.

2. Diese Darlehensbeträge dürfen erst dann an den Gesellschafter zurückbezahlt werden, wenn bei der Gesellschaft trotz der Rückzahlung ein Aktivvermögen in Höhe des satzungsmäßigen Stammkapitals verbleibt, also durch die Rückzahlung keine Unterbilanz eintritt oder eine bereits vorhandene Unterbilanz noch weiter vertieft wird. Andernfalls ist das Gesellschafterdarlehen in der Gesellschaft gesperrt.

3. Darlehensbeträge, die vor Aufhebung dieser Sperre zurückgezahlt worden sind, muss der Gesellschafter und kann der Insolvenzverwalter in das Vermögen der Gesellschaft erstattet verlangen.

2. Tatbestand der Rechtsprechungsregeln

Der Grundtatbestand der Rechtsprechungsregeln bestand also darin, dass ein Gesellschafter einer GmbH in der Krise ein Darlehen gewährte.[32] Seit dem Urteil BGHZ 76, 326 von 1980 kam es dabei – anders als noch bei der Lufttaxi-Entscheidung – nicht mehr darauf an, ob das Darlehen mit dem Ziel der Abwendung einer Insolvenz gewährt worden war. Hauptanknüpfungspunkt war vielmehr die Krise des Unternehmens.[33] „Krise" bezeichnete in diesem Zusammenhang eine Situation, in der der Gesellschaft von Dritten zu marktüblichen Bedingungen kein Kredit mehr gewährt worden wäre.[34] Der Begriff erforderte dabei eine sorgfältige Unterscheidung verschiedener finanzieller Situationen eines Unternehmens, deren Bezeichnungen in der Laiensprache häufig synonym gebraucht werden, die sich gleichwohl in der Ökonomik wie Jurisprudenz tatbestandlich und von den Rechtsfolgen her erheblich unterscheiden können: Es bedarf keiner Erläuterung, dass bei bereits bestehender Insolvenz die schwerste Form einer Krise vorliegt, da sich hier sämtliche Risiken bereits manifestiert haben.[35] Sowohl im Stadium der Unterbilanz[36] als auch bei materieller Unterkapitalisierung kann eine Gesellschaft dagegen durchaus noch kreditwürdig sein, sodass diese Zustände eine Unternehmenskrise nicht zwingend begründen. Demgegenüber stellt die Überschuldung auch nach heutigem Recht gemäß § 19 InsO[37] ebenso

---

[32] *K. Schmidt*, GesR § 37 IV 2 a; *Hommelhoff*, in: v. Gerkan/Hommelhoff, Rn. 1.11; *Cahn*, AG 2005, 217.

[33] *Löwisch*, Hdb. Eigenkapitalersatzrecht, Rn. 5.

[34] *Haas*, in: Gottwald, Insolvenzrechtshandbuch, § 92 Rn. 352; *Cahn*, AG 2005, 217.

[35] So wurden im Stadium der Insolvenz gewährte Kredite stets dem Eigenkapitalersatzrecht unterworfen, vgl. BGH, Urt. v. 16.10.1989 – II ZR 307/88 = BGHZ 109, 55, 59 = WuB II G § 32a GmbHG 1.90; BGH, Urt. v. 28.11.1994 – II ZR 77/93 = NJW 1995, 457, 459 = ZIP 1995, 23, 29 m. Anm. *Altmeppen*; *K. Schmidt*, GesR § 37 IV 2 a aa.

[36] Vgl. oben 2. Teil, A. I.

wie die Zahlungsunfähigkeit (§ 17 InsO) einen Insolvenzgrund dar. Eine Unternehmenskrise konnte in diesen Fällen daher unproblematisch angenommen werden.[38] War die Gesellschaft nicht insolvenzreif i. S. der Insolvenzordnung, so sollte die Frage nach der Kreditwürdigkeit anhand von Indizien wie beleihungsfähiger Aktiva im Vermögen der Gesellschaft,[39] Kreditzusagen Dritter[40] oder der Kontokorrentlinie[41] überprüft werden. An dieser Stelle kam es nicht selten zu Bewertungsproblemen, auf die sich einige der zahlreichen Kritiker des Eigenkapitalersatzrechts stützten.

3. Rechtsfolgen der Rechtsprechungsregeln

Lag der Grundtatbestand vor, so war das Gesellschafterdarlehen insoweit gegen eine Rückzahlung gesperrt, wie es zur Abdeckung des Stammkapitals benötigt wurde.[42] Dass ein eventuell hierüber hinausgehender Betrag durchaus zurück gezahlt werden konnte, ergibt sich bereits aus der Herleitung aus § 30 GmbHG, der nur diejenigen Auszahlungen verbietet, die das Stammkapital verletzen.

---

[37] Am Insolvenzgrund der Überschuldung hat sich nichts geändert, lediglich deren Legaldefinition erfuhr im Rahmen der Finanzmarktkrise eine – vorübergehende – Rückkehr zu dem von *Karsten Schmidt* (AG 1978, 334) entwickelten früheren „modifizierten zweistufigen Überschuldungsbegriff", vgl. Art. 5 Finanzmarktstabilisierungsgesetz (FMStG), BGBl. 2008 I, 1988. § 19 Abs. 2 InsO lautet nun: „Überschuldung liegt vor, wenn das Vermögen des Schuldners die bestehenden Verbindlichkeiten nicht mehr deckt, es sei denn, die Fortführung des Unternehmens ist nach den Umständen überwiegend wahrscheinlich. Forderungen auf Rückgewähr von Gesellschafterdarlehen oder aus Rechtshandlungen, die einem solchen Darlehen wirtschaftlich entsprechen, für die gemäß § 39 Abs. 2 zwischen Gläubiger und Schuldner der Nachrang im Insolvenzverfahren hinter den in § 39 Abs. 1 Nr. 1 bis 5 bezeichneten Forderungen vereinbart worden ist, sind nicht bei den Verbindlichkeiten nach Satz 1 zu berücksichtigen."

[38] BGH, Urt. v. 23.02.2004 – II ZR 207/01 = BB 2004, 1240, 1242; BGH, Urt. v. 14.12.1959 – II ZR 187/57 („Lufttaxi") = BGHZ 31, 258, 272 = NJW 1960, 285 = JR 1960, 180 = WM 1960, 41; BGH, Urt. v. 26.11.1979 – II ZR 104/77 („Früchte") = BGHZ 75, 334, 337 f. = ZIP 1985, 115 f. m. Anm. *Klasmeyer; Hueck/Fastrich,* in: Baumbach/Hueck, GmbHG, 18. Aufl., § 32a Rn. 48; *Altmeppen,* in: Roth/Altmeppen, GmbHG, 5. Aufl., § 32a Rn. 23; *K. Schmidt,* in: Scholz, GmbHG §§ 32a, 32b Rn. 39; *v. Gerkan,* in: v. Gerkan/Hommelhoff, § 3 Rn. 3.44 u. 3.48; *Haas/Dittrich,* in: v. Gerkan/Hommelhoff, § 8 Rn. 8.20; *Lutter/Hommelhoff,* GmbHG, 16. Aufl., §§ 32a/b Rn. 33; *Haas,* in: Gottwald, Insolvenzrechtshandbuch, § 92 Rn. 352.

[39] BGH, Urt. v. 23.02.2004 – II ZR 207/01 = BB 2004, 1240, 1243; BGH, Urt. v. 28.09.1987 – II ZR 28/87 = DB 1988, 38 = WM 1987, 1488 = ZIP 1987, 1541 = EWiR 1988, 67 m. Anm. *Fleck* = WuB II G § 30 GmbHG 1.88 m. Anm. *Rümker.*

[40] BGH, Urt. v. 21.09.1981 – II ZR 104/80 („Helaba/Sonnenring") = BGHZ 81, 311, 318 = LM Nr. 14a zu § 30 GmbHG m. Anm. *Fleck.*

[41] OLG Dresden, Urt. v. 03.12.1998 – 9 U 1087/98 = NZG 1999, 347, 348 m. Anm. *Michalski/Barth* = GmbHR 1999, 620.

[42] *Hommelhoff,* in: v. Gerkan/Hommelhoff, Rn. 1.12.

4. In der Krise stehen gelassene Darlehen

Diese Rechtsprechung wurde im „Früchte"-Urteil des BGH[43] schließlich auf in der Krise stehen gelassene Darlehen ausgeweitet. Ein Darlehen sollte also auch dann als verstrickt gelten, wenn die Gesellschaft sich bei Erhalt des Gesellschafterdarlehens nicht in einer Unterbilanzsituation befunden hatte, dieser Fall jedoch später eintrat. Forderte der Gesellschafter sein Darlehen in diesem Moment nicht unverzüglich zurück, so unterlag es den Regeln für Eigenkapital ersetzende Gesellschafterdarlehen.[44]

II. §§ 32a, b GmbHG (Novellenregeln)

Die stetige Ausdehnung der Rechtsprechungsregeln zum Eigenkapitalersatz lieferte einen ebenso stetig anwachsenden Begründungsbedarf. Deswegen versuchte der Gesetzgeber mit der GmbH-Novelle von 1980, die soeben nachgezeichnete Rechtsentwicklung auf ein einheitliches gesetzliches Fundament zu stellen. Dieses Bestreben muss als missglückt angesehen werden. Die so genannten Novellenregeln gingen in ihrem Anwendungsbereich teilweise wesentlich weiter als das vom BGH entwickelte Richterrecht.[45] In anderen Punkten blieben sie indes auch hinter dem Schutzsystem des BGH zurück.

Nach § 32a Abs. 1 GmbHG musste der Darlehensnehmer eine GmbH sein, wobei über die Verweisnormen der §§ 129a HGB und 172a HGB auch die OHG und die GmbH & Co. KG mit einbezogen waren. Die Rechtsprechung dehnte die Anwendbarkeit zudem auf die AG aus.[46] Hinsichtlich der Tatbestandsvoraussetzungen der Novellenregeln ergab sich auch ansonsten kein wesentlicher Unterschied zu den Regeln des BGH.[47] Insbesondere war auch hier das Merkmal der Krise entscheidend.[48]

---

[43] BGH, Urt. v. 26.11.1979 – II ZR 104/77 („Früchte") = BGHZ 75, 334 = ZIP 1980, 115 m. Anm. *Klasmeyer* = DB 1980, 297 = JZ 1980, 197; vgl. dazu ausführlich *K. Schmidt*, ZGR 1980, 567 ff.

[44] Zustimmend *K. Schmidt*, GesR § 37 IV 2a cc; *Hommelhoff*, in: v. Gerkan/Hommelhoff, Rn. 1.13 ff. m.w. N.

[45] *Heidinger*, in: Michalski, GmbHG §§ 32a, 32b Rn. 14; *Löwisch*, Hdb. Eigenkapitalersatzrecht, Rn. 9; *Gehrlein*, BB 2008, 846; *Hommelhoff/Kleindiek*, in: FS 100 Jahre GmbHG (1992), 421, 429.

[46] Zuletzt BGH Veräumnisurt. v. 09.05.2005 – II ZR 66/03 = ZIP 2005, 1316, 1317 = LM 2005 II, 128 m. Anm. *Marsch-Barner*; grundlegend BGH, Urt. v. 26.03.1984 – II ZR 171/83 („BuM") = BGHZ 90, 381, 389 ff. = LM Nr. 5 zu § 17 AktG 1965 m. Anm. *Fleck* = JZ 1984, 1031 m. Anm. *Schwark*; zustimmend *Hommelhoff*, in: v. Gerkan/Hommelhoff, Rn. 1.39 ff.

[47] *Hueck/Fastrich*, in: Baumbach/Hueck, GmbHG, 18. Aufl., § 32a Rn. 46 ff.; *Hommelhoff*, in: v. Gerkan/Hommelhoff, Rn. 1.16; i. E. auch *K. Schmidt*, in: Scholz, GmbHG § 32a, 32b Rn. 76.

[48] Dazu oben 3. Teil, A. I. 2.

Als Rechtsfolge wurde der nach Kriseneintritt gewährte Gesellschafterkredit vollumfänglich dem Eigenkapitalersatzrecht unterstellt. Nach herrschender Meinung konnte demnach keine Aufspaltung einheitlicher Darlehen in einen verstrickten, Eigenkapital ersetzenden und einen freien Teil erfolgen.[49] Die Stammkapitalziffer hatte hier also nicht mehr die Funktion einer Begrenzung nach oben. Dieser Verschärfung gegenüber den Rechtsprechungsregeln stand auch eine Erleichterung gegenüber, indem gemäß §§ 32a und 32b GmbHG der Gesellschaft in deren Krise gewährte Gesellschafterdarlehen erst im Insolvenzfall wie Eigenkapital zu behandeln waren, eine Rückzahlung also nicht schon bei bloßer Unterbilanz verboten. Bis zum Erreichen des Insolvenzstadiums konnte der Gesellschafter sein Darlehen aus nicht gebundenem Vermögen der Gesellschaft selbst dann zurück fordern, wenn die Insolvenz unausweichlich schien.[50] Allerdings war eine entsprechende Rückzahlung bereits gemäß §§ 135 a. F. InsO, 6 AnfG (bis 31.12.1998: §§ 32a KO, 3b AnfG) anfechtbar, wenn sie sich innerhalb einer Jahresfrist vor Eröffnung des Insolvenzverfahrens ereignet hatte. Diese Anfechtungsmöglichkeit lag indes auf Grund des in aller Regel parallel anwendbaren wesentlich stärkeren Anspruchs aus § 32b GmbHG bis zur Abschaffung der Kapitalersatzregeln in einem „Dornröschenschlaf".[51]

Der Unterschied zu den BGH-Regeln wird deutlich: Ein präventiver Gläubigerschutz greift nicht, wenn sich die „Umwandlung" erst im Insolvenzfall niederschlägt. Die Verstrickung nach den §§ 32a, 32b GmbHG stellte somit einen reaktiven Gläubigerschutz dar. Zahlte die Empfängergesellschaft das Darlehen innerhalb eines Jahres vor Stellung des Insolvenzantrages zurück, so waren der Insolvenzverwalter (§ 135 a. F. InsO) sowie die Gesellschaftsgläubiger (§ 6 AnfG) berechtigt, diese Rückzahlung anzufechten. Die Beträge waren dann durch den Gesellschafter zurück zu erstatten (§ 143 Abs. 1 a. F. InsO bzw. 11 Abs. 1 AnfG).

Ungewollt schaffte der Gesetzgeber mit dem zweistufigen Schutzsystem insofern zwei Instrumente des Gläubigerschutzes, die völlig unterschiedlich wirkten.[52] Während freies Vermögen nach den Rechtsprechungsregeln noch ausgeschüttet werden durfte, wie es dem System des auf die Stammkapitalziffer be-

---

[49] OLG München, Beschl. v. 07.03.1997 – 23 W 642/97 = OLGR München 1995, 135 f. = GmbHR 1997, 703, 704 = WuB II C § 32a GmbHG 6.97; *K. Schmidt,* in: Scholz, GmbHG §§ 32a, b Rn. 53; *Pentz,* in: Rowedder/Schmidt-Leithoff, GmbHG § 32a Rn. 68; *Hueck/Fastrich,* in: Baumbach/Hueck, GmbHG, 18. Aufl., § 32a Rn. 56; *Lutter/Hommelhoff,* GmbHG, 16. Aufl., §§ 32a/b Rn. 92; *Rümker,* in: MünchHdb GmbH § 52 Rn. 49; a.A. OLG Hamm, Urt. v. 28.09.1989 – 27 U 81/88 = ZIP 1989, 1398, 1399 = EWiR 1989, 1207 m.Anm. *Fleck; Altmeppen,* in: Roth/Altmeppen, GmbHG, 5. Aufl., § 32a Rn. 84 ff.

[50] *Heidinger,* in: Michalski, GmbHG §§ 32a, 32b Rn. 23; *Hommelhoff/Kleindiek,* in: FS 100 Jahre GmbHG (1992), 421, 428.

[51] *Fischer,* NZG 2006, 403, 417; ähnlich *Stodolkowitz/Bergmann,* in: MünchKomm InsO § 135 Rn. 6.

[52] *Cahn,* AG 2005, 217, 218.

schränkten Gläubigerschutzes im deutschen GmbH-Recht entspricht, schützten die Novellenregeln den Gläubiger weitaus mehr, dies jedoch nur im Vorfeld einer Insolvenz. Man konnte demnach von einem relativ schwachen allgemeinen und einem starken speziellen Schutz sprechen.

III. Begründung der Umqualifizierung

Als Wertungsgrundlagen des Eigenkapitalersatzrechts bestanden die grundsätzliche Finanzierungsfreiheit der Gesellschafter auf der einen und das Bedürfnis angemessenen Gläubigerschutzes auf der anderen Seite.[53] Vor diesem Hintergrund hatten sich verschiedene Erklärungsansätze zum Wesen des Eigenkapitalersatzrechts herausgebildet.[54]

1. Finanzierungsfolgenverantwortung

Häufig wurde in der Rechtsprechung[55] aber auch in der Literatur[56] auf die Finanzierungsfolgenverantwortung der Gesellschafter hingewiesen. Gemeint war, dass die Gesellschafter dafür einstehen sollten, eine liquidationsreife Gesellschaft in der Krise mit Fremdkapital weitergeführt zu haben, anstatt entweder die Liquidation voranzutreiben oder Risikokapital einzusetzen. Sofern sich das Wesen der Finanzierungsfolgenverantwortung aber in dieser Formel erschöpfen sollte, war eigentlich noch nichts geklärt. *Warum* der Gesellschafter für die Folgen seiner Finanzierungswahl einstehen soll, wird hieraus jedenfalls nicht deutlich, wenn man sich des ökonomischen Kapitels dieser Arbeit erinnert, welches zeigte, dass eine gewisse Externalisierung unternehmerischer Risiken auch vom Gesetzgeber gewollt ist.[57] Falls man die Krisenfinanzierung mit Gesellschafterfremdkapital als rechtlich missbilligenswert einstufen will, bedarf dies deswegen vor dem Hintergrund der grundsätzlich geltenden Finanzierungsfreiheit und des Trennungsprinzips im Gesellschaftsrecht weiterer Ausführungen.[58] Unklar wäre dann auch, warum sich als Rechtsfolge mit offenbar poenalisierender Intention die Umqualifizierung von Fremdkapital anschließen sollte und nicht eine Schadensersatzhaf-

---

[53] *K. Schmidt,* in: Scholz, GmbHG §§ 32a, 32b Rn. 4; vgl. auch Begr. RegE GmbHG 1977, S. 38 f.

[54] Umfassend besprochen bei *Vervessos,* Das Eigenkapitalersatzrecht, S. 107 ff.

[55] BGH, Urt. v. 07.11.1994 – II ZR 270/93 = BGHZ 127, 336, 344 f. = ZIP 1994, 134 m. Anm. *Altmeppen;* BGH, Urt. v. 26.03.1984 – II ZR 171/83 („BuM") = BGHZ 90, 381, 389 = LM Nr. 5 zu § 17 AktG 1965 m. Anm. *Fleck.*

[56] *Hueck/Fastrich,* in: Baumbach/Hueck, GmbHG, 18. Aufl., § 32a Rn. 3; *Rose,* in: Bunnemann/Zirngibl, § 6 Rn. 134; *Hommelhoff,* in: Die GmbH-Reform in der Diskussion. 115, 118.

[57] Oben 1. Teil, B. III. 1. a).

[58] Ähnlich *K. Schmidt,* GesR § 37 IV 1 c; *T. Bezzenberger,* in: FS G. Bezzenberger (2000), 28, 35.

tung.[59] Der Begriff der Finanzierungsfolgenverantwortung erklärt also für sich genommen noch nicht den Zweck des Eigenkapitalersatzrechts, sondern kann ganz offensichtlich nur einen Oberbegriff für verschiedene Ansätze darstellen, denen ein Bewertungssystem zu Grunde liegen müsste.[60]

2. Finanzierungsverantwortung

Insbesondere *Karsten Schmidt* zog die Terminologie „Finanzierungsverantwortung der Gesellschafter" der „Finanzierungs*folgen*verantwortung" vor.[61] Er sah das Wesen des Eigenkapitalersatzrechts nicht in der Pflicht der Gesellschafter, die Folgen einer *unangemessenen* Finanzierungsmethode zu tragen. Seiner Ansicht nach habe sich das Kapitalersatzrecht einer Bewertung von Finanzierungspraktiken enthalten, gleichwohl aber die Regeln einzelner Finanzierungsformen aufgestellt. Kern der Finanzierungsverantwortung sei es daher, von vorneherein für eine im Rahmen dieser Regeln angemessene Finanzierung zu sorgen. Das könne durchaus auch durch Fremdkapital geschehen, unterliege dann aber verschärften Bedingungen, die dazu führen können, dass bei einer Finanzierung in besonders riskanten Stadien die Mittel als Risikokapital behandelt würden.[62] Allerdings kann auf diese Weise wieder nicht zum Kern des Eigenkapitalersatzrechts vorgedrungen werden. Auch wenn sich *Karsten Schmidt* vehement gegen eine auf ökonomischer Analyse basierende Kritik wehrt,[63] ist offensichtlich, dass die „Spielregeln"[64] einer Finanzierung künstlich sind. Ihnen muss ein Bedürfnis nach der Regelung des Spiels vorangegangen sein, welches nur durch vorangehende untragbare Ergebnisse entstanden sein konnte. *Karsten Schmidt* wird nicht bestreiten, dass die Finanzierungsregeln dem Schutz anderer Marktteilnehmer vor den Folgen egoistischen Verhaltens einzelner Akteure dienten. Sobald man diese ökonomisch geprägte Analyseebene erreicht hat, darf sich gegenüber den Erkenntnissen der Wirtschaftswissenschaften aber nicht mehr gesperrt werden. Vielmehr ist dann die Frage zu stellen, welches Verhalten unter Zugrundelegung des gegenwärtigen Wissensstands welche Folgen auslösen wird und wie vor diesem Hintergrund eine angemessene Risikoverteilung zu gewährleisten ist. Auch der Begriff der Finanzierungsverantwortung hilft also in seiner Abstraktheit nicht dabei, zum Kern des früheren Eigenkapitalersatzrechts und dem Grund der ganz konkreten Umqualifizierung vorzudringen.[65]

---

[59] *Cahn,* AG 2005, 217, 218.

[60] Ähnlich *Cahn,* AG 2005, 217, 218.

[61] *K. Schmidt,* GesR § 18 III 4 b; *K. Schmidt,* GmbHR 2005, 797, 798.

[62] *K. Schmidt,* GmbHR 2005, 797, 798; *K. Schmidt,* in: Scholz, GmbHG §§ 32a, 32b Rn. 4.

[63] *K. Schmidt,* GmbHR 2005, 797, 798 ff.

[64] *K. Schmidt,* GmbHR 2005, 797, 798.

[65] I.E. ebenso *Vervessos,* Das Eigenkapitalersatzrecht, S. 125.

3. Neuere ökonomische Erklärungsansätze

In jüngerer Zeit liefert die Literatur zur Begründung des Eigenkapitalersatzrechts zunehmend ökonomische Erwägungen. Hierin sind meist keine komplett neuen Ansätze zu sehen, sondern bestehende Argumente werden im Kontext ökonomischer Modelle auf ihren Erklärungswert hin untersucht. Nachfolgend soll dies mit den am häufigsten zu lesenden Argumenten erfolgen.

a) Hybridstellung der Gesellschafter

Aus dem Grundsatz der Finanzierungsfreiheit wurde abgeleitet, dass es durchaus im Ermessen eines Gesellschafters stünde, ob er seiner Gesellschaft als Eigen- oder Fremdkapitalgeber gegenüber treten wollte. Dies gelte aber nicht uneingeschränkt, sondern nur solange, wie auch externe Dritte freiwillig in die Fremdkapitalgeberposition rücken würden. Ab dem Zeitpunkt, wo externe Kapitalgeber es dagegen als wirtschaftlich nicht mehr vertretbar ansehen würden, der Gesellschaft Kredit zu gewähren, verbliebe dem Gesellschafter als Motiv der Kreditvergabe nur noch seine darüber hinausgehende Beteiligung mit Eigenkapital. Eine Fremdkapitalhingabe erfolgte damit ausschließlich *causa societatis,* was dazu führen sollte, dass die zugeführten Mittel auch wie die Mittel eines Beteiligten, also als Eigenkapital zu behandeln seien.[66]

Dieser Argumentation ist aber entgegen zu halten, dass die Interessenhybris eines beteiligten Kreditgebers insgesamt das Interesse eines externen Kreditgebers nicht überschreiten muss. Kreditinstitute etwa, die mit umfangreichem Fremdkapital beteiligt sind, werden ebenfalls bisweilen versuchen, dieses durch Ausweitung des Engagements selbst dann noch abzusichern, wenn neue Fremdmittelgeber nicht mehr ins Boot zu holen sind.[67] Trotzdem hat der BGH erst unlängst bestätigt, dass Kredit gewährende Hausbanken nicht Adressaten der Umqualifizierung seien.[68] Dieses Beispiel zeigt, dass die Unterscheidung zwischen Eigen- und Fremdkapitalgeber in der Praxis oft weniger relevant sein wird als die zwischen *bereits irgendwie* Beteiligtem und *noch nicht* Beteiligtem.

Die bloße Interessenkollision betrifft im Übrigen jeden Gesellschafter, sodass der besprochene Erklärungsversuch spätestens dort auf Probleme stieß, wo ein Gesellschafter unter 10% der Anteile einer Gesellschaft hielt und damit auf Grund des durch das KapAEG eingeführte Kleinbeteiligungsprivileg[69] des § 32 a Abs. 3 S. 2 GmbHG von der Umqualifizierung ausgenommen war.[70]

---

[66] *Wiedemann,* GesR Bd. I S. 569 m.w.N.

[67] *Vervessos,* Das Eigenkapitalersatzrecht, S. 107.

[68] BGH, Urt. v. 06.04.2009 – II ZR 277/07 = NZG 2009, 782, 784 dazu *Göb,* NZI 2009, 636.

[69] Vgl. auch unten 3. Teil, B. I. 1. e) aa) (a).

Schließlich bedeutet selbst die bloße Tatsache, dass ein Darlehen *causa societatis* gewährt wird, nicht zwangsläufig, dass die Finanzierung dazu dient, den Haftungsstock externer Gläubiger zu verletzen, sodass als Argument für eine Umqualifizierung noch weitere Tatbestandsmerkmale hinzu kommen müssten.[71]

b) Asymmetrische Informations- und Einflussverteilung

Verglichen mit reinen Fremdkapitalgebern haben Gesellschafter typischer Weise einen besonders guten Einblick in die laufenden Geschäfte eines Unternehmens und verfügen oftmals über einen anteilsvermittelten Einfluss auf das operative Geschäft. Hierzu passt die dem Börsenrecht entliehene Terminologie des „Insiders".[72] Von einem solchen Zusammenhang ging ausweislich der Gesetzesmaterialien auch der Gesetzgeber bei der Schaffung des Kleinbeteiligungsprivilegs aus.[73] Insofern hätten Gesellschafter, sofern sie sich in die Rolle des Fremdkapitalgebers begeben, Vorteile gegenüber externen Kreditgebern, indem sie im Falle des Fehlschlagens von Investitionen der Gesellschaft als Erste hiervon erführen und ihren Einfluss dahingehend ausüben könnten, ihre Ansprüche vorrangig zu befriedigen. Das Ergebnis stünde im Extremfall in krassem Gegensatz zum Trennungsprinzip, indem die Gesellschafter bei der Chance auf einen nach oben hin unbegrenzten Profit oftmals nur einen Teilverlust ihrer Investition fürchten müssten, wohingegen die externen Gläubiger bei begrenzter Partizipation am Unternehmenserfolg der Gefahr eines Totalverlusts ausgesetzt wären.

Trotzdem vermag auch dieser Ansatz das Eigenkapitalersatzrecht in seiner damaligen Form nicht umfassend zu begründen. Zum Einen ist es keineswegs ausgemacht, dass der Gesellschafter tatsächlich über einen Informationsvorsprung verfügt. Zwar hat er gemäß § 51a Abs. 1 GmbHG einen Auskunftsanspruch gegenüber dem Geschäftsführer, jedoch sind auch Fremdkapitalgeber, insbesondere Kreditinstitute, oftmals sehr detailliert mit der Geschäftssituation einer Gesellschaft vertraut,[74] insbesondere vor dem Hintergrund der KWG- und Basel-II-Vorschriften. Weder sie noch die regelmäßig gar besser informierten Geschäftsführer einer Gesellschaft sind aber Adressaten einer Umqualifizierung.[75] Stellte man dagegen vorrangig auf den Einfluss der Gesellschafter ab,[76] so handelt es sich auch dabei solange um eine reine Fiktion, bis dieser Einfluss auch tatsäch-

---

[70] *Cahn,* AG 2005, 217, 219.

[71] *T. Bezzenberger,* in: FS G. Bezzenberger (2000), 28, 35; *Grunewald,* GmbHR 1996, 7, 8 f.; *Cahn,* Kapitalerhaltung im Konzern, S. 236; *Vervessos,* Das Eigenkapitalersatzrecht, S. 114.

[72] *Vervessos,* Das Eigenkapitalersatzrecht, S. 114.

[73] BT-Drucks. 13/1741, S. 11.

[74] *Immenga,* ZIP 1983, 1405; *Vervessos,* Das Eigenkapitalersatzrecht, S. 115.

[75] *Altmeppen,* ZIP 1996, 1455.

lich entscheidungslenkenden Umfang hat. Zwar wird in der Praxis nicht nur ein herrschender Gesellschafter oft Mittel und Wege besitzen, eine bestimmte Entscheidung herbeiführen zu können. Dies aber deswegen gesetzlich unwiderleglich zu vermuten, scheint unangemessen. Schließlich vermochte dieser Erklärungsversuch auch die Rechtsprechung zum Stehen lassen von Gesellschafterdarlehen nicht zu begründen, denn der Nichtabzug in der Krise drückt ja gerade aus, dass sich der Gesellschafter seinen Informationsvorsprung nicht zu Nutze macht.[77]

c) Täuschung der Gläubiger über die wirtschaftliche Potenz

Aus der Anfangszeit des Eigenkapitalersatzrechts ist das Argument der Täuschung externer Gläubiger bekannt,[78] welches trotz zwischenzeitlicher dogmatischer Umorientierungen des BGH immer wieder angeführt wurde. Dabei wird behauptet, dass ein nach außen hin „normal" weiter laufender Geschäftsbetrieb einer krisengeschüttelten Gesellschaft ein falsches Bild von deren Kreditwürdigkeit erzeugte. Externe Gläubiger könnten ihre gefährdeten Forderungen fälschlich als sicher ansehen und trotz der Krisensituation Kredite stehen lassen bzw. ihr Engagement gar noch erhöhen.[79]

Indes wäre es falsch, die Finanzierungsfolgenverantwortung als Haftung wegen eines erzeugten Rechtsscheins der Kreditwürdigkeit zu begreifen. Nach überzeugender Ansicht existiert ein solcher überhaupt nicht.[80] Selbst wenn man ihn aber zuließe, wäre er nicht bereits dadurch geweckt, dass eine Gesellschaft überhaupt *existiert*.[81] Es zeigt sich aber auch daran, dass die Umqualifizierung auch zu Gunsten gesetzlicher Gläubiger greift, bei denen gar keine Vorstellung bezüglich der Gesellschaftsbonität erzeugt wurde.[82] Abgesehen davon sind nicht die Gesell-

---

[76] Vgl. etwa das früher vorherrschende Dogma einer Korrelation von Herrschaft und Haftung, behandelt bei *Eucken,* Grundsätze der Wirtschaftspolitik (1952), S. 281; *Immenga,* die personalistische Kapitalgesellschaft (1970), S. 117.

[77] *Cahn,* AG 2005, 217, 220 f.

[78] BGH, Urt. v. 26.11.1979 – II ZR 104/77 („Früchte") = BGHZ 75, 334, 338 = DB 1980, 297, 298 = JZ 1980, 197, 198 = ZIP 1980, 115, 116 f. m. Anm. *Klasmeyer*; BGH, Urt. v. 26.03.1984 – II ZR 171/83 („BuM") = BGHZ 90, 381, 387 = LM Nr. 5 zu § 17 AktG 1965 m. Anm. *Fleck*; BGH, Urt. v. 19.09.1996 – IX ZR 249/95 = BGHZ 133, 298, 303 = LM GmbHG § 32a GmbHG 1.97 m. Anm. *Roth* = WuB II C § 32a GmbHG 1.97 m. Anm. *Kammel*; dazu auch *Götz,* Juristische und ökonomische Analyse des Eigenkapitalersatzrechts, S. 65 ff.

[79] *Lutter/Hommelhoff,* ZGR 1979, 31, 36 begreifen das Eigenkapitalersatzrecht daher als eine Vertrauenshaftung.

[80] Vgl. ausf. *Canaris,* Die Vertrauenshaftung im deutschen Privatrecht, S. 369.

[81] Ebenso *K. Schmidt,* GesR § 18 III 4 b; *T. Bezzenberger,* in: FS G. Bezzenberger (2000), 23, 35; *Grunewald,* GmbHR 1997, 7, 8; *Vervessos,* Das Eigenkapitalersatzrecht, S. 111 f.

[82] *Haas,* NZI 2001, 1, 4.

schafter, sondern die Geschäftsführer die Akteure einer Gesellschaft. Ihnen oblägen also einerseits etwaige Aufklärungspflichten gegenüber Geschäftspartnern und andererseits die Stellung eines Insolvenzantrags im Fall der Überschuldung. Solange aber eine Insolvenzreife noch gar nicht feststeht, kann es – auch aus Gläubigersicht – sogar durchaus vorteilhaft sein, die Krise nicht publik werden zu lassen, um Sanierungsbemühungen nicht durch Abwanderung von Kreditgebern und Geschäftspartnern zu erschweren.

d) Steuerung von Risikoverhalten in der Krise

Einen Erklärungsansatz liefert sodann die aus der angloamerikanischen Literatur bekannte *principal-agent theory*.[83] In diesem Modell vollzieht der fachkundigere Agent Entscheidungen für seinen Prinzipal. Da der Prinzipal im Rahmen eines arbeitsteiligen Prozesses den Agenten nicht umfassend zu kontrollieren vermag, bleibt diesem ein Raum zu opportunistischem Verhalten, sodass er für den Prinzipal erwirtschaftete Vorteile zu seinen Gunsten abziehen kann oder von vorneherein bei seinen Entscheidungen den eigenen Nutzen vor den des Prinzipals stellt. Dem eigenen Nutzen des Agenten korrespondiert dabei kein Risiko, da dieses gesamtumfänglich beim Prinzipal verbleibt.

Die dargestellte Konstellation lässt sich auf das Verhältnis Gesellschafter – Fremdkapitalgeber übertragen.[84] Solange die Gesellschaft noch mit Eigenkapital ihrer Eigner bewirtschaftet wird, besteht ein natürlicher Anreiz derselben, das einzugehende Risiko zu begrenzen.[85] Sobald der Eigenkapitalstock eines Unternehmens dagegen aufgebraucht ist, wirtschaften sie auf Kosten und Risiko der Fremdkapitalgeber (hier Prinzipale), während sich ihr eigenes Risiko der Gesellschafter bereits im Verlust ihrer Beteiligung niedergeschlagen hat. Als besser Informierte und Entscheidungsbefugte sind die Gesellschafter (Agenten der externen Gläubiger[86]) sodann in der Lage, auf Kosten der Fremdkapitalgeber zu spekulieren und dabei wirtschaftlich nicht mehr vertretbare Risiken einzugehen, da sie zwar am – unwahrscheinlichen – Gewinn, nicht mehr aber am – wahrscheinlichen – Totalverlust partizipieren.[87]

Dies alleine taugt allerdings auch noch nicht zur Begründung des Eigenkapitalersatzrechts, denn der Gesellschafter, der in der Krise Fremdkapital zuführt, begibt sich ins Boot der externen Gläubiger und erhöht selbstverständlich auch

---

[83] Grundlegend *Jensen/Meckling,* J. Fin. Econ. 3 (1976), 306 ff.

[84] *Engert,* ZGR 2004, 813, 819 ff.; *Fleischer,* ZGR 2000, 1, 11 f.

[85] *Cahn,* AG 2005, 217, 222; *Engert,* ZGR 2004, 813, 821; vgl. auch oben 1. Teil, B. III. 1. a).

[86] *Engert,* ZGR 2004, 813, 820 f.; *Haas,* NZI 2001, 1, 8.

[87] Ausführlich *Jackson,* The logic and Limits of Bankruptcy Law (1986), 205; in Deutschland rezipiert von *Cahn,* AG 2005, 217, 222; *Engert,* ZGR 2004, 813, 824; *Vervessos,* Das Eigenkapitalersatzrecht, S. 128.

sein eigenes absolutes Risiko durch Zugabe von Kapital.[88] Je höher dabei sein Fremdkapitalanteil ist, desto weiter rückt sein eigenes Interesse an dasjenige der externen Gläubiger heran. Nur solange eine realistische Überlebenschance der Gesellschaft besteht, wird sich der Gesellschafter daher auf eine Fortfinanzierung einlassen. In diesem Bereich setzte das Eigenkapitalersatzrecht sodann Eigen- und Fremdkapital gleich, was unter Berücksichtigung der *principal-agent theory* zumindest einem opportunistischen Verhalten dergestalt vorbeugt, einen Fremdkapitaleinschuss unter der Prämisse zu riskieren, die Mittel bei weiterer Verschlechterung der Unternehmenssituation wieder abziehen zu können.

4. Stellungnahme

Jeder untersuchte Erklärungsansatz liefert wertvolle Argumente für eine Regulierung der Gesellschafterfremdfinanzierung. Das frühere Eigenkapitalersatzrecht in seiner konkreten Form konnte jedoch für sich genommen keiner von ihnen zur völligen Überzeugung begründen. Gemein ist allen Theorien, dass sie die Rechtsfolge des Eigenkapitalersatzes – aus unterschiedlichen Gründen – an die Entscheidung des Gesellschafters knüpfen, im Rahmen seiner Finanzierungsfreiheit einer Fremdkapitaleinlage den Vorzug vor einem Eigenkapitalnachschuss gegeben zu haben. Insofern lässt sich durchaus mit dem gebräuchlichen und von der herrschenden Meinung anerkannten Begriff der Finanzierungsfolgenverantwortung als Grundlage des früheren Eigenkapitalersatzrechts arbeiten. Er darf dabei aber nicht als Zweck des Eigenkapitalersatzrechts gesehen werden, sondern als Zusammenfassung mehrerer Facetten und Motive der Gesellschafterfremdfinanzierung, die einzeln betrachtet die Umqualifizierung nur zum Teil begründen können. Wer eine nach normalen marktwirtschaftlichen Gesetzen zum Scheitern verurteilte Gesellschaft künstlich und wider die gebotene kaufmännische Vorsicht am Leben erhielt, sollte auch das Risiko für die Folgen dieser Entscheidung tragen,[89] die dazu führte, dass eine Unternehmung, die unter normalen Umständen höchstwahrscheinlich kurzfristig Insolvenz anzumelden gehabt hätte, weiter wirtschaften und neue Vertragsbeziehungen aufbauen konnte.[90] Die Krisenfinanzierung führte nämlich ökonomisch betrachtet zu einer Störung der Außenkontrolle

---

[88] *T. Bezzenberger,* in: FS G. Bezzenberger (2000), 23, 38 f.; *Cahn,* AG 2005, 217, 222; *Engert,* ZGR 2004, 813, 825.

[89] BGH, Urt. v. 24.03.1980 – II ZR 213/77 = BGHZ 76, 326, 329 = LM Nr. 8 zu § 43 GmbHG m. Anm. *Fleck; Goette,* Die GmbH § 4 Rn. 56; *Goette,* DStR 1997, 2027; *Lutter/Hommelhoff,* GmbHG, 16. Aufl., §§ 32a, b Rn. 36; *Altmeppen,* in: Roth/Altmeppen, GmbHG, 5. Aufl., § 32a Rn. 17; *Cahn,* Kapitalerhaltung im Konzern, S. 236; *Vetter/Stadler,* Haftungsrisiken beim konzernweiten Cash Pooling, Rn. 41.

[90] Allerdings betont *K. Schmidt,* dass den §§ 32a, b GmbHG kein ordnungspolitisches Auslesekonzept, wie die Ausschließung lebensunfähiger Gesellschaften aus dem Markt zu Grunde liegt, *ders.,* in: Scholz, GmbHG §§ 32a, 32b GmbHG Rn. 6.

des Kreditmarktes.[91] So eine teilweise Außerkraftsetzung der Selbstregulierungs-
funktion von Märkten verstärkt die Wirkung bestehender Informationsasymmetrien und begünstigt eine Risikoverteilung in der Krise, die bei Gesellschaftern
den Anreiz zu einem Gläubiger schädigenden Verhalten im Vorfeld des Unter-
gangs eines Unternehmens setzt. Vor diesem Hintergrund ging es dem Eigenkapitalersatzrecht darum, zu verhindern, dass die Gläubiger schützenden Vorschriften
der Insolvenzordnung leer liefen,[92] indem Gesellschafter im Endstadium einer
Gesellschaft hochspekulativ agierten und damit das ihnen im Rahmen des Trennungsprinzips zugewiesene Finanzierungsrisiko auf Gläubiger abwälzten.[93] Dieser Zusammenhang soll gemeint sein, wenn in der vorliegenden Arbeit zukünftig
von „Finanzierungsfolgenverantwortung" die Rede ist.

IV. Kritik am früheren Eigenkapitalersatzrecht

Das Eigenkapitalersatzrecht wurde seit seiner Entstehung aus vielerlei Gründen heftig angegriffen.[94] Hierzu trugen die vorangehend erläuterten Schwierigkeiten einer dogmatischen Begründung nicht unerheblich bei.[95] Die Umqualifizierung genannter Eigenkapital ersetzender Darlehen empfanden selbst Gesell-
schaftsrechtler oft als systemfremd.[96] Auf den ersten Blick ist das insofern
nachvollziehbar, als dass keine Pflicht zur angemessenen Kapitalausstattung besteht,[97] sich die Leistung eines Gesellschafters also normalerweise in seiner Einlage erschöpft. Ihm verbleibt damit die Möglichkeit, seiner Gesellschaft *gar kein*

---

[91] *T. Bezzenberger,* in: FS G. Bezzenberger (2000), 28, 36.

[92] *Haas,* NZI 2001, 1, 7.

[93] BGH, Urt. v. 12.05.1959 = II ZR 187/57 („Lufttaxi") = BGHZ 31, 258, 268 =
WM 1960, 41 = NJW 1960, 285; BGH, Urt. v. 26.11.1970 – II ZR 104/77 („Früchte")
= BGHZ 75, 334, 336 = NJW 1980, 592 = ZIP 1980, 115, 116 m. Anm. *Klasmeyer;*
BGH, Urt. v. 24.03.1980 – II ZR 213/77 = BGHZ 76, 326, 329 = LM Nr. 8 zu § 43
GmbHG m. Anm. *Fleck;* BGH, Urt. v. 21.09.1981 – II ZR 104/80 („Helaba/Sonnen-
ring") = BGHZ 81, 311, 317 = LM Nr. 14a zu § 30 GmbHG m. Anm. *Fleck;* BGH, Urt.
v. 26.03.1984 – II ZR 171/83 („BuM") = BGHZ 90, 381, 388 f. = LM Nr. 5 zu § 17
AktG 1965 m. Anm. *Fleck* = JZ 1984, 1031 m. Anm. *Schwark;* BGH, Urt. v. 07.11.1994
– II ZR 270/93 = BGHZ 127, 336, 346 = ZIP 1994, 1934, 1938 = EWiR 1995, 157
m. Anm. *H. P. Westermann* = DStR 1994, 1903 m. Anm. *Goette* = WuB II C § 32a
GmbHG 2.95 m. Anm. *v. Gerkan;* OLG Düsseldorf, Urt. v. 15.09.1995 – 12 U 98/93 =
GmbHR 1996, 201, 203 = ZIP 1995, 1907, 1909 = KTS 1996, 381; *krit.* dazu *T. Bezzenberger,* in: FS G. Bezzenberger (2000), 23, 35, der darauf hinweist, dass ein Risiko überhaupt erst „abgewälzt" werden kann, wenn klargestellt ist, wer dies eigentlich zu tragen
hat.

[94] Zusammenfassend *Claussen,* in: FS H. P. Westermann (2008), 861, 864 ff.

[95] Vgl. 3. Teil, A. III.

[96] So *Meilicke,* GmbHR 2007, 225; *Grunewald,* GmbHR 1997, 7 ff.; *Claussen,* in:
FS Forster, (1992), 139, 152 f. spricht gar von einem „Wunder".

[97] *Cahn,* AG 2005, 217; *Merkt/Spindler,* in: Lutter, Das Kapital der Aktiengesellschaft in Europa, 207, 214 f.; vgl. oben 1. Teil, A. II. 2. und unten 4. Teil, B.

Kapital zur Verfügung zu stellen und damit sein nach dem Trennungsprinzip un-antastbares Privatvermögen vor einem Verlust zu schützen.[98] *A maiore ad minus* könnte man also folgern, dass es dann erst recht legitim sein müsste, der Gesell-schaft Kapital zu leihen und damit freiwillig das Risiko eines Teilverlustes in Höhe der Insolvenzquote zu Gunsten der Chance auf eine Erhaltung der Gesell-schaft einzugehen.[99] Begründen ließe sich eine solche Ansicht auch mit dem Prinzip der Finanzierungsfreiheit, die eben sowohl das Finanzierungs-Ob[100] als auch das Finanzierungs-Wie[101] umfasst.[102]

Dem steht jedoch entgegen, dass sich durch die Gewährung von Gesellschaf-terdarlehen die Fremdkapitallast auf der Passivseite der Gesellschaftsbilanz er-höht. Im Insolvenzfall stehen dann neben den externen Gläubigern auch die dar-lehensgebenden Gesellschafter, was die Insolvenzquote verringert und damit die Befriedigungsaussichten der Nichtgesellschafter-Gläubiger verschlechtert.[103] Das grundsätzliche Prinzip der Finanzierungsfreiheit darf aber nicht so weit gehen, dass das den Gesellschaftern prinzipiell aufgelastete Insolvenzrisiko auf die dar-gestellte Weise über die Wahl entsprechender Finanzierungsmodalitäten exter-nalisiert werden kann.[104]

Schließlich wurde dem Eigenkapitalersatzrecht auch eine sanierungsfeindliche Tendenz nachgesagt. Diese ergäbe sich daraus, dass die interne Fremdfinanzie-rung in der Krise oft die einzig praktikable Möglichkeit einer Rettung sei. Insbe-sondere bei einer Gesellschaftermehrheit sei es bisweilen schwierig, rechtzeitig einen Beschluss über die Eigenkapitalaufstockung zu fassen.[105] Diesem Vorwurf kann aber entgegen gehalten werden, dass Uneinigkeit von Gesellschaftern ge-rade im Zeitpunkt der Krise auch eine Finanzierung mit Fremdkapital behindern würde. Herrschen in Notlagen Meinungsverschiedenheiten über die zu treffenden Maßnahmen, wird das den Niedergang der Gesellschaft regelmäßig beschleuni-gen. Ziehen dagegen alle mit einem realistischen Sanierungskonzept an einem Strang, so sollten sie auch zur Eigenkapitalaufstockung bereit sein.

---

[98] *Huber/Habersack,* BB 2006, 1.

[99] *Haas,* NZI 2001, 1, 5; *Meilicke,* GmbHR 2007, 225, 228 f.

[100] BGH, Urt. v. 26.03.1984 – II ZR 171/83 („BuM") = BGHZ 90, 381, 389 = MDR 1984, 736, LM Nr. 5 zu § 17 AktG 1965 m. Anm. *Fleck* = JZ 1984, 1031 m. Anm. *Schwark*; BGH, Urt. v. = 11.07.1994 – II ZR 162/92 = BGHZ 127, 17, 23 = MDR 1994, 1100.

[101] Einschränkend *Hommelhoff,* in: Die GmbH-Reform in der Diskussion, 115, 119.

[102] Vgl. oben 1. Teil, A. II. 2.

[103] *Bayer/Graff,* DStR 2006, 1654, 1655.

[104] Begr. RegE 1977, S. 39; OLG Düsseldorf, Urt. v. 15.09.1995 – 12 U 98/93 = GmbHR 1996, 201, 203 = ZIP 1995, 1907, 1909 = KTS 1996, 381; *K. Schmidt,* in: Scholz, GmbHG §§ 32a, 32b Rn. 4; *Heidinger,* in: Michalski, GmbHG §§ 32a, b Rn. 12.

[105] So aber *Meilicke,* GmbHR 2007, 225, 227.

V. Zwischenergebnis zum Eigenkapitalersatzrecht

Das Eigenkapitalersatzrecht hatte die bemerkenswerte Eigenschaft, sich immer dann zu wandeln, wenn es kurz davor stand, dogmatisch erklärt werden zu können. Dass es sich dennoch über ein halbes Jahrhundert lang in Deutschland behaupten konnte, spricht allerdings dafür, darin trotz der umfassenden Kritik im Schrifttum einen gangbaren Weg zum Schutz externer Gläubiger während der Krise eines Unternehmens sehen zu können.

In praxi war dieser Weg aber oft kompliziert, und die Vielzahl höchstrichterlicher Entscheidungen in diesem Bereich belegt, wie viele Rechtsunsicherheiten und Haftungsrisiken sich hieraus ergaben. So verwundert es nicht, dass – einhergehend mit einem langsamen Generationswechsel unter den Autoren des Gesellschaftsrechts – der Ruf nach einem flexibleren und effektiveren Instrument lauter wurde. Der Gesetzgeber hat auf diese Kritik gehört und mit dem MoMiG an dieser Stelle umfassende Änderungen herbeigeführt.

B. Gesellschafterdarlehen nach dem MoMiG

Der durch das MoMiG am 01.11.2008 in Kraft getretene § 30 Abs. 1 S. 3 n. F. GmbHG verbietet heute – wie bereits im Referentenentwurf vorgesehen[106] – als im deutschen Recht einmalige Nichtanwendungsnorm den weiteren Gebrauch der Rechtsprechungsregeln zum Eigenkapitalersatzrecht für neue Fälle.[107] Da auch die §§ 32a, b GmbHG abgeschafft wurden, werden Gesellschafterdarlehen außerhalb der Insolvenz nun grundsätzlich wie normale Darlehen behandelt, sodass auch eine Rückzahlung in der Unterbilanzsituation oder zu einem Zeitpunkt, der bisher als „Krise" zu bezeichnen war, unproblematisch möglich ist.[108]

Eine Sonderbehandlung erfahren Gesellschafterdarlehen jedoch nach wie vor in der Insolvenz, sodass die Weiterentwicklung dieses Rechtsgebiets zukünftig zwar nicht mehr den II., wohl aber den IX. Zivilsenat des BGH beschäftigen dürfte. Gemäß Art. 103 EGInsO ist dabei auf Insolvenzverfahren, die nach dem Inkrafttreten des MoMiG am 01.11.2008 eröffnet wurden, das neue Insolvenzrecht anzuwenden. Den Kern des neuen Rechts der Gesellschafterdarlehen in der Insolvenz bilden die hauptsächlich auf einem Vorschlag von *Huber* und *Habersack*[109] basierenden §§ 39 und 135 n. F. InsO: Lediglich im Insolvenzfall sind

---

[106] Art. 1 Nr. 11 RefE MoMiG, *krit.* dazu *Hommelhoff,* in: Die GmbH-Reform in der Diskussion, 115, 132 f.

[107] Für Altfälle, die vor dem Inkrafttreten des MoMiG begründet liegen, wendet der BGH die Rechtsprechungsregeln jedoch weiterhin an, vgl. BGH, Urt. v. 26.01.2009 – II ZR 260/07 („Gut Buschow") = WM 2009, 609 = ZIP 2009, 615; BGH, Urt. v. 26.01. 2009 – II ZR 217/07 = ZIP 2009, 662, 663 = WM 2009, 612, 613.

[108] *Krolop,* ZIP 2007, 1738.

[109] *Huber/Habersack,* BB 2006, 1 ff.

gemäß § 39 Abs. 1 Nr. 5 n. F. InsO alle Gesellschafterdarlehen oder diesen gleich gestellte Handlungen (Ansprüche aus Nutzungsüberlassungen, Stundungen von Gegenforderungen aus anderen Austauschverträgen usw.) als nachrangig zu behandeln. Insofern handelt es sich um einen gesetzlich angeordneten Rangrücktritt, wie er schon bisher nach § 39 Abs. 2 a. F. InsO freiwillig erklärt werden konnte.[110] Das Gesellschafterdarlehen rückt damit in die Nähe der Mezzanine-Finanzierung.[111] Richtigerweise sollte fortan auch nicht mehr vom „Eigenkapitalersatzrecht" gesprochen werden, sondern vom „Recht der Gesellschafterdarlehen".[112]

I. § 39 Abs. 1 Nr. 5 InsO

Im Folgenden soll der Tatbestand des § 39 Abs. 1 Nr. 5 n. F. InsO genauere Betrachtung erfahren.

1. Objektiver Tatbestand des § 39 Abs. 1 Nr. 5 n. F. InsO

a) Gesellschaft

Die Verlegung hinaus aus dem Recht der GmbH stellt klar, dass der Darlehensempfänger jede Gesellschaft sein kann, bei der es keinen persönlich haftenden Gesellschafter gibt. Neben der AG und der GmbH erfasst der rechtsformneutral gestaltete § 39 Abs. 1 Nr. 5 InsO damit auch diejenigen Gesellschaften, für die eine Anwendbarkeit von § 32a GmbHG bisher höchstrichterlich noch nicht festgestellt war, so etwa die SE, die KGaA und die Genossenschaft, die der MoMiG-Entwurf ebenfalls als Gesellschaft ansieht.[113] Die ausländischen Kapitalgesellschaften sollen im 5. Teil, A. I. 3. gesondert untersucht werden.

b) Insolvenz

Das Merkmal der Insolvenz musste in den §§ 32a, b a. F. GmbHG noch ausdrücklich erwähnt werden. Die jetzige Regulierung unter dem Abschnitt „Insolvenzmasse" macht den Hinweis obsolet. Die Verlagerung in die Insolvenzordnung bringt insofern keine tatbestandliche Neuerung.

---

[110] *Krolop,* ZIP 2007, 1738; *Kind,* NZI 2008, 475, 476.

[111] Vgl. dazu *Hofert/Arends,* GmbHR 2005, 1381 ff.; ausführlich auch *Bösl/Sommer,* Mezzanine Finanzierung (2006), passim.

[112] Ebenso *Desch,* in: Bunnemann/Zirngibl, § 8 Rn. 21.

[113] *Bork,* ZGR 2007, 250, 253.

c) Kein Erfordernis der Krise

Auf das bei § 32 a a. F. GmbHG notwendige Tatbestandsmerkmal einer Krise der Gesellschaft verzichtet § 39 n. F. InsO entsprechend dem Vorschlag von *Huber* und *Habersack*[114] – trotz mehrerer Warnungen vor einer Streichung[115] – ersatzlos. Ausweislich der Regierungsbegründung zum MoMiG[116] ist bei Eintritt der Insolvenz jedes Gesellschafterdarlehen nachrangig.[117] Insofern kann eine Verschärfung gegenüber dem früheren Recht konstatiert werden: Der darleihende Gesellschafter wird zukünftig auch für wirtschaftlich negative Entwicklungen einzustehen haben, die er bei Darlehensvergabe noch nicht absehen konnte. Weder sieht der Gesetzeswortlaut einen Entlastungsbeweis vor, noch erwähnt die Gesetzesbegründung wie für aufsteigende Kredite der Gesellschaft an ihren Gesellschafter[118] eine Ausnahme für nachträgliche nicht vorhersehbare negative Entwicklungen. Man wird insofern annehmen müssen, dass sich der Gesellschafter auch dann nicht exkulpieren kann, wenn die Insolvenz durch ein völlig unvorhersehbares Ereignis („exogener Schock",[119] etwa höhere Gewalt[120] oder sonstige unternehmensexterne Einflüsse) verursacht wird.[121] Zu daraus resultierenden möglichen Ungerechtigkeiten führte der Leiter des Referats für Gesellschaftsrecht und Unternehmensverfassung im Bundesministerium der Justiz *Seibert* bereits 2006 auf dem 66. Deutschen Juristentag aus, auch „die Einzelfallgerechtigkeit müsse einmal hinter der Rechtssicherheit und Rechtsklarheit zurück stehen".[122]

Berücksichtigt man jedoch, dass die Rechtsfolgen der früheren §§ 32a, b. GmbHG, wie sich im Verlauf dieser Arbeit zeigen wird, weitgehend beibehalten worden sind, lässt dies insgesamt eher den Schluss zu, dass tatbestandlich nicht im wirklichen Sinne auf eine Krise verzichtet wird, sondern das Gesetz stattdessen eine entsprechende unwiderlegliche Vermutung über das Vorliegen der Krise als ungeschriebenes Tatbestandsmerkmal anstellt.[123]

---

[114] *Huber/Habersack,* BB 2006, 1, 2 f.; im Ergebnis übereinstimmend *Röhricht,* ZIP 2005, 505, 512.

[115] Sehr ambitioniert *Hommelhoff,* in: Die GmbH-Reform in der Diskussion, 115, 124 ff.: „[…] rechtspolitischer Wahnsinn" (S. 141).

[116] Begr. RegE MoMiG, BT-Drucks. 16/6140 S. 56 reSp.

[117] *Desch,* in: Bunnemann/Zirngibl, § 8 Rn. 22 ff.; *Hirte,* ZInsO 2008, 689, 692; *Kind,* NZI 2008, 475, 476.

[118] Begr. RegE MoMiG, BT-Drucks. 16/6140 S. 41 reSp.

[119] *Gehrlein,* Der Konzern 2007, 771, 796.

[120] Beispiel bei *Tillmann,* GmbHR 2006, 1289, 1290.

[121] Ebenso *Flitsch,* DZWiR 2006, 397, 399.

[122] Zitiert nach *Heckschen,* NotBZ 2006, 381, 387.

[123] So auch *Altmeppen,* in: Roth/Altmeppen, GmbHG, Anh §§ 32a, b Gesellschafterdarlehen, Rn. 21; *Altmeppen,* NJW 2008, 3601, 3602 ff.; *Bork,* ZGR 2007, 250, 255 ff., a. A. *Eidenmüller,* in: FS Canaris (2007), Bd. II, 49, 60 f.

Ob der in der Theorie „revolutionären"[124] Neuerung in der Praxis große Bedeutung zukommen wird, bleibt daher abzuwarten. Zumeist wird bei Darlehensgewährung weiterhin eine Krise nach alter Definition vorgelegen haben, wenn es zur Subordination von Gesellschafterdarlehen in der Insolvenz kommt.[125]

d) Darlehen

Bei dem ausgegebenen Kredit muss es sich um ein Darlehen im Sinne des § 488 BGB handeln.[126] Mittel aus einem Cash Pool sind solche Darlehen[127] und insofern – wie schon bei § 32a a.F. GmbHG – immer tauglicher Gegenstand des Nachrangs.

e) Gesellschafter

Vom Wortlaut des § 39 Abs. 1 Nr. 5 n.F. InsO sind zunächst nur Darlehen an Gesellschafter erfasst.

aa) Unmittelbare Gesellschafter

Innerhalb von Konzernen herrschen in aller Regel typische Beteiligungsverhältnisse, sodass an dieser Stelle nicht auf die Gesellschafterstellung von Treugebern, Pfandgläubigern oder Nießbrauchern am Gesellschaftsanteil einzugehen ist. Vielmehr genügt die Feststellung, dass jeder Inhaber eines Geschäftsanteils Gesellschafter ist,[128] auch solche, die ihr Gesellschaftsverhältnis gekündigt haben.[129] Folglich ist eine Muttergesellschaft zunächst unabhängig vom Grad ihrer Beteiligung grundsätzlich Gesellschafterin. Der Gesellschafter müsste Kreditgeber sein. Dazu soll es auch ausreichen, wenn er einen Dritten für die Vergabe vorschiebt.[130] Allerdings kennt § 39 n.F. InsO – wie die Vorgängernorm im GmbHG – auch Ausnahmen.

---

[124] *Bork,* ZGR 2007, 250, 254.

[125] Ähnlich *Bork,* ZGR 2007, 250, 255; *Tillmann,* GmbHR 2006, 1289, 1290; *Desch,* in: Bunnemann/Zirngibl, § 8 Rn. 24; *Heckschen,* Das MoMiG in der notariellen Praxis, Rn. 692.

[126] *K. Schmidt,* in: Scholz, GmbHG §§ 32a, 32b Rn. 29.

[127] Ausführlich oben 1. Teil, C. II. 3.

[128] *Gehrlein,* BB 2008, 846, 850; zur Rechtslage bei Gläubiger- oder Gesellschafterwechsel vgl. *Schönfelder,* WM 2009, 1401, 1403 f.; noch zum alten Recht: *K. Schmidt,* in: Scholz, GmbHG §§ 32a, 32b Rn. 31; *v. Gerkan,* in: v. Gerkan/Hommelhoff, § 3 Rn. 3.8.

[129] BGH, Urt. v. 02.12.1996 – II ZR 243/95 = LM Nr. 54a zu § 30 GmbHG = NJW-RR 1997, 606 = GmbHR 1997, 501; *K. Schmidt,* in: Scholz, GmbHG §§ 32a, 32b Rn. 31; *Kleindiek,* in: Lutter/Hommelhoff, GmbHG Anh § 64 Rn. 119.

[130] Vgl. BGH, Urt. v. 26.06.2000 – II ZR 21/99 = ZIP 2000, 1489 = DStR 2000, 1524 m.Anm. *Goette* = NJW 2000, 3278 = EWiR 2001, 19 m.Anm. *v. Gerkan* = WuB

(a) Kleinbeteiligungsprivileg, § 39 Abs. 5 InsO

Trotz großer Ablehnung des in § 32a Abs. 3 S. 2 a.F. GmbHG geregelten Kleinbeteiligungsprivilegs durch die Fachwelt[131] hat der Gesetzgeber hieran festgehalten und es jetzt in § 39 Abs. 5 n.F. InsO verankert. Danach gilt § 39 Abs. 1 Nr. 5 n.F. InsO nicht für nicht geschäftsführende Gesellschafter, die mit 10% oder weniger an der Gesellschaft beteiligt sind bzw. waren.[132] Die bisherige Kritik bestand vor allem darin, dass GmbH-Gesellschafter ohne eine Überprüfung ihres individuellen Einflusses und damit zu leicht aus ihrer Finanzierungsfolgenverantwortung entlassen wurden. Insofern ist die Beibehaltung zwar rechtspolitisch sinnvoll, aber wenig konsequent: Wenn die Krise der Gesellschaft keine notwendige Bedingung mehr für die Nachrangigkeit des Rückzahlungsanspruchs in der Insolvenz ist, wird nicht ersichtlich, wieso ein geringfügig beteiligter Gesellschafter bei einer Darlehensvergabe außerhalb der Krise gegenüber einem solchen mit größerem Einfluss bevorzugt werden sollte. An diesem Beispiel wird besonders deutlich, wie die starre Regelung des Gesetzgebers betreffend die Nachrangigkeit von Gesellschafterkrediten zu willkürlicher Ungleichbehandlung führt. Ist es wirklich gewünscht, dass ein nicht geschäftsführender Gesellschafter, der 15% der Anteile hält und einer (noch) gesunden Gesellschaft ein Darlehen gewährt im Insolvenzfall vollständig nachrangig behandelt wird, dem entgegen aber ein zu 10% beteiligter Gesellschafter, der eine bestehende Krise richtig einschätzt und durch erhebliche Kreditgewährung die notwendige Insolvenz vorsätzlich hinauszögert, sich auf den geringen Grad seiner Beteiligung berufen darf? Zwar ist zuzugeben, dass das Kleinbeteiligungsprivileg seit seiner Existenz in keinem bekannten Fall zu derart untragbaren Ergebnissen führte.[133] Trotzdem bleibt zu hoffen, dass die Rechtsprechung Wege finden wird, das neue System der Nachrangigkeit durch teleologische Reduktion zu flexibilisieren. Bis dies erfolgt ist, ist mit dem Gesetzeswortlaut des § 39 Abs. 5 InsO von einem Kleinbeteiligungsprivileg für sämtliche Gesellschaftsformen bei bis zu zehnprozentiger Beteiligung auszugehen. Die richterrechtlich entwickelte frühere Grenze von 25% für Aktiengesellschaften entfällt damit.[134]

II C § 32a GmbHG 2.01 m. Anm. *Gößmann* = NZI 2000, 528 = NZG 2000, 1029; *K. Schmidt,* in: Scholz, GmbHG §§ 32a, 32b Rn. 32.

[131] *K. Schmidt,* in: Scholz, GmbHG §§ 32a, 32b Rn. 197; *Faßbender,* Cash Pooling und Kapitalersatzrecht, S. 181; *v. Gerkan,* in: v. Gerkan/Hommelhoff, Rn. 3.16 m.w.N.; nur i.E. zustimmend *Lutter/Hommelhoff,* GmbHG, 16. Aufl., §§ 32a, 32b Rn. 66; *Löwisch,* Eigenkapitalersatzrecht, Rn. 406.

[132] Zum Fall einer nachträglichen Herabsenkung der Beteiligung als Umgehungsstrategie vgl. *Desch,* in: Bunnemann/Zirngibl, § 8 Rn. 29.

[133] *Hommelhoff,* in: Die GmbH-Reform in der Diskussion, 115, 130.

[134] *Gehrlein,* BB 2008, 846, 852.

Allerdings wird das Kleinbeteiligungsprivileg beim Cash Pooling selten relevant werden, da ein Pooling von Liquidität bei noch geringerer Beteiligung in der Praxis die Ausnahme darstellen dürfte.

(b) Sanierungsprivileg, § 39 Abs. 4 S. 2 InsO

Vom früheren Eigenkapitalersatzrecht ausgenommen waren gemäß § 32a Abs. 3 S. 3 GmbHG[135] auch darlehensgebende Gesellschafter, die ihre Gesellschaftsanteile zum Zweck der Unternehmenssanierung erworben hatten. Im Kontext dieser Arbeit kommt dem Sanierungsprivileg etwa Bedeutung zu, wenn eine Konzerngesellschaft sich zur Übernahme eines in wirtschaftliche Schwierigkeiten geratenen Konkurrenzunternehmens entschließt und dieses sodann dem Konzern und dem Cash-Pooling-System eingliedert. Hiernach zum Zwecke der Abwendung der Krise gewährte Darlehen zu Lasten des Cash Pools werden auch zukünftig gemäß § 39 Abs. 4 S. 2 InsO n. F. nicht dem Nachrang unterfallen. Interessanter Weise wird hier als Tatbestandsmerkmal die drohende oder eingetretene Zahlungsunfähigkeit der Gesellschaft oder deren Überschuldung genannt, damit also die offensichtlichsten Beispiele des jetzt abgeschafften Tatbestandsmerkmals der Krise. Insofern ist davon auszugehen, dass der Gesetzgeber sich an dieser Stelle nur dem Vorwurf terminologischer Inkonsequenz entziehen wollte, die bisherigen Voraussetzungen aber ansonsten beizubehalten gedenkt.[136] Das Sanierungsprivileg kommt damit ausschließlich dem bisherigen Klein- oder Nichtgesellschafter zu Gute, der seine Beteiligung aufstockt. Sicherlich wäre es wünschenswert, nicht nur Sanierungsbeteiligungen, sondern auch Sanierungskredite zu pivilegieren.[137] Dies käme nicht zuletzt einer Finanzierungsgesellschaft innerhalb eines Cash-Pooling-Netzwerks zu Gute, die die Rettung einer Konzerntochter anstrebt. Allerdings war dem Gesetzgeber diese Kritik bekannt, für die Annahme einer möglichen Analogie fehlt es demzufolge wenigstens an der Planwidrigkeit der eventuellen Regelungslücke. Insofern wird dem Sanierungsprivileg in Bezug auf das Cash Pooling nur im oben angesprochenen Ausnahmefall eine eigenständige Bedeutung zukommen.

(c) Nur „causa societatis"?

In Anbetracht des Wegfalls der Krise als tatbestandnotwendiges Merkmal könnte man diskutieren, ob die Terminologie „Gesellschafterdarlehen" vielleicht

---

[135] Eingeführt durch das Gesetz zur Kontrolle und Transparenz im Unternehmensbereich (KonTraG), BGBl. I, 786 v. 27.04.1998.

[136] Vgl. auch die Begründung der terminologischen Änderung in Begr. RegE-MoMiG, BT-Drucks. 16/6140, S. 57 liSp; a. A. Bork, ZGR 2007, 250, 259, der eine Unterschiedlichkeit der Tatbestände für möglich hält, allerdings nicht darstellt, worin diese bestehen könnte.

[137] Bork, ZGR 2007, 250, 259; Gehrlein, BB 2008, 846, 851.

so auszulegen ist, dass nur *causa societatis* gewährte Darlehen subordiniert werden. Eine solche Einschränkung würde dem Drittvergleich standhaltende Lieferantenkredite oder Stundungen ausklammern. Dafür spräche die Tatsache, dass weder aus dogmatischer noch aus politischer Sicht ein Grund erkennbar ist, Geschäftspartner einer Gesellschaft, die zufällig zugleich Gesellschafter sind, *per se* immer schlechter zu stellen als Drittgläubiger. Im Gesetz lässt sich jedoch für eine derartige Ausnahme kein Hinweis finden.

bb) Mittelbare Gesellschafter

Fraglich ist, ob zudem der nur mittelbare Gesellschafter vom Gesellschafterbegriff der Norm umfasst sein soll. Auch wenn die grundlegende BGH-Entscheidung „Helaba/Sonnenring",[138] die noch zum GmbH-Recht vor der Novelle von 1981 erging, durchaus Anhaltspunkte dafür liefert, dass der mittelbare Gesellschafter tatsächlich als Gesellschafter gesehen werden müsse, nicht aber als vergleichbarer Dritter,[139] wurden Darlehen mittelbarer Gesellschafter von der Literatur ganz einhellig nicht unter § 32a Abs. 1 GmbHG sondern § 32a Abs. 3 S. 1 GmbHG subsumiert.[140] Auch die Gesetzesmaterialien zu § 39 a.F. InsO bestätigen, dass in die Insolvenzordnung diese Einordnung übernimmt.[141] Es ist nicht davon auszugehen, dass sich hieran nach neuem Recht etwas ändern sollte. Aus diesem Grund sollen Darlehen mittelbarer Gesellschafter nicht an dieser Stelle im Rahmen der Gesellschafterdarlehen, sondern gesondert mit den Darlehen Dritter untersucht werden.[142]

2. Subjektiver Tatbestand des § 39 Abs. 1 Nr. 5 n. F. InsO

Für die Anwendbarkeit der §§ 32a, b GmbHG war zunächst allgemein anerkannt, dass zumindest in Bezug auf in der Krise stehen gelassene Darlehen ein subjektives Moment erforderlich sein sollte.[143] Später wurde vermehrt vertreten,

---

[138] BGH, Urt. v. 21.09.1981 – II ZR 104/80 („Helaba/Sonnenring") = BGHZ 81, 311, 315 = NJW 1982, 383, 384 = ZIP 1981, 1200 = LM Nr. 14a zu § 30 GmbHG m. Anm. *Fleck.*

[139] Hierfür spricht bereits die im Urteil verwendete Terminologie „(mittelbare) Gesellschafterin" im Gegensatz etwa zu „verbundenes Unternehmen" oder „vergleichbarer Dritter".

[140] *Hueck/Fastrich,* in: Baumbach/Hueck, GmbHG, 18. Aufl., § 32a Rn. 80 ff.; *Altmeppen,* in: Roth/Altmeppen, GmbHG, 5. Aufl., § 32a Rn. 155; *Lutter/Hommelhoff,* GmbHG, 16. Aufl., §§ 32a, b Rn. 63; *Johlke/Schröder,* in: v. Gerkan/Hommelhoff, Rn. 5.39; *Vervessos,* Das Eigenkapitalersatzrecht, S. 212.

[141] BT-Drucks. 12/2443, S. 123.

[142] Unten 3. Teil, B. I. 5. d) aa).

[143] BGH, Urt. v. 19.09.1988 – II ZR 255/87 („HSW") = BGHZ 105, 168, 186 = NJW 1988, 3143, 3147 m. Anm. *K. Schmidt;* BGH, Urt. v. 07.11.1994 – II ZR 270/93 = BGHZ 127, 336 = NJW 1995, 326; BGH, Urt. v. 28.11.1994 – II ZR 77/93 = NJW

bei Darlehensgewährung setze §§ 32a GmbHG zumindest voraus, dass dem Gesellschafter die Krise erkennbar war.[144] Sah man nämlich richtigerweise den Grund der Umqualifizierung in der Finanzierungsfolgenverantwortung, so ist ersichtlich, dass der Gesellschafter nicht schlechter gestellt werden sollte, weil er *irgendeine* Finanzierungsentscheidung traf, sondern weil er *zum Zeitpunkt der Krise* genau *diese* Entscheidung traf.[145] Wenn man hierin zumindest den Verschuldensgrad der Fahrlässigkeit erkennen wollte, so kann dies nach Inkrafttreten des MoMiG nicht mehr beibehalten werden: Die Darlehensvergabe wird immer vorsätzlich erfolgen, und auf das Merkmal der Krise kommt es wie erörtert zukünftig nicht mehr an.

3. Rechtsfolge: Subordination

a) Keine Verstrickung

Heftig umstritten war früher der Zeitpunkt, ab dem das nach den Rechtsprechungsregeln Eigenkapital ersetzende Darlehen wieder entsperrt war. Einer Ansicht zu Folge sollte die Verstrickung aufgehoben sein, sobald das Stammkapital nachhaltig wieder aufgefüllt war.[146] Allerdings judizierte der BGH in seinen parallelen Balsam/Procedo-Entscheidungen in Bezug auf das Recht der Vermögensbindung, dass ein einmal entstandener Rückzahlungsanspruch nach § 31 GmbHG nicht *ipso iure* wegfalle, nur weil die Stammkapitalziffer zwischenzeitlich erreicht sei.[147] Dieses Urteil wollten verschiedene Autoren auch auf das sich

---

1995, 457, 459; BGH, Urt. v. 16.10.1989 – II ZR 307/88 = NJW 1990, 516; BGH, Urt. v. 18.11.1991 – II ZR 258/90 = GmbHR 1992, 168, 170; BGH, Urt. v. 09.03.1992 – II ZR 168/91 = NJW 1992, 1763 = GmbHR 1992, 367; BGH, Urt. v. 11.12.1995 – II ZR 128/94 = NJW 1996, 722, 723; OLG München, Urt. v. 03.05.2000 – 7 U 5367/99 = OLGR München 2000, 354 = GmbHR 2000, 934; OLG Köln, Urt. v. 14.12.2000 – 18 U 163/00 = ZIP 2001, 337 = NJW-RR 2002, 179; *Heidinger,* in: Michalski, GmbHG §§ 32a, 32b Rn. 108; *K. Schmidt,* in: Scholz, GmbHG §§ 32a, 32b Rn. 51; *Lutter/Hommelhoff,* GmbHG, 16. Aufl., §§ 32a, b Rn. 47; neuerdings auch *Altmeppen,* in: Roth/Altmeppen, GmbHG § 32a Rn. 20; *a.A.* noch *Altmeppen,* in: Roth/Altmeppen, GmbHG, 5. Aufl., § 32a Rn. 20 f.

[144] Brandenburgisches OLG, Urt. v. 28.11.2007 – 3 U 67/07 = Grundeigentum 2008, 330, 331; *Heidinger,* in: Michalski, GmbHG §§ 32a, 32b Rn. 101; *Lutter/Hommelhoff,* GmbHG, 16. Aufl., §§ 32a, 32b Rn. 5; *Hueck/Fastrich,* in: Baumbach/Hueck, GmbHG, 18. Aufl., § 32a Rn. 59; *Habersack,* ZHR 1998, 201, 203 ff.; *Hommelhoff,* in: v. Gerkan/Hommelhoff, Rn. 2.23; tendenziell jetzt auch *K. Schmidt,* in: Scholz, GmbHG §§ 32a, 32b Rn. 44; *a.A. Löwisch,* Hdb. Eigenkapitalersatzrecht, Rn. 13, 26; *Johlke,* in: v. Gerkan/Hommelhoff, Rn. 59.1.

[145] *Haas/Dittrich,* in: v. Gerkan/Hommelhoff, Rn. 8.49.

[146] So *Haas,* NZI 2002, 457, 463 f.; *Haas/Dittrich,* in: v. Gerkan/Hommelhoff, Rn. 8.32a ff.; *v. Gerkan,* in: v. Gerkan/Hommelhoff, Rn. 3.99; *Faßbender,* Cash Pooling und Kapitalersatzrecht, S. 48 f.

[147] BGH, Urt. v. 29.05.2000 – II ZR 118/98 („Balsam/Procedo I") = BGHZ 144, 336 = ZIP 2000, 1251 = WM 2000, 1445 = BB 2000, 1483 m. Bespr. *Thümmel* = DB 2000,

aus den Kapitalerhaltungsregeln entwickelt habende Recht des Eigenkapitalersatzes übertragen, wobei zwischen ihnen wiederum streitig war, ob nach der Wiederauffüllung ein Gesellschafterbeschluss nötig sein sollte, bevor das Darlehen zurückgezahlt werden dürfe.[148] Vieles spricht dafür, eine solche Übertragung abzulehnen, allerdings muss das an dieser Stelle nicht vertieft behandelt werden, da sich das dargestellte Problem heute nicht mehr stellt. Wie früher in Bezug auf die Novellenregeln gibt es nämlich außerhalb der Insolvenz keinerlei Verstrickung mehr.[149]

b) Insolvenzrechtlicher Nachrang

Als Rechtfolge besteht fortan der Nachrang sämtlicher gewährter Gesellschafterdarlehen in der Insolvenz, wie dargestellt unabhängig von der *ex-ante*-Erkennbarkeit einer Insolvenzgefahr. Dies deckt sich inhaltlich mit der Rechtsfolge des früheren § 32a Abs. 1 GmbHG. Auf die Möglichkeit einer Anfechtung erfolgter Rückzahlungen nach § 135 n. F. InsO wird unten näher einzugehen sein.[150]

4. Subordination im Vertragskonzern

Bisher war nicht endgültig geklärt, in welchem Umfang die Regeln über den Eigenkapitalersatz auch im Vertragskonzern anzuwenden waren. *In concreto* stellte sich die Frage, ob die Sonderregeln der §§ 300–308 AktG das Eigenkapitalersatzrecht verdrängten.[151] Für eine Verdrängung hätte gesprochen, dass § 291 Abs. 3 AktG die Regelungen des § 57 AktG – und nach hier geteilter Auffassung auch § 30 GmbHG[152] – im Vertragskonzern für nicht anwendbar erklärt. Dies dürfte dann zumindest auf die früheren Rechtsprechungsregeln zum Eigenkapitalersatz übertragbar sein. Zudem mochte man daran denken, auch die Novellenregeln darunter zu fassen, da sich diese zumindest historisch aus § 30 GmbHG entwickelten.[153]

---

[145] 5 = NZG 2000, 883 m. Anm. *Altmeppen* = DStR 2000, 1234 m. Anm. *Goette*; BGH, Urt. v. 29.05.2000 – II ZR 347/97 („Balsam/Procedo II") = ZIP 2000, 1256 = StUB 2000, 642; weitere Parallelentscheidung: BGH, Urt. v. 29.05.2000 – II ZR 75/98 = NZG 2000, 888; *a. A.* noch BGH, Urt. v. 11.05.1987 – II ZR 226/86 = ZIP 1987, 1113, 1114 m. Anm. *H. P. Westermann* = WuB II C § 31 GmbHG 2.87 m. Anm. *Immenga*; vgl. dazu auch oben 2. Teil, A. I. 3. d).

[148] *Dafür*: *Kurth/Delhaes*, DB 2000, 2577, 2578 ff.; *dagegen*: *Bormann*, DB 2001, 907, 908 ff.; *Willemsen/Coenen*, DB 2001, 910, 911 ff.

[149] Vgl. oben 3. Teil, A. II.; *Altmeppen*, NJW 2008, 3601, 3606; *Desch*, in: Bunnemann/Zirngibl, § 8 Rn. 55 ff.

[150] 3. Teil, B. I. 6.

[151] *Hommelhoff*, WM 1984, 1105, 1110; *Fleischer*, in: v. Gerkan/Hommelhoff, Rn. 12.31.

[152] Oben 2. Teil, F. V. 1.

[153] Dazu oben 3. Teil, A. II.

Trotzdem wurde die Anwendbarkeit des Dispenses aus § 291 Abs. 3 AktG auf das Kapitalersatzrecht von einer überzeugenden Ansicht deswegen abgelehnt, weil der aktienrechtliche Verlustausgleichsanspruch weder in sachlicher noch in zeitlicher Hinsicht dazu taugte, einen adäquaten Schutz zu bieten: Zeitlich wäre der Anspruch aus § 32a GmbHG sofort, der Verlustausgleichsanspruch hingegen zum Jahresende fällig. Sachlich griffen die Novellenregeln wesentlich weiter als der Verlustausgleichsanspruch, der nur das nominelle Stammkapital schützte.[154] Insofern waren früher im Vertragskonzern zwar die Rechtsprechungsregeln des BGH zum Eigenkapital ersetzenden Darlehen gemäß § 291 Abs. 3 AktG außer Kraft gesetzt, wohl aber griffen die §§ 32a, b GmbHG in vollem Umfang auch hier. Die Änderung vom Eigenkapitalersatzrecht hin zum insolvenzrechtlichen Nachrang hat auch diese Probleme obsolet werden lassen. Darlehen im Rahmen einer Gesellschafterfremdfinanzierung sind nun grundsätzlich nachrangig. Der Wegfall der Rechtsprechungsregeln führt an dieser Stelle keine Änderung herbei, da sie nach richtiger Ansicht schon bisher im Vertragskonzern suspendiert waren.

5. Subordination von Darlehen Dritter im Konzernverbund

Für den hier interessierenden Fall des Cash Pooling ist es von großer Bedeutung, ob und wann konzerninterne Darlehen der Subordination unterliegen. Sofern zwischen Darlehensgebergesellschaft und Darlehensnehmergesellschaft keine direkte Beteiligung vorliegt, sind die Gesellschaften im Verhältnis zueinander Dritte.[155] Das zweistufige Schutzsystem des früheren Rechts umfasste gemäß § 32a Abs. 3 S. 1 GmbHG auch Darlehen, die solche Dritte der Gesellschaft gewährten, wenn sie wirtschaftlich einem Gesellschafter zuzurechnen waren. Die Regelung überzeugte, da die Normen über die Eigenkapital ersetzenden Gesellschafterdarlehen sonst einfach durch Einschaltung eines Strohmanns zu umgehen gewesen wären.[156] Hinzu kommt, dass in großen Konzernen regelmäßig komplexe Beteiligungsverhältnisse vorherrschen. Dies liegt an Strukturen mit oft nicht nur zwei, sondern fünf oder mehr Konzernebenen, die dazu führen, dass Darlehen auch horizontal, aufsteigend oder in Kombination dieser Richtungen gewährt werden. Dennoch erwähnt der neue § 39 Abs. 1 Nr. 5 InsO ausdrücklich nur noch Gesellschafterdarlehen. Teilweise wurde deswegen vertreten, § 39 Abs. 1 Nr. 4 n. F. InsO gelte nicht für Drittdarlehen, deren wirtschaftlicher Geber ein Gesellschafter ist.[157] So unbefriedigend dies sein mag, ist der Ansicht doch

---

[154] *Fleischer*, in: v. Gerkan/Hommelhoff, Rn. 12.32.

[155] Vgl. oben 3. Teil, B. I. 1. e) bb).

[156] Vgl. BGH, Urt. v. 21.09.1981 – II ZR 104/80 („Helaba/Sonnenring") = BGHZ 81, 311 = ZIP 1981, 1200 = LM Nr. 14a zu § 30 GmbHG m. Anm. *Fleck; Henze,* in: GroßKomm AktG § 57 Rn. 135; *K. Schmidt,* in: Scholz, GmbHG §§ 32a, 32b Rn. 120; *Hueck/Fastrich,* in: Baumbach/Hueck, GmbHG Anh. § 30 Rn. 42; *Fleischer,* in: v. Gerkan/Hommelhoff, § 12 Rn. 12.11.

[157] *Wälzholz,* DStR 2007, 1914, 1918; *Kammeter/Geißelmeier,* NZI 2007, 214, 218.

zuzugestehen, dass das Fehlen der Nennung Dritter bereits von *Bayer/Graff*[158] und *Bork*[159] in Bezug auf den Referentenentwurf des MoMiG festgestellt wurde. Dass trotz dieser bekannten Unklarheit im Regierungsentwurf keine gegenteilige Formulierung gewählt und kein Verweis auf die insolvenzrechtliche Aufzählung nahestehender Personen in § 138 InsO eingefügt wurde, spräche dafür, dass die Streichung beabsichtigt war.[160] Allerdings hat der Gesetzgeber die Kritik zumindest in der Begründung zum Regierungsentwurf berücksichtigt. Dort wird jetzt knapp ausgeführt, die Formulierung „Forderungen aus Rechtshandlungen, die einem solchen Darlehen wirtschaftlich entsprechen" ersetze § 32a Abs. 3 S. 1 a. F. GmbHG auch in personeller Hinsicht.[161] Dieser Hinweis verblüfft nicht nur durch seine Kürze, denn der personelle Anwendungsbereich des früheren § 32a Abs. 3 S. 1 GmbHG war extrem umstritten:

a) Reichweite des früheren § 32a Abs. 3 S. 1 GmbHG

aa) Die Verbundformel des BGH

In der Rechtsprechung wurde das Problem erstmals 1981 im Zusammenhang mit der bereits erwähnten BGH-Entscheidung „Helaba/Sonnenring"[162] interessant. Nach dort aufgestellter und später stetig verfeinerter[163] Jurisdiktion sollte

---

[158] *Bayer/Graff,* DStR 2006, 1654, 1659.

[159] *Bork,* ZGR 2007, 250, 254.

[160] *Wälzholz,* DStR 2007, 1914, 1918.

[161] Begr. RegE MoMiG, BT-Drucks. 16/6140, S. 56 reSp.

[162] BGH, Urt. v. 21.09.1981 – II ZR 104/80 („Helaba/Sonnenring") = BGHZ 81, 311, 315 = NJW 1982, 383, 384 = ZIP 1981, 1200 = LM Nr. 14a zu § 30 GmbHG m. Anm. *Fleck.*

[163] BGH, Urt. v. 14.10.1985 – II ZR 276/84 = ZIP 1986, 456, 458 = EWiR 1986, 369 m. Anm. *Lüke*; BGH, Urt. v. 09.10.1986 – II ZR 58/86 = ZIP 1987, 169 f. = LM Nr. 21 zu § 30 GmbHG = NJW 1987, 1080, 1081; BGH, Urt. v. 22.10.1990 – II ZR 238/89 = ZIP 1990, 1593, 1595 = NJW 1991, 1057, 1058 = EWiR 1991, 67 m. Anm. *v. Gerkan*; BGH, Urt. v. 24.09.1990 – II ZR 174/89 = ZIP 1990, 1467, 1468 f. = WuB II C zu § 30 GmbHG 1.91 m. Anm. *H. P. Westermann* = LM Nr. 22 zu GmbHG § 31 = EWiR 1990, 1211 m. Anm. *G. Müller*; BGH, Urt. v. 16.12.1991 – II ZR 294/90 = ZIP 1992, 242, 244 = EWiR 1992, 279 m. Anm. *Joost*; BGH, Urt. v. 18.11.1996 – II ZR 207/95 = ZIP 1997, 115, 116 = DStR 1997, 172, 173 m. Anm. *Goette* = LM Nr. 54 GmbHG § 30 = WuB II C § 32a GmbHG 2.97 m. Anm. *Butzke* = WiB 1997, 246 m. Bespr. *Ihrig*; BGH, Beschl. v. 15.03.1999 – II ZR 337/97 = DStR 1999, 510, 511 m. Anm. *Goette*; BGH, Urt. v. 21.06.1999 – II ZR 70/98 = ZIP 1999, 1314 = WuB II C zu § 30 GmbHG 1.99 m. Anm. *v. Gerkan* = LM Nr. 64 zu GmbHG § 30 = ZInsO 1999, 472; BGH, Urt. v. 27.11.2000 – II ZR 179/99 = ZIP 2001, 115 = WuB II G zu § 32a GmbHG 1.01 m. Anm. *Gößmann* = EWiR 2001, 379 m. Anm. *v. Gerkan*; BGH, Beschl. v. 01.03.1999 – II ZR 362/97 = DStR 1999, 553; BGH, Beschl. v. 05.07.1999 – II ZR 260/98 = DStR 1999, 1490; ebenso OLG Düsseldorf, Urt. v. 12.12.1996 – 10 U 33/95 = BB 1997, 958 = GmbHR 1997, 353; OLG Jena, Beschl. v. 07.04.1998 – 8 W 15/98 (n. rkr.) = NZG 1998, 858 m. Anm. *Michalski/De Vries*; OLG München, Urt. v. 27.05.1992 – 15 U 5613/91 = OLGR München 1992, 100 = GmbHR 1992, 663.

bei „wirtschaftlicher Einheit" unterschiedlicher Unternehmen stets das Kapitalersatzrecht zur Anwendung kommen.[164] Von einer solchen wirtschaftlichen Einheit sollte bei verbundenen Unternehmen im Sinne des § 15 AktG ausgegangen
werden. Seinen Standpunkt begründete der BGH mit § 32a Abs. 5 GmbHG,
einer niemals in Kraft getretenen Norm, die der Regierungsentwurf zur GmbH-
Novelle aus dem Jahr 1977 enthielt.[165] Der Absatz zählte Katalogbeispiele für
die Einbeziehung Dritter in das Kapitalersatzrecht enumerativ auf. Unter anderem wurden dort „Forderungen, Sicherungen oder Bürgschaften eines mit einem
Gesellschafter oder mit der Gesellschaft verbundenen Unternehmens sowie eines
Dritten, der für Rechnung des Gesellschafters oder eines mit der Gesellschaft
verbundenen Unternehmens" handelte, den Gesellschafterdarlehen gleich gestellt.
Im Rahmen der Beratungen im Vorfeld der GmbHG-Novelle von 1980 entschied
man indes, an Stelle einzelner Fallbeispiele lieber die Generalklausel des § 32a
Abs. 3 S. 1 GmbHG in das Gesetz aufzunehmen. Da es jedoch dem Willen des
Gesetzgebers entsprach, die Beispiele des § 32a Abs. 5 GmbHG-E 1977 durch
die Generalklausel abgedeckt zu sehen,[166] wurde die Norm zur Auslegung der
Generalklausel heran gezogen und stellt die Basis der BGH-Judikatur zur An-
wendbarkeit des Eigenkapitalersatzrechts bei wirtschaftlicher Einheit dar. Diese
Interpretation des Gesetzes stieß auch bei vielen Vertretern des Schrifttums auf
Zustimmung.[167]

bb) Differenzierte Betrachtungsweisen der Literatur

Einzelne Stimmen kritisierten die statische BGH-Lösung allerdings auch heftig, da sie prinzipiell keine Ausnahmen und Abstufungsmöglichkeiten zulässt.[168]
Des Weiteren wird es als problematisch gesehen, § 32a Abs. 5 GmbHG-E 1977
anzuwenden, obwohl die Norm gerade kein Gesetz wurde. Dem ist zuzugestehen,
dass es in Ermangelung einer Kasuistik nicht überprüfbar ist, ob und wenn ja
unter welchen Voraussetzungen die Norm eine teleologische Reduktion erfahren
hätte. Es kann aber nicht sein, dass eine Norm, die gerade nicht Gesetz wurde, in

---

[164] Abweichend allerdings jetzt BGH, Urt. v. 05.05.2008 – II ZR 108/07, in welchem
der BGH bloße Verbundenheit wegen § 76 AktG nicht ausreichen ließ, wenn eine beherrschte Aktiengesellschaft ein Darlehen an die Tochter-GmbH ihres Schwesterunter-
nehmens ausreichte, vgl. dazu unten 3. Teil, B. I. 5. d) aa) (1) (b) (bb).

[165] RegE GmbHG 1977, BT-Drucks. 8/1347, S. 9 f.

[166] Ber. Rechtsausschuss GmbHG 1980, BT-Drucks. 8/3908, S. 74.

[167] *Ulmer*, in: Ulmer/Habersack/Winter, GmbHG § 32a Rn. 121; *K. Schmidt*, in:
Scholz, GmbHG §§ 32a, 32b Rn. 147 ff.; *Bayer*, in: MünchKomm AktG § 57 Rn. 195;
Goette, Die GmbH, § 4 Rn. 116 ff.; *Deutler*, GmbHR 1980, 149; *K. Schmidt*, ZIP 1981,
694.

[168] So etwa *Altmeppen*, in: Roth/Altmeppen, GmbHG, 5. Aufl., § 32a Rn. 147;
Pentz, in: Rowedder/Schmidt/Leithoff, GmbHG § 32a Rn. 81 f.; *Fleischer*, in: v. Ger-
kan/Hommelhoff, Rn. 12.7 ff.; *Hommelhoff*, WM 1984, 1105; *Noack*, GmbHR 1996,
153 ff. jeweils m.w.N.

ihrer Unveränderlichkeit weiter geht als kodifiziertes Recht. Aus diesen Gründen stellten verschiedene Autoren über die Konzernzugehörigkeit hinaus Kriterien auf, die eine Anwendbarkeit der Kapitalersatzregeln rechtfertigen sollten. *Karsten Schmidt* plädierte dafür, dem einzelnen Unternehmen den Beweis zuzugestehen, ein Darlehen nicht auf Grund der Verbundenheit gewährt zu haben.[169] Das begründet er damit, dass seiner Ansicht nach ein solcher Beweis auch den Gesellschaftern zustünde.[170] Problematisch hieran war, dass die meisten verbundenen Unternehmen zumindest *auch* auf Grund ihrer Konzernzugehörigkeit zur Darlehensvergabe bereit gewesen sein dürften, weswegen diese Lösung selten zu einer Einschränkung geführt hätte. *Fleischer* schlug deswegen vor, zu fragen, ob die Rechtsstellung des verbundenen Unternehmens so viele „Elemente partieller Gleichheit" mit derjenigen eines Gesellschafters aufweise, dass eine Gleichstellung unter Wertungsgesichtspunkten gerechtfertigt schien.[171] In eine ähnliche Richtung argumentierte auch *Noack,* indem er eine Parallele zum Treuhänder zog.[172] Für diesen ist allgemein anerkannt, dass seine Darlehensleistung dem Treugeber zuzurechnen ist.[173] Immer dann, wenn die Stellung einer darleihenden Gesellschaft mit der eines Treuhänders vergleichbar wäre, sollte danach auch das Eigenkapitalersatzrecht entsprechend greifen.

Vor allem *Altmeppen* lehnte konzernrechtliche Überlegungen zur Präzisierung von Normen des Kapitalersatzrechts gänzlich ab. Stattdessen hielt er es für notwendig, dass der Kapitalgeber bereits mit Risikokapital, also Kapital, welches im Insolvenzfall zur Befriedigung anderer Gläubiger diente, an der darlehensnehmenden Gesellschaft beteiligt war.[174] Eine solche Beteiligung sei immer bei absteigenden Finanzierungen gegeben, bei horizontalen oder aufsteigenden indes

---

[169] *K. Schmidt,* in: Scholz, GmbHG §§ 32a, 32b Rn. 149.

[170] *K. Schmidt,* in: Scholz, GmbHG §§ 32a, 32b Rn. 45; dies wird jedoch von der wohl überwiegenden Meinung abgelehnt, so der *Ulmer,* in: Ulmer/Habersack/Winter, GmbHG Rn. 35 ff.; *Hueck/Fastrich,* in: Baumbach/Hueck, GmbHG, 18. Aufl., § 32a Rn. 16 ff.; *Ullrich,* GmbHR 1983, 142 ff.; *Ulmer,* ZIP 1984, 1167.

[171] *Fleischer,* in: v. Gerkan/Hommelhoff, Rn. 12.8; *Fleischer,* ZIP 1998, 313, 316 ff.; dem zustimmend *Heidinger,* in: Michalski, GmbHG §§ 32a, 32b Rn. 203; ähnlich bereits *v. Gerkan,* GmbHR 1986, 218, 223.

[172] *Noack,* GmbHR 1996, 153 ff.

[173] BGH, Urt. v. 14.12.1959 – II ZR 187/57 („Lufttaxi") = BGHZ 31, 258, 265 = NJW 1960, 285 = WM 1960, 41; BGH, Urt. v. 26.11.1979 – II ZR 104/77 („Früchte") = BGHZ 75, 334, 335 f. = ZIP 1980, 115 = WM 1980, 78; BGH, Urt. v. 14.11.1988 – II ZR 115/88 = ZIP 1989, 93 = EWiR 1989, 369 m. Anm. *Martens* = LM Nr. 25 zu § 30 GmbHG = WuB II C § 30 GmbHG 1.89 m. Anm. *Rümker;* OLG Hamburg, Beschl. v. 04.04.1984 – 11 W 21/84 = ZIP 1984, 584 = WM 1984, 1088; *Pentz,* in: Rowedder/Schmidt/Leithoff, GmbHG § 32a Rn. 74; *K. Schmidt,* in: Scholz, GmbHG §§ 32a, 32b Rn. 32 u. Rn. 152; *Baumbach/Hueck,* GmbHG, 18. Aufl., § 32a, Rn. 23; *Henze,* in: GroßKomm AktG § 57 Rn. 129.

[174] *Altmeppen,* in: Roth/Altmeppen, GmbHG, 5. Aufl., § 32a Rn. 153 ff.; *Altmeppen,* in: FS Kropff (1997) 641, 660 ff.; *Altmeppen,* ZIP 1993, 1677, 1682.

nur, wenn der Veranlasser der Leistung seinerseits mit Risikokapital an der Kreditnehmerin beteiligt sei.

b) Abwägung unter Berücksichtigung des neuen Rechts

Es konnte gezeigt werden, dass der bloße Hinweis auf die Beibehaltung des personellen Anwendungsbereichs von § 32a Abs. 3 S. 1 GmbH nicht ausreicht, um eine abschließende Aussage darüber treffen zu können, welche Drittdarlehen künftig von der Subordination des § 39 Abs. 1 Nr. 5 InsO erfasst sein sollen. Um hier eine Entscheidung treffen zu können, ist es notwendig, zunächst auf den Normzweck des neuen § 39 Abs. 1 Nr. 5 InsO zu schauen, um vor dem Hintergrund der neuen Gesetzeslage ein Zurechnungsmodell entwickeln zu können, das dem Telos der geänderten Vorschriften gerecht wird.[175]

aa) Normzweck des § 39 Abs. 1 Nr. 5 n. F. InsO

Bereits im Rahmen der Würdigung des früheren Eigenkapitalersatzrechts konnte ein konkreter Normzweck nicht zur absoluten Überzeugung herausgearbeitet werden.[176] Mit der Abschaffung des Merkmals der Krise wird dies nicht leichter. Erneut soll die gesetzliche Regelung anhand der oben vorgestellten Erklärungsmodelle überprüft werden.

(1) Finanzierungsfolgenverantwortung

Möglicherweise kann die Finanzierungsfolgenverantwortung als Zusammenfassung verschiedener Einzelprobleme der Hybridstellung als Gesellschafter und Gläubiger weiterhin die Grundlage des Rechts der Gesellschafterdarlehen bleiben.[177] Die Tatsache, dass ein Gesellschafter nun unter Umständen auch für Geschehnisse einzustehen hat, die er auch bei Wahrung eines Höchstmaßes an kaufmännischer Sorgfalt nicht hätte voraussehen können, lässt dies allerdings zunächst in Zweifel ziehen. Zwar ändert sich nichts an der grundsätzlichen Möglichkeit einer Interessenhybris, doch werden die Motive eines darleihenden Gesellschafters sich, solange keine Krise erkennbar ist, regelmäßig nicht von denen externer Fremdkapitalgeber unterscheiden, sondern gleichsam auf eine ordnungsgemäße Verzinsung und anschließende Rückzahlung gerichtet sein. Außerhalb der Krise löst die Fremdfinanzierung durch Gesellschafter dann auch keine Gläubiger benachteiligenden Folgen aus, vielmehr wird eine externe Kapitalaufnahme

---

[175] Die häufige Außerachtlassung des Normzwecks bei der Auslegung von Änderungsnormen des MoMiG bemängelt auch *K. Schmidt,* GmbHR 2009, 1009.

[176] Vgl. oben 3. Teil, A. III.

[177] So *Hölzle,* ZIP 2009, 1939, 1944.

lediglich durch die interne substituiert. Warum der Gesellschafter dann pauschal schlechter gestellt wird als ein Dritter, ließe sich mit keinem der im 3. Teil, A. III. dargestellten Ansätze erklären.[178]

(2) Finanzierungsverantwortung

Karsten Schmidt will – wie schon vor Inkrafttreten des MoMiG – eine Finanzierungsverantwortung der Gesellschafter als dogmatische Grundlage des neuen § 39 Abs. 1 Nr. 5 InsO ansehen.[179] Dies begründet er damit, dass Gesellschafter die einzigen Akteure im Umfeld einer Gesellschaft sind, die „geborene Investoren"[180] seien. Allein hieraus lasse sich ihre Andersbehandlung begründen. Der von *Karsten Schmidt* schon früher vehement verteidigte[181] Begriff der Finanzierungsverantwortung gelte somit fort, weil sich hieran nichts geändert habe. Es sei jedoch notwendig, die Finanzierungsverantwortung nach neuem Recht auszulegen, um der Gesetzesänderung Rechnung zu tragen.

(3) Prinzip der Haftungsbeschränkung

Die Pioniere des neuen Regelungssystems, *Huber* und *Habersack* führen als dogmatische Grundlage des § 39 Abs. 1 Nr. 5 n. F. InsO ausdrücklich das Prinzip der Haftungsbeschränkung der Kapitalgesellschaften an, welches nicht missbräuchlich von den Gesellschaftern auszunutzen wäre.[182] Ganz offensichtlich wollen *Huber* und *Habersack* die Gesellschafter also an missbräuchlichen Finanzierungsformen hindern bzw. diese sanktionieren. Dann überrascht es aber, dass der sachliche Anwendungsbereich der Subordination gegenüber dem früheren Recht ausgedehnt wird.[183] Anstatt eine stärkere Fokussierung auf objektiven Missbrauch zu legen, tut das neue Recht das genaue Gegenteil, indem mit der Krise auf das einzige Tatbestandsmerkmal des alten Rechts verzichtet wird, welches es rechtfertigte, einem Gesellschafter besonders strenge Verhaltenspflichten aufzuerlegen. Trotz bestehender Finanzierungsfreiheit wird dem Gesellschafter damit heute wirtschaftlich betrachtet eine Finanzierungsmöglichkeit teilweise abgeschnitten. Dies ist weder mit dem Prinzip der Haftungsbeschränkung, noch mit dem Trennungsprinzip zu erklären, denn das als Haftungsstock für die Gläubiger

---

[178] *Altmeppen,* NJW 2008, 3601, 3603 bezeichnet die neue Regelung deswegen gar als verfassungswidrig.

[179] *K. Schmidt,* GmbHR 2009, 1009, 1015 f.

[180] *K. Schmidt,* GmbHR 2009, 1009, 1016.

[181] Ausführlich dazu oben 3. Teil, A. III. 2.

[182] *Huber/Habersack,* BB 2006, 1, 2; *Huber,* in: FS Priester 2007, 259, 275 ff.; *Habersack,* ZIP 2007, 2145, 2147; *Habersack,* ZIP 2008, 2385, 2387; zust. *Desch,* in: Bunnemann/Zirngibl, § 8 Rn. 20; *Hirte,* WM 2008, 1429, 1430 f.; *krit.* dazu bereits *Hommelhoff,* in: Die GmbH-Reform in der Diskussion, 115, 126 f.

[183] *K. Schmidt,* GmbHR 2009, 1009, 1013 f.

fungierende Mindestkapital wird, solange auch externe Dritte zur Darlehensvergabe bereit wären, durch die Aufnahme von Gesellschafterdarlehen nicht mehr gefährdet als durch jede andere Fremdkapitalaufnahme. Wenn das Prinzip der Haftungsbeschränkung für sich genommen schon früher nicht zur vollständigen Erklärung des Eigenkapitalersatzrechts taugte, so wird es jetzt erst Recht nicht zur Begründung der krisenunabhängigen Subordination herhalten können.

(4) Abwägung

Solange nach der Streichung des Merkmals einer Krise der Gesellschafter auch dann ohne Exkulpationsmöglichkeit von den Folgen der Subordination getroffen wird, wenn er sich überhaupt nichts vorzuwerfen hat, versagen sämtliche Versuche einer umfassenden dogmatischen Begründung. Entscheidend scheint deswegen der Hinweis *Seiberts,* die Einzelfallgerechtigkeit müsse hinter der Rechtssicherheit zurückstehen.[184] Ganz offenbar war der Gesetzgeber vor allem von dem Willen geleitet, einen unkompliziert feststellbaren objektiven Tatbestand zu schaffen. Wenn als dogmatische Grundlage für diesen nun pauschal das Prinzip der Haftungsbeschränkung und die Missbrauchsgefahr angeführt werden, so wird man zu dem Ergebnis kommen müssen, dass alle denkbaren Missbräuche diejenigen sind, die schon früher zur Ausfüllung des Begriffs der Finanzierungsfolgenverantwortung herangezogen wurden. Bei Lichte betrachtet hat sich also am Zweck der Normen betreffend die Gesellschafterfremdfinanzierung ebenso wenig geändert wie an der dogmatischen Begründung.[185] *Bork* will deswegen an der früheren Grundlage der Finanzierungsfolgenverantwortung festhalten und geht davon aus, das Merkmal der Krise bliebe ungeschriebenes Motiv der Norm, da diese andernfalls nicht widerspruchsfrei zu erklären sei.[186] Obgleich auch diese Lösung dogmatisch nicht vollständig befriedigt,[187] liefert sie das praktikabelste Ergebnis. Gleichzeitig findet sie eine Stütze in der Begründung zum Regierungsentwurf MoMiG, die mehrfach betont, dass die früheren §§ 32a, b GmbHG lediglich „verlagert", ihrem Sinn nach jedoch beibehalten werden sollen.[188]

Dass in Bezug auf den Gläubigerschutz auch zukünftig bei den Gesellschaftern angesetzt wird, zeigt zudem, dass der Gesetzgeber nach wie vor ihre besondere

---

[184] Zitiert nach *Heckschen* NotBZ 2006, 381, 387; zust. *Dahl/Schmitz,* NZG 2009, 325, 327.

[185] So i.E. auch *Hölzle,* ZIP 2009, 1939, 1944; *K. Schmidt,* GmbHR 2009, 1009, 1019; *Spliedt,* ZIP 2009, 149, 153.

[186] *Bork,* ZGR 2007, 250, 257; zust. *Altmeppen,* NJW 2008, 3601, 3603; *Dahl/ Schmitz,* NZG 2009, 325, 326; *Spliedt,* ZIP 2009, 149, 153.

[187] Heftige Kritik bei *K. Schmidt,* GmbHR 2009, 1009, 1012 f.

[188] Vgl. Begr. RegE MoMiG, BT-Drucks. 16/6140, S. 42, 51, 52, 56, 57; dort wird von „Verlagerung" bzw. „Übernahme" des § 32a GmbHG ins Insolvenzrecht gesprochen.

Stellung als ausreichende Begründung für eine verschärfte Haftung ansieht – und zwar unabhängig davon, ob sich der Gesellschafter in einer von Gesetz missbilligten Weise verhält oder nicht. Eine solche Rechtsfolge kann sich deswegen nur an die Annahme knüpfen, den Gesellschafter treffe eine spezifische Verantwortung für die Finanzierung seiner Gesellschaft.

Der Begriff der „Finanzierungsfolgenverantwortung", wie ihn diese Arbeit verwendet, ist also auch weiterhin als Begründung der Subordination von Gesellschafterdarlehen gemäß § 39 Abs. 1 Nr. 5 InsO heranzuziehen, auch wenn die Rechtsfolge jetzt eher an eine Gefährdungshaftung erinnert.

bb) Relevanz für die Subordination von Darlehen Dritter

Auslöser der Reformbestrebungen war ganz offensichtlich das Anliegen des Gesetzgebers, weite Teile der vielfach kritisierten Rechtsprechungsregeln über den Eigenkapitalersatz einzustampfen, jedoch die Novellenregeln im Grundsatz beizubehalten. Es ist dabei auch nicht erkennbar, dass deren Nachfolgenormen auf einer neuen dogmatischen Grundlage basierten. Dort, wo der Gesetzgeber Bedarf zu einer Beschränkung des Richterrechts sah, hat er dies mit dem MoMiG zum Ausdruck gebracht, indem er explizit von der Wertung des November-Urteils sowie von den Rechtsprechungsregeln zum Eigenkapitalersatzrecht Abstand nimmt. Verweist nun die Entwurfsbegründung zum MoMiG hinsichtlich des persönlichen Anwendungsbereichs von § 39 Abs. 1 Nr. 5 InsO ausdrücklich auf den Anwendungsbereich von § 32a Abs. 3 S. 1 a. F. GmbHG, ohne auf die dazu ergangene Rechtsprechung einzugehen, so könnte dies bedeuten, dass der Gesetzgeber an dieser Stelle gerade keinen Bedarf zur Abschaffung des Richterrechts sah und an der Verbundformel des BGH festhalten wollte. Dieser ist zuzugestehen, dass sie praktikabel ist, kaum Raum für Rechtsunsicherheiten lässt. Mögliche Ungerechtigkeiten im Einzelfall zu Gunsten größerer Rechtssicherheit bewusst in Kauf zu nehmen, ist dem MoMiG schließlich auch an anderer Stelle nicht fremd.[189] Andererseits wäre es dann aber ein Leichtes gewesen, Klarheit durch die Aufnahme einer entsprechenden Passage ins Gesetz zu schaffen. Dies ist trotz Kenntnis des Gesetzgebers vom bestehenden Streit nicht geschehen. Berücksichtigt man das erklärte Ziel der Schaffung von mehr Rechtssicherheit sowie die Tatsache, dass sich seit drei Jahrzehnten auf einen Katalog von Regelbeispielen bezogen wird, der nie Gesetz wurde, so ist unbegreiflich, dass die Möglichkeit vertan wurde, innerhalb der Insolvenzordnung endlich klar die Voraussetzungen des Rangrücktritts festzuschreiben, wie es 32a Abs. 5 GmbHG RegE 1977[190] vorsah.

---

[189] Dazu bereits oben 3. Teil, B. I. 1. c).
[190] RegE GmbHG 1977, BT-Drucks. 8/1347, S. 9 f.

Daraus dass dies nicht erfolgte, kann aber nicht automatisch auf ein Bekenntnis des Gesetzgebers zur Verbundformel geschlossen werden. Der Zeitpunkt und die Kürze des Hinweises auf § 32a Abs. 3 S. 1 GmbHG in den Gesetzesmaterialien zum MoMiG lässt eher vermuten, dass der Komplex der Drittdarlehen beim Reformentwurf schlichtweg anfangs übersehen worden war und dass schlussendlich die Zeit zu einer detaillierten Kodifizierung fehlte. Aus diesem Grund ist es auch nicht angebracht, nur auf die Diskussion zum früheren Recht zu schauen, ohne dabei den tatbestandlichen Unterschied zwischen § 32a a.F. GmbHG und § 39 Abs. 1 Nr. 5 n.F. InsO zu fokussieren.[191] Durch den Wegfall des Merkmals der Unternehmenskrise für die Annahme der Subordination hat sich das Haftungsrisiko für Gesellschafter in Teilbereichen verschärft. Die Ausführungen zur Konzerninnenfinanzierung haben zudem gezeigt, dass bereits Cash Pooling eine äußerst komplexe Materie ist, welche mit den Normen des Gesellschaftsrechts kaum erfasst werden kann. Cash-Pooling-Systeme stellen jedoch nur eine von vielen Möglichkeiten einer Relevanz von § 39 Abs. 1 Nr. 5 InsO für verbundene Unternehmen dar. Die Konstellationen können von bloßer Abwicklung des Zahlungsverkehrs bis hin zur Konzernfinanzierung, von zwei durch identischen Kommanditisten verbundenen Kommanditgesellschaften bis hin zum weltumspannenden Konzern reichen. Wenn man dies berücksichtigt, wird ersichtlich, dass sich eine starre Lösung des Problems – wie die Verbundformel des BGH – verbietet.[192] Sachgerecht war vielmehr bereits nach alter Rechtslage eine genaue Betrachtung des Einzelfalls. Will man also nicht entgegen der Intention des MoMiG eine starre, das Cash Pooling offensichtlich gefährdende Regelung annehmen, so ist auch zukünftig mit der früher verbreiteten Literaturansicht eine Differenzierung nötig.[193]

Die drei Ziele des MoMiG, einerseits die Haftungsrisiken beim Cash Pooling nicht ausufern zu lassen, zweitens Rechtsunsicherheiten auszumerzen und drittens Gläubiger in angemessener Weise gegen Missbräuche zu schützen, bilden ein magisches Dreieck mit unvereinbaren Eckpunkten, welche bei der Auslegung von § 39 Abs. 1 Nr. 5 InsO zu berücksichtigen sind. Eine Ausgewogenheit wird sich hier nur erzielen lassen durch Bildung klarer Fallgruppen, die es Entscheidungsträgern im Konzern ermöglichen, bereits vor einem Liquiditätstransfer über mögliche Rückstufungen ihres Rückzahlungsanspruchs Gewissheit zu erhalten.

---

[191] So aber *Desch,* in: Bunnemann/Zirngibl, § 8 Rn. 34; *Dahl/Schmitz,* NZG 2009, 325, 326; kritisch *Biebinger,* GmbHR 2008, R305, R306; *Habersack,* ZIP 2008, 2385, 2387.

[192] Ähnlich *Hueck/Fastrich,* in: Baumbach/Hueck, GmbHG Anh. § 30 Rn. 34 f.

[193] So auch *Habersack,* ZIP 2008, 2385, 2387 ff.

c) Privilegierung des Cash Pooling?

Man könnte dabei überlegen, das Cash Pooling selbst als eine eigene Fallgruppe anzusehen. Hierfür spräche, dass es in komplexen Konzernstrukturen oft zufallsabhängig ist, ob und in welcher Richtung Darlehen gewährt werden. Es wurde auch schon darauf hingewiesen, dass Rückzahlungsmodalitäten, Verzinsung und Besicherung eigenen Regeln unterliegen und die Motive von denen sonstiger – auch konzerninterner – Darlehensgewährungen abweichen. Wenn der Gesetzgeber nun mehrfach zum Ausdruck bringt, vom ökonomischen Nutzen dieses Verfahrens überzeugt zu sein und zukünftig eine Besserstellung herbei führen zu wollen, so könnte dies dafür sprechen, das Cash Pooling gänzlich vom Anwendungsbereich der Regeln über Gesellschafterdarlehen auszunehmen. Immerhin würde dies die gewünschte Vereinfachung mit sich bringen und verhindern, dass Liquidität, die externe Gläubiger einer Konzerngesellschaft im Rahmen eines gewöhnlichen Leistungsaustauschs zuführen, relativ zufällig durch konzerninternen Liquiditätsaustausch eine Subordination erfährt und damit willkürlich einer externen Gläubigergruppe entzogen ist und eine andere privilegiert. Dem erklärten Ziel des MoMiG, Cash Pooling begünstigen zu wollen, entspräche es insofern, die Regeln der Subordination bei Vorliegen eines solchen Verfahrens nicht greifen zu lassen.[194]

Dass der Gesetzgeber aber eine solche Ausnahme wirklich beabsichtigte, ist nicht ersichtlich. Weder der Gesetzeswortlaut, noch ein die Gesetzgebungsmaterialien deuten hierauf hin. Vielmehr spricht der ausdrückliche Hinweis auf § 32a Abs. 3 S. 1 a. F. GmbHG dafür, dass keine Ausnahme intendiert war, denn zum alten Recht war die Anwendbarkeit auch beim Cash Pooling allgemein anerkannt.[195] Hinzu kommt die wiederholte Aussage des BGH, dass ein Sonderrecht des Cash Pooling nicht existiert.[196] Da das MoMiG dieser Ansicht nicht explizit entgegentritt, ist die Anwendbarkeit der Subordinationsregeln auf das Cash Pooling an allgemeinen Grundsätzen zu messen.

---

[194] *Fedke,* NZG 2009, 928, 931 f. will aus diesen Gründen ganz offenbar völlig auf eine Subordination von Drittdarlehen verzichten.

[195] *U. H. Schneider,* in: Lutter/Scheffler/Schneider, Hdb. Konzernfinanzierung Rn. 25.37 ff.; *Hommelhoff,* WM 1984, 1105, 1110; *Noack,* GmbHR 1996, 153 ff.; *Zeidler,* Zentrales Cash Management, S. 108; *Fleischer,* in: v. Gerkan/Hommelhoff, Rn. 12.29 m.w.N.

[196] BGH, Urt. v. 16.01.2006 – II ZR 76/04 („Cash-Pool I") = BGHZ 166, 8 = DB 2006, 772 = WM 2006, 723 = ZIP 2006, 665 = BB 2006, 847 m. Anm. *Flitsch/Schellenberger* = DStR 2006, 764 m. Anm. *Goette* = GmbHR 2006, 477 m. Anm. *Langner* = AG 2006, 333 = NZG 2006, 344 = BKR 2006, 208 m. Anm. *Werner* = NJW 2006, 1736 = DZWiR 2006, 248 m. Anm. *Stein.*

d) Fallgruppen der Darlehensgewährung durch Dritte im Konzern

Die möglichen Konstellationen beim Cash Pooling sind damit im Folgenden zu untersuchen, wobei das alte Recht wegen des ausdrücklichen Hinweises im Mo-MiG-Entwurf zu Grunde zu legen ist, jedoch nach hier vertretener Ansicht auf eine Prüfung der Übertragbarkeit keinesfalls verzichtet werden darf.[197] Fruchtbar scheint diesbezüglich der Ansatz *Fleischers,* der fragt, ob ein Maß an partieller Gleichheit vorliegt, das eine Anwendbarkeit des (früheren) Eigenkapitalersatzrechts auch auf Nichtgesellschafter rechtfertigte.[198] Anders ausgedrückt ist zu überprüfen, ob die Stellung des Darlehensgebers aus Sicht des Darlehensnehmers derart mit derjenigen eines Gesellschafters vergleichbar ist, dass es vertretbar wird, ihm die Finanzierungsfolgenverantwortung aufzubürden. Dazu müsste eine Vergleichbarkeit in dreierlei Hinsicht vorliegen:

1. Der Darlehensgeber muss gleich einem Gesellschafter durch seine besondere Nähe zu der Darlehensnehmerin in einen Interessenkonflikt geraten.

2. Er muss in der Lage sein, sich aus dieser Situation heraus in einer Weise opportunistisch zu verhalten, die die Ansprüche externer Gläubiger gefährdet.

Diese beiden Kriterien waren schon vor der Reform relevant. Auf Grund der Tatbestandsausweitung gegenüber dem früheren Recht kommt nun als neues drittes Kriterium hinzu, dass das Ergebnis noch tragbar sein muss und nicht zu einer einseitigen Belastung oder ungerechtfertigten Risikoverteilung führt – dies gilt insbesondere auch aus Sicht der verschiedenen Gläubigergruppen. Dieses Kriterium beugt Wertungswidersprüchen vor, die sich aus dem Wegfall des Krisenmerkmals ergeben. Selbstverständlich ist es entsprechend der Intention des Gesetzgebers restriktiv anzuwenden.

Es erscheint sinnvoll, für die folgende Untersuchung eine Sortierung anhand der Richtung des Darlehensflusses durchzuführen.

aa) Vertikal absteigende Darlehen (downstream loans)

Die älteste Fallgruppe, für die eine Anwendbarkeit des früheren Eigenkapitalersatzrechts angenommen wurde, war diejenige der Darlehensgewährung durch mittelbare Gesellschafter.[199] Dass es dort überhaupt zu einer Anwendbarkeit kommen muss, ist offensichtlich, denn der mittelbare Gesellschafter partizipiert

---

[197] Insoweit übereinstimmend, jedoch mit unterschiedlichen Lösungsvorschlägen: *Hueck/Fastrich,* in: Baumbach/Hueck, GmbHG Anh. § 30 Rn. 34 f.; *Haas,* ZInsO 2007, 617, 620; *Habersack,* ZIP 2008, 2385 ff.; *Huber,* in: FS Priester (2007), 259, 280; *Krolop,* GmbHR 2009, 397, 405.

[198] *Fleischer,* in: v. Gerkan/Hommelhoff, Rn. 12.8; ähnlich zum neuen Recht *Poepping,* BKR 2009, 150, 153.

[199] Vgl. bereits oben 3. Teil, B. I. 1. e) bb).

indirekt am Stammkapital der Gesellschaft. Somit ist er nicht bloß irgendein der Gesellschaft nahe stehender Dritter, sondern er ist mit Risikokapital beteiligt,[200] was ihm neben einem Anteil an Gewinn und Verlust der Gesellschaft auch eine dem Gesellschafter vergleichbare Leitungsmacht vermitteln kann. Vergibt er aus dieser Position heraus ein Darlehen, so rückt er in dieselbe motivatorische Hybridstellung zwischen Kreditor und Gesellschafter, wie es ein unmittelbar Beteiligter täte.[201] Die erste genannte Voraussetzung erfüllt er also immer. Fraglich ist damit nur, wann die dem Darlehensgeber vermittelte Macht über das darlehensempfangende Unternehmen derart umfangreich ist, dass er die Möglichkeit hätte, wie ein unmittelbarer Gesellschafter zum Nachteil der externen Unternehmensgläubiger zu agieren. Der mittelbare Gesellschafter muss dazu in der Lage sein, die ihm unmittelbar nachgeordnete Gesellschaft derart zu kontrollieren, dass diese wiederum ihren Einfluss auf die Enkelgesellschaft nach seiner Maßgabe ausübt. Für die rechtliche Beurteilung einer Darlehensvergabe über zwei Konzernebenen hinweg sind demnach an dieser Stelle beide Beteiligungsverhältnisse zu untersuchen: Dasjenige zwischen Mutter und Tochter und dasjenige zwischen Tochter- und Enkelgesellschaft.[202]

(1) Verhältnis Mutter-Tochter

Um Handlungen der Tochtergesellschaft umfangreich steuern zu können, muss der mittelbare Gesellschafter die entsprechende faktische Leitungsmacht besitzen. Die entsprechende Untersuchung soll wiederum unterteilt nach verschiedenen Fallgruppen von Leitungsmacht erfolgen.

(a) Hundertprozentiger Anteils- und Stimmrechtsbesitz

Befindet sich die Tochtergesellschaft im Alleineigentum der Muttergesellschaft, so besteht ökonomisch betrachtet bereits gar kein Unterschied zu einer unmittelbaren Gesellschafterstellung.[203] Als wirtschaftliche Eigentümerin der

---

[200] Dies ist für *Altmeppen* sogar das einzig taugliche Zurechnungskriterium, *ders.,* in: Roth/Altmeppen, GmbHG § 32a Rn. 153 ff.

[201] BGH, Urt. v. 21.09.1981 – II ZR 104/80 („Helaba/Sonnenring") = BGHZ 81, 311, 315 = NJW 1982, 383, 384; *v. Gerkan,* ZGR 1997, 173, 183; *Hüffer,* ZHR 153 (1989), 322, 331; *Noack,* GmbHR 1996, 153, 155; *Vervessos,* Eigenkapitalersatzrecht, S. 256.

[202] *Fleischer,* in: v. Gerkan/Hommelhoff, Rn. 12.10; *Faßbender,* Cash Pooling und Kapitalersatzrecht, S. 183; *Schmidsberger,* Eigenkapitalersatz im Konzern, S. 129; *Vervessos,* Eigenkapitalersatzrecht, S. 257.

[203] BGH, Urt. v. 21.09.1981 – II ZR 104/80 („Helaba/Sonnenring") = BGHZ 81, 311 = ZIP 1981, 1200 = LM Nr. 14a zu § 30 GmbHG m. Anm. *Fleck; Henze,* in: GroßKomm AktG § 57 Rn. 135; *K. Schmidt,* in: Scholz, GmbHG §§ 32a, 32b Rn. 120; *Hueck/Fastrich,* in: Baumbach/Hueck, GmbHG Anh. § 30 Rn. 42; *Fleischer,* in: v. Gerkan/Hommelhoff, § 12 Rn. 12.11.

Tochtergesellschaft trägt die Mutter bezogen auf die Enkelin finanziell dasselbe Risiko wie die Tochter und wird deswegen in aller Regel dieselben Interessen verfolgen. Ihren Einfluss erhält sie in der GmbH über das Weisungsrecht (§ 37 Abs. 1 GmbHG) und das Recht zur Bestellung, Abberufung und Entlastung der Geschäftsführer (§ 46 Nr. 5 GmbHG). In der AG ist der Vorstand zwar grundsätzlich nicht weisungsgebunden (§ 76 AktG), jedoch stellt das herrschende Unternehmen auch hier über den Umweg der Hauptversammlung den Aufsichtsrat (§ 101 AktG) und kann ihn via § 103 Abs. 1 S. 2 AktG auch abberufen. Der Aufsichtsrat wiederum bestellt den Vorstand (§ 84 AktG) der Tochtergesellschaft. Folglich ist die hundertprozentige Mutter eines Gesellschafters bei der Darlehensgewährung diesem hinsichtlich des faktischen Einflusses auf dessen Abkömmlinge gleichzusetzen.

(b) Mehrheitlicher Anteils- und Stimmrechtsbesitz

Aus der unterschiedlichen Machtposition zwischen Aktionär und GmbH-Gesellschafter ergibt sich, dass bei einem nicht vollständigen Anteilsbesitz der mittelbaren an der unmittelbaren Gesellschafterin nach der Rechtsform der unmittelbar beteiligten Tochtergesellschaft zu unterscheiden ist.

(aa) GmbH-Tochter

Ist bei einer GmbH satzungsmäßig nichts anderes geregelt,[204] so bestehen die Stimmrechtsverhältnisse entsprechend des Anteils am Stammkapital.[205] Gemäß § 47 Abs. 1 GmbHG ist für Gesellschafterbeschlüsse i. S. v. § 46 GmbHG die einfache Stimmrechtsmehrheit ausreichend. Dasselbe gilt damit für Weisungen an die Geschäftsführer nach § 37 Abs. 1 GmbHG. Insofern hat ein herrschendes Unternehmen grundsätzlich die Macht über eine GmbH, wenn es 50% + X der Anteile hält.[206]

(bb) AG-Tochter

Anders stellt es sich bei der AG dar, deren Vorstand gemäß § 76 Abs. 1 AktG nicht weisungsgebunden ist. Dies hat auch der BGH unlängst zum Anlass genommen, im Fall einer zu 86,1% im Besitz eines Hauptaktionärs stehenden Aktiengesellschaft von der Anwendung seiner Verbundformel abzusehen, weil die Frage, ob ein Darlehen an ein verbundenes Unternehmen gewährt werden sollte,

---

[204] Hierzu ausführlich *Zöllner,* in: Baumbach/Hueck, GmbHG § 47 Rn. 69 ff.
[205] *Zöllner,* in: Baumbach/Hueck, GmbHG § 47 Rn. 66.
[206] Das Problem der Treuepflicht bei der Stimmrechtsausübung soll an dieser Stelle ausgeklammert werden.

im freien Ermessen eines AG-Vorstands stehe.[207] Dabei verkennt das Gericht jedoch, dass das Prinzip der Weisungsfreiheit in der Realität stark beschränkt ist,[208] was auch die Existenz des § 311 AktG belegt. Die Grenzen der Weisungsfreiheit zeigen sich vor allem dann, wenn die Obergesellschaft drei Viertel der Anteile an einer AG hält. Dieser Beteiligungsgrad eröffnet nämlich zahlreiche Möglichkeiten der Einflussnahme, die sich wie ein roter Faden durch das Aktiengesetz ziehen.[209] Hierzu gehören die Abberufung eines Aufsichtsratsmitglieds (§ 103 Abs. 1 S. 2 AktG) sowie die Satzungsänderung (§ 179 Abs. 2 AktG) oder die Auflösung der Gesellschaft (§ 262 Abs. 1 Nr. 2 AktG). Wenn einem beteiligten Unternehmen diese Instrumente zur Verfügung stehen, ist es ihm damit möglich, sich eines unliebsamen Aufsichtsratsmitglieds zu entledigen und durch die Wahl eines neuen Aufsichtsrats auch die Zusammensetzung des Vorstands konkret zu beeinflussen oder notfalls sogar die Auflösung der Gesellschaft androhen zu können. Auch wenn der Vorstand einer AG also grundsätzlich im Rahmen seines Ermessens frei ist, wird er vor diesem Hintergrund geneigt sein, sich „Vorschlägen" der Obergesellschaft auch ohne eine sich aus dem Gesetz ergebende Weisungsmöglichkeit in vorauseilendem Gehorsam unterzuordnen.[210] Sofern also eine übergeordnete Gesellschaft mindestens 75% der Aktien eines Unternehmens hält, besitzt sie einen realen, dem Gesellschafter einer GmbH durchaus vergleichbaren Einfluss auf das Tochterunternehmen.[211] (Sollten die Mehrheitserfordernisse durch Satzungsbeschluss verändert worden sein,[212] ändert sich das Ergebnis entsprechend.) Deswegen ist entgegen dem BGH eine Zurechenbarkeit anzunehmen.[213]

---

[207] BGH, Urt. v. 05.05.2008 – II ZR 108/07 = ZIP 2008, 1230 = AG 2008, 541 = Der Konzern 2008, 360 = WuB II C § 32a GmbHG 1.09; zust. *Habersack,* ZIP 2008, 2385, 2390. Die Entscheidung erging allerdings in Bezug auf eine einfache Darlehensgewährung. Ob der BGH ebenso geurteilt hätte, wenn ein konzernweites Cash-Pooling-Verfahren gegenständlich gewesen wäre, bleibt insofern offen.

[208] *Blöse,* GmbHR 2008, 759, 760 f.; *Jungclaus/Keller,* EWiR 2008, 463 f.; *Trendelenburg,* BB 2008, 1421, 1422.

[209] *Spindler,* in: K. Schmidt/Lutter, AktG § 133 Rn. 29.

[210] *Schall,* in: Spindler/Stilz, AktG § 17 Rn. 9 ff., 49; *Schall,* ZIP 2010, 205, 210.

[211] BGH Urt., v. 24.09.1990 – II ZR 174/89 = ZIP 1990, 1467 = WuB II C § 30 GmbHG 1.91 m. Anm. *H. P. Westermann; Henze,* in: Großkomm AktG § 57 Rn. 135; *Drygala,* in: K. Schmidt/Lutter, AktG § 103 Rn. 4; *Blöse,* GmbHR 2008, 759 f.; *Fleischer,* in: v. Gerkan/Hommelhoff, Rn. 12.12; *Vervessos,* Eigenkapitalersatzrecht, S. 260.

[212] Jede Mehrheit lässt sich durch Beschluss erhöhen, diejenige, die zur Abberufung des Aufsichtsrats nötig ist, auch herabsetzen (§ 103 Abs. 1 S. 3 AktG); hierzu *Mertens,* in: KölnerKomm AktG § 103 Rn. 14; *Hopt/Roth,* in: Großkomm AktG § 103 Rn. 23; *Drygala,* in: K. Schmidt/Lutter, AktG § 103 Rn. 4; *Hüffer,* AktG § 103 Rn. 4.

[213] Ebenso *Blöse,* GmbHR 2008, 759, 760 f.; *Jungclaus/Keller,* EWiR 2008, 463 f.; *Trendelenburg,* BB 2008, 1421, 1422; *Schall,* ZIP 2010, 205, 210; a. A. *Habersack,* ZIP 2008, 2385, 2390.

(cc) Personengesellschaft als Tochter

Ist die Tochter eine Personengesellschaft, so kommt es gemäß § 39 Abs. 4 S. 1 InsO nur dann zur Subordination, wenn keine natürliche Person persönlich haftet. Im Konzernverbund wird hier vor allem die kapitalistisch geprägte GmbH & Co. KG anzutreffen sein. Allerdings verbietet sich bei mehrstufigen Verbindungen eine pauschale Aussage. Zwar regelt das HGB grundsätzlich die Geschäftsführungsbefugnisse der Gesellschafter einer Personengesellschaft, jedoch sind die entsprechenden Normen dispositiv und werden in aller Regel – insbesondere im Konzern – durch Gesellschaftsvertrag oder Satzung verdrängt. Deswegen muss an dieser Stelle der allgemeine Hinweis genügen, dass eine Zurechnung jedenfalls dann zu erfolgen hat, wenn die Obergesellschaft die faktische Entscheidungsbefugnis der abhängigen Personengesellschaft innehat, so etwa typischer Weise die GmbH, die Komplementär einer GmbH & Co. KG ist.[214]

(dd) Auslandsgesellschaft als Tochter

Ohne dem letzten Kapitel dieser Arbeit vorzugreifen,[215] kann bereits festgestellt werden, dass das Gesagte auch dann problemlos greift, wenn die beherrschte Tochter eine Auslandsgesellschaft ist. Eindeutig kommt es nämlich nur auf den tatsächlichen Einfluss an, der es der Muttergesellschaft ermöglicht, das Abstimmungsverhalten ihrer Tochter zu kontrollieren. An dieser Stelle ist es dabei egal, welche konkreten Umstände oder Vorschriften aus dem Gesellschaftsstatut der Tochtergesellschaft dies ermöglichen.

(c) Minderheitsbeteiligung der Mutter an der
    unmittelbaren Gesellschafterin

Ist die Muttergesellschaft nicht Mehrheitsgesellschafterin der Tochtergesellschaft, so ist es ihr im Normalfall weder im Aktien- noch im GmbH-Recht möglich, das Verhalten der Tochter derart zu steuern, dass sie unmittelbar auch die Geschicke der Enkelgesellschaft lenken könnte. Normalerweise wird dann an dieser Stelle die Zurechnungskette unterbrochen sein. Von diesem Grundsatz existieren jedoch Ausnahmen.[216]

---

[214] Ähnlich *Faßbender,* Cash Pooling und Kapitalersatzrecht, S. 197.

[215] Dies soll der Frage nachgehen, inwieweit das Recht der Gesellschafterdarlehen auf Scheinauslandsgesellschaften übertragbar ist.

[216] *Hommelhoff,* WM 1984, 1105, 1116; *Fleischer,* in: v. Gerkan/Hommelhoff, Rn. 12.13.

(aa) Beherrschungsvertrag

Eine solche ergibt sich bei Vorliegen eines Beherrschungsvertrags.[217] Ist es der Gesellschaft vertraglich gestattet, ihrer Tochter Weisungen zu erteilen, so ist ihr Einfluss auf diese meist höher als wenn er anteilsvermittelt ist, da nicht auf die Androhung personeller Konsequenzen bei Nichtbefolgung einer Weisung zurückgegriffen werden muss, sondern der – ggf. auch nachteiligen – Weisung vollumfänglich Folge zu leisten ist.[218]

(bb) Auseinanderfallen von Anteils- und
     Stimmrechtsmacht im faktischen Konzern

Weiterhin kann es möglich sein, dass sich das Grundkapital einer AG auf normale Stamm- und stimmrechtslose Vorzugsaktien in einer solchen Weise verteilt, dass auch derjenige, der nicht die Mehrheit des Risikokapitals stellt, die Entscheidungsgewalt innehat.[219]

(cc) Satzungsmäßige Sonderrechte

Auch die Satzung einer Gesellschaft kann einem Minderheitengesellschafter Weisungsrechte zusprechen, die eine Steuerungsmacht über die Gesellschaft begründen.[220]

(dd) Hohe mittelbare Beteiligung
     an der Enkelgesellschaft

Eine Mindermeinung der Literatur wollte früher auch dann auf das Erfordernis eines Mehrheitsanteilsbesitzes verzichten, wenn sich insgesamt eine hohe rechnerische Beteiligungsquote an der Enkelgesellschaft ergäbe, also etwa in Konstellationen, in denen eine Gesellschaft 45% der Anteile ihrer Tochter hielte, diese wiederum 90% an der Enkelin.[221] Dem Ansatz ist zuzugestehen, dass in dieser

---

[217] *Habersack,* in: Ulmer/Habersack/Winter, GmbHG § 32a/b Rn. 152; *K. Schmidt,* in: Scholz, GmbHG §§ 32a, 32b, Rn. 152; *Heidinger,* in: Michalski, GmbHG §§ 32a, 32b Rn. 195; *Lutter/Hommelhoff,* GmbHG, 16. Aufl., §§ 32a/b Rn. 64; *Hueck/Fastrich* GmbHG Anh. § 30 Rn. 45; *Blaurock/Berninger,* GmbHR 1990, 11, 13; *Noack,* GmbHR 1996, 153, 156; *Faßbender,* Cash Pooling und Kapitalersatzrecht, S. 205 f.; *Vervessos* Eigenkapitalersatzrecht S. 259.

[218] Vgl. oben 2. Teil, F. I.

[219] *Fleischer,* in: v. Gerkan/Hommelhoff, Rn. 12.13.

[220] *Fleischer,* in: v. Gerkan/Hommelhoff, Rn. 12.13; *Vervessos,* Eigenkapitalersatzrecht, S. 259.

[221] So offenbar *Hommelhoff,* WM 1984, 1105, 1116; explizit – allerdings zum vergleichbaren früheren österreichischen Recht – *Schmidsberger,* Eigenkapitalersatz im Konzern, S. 83 ff.

Konstellation eine (mittelbare) Beteiligung von über 40% am Risikokapital vorläge, was auf ein unternehmerisches Interesse der mittelbaren Gesellschafterin schließen ließe. In der Praxis mag ihr Einfluss oftmals auch den eines mit 10% und damit oberhalb der Grenze des Kleinbeteiligungsprivilegs beteiligten unmittelbaren Gesellschafters übertreffen. Dies ist aber keinesfalls die Regel und würde sodann einen Fall des oben beschriebenen Auseinanderfallens von Anteilsbesitz und Stimmrechtsmacht darstellen.[222] Mit dem hier vertretenen Zurechnungsmodell ist eine Gleichstellung dagegen nicht begründbar. Während der unmittelbare Gesellschafter frei darüber entscheiden kann, wie er seine Stimmmacht einsetzt, gelingt dies dem mittelbaren Gesellschafter nur, wenn er das Stimmverhalten seines Tochterunternehmens kontrollieren kann. In dem obigen Rechenbeispiel wäre es dagegen möglich, dass sich die Obergesellschaft gerade nicht gegen ihre Mitgesellschafter durchsetzen kann und die Tochterunternehmung infolgedessen anders als gewünscht abstimmt. Trotz hoher wirtschaftlicher Partizipation mag es deswegen vorkommen, dass ein faktischer Einfluss überhaupt nicht vorliegt, sodass im Ergebnis zwar Anreize zu opportunistischem Verhalten des mittelbaren Gesellschafters bestünden, er jedoch keine Möglichkeit hätte, dieses auch umzusetzen. Dann ist die Zurechnungskette zwingend unterbrochen und kann nicht durch eine noch so hohe Beteiligung der Tochter an der Enkelin kompensiert werden. Das Ergebnis überzeugt auch, weil einem schädigenden Verhalten durch die Kontrolle der anderen Gesellschafter vorgebeugt wird. Eine hohe mittelbare Beteiligung an der Enkelin ist damit für sich genommen noch kein hinreichendes Kriterium einer Zurechnung.[223]

(d) Zwischenergebnis

Für die Zurechnung des Einflusses der Tochtergesellschaft an die Mutter ist es nötig, dass die Mutter in der Lage ist, zu steuern, wie die Tochter ihren Einfluss auf die Enkelgesellschaft ausübt. Dies gelingt der Mutter durch vertraglichen wie anteilsvermittelten herrschenden Einfluss. Im Umkehrschluss bedeutet es, dass bei Stimmrechtsbeschränkungen oder Vorliegen eines Entherrschungsvertrags eine Zurechnung trotz Inhaberschaft der Anteilsmehrheit ausgeschlossen sein kann.[224]

(2) Verhältnis Tochter-Enkelin

Prinzipiell gilt für das Verhältnis zwischen Tochter- und Enkelgesellschaft kein besonderes Recht, sondern es greifen die Regelungen für „normale" Gesellschaf-

---

[222] 3. Teil, B. I. 5. d) aa) (1) (c) (bb).
[223] Ebenso *Fleischer*, in: v. Gerkan/Hommelhoff, Rn. 12.14; *Faßbender*, Cash Pooling und Kapitalersatzrecht, S. 201.
[224] *Faßbender*, Cash Pooling und Kapitalersatzrecht, S. 209.

ter.[225] Unter Berücksichtigung des Kleinbeteiligungsprivilegs reicht eine Beteiligung der Tochtergesellschaft an der Enkelin von mehr als 10% aus, um den Rangrücktritt der Forderung im Insolvenzfall gemäß § 39 Abs. 1 Nr. 5 InsO zu begründen.[226] Bei einer Beteiligung von zehn Prozent oder weniger müssen – ebenfalls rechtsformunabhängig – weitere Faktoren hinzukommen, um den Rangrücktritt zu rechtfertigen. Diese sind insbesondere die Stellung als geschäftsführende Gesellschafterin oder die Möglichkeit einer vergleichbaren Einflussnahme, die auf ein unternehmerisches Interesse schließen lässt.[227]

(3) Mittelbare Beteiligung über mehr als drei Hierarchieebenen

Schließlich existieren in Konzernverbünden häufig wesentlich mehr als drei Beteiligungsebenen. Darlehen werden dann u. U. an X-Urenkelgesellschaften gegeben. Allerdings müssen die soeben entwickelten Grundsätze auch für solche Unternehmensbeziehungen gelten.[228] Entscheidend ist dabei einzig, dass der vermittelte Einfluss – beruhe er auf Beteiligung oder Vertrag – so weit von der Darlehensgeberin auf die Darlehensnehmerin reicht, dass man der Darlehensgeberin noch eine einer Gesellschafterin vergleichbare Macht gegenüber der Darlehensnehmerin zusprechen kann. Die Darlehensgeberin muss also entweder durch eine ununterbrochene Kette von Mehrheitsbeteiligungen oder, sollte diese auf einer Ebene unterbrochen sein, dort durch Beherrschungsvertrag die unmittelbare Gesellschafterin der Darlehensnehmerin beeinflussen können. Auf der untersten Ebene, also im Verhältnis zwischen Darlehensnehmerin und unmittelbarer Gesellschafterin, reicht indes wieder eine das Kleinbeteiligungsprivileg ausschaltende Beteiligung.[229]

Diesem Ergebnis steht nicht entgegen, dass bei einer solchen mittelbaren Beteiligung bereits bei einer Darlehensausreichung über vier Ebenen, wenn stets eine Anteilsmacht von 51% besteht, im Ergebnis ein tatsächlicher Anteil am Risikokapital verbleibt, der weit unterhalb des Kleinbeteiligungsprivilegs liegt.[230]

---

[225] *Fleischer,* in: v. Gerkan/Hommelhoff, Rn. 12.17; *Faßbender,* Cash Pooling und Kapitalersatzrecht, S. 202 u. 211.

[226] *Habersack,* in: Ulmer/Habersack/Winter, GmbHG §§ 32a/b Rn. 146, 193; *Fleischer,* in: v. Gerkan/Hommelhoff, Rn. 12.17; *Habersack,* ZIP 2008, 2385, 2388; *Vervessos,* Eigenkapitalersatzrecht, S. 257.

[227] Vgl. zum alten Recht BGH, Urt. v. 26.03.1984 – II ZR 171/83 („BuM") = BGHZ 90, 381, 388 = LM Nr. 5 zu § 17 AktG 1965 m. Anm. *Fleck* = JZ 1984, 1031 m. Anm. *Schwark; Faßbender,* Cash Pooling und Kapitalersatzrecht, S. 203; vgl. auch oben 3. Teil B. I. 1. e) aa) (a).

[228] Ebenso *Faßbender,* Cash Pooling und Kapitalersatzrecht, S. 217; *Schmidsberger,* Eigenkapitalersatz im Konzern, S. 91.

[229] *Habersack,* in: Ulmer/Habersack/Winter, GmbHG §§ 32a/b Rn. 146, 193; *Habersack,* ZIP 2008, 2385, 2388.

[230] Heute h. M.: *Lutter/Hommelhoff,* GmbHG, 16. Aufl., §§ 32a/b Rn. 69; *Pentz,* GmbHR 1999, 437, 445; *Riegger,* in: FS Sigle (2000), 229, 241 f.; *Fleischer,* in:

Dies gilt nämlich wie oben ausgeführt nicht für unternehmerisch beteiligte Aktionäre. Wer seine Beteiligung aber so gestaltet, dass er faktisch in der Lage ist, das Unternehmen zu kontrollieren, ist immer unternehmerisch beteiligt. Dass er dies auf eine Weise vollzieht, die sein eigenes unternehmerisches Risiko minimiert, spielt keine Rolle. Im Gegenteil besteht oft gerade dann Regulierungsbedarf, wenn ein faktisch vermittelter beherrschender Einfluss nicht mehr mit einem entsprechenden unternehmerischen Risiko korreliert.[231]

(4) Ausnahme für Darlehen, die nicht causa societatis
   gewährt wurden?

Da mit dem Wegfall der Krise als Tatbestandsmerkmal eine Ausweitung des zeitlichen wie sachlichen Anwendungsbereichs gegenüber dem früheren Recht auszumachen ist, wäre zu überlegen, ob man – einer tatbestandlichen Ausuferung vorbeugend – den mittelbaren Gesellschaftern den Beweis zubilligen sollte, ein Darlehen nicht *causa societatis* gewährt zu haben. Für diesen schon zum alten Recht vertretenen Vorschlag[232] spräche das erklärte Ziel des MoMiG, vernünftiges Cash Pooling begünstigen zu wollen. Allerdings steht der Wortlaut des Gesetzes entgegen. Die unabdingbare Subordination von Gesellschafterdarlehen sollte dem Zweck dienen, mehr Rechtssicherheit zu schaffen. Aus diesem Grund steht auch unmittelbaren Gesellschaftern eine entsprechende Exkulpationsmöglichkeit nicht zu.[233] Da das hier vertretene Zurechnungsmodell auf durchgängigen Beteiligungsketten zwischen Zahlungsgeber und Zahlungsempfänger basiert, muss das auch für die Unabdingbarkeit der Subordination gelten. Das neue Recht schließt einen Entlastungsbeweis also für unmittelbare wie für mittelbare Gesellschafter aus.

(5) Zwischenergebnis zu vertikal absteigenden Darlehen

Es konnte gezeigt werden, dass nicht nur Darlehen unmittelbarer Gesellschafter für § 39 Abs. 1 Nr. 5 InsO tatbestandlich sind, sondern dass die Norm auch

---

v. Gerkan/Hommelhoff, Rn. 12.17; *v. Gerkan,* in: v. Gerkan/Hommelhoff, Rn. 3.22; *Vervessos,* Eigenkapitalersatzrecht, S. 257; a.A. noch *Altmeppen,* ZIP 1996, 1455; *v. Gerkan,* GmbHR 1997, 677, 680: Multiplikation der Beteiligungsquoten – sog. „Projektionsmodell".

[231] Vgl. dazu die Diskussion um die Notwendigkeit eines Korrelats von Herrschaft und Haftung, allgemein behandelt bereits bei dem Begründer des Ordoliberalismus *Eucken,* Grundsätze der Wirtschaftspolitik (1952), S. 281; speziell auf das Gesellschaftsrecht übertragen bei *Immenga,* die personalistische Kapitalgesellschaft (1970), S. 117.

[232] *K. Schmidt,* in: Scholz, GmbHG §§ 32a, 32b Rn. 45; a.A. *Ullrich,* GmbHR 1983, 142 ff.; *Ulmer,* ZIP 1984, 1167.

[233] Vgl. oben 3. Teil, B. I. 1. e) aa) (c).

alle Leistungen von mittelbaren Gesellschaftern umfasst, die eine dem unmittelbaren Gesellschafter vergleichbare Hybridstellung im Verhältnis zur darlehensnehmenden Gesellschaft einnehmen. Entscheidend ist dabei der durchgehend vermittelte Einfluss. Liegt er vor, so ergibt sich kein Unterschied zu der Behandlung von unmittelbar Beteiligten. Dies gilt auch für Beschränkungen und Privilegierungen des Tatbestands sowie insbesondere für die Unzulässigkeit einer Exkulpation.

bb) Horizontale Zahlungsströme (sidestream loans)

In der Praxis des Cash Pooling werden horizontale Zahlungsströme eine ebensogroße Relevanz besitzen. Das liegt daran, dass der Cash Pool wie erörtert oft nicht bei der Konzernspitze geführt wird, sondern eine eigens zu diesem Zweck gegründete Finanzierungsgesellschaft existiert, die selbst keine Anteile an anderen Konzernunternehmen hält und die regelmäßig im Eigentum der Konzernspitze steht.[234]

Zwischen der Pool führenden Gesellschaft und den sonstigen am Liquiditätsaustausch teilnehmenden Unternehmen besteht dann keine mittelbare oder unmittelbare Beteiligung, wohl aber werden sie alle von derselben Gesellschaft beherrscht. Die Finanzierungsgesellschaft ist damit Schwesterunternehmen zu allen anderen unmittelbar der Konzernspitze unterstehenden Unternehmen. Im Verhältnis zu deren Abkömmlingen stellt sie sich als Tante, Großtante usw. dar. Die Frage nach dem Vorliegen einer partiellen Gleichheit ist sodann schwieriger zu beantworten. *Altmeppen* würde eine Zurechnung regelmäßig bereits am Fehlen einer Beteiligung mit Risikokapital scheitern lassen.[235] Eine solche Betrachtung verkennt jedoch, dass die Risikobeteiligung nicht die einzige Konstellation ist, in der ein Darlehensgeber aus seinem speziellen Näheverhältnis heraus in einen Interessenkonflikt geraten kann. Wenn aber vergleichbare Situationen gefunden werden können, die für die externen Gesellschaftsgläubiger dasselbe Risiko bergen, so ist nicht einzusehen, diese anders zu behandeln. Im Gegensatz zur vertikal absteigenden Finanzierung liegt allerdings bei der seitwärts gerichteten auch keine faktische Beherrschung durch die Darlehensgeberin vor. Die Wertungselemente einer Quasigesellschafterstellung entfallen somit gänzlich.[236] Deswegen ist hier eine weitere Prüfung notwendig.

---

[234] Vgl. *Theisen,* in: Lutter/Scheffler/Schneider, Hdb. Konzernfinanzierung Rn. 22.3; *Faßbender,* Cash Pooling und Kapitalersatzrecht, S. 179.

[235] *Altmeppen,* in: Roth/Altmeppen, GmbHG § 32a Rn. 153 ff.; *Altmeppen,* in: FS Kropff (1997) 641, 660 ff.; *Altmeppen,* ZIP 1993, 1677, 1682; vgl. auch oben 3. Teil, B. I. 5. a) bb).

[236] *Fleischer,* in: v. Gerkan/Hommelhoff, Rn. 12.24; *Cahn,* Kapitalerhaltung im Konzern, S. 19 ff. u. 240 f.; *Vervessos,* Eigenkapitalersatzrecht, S. 262 m.w.N.

(1) Eigene Finanzierungsfolgenverantwortung
   der Darlehensgeberin

Häufig hat die Literatur zum alten Recht ausgespart zu untersuchen, ob Gesellschaften, die ihre Schwesterunternehmen darlehensweise mit Liquidität versorgen, eine eigene Finanzierungsfolgenverantwortung trifft. Richtigerweise ist diese Frage aber einer Untersuchung über Gründe für eine analoge oder abgeleitete Anwendbarkeit der Subordinationsregeln voran zu stellen. Immerhin ist es denkbar, dass eine Schwestergesellschaft im Konzern von der wirtschaftlichen Prosperität der anderen Konzerngesellschaften profitiert. Auch hat sie oft einen Informationsvorteil gegenüber externen Gläubigern, sodass es sicherlich falsch wäre, Schwestergesellschaften pauschal Drittgläubigern gleichzustellen. Allerdings ist nach der obigen Untersuchung auch weder das grundsätzliche Interesse an der Wirtschaftlichkeit der Darlehensnehmerin noch der Informationsvorteil von Gesellschaftern Grundlage der Annahme einer Finanzierungsfolgenverantwortung, sondern erstens das besondere *hybride* Interesse von darlehensgebenden Gesellschaftern, welches sich mit zunehmender Verschlechterung der Situation der Kredit nehmenden Gesellschaft von dem Interesse externer Gläubiger unterscheidet. Und zweitens die faktische Macht, eigene Interessen durchzusetzen.

Dass eine darlehensgebende Schwestergesellschaft stets die Interessen des Fremdkapitalgebers verfolgen wird, bedarf keiner Erörterung. Die spezifischen Interessen einer mit Eigenkapital beteiligten Gesellschaft wird sie dagegen in der Regel nicht verfolgen. Insbesondere bestehen für sie keinerlei Anreize, die Darlehensnehmerin in wirtschaftlich prekären Situationen zu besonders riskanten Geschäften zu drängen, da hierdurch der Rückzahlungsanspruch gefährdet würde, ohne dass eine grundsätzliche Aussicht auf Partizipation am Erfolg besteht. Auch würde es einen fatalen Zirkelschluss darstellen, hier eine Interessenhybris mit dem Hinweis auf eine mögliche Subordination zu begründen. Allerdings ist es zumindest denkbar, dass sich ein besonderes Eigeninteresse aus der Konzernzugehörigkeit ergibt. Eine entsprechende Untersuchung bräuchte an dieser Stelle aber nur durchgeführt zu werden, wenn man der Schwestergesellschaft auch den Einfluss zuspräche, mit ihren Mitteln dieses Interesse durchzusetzen.

Einen solchen hat sie aber gerade nicht. Im Konzernverbund mag es durchaus vorkommen, dass sie über besondere Informationsvorteile verfügt, jedoch ist es ihr nicht möglich, diese ohne Hilfe der Konzernspitze für sich fruchtbar zu machen. Selbst wenn man also ein typisch zwiegespaltenes Interesse an einer Darlehensvergabe fingierte, so kann von einer partiellen Gleichheit mit einem Gesellschafter wegen des fehlenden zweiten Elements, einer vergleichbaren Machtposition, nicht ausgegangen werden. Eine eigene Finanzierungsfolgenverantwortung von Schwestergesellschaften existiert damit grundsätzlich nicht.

Hiervon wurde in der Literatur bisweilen eine Ausnahme diskutiert: Insbesondere *Karsten Schmidt* trieb die Entwicklung des Haftungsmodells eines „qualifiziert faktischen Gleichordnungskonzerns" voran, der eine horizontale Verlustausgleichspflicht begründen sollte.[237] Diese wäre mit der Verlustausgleichpflicht einer Obergesellschaft im Vertragskonzern vergleichbar, sodass auf diesem Wege zumindest zu einer Interessenkollision gekommen werden kann, die derjenigen des darlehensgebenden Gesellschafters vergleichbar wäre.[238] Ob auch der Einfluss von Schwestergesellschaften im Gleichordnungskonzern derart hoch ist, dass sich eine Finanzierungsfolgenverantwortung konstruieren ließe, braucht allerdings nicht entschieden zu werden, denn nach der hier vertretenen Ansicht ist die Rechtsfigur des qualifiziert faktischen Konzerns vom BGH für sämtliche Gesellschaftsformen aufgehoben worden.[239] Die einzige Konstellation, in der eine Finanzierungsfolgenverantwortung von Schwestergesellschaften denkbar gewesen wäre, ist damit zwischenzeitlich weggefallen.

Deswegen ist bezüglich horizontaler Finanzierungen im Konzern nur darauf zu schauen, ob sich die Finanzierungsfolgenverantwortung der gemeinsamen Obergesellschaft auf die darleihende Schwestergesellschaft ableiten lässt.

(2) Abgeleitete Finanzierungsfolgenverantwortung

Nachdem klar gestellt werden konnte, dass es keine eigene Finanzierungsfolgenverantwortung zwischen Schwestergesellschaften gibt, ist die Frage zu stellen, unter welchen Voraussetzungen, eine Gesellschaft die abgeleitete Verantwortung der gemeinsamen Obergesellschaft von Darlehensgeberin und Darlehensnehmerin treffen kann.

(a) Notwendige Einschränkungen der Zurechnung

Dabei wird die Richtung dieser Zurechnung selten hinterfragt, wenngleich sie eigentlich überraschen sollte. Nach dem früheren wie heutigen Gesetzeswortlaut ist es nämlich allenfalls möglich, der darleihenden Schwester in bestimmten Fällen die Finanzierungsfolgenverantwortung der Muttergesellschaft zuzurechnen. Dagegen wird man schwerlich eine umgekehrte Zurechnung der rein tatsächlichen schwesterlichen Darlehensvergabe an die Mutter begründen können, um etwa zu einer Anfechtungsmöglichkeit gegenüber dieser zu gelangen.[240]

---

[237] *K. Schmidt,* ZHR 155 (1991), 417, 436 ff.; *K. Schmidt,* JZ 1992, 856, 865; *K. Schmidt,* AG 1994, 189, 190; *K. Schmidt,* in: Hommelhoff, Der qualifizierte faktische GmbH-Konzern, S. 109, 125; *K. Schmidt,* GesR § 39 IV 2.

[238] Vertiefend dazu, i.E. aber ablehnend *Cahn,* Kapitalerhaltung im Konzern, S. 48 ff.; ebenso offenbar *Fleischer,* in: v. Gerkan/Hommelhoff, Rn. 12.26.

[239] Vgl. oben 1. Teil, A. I. 3. d).

[240] So bereits zum alten Recht *Faßbender,* Cash Pooling und Kapitalersatzrecht, S. 235 f.

An dieser Stelle kommt der dritte Grundsatz der hier durchzuführenden Prüfung zum Tragen, nämlich das Erfordernis, den personellen Anwendungsbereich der Subordination nur soweit auszuweiten, wie dies nicht zu inakzeptablen Ergebnissen führen kann.

(aa) Auseinanderfallen von Verantwortung und Haftung

Ein solch inakzeptables Ergebnis wäre es, wenn man das Finanzierungsverhalten einer Konzernspitze missbilligte, die Folgen hierfür jedoch ein Schwesterunternehmen tragen ließe. Dann nämlich würden der Konzernspitze mögliche Profite zufließen, eventuelle Risiken verblieben aber zunächst bei ihren Tochterunternehmungen. Erneut ist deswegen auf die *principal-agent theory* zu verweisen.[241] Wenn es schon nicht möglich ist, der Konzernspitze auf dem Weg der Zurechnung auch das Risiko zuzuweisen, so ist zumindest zu fordern, dass die darlehensgebende Konzernschwester dieses Risiko auch nicht trifft. Der Hinweis, dass die Finanzierungsfolgenverantwortung einer Konzernmutter das Gebot mit sich brächte, durch Eigenkapitalnachschuss zu verhindern, dass sich eines ihrer Tochterunternehmen an anderer Stelle im Konzern Geld leihen müsse,[242] vermag jedenfalls nicht zu erklären, warum die Konsequenz eines Verstoßes sein sollte, dass letztlich die Darlehensgeberin bestraft wird.

(bb) Willkürliche Verlagerung von liquider Haftungsmasse

Eine Anwendung der Subordinationsregeln scheidet zudem dort aus, wo ihr originärer Zweck, der Gläubigerschutz, ins Gegenteil verkehrt würde. Soweit nämlich Schwesterdarlehen im Konzernverbund grundsätzlich subordiniert würden, hätte das zur Folge, dass das Insolvenzrisiko der externen Gläubiger einer Konzerngesellschaft zufallsabhängig auf die externen Gläubiger einer anderen Gesellschaft verlagert würde.[243] Hierzu führt die Überlegung, dass – insbesondere beim Cash Pooling – den Gläubigern im Fall der Insolvenz „ihrer" Gesellschaft zumeist keine Liquidität zur einfachen Vollstreckung verbleibt. Wurde diese zuvor an den Pool abgeführt, so können sie lediglich den Rückzahlungsanspruch pfänden lassen. Dieser stellt also ein Substitut, zu real vorhandenem Vermögen dar. Ist aber die darlehensempfangende Gesellschaft ebenfalls insolvent, so wird der Anspruch der Gläubiger der Gebergesellschaft wirtschaftlich regelmäßig wertlos, wohingegen er den Gläubigern der Nehmergesellschaft ungemin-

---

[241] Vgl. zu diesem Ansatz oben 3. Teil, A. III. 3. d).

[242] *Hommelhoff,* WM 1984, 1105, 1117.

[243] *Lutter,* ZIP 1989, 477, 480; *Noack,* GmbHR 1996, 153, 156; *Priester,* ZBB 1989, 30, 36.

dert zur Verfügung steht und ihre Befriedigungsquote verbessert. Soweit oben festgestellt werden konnte, dass dem Trennungsprinzip im Konzern in gewissen Grenzen auch eine Gläubiger schützende Wirkung innewohnt,[244] würde genau diese aufgehoben. Den (nicht gesetzlichen) Gläubigern würde auf diese Weise eines ihrer wichtigsten Selbstschutzinstrumente genommen, indem es keine Rolle mehr spielte, dass sie sich genau diese eine Gesellschaft als Vertragspartnerin ausgesucht haben und damit zu erkennen gegeben hätten, dass sie auch bereit waren, das abstrakte Insolvenzrisiko genau dieser Gesellschaft in Kauf zu nehmen.

Stattdessen trügen sie nun in gesteigertem Maße auch das Risiko der Insolvenz eines mit „ihrer" Gesellschaft im Leistungsaustausch stehenden Unternehmens, ohne je die Möglichkeit gehabt zu haben, diesen Leistungsaustausch zu beeinflussen.

Zum alten Recht konnte eine Anwendung des Eigenkapitalersatzrechts auf Schwestergesellschaften noch mit einer gewissen Berechtigung durch den Hinweis auf das vorwerfbare Verhalten einer Weiterfinanzierung trotz offensichtlicher Krise begründet werden. Zwar könnten Schwestergesellschaften kein Eigenkapital nachschießen, durchaus aber durch einen freiwilligen Rangverzicht eine vergleichbare Leistung erbringen. Täte sie dies nicht, müsse sie sich ihr Handeln vorhalten lassen.[245] Unabhängig davon, ob man diese Einschätzung teilen will, ist sie jedenfalls als Begründung nach heutigem Recht nicht mehr tragfähig.[246] Durch den Wegfall des Merkmals der Krise gibt es keinen Anknüpfungspunkt mehr für eine rechtliche Missbilligung. Solange aber eine solche nicht vorliegt, gibt es keinen vernünftigen Grund, eine darlehensgebende Gesellschaft und mit dieser deren Gläubiger durch eine Subordination des Rückzahlungsanspruchs zu belasten.

(cc) Abwägung

Wenn im Folgenden mögliche Anknüpfungspunkte für eine Subordination horizontaler Darlehen aus dem eigenen Vermögen von Schwestergesellschaften untersucht werden, so darf eine Übertragbarkeit nicht einfach mit dem Hinweis auf das alte Recht und die entsprechende Passage im MoMiG-Entwurf angenommen werden, sondern es ist zu überprüfen, ob das Ergebnis heute noch vertretbar ist.[247] Es konnte aufgezeigt werden, dass nur ein Ergebnis vertretbar ist, welches nicht zu einer willkürlichen Risikoumverteilung führt. Diese ist aber hinsichtlich der externen Gläubiger der Konzernuntergesellschaften immer gegeben, wenn die

---

[244] Vgl. 1. Teil, B. III. 1. b).
[245] So *Cahn,* Kapitalerhaltung im Konzern, S. 241.
[246] Ähnl. *Habersack,* ZIP 2008, 2385, 2389.
[247] *Habersack,* ZIP 2008, 2385, 2387 ff.; *Fedke,* NZG 2009, 928, 931 f.

Letzthaftung mehr oder weniger zufällig bei einer der Untergesellschaften verbleibt.

Anders stellt sich die Lage jedoch dar, wenn das Ausfallrisiko wirtschaftlich betrachtet die veranlassende Muttergesellschaft trifft.[248] Bezüglich dieser wurde nämlich oben bereits festgestellt, dass sie sowohl in einem Interessenkonflikt steht als auch über den notwendigen Einfluss verfügt, opportunistisches Verhalten zu Lasten der Drittgläubiger durchzusetzen.[249] Rechtsökonomisch scheint es daher geboten, ungerechtfertigten Risiken durch Beteiligung der Muttergesellschaft am möglichen Forderungsausfall vorzubeugen. Da das Mutterunternehmen vom wirtschaftlichen Erfolg seiner Untergesellschaften profitiert – und mit ihr ihre Gläubiger – spricht unter Wertungsgesichtspunkten auch nichts dagegen, es über den Umweg der darleihenden Tochtergesellschaft zum wirtschaftlichen Adressaten der Subordination werden zu lassen. Nachfolgend sind daher die Fallgestaltungen zu untersuchen, in denen auf Grund der Letzthaftung der Muttergesellschaft die tatbestandliche Interessen- und Risikoverteilung des § 39 Abs. 1 Nr. 5 InsO wieder hergestellt ist.

(b) Aus dem Vermögen der Mutter stammende Darlehensvaluta

Einigkeit herrschte schon früher darüber, dass die Regeln über den Eigenkapitalersatz Anwendung finden sollten, wenn das der Schwestergesellschaft gewährte Darlehen aus dem Vermögen der Mutter stammte. Dabei sind mehrere Konstellationen denkbar. Die Mutter kann entweder ihre Tochtergesellschaft nur zur Verteilung der Mittel aus ihrem Vermögen benutzen, oder die Mutter trifft – gesetzlich oder aus freiwilliger Übernahme eine – Einstandspflicht.

(aa) Darlehensgewährung aus „echten" Mitteln
        der Mutter

Im ersten Fall kommen die Mittel tatsächlich vom Mutterunternehmen, indem es etwa eine Finanzierungsgesellschaft gründet und diese mit Mitteln versorgt, die an die Konzernunternehmen weiter gereicht werden. Die Finanzierungsgesellschaft wird also nur als Strohmann[250] oder Zahlungsmittler[251] eingesetzt. Hier sollten – nach wie vor – die Regeln mittelbarer Stellvertretung greifen.[252]

---

[248] *Habersack*, ZIP 2008, 2385, 2389; *Rieger*, Eigenkapitalersatz in mehrstufigen und mehrfachen Beteiligungsverhältnissen, S. 133.

[249] 3. Teil, B. I. 5. d) aa).

[250] *Ehricke*, Das abhängige Konzernunternehmen in der Insolvenz, S. 159; *Fleischer*, in: v. Gerkan/Hommelhoff, Rn. 12.21.

[251] *Karollus*, in: FS Claussen (1997), 199, 206; *Noack*, GmbHR 1996, 153, 154; *Johlke*, in: v. Gerkan/Hommelhoff, Rn. 5.45; *Vervessos*, Eigenkapitalersatzrecht, S. 260 f.

(bb) Betriebsaufspaltung

Weitgehende Einigkeit herrschte früher auch darüber, dass das Eigenkapitalersatzrecht in Fällen der so genannten Betriebsaufspaltung greifen sollte, also dann, wenn die Gesellschafter zweier Unternehmen identisch waren und durch beide Gesellschaften wirtschaftlich betrachtet nur ein Unternehmen betrieben wurde.[253] Der klassische Fall ist gegeben, wenn sämtliche Aktiva in einer „Besitzgesellschaft" gebunden sind, die diese an die „Betriebsgesellschaft" verpachtet. Wenn nun die Besitzgesellschaft der Betriebsgesellschaft ein Darlehen gewährte, ergäbe sich wirtschaftlich betrachtet kein Unterschied zu einer Darlehensgewährung durch die Gesellschafter.[254] An dieser überzeugenden Ansicht wird auch zukünftig festzuhalten sein.

(cc) Abwägung zur Darlehensgewährung aus dem Vermögen der Muttergesellschaft

Eine Umqualifizierung von horizontal gewährten Darlehen trat schon früher immer dann ein, wenn die gewährten Mittel aus dem Vermögen einer sowohl der Darlehensgeberin als auch der Darlehensnehmerin übergeordneten Konzerngesellschaft stammten.[255] Den aufgeführten Beispielen ist gemein, dass es sich um typische Umgehungskonstellationen handelt, weswegen es auch unproblematisch und richtig ist, die Muttergesellschaft nicht aus ihrer Haftung zu entlassen[256] Einer Übertragung auf die neue Rechtslage steht insofern nichts entgegen.

---

[252] G.h.M., *Kleindiek*, in: Lutter/Hommelhoff, GmbHG Anh § 64 Rn. 122; *Altmeppen*, in: Roth/Altmeppen, GmbHG § 32a Rn. 144; *Hueck/Fastrich*, in: Baumbach/Hueck, GmbHG, 18. Aufl., § 32a Rn. 26; *Fleischer*, in: v. Gerkan/Hommelhoff, Rn. 12.21; *Altmeppen*, in: FS Kropff (1997), 641, 656 u. 665; *Fedke*, NZG 2009, 928, 931; *Habersack*, ZIP 2008, 2385, 2389 f.; *Huber*, in: FS Priester (2007), 259, 280; *Schall*, ZIP 2010, 205, 209 ff.; *Vervessos*, Eigenkapitalersatzrecht, S. 260 f.

[253] G.h.M., BGH, Urt. v. 14.12.1992 – II ZR 298/91 („Lagergrundstück II") = BGHZ 121, 31, 35 = ZIP 1993, 189 m.Bespr. *K.Schmidt*, S. 161 = EWiR 1993, 189 m.Anm. *Fleck* = WuB 2 C § 32a GmbHG 3.93 m.Anm. *v. Gerkan; K. Schmidt*, in: Scholz, GmbHG §§ 32a, 32b Rn. 137; *Ulmer*, in: Hachenburg, GmbHG § 32a/b Rn. 117; *Hueck/Fastrich*, in: Baumbach/Hueck, GmbHG, 18. Aufl., § 32a Rn. 34 f.; *Lutter/Hommelhoff*, GmbHG, 16. Aufl., §§ 32a/b Rn. 138; *Johlke*, in: v. Gerkan/Hommelhoff, Rn. 5.46; *Fleischer*, in: v. Gerkan/Hommelhoff, Rn. 12.22; *Vervessos*, Eigenkapitalersatzrecht, S. 261; *a.A. Faßbender*, Cash Pooling und Kapitalersatzrecht, S. 234 f., der aber über den Umweg einer Darlehensgewährung *causa societatis* dennoch zum selben Ergebnis kommt, S. 252 ff.

[254] BGH, Urt. v. 14.12.1992 – II ZR 298/91 = BGHZ 121, 31, 35 („Lagergrundstück II") = ZIP 1993, 189 m.Bespr. *K.Schmidt*, S. 161 = EWiR 1993, 189 m.Anm. *Fleck* = WuB 2 C § 32a GmbHG 3.93 m.Anm. *v. Gerkan;* BGH, Urt. v. 11.07.1994 – II ZR 146/92 = BGHZ 127, 1, 5 („Lagergrundstück III") = NJW 2349, 2350 m.Anm. *Altmeppen* = WuB II C 32a GmbHG 1.95 m.Anm. *Hirte*.

[255] Ebenso *Vervessos*, Eigenkapitalersatzrecht S. 260 f.

[256] *Karollus*, in: FS Claussen (1997), 199, 204; *Faßbender*, Cash Pooling und Kapitalersatzrecht, S. 231.

(c) Wirtschaftlich der Schwestergesellschaft
zuzurechnende Darlehensvaluta

Interessanter als die eben durchgeführte Betrachtung möglicher Umgehungstatbestände ist die Frage, unter welchen Voraussetzungen auch horizontal gewährte Darlehen aus dem Vermögen der darleihenden Schwester zu subordinieren sind.

(aa) Mittelbare Stellvertretung

Eine Literaturmeinung nahm zum alten Recht auch für horizontal gewährte Kredite aus dem Vermögen der Schwestergesellschaft die Anwendbarkeit des Eigenkapitalersatzrechts an, da die Schwestergesellschaft – ähnlich einem mittelbaren Stellvertreter – im Interessenbereich des herrschenden Gesellschafters handelte.[257] Die Figur der mittelbaren Stellvertretung ist im Handelsrecht kennzeichnend für Kommissions- und Speditionsgeschäfte (§§ 383 ff., 407 ff. HGB), aber auch das allgemeine Zivilrecht kennt sie. Typisch ist dabei, dass der Stellvertreter nicht in der Letzthaftung steht, sondern z.B. den erworbenen Gegenstand an den Vertretenen weitergibt und dafür Kompensation seiner Aufwendungen erhält.[258] Nach dem soeben Gesagten wird deutlich, dass diese Einordnung bereits früher nicht überzeugte. Zwar mochte man der Ansicht sein, die Schwestergesellschaft handelte ohne sich als Stellvertreter zu präsentieren im Interessenbereich der Konzernspitze, jedoch erhielt sie keinen Ausgleich für das gewährte Darlehen von der Muttergesellschaft. Eine der mittelbaren Stellvertretung vergleichbare Situation lag hier also ganz offensichtlich nicht vor. Selbst wenn man dies anders beurteilte, kann die Begründung heute nach den obigen Ausführungen[259] nicht mehr ausreichen, um eine so schwerwiegende Folge wie die Rückstufung jedes im Konzernverbund gewährten horizontalen Darlehens zu rechtfertigen.

(bb) Darlehensgewährung auf Risiko der Mutter

Wenn ein Vertragskonzern vorliegt und die Obergesellschaft den Jahresfehlbetrag ihrer Tochter gemäß § 302 AktG auszugleichen hat, stammen die ausgegebenen Mittel nicht von der Mutter selbst, jedoch haftet sie in einer Weise für Ausfälle, dass sie dasselbe wirtschaftliche Risiko trifft wie bei einer Finanzierung mit eigenen Mitteln.[260] Ähnliches ergibt sich bei der Übernahme einer Garantie oder

---

[257] *Ulmer,* in: Hachenburg GmbHG § 32a, b Rn. 121; *Henze,* in: Großkomm AktG § 57 Rn. 139; *Ehricke,* Das abhängige Konzernunternehmen in der Insolvenz, S. 159.

[258] *Schilken,* in: Staudinger, BGB Vor §§ 164 ff. Rn. 42 ff.

[259] 3. Teil, B. I. 5. d) bb) (2) (a).

[260] *Noack,* GmbHR 1996, 153, 157; *Priester* ZBB 1989, 30, 36.

Bürgschaft für das Tochterunternehmen. Hierbei ergäben sich weite Umgehungsmöglichkeiten, wenn man diesen Fall anders beurteilen wollte. Deswegen ist unabhängig davon, aus wessen Vermögen die weiter gegebenen Mittel stammen, bei einer Finanzierung auf Risiko der gemeinsamen Muttergesellschaft ebenfalls von einer Nachrangigkeit auszugehen.[261]

(cc) Veranlassung durch die Mutter

Teilweise wurde früher ganz allgemein auf eine Veranlassung durch die Muttergesellschaft rekurriert.[262] Jedoch überzeugte auch dies nicht: Ohnehin schon sind die Gläubiger beherrschter Gesellschaften der Gefahr ausgesetzt, diese könnten von der Mutter zu nachteiligen Handlungen veranlasst werden.[263] Sähe man in der Veranlassung zu einer Darlehensvergabe Grund genug, um den Rückzahlungsanspruch auch noch zu subordinieren, so würde der Schutz der Insolvenzgläubiger der Darlehensempfängerin zu Lasten des Schutzes der Gläubiger der Darlehensgeberin erfolgen. Gründe für eine überwiegende Schutzbedürftigkeit der Gläubiger der Zielgesellschaft sind jedoch nicht ersichtlich.[264] Anders mag es sich darstellen, wenn die Veranlassung durch die Muttergesellschaft zusätzlich deren Einstandspflicht begründet. Zu denken ist dabei an den Rückzahlungsanspruch aus § 31 GmbHG bzw. § 62 AktG. Dieser erwächst wie oben ausführlich erörtert,[265] wenn die Gesellschafterin ein abhängiges Unternehmen dazu veranlasst, unter Verstoß gegen die Vermögensbindung Auszahlungen an ihr nahe stehende Dritte vorzunehmen. Das erlangt auch hier Bedeutung. Veranlasst die Muttergesellschaft nämlich eine verbotswidrige Auszahlung, so führt der Anspruch auf Wiederherstellung des Stammkapitals dazu, dass die Muttergesellschaft gegenüber der Darlehensgeberin in Höhe des zur Wiederauffüllung notwendigen Betrags haftet. Ist die Darlehensgeberin eine AG, so entspricht dies auf Grund der Bindung des gesamten Vermögens gleichzeitig der Darlehensvaluta. Anders bei einer darlehensgebenden GmbH, bei der es vorkommen kann, dass die gewährten Mittel nur teilweise aus dem gebundenen Vermögen stammen. Zumindest in dieser Höhe steht die Muttergesellschaft damit in der Letzthaftung. Wirtschaftlich betrachtet ergibt sich dann dieselbe Situation wie bei einer Finanzierung auf Risiko der Muttergesellschaft. Die dieser obliegende Finanzierungsfolgenverantwortung und das Ausfallrisiko würden also wieder zusammen fallen, sodass nichts dagegen spricht, das Darlehen der Schwestergesellschaft zurückzu-

---

[261] Ebenso *Fleischer,* in: v. Gerkan/Hommelhoff, Rn. 12.25; *Noack,* GmbHR 1996, 153, 157; *Faßbender,* Cash Pooling und Kapitalersatzrecht, S. 232.

[262] *Schmidsberger,* Eigenkapitalersatz im Konzern, S. 94 ff.

[263] *Lutter,* ZIP 1989, 477, 480; *Noack,* GmbHR 1996, 153, 156; *Priester,* ZBB 1989, 30, 36.

[264] Vgl. bereits oben 3. Teil, B. I. 5. d) bb) (2) (a) (bb).

[265] Ausführlich dazu oben 2. Teil, A. I. 3. c).

stufen. Dies gilt jedoch nur, soweit die Darlehensempfängerin über eine zweifelhafte Bonität verfügt. Nach neuem Recht würde nämlich eine Darlehensvergabe bei guter Bonität gem. §§ 30 Abs. 1 S. 2 GmbHG, 57 Abs. 1 S. 3 AktG keine Auszahlung mehr darstellen und folglich auch keinen Rückzahlungsanspruch gegen die Muttergesellschaft aus § 31 GmbHG oder § 62 AktG begründen.

Die Veranlassung zur horizontalen Darlehensgewährung durch die Mutter vermag eine Subordination also zu begründen, soweit gebundenes Vermögen eingesetzt wird und die Darlehensempfängerin eine *ex ante* erkennbar schlechte Bonität aufweist.

(dd) Keine Veranlassung durch die Mutter

Im Rahmen der Ausführungen zu § 31 GmbHG wurde bereits erörtert, warum es bisweilen notwendig ist, auch bei *causa societatis* gewährten Leistungen an Dritte einen Rückzahlungsanspruch gegen die Muttergesellschaft anzunehmen, wenn eine explizite Veranlassung durch diese nicht feststellbar ist. Dies führt dann letztlich dazu, dass die Muttergesellschaft auch im hier interessierenden Fall wieder in der Letzthaftung stünde.[266] Allerdings wird in der früheren Literatur zu Recht darauf hingewiesen, dass hier eine große Gefahr der übermäßigen Ausweitung besteht.[267] So ist es denkbar, dass die Konzerngeschwister in einem normalen Dienstleistungs- oder Warenaustausch stehen. Gibt es die konzernweite Übereinkunft, Zahlungen hieraus bei Bedarf für einen überschaubaren Zeitraum zu stunden, so könte in einem solchen Zahlungsaufschub eine Darlehensgewährung *causa societatis* zu sehen sein, die – wenn sie zu Lasten des gebundenen Vermögens erfolgte – auch dann zu subordinieren wäre, wenn die kurzfristige Stundung auch gegenüber jedem Dritten erfolgt wäre. Man denke auch an Kreditinstitute, die nur noch solche Unternehmen in gewohnter Weise finanzieren könnten, zu denen keine konzernrechtliche Verbindung besteht. Insgesamt schwebte über einer jeden Konzern internen Forderung das Damoklesschwert. Zwischen verbundenen Unternehmen würde somit ein gewöhnlicher Leistungsaustausch erheblich erschwert, und wiederum wäre die Folge eine zufällige Risikoverlagerung für externe Gläubiger. Diese Fallgruppe der horizontalen Darlehensgewährung ist deswegen zwingend um ein weiteres Kriterium zu ergänzen. Neben der Finanzierung *causa societatis* und der Letzthaftung der Muttergesellschaft ist zu fordern, dass kein über das Konzerninteresse hinausgehendes eigenes Interesse der Darlehensgeberin an der Darlehensgewährung besteht.[268]

---

[266] Vgl. 2. Teil, A. I. 2. a) bb).

[267] *Fleischer,* in: v. Gerkan/Hommelhoff, Rn. 12.25; *Faßbender,* Cash Pooling und Kapitalersatzrecht, S. 247 ff.

[268] Ebenso *Faßbender,* Cash Pooling und Kapitalersatzrecht, S. 249.

Wird ein Kredit *causa mutui* gewährt, etwa um das wirtschaftliche Fortbestehen eines Hauptabnehmers zu sichern, so käme eine Zurechnung hiernach in Betracht.[269]

Zu klären bleibt, ob der so geschaffene Tatbestand auch für die oben behandelten vertikal absteigenden Finanzierungsleistungen gilt. Grundsätzlich lässt das dem abwärts darleihenden Gesellschafter vom Gesetz unwiderlegbar unterstellte Motivbündel die Variante der ausschließlich *causa societatis* gewährten Leistung ausscheiden. *Faßbender,* der in Bezug auf das alte Recht eine der hier vorgeschlagenen vergleichbare Lösung vertritt, möchte deswegen unter dem Hinweis auf eine Gefahr der Ausuferung die Darlehensgewährung *causa societatis* nur dann als Zurechnungskriterium zulassen, wenn die Darlehensempfängerin nicht im (ggf. mittelbaren) Eigentum der Darlehensgeberin steht.[270] Folgte man seiner Ansicht, so käme man jedoch zu dem paradoxen Ergebnis, dass sich Gesellschaften, die keinen Anteil an der Zahlungsempfängerin besitzten, ihr gegenüber wie Gesellschafter behandeln lassen müssten, solche aber, die 49% der Anteile ihrer Untergesellschaft hielten, gegenüber deren 100%iger Tochter gewöhnliche Dritte wären. Richtigerweise ist dies abzulehnen. Einer Anwendbarkeit der hier entwickelten Regel darf eine Gesellschafterstellung nicht entgegen stehen. Vielmehr handelt es sich um zwei verschiedene Zurechnungsmodelle mit unterschiedlichen, sich gegenseitig ausschließenden Tatbeständen. Eines trägt dem Interessenkonflikt von darlehensgebenden Gesellschaftern Rechnung und das andere fußt auf den Besonderheiten der Finanzierung in der Unternehmensgruppe. Wird im Konzernverbund ein Darlehen vergeben, so sind beide Möglichkeiten auf ihre Relevanz zu prüfen.

Ein letztes Problem könnte sich aber bei vertikal absteigenden Finanzierungen aus dem mit ins neue Recht genommenen Kleinbeteiligungsprivileg (jetzt § 39 Abs. 5 InsO) ergeben. Eine Subordination von Darlehen kleinbeteiligter Konzernunternehmen stünde im ausdrücklichen Widerspruch zum Wortlaut von § 39 Abs. 5 InsO. Einmal mehr zeigt sich hier die schon früher kritisierte Systemfremdheit des Kleinbeteiligungsprivilegs. Würde man es buchstabengetreu anwenden, lieferte dies erneut völlig unsinnige Ergebnisse. Ein konzernangehöriger Dritter würde als Gesellschafter fingiert, ein unmittelbar mit 10% Beteiligter dürfte sich jedoch behandeln lassen wie ein Dritter. Der Besitz der gerahmten Stückaktie an der Bürowand würde von der Subordination befreien. Dies weiter gesponnen ließe sich nahezu jede Subordination horizontaler Darlehen im Konzern ganz einfach verhindern, indem man jeder Konzerngesellschaft jeweils einen Anteil jedes verbundenen Unternehmens ins Portfolio einbuchte, damit sich diese auf das Kleinbeteiligungsprivileg berufen könnte.

---

[269] Ähnlich *Cahn,* Kapitalerhaltung im Konzern, S. 241.
[270] *Faßbender,* Cash Pooling und Kapitalersatzrecht, S. 248 f.

Natürlich kommt ein solches Ergebnis nicht in Betracht, denn die Kollision mit dem Kleinbeteiligungsprivileg ist nur scheinbar. Wie erörtert stellt die Darlehensgewährung *causa societatis* eine eigene Fallgruppe mit spezieller Zurechnung dar. Das Kleinbeteiligungsprivileg bezieht sich jedoch nur auf die mit dieser Zurechnung in einem Exklusivitätsverhältnis stehende Zurechnung auf Grund der Gesellschafterstellung.

(ee) Zwischenergebnis

Sofern die Muttergesellschaft in irgendeiner Weise eine Einstandspflicht für Verluste aus einer Darlehensgewährung aus dem Vermögen ihrer Tochter trifft, ist es gerechtfertigt, diese Darlehen auch der Subordination zu unterwerfen. Dies ist vor allem dann der Fall, wenn die Mutter zu Gunsten der Tochter eine Garantie oder Bürgschaft ausspricht oder Adressatin der Verlustausgleichspflicht im Vertragskonzern ist.[271]

Eine Letzthaftung kann sich aber auch aus einem Verstoß gegen die Kapitalerhaltungsregeln ergeben.[272] Hierzu ist es nicht nötig, dass die Mutter die Auszahlung ausdrücklich veranlasst hat, sondern ein Darlehensrückzahlungsanspruch ist auch dann zu subordinieren, wenn es zu Lasten des gebundenen Vermögens und ausschließlich *causa societatis* an ein verbundenes Unternehmen gewährt wurde.[273] Dieses Ergebnis überzeugt nicht nur durch eine gerechte Risiko- und Haftungsverteilung, sondern entspricht auch weitgehend dem alten Recht: Sofern nämlich die Darlehensnehmerin von einwandfreier Bonität ist, scheidet eine Subordination der Leistung immer aus. Lediglich der Grund dieses Ausscheidens hat sich geändert. Lag es früher daran, dass eine Krise nicht vorlag, so ist es heute die Folge der Tatsache, dass durch die Rückkehr zur bilanziellen Betrachtungsweise eine Darlehensvergabe keine Auszahlung mehr ist, sofern der Empfänger von einwandfreier Bonität ist. Ist dies der Fall, so besteht kein Erstattungsanspruch aus §§ 31 GmbHG/62 AktG, der die Muttergesellschaft in die Position der Letzthaftenden brächte.

Außerhalb dieser Fallgruppen kommt eine Subordination von horizontal gewährten Darlehen nicht in Betracht.

(3) Kapitalerhaltungskonflikt

Ein „Gordischer Knoten" des alten Rechts war eine sich an dieser Stelle regelmäßig ergebende Normenkollision, die „Kapitalerhaltungskonflikt" genannt wurde: Wenn eine Gesellschaft aus gebundenem Vermögen an ihre kreditunwür-

---

[271] 3. Teil, B. I. 5. d) bb) (2) (c) (bb).
[272] 3. Teil, B. I. 5. d) bb) (2) (c) (cc).
[273] 3. Teil, B. I. 5. d) bb) (2) (c) (dd).

dige Schwester leistete, so war diese nach heute ganz herrschender[274] und auch hier vertretener Ansicht zur sofortigen Rückgewähr gemäß § 31 GmbHG verpflichtet.[275] Gleichzeitig war das Empfangene aber nach umgekehrter Zurechnung Eigenkapitalersatz, der analog § 30 GmbH nicht zurückgezahlt werden durfte.[276] Heute existiert außerhalb der Insolvenz keinerlei Verstrickung mehr, sodass eine vergleichbare Pflichtenkollision des Geschäftsführers der Darlehensempfängerin – zumindest bis zum Insolvenzeintritt – nicht mehr vorkommen kann. Das Problem ist damit indes nicht obsolet geworden, sondern taucht im Zusammenhang mit dem neuen § 64 S. 3 GmbHG an anderer Stelle wieder auf.[277]

(4) „Unechte" horizontale Darlehen

Für das Gesagte ist es unerheblich, ob es sich um eine „echte" Schwesterbeziehung handelt oder ob die Darlehen zwischen Unternehmen gewährt werden, die den Schwestern nachgeordnet sind. Das ergibt sich bereits aus der Begründung der ausnahmsweisen Subordination: Stammen Mittel von der gemeinsamen Muttergesellschaft oder trifft diese eine Verlustausgleichspflicht, so darf es keine Rolle spielen, über wie viele Konzernebenen dies erfolgt. Entscheidend ist einzig, dass die Muttergesellschaft sich wirtschaftlich betrachtet in derselben Situation befindet wie bei einer eigenhändigen Finanzierung. Bei der Darlehensgewährung *causa societatis* gilt das Nämliche. Der Grund der Darlehensgewährung ist hier die Konzernzugehörigkeit und nicht ein spezielles gesellschaftsrechtliches „Verwandtschaftsverhältnis".

(5) Ausnahme für Darlehen, die nicht causa societatis
gewährt wurden?

Für vertikal absteigende Darlehen wurde erklärt, warum es *contra legem* wäre, dem Darleihenden den Beweis zuzugestehen, ein Darlehen nicht *causa societatis* gewährt zu haben und von der Subordination ausgenommen zu werden. Grundsätzlich bleibt es bei der Einschätzung, dass es nach dem Gesetzeszweck wie auch -wortlaut nicht mehr darauf ankommt, *warum* ein Darlehen von einem Gesellschafter gewährt wurde. Sofern jedoch keine (ggf. mittelbare) Gesellschafterstellung vorliegt, stellt sich die Lage anders dar. Die im Fall vertikal absteigender

---

[274] Vgl. dazu Nachweise unter 2. Teil, A. I. 3. c) bb).

[275] *A.A.* noch *Canaris,* in: FS Fischer (1979), 31, 31 ff. u. 54 f. und *Altmeppen,* in: FS Kropff (1997), 641, 648 ff.; der den Kapitalerhaltungskonflikt gerade als Argument für seine Meinung nutzt.

[276] Dazu *Cahn,* Kapitalerhaltung im Konzern, S. 242 ff.; *Karollus,* in: FS Claussen (1997), 199, 206 ff.; *Schmidsberger,* GesRZ 1997, 14, 24 ff.; *Faßbender,* Cash Pooling und Kapitalersatzrecht, S. 259.

[277] Ausführliche Würdigung im 4. Teil, C. II. 4.

Finanzierungen immer generell mögliche und von neuem unwiderleglich vermutete Interessenhybris ist bei horizontaler Finanzierung gerade nicht gegeben. Während also der Beweis, dass es sich bei einem von einem Gesellschafter gewährten Darlehen aus subjektiver Sicht nicht um ein Gesellschafterdarlehen handelt, nicht in Betracht kommt, ist der hiermit nicht zu verwechselnde Beweis zuzulassen, dass ein Dritter sich unter Zugrundelegung objektiver Kriterien nicht als Gesellschafter behandeln lassen muss.

Für diese Auffassung streitet ganz entschieden die Tatsache, dass es nach neuem Recht ebenso wenig auf die Motivation eines von Gesellschaftern gewährten Darlehens wie auf eine Krise der Darlehensnehmerin zum Auszahlungszeitpunkt ankommt. Eine derart weit reichende Ausweitung des Tatbestands gegenüber dem alten Recht fordert ein Korrektiv. Andernfalls ergebe sich beispielsweise im Vertragskonzern bereits bei einem kurzfristigen Aufschub von Zahlungsansprüchen aus einem Kaufvertrag die Rechtsfolge einer Subordination oder der Anfechtbarkeit der Zahlung.[278]

Wiederum würde es auch die Position der Gläubiger einer Konzerngesellschaft nach dem Zufallsprinzip verschlechtern, wenn diese in enger Geschäftsbeziehung zu ihrem Schwesterunternehmen stünde.[279] Gerade das ist aber typisch in Konzernen, die oftmals ursprünglich zu dem Zweck gegründet wurden, um kostensparend mehrere Produktionsschritte unter einem gemeinsamen Dach zu vereinen. Rechtlich ist so etwas nicht zu missbilligen solange tatsächlich noch ein realer Leistungsaustausch zu Marktpreisen stattfindet.

Kann also ein nicht an der Empfängergesellschaft beteiligtes Konzernunternehmen beweisen, dass eine Zahlungsstundung oder ein Lieferantenkredit auch einem Dritten gewährt worden wäre, so muss dies einer Anwendbarkeit des § 39 Abs. 1 Nr. 5 InsO entgegen stehen.

(6) Zwischenergebnis zur horizontalen Darlehensvergabe im Konzern

Für horizontale Kreditgewährung gilt auch nach dem MoMiG weitgehend das, was schon zuvor von der wohl herrschenden Meinung angenommen wurde: Schwesterunternehmen trifft grundsätzlich keine Verantwortung für eine angemessene Kapitalausstattung anderer Konzernunternehmen. Folglich besteht auch heute kein Grund für eine Subordination gemäß § 39 Abs. 1 Nr. 5 n. F. InsO.

Es konnten jedoch von diesem Grundsatz zwei Ausnahmen festgestellt werden, denen gemein ist, dass das wirtschaftliche Risiko letztlich bei einer sowohl der Darlehensgeberin als auch der Darlehensnehmerin übergeordneten Konzerngesellschaft verbleibt.

---

[278] Dazu unten 3. Teil, B. I. 6.
[279] Vgl. die Ausführungen unter 3. Teil, B. I. 5. d) bb) (2) (a).

In der ersten Fallgruppe erfolgt die Darlehensgewährung aus Mitteln der Muttergesellschaft. Eine Rückstufung lässt sich dann mit der andernfalls gegebenen Umgehungsgefahr begründen.[280] Ein Fall der zweiten Gruppe liegt vor, wenn die Darlehensvergabe aus eigenen Mitteln der Tochter, jedoch auf Risiko der Mutter erfolgt.[281] Dabei ist unerheblich, ob dieses Risiko aus freiwillig übernommener Garantie oder aus gesetzlicher Haftung herrührt.

In beiden Konstellationen wird man jedoch dem Tochterunternehmen einräumen müssen, sich durch den Nachweis einer fehlenden Konzern-Causa von der Rechtsfolge der Subordination befreien zu können.

(7) Bedeutung für das Cash Pooling

Die besprochene Exkulpationsmöglichkeit scheidet beim Cash Pooling immer aus, da kein Fall denkbar ist, in dem an den Pool Liquidität abgeführt wird, ohne dass dies in einem Kausalzusammenhang zur Konzernierung und zum Cash-Pooling-Rahmenvertrag stünde.

Die wirtschaftliche Zurechenbarkeit zur Muttergesellschaft kann sich bei horizontaler Finanzierung im Rahmen des Cash Pooling im Prinzip sowohl daraus ergeben, dass die Darlehensvaluta direkt von der Mutter stammt als auch dadurch, dass diese eine Einstandspflicht trifft. Wesentlich häufiger wird der letzte Fall sein, da die Liquidität, die der Pool darlehensweise vergibt, nur selten gänzlich von der Mutter stammen wird.

Häufig wird es vorkommen, dass gebundenes Vermögen an Konzernschwestern vergeben wird. Wenn der einzige Grund hierfür die Verpflichtung aus dem Cash-Pooling-Rahmenvertrag ist, so stellt diese ein typisches Beispiel für eine Konzern-Causa dar. In solchen Fällen bedarf es nach dem Gesagten folglich keiner ausdrücklichen Weisung durch die Muttergesellschaft, um die Subordination des Rückzahlungsanspruchs gemäß § 39 Abs. 1 Nr. 5 InsO zu begründen. Dies gilt allerdings nur, solange der Darlehensrückzahlungsanspruch nicht vollwertig ist. Da hier die Anforderungen durch das MoMiG und die jüngste BGH-Rechtsprechung stark zurückgefahren wurden, kann noch nicht prognostiziert werden, wie hoch die Praxisrelevanz sein wird.

Am höchsten ist diese im Fall der vertraglichen Konzernierung einzuschätzen, wenn die Muttergesellschaft auf Grund ihres Verlustausgleichsanspruchs in die Letzthaftung rückt.

---

[280] 3. Teil, B. I. 5. d) bb) (2) (b).
[281] 3. Teil, B. I. 5. d) bb) (2) (c).

cc) Vertikal aufsteigende Zahlungsströme (upstream loans)

Vertikal aufsteigende Zahlungsströme liegen beim Cash Pooling immer dann vor, wenn ein Tochterunternehmen an eine ihr übergeordnete Muttergesellschaft Liquidität abführt, allerdings auch dann, wenn etwa eine Enkel- oder Urenkelgesellschaft an die Groß- oder Urgroßmuttergesellschaft auszahlt.[282] In der Praxis wird dies dann der Fall sein, wenn entweder die Finanzierungsgesellschaft an der Konzernspitze angesiedelt ist und die Töchter Liquidität an sie abführen oder wenn die Finanzierungsgesellschaft selbst Tochterunternehmen ist und Liquidität an die sie beherrschende Konzernmutter gibt.[283] Selbst unter Anhängern der Verbundformel wurde früher teilweise bezweifelt, dass aufsteigende Darlehen dem Eigenkapitalersatzrecht unterfallen könnten. Eine entsprechende Ablehnung lässt sich – vordergründig überzeugend – damit begründen, dass es grotesk anmuten würde, einer beherrschten Tochtergesellschaft die Verantwortung für Handlungen ihrer sie kontrollierenden Mutterunternehmung auflasten zu wollen.[284] Auf diese Weise würde man einen Einfluss fingieren, den eben gerade die abhängige Gesellschaft nicht hat.[285] Im Gegenteil ist es ihr oftmals nicht möglich, sich dem Einfluss der Mutter zu entziehen.

Jedoch muss sich der Ergebnisse der Untersuchung horizontaler Darlehen erinnert werden. Die Situation ist durchaus vergleichbar, denn weder bei horizontaler noch bei vertikal aufsteigender Darlehensvergabe partizipiert die Darlehensgeberin mittelbar oder unmittelbar am darlehensempfangenden Unternehmen.[286] Wenn nun oben zu dem Resultat gelangt werden konnte, dass es einzelne Fallgruppen gibt, in denen die Darlehensgeberin zwar keine eigene Finanzierungsfolgenverantwortung trifft, ihr jedoch diejenige einer gemeinsamen Obergesellschaft zugerechnet werden kann, so ist dies möglicherweise auf die vertikal aufsteigende Darlehensgewährung übertragbar. Deswegen sollen die oben herausgearbeiteten Fallgruppen nachfolgend daraufhin untersucht werden. Die Betrachtung kann sich jedoch nur auf vertikal aufsteigende Kredite über mehrere Hierarchieebenen hinweg beziehen. Eine Darlehensgewährung der unmittelbaren Tochtergesellschaft an ihre Mutter regelt dagegen § 30 Abs. 1 GmbHG abschließend.[287]

---

[282] *Faßbender,* Cash Pooling und Kapitalersatzrecht, S. 269.

[283] *Faßbender,* Cash Pooling und Kapitalersatzrecht, S. 269.

[284] *Cahn,* Kapitalerhaltung im Konzern, S. 47 ff. u. S. 238 ff.

[285] *Habersack,* in: Ulmer/Habersack/Winter, GmbHG §§ 32a/b Rn. 147; *Altmeppen,* in: Roth/Altmeppen, GmbHG § 32a Rn. 173; *Hueck/Fastrich,* in: Baumbach/Hueck, GmbHG Anh. § 30 Rn. 41; *K. Schmidt,* GesR § 37 IVa (S. 1159).

[286] *Rieger,* Eigenkapitalersatz in mehrstufigen und mehrfachen Beteiligungsverhältnissen, S. 135.

[287] Allgemeine Ansicht: *Maier-Reimer,* in: FS Rowedder (1994), 245, 273; *Cahn,* Kapitalerhaltung im Konzern, S. 238; *Eichholz,* Das Recht konzerninterner Darlehen, S. 167 f.; *Fleischer,* in: v. Gerkan/Hommelhoff, Rn. 12.19; *Faßbender,* Cash Pooling und Kapitalersatzrecht, S. 283.

(1) Darlehensgewährung aus „echten" Mitteln
    der mittelbaren Gesellschafterin

Wie oben erörtert, liegt eine Für-Rechnung-Finanzierung vor, wenn die Mittel für die Darlehensvergabe direkt von der mittelbaren Gesellschafterin stammen.[288] Dies stellt eine Umgehungskonstellation dar, sodass das dort Gesagte unabhängig von der Fließrichtung der Zahlungsströme zu gelten hat. Ein Konflikt mit § 30 Abs. 1 S. 1 GmbHG kann sich in dieser Situation bereits nicht ergeben, weil hier nicht Vermögen der Tochter an einen Gesellschafter ausgekehrt wird, sondern fremdes Vermögen.[289]

(2) Darlehensgewährung auf Risiko der mittelbaren Gesellschafterin

Auch die obigen Ausführungen zur Finanzierung auf Risiko der Mutter sind problemlos übertragbar, da sich insoweit kein relevanter Unterschied ergibt.[290]

(3) Darlehensgewährung auf Veranlassung
    der mittelbaren Gesellschafterin

Anders stellt sich jedoch die Fallgruppe der Darlehensgewährung aus gebundenem Vermögen an die direkt übergeordnete Gesellschaft bei Veranlassung durch die Konzernspitze dar. Im Fall der horizontalen Darlehensvergabe ergab sich die nach der hier vertretenen Auffassung notwendige Letzthaftung der Muttergesellschaft daraus, dass diese ihre Tochter zur Auszahlung an eine der Mutter nahe stehende dritte Gesellschaft veranlasste. An dieser Stelle interessiert jedoch der Fall, in dem die Konzernmutter ihre Enkelin veranlasst, an die Tochter auszuzahlen. *Faßbender* illustriert den Unterschied plastisch: Nicht ein Gesellschafter lässt seine Gesellschaft an einen Dritten leisten, sondern ein Dritter lässt die Gesellschaft an ihren Gesellschafter leisten.[291]

Auch wenn die Veranlassung nicht direkt von der unmittelbaren Gesellschafterin stammt, ist ersichtlich, dass im Verhältnis Enkelin – Tochter ein Rückgewähr-

---

[288] 3. Teil, B. I. 5. d) bb) (2) (b) (aa).

[289] *Faßbender,* Cash Pooling und Kapitalersatzrecht, S. 272.

[290] 3. Teil, B. I. 5. d) bb) (2) (c) (bb).

[291] *Faßbender,* Cash Pooling und Kapitalersatzrecht, S. 274; Gründe hierfür gibt es mehrere. Insbesondere ist diese Variante für übergeordnete Unternehmen interessant, wenn keine 100%ige Beteiligungskette besteht: Gewährt eine Gesellschaft ihrer 50,1%igen Tochtergesellschaft ein Darlehen, so trägt sie das volle Risiko bei 50,1%iger Partizipation am Gewinn. Veranlasst sie dagegen die wiederum zu 50,1% im Besitz der Tochter stehende Enkelin zur Gewährung dieses Darlehens, so bleibt die Partizipation am Gewinn identisch, das Risiko beträgt aber nur noch gut 25%. Beispiel nach *Cahn,* Kapitalerhaltung im Konzern, S. 239; grundlegend zu solchen Asymmetrien von Risiko und Gewinn *Easterbrook/Fishel,* 55 U. Chi. Law Review (1985), 89, 111.

anspruch aus §§ 31 GmbHG, 62 AktG entstünde.[292] Das gilt aber ebenso für das Verhältnis Enkelin – Mutter, denn auch die veranlassende Mutter ist durch die Auszahlung begünstigt,[293] und dass bereicherte Dritte Anspruchsschuldner i. S. d. §§ 30 Abs. 1 S. 1 GmbHG, 62 AktG sein können, wurde oben festgestellt.[294]

Somit ergibt sich in dieser Konstellation wieder eine Letzthaftung der Muttergesellschaft. Wenn nämlich das Darlehen, welches die Enkelin der Tochter gewährt, im Fall von deren Insolvenz subordiniert würde, so könnte sich die Enkelin mit ihrem Rückzahlungsanspruch aus §§ 31 Abs. 1 S. 1 GmbHG und 62 AktG an die Mutter halten.[295] Soweit diese dann leistete, würde sie die Tochtergesellschaft von ihrer Darlehensrückzahlungsverpflichtung gegenüber der Enkelin freistellen, sodass der entsprechende Anspruch – der freilich wirtschaftlich wertlos sein dürfte – auf die Mutter überginge.

Indem also schlussendlich die Muttergesellschaft sowohl das ökonomische Risiko der Subordination als auch die Finanzierungsfolgenverantwortung gegenüber ihrer Tochter träfe, fiele beides wieder zusammen, sodass – wie in den oben besprochenen Fällen der Auf-Risiko-Finanzierung – nichts dagegen spricht, das in dieser Konstellation gewährte Darlehen der Enkelin an die Tochter gemäß § 39 Abs. 1 Nr. 5 InsO zurückzustufen.

(4) Darlehensgewährung causa societatis

Wenn die Muttergesellschaft die Darlehensgewährung der Enkelin an die Tochter nicht ausdrücklich angeordnet hat, die Enkelin aber – ausschließlich – aus einer wohlverstandenen Konzern-Causa heraus leistete, so gelten die obigen Ausführungen zur Darlehensgewährung *causa societatis*.[296]

(5) Zwischenergebnis zu vertikal aufsteigenden Darlehen

Auch bei vertikal aufsteigenden Darlehen im Konzernverbund kommt eine generelle Subordination bloß auf Grund der Verbundenheit nicht in Betracht. Allerdings konnte gezeigt werden, dass Konstellationen bestehen, in denen eine Gesellschaft, die eine Finanzierungsfolgenverantwortung gegenüber einer anderen trägt, auch dann in der Letzthaftung steht, wenn sie die Tochter ihrer abhängigen Gesellschaft zur Darlehensvergabe an deren Mutter nötigt. In diesen Fällen recht-

---

[292] *Cahn,* Kapitalerhaltung im Konzern, S. 239.
[293] *Cahn,* Kapitalerhaltung im Konzern, S. 240; *Faßbender,* Cash Pooling und Kapitalersatzrecht, S. 275.
[294] Vgl. 2. Teil, A. I. 3. c) aa).
[295] Zum Kapitalerhaltungskonflikt im Verhältnis Enkelin – Tochter gilt das oben Gesagte, 3. Teil, B. I. 5. d) bb) (3).
[296] 3. Teil, B. I. 5. d) bb) (2) (c) (dd).

fertigt das Zusammenfallen von Finanzierungsfolgenverantwortung und ökonomischem Risiko die Subordination gemäß § 39 Abs. 1 Nr. 5 InsO.

(6) Bedeutung für das Cash Pooling

Die soeben dargestellte Konstellation wird beim Cash Pooling eher selten auftauchen, da sie dadurch gekennzeichnet ist, dass der Darlehensgeber unter, der Veranlasser über dem Darlehensempfänger steht. Sofern ein Cash Pool bei der Konzernspitze geführt wird, mangelt es an einer dieser übergeordneten Gesellschaft. Existiert eine Finanzierungsgesellschaft, so wird sie normalerweise direkt unter der Konzernspitze angesiedelt sein und keine eigenen Abkömmlinge haben. Allerdings wurde bereits mehrfach darauf hingewiesen, dass die Möglichkeiten der Konzernbeziehungen nahezu grenzenlos sind, sodass nicht ausgeschlossen werden kann, dass auch eine Finanzierungsgesellschaft Enkel- oder Urenkelunternehmen ist oder aus verschiedenen Gründen eigene Abkömmlinge besitzt.

e) Zwischenergebnis zur Anwendbarkeit auf Dritte

Das nach wie vor grundlegende Prinzip der Finanzierungsfolgenverantwortung gebietet es, entgegen dem Wortlaut des § 39 Abs. 1 Nr. 5 InsO im Insolvenzfall auch Darlehen verbundener Unternehmen der gesetzlichen Rückstufung zu unterstellen. Hierzu bedarf es aber weiterer Tatbestandsmerkmale. Da es auf das Vorliegen einer Krise nicht mehr ankommen soll, würde das Gesetz andernfalls die im Wesentlichen gleiche Darlehensvergabe externer und konzerninterner Gläubiger wesentlich ungleich behandeln.[297] Weil aber in einer Darlehensvergabe außerhalb einer Krise kein rechtlich zu missbilligendes Verhalten liegt, ist der Ausweitung des sachlichen Anwendungsbereichs durch eine restriktive Anwendung auf Dritte zu begegnen.[298] Im Konzern ist der mittelbare Gesellschafter relativ problemlos mit dem unmittelbaren vergleichbar, sodass einer entsprechenden Erstreckung der Subordinationsregeln auf ihn nichts entgegen steht.[299]

Da verbundene Unternehmen ohne eigene Beteiligung nicht vom wirtschaftlichen Erfolg der Darlehensnehmerin profitieren und auch *per se* keine Möglichkeit haben, diese zu einem opportunistischen Verhalten zu veranlassen, sind sie auch nicht selbst Träger der Finanzierungsfolgenverantwortung. Eine von der Konzernspitze abgeleitete entsprechende Verantwortung kann ihnen vor dem Hintergrund einer gerechten Risikoverteilung nur auferlegt werden, wenn die Konzernspitze auch in der Letzthaftung steht.[300]

---

[297] Deswegen äußert *Altmeppen,* NJW 2008, 3601, 3602 ff. gar Bedenken im Hinblick auf Artt. 2, 14 GG.

[298] 3. Teil, B. I. 5. d) bb) (2) (a); ebenso *Habersack,* ZIP 2008, 2385, 2387 ff.

[299] 3. Teil, B. I. 5. d) aa) (1) (d).

[300] 3. Teil, B. I. 5. d) bb) (2) (a).

Es konnte gezeigt werden, dass entsprechende Konstellationen sowohl bei horizontaler als auch bei vertikal aufsteigender Darlehensvergabe denkbar sind.

6. Ergebnis der Untersuchung des neuen § 39 Abs. 1 Nr. 5 InsO

Der Tatbestand des § 39 Abs. 1 Nr. 5 InsO ähnelt in weiten Teilen dem des früheren Eigenkapitalersatzrechts. Dies gilt auch hinsichtlich seiner – nicht unproblematischen – dogmatischen Begründung als Ausprägung einer Finanzierungsfolgenverantwortung der Gesellschafter.[301] Die Hauptunterschiede zum alten Recht bestehen darin, dass es erstens auf die Krise des darlehensempfangenden Unternehmens nicht mehr ankommt,[302] was zweitens dazu führt, dass das regelmäßig geforderte subjektive Tatbestandselement entfällt.[303] Auf der Rechtsfolgenseite führt der Wegfall der Rechtsprechungsregeln dazu, dass das Darlehen bis zum Erreichen des Insolvenzstadiums keiner Verstrickung unterliegt.[304]

Erklärtermaßen lag der Reform der Wunsch nach mehr Rechtssicherheit, Vereinfachung des Cash Pooling und Stärkung des Gläubigerschutzes zu Grunde. Während das letztgenannte Ziel später im Rahmen einer ökonomischen Analyse der gesamten Reform des Eigenkapitalersatzrechts thematisiert werden soll,[305] kann bereits hier die Frage gestellt werden, ob die Änderung des § 39 Abs. 1 Nr. 5 InsO dazu beiträgt, mehr Rechtssicherheit zu schaffen und das Cash Pooling zu vereinfachen.

Die größte Vereinfachung hat hier zweifelsohne die Abschaffung der Rechtsprechungsregeln zum Eigenkapitalersatzrecht mit sich gebracht. Beim Betrieb eines Cash-Pooling-Systems ist jetzt außerhalb der Insolvenz jede Zahlung grundsätzlich möglich, ohne dass es zu einer Verstrickung kommen kann. Dies hat auch dazu geführt, dass der Kapitalerhaltungskonflikt, wie ihn das frühere Recht kannte, gleichwohl aber nie zufriedenstellend auflösen konnte, so nicht mehr zum Tragen kommen wird.

Der gesetzgeberischen Intention entsprechend führt der Wegfall des Krisenkriteriums im einfachen Gesellschafter-Gesellschafts-Verhältnis zu mehr Rechtssicherheit, da über früher oft problematische Wertungsfragen nicht mehr zu befinden ist. Dies wird die Arbeit der Gerichte in Zukunft erleichtern und kommt in begrenztem Rahmen sogar dem Gesellschafter zu Gute. Ihm ist *ex ante* klar, dass sein Darlehen bei Insolvenzeintritt auf jeden Fall subordiniert wird. Insofern gewinnt er Planungssicherheit.[306] Diese wird jedoch teuer erkauft, indem es

---

[301] 3. Teil, B. I. 5. b) aa).
[302] 3. Teil, B. I. 1.
[303] 3. Teil, B. I. 2.
[304] 3. Teil, B. I. 3. a).
[305] Unten 3. Teil, B. III.
[306] Ähnlich *Altmeppen,* NJW 2008, 3601, 3607; *Habersack,* ZIP 2008, 2385, 2387.

keinerlei Möglichkeit mehr gibt, sich der gesetzlichen Rückstufung, die zumeist einer vollständigen Entwertung gleich kommt, durch rechtmäßiges Verhalten zu entziehen.

Gar keine Rechtssicherheit besteht heute indes, wenn man den Grundfall verlässt und über die Frage befinden soll, wann die Darlehensaufnahme von Dritten der Gesellschafterfremdfinanzierung gleichzustellen ist.[307] Um einer willkürlichen Risikoumverteilung vorzubeugen, scheint es nötig, von der bisher durch die Rechtsprechung präferierten Verbundformel Abstand zu nehmen und die Anwendbarkeit des neuen Rechts nur sehr restriktiv auf Nichtgesellschafter zu übertragen. Richtigerweise ist sie nur noch in Konstellationen gerechtfertigt, in denen die Position eines verbundenen Unternehmens hinsichtlich der Interessenhybris und des Einflusses auf die darlehensnehmende Gesellschaft vergleichbar ist. Unproblematisch trifft das auf alle mittelbaren Gesellschafter zu, wenn eine Beteiligungskette dergestalt existiert, dass der Darlehensgeber herrschenden Einfluss auf den Gesellschafter der Darlehensnehmerin ausüben kann.

Außerhalb der mittelbaren Beteiligung kommt eine Zurechnung der Gesellschafterstellung nach hier vertretener Ansicht nur in Betracht, soweit der – ggf. mittelbare – Gesellschafter von Darlehensgeber und Darlehensnehmer in der Letzthaftung steht. Dies gilt gleichermaßen für horizontale wie für vertikal aufsteigende Finanzierungen über mehrere Konzernebenen hinweg.

Bis der BGH erstmals über die Ausdehnung der Subordinationsregeln auf verbundene Unternehmen zu befinden haben wird, besteht besonders im Cash-Pooling-Verbund dennoch das Risiko, dass jedes irgendwie geartete Darlehen im Insolvenzfall vom Insolvenzgericht als subordiniert behandelt würde. Cash Pooling wird dadurch erheblich gegenüber anderen Finanzierungsformen benachteiligt, indem auch der normale und ökonomisch sinnvolle Leistungs- und Liquiditätsaustausch im gesunden Konzern nicht gegen die Folgen der gesetzlichen Rückstufung von Forderungen im Insolvenzfall abgeschirmt ist. Dies verstärkt auch nicht unerheblich die Gefahr des oben angesprochenen Dominoeffekts,[308] indem sich das Risiko der Insolvenz vom Konzernunternehmen von der Gesamtgruppe aller Gläubiger zu weiten Teilen auf die Gläubiger innerhalb des Konzerns verlagert.

Es ist bedauerlich, dass der Gesetzgeber es nicht unternommen hat, die insolvenzrechtlichen Folgen des Cash Pooling im Rahmen der Reform zu kodifizieren, da gezeigt werden konnte, dass sich zahlreiche Probleme dadurch stellen, dass einer hochgradig komplexen und speziellen Finanzierungsform mit allgemeinen Vorschriften begegnet wird, die für eine einfache Darlehensvergabe im Zweipersonenverhältnis geschaffen wurden. Erneut wird es so Aufgabe der

---

[307] 3. Teil, B. I. 5.
[308] 1. Teil, A. II. 1. c) dd).

Rechtsprechung sein, aus dem groben Klotz der allgemeinen Regeln durch Spruchpraxis ein differenziertes Regelungssystem für konzerninterne Darlehen zu schlagen.

II. § 135 InsO

Nachdem geklärt wurde, wann eine Subordination von Rückzahlungsansprüchen aus Gesellschafterdarlehen zu erwarten ist, soll untersucht werden, was das neue Recht für den Fall vorsieht, dass im Vorfeld der Insolvenz noch eine Rückzahlung erfolgte. Flankiert wird § 39 Abs. 1 Nr. 5 n. F. InsO hier durch § 135 n. F. InsO. Diese Norm ermöglicht es, Tilgungen auf Gesellschafterdarlehen, die innerhalb eines Jahres vor Stellung des Insolvenzantrages erfolgten, anzufechten, § 135 Abs. 1 Nr. 2 InsO.[309] Frühere Vorschläge, eine dem § 136 Abs. 2 InsO vergleichbare Regelung aufzunehmen,[310] hat der Gesetzgeber nicht umgesetzt, so dass der Zusammenhang zur Insolvenz keine Voraussetzung des § 135 InsO ist. Mangels einer planwidrigen Regelungslücke kann § 136 Abs. 2 InsO auch nicht analog zur Anwendung gelangen.[311] Nachfolgend soll der Anfechtungstatbestand eine eingehende Untersuchung erfahren.

1. Tatbestand des § 135 Abs. 1 InsO

a) Benachteiligung der Insolvenzgläubiger, § 129 InsO

§ 129 InsO ist als Norm vor die Klammer der Insolvenzanfechtungstatbestände gezogen und damit stets auch als Tatbestandsmerkmal zu prüfen. Hiernach ist eine Anfechtung nur dann möglich, wenn die Insolvenzgläubiger durch die anzufechtende Rechtshandlung einen Nachteil erlitten haben. Damit soll ausgeschlossen werden, dass Insolvenzgläubiger durch die Rechtshandlung Vorteile erlangen, die sie andernfalls nicht hätten.[312] Diese Vorschrift war nach früherem Recht in Bezug auf den Abzug von Gesellschafterdarlehen selten problematisch, da charakterisierendes Tatbestandsmerkmal des gesamten Eigenkapitalersatzrechts die Krise der Gesellschaft war. Dass ein Mittelabzug in der Krise regelmäßig die sonstigen Insolvenzgläubiger benachteiligt, braucht nicht erörtert zu werden. Allerdings soll als Benachteiligung jeder objektiv nachteilige Erfolg genü-

---

[309] Zum insofern gleich lautenden Referentenentwurf *Gesmann-Nuissl,* WM 2006, 1756, 1759.

[310] *Haas,* ZInsO 2007, 617, 621 f.; ähnlich *Burg/Poertzgen,* ZInsO 2008, 473, 475 ff.; *Eidenmüller,* in: FS Canaris (2007), 49, 64.

[311] *Dahl/Schmitz,* NZG 2009, 325, 327.

[312] BGH, Urt. v. 26.05.1971 – VIII ZR 61/70 = WM 1971, 908, 909 = BB 1971, 849; BGH, Urt. v. 26.01.1983 – VIII ZR 254/81 = BGHZ 86, 349, 355 = NJW 1983, 1120, 1122; BGH, Urt. v. 26.01.1983 – VIII ZR 257/81 = NJW 1983, 1123, 1124; *Kirchhof,* in: MünchKomm InsO § 129 Rn. 76.

gen.[313] Weder ist Benachteiligungsvorsatz nötig, noch die Bereicherung des Anfechtungsgegners.[314] In der Liquiditätsweggabe liegt regelmäßig eine Verkürzung der Insolvenzmasse, was wiederum die Insolvenzgläubiger objektiv benachteiligt. Da § 129 InsO also einen rein objektiven, nicht aber einen subjektiven, Filter darstellt, wird er auch zukünftig in den Fällen des § 135 InsO unproblematisch erfüllt sein.

b) Tilgung im Vorfeld der Stellung eines Insolvenzantrags

Das Darlehen muss innerhalb eines Jahres vor Stellung des Insolvenzantrags (nicht vor Insolvenzreife!) oder nach Stellung des Antrags getilgt worden sein. Für gestellte Sicherheiten auf Gesellschafterforderungen gilt sogar eine Zehnjahresfrist, § 135 Abs. 1 Nr. 1 InsO.[315]

2. Rechtsfolge, § 143 Abs. 1 InsO

Gemäß § 143 Abs. 1 InsO werden die Tilgungsbeträge nach erfolgter Anfechtung zur Insolvenzmasse zurückgezogen.

3. Auswirkungen auf das Cash Pooling

Nun ist zu untersuchen, welche Auswirkungen die geänderten Anfechtungsregeln für Gesellschafter auf das Cash-Pooling-Verfahren haben.

a) Zeitspanne möglicher rückwirkender Anfechtungen

§ 135 Abs. 1 InsO regelt in den Alternativen 1 und 2 den rückwirkenden Zeitraum, in welchem Handlungen vorgenommen worden sein müssen, um anfechtbar zu sein. Nicht zu verwechseln ist diese rückwirkende Frist mit der Verjährung des Anfechtungsrechts, welche eine in die Zukunft gerichtete Frist darstellt. Fraglich ist zunächst, ob für Leistungen im Rahmen des Cash Pooling die zehnjährige Frist gemäß § 135 Abs. 1 Nr. 1 InsO gilt oder lediglich die einjährige nach § 135 Abs. 1 Nr. 2 InsO. Das hängt davon ab, ob man in dem automatisierten Abzug von Habensalden die Entgegennahme einer Sicherheit oder einer Darlehensrückzahlung sehen möchte. Diese Frage stellte sich theoretisch schon zum alten Recht. Praktisch wurde sie jedoch selten relevant, weil getilgte Eigenkapital er-

---

[313] *Kirchhof,* in: MünchKomm InsO § 129 Rn. 76.
[314] So bereits das RG, Urt. v. 18.11.1910 – 625/09 VII – Dresden = JW 1911, 107 Nr. 44 (108).
[315] Zu sich aus dieser Unterteilung ergebenden Abgrenzungsproblemen vgl. sogleich 3. Teil, B. II. 3. a).

setzende Darlehen früher auch nach den Rechtsprechungsregeln analog § 31 Abs. 5 S. 1 1. Alt. GmbHG zehn Jahre lang zurückgefordert werden konnten, sodass nur auf § 135 InsO zurückgegriffen werden musste, wenn die Unterbilanz hinter dem Wert der Sicherung zurückblieb.[316]

aa) Zehnjährige Rückwirkung der Anfechtung, § 135 Abs. 1 Nr. 1 InsO

Die Annahme, die tägliche Konsolidierung der Pool-Konten stelle eine Entgegennahme von Sicherheiten dar, mag zunächst abwegig erscheinen. Die Vertreter dieser Ansicht[317] stützen sich dabei jedoch auf die besondere Situation des Cash Pooling. Durch den Liquiditätsabzug wird in der Tat nicht zwangsläufig und vor allem nicht automatisch auf eine bestehende Forderung geleistet. Vielmehr wird die Liquidität bei der Finanzierungsgesellschaft belassen, wo sich erst in einem späteren zweiten Schritt ggf. eine Aufrechnung vollzieht.[318] Eine Aufrechnungslage ist wirtschaftlich betrachtet auch eine Sicherheit, was nicht zuletzt die hohe Zahl von Prozessaufrechnungen in der Praxis belegt. Solange also, bis die sich gegenüber stehenden Forderungen durch Aufrechnung erlöschen, dient die von der Untergesellschaft abgezogene Liquidität der Konzernmutter (auch) als Sicherheit für bestehende Forderungen gegen die Untergesellschaft. Die Tragweite dieser Erkenntnis verdeutlicht ein Blick auf § 96 Abs. 1 Nr. 3 InsO: Stimmte man der vorstehenden Ansicht zu, so würden alle Verrechnungen, die im Rahmen des Cash Pooling zehn Jahre vor Eröffnung einer Insolvenz getätigt wurden, auf einer anfechtbar erlangten Aufrechnungslage basieren. Derartige Aufrechnungen sind nach § 96 Abs. 1 Nr. 3 InsO nach Insolvenzeröffnung unzulässig. Die herrschende Meinung will letztgenannte Norm aber analog auch auf Aufrechnungen vor Insolvenzeröffnung anwenden.[319] Die Folge wäre, dass ein Insolvenzverwalter zehn Jahre rückwirkend ab Insolvenzeröffnung sämtliche durch Aufrechnung erloschenen Rückzahlungsansprüche aus an den Pool abgeführter Liquidität zurückfordern könnte. Die Insolvenz einer rege am Liquiditätsaustausch teilnehmenden Tochtergesellschaft dürfte dann selbst für viele große Konzerne das wirtschaftliche Aus bedeuten. Insofern verwundert es nicht, dass die Vertreter dieser

---

[316] *Hamann,* NZI 2008, 667, 668.

[317] *Klinck/Gärtner,* NZI 2008, 457 ff.

[318] *Klinck/Gärtner,* NZI 2008, 457, 459.

[319] BGH, Urt. v. 12.07.2007 – IX ZR 120/04 = BB 2007, 1697 = NJW-RR 2007, 1643 = NZI 2007, 582; BGH, Urt. v. 28.09.2006 – IX ZR 136/05 = BGHZ 169, 158, 161 ff. = NJW 2007, 78 = NZI 2007, 31 m. Anm. *Huber* = KTS 2007, 225 m. Anm. *Jacoby*; BGH, Urt. v. 09.10.2003 – IX ZR 28/03 = NJW-RR 2004, 846 = NZI 2004, 82; *Brandes,* in: MünchKomm InsO § 96 Rn. 37; *Fischer,* WM 2008, 1; *Heublein,* ZIP 2000, 161, 163; *Klinck/Gärtner,* NZI 2008, 457, 459 m.w.N.; vgl. auch die Begr. RegE InsO, BT-Drucks. 12/2443, S. 141; a.A. *Gerhardt* KTS 2004, 195, 199 ff.; *Ries,* ZInsO 2004, 1231, 1234 ff.; *Zenker,* NZI 2006, 16.

Ansicht dem MoMiG vorwerfen, es habe dem Cash Pooling den sprichwörtlichen Todesstoß versetzt.[320]

bb) Einjährige Rückwirkung der Anfechtung, § 135 Abs. 1 Nr. 2 InsO

Die Gegenansicht lehnt eine Qualifizierung der Zahlungsströme als Sicherheitengewährung ab.[321] Vielmehr handele es sich um Leistungen „erfüllungshalber",[322] die nach herrschender Meinung direkten Befriedigungen gleichzustellen sind.[323]

Da die in § 135 Abs. 1 InsO enthaltene Differenzierung innerhalb der §§ 130 ff. InsO einzigartig sei, wird überdies bezweifelt, dass sie einem objektiven Zweck diene.[324] *Hamann* zeigt dazu auf, dass die unterschiedlichen Fristen sich nur historisch erklären lassen und ursprünglich der Tatsache Rechnung zollten, dass ein Darlehensgeschäft wirtschaftlich betrachtet nicht mit der Rückzahlung der Valuta, sondern erst mit der Freigabe der Sicherheiten vollständig abgewickelt ist.[325] In diesem Zusammenhang wird auch darauf hingewiesen, dass die Begründung zum damaligen Gesetzesentwurf – anders als der heutige § 135 Abs. 1 Nr. 1 InsO – nicht von „Gewährung", sondern ausschließlich von „Bestellung" einer Sicherheit spricht,[326] was zumindest ein Indiz dafür wäre, dass sich ursprünglich auf dingliche Sicherheiten bezogen wurde.[327] Deren Rückgabe sollte länger anfechtbar bleiben, damit sich der Gesellschafter nicht zum Nachteil der anderen Gesellschaftsgläubiger hieraus befriedigen konnte.[328]

Diese Erwägung, die den einzigen Grund für die sehr unterschiedlichen Fristen der beiden Alternativen des § 135 Abs. 1 InsO darstellte, habe jedenfalls für die moderne Cash-Pooling-Finanzierung keinerlei Relevanz, weswegen eine historische wie eine teleologische Auslegung gegen die Annahme einer Zehnjahresfrist sprächen.

---

[320] *Klinck/Gärtner,* NZI 2008, 457.

[321] *Hamann,* NZI 2008, 667, 668 f.

[322] *Hamann,* NZI 2008, 667, 668 f.; *Poepping,* BKR 2009, 150, 155 f.; *Spliedt,* ZIP 2009, 149, 151.

[323] *K. Schmidt,* in: Scholz, GmbHG §§ 32a, 32b Rn. 71; *Heidinger,* in: Michalski, GmbHG § 32a, § 32b Rn. 259; *Stodolkowitz/Bergmann,* in: MünchKomm InsO § 135 Rn. 76; *Hamann,* NZI 2008, 667, 668 f.; *Spliedt,* ZIP 2009, 149, 151.

[324] *Hamann,* NZI 2008, 667, 669.

[325] So auch die Gesetzesbegründung, BT-Drucks. 8/1347, S. 41.

[326] BT-Drucks. 8/1347, S. 41 liSp.; S. 40 reSp.

[327] *Hamann,* NZI 2008, 667, 669.

[328] BT-Drucks. 8/1347, S. 41 liSp.

cc) Anwendbarkeit des Bargeschäftsprivilegs, § 142 InsO

Möglicherweise könnte eine Anfechtbarkeit der Abbuchungen auch ganz ausgeschlossen sein, nämlich dann, wenn sie dem Bargeschäftsprivileg des § 142 InsO unterfiele.[329] Nach dieser Vorschrift soll eine Anfechtung im Falle des Erhalts einer gleichwertigen Leistung nur dann möglich sein, wenn die Voraussetzungen des § 133 Abs. 1 InsO vorlägen, also wenn der Schuldner mit dem Vorsatz, andere Gläubiger zu benachteiligen gehandelt habe und der Zahlungsempfänger diesen Vorsatz kannte. Die Annahme einer Anwendbarkeit dieser Ausnahme wäre freilich sehr reizvoll, denn sie würde über § 133 Abs. 1 S. 2 InsO die ansonsten im neuen System des Rechts der Gesellschafterdarlehen fehlende Exkulpationsmöglichkeit der darleihenden Gesellschafter liefern.[330]

Trotzdem erübrigt sich an dieser Stelle eine eingehende Prüfung, denn es ist nicht davon auszugehen, dass § 142 InsO nach heutigem Stand der Rechtsprechung und Lehre Anwendung auf Anfechtungen gemäß § 135 InsO finden dürfte.[331] Zwar ist hierzu nach der Reform noch keine Rechtsprechung ergangen, und auch der MoMiG-Entwurf weist nicht *expressis verbis* auf eine Nichtanwendbarkeit hin. Jedoch sollen Rückzahlungen auf Gesellschafterdarlehen im fraglichen Zeitraum „nach der vorgeschlagenen Regelung stets anfechtbar" sein.[332] Die Gesetzesnovelle sollte dabei vor allem auch der Rechtssicherheit dienen.[333] Deswegen kann eine gesetzgeberische Intention, Ausnahmen zu § 135 InsO zuzulassen, nicht gesehen werden.

dd) Abwägung

Wenigstens aus heutiger Sicht ist nicht davon auszugehen, dass Zahlungen im Cash-Pooling-System dem Bargeschäftsprivileg des § 142 InsO unterfallen. Deswegen ist nur zu entscheiden, ob sich die Anfechtungsmöglichkeit beim Cash Pooling auf innerhalb der letzten zehn Jahre oder nur auf innerhalb eines Jahres vor Stellung des Insolvenzantrags geflossene Zahlungsströme erstreckt. Die erstgenannte Ansicht trägt den tatsächlichen technischen Gegebenheiten des Cash Pooling Rechnung. Ganz nebenbei belegt sie einmal mehr, dass der Gesetzgeber sein erklärtes Ziel, im Rahmen des MoMiG mehr Rechtssicherheit für das Cash Pooling zu schaffen, in weiten Teilen verfehlt hat. Dennoch ist sie abzulehnen.

---

[329] Entsprechende Gedankenspiele, i.E. aber ablehnend *Klinck/Gärtner,* NZI 2008, 457, 460; zu einer Anwendbarkeit tendieren *Willemsen/Rechel,* BB 2009, 2215, 217 f.

[330] Ausführlich zu § 133 InsO unten 3. Teil, B. III.

[331] Im Ergebnis ebenso *Hölzle,* ZIP 2009, 1939, 1947; *Spliedt,* ZIP 2009, 149, 154, der in § 135 InsO eine *lex specialis* gegenüber § 142 InsO sieht; *a.A. Willemsen/Rechel,* BB 2009, 2215, 2218.

[332] Begr. RegE MoMiG, BT-Drucks. 16/6140, S. 57.

[333] Begr. RegE MoMiG, BT-Drucks. 16/6140, S. 42.

Bereits im Rahmen des § 135 a. F. InsO wurden unter „Befriedigung" auch sämtliche Erfüllungssurrogate verstanden.[334] Sofern es also durch den Liquiditätsabzug zu einer Aufrechnungslage kommt, ist nach wie vor diese Alternative des § 135 InsO einschlägig.

Andernfalls müsste man zu dem paradoxen Ergebnis kommen, dass die Dauer der Rückwirkung faktisch zur Disposition der Parteien stünde: Leistete eine Gesellschaft ganz explizit auf eine bestehende Forderung der Konzernmutter oder Finanzierungsgesellschaft, so wäre unstreitig § 135 Abs. 1 Nr. 2 InsO und damit die Jahresfrist einschlägig. Leistete sie im Wissen um eine spätere Verrechnung mit bestehenden oder zukünftigen Forderungen, müsste man von einer Sicherheitengewährung nach § 135 Abs. 1 Nr. 1 InsO und folglich von zehn Jahre rückwirkender Anfechtbarkeit ausgehen. Selbst wenn man unterstellte, dass der Gesetzgeber Leistungen im Rahmen des Cash Pooling nicht als Erfüllungssurrogate verstünde bzw. dieses Problem schlichtweg übersehen habe, wäre die Norm ihrem gewünschten Zweck nach auszulegen. Hierzu führt die Begründung zum MoMiG-Entwurf aus, nur „fragwürdige Auszahlungen an Gesellschafter in einer typischerweise kritischen Zeitspanne [...]" sollten einem „konsequenten Anfechtungsregime" unterworfen werden.[335] Eine Auslegung, die den Sinn und Zweck des § 135 InsO berücksichtigt, kann deswegen nur zu dem Schluss gelangen, dass die Leistungen im Rahmen eines Cash-Pooling-Systems trotz des teilweise anderslautenden Wortlauts von § 135 Abs. 1 Nr. 2 InsO unter diese Alternative zu subsumieren sind. Anfechtbar sind damit nur Handlungen, die im letzten Jahr vor Stellung des Insolvenzantrags vorgenommen worden sind.

b) Kontokorrentproblematik

Die generelle Subordination im Rahmen des Cash Pooling bereitet noch ein weiteres Problem, dem bislang eine eher untergeordnete Bedeutung beigemessen wurde:[336] Auf Grund der täglichen Glattstellung des Kontos einer Tochtergesellschaft können bis zur Erkennbarkeit der Insolvenzgefahr bereits große Beträge transferiert worden sein. Die Tatsache, dass es sich beim Cash Pooling quasi um einen revolvierenden Kredit handelt, verschärft das Risiko. Dies kann folgendes Beispiel illustrieren: Eine Konzerntochter mit einer Kreditlinie zu Lasten des bei der unmittelbaren Muttergesellschaft angesiedelten Cash Pools von 20.000,– €
wirtschafte zunächst gesund und beanspruche zur kurzfristigen Liquiditätsdeckung zehnmal innerhalb eines halben Jahres den Cash Pool in der überschau-

---

[334] G. h. M., *Stodolkowitz/Bergmann*, in: MünchKomm InsO § 135 Rn. 76; *de Bra*, in: Braun, InsO § 135 Rn. 16; *Hirte*, in: Uhlenbruck, InsO § 135 Rn. 38 m.w.N.

[335] Begr. RegE MoMiG, BT-Drucks. 16/6140, S. 61.

[336] Einem Hinweis, den BDI und GDV bereits in ihrer gemeinsamen Stellungnahme zum Referentenentwurf des MoMiG vom 04.10.2006, S. 15 ff., 21 tätigten, wurde im Diskurs kaum Beachtung geschenkt.

baren Höhe von je 10.000,– €. Immer zahle das Unternehmen seine Schulden nach wenigen Tagen zurück. Auf Grund eines unvorhersehbaren externen Ereignisses sehe sich die Gesellschaft nun der Gefahr einer Insolvenz ausgesetzt. Nach Abwägung aller Aspekte des Einzelfalls informiere die Konzernspitze alle Gläubiger und veranlasse eine korrekte und umgehende Insolvenzanmeldung, wie das Gesetz sie vorsieht. In diesem Fall könnte der Insolvenzverwalter die Rückzahlungen aller zehn Inanspruchnahmen des Pools anfechten, sodass der insolventen Gesellschaft nun gemäß § 143 Abs. 1 InsO ein Anspruch in Höhe von 100.000,– € gegen die Muttergesellschaft zustünde. Im Ergebnis hätten die Gesellschafter die Insolvenz des Unternehmens in keiner Weise heraus gezögert und müssten dennoch wirtschaftlich betrachtet auf 100.000,– € haften – damit auf ein Vielfaches dessen, was sie dem Unternehmen in gesunden Zeiten zuzuführen bereit gewesen wären.[337]

Dieses Kontokorrentproblem war schon vor der Gesetzesreform in ähnlichen Konstellationen bekannt,[338] stand allerdings nie zur höchstrichterlichen Entscheidung an. Bisher ergab es sich, wenn trotz Bestehens einer Unterbilanz bei der Tochter weiter Cash Pooling praktiziert wurde. Nach neuem Recht hat sich das Problem jedoch verschärft: Früher war die Unterbilanzsituation prinzipiell jederzeit erkennbar, und die Gesellschaft konnte im Cash-Pooling-Vertrag zu einem entsprechenden Hinweis an die Konzernspitze bzw. die Pool führende Gesellschaft verpflichtet werden, sodass es diesen frei stand, das Risiko einer weiter gehenden Finanzierung einzugehen oder der Schwestergesellschaft in der Unterbilanz die weitere Teilnahme am Cash Pooling zu verwehren.[339] Zukünftig wird diese Erkennbarkeit durch die Schwesterunternehmen nun häufig durch den Wegfall des Merkmals der Krise nicht mehr gegeben sein.

Es ist nicht wahrscheinlich, dass der Gesetzgeber, der das Cash Pooling stärken wollte,[340] eine Haftung in voller Höhe der Einzeldarlehen beabsichtigte.[341] Einer solchen Annahme stünde auch die Wertung des § 129 InsO entgegen, der gerade verhindern soll, dass die Insolvenzgläubiger durch das anfechtbare Ereignis besser gestellt werden als ohne.[342] Immerhin wäre der Lösung zuzugestehen, dass ihr ein stark ausgeprägter Gläubigerschutz innewohnte. Und es ist auch nicht zu beanstanden, grundsätzlich eine Haftungsumverteilung zu Lasten des Konzerns

---

[337] Zu diesem Problem auch *Willemsen/Rechel*, BB 2009, 2215 ff.; *Zahrte*, NZI 2010, 596 ff.

[338] *Hermanns*, BB 1994, 2363; explizit bezogen auf das Cash Pooling *Vetter/Stadler*, Cash Pooling Rn. 56 ff.

[339] Auf die Notwendigkeit eines Ausschlusses aus dem Cash-Pooling-System bei Bekanntwerden der Krise verweisen sehr nachdrücklich *Vetter/Stadler*, Cash Pooling, Rn. 61.

[340] Begr. RegE MoMiG, BT-Drucks. 16/6140, S. 40 f.

[341] Diese Einschätzung teilen *Willemsen/Rechel*, BB 2009, 2215 ff.

[342] Vgl. oben 3. Teil, B. II. 1. a).

durchzuführen. Allerdings wird hier das allgemeine Lebensrisiko eines unvorhersehbaren Ereignisses, das normalerweise alle Gläubiger eines Unternehmens gleichermaßen trifft, fast gänzlich auf konzerninterne Gläubiger verlagert, ohne dass hierfür eine sinnvolle Begründung erkennbar wäre. Grundsätzlich eröffnen sich mehrere Möglichkeiten einer Ergebniskorrektur:

aa) Anwendbarkeit des Bargeschäftsprivilegs, § 142 InsO

Das Problem stellte sich nicht, wenn man entgegen der hier vertretenen Ansicht mit einer Mindermeinung in Cash-Pooling-Konstellationen das Bargeschäftsprivileg des § 142 InsO auch im Bereich des § 135 InsO anwenden wollte.[343] Aus den bereits dargelegten Gründen[344] ist jedoch nicht von einer Anwendbarkeit auszugehen: Zum Einen liefern die Gesetzesmaterialien keinerlei Anhaltspunkte hierfür, zum Anderen würde die festgestellte Unausgewogenheit der Haftungsfolgen dann sogleich zur anderen Seite ausschlagen, indem plötzlich auch solche Gesellschafterdarlehen insolvenzfest zurückgezahlt werden könnten, die im (früher so bezeichneten) Krisenstadium geleistet worden sind. Der Schutz externer Gläubiger würde auf diese Weise extrem weit zurückgedrängt, ohne dass es in diesem Ausmaß eine nachvollziehbare Begründung dafür gäbe.

bb) Anspruch in Höhe der Durchschnittssalden

In einer ähnlichen Konstellation hatte der BGH bei einer Vielzahl von gestundeten, schlussendlich aber stets beglichenen Kaufpreisforderungen darüber zu befinden, ob diese dem Kapitalersatz zu unterstehen hätten und wenn ja in welcher Höhe.[345] Er entschied, eine Anfechtbarkeit in Höhe der durchschnittlichen Inanspruchnahme anzunehmen. Das Urteil lässt sich aber deswegen nicht auf die hier zu entscheidende Frage übertragen, weil der BGH damals davon ausging, die einzelnen Stundungen unterfielen als Überbrückungskredite nicht dem Eigenkapitalersatz, nur in ihrer Gesamtheit sei von einem derartigen Kredit auszugehen. Insofern mag der Ansatz eines Durchschnittswertes dort gerechtfertigt gewesen sein. Nach neuem Recht unterliegt aber eine jede abwärts gerichtete Darlehensausreichung im Cash Pool für sich genommen dem Nachrang bzw. bei Rückzahlung einer Anfechtbarkeit. Hier nur einen Durchschnittssaldo zuzulassen, würde die Gläubiger schlechter stellen, als der Gesetzeswortlaut vorsieht, ja oftmals sogar

---

[343] So *Willemsen/Rechel,* BB 2009, 2215, 2217 f.

[344] Vgl. oben 3. Teil, B. II. 3. a) cc).

[345] BGH, Urt. v. 28.11.1994 – II ZR 77/93 = NJW 1995, 457 = GmbHR 1995, 35, 36 = DStR 1995, 188 m. Anm. *Goette* = ZIP 1995, 23 m. Anm. *Altmeppen* = EWiR 1995, 367 m. Anm. *Fleck* = WuB II C § 32a GmbHG 3.95 m. Anm. *W. Groß; Heidinger,* in: Michalski, GmbHG §§ 32a, 32b Rn. 84.

schlechter, als sie bei einer einzigen anfechtbaren Inanspruchnahme gestanden hätten. Deswegen hilft die genannte BGH-Rechtsprechung hier nicht weiter.[346]

cc) Teleologische Reduktion der §§ 39 Abs. 1 Nr 5, 135 InsO

Weiter wäre eine teleologische Reduktion des § 39 Abs. 1 Nr. 5 n. F. i. V. m. § 135 n. F. InsO dahingehend denkbar, dass bei entsprechendem Beweis durch den Gesellschafter nur diejenigen Darlehensrückzahlungen anfechtbar würden, die nach dem Zeitpunkt des Erkennenkönnens des Umstandes erfolgten, der zum Zusammenbruch des Unternehmens führte. Das genannte Problem wäre zwar nicht gänzlich beseitigt, da dieser Ansatz letztlich einer Rückkehr zum alten Recht nahe käme. Wertungsmäßig wäre diese Lösung dennoch „sauber" und führte zu „gerechten" Ergebnissen. Allerdings hat der Gesetzgeber das Merkmal der Krise ganz bewusst aus dem Tatbestand der §§ 39 Abs. 1 Nr. 5, 135 InsO heraus genommen.[347] Eine teleologische Reduktion würde – selbst wenn man den Gesellschafter in die Beweispflicht nähme – dem Gesetzgeberwillen zuwider laufen, eine Verteilung in der Insolvenz zügig und ohne umfangreiche Tatbestandsfeststellungen vollziehen zu können. Deswegen ist diese Lösung abzulehnen.

dd) Annahme eines einzigen revolvierenden Darlehens

Im obigen Beispiel könnte man sich auf den Standpunkt stellen, durch die zwischenzeitliche Rückzahlung der Darlehensvaluta sei das Darlehen zwar erloschen, bei Wiederinanspruchnahme aber nicht ein neues Darlehen entstanden, sondern das frühere wieder aufgeflammt. Es wäre also möglich, von nur einem einzigen Darlehen auszugehen. Eine Anfechtung sämtlicher Tilgungen führte dann lediglich dazu, dass einmalig ein Betrag in Höhe der Darlehensvaluta zurückerstattet werden müsste.[348] Das Problem dieser Lösung ist, dass sie eine geringe Praxistauglichkeit aufweisen würde. Typisch für das Cash Pooling ist gerade, dass die einzelnen Zahlungsströme unregelmäßig und der Höhe nach völlig unterschiedlich fließen. Damit wäre es bereits kaum feststellbar, wann ein bestehender, getilgter Kredit neu aufflammte und wann darüber hinaus ein weiteres Darlehen gewährt würde. Abgesehen davon weist der Cash Pool zwar große Parallelen zu einem Bankkontokorrent auf, ist aber deswegen nicht mit diesem identisch. Während das typische Kontokorrent lediglich der kurzfristigen Liquiditätsüberbrückung dient, erfolgen über den Cash Pool häufig auch Finanzierungen

---

[346] Ebenso zum früheren Recht, *Vetter/Stadler,* Cash Pooling, Rn. 59, dort Fn. 1.
[347] Vgl. oben 3. Teil, B. I. 1. c).
[348] Ähnlich *Lutter/Hommelhoff,* GmbHG, 16. Aufl., §§ 32 a/b Rn. 106 und *Vetter/Stadler,* Cash Pooling Rn. 59 f.

von Anlagevermögen und sonstigen langfristigen Investitionsgütern. Selbst wenn ein aus diesem Grund in Anspruch genommenes Darlehen relativ zeitnah aus dem Cash Flow zurückgezahlt werden kann, ist deswegen nicht von Wesensgleichheit oder gar Identität mit einem neuen Kredit, der etwa zur Begleichung von Lieferantenforderungen dient, auszugehen. Stattdessen sind diese zwei Kredite richtigerweise als völlig autonome Vorgänge zu sehen. Schon aus diesem Grund würde es die Realität des Cash Pooling ignorieren, von einem einzigen revolvierenden Kredit auszugehen.

Nähme man mit dieser zum alten Recht vertretenen Auffassung eine Anfechtbarkeit nur in Höhe der höchsten tatsächlichen Kreditinanspruchnahme an,[349] so bliebe der Gläubigerschutz auch weit hinter dem Wortlaut der §§ 39 Abs. 1 Nr. 5 n. F. InsO, 135 n. F. InsO zurück. Würden nämlich etwa nur zwei Darlehen außerhalb eines Cash-Pooling-Systems gewährt, deren Valuten zu völlig unterschiedlichen Zwecken eingesetzt und schließlich zurückgezahlt worden wären, so käme auch niemand auf die Idee, eine Anfechtbarkeit nur des höheren Betrages zuzulassen. Stattdessen würden die Darlehensvaluten unproblematisch addiert. Insofern wäre der Gläubiger mit steigender Zahl von Liquiditätsverschiebungen bei Vorliegen eines Cash Pools benachteiligt.[350] Mehrfach wurde darauf hingewiesen, dass ein Sonderrecht des Cash Pooling weder existiert[351] noch vom Gesetzgeber oder der Rechtsprechung gewünscht ist. Deswegen kommt diese Lösung nicht in Betracht.

ee) Limitierung in Höhe der Kreditlinie

Eine letzte Möglichkeit könnte sich am Prinzip von Treu und Glauben orientieren und nach Anfechtung aller Rückzahlungen einen verbleibenden Anspruch maximal in Höhe der (tatsächlichen) Kreditlinie auf dem Pool-Konto zulassen, also in Höhe dessen, was der Gesellschafter der Gesellschaft faktisch zur Verfügung zu stellen bereit gewesen wäre.[352] Dies wird sich häufig mit der im Cash-Pooling-Vertrag vereinbarten Kreditlinie decken, kann aber auch darüber liegen, wenn die Obergesellschaft eine Überziehung der Kreditlinie toleriert oder gar ge-

---

[349] So, allerdings ohne Begründung, *Lutter/Hommelhoff,* GmbHG, 16. Aufl., §§ 32a/b Rn. 106; vgl. auch *Hermanns,* BB 1994, 2363, 2366, bezogen auf eine Gesellschafterbürgschaft für Kontokorrentverbindlichkeiten.

[350] Dies verkennen *Vetter/Stadler,* Cash Pooling, Rn. 60.

[351] BGH, Urt. v. 16.01.2006 – II ZR 76/04 („Cash-Pool I") = BGHZ 166, 8 = DB 2006, 772 = WM 2006, 723 = ZIP 2006, 665 = BB 2006, 847 m. Anm. *Flitsch/Schellenberger* = DStR 2006, 764 m. Anm. *Goette* = GmbHR 2006, 477 m. Anm. *Langner* = AG 2006, 333 = NZG 2006, 344 = BKR 2006, 208 m. Anm. *Werner* = NJW 2006, 1736 = DZWiR 2006, 248 m. Anm. *Stein.*

[352] *Zahrte,* NZI 2010, 596, 598; *a. A. Rittscher,* Cash Management-Systeme in der Insolvenz, S. 141.

fördert hat. Der Vorteil dieser Lösung wäre, dass sich ein Nachrang der Gesellschafterdarlehen ergäbe, der summenmäßig dem entspräche, was die Obergesellschaft bereit wäre, der Tochter zur Verfügung zu stellen. Damit wäre das Risiko der Gesellschafterfremdfinanzierung von vornherein überschaubar. Dieser Ansatz würde auch externe Gläubiger nicht unangemessen benachteiligen, da er nur dazu führte, ihnen keine Vorteile dadurch einzuräumen, dass das Kapital, welches der Gesellschafter maximal mit Rangrücktritt zu leihen bereit wäre, ohne erkennbaren Grund vervielfacht würde.

Schließlich wäre auch dem Grundgedanken des MoMiG Rechnung getragen, indem das Cash Pooling nicht über das Maß behindert, gleichwohl aber ein akzeptabler Gläubigerschutz gewährleistet wäre.

ff) Zwischenergebnis zum Problem der multiplen Anfechtbarkeit

Die schon früher bekannte Kontokorrentproblematik wird durch das neue Recht verschärft.[353] Konnte man zuvor noch annehmen, eine Haftung in voller Höhe aller transferierten Einzelbeträge sei vor dem Hintergrund eines effektiven Gläubigerschutzes akzeptabel, so führt der Wegfall des Merkmals der Krise hier zu gänzlich unbilligen Ergebnissen. Unter Abwägung aller besprochenen Aspekte ist es sachgerecht, durchaus Anfechtungen aller einzelnen Inanspruchnahmen zuzulassen, den Gesamtanfechtungsbetrag jedoch in Höhe der Kreditlinie auf dem Cash Pool zu limitieren. Diese Lösung trägt einerseits dem Willen des Gesetzgebers nach Vereinfachung und Rechtssicherheit sowie der Stärkung des Gläubigerschutzes bei, begrenzt andererseits aber das Risiko der Kredit gewährenden Gesellschafter auf das von ihnen selbst gewählte Maß.

An dieser Stelle sei jedoch in Erinnerung gerufen, dass es ein Konzern selbst in der Hand hat, das beschriebene Haftungsrisiko durch Ausgliederung des Cash Pools zu minimieren. Sofern nämlich der Pool Schwestergesellschaft zu den anderen Konzerntöchtern ist, kommt nach der hier vertretenen Ansicht eine Subordination und damit auch eine Anfechtbarkeit erfolgter Rückzahlungen nur in Ausnahmefällen in Betracht.[354]

c) Zwischenergebnis

Entgegen einer Einzelmeinung im Schrifttum sind auch beim Cash Pooling nur solche Darlehensrückzahlungen anfechtbar, die innerhalb eines Jahres vor Stellung des Insolvenzantrags oder nach Antragstellung erfolgten. Die Beträge fallen sodann zurück an die Insolvenzmasse, wo sie gemäß § 39 Abs. 1 Nr. 5 InsO zu-

---

[353] So bereits *Zahrte,* NZI 2010, 596, 598.
[354] Vgl. 3. Teil, B. I. 5. d) bb); *a. A. Willemsen/Rechel,* BB 2009, 2215, 2220.

rückgestuft werden und somit vorrangig externen Gesellschaftsgläubigern als Haftungsmasse dienen.

Trotzdem führt der Wegfall der Krise als geschriebenes Tatbestandsmerkmal zu einem hohen Haftungsrisiko. Dieses ergibt sich aus der schon früher bekannten Kontokorrentproblematik. Wenn die Pool führende Muttergesellschaft die Insolvenznähe ihrer Tochter nicht rechtzeitig bemerken kann und sie weiterhin mit Liquidität versorgt, so kann dies dem Gesetzeswortlaut nach dazu führen, dass sie am Ende weit umfangreicher haftet als in Höhe der durchschnittlichen Liquiditätsabgabe.

4. Ergebnis der Untersuchung des neuen § 135 Abs. 1 InsO

Der Wegfall der Rechtsprechungsregeln des früheren Eigenkapitalersatzrechts wird dazu führen, dass der schon früher existiert habende § 135 InsO in seiner neuen Fassung einen erheblichen Bedeutungszuwachs erlangen wird. Immer wenn ein Darlehensrückzahlungsanspruch nach den oben entwickelten Kriterien gemäß § 39 Abs. 1 Nr. 5 InsO der Subordination unterfallen war und sodann mangels Verstrickung zurückgezahlt werden konnte, ist diese Rückzahlung gemäß § 135 Abs. 1 InsO der Anfechtung zugänglich, und die Darlehensvaluta wird gemäß § 143 InsO zur Insolvenzmasse zurückgezogen. Diese Konsequenz streitet noch einmal für die oben geforderte restriktive Anwendung der Subordinationsregeln auf Dritte.

Vergleicht man § 135 n. F. InsO mit dem den Gläubigern früher zur Verfügung gestanden habenden § 31 Abs. 5 GmbHG analog, so ist ersichtlich, dass sich auch die Situation der Gesellschaftsgläubiger nach neuem Recht insgesamt verschlechtert darstellt.[355] Zwar können sie heute im Fall der Insolvenz durch ein plötzlich auftretendes Ereignis auch Rückzahlungen anfechten, die früher mangels Umqualifizierung der Leistung nicht anfechtbar gewesen wären. In den allermeisten Fällen wird das aber nicht zum Tragen kommen, da der Unternehmensinsolvenz regelmäßig eine Krise der Gesellschaft vorausgehen wird. Diese kann sich oftmals lange hinziehen, weswegen den Gesellschaftsgläubigern früher in analoger Anwendung des § 31 GmbHG ein Rückforderungsanspruch zustand, der sich bis zu zehn Jahre in die Vergangenheit erstrecken konnte. Substituiert wird er nun durch ein Anfechtungsrecht mit einjähriger Rückwirkung ab Stellung des Insolvenzantrags. Diese Situation ist damit für Gläubiger wie Gesellschafter gleichermaßen unbefriedigend, da keiner von ihnen die Möglichkeit hat, die starre zeitliche Grenze, welche selten mit der Realität des Krisenzeitraums deckungsgleich sein wird, durch rechtmäßiges Verhalten zu seinen Gunsten zu verschieben. Es gilt damit ein Alles-oder-Nichts-Prinzip angelehnt an einen starren, relativ willkürlich festgelegten Zeitpunkt. Insofern ist zu befürchten, dass

---

[355] So auch *Hueck/Fastrich,* in: Baumbach/Hueck, GmbHG § 30 Rn. 9.

Gesellschafter-Gläubiger in der Praxis alles daran setzen werden, die Stellung des Insolvenzantrags derart hinauszuzögern, dass ihr eigener Fremdmittelabzug vor den Stichtag fallen wird.[356]

III. § 133 InsO

Eine zeitlich weiter ausgedehnte Anfechtungsmöglichkeit bietet § 133 InsO für die Fälle der vorsätzlichen Gläubigerbenachteiligung. Abs. 1 der Norm erlaubt die Anfechtung von Rechtshandlungen, die der Schuldner in den letzten zehn Jahren vor dem Antrag auf Eröffnung des Insolvenzverfahrens mit dem Vorsatz unternommen hat, seine Gläubiger zu benachteiligen, wenn der andere Teil zur Zeit der Handlung den Vorsatz des Schuldners kannte. Die herrschende Meinung sieht diese Norm nicht im Wege einer *lex specialis* durch § 135 InsO verdrängt.[357] Für eine Anfechtbarkeit nach dieser Vorschrift wird es beim Cash Pooling aber oftmals am beweisbaren Benachteiligungsvorsatz des Zahlenden bzw. beim Zahlungsempfänger an der beweisbaren Kenntnis desselben mangeln.

Beides wird dagegen von Abs. 2 (Anfechtbarkeit für Geschäfte bis zu zwei Jahren vor Stellung des Insolvenzantrags) vermutet, sodass ein vom Schuldner mit einer nahestehenden Person (§ 138 InsO) geschlossener entgeltlicher Vertrag anfechtbar ist, wenn durch ihn die Insolvenzgläubiger unmittelbar benachteiligt werden. Herrschende Unternehmen zählen zu den in § 138 InsO genannten nahestehenden Personen (Abs. 2 Nr. 1), und Erfüllungsgeschäfte können als entgeltliche Verträge qualifiziert werden, deren Entgelt in der Befreiung von der Schuld liegt.[358] Relevant dürfte in der Praxis des Cash Pooling deswegen vor allem die Frage sein, wann eine *unmittelbare* Gläubigerbenachteiligung vorliegt. Das ist wenigstens dann der Fall, wenn der Rückzahlungsanspruch des Gesellschafters zum Tilgungszeitpunkt nicht mehr vollwertig war.[359]

In Fällen vorsätzlicher Gläubigerbenachteiligung ist damit auch nach neuem Recht eine Anfechtbarkeit von schädigenden Rechtshandlungen möglich, die

---

[356] Ebenso *Gundlach/Frenzel/Strandmann*, NZI 2008, 647, 653; ausführlich dazu unten 3. Teil, B. V. 2.

[357] BGH, Urt. v. 02.12.2006 – IX ZR 82/02 = BGH, ZInsO 2006, 371, 374; *Kirchhof*, in: MünchKomm InsO Vor § 129 Rn. 94; *Hirte*, in: Uhlenbruck, InsO § 129 Rn. 90; *Bormann*, DB 2006, 2616, 2617 f.; *Dahl/Schmitz*, NZG 2009, 325, 327; *Eidenmüller*, in: FS Canaris (2007), 49, 66; *Gehrlein*, BB 2008, 846, 853; *Hirte*, ZInsO 2008, 689, 696; a.A. *Bayer/Graff*, DStR 2006, 1654, 1657 f.; *Weitnauer*, BKR 2009, 18, 20, die § 135 InsO als *lex specialis* gegenüber § 133 Abs. 2 InsO betrachten.

[358] RG, Urt. v. 09.11.1905 – VI 49/05 = RGZ 62, 38, 43 ff.; RG, Urt. v. 11.03.1902 – VII 13/02 = RGZ 51, 76; BGH, Urt. v. 15.02.1990 – IX ZR 149/88 = BGH, NJW 1990, 2687, 2688; *Bayer/Graff*, DStR 2006, 1654, 1657; *Desch*, in: Bunnemann/Zirngibl, § 8 Rn. 57.

[359] *Bormann*, DB 2006, 2616, 2617 f.; *Gehrlein*, BB 2008, 846, 853; *Desch*, in: Bunnemann/Zirngibl, § 8 Rn. 58.

weiter als ein Jahr ab Stellung des Insolvenzantrags für eine Gesellschaft zurückliegen.[360] Der früher faktisch zehn Jahre rückwirkende Gläubigerschutz wird jedoch auch durch § 133 InsO nur in den äußerst seltenen Fällen erreicht, in denen ein gemäß § 133 Abs. 1 InsO nachweisbar kollusives Verhalten vorliegt.

IV. § 6 AnfG

Für den Fall, dass die Eröffnung eines Insolvenzverfahrens gemäß § 26 InsO mangels Masse abgelehnt wird, berechtigt § 6 AnfG in seiner neuen Form auch den Gläubiger der Gesellschaft zur Anfechtung von Rückzahlungen auf Darlehen, die gemäß § 39 Abs. 1 Nr. 5 InsO zu subordinieren gewesen wären.[361] Der Wortlaut des § 6 AnfG ist § 135 InsO nachempfunden, sodass nach oben verwiesen wird.[362]

V. Ökonomische Bewertung der Reform des Rechts der Gesellschafterdarlehen

An dieser Stelle soll untersucht werden, ob die Einführung der generellen Subordination absteigender Gesellschafterdarlehen (rechts-)ökonomisch sinnvoll war. Aus Sicht der externen Gläubiger wäre sie dies, wenn nach dem neuen Recht geringere Anreize für opportunistisches Verhalten der Gesellschafter bestünden, aus Konzernsicht wäre die Verbilligung der internen Finanzierung ein ökonomischer Vorteil.

1. Anreiz zur Risikosteigerung in der Krise

Früher wurde ausgeführt, dass etwa bei stehen gelassenem Gesellschafterfremdkapital zwar einerseits die Risikobereitschaft des Gesellschafters gegenüber anderen Gläubigern erhöht würde, diesem Effekt aber die Gefahr entgegenwirkte, zum eingesetzten Eigenkapital nun womöglich auch noch das Fremdkapital zu verlieren.[363] Der Gesellschafter wurde somit „mit ins Boot" der Gläubiger geholt.

Die Tatsache, dass seine Forderungen neuerdings grundsätzlich nachrangig befriedigt werden, dürfte dagegen seine Risikobereitschaft im Krisenfall stärken.[364] In der Gesellschaftsinsolvenz wäre in aller Regel jedwedes eingesetztes Kapital des Gesellschafters als wirtschaftlich verloren anzusehen. Der Gesellschafter

---

[360] *Spliedt,* ZIP 2009, 149, 154 *Poepping,* BKR 2009, 150, 155.

[361] Dazu *Hueck/Fastrich,* in: Baumbach/Hueck, GmbHG Anh. § 30 Rn. 16; *Desch,* in: Bunnemann/Zirngibl, § 8 Rn. 65; *Poepping,* BKR 2009, 150, 156.

[362] 3. Teil, B. II.

[363] *Engert,* ZGR 2004, 813, 832; vgl. auch die Ausführungen im 3. Teil, A. III. 3. d).

[364] Zu diesem Ergebnis gelangen auch *Roth,* GmbHR 2008, 1184, 1186 f.; *Pentz,* in: Gesellschaftsrecht in der Diskussion (2007), 115, 137.

würde deswegen durch nichts motiviert, auf eine Erhaltung einer angemessenen Insolvenzquote hinzuarbeiten. Stattdessen könnte es aus seiner Sicht sinnvoll erscheinen, objektiv nicht mehr zu vertretende Risiken einzugehen, um eigene Verluste unter Umständen doch noch zu begrenzen („Alles oder nichts").[365] Derartige Maßnahmen würden dann zu Lasten der externen Gläubiger erfolgen. Anschaulich illustriert dies *Jackson,* wenn er schreibt:

> *When a firm is insolvent and has $ 100,000 in debts and only $ 80,000 in assets, it is unlikely that it would be in the interest of the creditors to have that $ 80,000 placed on number 20 at the roulette wheel in Atlantic City, but it clearly would be in the interest of the shareholders to do so.*[366]

Dieser Effekt wird von denjenigen Autoren übersehen, die davon ausgehen, ein Nachrang von Gesellschafterdarlehen führe in der Krise zu verstärkter Vorsicht der Gesellschafter, die ihren Verlust durch frühzeitige Stellung des Insolvenzantrags zu begrenzen suchten. Nach dieser Ansicht ergäbe sich ein Filtereffekt, der nur wirklich sinnvolle Sanierungsversuche zuließe.[367] Zwar könnte man überlegen, ob sich der genannte Filtereffekt durch die Gesetzesänderung einfach in ein früheres Stadium verlagert habe. Der Gesellschafter, der sich nun immer der Subordination ausgesetzt sieht, würde dann von vornherein eine geringere Bereitschaft zur Darlehensvergabe an seine Gesellschaft zeigen, dies insbesondere, wenn sein erhöhtes Ausfallrisiko nicht mit einem angemessenen Risikozins vergütet würde. Selbst wenn eine solche Vorverlagerung aber tatsächlich stattfände, so würde sie nach Abschaffung des Merkmals der Unternehmenskrise grundsätzlich alle Fremdkapitalzuführungen durch Gesellschafter betreffen, also auch diejenigen, die der Gesellschaft und damit ebenfalls deren Gläubigern Nutzen brächten. Eine generelle Eindämmung der Bereitschaft von Gesellschaftern, ihrer Gesellschaft Kredite zuzuführen, ist aber kontraproduktiv, wenn man sich vergegenwärtigt, dass die Gesellschaft stattdessen Bankdarlehen in Anspruch nehmen müsste, die in der Regel höher zu verzinsen und zudem zu besichern wären.

2. Anreiz zur Hinauszögerung der Insolvenz

Der einer abhängigen Gesellschaft früher zustehende Rückgewähranspruch analog § 31 Abs. 5 GmbHG verjährte nach zehn Jahren. An seine Stelle tritt nun – sofern kein den Tatbestand des § 133 InsO begründendes Verhalten erkennbar ist – nur die Anfechtungsmöglichkeit nach § 135 Abs. 1 n. F. InsO oder § 6 n. F.

---

[365] Ausführlich zu diesem Effekt *Fischer,* ZIP 2004, 1477, 1482; *Kleindiek,* ZGR 2006, 335, 338; *Schön,* ZHR 168 (2004), 268, 288 f.; *Spindler,* JZ 2006, 839, 840; *Veil,* ZGR 2006, 374, 393; *Vetter,* ZGR 2005, 788, 800 f.; *Eidenmüller,* in: FS Canaris (2007), Bd. II, 49, 55; *Eidenmüller/Engert,* GmbHR 2005, 433, 435; *Eidenmüller,* Unternehmenssanierung zwischen Markt und Gesetz (1999), S. 205.

[366] *Jackson,* The Logic and Limits of Bankruptcy Law (1986), S. 205.

[367] So etwa *Dauner-Lieb,* DStR 1998, 1517, 1523.

AnfG, welche sich auf Darlehensrückzahlungen innerhalb eines Jahres vor Stellung des Insolvenzantrags beschränkt. Diese Änderung taugt dazu, den Gesellschafter zu einem die Gläubiger benachteiligenden Verhalten zu motivieren. Hat er etwa einen früher gewährten Kredit zurückerhalten, besteht nach heutigem Recht ein nachvollziehbarer Anreiz, die Gesellschaft durch die Ausstattung mit kleineren neuen Krediten über die Jahresfrist des § 135 InsO hinweg am Leben zu erhalten, um die Rückzahlungssumme behalten zu können. Diese Kredite werden hinsichtlich ihrer Höhe und Ausgestaltung so beschaffen sein, dass sie nur der Begrenzung des Gesellschafterverlusts dienen. In Ermangelung einer dem Sanierungsprivileg entsprechenden Regelung für zum Zwecke der Sanierung zugeführtes Fremdkapital besteht für ernsthafte Sanierungsbemühungen durch Kredite dagegen kein Anreiz. Wirtschaftlich gesehen wird der Gesellschafter in dieser Konstellation also zur Hinauszögerung der Insolvenz ermutigt.[368] Oft wird dies den Geschäftsführern in einem Rahmen möglich sein, der noch nicht oder nicht nachweisbar den Tatbestand der Insolvenzverschleppung erfüllt, sodass eine Haftung für hieraus entstehende Nachteile der Gläubiger entfiele. Die externen Gläubiger hätten sodann das Nachsehen.

3. Verteuerung der Fremdkapitalaufnahme

Es ist auch mit einem Effizienzverlust des Cash Pooling zu rechnen, weil zu erwarten ist, dass die oben beschriebenen externen Zinsvorteile dieses Verfahrens[369] zukünftig geringer ausfallen werden als in der Vergangenheit. Den Grund dafür legt der Metamorphoseneffekt[370] in neuer Gestalt: Nimmt nur die Konzernobergesellschaft Fremdmittel auf, um sie dann über die Pool führende Gesellschaft im Konzern zu verteilen, so begründet bereits die Weitergabe an letztere (sofern der Pool bei der Obergesellschaft angesiedelt ist, spätestens die Verteilung) den Rangrücktritt. Die Kredit gewährende Bank wird sich selbstverständlich vor der Valutierung eines Darlehens informieren, wozu die gewährten Mittel verwendet werden. Erfährt sie dabei, dass eine Weitergabe durch die Konzernspitze geplant ist, so wird sie bei ihrer Zinsgestaltung berücksichtigen, dass sie das Risiko eingeht, in eine einem nachrangigen Gläubiger vergleichbare Position einzutreten,[371] weil sich das Fremdkapital wirtschaftlich betrachtet durch die Weitergabe in Mezzaninekapital „verwandelt". Dieses erhöhte Wagnis, welches eingepreist wird, könnte aus Sicht des liquiditätsbedürftigen Konzerns bedeuten, dass er im Extremfall in Zukunft bei direkter Kreditaufnahme durch die Tochter-

---

[368] Ebenso *Hueck/Fastrich,* in: Baumbach/Hueck, GmbHG § 30 Rn. 8; *Wicke,* GmbHG § 30 Rn. 22; *Bayer/Graff,* DStR 2006, 1654, 1657; *Gehrlein,* BB 2008, 846, 852; *Gundlach/Frenzel/Strandmann,* NZI 2008, 647, 652; *Hölzle,* GmbHR 2007, 729, 733; *Poepping,* BKR 2009, 150, 156; *Roth,* GmbHR 2008, 1184, 1186.

[369] Oben 1. Teil, B. I. 1. c).

[370] Oben 1. Teil, A. II. 1. c) bb).

[371] *Burg/Poertzgen,* ZInsO 2008, 473, 476; *Roth,* GmbHR 2008, 1184, 1187.

gesellschaften günstiger Fremdmittel beschaffen können wird als bei zentraler Aufnahme. Hierbei ist allerdings zu beachten, dass das Kreditinstitut in der Regel auf Besicherung durch die Obergesellschaft bestehen wird.[372] Wird nun eine entsprechende Sicherheit durch die Konzernspitze gestellt, so konnte das Kreditinstitut im Insolvenzfall bisher Befriedigung aus der Insolvenzmasse verlangen und hinsichtlich seines Ausfalls die gestellten Sicherheiten der Obergesellschaft in Anspruch nehmen. Eine vorrangige Befriedigung durch Verwertung der gestellten Sicherheiten war nur dann geboten, wenn diese in der Krise gewährt oder stehen gelassen worden waren. Dies ändert sich mit § 44a n.F. InsO grundlegend: Das Kreditinstitut muss künftig immer zuerst die gestellten Sicherheiten der Obergesellschaft zu seiner Befriedigung verwerten. Nur sofern dann noch offene Forderungen verbleiben, ist ein Zugriff auf die Insolvenzmasse erlaubt.

Für die Konzernspitze bedeutet das auch, dass bei Besicherung von Rückzahlungsansprüchen für ein Darlehen, welches ein Kreditinstitut einer Tochtergesellschaft gewährt, im Insolvenzfall stets mit vollumfänglicher Inanspruchnahme zu rechnen ist. Zwar verbliebe der Obergesellschaft theoretisch ein Rückgriff gegen ihr insolventes Tochterunternehmen, jedoch wird dieser Regressanspruch gemäß § 39 Abs. 1 Nr. 5 n.F. InsO subordiniert. Das heute wesentlich höhere Risiko einer vollumfänglichen Inanspruchnahme wird viele Obergesellschaften von der Besicherung der Drittmittelaufnahme ihrer Töchter abschrecken. Wiederum wird es teilweise möglich sein, sich von diesem Risiko gegen einen Zinsaufschlag freizukaufen. Insgesamt zeigt sich aber, dass sich auch eine direkte Kreditaufnahme durch Konzerntochterunternehmen in Zukunft verteuern dürfte, was sie als Alternative zur zentralen Aufnahme kaum attraktiv erscheinen lässt.[373]

Sobald also eine Konzerngesellschaft Fremdmittel, die sie von einem Kreditinstitut erhält, im Konzern zu disponieren plant, wird sich also zukünftig die Aufnahme mit an Sicherheit grenzender Wahrscheinlichkeit verteuern. Dieser Effekt mag einen bonitätsmäßig einwandfreien Konzern nur schwach oder gar nicht treffen. Je schlechter es jedoch wirtschaftlich um die Unternehmensgruppe bestellt ist, d.h. je dringender weitere Liquidität benötigt wird, desto höher wird der zusätzliche Risikoaufschlag der Kreditinstitute ausfallen.

4. Ergebnis der ökonomischen Analyse der Reform

Es zeigt sich damit, dass nach dem MoMiG nicht nur neue rechtliche Probleme des Cash Pooling auftreten, sondern auch von einem Verlust der ökonomischen Attraktivität auszugehen ist, soweit die zu disponierende Liquidität nicht aus dem eigenen Cash Flow bzw. durch Aufnahme zusätzlicher Gesellschafter erwirtschaftet wurde.

---

[372] *Burg/Poertzgen*, ZInsO 2008, 473, 476.
[373] Ebenso *Burg/Poertzgen*, ZInsO 2008, 473, 476.

Indem es die Reform versäumt hat, an einzelne Verhaltensweisen individuelle Haftungsfolgen zu binden, werden sich zukünftig mehrere Problemfelder auftun, bis zu deren umfassender Regelung durch die Rechtsprechung damit zu rechnen ist, dass unsachgemäße Risikotragungsregelungen von den einzelnen Akteuren ausgenutzt werden. Da eine Verlagerung vom *ex-ante-* zum *ex-post-*Gläubigerschutz stattgefunden hat, ist umso erstaunlicher, dass ein wenig flexibler insolvenzrechtlicher Ansatz gewählt wurde. Im 4. Teil dieser Arbeit ist deswegen zu überprüfen, ob deliktische Haftungsinstrumente das vorliegende Zwischenergebnis derart zu korrigieren vermögen, dass am Ende ein insgesamt stimmiges Haftungskonzept steht.

C. Ergebnis der Untersuchung zu Gesellschafterdarlehen

Teilweise muss die Zielsetzung des MoMiG, nämlich die Schaffung von größerer Rechtssicherheit, nicht zuletzt zur Erleichterung des Cash Pooling bei Beibehaltung eines effektiven Gläubigerschutzes, als verfehlt angesehen werden.

Das Recht der Gesellschafterdarlehen hat sich durch das MoMiG tatbestandlich nur wenig geändert.[374] Zwar wurde das Merkmal der Krise nicht in den neuen § 39 Abs. 1 Nr. 5 InsO übernommen, jedoch sprechen gute Gründe dafür, hier nicht von einer wirklichen Abschaffung, sondern nur von einer ungeschriebenen, unwiderleglichen Vermutung auszugehen.[375] Ein subjektives Element enthält § 39 Abs. 1 Nr. 5 InsO nicht mehr.[376]

Die Abschaffung der Rechtsprechungsregeln zum Eigenkapitalersatz führt dazu, dass sich die Folgen des neuen Rechts vor allem auf der Rechtsfolgenseite zeigen. Hier ist zunächst augenfällig, dass es keinerlei Verstrickung von Gesellschafterdarlehen durch Umqualifizierung in Eigenkapital mehr gibt.[377] Dies wird das Cash Pooling zukünftig vereinfachen, da der Liquiditätsaustausch ungehindert fortgesetzt werden kann, solange die einzelne Gesellschaft nicht insolvent ist. Ab Insolvenz ist die Rechtsfolge des § 39 Abs. 1 Nr. 5 InsO – Subordination des Rückzahlungsanspruchs – dieselbe wie die des bisherigen § 32a Abs. 1 S. 1 GmbHG.[378] Dies gilt im faktischen wie im Vertragskonzern.[379] Auch wenn das neue Recht die Subordination von Leistungen Dritter nicht mehr explizit regelt, kann hier von einer grundsätzlichen Fortgeltung des früheren Rechts ausgegan-

---

[374] 3. Teil, B. I. 1.
[375] 3. Teil, B. I. 1. c).
[376] 3. Teil, B. I. 2.
[377] 3. Teil, B. I. 3. a).
[378] 3. Teil, B. I. 3. b).
[379] 3. Teil, B. I. 4.

gen werden, sofern man die Ausweitung mit der verbreiteten Literaturansicht nur restriktiv vornahm.[380]

Für das Cash Pooling bedeutet dies, dass Darlehen mittelbarer Gesellschafter regelmäßig der Subordination unterfallen können,[381] während dies für Darlehen nicht beteiligter verbundener Unternehmen nur im Ausnahmefall gilt.[382] Wurde ein solches Darlehen innerhalb eines Jahres vor Stellung des Insolvenzantrags getilgt, so erlaubt § 135 Abs. 1 InsO die Anfechtung dieser Rückzahlung[383] mit der Folge, dass die Summe zur Insolvenzmasse zurück gezogen wird.[384] Ähnliches regelt § 6 Abs. 1 n. F. AnfG für den Fall, dass die Eröffnung des Insolvenzverfahrens abgelehnt wird. Insofern ist festzustellen, dass der praktische Vorteil, welchen die Abschaffung der Verstrickung mit sich bringt, an dieser Stelle mit einer Erhöhung des abstrakten Risikos beim Cash Pooling erkauft wird.

Die Abschaffung der Rechtsprechungsregeln, welche aus Konzernsicht uneingeschränkt positiv zu beurteilen ist, führt aus Gläubigersicht zum Verlust eines wertvollen Schutzinstruments, da die einjährige Rückwirkungsfrist von § 135 n. F. InsO/§ 6 Abs. 1 n. F. AnfG nun auch im Unterbilanzstadium die Rückzahlung regelt, wo bisher die lange Verjährung des § 31 Abs. 5 GmbHG (zehn bzw. fünf Jahre) griff.[385]

Auch wenn die Abschaffung der Figur des Eigenkapital ersetzenden Darlehens unter dem Aspekt der Rechtssicherheit insgesamt zu begrüßen ist, bringt die Aufgabe zu Gunsten einer insolvenzrechtlichen Regelung in vorliegender Form aus ökonomischer Sicht auch Verschlechterungen sowohl aus dem Blickwinkel der externen Gläubiger als auch aus der Perspektive der beteiligten Gesellschaften mit sich.[386] Insbesondere die fehlende Flexibilität, mit der das Gesetz einen Nachrang jetzt unabhängig von der Unternehmenslage zum Zeitpunkt der Darlehensgewährung anordnet, wirkt im deutschen Recht wie ein Fremdkörper und ist abzulehnen.

Wenn also die Literatur sich in zwei Lager spaltet, von denen das eine die Reform preist, während das andere sie verteufelt, so liegt die Wahrheit vermutlich in der Mitte. Es darf nämlich nicht übersehen werden, dass auch das frühere Recht von Wertungswidersprüchen und Einzelfallentscheidungen durchzogen war.[387] Sofern man vom MoMiG erwartet hatte, alle diese Probleme auf einen Schlag lösen zu können, war diese Vorstellung vermutlich von vorneherein wenn nicht utopisch, so doch zumindest wenig realistisch.

---

[380] 3. Teil, B. I. 5.
[381] 3. Teil, B. I. 5. d) aa).
[382] 3. Teil, B. I. 5. d) bb) und 3. Teil, B. I. 5. d) cc).
[383] 3. Teil, B. II.
[384] 3. Teil, B. II. 2.
[385] *Kleindiek,* ZGR 2006, 335, 352.
[386] 3. Teil, B. III.
[387] 3. Teil, A. III. ff.

4. Teil

Sonstige Haftungsinstrumente im Konzern

Neben den Regeln der Vermögensbindung und der Gesellschafterdarlehen existieren an der Grenze zwischen Insolvenz-, Gesellschafts- und Deliktsrecht noch andere Haftungstatbestände, die unter bestimmten Voraussetzungen die Verschiebung von Liquidität verbieten. So betont auch die Begründung des Regierungsentwurfs zum MoMiG, die Gläubigerschutzvorschrift des § 30 GmbHG sei vor dem Hintergrund dieser anderen Schutzinstrumente, dem Deliktsrecht, den Rechtsprechungsregeln über den Existenz vernichtenden Eingriff und der Geschäftsführerhaftung nach § 43 GmbHG zu sehen.[1] Im folgenden Abschnitt sollen diese Schutzinstrumente fokussiert werden, um das Gesamtbild des Gläubigerschutzsystems beim Cash Pooling zu vervollständigen.

Mehrfach wurde bereits das Haftungskonzept des Existenz vernichtenden Eingriffs gestreift, dem im Zusammenhang mit dem Cash Pooling eine erhebliche Bedeutung beizumessen ist. Wie oben gezeigt wurde, sind nicht nur Gesellschafter mögliche Adressaten für Haftungsfolgen, sondern vor allem auch Geschäftsführer.[2] Obschon Gesellschaftern eine große Macht zukommt und sie – besonders in der GmbH – häufig die strategische Ausrichtung der Gesellschaft steuern, ist es dem Prinzip der Fremdorganschaft immanent, dass nur der Geschäftsführer die Kapitalgesellschaft nach Außen vertreten kann. Vor allem durch ihn agiert die Gesellschaft, und trotz aller wirtschaftlichen Abhängigkeit von der Gunst der Gesellschafter ist es diesen nur schwer möglich, eine Maßnahme durchzusetzen, die vom Geschäftsführer nicht gebilligt wird. Der Geschäftsführer hat auch zumeist den besten Einblick in die wirtschaftliche Lage des Unternehmens und kann schneller agieren als die Anteilseigner.

Aus diesem Grund ist es sinnvoll und richtig, auch ihn einem Haftungssystem zu unterstellen. Dabei ist aber zu berücksichtigen, dass er grundsätzlich nicht mit eigenem Risikokapital an der Gesellschaft beteiligt ist. Eine Haftung, die beim Gesellschaftsvermögen ansetzt, würde also auch mittelbar nicht auf den Geschäftsführer durchschlagen, weswegen nur Ansprüche gegen sein eigenes Vermögen eine verstärkt verhaltenssteuernde Wirkung haben. Damit haftet er prinzipiell unbegrenzt und hat es anders als Gesellschafter nicht in der Hand, sein Haftungsrisiko auf einen bestimmten Betrag zu „deckeln". Wenn man dies be-

---

[1] Begr. RegE MoMiG, BT-Drucks. 16/6140, S. 41.
[2] Der Begriff umfasst hier auch die Vorstände einer Aktiengesellschaft.

rücksichtigt, so wird ersichtlich, dass die Geschäftsführerhaftung unmittelbar mit der materiellen Existenz der natürlichen Person und womöglich ihrer Familie verknüpft ist. Nicht jedes Handeln zum Nachteil der Gesellschaft darf also eine Haftung nach sich ziehen, da der Geschäftsführer – anders als ein Gesellschafter – typischer Weise auch nicht am Unternehmensgewinn partizipiert.[3] Damit der Geschäftsführer *ex ante* den Rahmen erkennen kann, der sein Handlungsermessen begrenzt, müssen die Tatbestände möglichst eindeutig sein und sollten nur in schwereren Fällen offensichtlichen Missbrauchs einen Anspruch auslösen.

Im 4. Teil untersucht die vorliegende Arbeit daher, welche Konzepte der Haftung für Fehlverhalten von Personen im Näheverhältnis zu Gesellschaften das deutsche Recht kennt und inwieweit sich hieraus eine Relevanz für das Cash Pooling ergibt.

A. Existenz vernichtender Eingriff (jetzt: § 826 BGB)

Die Figur des Existenz vernichtenden Eingriffs ist im Kontext dieser Arbeit von besonderem Interesse, weil sie im Rahmen des Urteils „Bremer Vulkan"[4] entwickelt wurde und damit tatsächlich ein Cash-Pooling-Verfahren zum Gegenstand hatte.

I. Frühe Entwicklung

Da sich die kapitalgesellschaftsrechtlichen Kapitalerhaltungsnormen unter Gläubigerschutzgesichtspunkten als lückenhaft herausgestellt hatten und auch die Rechtsprechung zum qualifizierten faktischen Konzern Abgrenzungsprobleme aufwies,[5] nahm der BGH von letzterer Abstand und führte im Bremer-Vulkan-Urteil die Durchgriffshaftung wegen „bestandsvernichtenden Eingriffs" als neuen Tatbestand ein. Diese wurde in zwei darauf folgenden Urteilen weiter konkretisiert[6] und schließlich als Haftung wegen „Existenzvernichtung"[7] zur anerkannten

---

[3] Dem steht nicht entgegen, dass in der Praxis häufig Teile des Gehalts erfolgsbezogen gewährt werden, dazu *Spindler,* in: MünchKomm AktG § 87 Rn. 20 ff. Auch der Deutsche Corporate Governance Kodex (DCGK) sieht dies vor (Ziff. 4.2.3).

[4] BGH, Urt. v. 17.09.2001 – II ZR 178/99 („Bremer Vulkan") = BGHZ 149, 10, 16 = NZG 2002, 38, 39 f. = DStR 2001, 1853, 1854; Tatbestandsschilderung im 1. Teil, B. II. 1. a).

[5] *Lutter/Banerjea,* ZGR 2003, 402, 407.

[6] BGH, Urt. v. 25.02.2002 – II ZR 196/00 („L-Kosmetik") = BGHZ 150, 61, 67 f.; BGH, Urt. v. 24.6.2002 – II ZR 300/00 („KBV") = BGHZ 151, 181, 186 = NJW 2002, 3024, 3025 = BB 2002, 1823, 1823.

[7] *Zöllner,* in: FS Konzen (2006), 999, 1003 f. weist zu Recht darauf hin, dass die Terminologie unpräzise ist, da das Unternehmen nicht selten nach Verkauf oder mangels sofortiger Löschung aus dem Handelsregister durchaus fortexistiert. Vernichtet wird dagegen regelmäßig nur die Fähigkeit zur vollen Erfüllung aller Verbindlichkeiten

Rechtsfigur. Zwar wollte man nicht von einem prozessual durchsetzbaren Existenzrecht der GmbH gegenüber den Gesellschaftern ausgehen. Trotzdem sollte die wirtschaftliche Vernichtung der Gesellschaft unterbunden werden, sofern sie zu Lasten des Gläubigerschutzes ginge (so genannte „kalte Liquidation"[8]). Dogmatisch ließ sich das damit begründen, dass auf Grund des Trennungsprinzips im Kapitalgesellschaftsrecht das Vermögen der Gesellschaft als Haftungsmasse den Gläubigern zustünde, während den Gesellschaftern als wirtschaftlichen Eigentümern lediglich der Liquidationserlös verbliebe.[9] Eine vorherige Auszahlung an die Gesellschafter liefe diesem Zweck zuwider, sodass in diesem Fall von einer Pflicht zur Schadenskompensation ausgegangen wurde.[10] Diese war analog § 128 HGB als unbeschränkte Außenhaftung der Gesellschafter an die Gesellschaftsgläubiger angelegt.[11] Innerhalb des satzungsmäßigen Stammkapitals wurden allerdings die §§ 30, 31 GmbHG für ausreichend erachtet. Das neu geschaffene Haftungskonzept sollte daher nur Schädigungen erfassen, die über den Tatbestand der §§ 30, 31 GmbHG hinausgingen.[12] Dies wurde entweder mit einer Subsidiarität zu § 30 ff. GmbHG begründet[13] oder damit, dass sich auf Grund des Anspruchs aus § 31 GmbHG innerhalb des Stammkapitals schon kein Schaden ergäbe.[14]

II. Die TRIHOTEL-Entscheidung

Der vorerst letzte dogmatische Richtungswechsel des BGH zum Existenz vernichtenden Eingriff vollzog sich am 16.07.2007 mit dem TRIHOTEL-Urteil.[15]

---

mit der Folge der Insolvenz. Da der Begriff „Existenzvernichtungshaftung" sich aber allgemein durchgesetzt hat, verwendet ihn auch diese Arbeit.

[8] *Habersack,* ZGR 2008, 533, 542.

[9] BGH, Urt. v. 24.06.2002 – II ZR 300/00 („KBV") = BGHZ 151, 181, 187 = NJW 2002, 3024, 3025; *Merkt/Spindler,* in: Lutter, Das Kapital der Aktiengesellschaft in Europa, 207, 216.

[10] BGH, Urt. v. 24.6.2002 – II ZR 300/00 („KBV") = BGHZ 151, 181, 187 = NJW 2002, 3024, 3025; *Hahn,* Der Konzern 2004, 641, 643; *Theiselmann,* GmbHR 2007, 904.

[11] *Lutter/Banerjea,* ZGR 2003, 402, 408 ff.; *Vetter,* ZIP 2003, 601, 603; *H. P. Westermann,* NZG 2002, 1129, 1136; *Rittscher,* Cash-Management-Systeme in der Insolvenz, S. 148 f.; *a. A. Ihrig* RWS-Forum Gesellschaftsrecht 2003, 27, 52 f. der in dem Durchgriff einen Haftungsanspruch *sui generis* sieht.

[12] *Hueck/Fastrich,* in: Baumbach/Hueck, GmbHG, 18. Aufl., § 13 Rn. 18; *Kiethe,* DStR 2005, 1573, 1575.

[13] BGH, Urt. v. 19.09.1994 – II ZR 237/93 = NJW 1994, 3288 und BGH, Urt. v. 27.03.1995 – II ZR 136/94 = NJW 1995, 1544; *Hueck/Fastrich,* in: Baumbach/Hueck, GmbHG, 18. Aufl., § 13 Rn. 18; *Bayer,* in: FS Röhricht (2005), 25, 30; *Merkt/Spindler,* in: Lutter, Das Kapital der Aktiengesellschaft in Europa, 207, 216.

[14] *Rittscher,* Cash-Management-Systeme in der Insolvenz, S. 155 f.

[15] BGH, Urt. v. 16.07.2007 – II ZR 3/04 („TRIHOTEL") = BGHZ 173, 246 = DB 2007, 1802 = WM 2007, 1572 = ZIP 2007, 1552 = GmbHR 2007, 1586 = Der Konzern 2007, 607.

Darin nimmt der II. Zivilsenat endgültig Abstand vom bisherigen Konzept einer eigenständigen Haftungsfigur. Fortan will er die Existenzvernichtungshaftung als vorsätzliche sittenwidrige Schädigung ansehen und spricht der Gesellschaft den Anspruch aus deliktischer Haftung nach § 826 BGB gegenüber ihrem Gesellschafter zu,[16] der bisher teilweise für parallel einschlägig erachtet worden war.[17] Statt einer gesellschaftsrechtlichen Durchgriffs(außen)haftung ist nun von einer schadensersatzrechtlichen Innenhaftung auszugehen.[18] Darüber hinaus wird ausdrücklich festgestellt, dass Schadensersatzansprüche aus Existenzvernichtungshaftung gemäß § 826 BGB gegenüber Erstattungsansprüchen aus §§ 30, 31 GmbHG nicht subsidiär sein sollen, sondern in Anspruchskonkurrenz daneben treten.[19] Mit dieser großen Kehrtwende stellt der BGH nach dem qualifizierten faktischen Konzern und dem Existenz vernichtenden Eingriff als eigenständigem Anspruch nun innerhalb von nicht einmal drei Jahrzehnten und mit stetig schrumpfender Halbwertzeit das dritte Modell zur Durchbrechung des Trennungsprinzips bei Kapitalgesellschaften vor, dessen Voraussetzungen im Folgenden darzustellen sind.

III. Tatbestand

Nachfolgend soll der Tatbestand der Haftung wegen Existenz vernichtenden Eingriffs dargestellt werden, um zu überprüfen, wann man Zahlungen im Rahmen des Cash Pooling hierunter subsumieren kann.

1. Objektiver Tatbestand

Unter einem „Eingriff" versteht der BGH einen kompensationslosen Zugriff auf das Vermögen oder die Interessen der Gesellschaft, welcher die angemessene Rücksichtnahme auf ihre Eigenbelange in einem ins Gewicht fallenden Maße entbehrt.[20] Als Eigenbelang ist hier vor allem die Fähigkeit zur Schuldenbegleichung zu sehen. Ein Existenz vernichtender Eingriff soll daher in Fällen vorlie-

---

[16] BGH, Urt. v. 16.07.2007 – II ZR 3/04 („TRIHOTEL") = ZIP 2007, 1552 = NJW 2007, 2689; m. Anm. *Goette*, DStR 2007, 1593; *Habersack*, ZGR 2008, 533, 534; *Paefgen*, DB 2007, 1907; *Schanze*, NZG 2007, 681ff; *Vetter*, BB 2007, 1965 ff.; noch die Außenhaftung favorisierend *Weller*, DStR 2007, 1166, 1167f.

[17] Teilweise wird vertreten, sämtliche Fälle, in denen der BGH eine Existenzvernichtungshaftung anerkannt habe, hätten sich trotz der höheren subjektiven Anforderungen schon vor der dogmatischen Kehrtwende unter § 826 BGB subsumieren lassen, *Dauner-Lieb*, DStR 2006, 2034, 2041; *Dauner-Lieb*, ZGR 2008, 34, 40.

[18] *Dauner-Lieb*, ZGR 2008, 34, 36.

[19] BGH, Urt. v. 16.07.2007 – II ZR 3/04 („TRIHOTEL") = ZIP 2007, 1552 = NJW 2007, 2689; m. Anm. *Goette*, DStR 2007, 1593; best. d. BGH, Urt. v. 09.02.2009 – II ZR 292/07 („Sanitary") = NZG 2009, 545, 546; *Theiselmann*, GmbHR 2007, 904, 907; *Paefgen*, DB 2007, 1907; *Schanze*, NZG 2007, 681; *Habersack*, ZGR 2008, 533, 544.

gen, in denen ein Alleingesellschafter oder ein Zusammenschluss von Gesellschaftern (auch mittelbaren, sofern sie vergleichbaren Einfluss ausüben[21]) der Gesellschaft entgegen der Zweckbindung des Gesellschaftsvermögens zur vorrangigen Befriedigung der Gesellschaftsgläubiger durch offene oder verdeckte Entnahmen oder andere Eingriffe der Gesellschaft Vermögenswerte entzieht und dadurch deren Fähigkeit, ihre Verbindlichkeiten zu erfüllen, beeinträchtigt.[22] Hierin liegt nach neuer BGH-Meinung auch bereits 'die in § 826 BGB geforderte Sittenwidrigkeit begründet, wenn die Entnahme zum eigenen unmittelbaren Vorteil oder dem eines Dritten erfolgt.[23] Nicht jede Vermögensweggabe ist dabei tatbestandlich. Sofern bei der Weggabe ein Verstoß gegen § 30 Abs. 1 S. 1 GmbHG nicht vorlag, kommt auch kein Existenz vernichtender Eingriff in Frage.[24]

Bereits nach früher wohl herrschender Meinung musste die Vermögensweggabe durch positives Tun erfolgen. Bloßes Dulden sei hingegen nicht ausreichend.[25] Dies hat der BGH in seinem GAMMA-Urteil für den Existenz vernichtenden Eingriff als Fallgruppe des § 826 BGB bestätigt.[26]

Solange man Existenz vernichtende Eingriffe als eigenständige Tatbestände angesehen hatte, wurde bereits auf Grund der Terminologie vermehrt davon ausgegangen, dass die Folge des Eingriffs tatsächlich die vollständige Vernichtung der Existenz des Unternehmens sein musste, sodass die Forderungen externer Gläubiger ganz oder teilweise ausfielen.[27] Geht man indes mit heutiger BGH-Meinung von einem Unterfall des § 826 BGB aus, so ist auf den Tatbestand die-

---

[20] BGH, Urt. v. 16.07.2007 – II ZR 3/04 („TRIHOTEL") = GmbHR 2007, 927, 929 m. Komm. *Schröder*; BGH, Urt. v. 24.6.2002 – II ZR 300/00 („KBV") = BGHZ 151, 181, 187 = GmbHR 2002, 902 m. Komm. *Schröder*.

[21] BGH, Urt. v. 13.12.2004 – II ZR 206/02 = NZG 2005, 177, 178; *Hueck/Fastrich*, in: Baumbach/Hueck, GmbHG, 18. Aufl., § 13 Rn. 19; *Schanze*, NZG 2007, 681, 684; *Ulrich*, GmbHR 2007, 1289, 1293.

[22] BGH, Urt. v. 24.06.2002 – II ZR 300/00 („KBV") = BGHZ 151, 181, 186 = NJW 2002, 3024, 3025; *Hueck/Fastrich*, in: Baumbach/Hueck, GmbHG, 18. Aufl., § 13 Rn. 17; *Schanze*, NZG 2007, 681, 683; *Vetter*, BB 2007, 1965, 1966.

[23] BGH, Urt. v. 09.02.2009 – II ZR 292/07 („Sanitary") = NZG 2009, 545, 546; BGH, Urt. v. 16.07.2007 – II ZR 3/04 („TRIHOTEL") = GmbHR 2007, 927; *Theiselmann*, GmbHR 2007, 904, 905.

[24] *Habersack*, ZGR 2008, 533, 546.

[25] *Hueck/Fastrich*, in: Baumbach/Hueck, GmbHG, 18. Aufl., § 13 Rn. 19; *Bayer*, in: FS Röhricht (2005), 25, 30; *Lutter/Banerjea*, ZGR 2003, 402, 438; *a.A. Wiedemann*, ZGR 2003, 283, 291 f., der eine Duldung des Eingriffs durch ansonsten keinen Einfluss nehmende Gesellschafter für ausreichend erachtet; ähnlich *Rittscher*, Cash-Management-Systeme in der Insolvenz, S. 153, der ein Unterlassen zumindest bei einer Rechtspflicht zum positiven Tun genügen lassen will.

[26] BGH, Urt. v. 28.04.2008 – II ZR 264/06 („GAMMA") = BGHZ 176, 204 = ZIP 2008, 1232 m. Bespr. *Altmeppen*, S. 1201 = BB 2008, 1697 = NJW 2008, 2437 m. Bespr. *Veil* S. 3264.

[27] *Hueck/Fastrich*, in: Baumbach/Hueck, GmbHG, 18. Aufl., § 13 Rn. 19; *Hoffmann*, NZG 2002, 68; *Schrell/Kirchner*, BB 2003, 1451, 1455 f., alle m.w.N.

ser Norm abzustellen, der nur von der Zufügung eines Schadens spricht.[28] Wird also eine aus Gesellschaftsmitteln nicht zu verhindernde Insolvenz von einem Gesellschafter zur eigenen Schadensminderung abgewehrt, bleibt der Tatbestand des Existenz vernichtenden Eingriffs gegeben.[29] Andererseits kann ein Existenz vernichtender Eingriff auch noch im Liquidationsstadium einer Gesellschaft erfolgen, wenn die Beendigung der Gesellschaftstätigkeit bereits absehbar bevorsteht.[30]

Bezüglich des Schadens kommt es darauf an, ob die Maßnahme ausgeglichen wurde, etwa durch vorteilhafte Gegenmaßnahmen des Gesellschafters, durch ausreichende Bildung von Rückstellungen oder durch Ausgleich der zugefügten Vermögensnachteile nach §§ 30, 31 GmbHG.[31] Erfolgte eine entsprechende Kompensation nicht, so wäre eine Haftung in Höhe des tatsächlich eingetretenen Schadens, also nicht beschränkt auf die Höhe der erfolgten Auszahlung, die Folge.[32]

Neu ist, dass es mit der Verortung im Deliktsrecht auf die Gesellschafterstellung des Täters nicht mehr ankommt. Auch ein Geschäftsführer kann damit grundsätzlich für den Existenz vernichtenden Eingriff haftbar sein, wenn er die subjektiven Voraussetzungen erfüllt.[33] Tut er dies nicht, so ist dennoch eine Teilnahme gemäß § 830 BGB in Betracht zu ziehen.[34]

2. Subjektiver Tatbestand

Schon früher wurde mehrheitlich davon ausgegangen, dass für die Annahme eines Existenz vernichtenden Eingriffs auch ein subjektives Element zu fordern sei.[35] Umstritten war indes, worin dieses zu bestehen hatte. Vertreten wurde von

---

[28] *Schanze,* NZG 2007, 681, 684; *Spindler,* in: R. H. Schmidt/Spindler, Kap. D, Rn. 94.

[29] Schon vor BGHZ 173, 246 so vertreten von *K. Schmidt,* GesR, § 39 III, S. 1222; *Schanze,* NZG 2007, 681, 683; dagegen *Lutter/Banerjea,* ZGR 2003, 402, 417.

[30] BGH, Urt. v. 09.02.2009 – II ZR 292/07 („Sanitary") = NZG 2009, 545, 546.

[31] BGH, Urt. v. 24.06.2002 – II ZR 300/00 („KBV") = BGHZ 151, 181, 187 = NJW 2002, 3024, 3025; BGH, Urt. v. 29.03.1993 – II ZR 265/91 („TBB") = BGHZ 122, 123, 132; BGH, Urt. v. 13.12.2004 – II ZR 206/02 = NZG 2005, 177, 178; BGH, Urt. v. 13.12.2004 – II ZR 256/02 = NZG 2005, 214, 215.

[32] *Bayer,* in: FS Röhricht (2005), 25, 30.

[33] Ebenso *Paefgen,* DB 2007, 1907, 1911; *Streit/Bürk,* DB 2008, 742, 749; *Vetter,* BB 2007, 1965, 1969.

[34] *Gehrlein,* WM 2008, 761, 768.

[35] *Altmeppen,* in: Roth/Altmeppen, GmbHG, 5. Aufl., § 13 Rn. 95, 82 ff.; *K. Schmidt,* NJW 2001, 3577, 3579; *H. P. Westermann,* NZG 2002, 1129, 1137; *a. A. Röhricht,* in: FS 50 Jahre BGH, Band I, 83, 107, der ganz auf das subjektive Element verzichten wollte; ähnlich auch OLG Rostock, Urt. v. 10.12.2003 – 6 U 56/03 = ZIP 2004, 118.

einem dem deliktischen Verschuldensbegriff angelehnten Verschulden[36] bis hin zu bloßer Erkennbarkeit des Existenz vernichtenden Charakters einer Maßnahme[37] nahezu alles. Mit der Verortung im Deliktsrecht ist davon auszugehen, dass der Tatbestand des § 826 BGB auch hinsichtlich seiner subjektiven Seite erfüllt sein muss. Diese fordert als Minimum *dolus eventualis,*[38] also ein kognitives wie ein voluntatives Element. Der Schädiger muss den Schadenserfolg – spätestens im Zeitpunkt des Schadenseintritts[39] – erkannt und mindestens billigend in Kauf genommen haben.[40] Hinsichtlich der Sittenwidrigkeit ist indes kein Vorsatz erforderlich, es genügt die Kenntnis der tatsächlichen Umstände, die das Verhalten als sittenwidrig erscheinen lassen.[41]

Seit Inkrafttreten des MoMiG kann allerdings die Frage gestellt werden, ob das Vorsatzerfordernis den Anwendungsbereich zu sehr reduziert.[42] Hierfür würde der Vergleich zum neuen § 64 S. 3 GmbHG sprechen, welcher eine Existenzvernichtungshaftung für Geschäftsführer kodifiziert. Dort soll jedoch Fahrlässigkeit als subjektives Merkmal genügen.[43] Für eine dermaßen strengere Haftung des Geschäftsführers gegenüber dem Gesellschafter bei im Wesentlichen gleichem Tatbestand sind wenig überzeugende Gründe ersichtlich. Andererseits kannte der BGH zum Zeitpunkt der TRIHOTEL-Entscheidung bereits den Regierungsentwurf zum MoMiG, hat seine Rechtsprechung dennoch auf § 826 BGB gestützt und damit auch die Einschränkung der Vorsatzhaftung akzeptiert. Deswegen ist davon auszugehen, dass diese weiterhin gelten wird. Ob sich die Rechtsprechung dagegen eines Tages veranlasst sehen wird, § 64 S. 3 n. F. GmbHG analog auf Gesellschafter anzuwenden, weil das Vorsatzerfordernis in § 826 BGB ansonsten zu einer planwidrigen Regelungslücke führte, stellt zum gegenwärtigen Zeitpunkt reine Spekulation dar. Davon abgesehen war in allen Fällen, in denen bis-

---

[36] *Altmeppen,* in: Roth/Altmeppen, GmbHG, 5. Aufl., § 13 Rn. 95, 82 ff.; *K. Schmidt,* NJW 2001, 3577, 3579; *H.P. Westermann,* NZG 2002, 1129, 1137.

[37] *Lutter/Hommelhoff,* GmbHG, 16. Aufl., Anh. zu § 13 Rn. 17 ff.; *Hueck/Fastrich,* in: Baumbach/Hueck, GmbHG, 18. Aufl., § 13 Rn. 19; *Benecke,* BB 2003, 1190, 1195; *Diem,* ZIP 2003, 1283, 1284; *Keßler,* GmbHR 2002, 945, 950; *Lutter/Banerjea,* ZGR 2003, 402, 416.

[38] *Habersack,* ZGR 2008, 533, 544; zum damit bestehenden Beweisproblem *Schanze,* NZG 2007, 681, 684; *Vetter,* BB 2007, 1965, 1966 ff.

[39] *Spindler,* in: Bamberger/Roth, § 826 Rn. 10; Palandt/*Sprau,* § 826 Rn. 11; *Theiselmann,* GmbHR 2007, 904, 906.

[40] BGH, Urt. v. 14.06.2000 – VIII ZR 218/99 = NJW 2000, 2896; BGH, Urt. v. 11.11. 2003 – VI ZR 371/02 = NJW 2004, 446, Palandt/*Sprau,* § 826 Rn. 10; Palandt/ *Grüneberg,* § 276 Rn. 10; *Dauner-Lieb,* ZGR 2008, 34, 36; *Theiselmann,* GmbHR 2007, 904, 906; *Ulrich,* GmbHR 2007, 1289, 1293.

[41] St.Rspr., BGH, Urt. v. 26.03.1962 – II ZR 161/60 = NJW 1962, 1099, 1101; BGH, Urt. v. 25.11.1987 – IVb ZR 96/86 = NJW 1988, 1965, 1967 = BGH, Urt. v. 13.09.2004 – II ZR 276/02 = NJW 2004, 3706, 3710; zust. Palandt/*Sprau* § 826 Rn. 11; explizit zum Existenz vernichtenden Eingriff: *Paefgen,* DB 2007, 1907, 1911.

[42] Dazu *Habersack,* ZGR 2008, 533, 558.

[43] Vgl. unten 4. Teil, C. II. 1. f).

her ein Existenz vernichtender Angriff angenommen wurde, ganz unproblematisch Vorsatz gegeben.

IV. Zur Anwendbarkeit im Vertragskonzern

Nach bisherigem Recht konnte bezweifelt werden, ob die Figur des Existenz vernichtenden Eingriffs auch im Vertragskonzern zur Anwendung kommen konnte. Wenn man sie auf eine Analogie stützen wollte, war auf Grund des Verlustausgleichanspruchs schon das Vorliegen einer Regelungslücke problematisch. Insgesamt erfuhr diese Frage aber nur eine geringe Betrachtung, da zumindest kein Bedürfnis für eine Anwendbarkeit gesehen werden konnte.[44] Hieran wird sich nicht viel geändert haben, wenn man mit der hier vertretenen Ansicht davon ausgeht, dass Existenz gefährdende Weisungen nach wie vor unzulässig sind.[45] Dennoch ist mit der Verortung im Deliktsrecht klar, dass einer Anwendbarkeit auch im Vertragskonzern prinzipiell nichts mehr entgegensteht.

V. Bedeutung für das Cash Pooling

Die mit der Trihotel-Entscheidung erfolgte Änderung der Rechtsprechung ist umfassend: Von subsidiärer, teilweise als Verursacherhaftung betrachteter Durchgriffshaftung gelangt der BGH nun zu konkurrierender, verschuldensabhängiger Binnenhaftung. Als ursprünglich für einen Cash-Pooling-Fall konzipierte Rechtsfigur kann der Existenz vernichtende Eingriff dennoch auch weiterhin zweifelsfrei durch eine Vermögensverschiebung in Form von Darlehen der Gesellschaft an Gesellschafter erfolgen,[46] sofern hierdurch Gläubiger der Gebergesellschaft ihres Anspruchs zumindest teilweise verlustig gehen. Auf Grund der bereits festgestellten Vergleichbarkeit von Darlehensvergabe und Upstream-Besicherung muss das Gesagte auch für die Besicherung eines Debet-Saldos des Cash Pools gelten.[47] Oftmals wird allerdings bereits der objektive Tatbestand nicht erfüllt sein, da es an der Sittenwidrigkeit der Schädigung fehlt. Wenn etwa das Gesetz

---

[44] *Rittscher,* Cash-Management-Systeme in der Insolvenz, S. 158.

[45] Vgl. oben 2. Teil, F. I. 2. c).

[46] BGH, Urt. v. 24.06.2002 – II ZR 300/00 („KBV") = BGHZ 151, 181, 187f = NJW 2002, 3024, 3025; BGH, Urt. v. 13.12.2004 – II ZR 206/02 = NZG 2005, 177, 178; OLG Jena, Urt. v. 28.11.2001 – 4 U 234/01 = GmbHR 2002, 112; OLG Rostock, Urt. v. 10.12.2003 – 6 U 56/03 = NZG 2004, 385; *Hueck/Fastrich,* in: Baumbach/Hueck, GmbHG, 18. Aufl., § 13 Rn. 20; *Altmeppen,* in: Roth/Altmeppen, GmbHG § 13 Rn. 82, § 30 Rn. 91 ff.; *Ulrich,* GmbHR 2007, 1289, 1292; *Rittscher,* Cash-Management-Systeme in der Insolvenz, S. 150.

[47] BGH, Urt. v. 29.03.1993 – II ZR 265/91 („TBB") = BGHZ 122, 123, 128 f.; *Hueck/Fastrich,* in: Baumbach/Hueck, GmbHG, 18. Aufl., § 13 Rn. 20; *Altmeppen,* in: Roth/Altmeppen, GmbHG § 13 Rn. 82; *Schiessl,* in: MünchHdbGmbH § 35 Rn. 22; *Bender,* BB 2005, 1492, 1493; *Diem,* ZIP 2003, 1283; *Rittscher,* Cash-Management-Systeme in der Insolvenz, S. 159.

in § 31 GmbHG einen sofort fälligen Zahlungsanspruch entstehen lässt, so verstößt es nicht gegen die guten Sitten, auf diese Verpflichtung hin zu leisten. Dasselbe gilt, wenn eine erfolgte Rückzahlung nach § 135 InsO angefochten wurde, denn auch im Fall kollidierender Pflichten kann gesetzlich gebotenes Handeln niemals sittenwidrig sein. Demgemäß kommen für § 826 BGB nur die Fälle in Frage, in denen der Vermögensweggabe keine gesetzliche Pflicht zu Grunde lag.

Selbst dann aber wird beim Cash Pooling häufig der Tatbestand nicht erfüllt sein, weil es an einer Schädigung der Gesellschaftsgläubiger fehlt, solange kein (teilweiser) Forderungsausfall gegeben ist. Eine bloße Zahlungsstockung soll nicht ausreichen.[48]

Nur in ganz extremen Fällen wird es aber in der Praxis dazu kommen, dass die Gesellschaft wirklich insolvent wird. Dann wird das heute eindeutig zu fordernde subjektive Element eine gewisse Rolle spielen. Hinsichtlich der Darlehensvergabe liegt zweifelsfrei regelmäßig Absicht (*dolus directus* 1. Grades) vor. Fraglich ist dann aber, ob im Auszahlungszeitpunkt der Existenz gefährdende Charakter der Auszahlung erkennbar war bzw. billigend in Kauf genommen wurde. Auf Grund der beim Cash Pooling üblichen umfangreichen Dokumentation der wirtschaftlichen Lage aller Tochtergesellschaften und der mittelfristigen Disposition des Cash Pools wird dies oft der Fall sein.[49] War aber ein Liquiditätstransfer zum Zeitpunkt der Auszahlung nach § 30 GmbHG zulässig, weil von einer gesicherten Rückzahlung ausgegangen werden konnte, so kann er nicht nachträglich sittenwidrig werden.[50]

Neben die gesellschaftsrechtliche Haftung im Rahmen der Vermögensbindung tritt also eine von der Gesellschaftsform unabhängige, deliktische[51] Haftung aus § 826 BGB, die den Gesellschafter trifft, wenn er im Rahmen eines Cash-Pooling-Verfahrens in einer Weise Liquidität von den Töchtern abzieht, die es diesen unmöglich macht, ihre Gläubiger zu befriedigen. Der gegenüber den §§ 30, 31 GmbHG viel weitere Haftungsumfang wird durch erheblich strengere Tatbestandsvoraussetzungen entschärft. Fortan besteht auch für Gesellschaftsgläubiger keine Möglichkeit mehr, sich unter Berufung auf einen Existenz vernichtenden Eingriff direkt an die Gesellschafter zu halten: § 826 BGB regelt eine reine Innenhaftung, die als unbeschränkte Haftung auch zukünftig eine Ausnahme bleiben soll.[52] Eigenständige Bedeutung kommt dieser Konstruktion nach wie vor im

---

[48] *Theiselmann,* GmbHR 2007, 904, 905.

[49] Die Beweisführung problematisch sieht *Theiselmann,* GmbHR 2007, 904, 906.

[50] *Habersack,* ZGR 2008, 533, 546.

[51] Diese systematische Einordnung erfolgt aus rein deutscher Perspektive. Zu der Frage der Einordnung als Deliktsrecht vor dem Hintergrund des Kollisionsrechts und der Europäischen Niederlassungsfreiheit vgl. ausführlich unten 5. Teil, A. IV.

[52] BGH, Urt. v. 16.07.2007 – II ZR 3/04 („TRIHOTEL") = GmbHR 2007, 927; *Ulrich,* GmbHR 2007, 1289, 1293.

Bereich derjenigen Schäden zu, die nicht durch den Rückzahlungsanspruch aus § 31 GmbHG kompensiert werden können.[53]

Die Position externer Gesellschaftsgläubiger hat sich durch den Richtungswechsel des BGH deutlich verschlechtert. Indem ein Gläubiger nun keine Leistung mehr in sein eigenes Vermögen erhalten kann, wird ihm ein probates Mittel zur Kompensation seines Schadens genommen.[54] An dessen Stelle wird eine andere Haftungsfigur gesetzt, die jedoch weit größere – im Zweifel zu beweisende – Anforderung insbesondere bezüglich des subjektiven Tatbestands stellt.[55]

B. Haftung für materielle Unterkapitalisierung

In der Literatur wird zum Teil entgegen der ständigen Rechtsprechung des BGH[56] eine Haftung für materielle Unterkapitalisierung von Gesellschaften angenommen.[57] Die Befürworter eines solchen Instruments sehen die Gesellschafter in der Pflicht, ihrer Gesellschaft ein am konkreten Kapitalbedarf zu messendes Mindestkapital zuzuführen. Einen Haftungsgrund sehen sie als gegeben an, wenn das Eigenkapital der Gesellschaft nicht (mehr) ausreicht, um den nach Art und Umfang der angestrebten oder tatsächlichen Geschäftstätigkeit unter Berücksichtigung der Finanzierungsmethoden bestehenden, nicht durch Kredite Dritter zu deckenden, mittel- oder langfristigen Finanzbedarf zu befriedigen.[58] Auch wenn der Gesetzgeber mehrfach die Möglichkeit gehabt hätte, eine Haftung für Unterkapitalisierung einzuführen, hat er sich regelmäßig bewusst hiergegen entschieden.[59] Auch der BGH hat der Unterkapitalisierungshaftung in seinem GAMMA-Urteil erneut und mit Nachdruck eine Absage erteilt:[60]

„Nach der bisherigen gesetzlichen Ausgestaltung der GmbH wäre eine über die Aufbringung des gesetzlich vorgeschriebenen Mindeststammkapitals von derzeit noch

---

[53] *Schilmar,* DB 2004, 1411, 1413.

[54] *Dauner-Lieb,* ZGR 2008, 34, 36; *Weller,* ZIP 2007, 1681, 1685 f.

[55] *Dauner-Lieb,* ZGR 2008, 34, 36.

[56] BGH, Urt. v. 04.05.1977 – VIII ZR 298/75 = BGHZ 68, 312 = NJW 1977, 1449; BGH, Urt. v. 28.06.1999 – II ZR 272/98 = BGHZ 142, 116 ff. = NJW 1999, 2809; vgl. auch *Goette,* DStR 2005, 197, 200.

[57] *Raiser,* in: Ulmer/Habersack/Winter, GmbHG § 13 Rn. 155; *Lutter,* in: Lutter/Hommelhoff, GmbHG § 13 Rn. 15 ff.; *Emmerich,* in: Scholz, GmbHG § 13 Rn. 81 ff. u. 93 f.; *Wiedemann,* GesR I S. 224; *Hueck/Fastrich,* in: Baumbach/Hueck, GmbHG, 18. Aufl., § 5 Rn. 5 f.; a.A. jetzt die aktuelle 19. Aufl. *Hueck/Fastrich,* in: Baumbach/Hueck, GmbHG § 5 Rn. 6.

[58] *Emmerich,* in: Scholz, GmbHG § 13 Rn. 81; *Michalski,* GmbHG § 13 Rn. 363; *Hueck/Fastrich,* in: Baumbach/Hueck, GmbHG, 18. Aufl., § 5 Rn. 5 f.

[59] Vgl. bereits die Begründung zur GmbH-Novelle von 1980, BT-Drucks. 8/1347, S. 39; ähnlich jetzt auch RegE MoMiG, BR-Drucks. 354/07, S. 66.

[60] BGH, Urt. v. 28.04.2008 – II ZR 264/06 („GAMMA") = BGHZ 176, 204 = ZIP 2008, 1232 m. Bespr. *Altmeppen,* S. 1201 = BB 2008, 1697 = NJW 2008, 2437 m. Bespr. *Veil* S. 3264 = DStR 2008, 1293 m. Bespr. *Waclawik* S. 1486.

25.000,00 € und die anschließende Gewährleistung seiner Erhaltung hinausgehende ,Finanzausstattungspflicht' des Gesellschafters systemwidrig und würde letztlich die GmbH als Gesellschaftsform selbst in Frage stellen. "

Unabhängig davon, ob man einer Haftung für materielle Unterkapitalisierung *de lege ferenda* offen gegenübersteht,[61] kann damit festgehalten werden, dass sie *de lege lata* nicht existiert,[62] sodass sich daraus für bestehende Cash-Pooling-Systeme keine Haftungsrisiken ergeben.

C. Geschäftsführerhaftung

Wie dargestellt, begründet ein Verstoß gegen Kapitalerhaltungsvorschriften durch Gesellschafter einen Rückgewähranspruch, ein Existenz vernichtender Eingriff dagegen einen Anspruch auf Schadensersatz aus § 826 BGB.

Paradoxerweise gestaltet sich die Haftung von Geschäftsführern und Vorständen dazu genau spiegelverkehrt: Ein Verstoß gegen die Kapitalbindung fordert gemäß § 43 Abs. 3 GmbHG/§ 93 Abs. 3 Nr. 1 AktG Schadensersatz, wohingegen bei zur Insolvenz führenden Zahlungen durch das MoMiG im Recht der GmbH wie der AG neue Anspruchsgrundlagen für eine Rückgewähr der Leistung durch den Geschäftsführer geschaffen wurden.[63]

I. Schadensersatz

Nachfolgend soll der Schadensersatzanspruch aus § 43 GmbHG/93 AktG in gebotener Kürze untersucht werden. Zwar stellt die Binnenhaftung kein Haftungsrisiko einer Gesellschaft im Cash-Pooling-Verbund dar, jedoch ist sie Teil des im deutschen Recht weit verzweigten Gesamtsystems des Schutzes externer Konzerngläubiger.

1. Geschäftsführer und Vorstände, § 43 GmbHG/§ 93 AktG

§ 43 GmbHG und die aktienrechtliche Parallelnorm § 93 AktG verpflichten den oder die Geschäftsführer zur Wahrung des Gesellschaftsinteresses. Die hieraus abzuleitenden Sorgfaltspflichten erstrecken sich auch auf die Unternehmensfinanzierung[64] und damit auf das Cash Pooling.[65] Dieses ist durch die Geschäfts-

---

[61] So *Blaurock,* in: FS Raiser (2005), 3, 19 f.; *Habersack,* ZGR 2008, 533, 557 ff.; *dagegen Waclawik,* DStR 2008, 1486, 1489 f.; *skeptisch auch Fleischer,* ZGR 2000, 1, 11, der auf das Fehlen aussagefähiger ökonomischer Untersuchungen des Phänomens hinweist.

[62] Ebenso *Habersack,* ZGR 2008, 533, 558.

[63] Diese Inkonsequenz bemängelt zu Recht *Vetter,* BB 2007, 1965, 1966.

[64] *Fleischer,* Hdb. Vorstandsrecht, § 7 Rn. 43.

leitung mit der Sorgfalt eines ordentlichen Kaufmanns zu überwachen, um Schaden von der Gesellschaft abwenden zu können.[66] Der Verstoß soll eine Schadensersatzpflicht[67] nach § 43 Abs. 2 GmbHG/93 Abs. 2 AktG gegenüber der Gesellschaft auslösen.

a) Verstoß gegen das Auszahlungsverbot, § 43 S. 3 GmbHG/§ 93 Abs. 3 Nr. 1 AktG

Explizit gilt dies für eine Auszahlung entgegen § 30 Abs. 1 GmbHG (§ 43 Abs. 3 GmbHG) bzw. § 57 Abs. 1 AktG (§ 93 Abs. 3 Nr. 1 AktG).[68] Hierbei genügt es, wenn leichte Fahrlässigkeit vorliegt,[69] die etwa dazu führt, dass ein Darlehen auf Grund einer sorgfaltswidrig zustande gekommenen falschen Bonitätsprognose gewährt wird.[70] In diesem Fall greift auch die Business-Judgement-Rule (§ 93 Abs. 1 S. 2 AktG) nur sehr eingeschränkt, da es sich prinzipiell um eine gebundene Entscheidung handelt, bei der kein kaufmännisches Ermessen verbleibt. Allerdings wird man dem Vorstand bei der Auslegung des unbestimmten Rechtsbegriffs der „Vollwertigkeit"[71] einen gewissen Spielraum zubilligen müssen.[72]

b) Stehen lassen unsicherer Darlehen

Die Geschäftsführerpflichten gelten aber nicht nur für den Zeitpunkt einer Auszahlung, sondern bestehen permanent fort. Auch wenn also eine bei hinreichender Bonität erfolgte Darlehensvergabe nicht nachträglich zur verbotenen Auszahlung gemäß § 30 Abs. 1 S. 1 GmbHG/§ 57 Abs. 1 S. 1 AktG wird,[73] be-

---

[65] *Fleischer,* Hdb. Vorstandsrecht, § 7 Rn. 43; *Knapp,* DStR 2008, 2371, 2372; vgl. auch oben 1. Teil, A. III.

[66] Für die GmbH: *Wicke,* GmbHG § 43 Rn. 12; *Bunnemann,* in: Bunnemann/Zirngibl, § 3 Rn. 4 ff.; für die AG: *Spindler,* in: MünchKomm AktG § 93 Rn. 25.

[67] So die h. M., *Mertens,* in: Kölner Komm AktG § 93 Rn. 87; *Spindler,* in: MünchKomm AktG § 93 Rn. 192; *Fleischer,* in: Spindler/Stilz, AktG § 93 Rn. 212; *Hüffer,* AktG § 93 Rn. 22; *Wiesner,* in: Münch Hdb. AG § 26 Rn. 19; *K. Schmidt,* GesR § 36 II 4; *a. A.* aber neuerdings *Habersack/Schürnbrand,* WM 2005, 957, 960 f., die darin einen verschuldensunabhängigen Folgenbeseitigungsanspruch sehen.

[68] *Spindler,* in: MünchKomm AktG § 93 Rn. 195; *Wand/Tillmann/Heckenthaler,* AG 2009, 148, 150.

[69] *Spindler,* in: MünchKomm AktG § 93 Rn. 194; *Hopt,* in: GroßKomm AktG § 93 Rn. 233.

[70] *Wand/Tillmann/Heckenthaler,* AG 2009, 148, 153.

[71] Zu den damit implizierten Schwierigkeiten vgl. bereits oben 2. Teil, A. I. 2. c) cc) (1).

[72] *Kiefner/Theusinger,* NZG 2008, 801, 805 f.; *Wand/Tillmann/Heckenthaler,* AG 2009, 148, 152.

[73] Vgl. Begr. RegE MoMiG, BT-Drucks. 16/6140, S. 41 reSp.

deutet dies keinesfalls, dass die Geschäftsleitung der darleihenden Gesellschaft zuschauen muss oder darf, wie sich der Wert des Rückzahlungsanspruchs stetig verschlechtert. Vielmehr obliegt es ihr auch zukünftig, in diesem Fall eine Rückzahlung oder zumindest die Stellung werthaltiger Sicherungen zu fordern.[74] Gleiches gilt, wenn bei vertraglicher Konzernierung der Verlustausgleichsanspruch zweifelhaft wird.[75] Um dies ermitteln zu können, ist auch beim Cash-Management ab einem gewissen Umfang ein geeignetes Informations- oder Frühwarnsystem gemäß § 91 Abs. 2 AktG zu unterhalten.[76] Die Haftung des Geschäftsführers der Darlehensgeberin reicht insofern also weiter als diejenige der Darlehensnehmerin.

c) Umfang der Erstattungspflicht

Dies gilt auch in Bezug auf die Höhe des Erstattungsbetrags. Als Schadensersatzanspruch ist der Anspruch nach § 43 GmbHG/93 AktG nämlich nicht auf den Betrag der verbotswidrigen Auszahlung bzw. die Valuta des nachträglich kritisch gewordenen Darlehens begrenzt, sondern anhand der Differenzmethode zu ermitteln. Sofern die Gesellschaft nachweisen kann, dass ihr ein über den Auszahlungsbetrag hinausgehender Schaden entstanden ist, etwa weil sie ein lukratives Geschäft nicht tätigen konnte, kann die zu kompensierende Schadenshöhe den ursprünglichen Auszahlungsbetrag somit weit übersteigen.[77]

d) Geltendmachung durch Gläubiger, § 93 Abs. 5 AktG

Bei Aktiengesellschaften gibt § 93 Abs. 5 AktG den Gläubigern ein unmittelbares Klagerecht gegen ein die Gesellschaft gemäß § 93 Abs. 2 AktG ersatz-

---

[74] Begr. RegE MoMiG, BT-Drucks. 16/6140, S. 41 reSp; BGH, Urt. v. 01.12.2008 – II ZR 102/07 („MPS") = DB 2009, 106, 107 = ZIP 2009, 70, 72; *Rose*, in: Bunnemann/Zirngibl, § 6 Rn. 106; *Fleischer*, in: K. Schmidt/Lutter, AktG § 57 Rn. 23; *Altmeppen*, in: Roth/Altmeppen, GmbHG § 30 Rn. 112 f.; *Altmeppen*, ZIP 2009, 49, 51; *Drygala/Kremer*, ZIP 2007, 1289, 1293; *Habersack*, ZGR 2009, 347, 361 ff.; *Waclawik*, Status:Recht 2009, 50, 51; *Wand/Tillmann/Heckenthaler*, AG 2009, 148, 153.

[75] *Altmeppen*, ZIP 2009, 49, 56; *Waclawik*, Status:Recht 2009, 50, 51; *Wand/Tillmann/Heckenthaler*, AG 2009, 148, 154.

[76] BGH, Urt. v. 01.12.2008 – II ZR 102/07 („MPS") = DB 2009, 106, 107 = ZIP 2009, 70, 72; *Altmeppen*, in: Roth/Altmeppen, GmbHG § 30 Rn. 115; *Cahn*, Kredite an Gesellschafter, S. 26; *Krieger*, in: MünchHdb. AG § 69 Rn. 62; *Henze*, WM 2005, 717, 726; *Vetter*, VGR 2002, 70, 98.

[77] H.M.: Für die GmbH: BGH, Urt. v. 20.03.1986 – II ZR 114/85 = NJW-RR 1986, 1293; *Koppensteiner*, in: Rowedder/Schmidt-Leithoff, GmbHG § 43 Rn. 24; *Haas*, in: Michalski, GmbHG § 43 Rn. 221; *Zöllner/Noack*, in: Baumbach/Hueck, GmbHG § 43 Rn. 49; für die AG: *Mertens*, in: Kölner Komm AktG § 93 Rn. 96; *Spindler*, in: MünchKomm AktG § 92 Rn. 204; *Hopt*, in: GroßKomm AktG § 93 Rn. 237; *Fleischer*, in: Spindler/Stilz, AktG § 93 Rn. 215; *a.A.* offenbar *Wicke*, GmbHG § 43 Rn. 12 (für die GmbH).

pflichtiges Vorstandsmitglied, sofern eine Inanspruchnahme der Gesellschaft objektiv nicht mehr möglich ist (z. B. bei Zahlungsunfähigkeit, Überschuldung usw.[78]). Der Gläubiger kann in diesem Fall sogar Leistung in das eigene Vermögen verlangen, falls das Vorstandsmitglied entweder mindestens leicht fahrlässig gegen § 93 Abs. 3 AktG oder grob sorgfaltswidrig gegen § 93 Abs. 2 AktG verstoßen hat. Eine große praktische Relevanz kommt dieser Regelung indes nicht zu, da bei eröffnetem Insolvenzverfahren der Anspruch nur vom Insolvenzverwalter geltend gemacht werden kann (Satz 4), die Gläubiger somit ihre Aktivlegitimation verlieren.[79] Raum für eine Geltendmachung durch den Gläubiger selbst verbleibt damit nur dort, wo etwa ein Insolvenzverfahren mangels Masse abgelehnt wurde (§ 26 InsO).[80]

2. Aufsichtsräte, §§ 116, 93 AktG

Die Pflicht zum Schadensersatz gilt ausweislich des in § 116 AktG enthaltenen Verweises auf § 93 AktG nicht nur für Vorstände, sondern auch für Aufsichtsräte einer Aktiengesellschaft/GmbH.[81] Im Rahmen seiner MPS-Entscheidung betont der BGH, dass die Sorgfaltspflichten eines Geschäftsleiters sich in den Überwachungspflichten des Aufsichtsrats fortsetzen.[82] Sofern sich der Schaden in einer nachteiligen Darlehensvergabe darstellt, haftet der Aufsichtsrat zwar grundsätzlich nicht, da dies als operative Geschäftsführungsmaßnahme nicht in seinen Verantwortungsbereich fällt. Etwas anders kann sich jedoch ergeben, wenn eine entsprechende Pflichtverletzung des Geschäftsleiters wiederholt möglich wird, weil der Aufsichtsrat seine Überwachungspflichten verletzt.[83] Ebenfalls obliegt es dem Aufsichtsrat, ggf. auf die Etablierung eines Frühwarnsystems hinzuwirken.[84]

---

[78] *Spindler,* in: MünchKomm AktG § 93 Rn. 238; *Fleischer,* in: Spindler/Stilz, AktG § 93 Rn. 253.

[79] *Hopt,* in: GroßKomm AktG § 93 Rn. 422; *Fleischer,* in: Spindler/Stilz, AktG § 93 Rn. 257.

[80] *Spindler,* in: MünchKomm AktG § 93 Rn. 238; *Fleischer,* in: Spindler/Stilz, AktG § 93 Rn. 250; einschränkend *Mertens,* in: Kölner Komm AktG § 93 Rn. 148.

[81] Die Einrichtung eines Aufsichtsrat kann bei der GmbH nach §§ 1 Abs. 1 Nr. 3, 4 Abs. 1 DrittelbG, §§ 1, 6 Abs. 1, 7 MitbestG, §§ 3 ff. Montan-MitbestG, §§ 1, 3 MitbestErgG oder § 3 KAGG obligatorisch sein. Den fakultativen Aufsichtsrat regelt § 52 GmbHG.

[82] BGH, Urt. v. 01.12.2008 – II ZR 102/07 = NZG 2009, 107; zust. *Habersack,* ZGR 2009, 347, 363.

[83] *Fleischer,* NJW 2009, 2337, 2341; *Mülbert/Leuschner,* NZG 2009, 281, 287; *Wand/Tillmann/Heckenthaler,* AG 2009, 148, 150.

[84] *Habersack,* ZGR 2009, 347, 363.

3. Bedeutung für das Cash Pooling

Das Cash-Pooling-Verfahren ist im Rahmen der Geschäftsführung zu überwachen. Für unzulässige Liquiditätsabführungen haften die Geschäftsführer persönlich, u. U. auch dann, wenn die Überwachung nicht in ihren im Rahmen der Arbeitsteilung zugewiesenen Zuständigkeitsbereich gehört. Auch wenn diese Rechtsfolge empfindlich weit reicht, erzeugt sie in der Praxis oftmals nicht die gewünschten Verhaltensanreize. Grund dafür ist, dass es vielfältige Gründe für Geschäftsführer geben kann, sich dem – ggf. vermuteten – Willen der Konzernspitze unterzuordnen und dann bei divergierenden Interessen von Gesellschaft und Konzernspitze entgegen ihrer gesetzmäßigen Pflicht zu Gunsten der Konzernspitze zu entscheiden.[85] Das ihnen hieraus erwachsende Risiko wird häufig dadurch relativiert, dass die in der Praxis üblichen D&O-Versicherungen[86] weite Teile davon tragen.[87]

Hinzu kommt, dass der Anwendungsbereich der Geschäftsführerhaftung eher begrenzt ist. Die Geschäftsführerhaftung soll nicht dazu dienen, wirtschaftlich fehlgeschlagene Geschäftsvorgänge zu kompensieren, sondern nur ein *ex ante* erkennbar pflichtwidriges Verhalten von Geschäftsführern sanktionieren. Sofern dieses nicht in einem der Katalogtatbestände von § 43 GmbHG/93 AktG vorliegt, wird die objektiv schädigende Handlung deswegen beim Cash Pooling häufig vom unternehmerischen Ermessen der Geschäftsführer gedeckt sein.

II. Rückgewähr der Leistung

Mit dem MoMiG wurde der frühere § 64 Abs. 1 GmbHG aufgehoben. Dem bisherigen Absatz 2 wurde folgender Satz angefügt:

„Die gleiche Verpflichtung trifft die Geschäftsführer für Zahlungen an Gesellschafter, soweit diese zur Zahlungsunfähigkeit der Gesellschaft führen mussten, es sei denn, dies war auch bei Beachtung der in S. 2 bezeichneten Sorgfalt nicht erkennbar.“

Eine wortgleiche Regelung für die AG hat in § 92 Abs. 2 S. 3 n. F. AktG Einzug erhalten. Damit schafft der Gesetzgeber eine Existenzvernichtungshaftung für Geschäftsführer und Vorstände.[88] Sie schließt, indem sie als Erfolgshaftung

---

[85] Ähnlich bereits oben 2. Teil, A. I. 2. a) bb) (2).

[86] Der Begriff ist dem angelsächsischen Sprachraum entlehnt (Directors & Officers) und bezeichnet eine meist durch das Unternehmen abgeschlossene Versicherung, die bei internen wie externen Haftungsansprüchen gegen Geschäftsführer oder Vorstände einsteht – im Extremfall in Höhe der tatsächlichen Haftungsverpflichtung.

[87] Ausführlich zur kontraproduktiven Wirkung bezüglich der Verhaltenssteuerung *Hopt*, in: GroßKomm AktG § 93 Rn. 519; *Fleischer*, in: Spindler/Stilz, AktG § 93 Rn. 282.

[88] Begr. RegE MoMiG, BT-Drucks. 16/6140, S. 46 liSp; dazu *Spindler*, in: MünchKomm AktG § 92 Rn. 69.

konzipiert ist, Schutzlücken, die sich aus einer rein Bilanz orientierten Betrachtungsweise ergeben.[89] Dabei ist es nicht erforderlich, dass ein Vorstand oder Geschäftsführer tatsächlich *in personam* gehandelt hat, sondern eine jede Zahlung wird ihm zugerechnet.[90] Hinsichtlich der zu erwartenden Praxisrelevanz ist zwischen GmbH und AG zu unterscheiden.

1. Tatbestand

a) § 64 S. 3 n. F. GmbHG

Da sich das hier neu geregelte Auszahlungsverbot nicht auf das Stammkapital beschränkt, ist es eine Verschärfung gegenüber dem Kapitalerhaltungsrecht.[91] Verboten sind jetzt nämlich auch solche Zahlungen, die zwar das Stammkapital nicht verletzen, jedoch trotzdem eine Zahlungsunfähigkeit herbeiführen. Auch wenn es entgegen ursprünglicher Vorschläge im Rahmen des MoMiG nicht zu einer Herabsetzung des Stammkapitals von GmbHs gekommen ist, kann hier eine gewisse zukünftige Bedeutung prognostiziert werden.[92]

b) § 92 Abs. 2 S. 3 n. F. AktG

Demgegenüber ist im Aktienrecht davon auszugehen, dass die Neuerung in der Praxis keine sonderlich hohe Relevanz haben dürfte,[93] weil es ein dem der GmbH vergleichbares freies Vermögen dort nach wie vor nicht gibt. Eine Ausschüttung entgegen § 57 Abs. 1 AktG zieht aber bereits eine Haftung nach § 93 Abs. 3 Nr. 1 AktG mit der weiter gehenden Rechtsfolge einer Haftung auf den gesamten Schaden nach sich. So räumt auch die Gesetzesbegründung ein, dass die Ergänzung hier hauptsächlich aufgenommen wurde, um den Gleichlauf zwischen dem Recht der AG und der GmbH zu wahren.[94]

c) Sittenwidrigkeit

Vom MoMiG-Entwurf war ursprünglich intendiert, die Existenzvernichtungshaftung des BGH durch die hier zu besprechenden Vorschriften auch auf Ge-

---

[89] *Poertzgen,* GmbHR 2007, 1258 ff.

[90] *Cahn,* Der Konzern 2009, 7, 10.

[91] *Cahn,* Der Konzern 2009, 7, 14; *Greulich/Rau,* NZG 2008, 284, 285; *Hirte,* ZInsO 2008, 689, 697 f.; *K. Schmidt,* GmbHR 2008, 449 ff.

[92] *Spindler,* in: MünchKomm AktG § 92 Rn. 70; zum Problem kollidierender Haftungsgrundlagen beim Geschäftsführer-Gesellschafter der GmbH vgl. *Greulich/Bunnemann,* NZG 2006, 681, 683.

[93] *Spindler,* in: MünchKomm AktG § 92 Rn. 70; *Kleindiek* BB-Beil. 2007, 2, 5; *Noack,* DB 2006, 1475, 1479.

[94] Begr. RegE MoMiG, BT-Drucks. 16/6140, S. 52 reSp.

schäftsführer und Vorstände auszudehnen.[95] Die ausführlich besprochene TRI-HOTEL-Entscheidung,[96] nach der die genannten Personengruppen nun ohnehin auch wegen Existenzgefährdung haften, erging allerdings erst zweieinhalb Monate nach Veröffentlichung des Regierungsentwurfs zum MoMiG, weswegen der Tatbestand der §§ 64 S. 3 GmbHG/92 Abs. 2 S. 3 AktG eher der früheren Existenzvernichtungshaftung ähnelt. Deswegen ist die Sittenwidrigkeit – geschriebenes Tatbestandsmerkmal des § 826 BGB – bei der Geschäftsführerhaftung nicht zu fordern. Oben wurde bereits ausgeführt, dass die Existenzvernichtungshaftung in der neuen dogmatischen Gestalt eines Unterfalls von § 826 BGB grundsätzlich auch Geschäftsführer treffen kann, allerdings oft mangels eigener wirtschaftlicher Vorteile derselben keine Sittenwidrigkeit vorliegen wird.[97] Auch wenn dies wohl ursprünglich nicht intendiert war, schließen die §§ 64 S. 3 GmbHG/92 Abs. 2 S. 3 AktG die sich hieraus ergebende Schutzlücke.[98]

d) Zahlungsempfänger

Bereits mehrfach wurde in dieser Arbeit gefragt, was unter der Formulierung „an Gesellschafter" zu verstehen sei, ob also auch Zahlungen an dem Gesellschafter nahe stehende Dritte erfasst sein sollten. Diese Frage stellt sich bei § 64 S. 3 GmbHG und § 92 Abs. 2 S. 3 AktG erneut.[99] Anders als in Bezug auf § 39 Abs. 1 Nr. 5 InsO sind diese Vorschriften jedoch gänzliche Novae, sodass nicht auf die Auslegung von Vorgängernormen zurückgegriffen werden kann. Es bleiben damit einzig die Materialien aus dem Gesetzgebungsprozess. Eine ausdrückliche Klarstellung, wer mit dem Gesellschafterbegriff gemeint sein soll, lassen allerdings auch sie vermissen, obwohl das Problem dem Gesetzgeber bekannt war.[100] Zumindest aber betont die Begründung zum Regierungsentwurf des MoMiG, dass § 64 S. 3 GmbHG das Verbot aus § 30 Abs. 1 GmbHG ergänze.[101] Das könnte dafür sprechen, dass diejenigen Dritten erfasst sein sollten, die § 30

---

[95] Begr. RegE MoMiG, BT-Drucks. 16/6140, S. 46 liSp.

[96] BGH, Urt. v. 16.07.2007 – II ZR 3/04 („TRIHOTEL") = BGHZ 173, 246 = DB 2007, 1802 = WM 2007, 1572 = ZIP 2007, 1552 = GmbHR 2007, 1586 = Der Konzern 2007, 607.

[97] 4. Teil, A. III.

[98] Ähnlich *Gehrlein*, WM 2008, 761, 768 f.

[99] *Cahn*, Der Konzern 2009, 7, 12, der die Einbeziehung Dritter wegen des hohen Umgehungspotenzials annimmt. *A. A. Spliedt*, ZIP 2009, 149, 159, der mit dem Gesetzeswortlaut argumentiert.

[100] Vgl. bereits die Kritik in der DIHK-Stellungnahme zum Entwurf eines Gesetzes zur Modernisierung des GmbH-Rechts und zur Bekämpfung von Missbräuchen (MoMiG) – Regierungsentwurf, BT-Drucks. 354/07 v. 04.07.2007, S. 7, online abrufbar unter: http://muenchen.ihk.de/internet/mike/ihk_geschaeftsfelder/recht/Anhaenge/stellungnahme_mo mig.pdf [07.10.2010].

[101] Begr. RegE MoMiG, BT-Drucks. 16/6140, S. 46 liSp.

Abs. 1 GmbHG erfasst.[102] Unterstützt wird diese Einschätzung vom Telos der Norm. Der Geschäftsführer soll durch sie davon abgeschreckt werden, das zur Fortführung der Gesellschaft nötige Vermögen an den Gesellschafter auszukehren. Dann kann es aber nicht sein, dass er dieses Vermögen ungestraft der Ehefrau eines Gesellschafters oder einem Schwesterunternehmen zukommen lassen darf. Richtigerweise ist die Terminologie „an Gesellschafter" hier deswegen vor dem Hintergrund des identischen Umgehungspotenzials genauso zu verstehen wie in § 30 Abs. 1 GmbHG/57 Abs. 1 AktG.[103]

e) Kausalität

Im Referentenentwurf des MoMiG war es nach dem Wortlaut der dort noch in § 64 Abs. 2 S. 3 GmbHG kodifizierten Vorschrift notwendig, dass „[…] durch Zahlungen an Gesellschafter die Zahlungsunfähigkeit der Gesellschaft herbeigeführt wird […]".[104] Dies erfuhr viel Kritik, weil nicht geklärt war, ob die Zahlung selbst den Tatbestand des § 17 InsO herbeiführen musste. Der Gesetzgeber reagierte hierauf mit der Neuformulierung „[…] herbeiführen musste […]". Damit wird klar, dass es ausreicht, wenn die Zahlung des Gesellschafters die Zahlungsunfähigkeit hervorruft, sei es durch direkte Herbeiführung der Zahlungsunfähigkeit oder durch Ingangsetzen einer nicht mehr aufzuhaltenden Kausalkette.[105] Andererseits kann nicht jeder kausale Beitrag genügen. Die Begründung des Regierungsentwurfs zum MoMiG führt aus, die Zahlung müsse ohne Hinzutreten weiterer Kausalbeiträge zur Zahlungsunfähigkeit der Gesellschaft führen.[106] In dieser Formulierung ist mehr zu sehen als eine Festschreibung adäquater Kausalität. Richtigerweise wird man fordern müssen, dass die Insolvenz zum Auszahlungszeitpunkt durch die konkrete Auszahlung überwiegend wahrscheinlich wurde.[107]

Teilweise wird darüber hinausgehend Monokausalität verlangt.[108] Eine solch enge Interpretation des Tatbestands würde der vom Gesetzgeber intendierten Pa-

---

[102] *Kleindiek,* in: Lutter/Hommelhoff, GmbHG § 64 Rn. 26; *Heckschen,* Das MoMiG in der notariellen Praxis, Rn. 779; *Niesert/Hohler,* NZI 2009, 345, 349.

[103] *Für die GmbH: K. Schmidt,* in: Scholz, GmbHG § 64 Rn. 77; *Casper,* in: Ulmer/Habersack/Winter, GmbHG § 64 Rn. 106; *Kleindiek,* in: Lutter/Hommelhoff, GmbHG § 64 Rn. 26; *Haas,* in: Baumbach/Hueck, GmbHG § 64 Rn. 101; *Wicke,* GmbHG § 64 Rn. 27; *Desch,* in: Bunnemann/Zirngibl, § 8 Rn. 127; *Gehrlein,* Der Konzern 2007, 771, 795; *Knof,* DStR 2007, 1536, 1538; *für die AG: Cahn,* Der Konzern 2009, 7, 12.

[104] RefE-MoMiG v. 29.05.2006, S. 8.

[105] *K. Schmidt,* in: Scholz, GmbHG § 64 Rn. 83; *Kleindiek,* in: Lutter/Hommelhoff, GmbHG § 64 Rn. 28; *Haas,* in: Baumbach/Hueck, GmbHG § 64 Rn. 105; *Hölzle,* GmbHR 2007, 729, 731.

[106] Begr. RegE MoMiG, BT-Drucks. 16/6140, S. 46 a. E.

[107] *Kleindiek,* in: Lutter/Hommelhoff, GmbHG § 64 Rn. 27; *Greulich/Bunnemann,* NZG 2006, 681, 685; *Kleindiek,* in: FS K. Schmidt (2009), 893, 905; *Knof,* DStR 2007, 1536, 1540; *Desch,* in: Bunnemann/Zirngibl, § 8 Rn. 133.

rallele zum Existenz vernichtenden Eingriff[109] Rechnung zollen, den Anwendungsbereich von § 64 S. 3 GmbHG jedoch – ohne dass der Gesetzeswortlaut dies geböte – auf Fälle krassen Missbrauchs reduzieren. Es bleibt daher abzuwarten, ob die Rechtsprechung diese Auslegung teilen wird oder – nach hier vertretener Auffassung wünschenswerter[110] – aus Gründen des Gläubigerschutzes eine weniger restriktive Anwendbarkeit annehmen wird.

f) Subjektiver Tatbestand

Auch hinsichtlich des subjektiven Tatbestands ist die Haftung aus §§ 64 S. 3 GmbHG/92 Abs. 2 S. 3 AktG weiter als die Gesellschafterhaftung wegen Existenzvernichtung aus § 826 BGB. Während beim Gesellschafter doppelter Vorsatz vorliegen muss,[111] begnügt sich die Geschäftsführerhaftung mit Fahrlässigkeit.[112] Es wurde bereits darauf hingewiesen, dass diese Ungleichbehandlung einer bisher nicht erfolgten Rechtfertigung bedürfte.[113] Zwar ist der Geschäftsführer „näher" an der Gesellschaft, jedoch wird es zumeist der Gesellschafter sein, der ihn zu einem bestimmten Tun veranlasst. Ob die Differenzierung in der Praxis zu ungerechten Ergebnissen führen wird, ist allerdings fraglich. Sofern der Gesellschafter den Geschäftsführer zu einem fahrlässigen Handeln veranlasst, wird er selbst regelmäßig einen Vorsatz hegen, sodass beide im Ergebnis fast immer parallel haften werden.

g) Rechtsfolge

Die Rechtsfolge ist eine persönliche Differenzhaftung des Geschäftsführers, die gemäß §§ 64 S. 4, 43 Abs. 4 GmbHG innerhalb von fünf Jahren verjährt. Sofern der Geschäftsführer – wie im Fall der GmbH – weisungsgebunden ist, würde ihn dies der Gefahr aussetzen, zu einem Verhalten gezwungen zu werden, das ihn haftbar macht. Richtigerweise ist § 64 S. 3 GmbHG deswegen so zu verstehen, dass dem Geschäftsführer ein Leistungsverweigerungsrecht zusteht.[114]

---

[108] So der Handelsrechtsausschuss des DAV in der Stellungnahme Nr. 43/07 zum MoMiG; zustimmend *Kleindiek*, in: FS K. Schmidt (2009), 893, 905.

[109] Begr. RegE MoMiG, BT-Drucks. 16/6140, S. 46 liSp.

[110] *K. Schmidt*, in: Scholz, GmbHG § 64 Rn. 83; *Haas*, in: Baumbach/Hueck, GmbHG § 64 Rn. 105; *Kleindiek*, in: Lutter/Hommelhoff, GmbHG § 64 Rn. 27; *Spliedt*, ZIP 2009, 149, 160.

[111] *Habersack*, ZGR 2008, 533, 558; vgl. auch oben 4. Teil, A. III. 2.

[112] *K. Schmidt*, in: Scholz, GmbHG § 64 Rn. 87; *Kleindiek*, in: Lutter/Hommelhoff, GmbHG § 64 Rn. 30; *Habersack*, ZGR 2008, 533, 558.

[113] Vgl. dazu bereits oben 4. Teil, A. III. 2.

[114] Vgl. Begr. RegE MoMiG, BT-Drucks. 16/6140, S. 47; *Greulich/Rau*, NZG 2008, 284, 287; *Hölzle*, GmbHR 2007, 729, 732; *Bormann,* DB 2006, 2616; *Knof*, DStR 2007, 1536, 1537; *K. Schmidt*, GmbHR 2007, 1, 7.

2. Geltung auch für Upstream-Besicherungen?

Wenig Beachtung hat bisher die Frage gefunden, ob die Rechtsfolge der §§ 64 S. 3 GmbHG und 92 Abs. 2 S. 3 AktG auch dann greift, wenn die Gesellschaft aus einer Upstream-Besicherung in Anspruch genommen werden soll. Aufgrund der festgestellten und vom MoMiG-Gesetzgeber intendierten Parallelität zu § 30 Abs. 1 GmbHG ist dies zu bejahen.[115] Hinsichtlich der Details muss das oben Gesagte gelten.[116] Relevanter Zeitpunkt wäre also wiederum die Sicherheiten-bestellung.[117] Zwar steht eine Bestätigung dieses Ergebnisses durch die Recht-sprechung noch aus, jedoch ist festzuhalten, dass ein Geschäftsführer, der eine Upstream-Sicherheit bestellt, gut beraten sein wird, wenn er im Sicherungsver-trag auf eine Klausel besteht, nach der eine Inanspruchnahme ausgeschlossen ist, wenn die Auszahlung einen Fall von § 64 S. 3 GmbHG/92 Abs. 2 S. 3 AktG dar-stellen würde.[118]

3. Exkulpation durch Solvenztest

Um die Haftung nicht ausufern zu lassen, wird ihr eine Art Vorstandsermessen gegenüber gestellt, dessen Parallelen zum *solvency test* die Entwurfsbegründung hervorhebt.[119] Bei diesem aus dem angloamerikanischen Recht bekannten Ver-fahren hat die Unternehmensleitung Zahlungspläne aufzustellen, in denen die zu erwartenden Kapitalzuflüsse den abzusehenden Kapitalabflüssen gegenüber ge-stellt werden. Auf deren Basis ist dann zu ermitteln, ob man sich nach dem nor-malen Lauf der Dinge eine Entnahme leisten kann.[120] Danach veranlasste Zah-lungen sind später nur dann zu erstatten, wenn sie kausal die Zahlungsunfähig-keit hervorgerufen haben.[121] Da inzwischen eine stetig wachsende Zahl von Ökonomen[122] und Juristen[123] Solvenztests für effektiver halten als Kapitalerhal-

---

[115] *K. Schmidt,* in: Scholz, GmbHG § 64 Rn. 75; *Kleindiek,* in: Lutter/Hommelhoff, GmbHG § 64 Rn. 28; *Haas,* in: Baumbach/Hueck, GmbHG § 64 Rn. 98; *Cahn,* Der Konzern 2009, 7, 10; *Kollmorgen/Santelmann/Weiß,* BB 2009, 1818, 1820.

[116] Vgl. oben 2. Teil, A. I. 2. d).

[117] *Haas,* in: Baumbach/Hueck, GmbHG § 64 Rn. 98; *Niesert/Hohler,* NZI 2009, 345, 349.

[118] *Kollmorgen/Santelmann/Weiß,* BB 2009, 1818, 1821.

[119] Begr. RegE MoMiG, BT-Drucks. 16/6140, S. 46.

[120] *Greulich/Bunnemann,* NZG 2006, 681, 683; *Noack,* DB 2006, 1475, 1479.

[121] *Noack,* DB 2006, 1475, 1479.

[122] *Pellens/Jödicke/Richard,* DB 2005, 1393, 1401; vertiefend *Marx,* Solvenztest, S. 53 ff.

[123] *Eidenmüller/Engert,* AG 2005, 97, 108 (für die GmbH); *Fuchs/Stibi* BB-Beil 2007, 19, 24; *Mülbert,* Der Konzern 2004, 151, 160; *Spindler,* AG 2006, 677, 688; *Triebel/Otte,* ZIP 2006, 311, 313; vgl. auch den Bericht der Hochrangigen Gruppe von Experten auf dem Gebiet des Gesellschaftsrechts über moderne gesellschaftsrechtliche

tungsvorschriften, kopieren nun die §§ 64 S. 3 GmbHG/92 Abs. 2 S. 3 AktG das angloamerikanische Prinzip.

Bezogen auf das Cash-Pooling-Verfahren sollte eine Exkulpation in entsprechender Anwendung des Satzes 3 jedenfalls dann möglich sein, wenn bei Vorliegen eines elektronischen Frühwarnsystems zur Überwachung des Pools *ex ante* keine vernünftigen Zweifel an der Werthaltigkeit des Rückzahlungsanspruchs feststellbar waren.

4. Kollision mit den §§ 31 GmbHG, 62 AktG

Die §§ 64 S. 3 GmbHG/92 Abs. 2 S. 3 AktG begründen ein neues Problem, das dem schon früher bekannten, heute aber weitgehend entschärften Kapitalerhaltungskonflikt[124] ähnelt: Ein Gesellschafter kann, wie oben dargestellt,[125] gemäß §§ 31 GmbHG/62 AktG verpflichtet sein, eine von seiner Tochtergesellschaft unter Verletzung von §§ 30 Abs. 1 S. 1 GmbHG/57 Abs. 1 AktG erhaltene Zahlung umgehend zurückzugewähren. Wird aber die zu Lasten des gebundenen Vermögens der Tochter erhaltene Liquidität zur Abwendung der Zahlungsunfähigkeit benötigt, so ist für den Geschäftsführer erkennbar, dass die Erfüllung des Anspruchs aus §§ 31 GmbHG/62 AktG die Gesellschaft in die Insolvenz führen würde. Dem Geschäftsführer werden somit zwei sich ausschließende Pflichten auferlegt, indem er einerseits eine Rückzahlung sofort zu leisten hat, andererseits eine Zahlung nicht leisten darf, ohne persönlich für die Folgen zu haften. Diese schwerer wiegende persönliche Konsequenz für den Geschäftsführer wird sicherlich in der Praxis zumeist dazu führen, dass die Rückzahlung verweigert wird. Dies ist aber keine Lösung des Problems. Im Folgenden soll untersucht werden, ob die neue Konstellation mit einer früher bekannten in der Weise vergleichbar ist, dass sich Ergebnisse übertragen lassen.

a) Kapitalerhaltungskonflikt im früheren Recht

Da die Ähnlichkeit zum früheren Kapitalerhaltungskonflikt sogleich ins Auge fällt, ist zunächst zu prüfen, ob ein hierzu ergangener Vorschlag überzeugt.

aa) Teleologische Reduktion des § 31 GmbHG

Unter anderem wurde vorgeschlagen, den § 31 GmbHG teleologisch zu reduzieren, wenn das Eigenkapitalersatzrecht andernfalls keine Wirkung entfalten

---

Rahmenbedingungen in Europa v. 04.11.2002, 94, abrufbar unter http://ec.europa.eu/internal_market/company/docs/modern/report_de.pdf [07.10.2010].

[124] Dazu 3. Teil, B. I. 5. d) bb) (3).

[125] Vgl. 2. Teil, A. I. 3.

könne.[126] Im deutschen Recht sei es anerkannt, dass eine teleologische Reduktion auch dann geboten sein könne, wenn der vorrangige Zweck einer anderen Norm andernfalls nicht zu erreichen ist. Als vorrangig vor den Kapitalerhaltungsvorschriften wurde früher das Eigenkapitalersatzrecht angesehen, da sich der Kapitalerhaltungskonflikt vor allem in Situationen stellte, in denen die darleihende Gesellschaft an ein Schwesterunternehmen leistete und deswegen einen Anspruch nicht nur gegen die Zielgesellschaft hatte, sondern auch gegen die gemeinsame Konzernmutter, sodass sie weniger schutzbedürftig sei.[127]

Auch nach neuem Recht wird in dieser Konstellation ein Rückzahlungsanspruch aus § 31 GmbHG sowohl gegen die Zahlungsempfängerin als auch gegenüber einer mit dieser nicht identischen gemeinsamen Muttergesellschaft erwachsen. Nach dem Gesagten wäre sodann die Darlehensgeberin weniger schutzbedürftig, da sie noch einen zweiten Haftungsgegner hat, an den sie sich wenden kann. Diese Lösung litt allerdings schon früher daran, dass das bloße Bestehen eines Anspruchs noch nichts über dessen Werthaltigkeit aussagt. Richtigerweise kann man daher einen Vorrang des § 64 S. 3 GmbHG/§ 92 Abs. 2 S. 3 AktG nur dann annehmen, wenn der Anspruch gegen die Muttergesellschaft durchsetzbar und vollwertig ist. Im hier einzig interessierenden Fall des Cash Pooling ist davon aber nicht auszugehen. Bestünde nämlich ein vollwertiger Anspruch gegen die Muttergesellschaft, so würde es sich bei der Darlehensvergabe unter Zugrundelegung einer bilanziellen Betrachtungsweise gemäß § 30 Abs. 1 S. 2 GmbHG schon nicht um eine Auszahlung handeln, sodass § 31 GmbHG überhaupt nicht relevant würde. Aus dem Rückzahlungsanspruch gegen die Muttergesellschaft lässt sich also kein fehlendes Schutzbedürfnis ableiten.

bb) Grundsatz des beatus possidens

Einige der ersten Beiträge zum Kapitalerhaltungskonflikt entstanden nicht zum deutschen, sondern zum – damals weitgehend vergleichbaren[128] – österreichischen Recht. *Karollus* beschreibt den Kapitalerhaltungskonflikt des alten Rechts als einen unendlichen Kreislauf von Zahlungsansprüchen, der sich jedes Mal ergäbe, wenn (in Deutschland) die §§ 31 GmbHG und 30 analog GmbHG kollidierten.[129] Dieses Problem sei auch nicht dadurch zu lösen, dass ein Anspruch höherwertig sei als der andere, denn beide Normen dienten dem Schutz der externen Gläubiger der jeweiligen Gesellschaft.[130] Die einzig sinnvolle Möglichkeit

---

[126] *Cahn*, Kapitalerhaltung im Konzern, S. 243; *Faßbender*, Cash Pooling und Kapitalersatzrecht, S. 260.

[127] *Faßbender*, Cash Pooling und Kapitalersatzrecht, S. 260; vorangehend, aber weniger explizit *Cahn*, Kapitalerhaltung im Konzern, S. 243.

[128] Zum österreichischen Eigenkapitalersatzrecht vgl. unten 5. Teil, A. II. 3. b) bb) (7).

[129] *Karollus*, in: FS Claussen (1997), 199, 206.

[130] *Karollus*, in: FS Claussen (1997), 199, 207; *Schmidsberger*, GesRZ 1997, 14, 26 f.

sei es also, den Teufelskreis schlichtweg zu unterbrechen. Dazu verweist *Karollus* auf den Grundsatz des *beatus possidens*: Immer derjenige, bei dem der Geldbetrag sich gerade befinde, habe damit das Recht, diesen zu behalten, um den Kreislauf zu durchbrechen.[131] Damit sei zumindest für eine der beiden Gläubigergruppen ihr Schutz vollumfänglich gewährleistet.

Dieser einfachen Lösung wohnte allerdings eine an Willkür grenzende Zufälligkeit inne, weshalb sie meist abgelehnt wurde.[132] Der radikale Ansatz war auch nur der Tatsache geschuldet, dass sich der Zahlungsanspruch im alten Recht immer wieder hin und her verlagerte. Dazu kann es jetzt nicht mehr kommen: Nur wenn die Darlehensgeberin zum ersten Mal gebundenes Vermögen auszahlt, kommt es zur Kollision. Wird der Geldbetrag gemäß § 31 GmbHG wider § 64 S. 3 GmbHG/§ 92 Abs. 2 S. 3 AktG zurückgewährt, bestehen zwischen den Gesellschaften keinerlei Ansprüche mehr. Nur der Geschäftsführer der ursprünglichen Darlehensempfängerin wäre gegenüber seiner Gesellschaft haftbar. Deswegen besteht für diese „Radikallösung" heute keine Notwendigkeit mehr.

cc) Einzelfallabwägung

Cahn betonte, dass es eine pauschale Antwort nicht geben konnte. Beide Normen schützten die externen Gläubiger der jeweiligen Gesellschaft, sodass keine der Interessengruppen *per se* schutzwürdiger sei als die andere.[133] Auch die subjektiven Momente der Zahlung könnten nicht herangezogen werden, da es beiden Gesellschaften bekannt sein wird, dass die jeweilige Zahlung *causa societatis* erfolgt.

Da aber auch eine Zufallslösung für *Cahn* nicht in Betracht kam, sprach er sich dafür aus, eine Einzelfallabwägung durchzuführen. Diese fiele beispielsweise zu Gunsten der Kreditnehmerin aus, wenn eine Kredit gebende AG dies mit Mitteln täte, die außerhalb ihres Grundkapitals lägen, weil es in diesem Bereich von § 57 AktG nicht mehr vorrangig um Gläubigerschutz, sondern um die Gleichbehandlung der Aktionäre gehe, welche im Zweifel zurückzustehen habe. Beschöne dagegen eine Kreditnehmerin ihre finanzielle Situation gegenüber der Kreditgeberin, so führe dies dazu, dass die Entscheidung zu Gunsten der Kreditgeberin ausfalle. Des Weiteren sei die Zeitspanne zwischen Mittelgewährung und Geltendmachung des Rückgewähranspruchs zu berücksichtigen: Falls die Kreditnehmerin noch gar nicht mit den überlassenen Mitteln gewirtschaftet habe, sei

---

[131] *Karollus,* in: FS Claussen (1997), 199, 206 f.; zustimmend *Schmidsberger,* GesRZ 1997, 14, 26 f.

[132] *Faßbender,* Cash Pooling und Kapitalersatzrecht, S. 260.

[133] *Cahn,* Kapitalerhaltung im Konzern, S. 243.

ihr eine Rücküberführung eher zuzumuten als in Fällen, in denen die liquiden Mittel bereits umgesetzt worden seien.[134]

Auch dem hier zu besprechenden Konflikt könnte mit einer Einzelfallabwägung begegnet werden. Dieser Lösung wohnt ein natürliches Gerechtigkeitsbedürfnis inne, welches aber andererseits auch große Rechtsunsicherheit mit sich bringt. Diese besteht darin, dass oftmals nicht feststellbar sein wird, wer gerade schutzbedürftiger ist. Dies zeigt etwa der Vorschlag, eine Gesellschaft schlechter zu stellen, wenn sie die erhaltenen Mittel durch Vorspielung falscher Tatsachen über ihre wirtschaftliche Situation erlangt hätte. Die §§ 30 GmbHG/57 AktG dienen nämlich – ebenso wie die §§ 64 S. 3 GmbHG/92 Abs. 2 S. 3 AktG – nicht dem Gesellschafts- sondern dem Gläubigerschutz. Warum aber die regelmäßig „unschuldigen" Gläubiger einer täuschenden Gesellschaft, die oftmals selbst Opfer der Täuschung sein werden, schlechter gestellt werden sollten, ist schwerlich nachzuvollziehen.

b) Übertragbarkeit der Rechtsprechung zu § 266a StGB

Das neue Dilemma ähnelt aber nicht nur dem Kapitalerhaltungskonflikt, sondern auch dem in der Literatur und Rechtsprechung ausführlich diskutierten Konflikt zwischen dem Zahlungsverbot nach Insolvenzantritt und der Strafnorm des § 266a StGB: Führt der Geschäftsführer der GmbH oder ein AG-Vorstand während der Insolvenzreife Sozialversicherungsbeiträge ab, ist er grundsätzlich schadensersatzpflichtig gegenüber seiner Gesellschaft. Wenn er die Beiträge aber zurückhält, wird er nicht nur schadensersatzpflichtig gemäß § 823 Abs. 2 BGB i.V.m. § 266a StGB, sondern zudem strafbar.[135] Durch die §§ 64 S. 3 GmbH/92 Abs. 2 S. 3 AktG wird dieses Zahlungsverbot – soweit die Zahlung einem Gesellschafter zu Gute kommt – nur zeitlich vorverlegt, um eventuell noch eine Abwendung der Insolvenz herbeiführen zu können, sodass hier eine Vergleichbarkeit besteht.

Die früher herrschende Meinung wollte § 266a StGB nicht ausreichen lassen, um den Grundsatz der Gleichbehandlung der Gläubiger zu durchbrechen.[136] Eine gewisse Entschärfung brachte die Rechtsprechung des 5. Strafsenats mit sich, nach der die Geschäftsführer/Vorstandsmitglieder zwar der persönlichen Haftung

---

[134] *Cahn,* Kapitalerhaltung im Konzern, S. 243 f.

[135] BGH, Beschl. v. 28.05.2002 – 5 StR 16/02 = Buhst 47, 318, 322; BGH, Beschl. v. 09.08.2005 – 5 StR 67/05 = ZIP 2005, 1678; *Flitsch,* BB 2004, 351 f.; *Gross/Schork,* NZI 2004, 358.

[136] BGH, Urt. v. 18.04.2005 – II ZR 61/03 = DStR 2005, 978 = NJW 2005, 2546 m. Bespr. *Berger,* BB 2006, 437; BGH, Urt. v. 08.01.2001 – II ZR 88/99 = BGHZ 146, 264 = NJW 2001, 1280, 1282, m. Anm. *Bork,* EWiR 2005, 731, BFH, Urt. v. 27.02.2007 – VII R 67/05 = BFHE 216, 491 = ZIP 2007, 1604, 1606; OLG Zweibrücken, Urt. v. 28.06.2005 – 8 U 159/04 = OLGR Zweibrücken 2005, 799; anders der 5. Strafsenat BGH, Beschl. v. 28.05.2002 – 5 StR 16/02 = Buhst 47, 318, 322.

nach § 823 Abs. 2 BGB i.V.m. § 266a StGB ausgesetzt waren, jedoch zumindest den Beweis der Unmöglichkeit normgemäßen Verhaltens erbringen konnten.[137] Zuletzt entschied der II. Zivilsenat, dass ein Vorstand, der bei Insolvenzreife der Gesellschaft den sozial- und steuerrechtlichen Normbefehlen folgend Arbeitnehmeranteile der Sozialversicherung oder Lohnsteuer abführt, durchaus mit der Sorgfalt eines ordentlichen und gewissenhaften Geschäftsmannes handele und insofern nicht gemäß § 92 Abs. 3 AktG schadensersatzpflichtig würde.[138] Das Ergebnis dieser Rechtsprechung könnte man auf den vorliegenden Fall übertragen und argumentieren, dass die Leistung auf eine gesetzliche Zahlungspflicht hin niemals dazu führen kann, die strenge Rechtsfolge einer persönlichen Haftung des gesetzlichen Vertreters des Zahlungspflichtigen auszulösen.

c) Abwägung

Weder der frühere Kapitalerhaltungskonflikt, noch die Kollision zwischen Strafrecht und Zahlungsverbot in der Insolvenz ist gänzlich auf den hier interessierenden Konflikt übertragbar. Das Dilemma beim Kapitalerhaltungskonflikt bestand allerdings weniger in der entgegen gesetzten Richtung der Pflichten, sondern vielmehr daran, dass sich bei wortgetreuer Normanwendung ein niemals endendes Pingpong-Spiel ergeben hätte, bei dem keine Lösung zu einem wirklich überzeugenden Ergebnis geführt hätte.

Die Verortung des neuen Auszahlungsverbots im Gesetz unmittelbar nach dem Auszahlungsverbot in der Insolvenz spricht zumindest dafür, eher die hierzu ergangene Rechtsprechung als Beurteilungsmaßstab heranzuziehen. Wenn der BGH ausführt, eine Zahlung auf Grund einer gesetzlichen Verpflichtung tauge dazu, das Auszahlungsverbot in der Insolvenz zu durchbrechen, so muss dies erst Recht für Auszahlungen gelten, die im Vorfeld der Insolvenz erfolgen. Es ist zudem der Zweck der §§ 64 S. 3 GmbHG/92 Abs. 2 S. 3 AktG zu betrachten. Die Normen sollen verhindern, dass Gesellschafter den Geschäftsführer oder Vorstand ihrer Gesellschaft zu einem sie begünstigenden Verhalten veranlassen. Beim Konflikt mit § 31 GmbHG/§ 62 AktG geht es aber nicht um eine Auszahlung an Gesellschafter auf deren Veranlassung hin, sondern um die Rückzahlung von etwas – zu Unrecht – Erlangtem auf Grund einer gesetzlichen Vorschrift.

Im Normalfall hätte der Gesellschaft das erhaltene Darlehen gar nicht zur Verfügung stehen dürfen, sodass die unausweichliche Insolvenz schon vorher gegeben war. Berücksichtigt man dies, so führt die Rückzahlung schon nicht in die

---

[137] BGH, Urt. v. 18.04.2005 – II ZR 61/03 = DStR 2005, 978 = NJW 2005, 2546; m. Bespr. *Berger*, BB 2006, 437; BGH, Urt. v. 15.10.1996 – VI ZR 319/95 = BGHZ 133, 370 m. Anm. *Goette*, DStR 1996, 2031.

[138] BGH, Urt. v. 14.05.2007 – II ZR 48/06 = BGH, ZIP 2007, 1265; m. Anm. *Goette*, DStR 2007, 1176; zust. *Altmeppen*, NJW 2007, 2121; krit. *Spindler*, WuB II A § 92 AktG 1.07.

Insolvenz sondern bei Lichte betrachtet nur dazu, dass die an sich feststehende Insolvenz nicht durch ein nachträgliches, unerwartetes Ereignis zu Lasten eines Dritten abgewendet werde kann.

Die Gesamtbetrachtung lässt daher nur den Schluss zu, dass ein Geschäftsführer auch dann verpflichtet ist, einen Anspruch aus § 31 GmbHG zu befriedigen, wenn dies impliziert, dass seine Gesellschaft dadurch zahlungsunfähig wird. Eine Einstandspflicht nach § 64 S. 3 GmbHG/92 Abs. 2 S. 3 AktG wird hierdurch nicht begründet.

5. Bedeutung für das Cash Pooling

Während die Haftung wegen Existenz vernichtenden Eingriffs den Gesellschafter trifft, setzt die neue Haftung aus § 64 S. 3 GmbHG und § 92 Abs. 2 S. 3 AktG bei dem die Zahlung veranlassenden Mitglied der Unternehmensleitung an. Aus den dargestellten Gründen könnte dies vor allem bei der GmbH relevant werden. Dem Anspruch gegen den Gesellschafter aus § 826 BGB wird dann ein der Höhe nach auf die schädliche Auszahlung limitierter zweiter Anspruch gegen die Geschäftsführung zur Seite gestellt.

Dieses Haftungsrisiko könnte die Geschäftsleitung dazu anhalten, die Entwicklungen im Cash Pool aufmerksam zu verfolgen und ggf. weitere Zahlungsabflüsse zu unterbinden.[139] Untätigkeit stünde hier andernfalls einer aktiven Zahlung gleich.[140]

Durch das hohe persönliche Haftungsrisiko der Geschäftsführung wird eine präventive Abschreckung bei zweifelhafter Bonität des Cash Pools erzeugt, die auf diese Weise auch mittelbar Gläubiger schützend wirkt und die oben festgestellte Erosion des Gläubigerschutzes durch die Aufweichung von Kapitalerhaltungsregeln und Eigenkapitalersatzrecht in Teilen kompensiert.

D. Bezüge zum Strafrecht

Auch strafrechtliche Normen können beim Cash Pooling relevant werden.[141] Insbesondere ist hier an Untreue (§ 266 StGB) und Betrug (§ 263 StGB) zu denken. Beides sind Schutzgesetze i. S. d. § 823 Abs. 2 BGB. Soweit sie verwirklicht sind, folgt daraus also wiederum eine Schadensersatzhaftung auf zivilrechtlicher Ebene.[142]

---

[139] *Greulich/Bunnemann*, NZG 2006, 681, 686; *Greulich/Rau*, NZG 2008, 284, 287.

[140] BGH, Urt. v. 26.03.2007 – II ZR 310/05 = NZG 2007, 462; *Greulich/Rau*, NZG 2008, 284, 287; *Greulich/Bunnemann*, NZG 2006, 681, 684 m.w.N.

[141] Umfassend monographisch *Bauer*, Untreue durch Cash-Pooling im Konzern (2008), passim.

[142] *Burgard*, VGR 2002, 45, 58 ff.

I. Untreue, § 266 StGB

§ 266 StGB kommt vor allem in seiner 2. Alternative (Treuebruch) in Betracht.[143] Täter wäre dann der Geschäftsführer einer Gesellschaft, der eine Auszahlung wider seine Betreuungspflicht veranlasst. Geben die Gesellschafter hierzu jedoch ihre Zustimmung, so liegt eine Untreue tatbestandlich regelmäßig nicht vor, da § 266 StGB nicht die Gläubiger eines Unternehmens schützt, sondern lediglich zur Betreuung des anvertrauten Vermögens verpflichtet.[144] Sofern jedoch der Geschäftsführer einer Gesellschaft gebundenes Vermögen entgegen § 30 GmbH auszahlt oder durch die Auszahlung auch ungebundenen Vermögens die Gesellschaft in die Gefahr einer Existenzvernichtung bringt, so ist nach heute herrschender Meinung die Vermögensbetreuungspflicht gegenüber der GmbH nicht durch eine Zustimmung ihrer Gesellschafter abdingbar.[145]

Auch die Leitung eines herrschenden Unternehmens, welches den Geschäftsführer einer abhängigen Gesellschaft zu dem eben beschriebenen Verhalten veranlasst, kann zumindest wegen Anstiftung (§ 26 StGB) oder Beihilfe (§ 27 StGB) strafbar sein.[146] Im mehrfach erwähnten Fall der Bremer Vulkan Werft nahm der BGH auch eine Vermögensbetreuungspflicht des herrschenden Unternehmens an, weswegen er hier zu einer Strafbarkeit der Vorstände der Obergesellschaft kam.[147]

Vor Inkrafttreten des MoMiG würde ebenfalls Untreue angenommen, wenn im Vorfeld einer Krise Eigenkapital ersetzende Darlehen zurückgewährt wurden. Nach Abschaffung der Verstrickung[148] ist dies heute straffrei.[149] Eine allzu große Schutzlücke wird sich hierdurch allerdings nicht auftun, da an dieser Stelle nun regelmäßig die gesellschaftsrechtliche Geschäftsführerhaftung der neuen §§ 64

---

[143] *Vetter,* in: Lutter, Holding-Hdb., § 8 Rn. 22; *Vetter/Stadler,* Haftungsrisiken beim konzernweiten Cash Pooling, Rn. 156.

[144] *A.A.* noch die frühere BGH-Rechtsprechung, derzufolge es auch ausreichen sollte, wenn bei erfolgter Zustimmung der Gesellschafter die Grundsätze eines ordentlichen Kaufmannsbetriebs nicht eingehalten waren, BGH, Urt. v. 29.05.1987 – 3 StR 242/86 = Buhst 34, 379, 387 ff.; BGH, Urt. v. 24.08.1998 – 3 StR 232/88 = Buhst 35, 333, 337.

[145] BGH, Urt. v. 21.06.1999 – II ZR 47/98 = BGHZ 142, 92, 93 f. = ZIP 1999, 1352 = WuB II C § 31 GmbHG 1999 m. Anm. *U.H. Schneider*; BGH, Urt. v. 20.07.1999 = 1 StR 668/98 = NJW 2000, 154, 155 m. Bespr. *Gehrlein* S. 1089 = NZG 2000, 307 f. m. Anm. *Zeidler; Tiedemann,* in: Scholz, GmbHG Vor §§ 82 ff. Rn. 15; *Vetter,* in: Lutter, Holding Hdb., § 8 Rn. 22; *Vetter/Stadler,* Haftungsrisiken beim konzernweiten Cash Pooling, Rn. 156; alle m.w.N.

[146] *Vetter,* in: Lutter, Holding-Hdb., § 8 Rn. 23.

[147] BGH, Urt. v. 17.09.2001 – II ZR 178/99 („Bremer Vulkan") = BGHZ 149, 10, 17 f.

[148] Vgl. oben 3. Teil, B. I. 3. a).

[149] *Bittmann* NStZ 2009, 113, 117.

S. 3 GmbHG und 92 Abs. 2 S. AktG greift.[150] Wird hier gegen das Zahlungsverbot verstoßen, so tritt neben die für den Geschäftsführer ohnehin schon einschneidende Rechtsfolge der Erstattungspflicht auch die Strafbarkeit wegen Untreue in der Alternative des Missbrauchs der Vermögensbetreuungspflicht.[151]

II. Betrug, § 263 StGB

Im Fall Bremer Vulkan ging der BGH zudem auch von einer Betrugsstrafbarkeit der Vorstände des herrschenden Unternehmens aus. Hierzu nahm er eine Garantenstellung der Muttergesellschaft an, aus der eine Aufklärungspflicht hinsichtlich ihrer drohenden Zahlungsunfähigkeit gefolgert wurde. Indem es die Vorstände bei einer falschen Vorstellung der Untergesellschaft von der Bonität ihrer Konzernmutter belassen hätten, hätten sie eine Täuschung durch Unterlassen begangen.[152]

III. Bewertung

Das Strafrecht bildet die *ultima ratio* des deutschen Rechts. Im Vergleich zu anderen Rechtsgebieten ist es subsidiär und akzessorisch. Es ist nicht denkbar, dass eine Maßnahme im Rahmen des Cash Pooling strafrechtlich relevant wird ohne zugleich gegen gesellschafts- insolvenz- oder deliktsrechtliche Normen zu verstoßen.[153] Insofern verschärft das Strafrecht zwar in manchen Konstellationen die rechtliche Konsequenz einer möglichen Handlung und wirkt dadurch verhaltenssteuernd. Dem entgegen liefert es keine neuen Verbotstatbestände, die ansonsten zulässige Cash-Pooling-Systeme beschränken würden.

E. Ergebnisse des 4. Teils

Die im Zusammenhang mit Cash Pooling seit jeher sehr relevante Rechtsfigur des Existenz vernichtenden Eingriffs hat in den letzten Jahren eine erhebliche Modifikation erfahren.[154] Heute ist von einer Innenhaftung auszugehen, die eine eigene Fallgruppe im Rahmen des § 826 BGB bildet.[155] Aus Sicht externer Gläubiger hat dies den Vorteil, dass unter Umständen auch Mitglieder der Unternehmensleitung Adressaten des Haftungsanspruchs sind.[156] Abgesehen davon, dass

---

[150] Dazu oben 4. Teil, C. II.

[151] *Bittmann,* NStZ 2009, 113, 118; *Bittmann,* wistra 2007, 321, 325.

[152] BGH, Urt. v. 17.09.2001 – II ZR 178/99 („Bremer Vulkan") = BGHZ 149, 10, 18 f.

[153] *Vetter/Stadler,* Haftungsrisiken beim konzernweiten Cash Pooling, Rn. 157.

[154] 4. Teil, A. II.

[155] 4. Teil, A. III.

[156] 4. Teil, A. III. 1.

sie keine Leistung mehr in ihr eigenes Vermögen fordern können, stellt sie das neue Haftungskonzept aber vor allem dadurch schlechter, dass die Tatbestandsvoraussetzungen enger geworden sind.[157] Eine zusätzliche Haftung für materielle Unterkapitalisierung kommt nach heutiger Rechtslage nicht in Betracht.[158]

Die allgemeine Geschäftsführerhaftung hat sich durch das MoMiG nicht wesentlich geändert. Die Einschränkung des Tatbestands der §§ 30 GmbHG/57 AktG bringt es jedoch mit sich, dass eine Haftung der Geschäftsführer nach den auf sie verweisenden §§ 43 S. 3 GmbHG/93 Abs. 3 Nr. 1 AktG ebenfalls nicht in Betracht kommt, sofern einer Darlehensvergabe ein aus *ex-ante*-Sicht vollwertiger Rückzahlungsanspruch gegenübersteht.

Neu ist die Pflicht des Geschäftsführers zur Rückgewähr der Leistung nach §§ 64 S. 3 GmbHG/92 Abs. 2 S. 3 AktG. Während sie im Aktienrecht selten eine Praxisrelevanz aufweisen wird,[159] dürfte sie im Recht der GmbH zukünftig dort eine eigene Bedeutung entfalten, wo einerseits das gebundene Kapital nicht verletzt wird und andererseits mangels Vorsatz oder Bereicherung eines Geschäftsführers dieser nicht bereits wegen Existenz vernichtenden Eingriffs haftet.[160] Sofern § 64 S. 3 GmbHG dabei zu einer Kollision mit § 31 GmbHG führt, sollte diesem Konflikt durch eine teleologische Reduktion des § 64 S. 3 GmbHG begegnet werden.[161] Aus Sicht der Gläubiger ist hier auch die Dauer der Verjährung gemäß §§ 64 S. 4, 43 Abs. 4 GmbHG interessant. Sie könnte zukünftig dazu taugen, Schutzlücken zu schließen, die die Abschaffung der Rechtsprechungsregeln zum Eigenkapitalersatz mit sich bringt. Während dort nur Darlehensrückzahlungen anfechtbar sind, die innerhalb eines Jahres vor Insolvenzantritt erfolgten, bietet § 64 S. 3 GmbHG nun einen Zeitrahmen von fünf Jahren, um die Geschäftsführer in Anspruch zu nehmen. Allerdings kann sich der Geschäftsführer im Rahmen von § 64 GmbHG – anders als der Gesellschafter bei § 135 InsO durch normgemäßes Verhalten exkulpieren.

Das Strafrecht liefert als *ultima ratio* keine eigenständigen Begrenzungen, die im Rahmen des Cash Pooling relevant werden könnten. Es ergänzt lediglich die Rechtsfolgen besonders schwerer Verstöße gegen bestehende andere Normen, indem es neben zivilrechtliche Haftungstatbestände die Strafbarkeit stellt.[162] Dem parallel sich ergebenden Anspruch aus § 823 Abs. 2 BGB wird dann regelmäßig keine große eigene Bedeutung zukommen.

---

[157] 4. Teil, A. III.
[158] 4. Teil, B.
[159] 4. Teil, C. II. 1. b).
[160] 4. Teil, C. II. 1. a).
[161] 4. Teil, C. II. 4. c).
[162] 4. Teil, D. III.

Zusammenfassend lässt sich sagen, dass die im 4. Teil dieser Arbeit besprochenen Haftungsinstrumente gegenüber den gesellschafts- und insolvenzrechtlichen Normen der vorangehenden Kapitel eine einschneidendere Rechtsfolge aufweisen. Auf diese Weise soll besonders schwer wiegenden Verstößen begegnet werden, indem Einzelpersonen – in engen tatbestandlichen Grenzen – mit ihrem Privatvermögen haften oder gar strafrechtlich belangt werden können. Die Schaffung eines neuen Tatbestands der Geschäftsführerhaftung deutet trotz des bisher noch kleinen Anwendungsbereichs darauf hin, dass der Gesetzgeber sich langsam von einem allgemeinen, bilanzorientierten *ex-ante*-Gläubigerschutz entfernt und der Sanktionierung von Pflichtverstößen zuwendet.

Auch wenn das Trennungsprinzip hierdurch erodiert, könnte dies zu einer Effizienzsteigerung des Gläubigerschutzes führen. Die Erfahrungen der kommenden Jahre werden zeigen, ob eine noch weiter gehende Verlagerung angebracht sein kann.

5. Teil

Cash Pooling im internationalen Konzern

„Die ‚Finanzierung im multinationalen Konzern' vorzustellen, wird – zu Recht – jedem, der mit diesem Fragenkreis befasst ist, als der Versuch einer Quadratur des Kreises vorkommen".[1] *Hirte* bezieht diese Aussage nicht zuletzt auf die unterschiedlichen Zielsetzungen, die weltweit mit der Errichtung von Konzernorganisationen verfolgt werden und die damit eine Fülle nahezu unvergleichbarer Konzernschaubilder zur Folge hat. Trotzdem soll zumindest in Bezug auf das Cash Pooling ein entsprechender Versuch unternommen werden. Die bisher dargestellten Dimensionen der Konzerninnenfinanzierung werden dafür nochmals ergänzt. Die Frage, welches Recht anwendbar ist, ergibt sich immer dann, wenn eine im Ausland gegründete Gesellschaft ihren Sitz nach Deutschland verlegt bzw. im Rahmen der zentralisierten Konzerninnenfinanzierung Liquidität an einen in Deutschland befindlichen Cash Pool abgibt.

In diesem Zusammenhang erscheint es sinnvoll, sich zunächst auf den EWWU-Raum zu beschränken (Teil A), welcher durch eine inzwischen nahezu unüberschaubare Vielzahl von miteinander konkurrierenden Gesellschaftsformen gekennzeichnet ist. Im Rahmen dieses Komplexes werden die primärrechtlichen Vorgaben, insbesondere der Artt. 49, 54 AEUV und das Sekundärrecht, etwa in Gestalt der EuInsVO relevant.

In einem zweiten Schritt (Teil B) soll dieses Problem letztmalig erweitert werden, nun nämlich um Konzernbausteine außerhalb der EU, die u. U. einem anderen Kollisionsrecht unterliegen, vor allem aber durch ein Cash-Pooling-System, das auf mehreren Währungen basiert und so spezielle Rechtsfragen aufwirft (Teil C). Dass insbesondere die Pool führenden Gesellschaften häufig in „Steuerparadiese" ausgelagert werden,[2] soll im Kontext dieser Arbeit nur insoweit interessieren, wie es Auswirkungen auf die Kapitalerhaltung hat oder mit explizit das Cash Pooling betreffenden Sondernormen verbunden ist. Abschnitt D geht deswegen in gebotener Kürze auf den umgekehrten Fall ein, in welchem eine deutsche Gesellschaft an einen Pool im Ausland leistet.

---

[1] *Hirte*, in: Lutter/Scheffler/Schneider, Hdb. Konzernfinanzierung, § 35 Rn. 35.1.

[2] *Waldens*, IStR 2003, 497, 503 f.

A. EU-Auslandsgesellschaften in Deutschland

Bei der Darstellung von Cash Pooling in Konzernen, die auch EU-Auslands-gesellschaften als Bausteine haben, soll der Aufbau aus den vorangehenden Abschnitten dieser Arbeit übernommen werden. Zunächst werden deswegen Probleme der Kapitalerhaltung untersucht. Anschließend soll sich Gesellschafter-darlehen und schließlich deliktischen und verwandten Haftungsnormen zuge-wandt werden.

I. Regeln der Kapitalaufbringung und -erhaltung

Regeln der Kapitalaufbringung und -erhaltung sind Teil der Finanzverfassung und werden deswegen von der überwiegenden Literatur dem Gesellschaftsrecht zugeordnet.[3] Darum ist zuallererst die Frage zu stellen, welches Gesellschafts-recht im EWWU-Raum anzuwenden ist, wenn eine Gesellschaft ihren Sitz aus ihrem Gründungsstaat hinaus in einen anderen Mitgliedstaat verlegt. Dieses Problem hat anfangs auf Grund der früher in Deutschland vorherrschenden Sitz-theorie[4] in der Cash-Pooling-Debatte vielfach ein Schattendasein geführt, nun aber durch die Rechtsprechung zur europäischen Niederlassungsfreiheit an Be-deutung gewonnen.[5]

1. Das Gesellschaftsstatut

Verschiedene Rechtsordnungen kennen dem deutschen § 30 GmbHG ange-lehnte Regeln der Kapitalerhaltung. Solche Normen, die die Verhältnisse einer Gesellschaft ordnen, regelt das Gesellschaftsstatut, wobei in Literatur[6] wie Rechtsprechung[7] weitestgehend angenommen wird, dass alle gesellschaftsrecht-lichen Rechtsbeziehungen eines Unternehmens grundsätzlich demselben Gesell-schaftsstatut entstammen. In Ermangelung eines einheitlichen Konzernrechts gilt das allgemeine Gesellschaftsstatut auch bei grenzüberschreitenden Konzernsach-

---

[3] Statt vieler: *Kindler,* in: MünchKomm BGB IntGesR Rn. 521 ff.; *H. P. Westermann,* in: Scholz, GmbHG Einl. Rn. 96; *H. F. Müller,* in: Spindler/Stilz, AktG IntGesR Rn. 33; *Rotheimer,* NZG 2008, 181; *Spahlinger/Wegen,* Int. GesR, Rn. 312; *Fleischer,* in: Lut-ter, Europäische Auslandsgesellschaften, 70, 80, alle m.w.N.

[4] Ausführlich dazu unten 5. Teil, A. I. 1. a) aa).

[5] Ab 5. Teil, A. I. 1. b) cc).

[6] *Kindler,* in: MünchKomm BGB, IntGesR Rn. 412; *Großfeld,* in: Staudinger, Int-GesR Rn. 13; *Haas,* in: Gerkan/Hommelhoff, § 15 Rn. 15.4; alle m.w.N.

[7] BGH, Urt. v. 11.07.1957 – II ZR 318/55 = BGHZ 25, 134, 144 = LM Nr. 3 zu Art. 7 EGBGB; BGH, Urt. v. 21.09.1995 – VII ZR 248/94 = NJW 1996, 54, 55 m.Anm. *Mäsch* S. 1453 = EWiR 1995, 1187 m.Anm. *Geimer*; OLG Düsseldorf, Urt. v. 15.12.1994 – 6 U 59/94 = DB 1995, 1021 = EWiR 1995, 583 m.Anm. *Ebenroth/Will-burger* = WuB IV B Art. 37 EGBGB 1.95 m.Anm. *Nassall.*

verhalten.[8] Für eine abhängige Konzerngesellschaft gilt also „ihr" Gesellschaftsrecht und nicht etwa dasjenige der Konzernspitze.

Die Ansätze zur Bestimmung dieses Gesellschaftsstatus haben im letzten Jahrzehnt durch den Einfluss des EuGH eine Entwicklung durchgemacht, die im Folgenden nachgezeichnet werden soll.

a) Die klassischen Theorien zur Bestimmung des Gesellschaftsstatuts

Die Behandlung ausländischen Gesellschaftsrechts wurde früher in den einzelnen Staaten Europas unterschiedlich gehandhabt. Vorherrschend waren zwei Strömungen.

aa) Sitztheorie

Nach der in Mitteleuropa lange Zeit verbreiteten Sitztheorie[9] soll sich das Personalstatut einer Kapitalgesellschaft nach dem Recht des Staates richten, in welchem sie ihren tatsächlichen Hauptverwaltungssitz hat.[10] Dies meint nicht zwangsläufig den Satzungssitz, sondern den Ort, an dem die grundlegenden Entscheidungen der Unternehmensleitung effektiv umgesetzt werden.[11] Läge also der effektive Verwaltungssitz einer Gesellschaft in der Bundesrepublik Deutschland, so käme deutsches Gesellschaftsrecht in Bezug auf Finanz-, Organisations- und Haftungsstatut zur Anwendung.[12] Die Sitztheorie versteht sich selbst als Schutztheorie, die dazu dient, die Flucht der Gesellschafter in ein fremdes Recht mit niedrigerem Schutzniveau zu verhindern.[13] Ihr Leitgedanke besteht darin, dass es das Recht eines jeden Staates sei, ein Gesetzessystem zum Schutz seiner Bürger zu entwickeln und innerhalb seines Territoriums auch durchzusetzen. Dies bedeutet nicht, dass eine Sitzverlegung in einen anderen Staat unmöglich wäre.

---

[8] *Großfeld*, in: Staudinger, IntGesR Rn. 556; *Liebscher*, GmbH-Konzernrecht, Rn. 989.

[9] Herrschend z.B. In Deutschland (RG, Urt. v. 03.06.1927 – II 346/26 = RGZ 117, 215, 217; RG, Urt. v. 05.01.1937 – VII 138/36 = RGZ 153, 200, 205 f.; BGH Entsch. v. 30.01.1970 – V ZR 139/68 = BGHZ 53, 181, 183 f.; BayObLG, Beschl. v. 26.08.1998 – 3Z BR 78/98 = NZG 1998, 936), Frankreich (Art. 1837 Code Civil), Belgien (Art. 197 Code de commerce), Luxemburg, Portugal, Griechenland, modifiziert auch Italien (s. Aufzählung bei *H.P. Westermann*, in: Scholz, GmbHG, Einl. Rn. 99).

[10] *H.P. Westermann*, in: Scholz, GmbHG, Einl. Rn. 94; *Eidenmüller*, Ausländische Kapitalgesellschaften, § 1 Rn. 4; *Haas*, in: v. Gerkan/Hommelhoff, § 15 Rn. 15.5; *Eidenmüller*, Ausländische Kapitalgesellschaften, § 1 Rn. 4.

[11] *H.P. Westermann*, in: Scholz, GmbHG, Einl. Rn. 94; *a.A. Wiedemann*, GesR I, § 14 III 2, der auf die Tätigkeit abstellt, durch die die Bürger eines Staates am stärksten betroffen werden.

[12] *Haas*, in: v. Gerkan/Hommelhoff, § 15 Rn. 15.5.

[13] *H.P. Westermann*, in: Scholz, GmbHG, Einl. Rn. 94; *Haas*, NZI 2001, 1, 9 f.; *Haas*, in: v. Gerkan/Hommelhoff, § 15 Rn. 15.6.

Allerdings bringt sie das Erfordernis einer formellen Neugründung nach dem Recht des Zuzugsstaates mit sich. Erfolgte diese Neugründung nicht, so wurde allen ausländischen Kapitalgesellschaften in Deutschland, solange die Sitztheorie uneingeschränkt galt, die Rechts- und Parteifähigkeit -abgesprochen[14] bzw. später die Gesellschaft als nach § 50 Abs. 1 ZPO rechts- und parteifähige inländische Personengesellschaft (GbR, OHG) oder Einzelunternehmung betrachtet (so genannte modifizierte Sitztheorie des BGH).[15] Auch Fragen des Cash Pooling waren also damals gemäß dem *numerus clausus* der Gesellschaftsformen begrenzt.

bb) Gründungstheorie

Im 18. Jahrhundert entwickelte sich in England als Gegenmodell die so genannte Gründungstheorie (auch: Inkorporationstheorie), die eine einfache Verlegung von Unternehmen innerhalb des britischen Empire ermöglichte.[16] Nach dieser Theorie richtet sich das Personalstatut einer Kapitalgesellschaft nach dem Recht des Staates, in welchem sie gegründet wurde.[17] Damit haben es die Gründer in der Hand, welche Verfassung sie ihrem Unternehmen geben wollen.[18] Heute ist dies mit dem angloamerikanischen Verständnis von Kapitalgesellschaften zu erklären: Sie werden als *nexus of contracts,* als „Vertragsnetze" begriffen, innerhalb derer folgerichtig ein hoher Grad an Vertragsfreiheit besteht.[19]

Allerdings herrschen innerhalb der Gründungstheorie verschiedene Auffassungen darüber, was unter „Gründung" zu verstehen ist.[20] So zielen manche Staaten auf die ursprüngliche Errichtung des Unternehmens ab (Inkorporationsrecht),[21]

---

[14] BGH Entsch. v. 30.01.1970 – V ZR 139/68 = BGHZ 53, 181, 183 f. = DB 1970, 441 = WM 1970, 279; BGH, Urt. v. 21.03.1986 – V ZR 10/85 = BGHZ 97, 269 = WM 1986, 641 = ZIP 1986, 643 = JuS 1986, 1001 m. Anm. *Hohloch* = EWiR 1986, 627 m. Anm. *Großfeld;* BGH EuGH-Vorlage v. 30.03.2000 – VII ZR 370/98 = NZG 2000, 926 m. Anm. *Jaeger* = DB 2000, 1114 m. Anm. *Forsthoff* = DStR 2000, 1064 m. Anm. *Altmeppen; H. P. Westermann,* in: Scholz, GmbHG, Einl. Rn. 94.

[15] BGH, Urt. v. 27.10.2008 – II ZR 158/06 („Trabrennbahn") = BGH, ZIP 2008, 2411 = BGH, DStR 2009, 59 m. Anm. *Goette;* BGH, Urt. v. 01.07.2002 – II ZR 380/00 = BGHZ 151, 204 = DStR 2002, 1678 m. Anm. *Goette* = LM 2003, 46 m. Anm. *J. Wilhelm; Eidenmüller,* ZIP 2002, 2233, 2235.

[16] *H. P. Westermann,* in: Scholz, GmbHG, Einl. Rn. 99; *Eidenmüller,* Ausländische Kapitalgesellschaften, § 1 Rn. 2; *Großfeld,* in: FS Westermann, 1974, 199, 200 ff.

[17] *H. P. Westermann,* in: Scholz, GmbHG, Einl. Rn. 96; *Eidenmüller,* Ausländische Kapitalgesellschaften, § 1 Rn. 2; *Eidenmüller,* ZIP 2002, 2233, 2234; *Haas,* in: v. Gerkan/Hommelhoff, § 15 Rn. 15.5.

[18] *Haas,* in: v. Gerkan/Hommelhoff, § 15 Rn. 15.5.

[19] *Eidenmüller,* ZIP 2002, 2233, 2234 Fn. 10; *Eidenmüller,* JZ 2001, 1041, 1042 f.

[20] Dazu *H. P. Westermann,* in: Scholz, GmbHG, Einl. Rn. 94; *Eidenmüller,* Ausländische Kapitalgesellschaften, § 1 Rn. 3.

[21] So z. B. Großbritannien, die USA und die Niederlande.

andere auf das Recht, nach dem die Gesellschaft organisiert ist (Organisationsrecht)[22] und eine letzte Gruppe auf das Recht des Registereintragsstaates (Registerrecht).[23]

Insgesamt lässt sich aber schon an dieser Stelle der Arbeit festhalten, dass die Gründungstheorie den Wettbewerb der Rechtsformen fördert, während ihn die Sitztheorie behindert.[24] So verwundert es auch nicht, dass der Anwendungsbereich der Sitztheorie vor dem Hintergrund der Europäischen Niederlassungsfreiheit stark zurückgedrängt wurde.

b) Der Einfluss der Europäischen Niederlassungsfreiheit

Probleme der Feststellung des Personalstatuts von Kapitalgesellschaften haben lange Zeit den Charakter von Exoten besessen. Dies änderte sich mit zunehmender Konvergenz im europäischen Wirtschaftsraum. Insbesondere die europäische Niederlassungsfreiheit zwang die Gerichte sowie die nationalen Gesetzgeber, sich mit ihnen auseinanderzusetzen. Sie besitzt im Wesentlichen drei Rechtsquellen, namentlich die Regelungen des Vertrags über die Arbeitsweise der Europäischen Union (AEUV), die hierauf basierenden europäischen Richtlinien und die noch zum EG-Vertrag ergangenen Urteile des EuGH.[25]

aa) Primärrecht: Artt. 49, 54 AEUV (ex 43, 48 EGV)

Art. 49 AEUV (ex-Art. 43 EGV) verbietet seinem Wortlaut nach die Beschränkung der freien Niederlassung von Staatsangehörigen eines EU-Mitgliedstaats im Hoheitsgebiet anderer Mitgliedstaaten. Dies erstreckt sich auch auf Zweigniederlassungen und Tochterunternehmen und umfasst die Aufnahme und Ausübung ständiger Erwerbstätigkeiten sowie die Gründung von Unternehmen. Dabei ist zwischen primärer (Art. 49 Abs. 1 S. 1 AEUV) und sekundärer (Art. 49 Abs. 1 S. 2 AEUV) Niederlassungsfreiheit zu unterscheiden: Während sich erstere auf die Möglichkeit zur freien Verlegung des Verwaltungssitzes bezieht, beschreibt letztere das Recht zur Gründung von ausländischen Zweigniederlassungen und Tochtergesellschaften.[26] Ausdrücklich verweist Art 49 AEUV auf Art. 54 AEUV (ex-Art. 48 EGV). Dieser erklärt, dass die genannten Grundsätze

---

[22] So z.B. die Schweiz, Art. 154 IPRG (Gesetz über das Internationale Privatrecht).

[23] So z.B. Dänemark, speziell hierzu *Mäsch,* JZ 2000, 201 f. m.w.N.

[24] Ebenso *Eidenmüller,* ZIP 2002, 2233, 2235.

[25] Für Kapitalgesellschaften, die aus EWR-Staaten stammen, die nicht gleichzeitig EU-Mitglieder sind (Island, Liechtenstein, Norwegen), wird zudem das EWR-Abkommen relevant. Die Abweichungen sind hier allerdings derart marginal, dass im Folgenden nicht weiter darauf eingegangen werden soll.

[26] *Roth,* in: Dauses, Hdb.EUWirtschR, E I 2 a, Rn. 53 f.; *Rehm,* in: Eidenmüller, Ausländische Kapitalgesellschaften, § 2 Rn. 52.

auch für juristische Personen gelten,[27] damit auch für Kapitalgesellschaften, unabhängig von der Nationalität ihrer Gesellschafter.[28]

Der europäischen Niederlassungsfreiheit kommen so zwei zentrale Funktionen zu. Erstens darf entgegenstehendes mitgliedschaftliches Recht auf Grund des Anwendungsvorrangs des Gemeinschaftsrechts nicht ausgeführt werden (so genannte „kassatorische Funktion").[29] Eine zweite – wenngleich teilweise bezweifelte[30] – Funktion der europäischen Niederlassungsfreiheit ist diejenige einer versteckten Kollisionsnorm.[31]

bb) Sekundärrecht: Die gesellschaftsrechtlichen Richtlinien

Neben den Artikeln des Vertrags über die Arbeitsweise der Europäischen Union existieren die gesellschaftsrechtlichen Richtlinien, die Mitgliedstaaten verpflichten, bestimmte gesetzliche Strukturen zu schaffen.[32] Soweit durch dieses sekundäre Gemeinschaftsrecht ein Regelungsbereich abschließend harmonisiert wurde, ist eine fragliche staatliche Maßnahme hieran und nicht mehr anhand des Primärrechts zu messen.[33] Mit großer Spannung darf im Kontext dieser Arbeit auf einen neuerlichen Entwurf für die Sitzverlegungsrichtlinie gewartet werden, welchen die EU-Kommission im Aktionsplan von 2003 angekündigt hat.[34] Bedeutsam sind ferner die Publizitätsrichtlinie,[35] die Kapitalrichtlinie[36] und die

---

[27] *Bröhmer*, in: Callies/Ruffert, Art. 48 Rn. 1; *Roth*, in: Dauses, Hdb.EUWirtschR, E I 2 h aa, Rn. 109.

[28] *Bröhmer*, in: Callies/Ruffert, Art. 48 Rn. 6; *Roth*, in: Dauses, Hdb.EUWirtschR, E I 2 h aa, Rn. 109.

[29] Hierzu *Eidenmüller*, RabelsZ 70 (2006), 474, 476 (dort Fn. 16).

[30] Ausführlich *Rehm*, in: Eidenmüller, Ausländische Kapitalgesellschaften, § 2 Rn. 66 ff.

[31] *Behrens* IPRax 2004, 20, 25; *Drygala*, EWiR 2003, 1029, 1030; *Eidenmüller*, ZIP 2002, 2233, 2241; *Eidenmüller*, JZ 2003, 526 f.; *Kersting/Schindler* RdW 2003, 621, 622; *Leible* RIW 2002, 925, 928; *Paefgen*, EWiR 2003, 571 f.; *Paefgen*, DZWiR 2003, 441, 445; *Weller*, DStR 2003, 1800 ff.

[32] Übersicht bei *Behrens*, in: Dauses, Hdb.EUWirtschR, E III 2 a, Rn. 27 Fn. 45.

[33] EuGH, Urt. v. 12.10.1993 – Rs. C-37/92 = Slg. 1993, I/4947, Rn. 9 („Vanacker und Lesage"); EuGH, Urt. v. 13.12.2001 – Rs. C-324/99 = Slg. 2001, I/9897, Rn. 32 („Daimler-Chrysler"); EuGH, Urt. v. 11.12.2003 – Rs. C-322/01 = Slg. 2003, I/14887 Rn. 64 („DocMorris I").

[34] Der frühere Vorschlag für eine „Richtlinie zur Verlegung des Gesellschaftssitzes innerhalb der EU", abgedruckt in, ZIP 1997, 1721 ff., dessen Wurzeln bis ins Jahr 1978 zurückreichen, ist nicht in Kraft getreten. Hierzu ausführlich *Behrens*, in: Dauses, Hdb.EUWirtschR, E III 3 c cc, Rn. 142 m.w.N.

[35] Erste Richtlinie Nr. 68/151/EWG des Rates v. 9.3.1968 über die Publizität, die Vertretungsmacht der Organe und die Nichtigkeit von Gesellschaften, ABl. 1968, L 65/8, geändert durch die Richtlinie 2003/58/EG des Parlaments und des Rates v. 15.7.2003 zur Änderung der RL 68/151/EWG in Bezug auf die Offenlegungspflichten von Gesellschaften bestimmter Rechtsformen (ABl. 2003, L 221/13).

Zweigniederlassungsrichtlinie.[37] Sie alle haben bei der Rechtsprechung des EuGH zur Europäischen Niederlassungsfreiheit eine Rolle gespielt.

cc) Entwicklung der Rechtsprechung zur europäischen Niederlassungsfreiheit

Im Folgenden soll sich den bis heute sechs EuGH-Urteilen zugewandt werden, welche den gegenwärtigen Diskussionsstand zur Europäischen Niederlassungsfreiheit prägen.

(1) Daily Mail and General Trust (1988)

Den Auftakt bildete 1988 die Entscheidung „Daily Mail and General Trust".[38] Eine englische Zeitungsverlagsgesellschaft plante aus eine Sitzverlegung in die Niederlande, um verschiedene voluminöse Finanztransaktionen steuerlich günstiger durchführen zu können. Zwar stand das niederländische Recht dem nicht entgegen, da die Niederlande schon damals der Gründungstheorie folgten. Allerdings wurde der Gesellschaft die nach Section 482 (1) (a) des damaligen britischen Körperschaftsteuerrechts notwendige Zustimmung der dortigen Steuerbehörden in Teilen verweigert, weswegen sie vor ein britisches Gericht zog.

Der EuGH, dem die Frage vorgelegt wurde, sah noch keine Verletzung der Niederlassungsfreiheit gegeben, da das britische Steuerrecht es der Gesellschaft nicht verbiete, Zweigniederlassungen in anderen Staaten zu gründen, sich also EU-weit niederzulassen. Nur die Verlegung des Hauptsitzes sei erlaubnispflichtig. Die Gesellschaft habe aber die Möglichkeit einer Selbstauflösung und Neugründung im Zuzugsstaat gehabt, von der sie aus rein steuerlichen Gründen keinen Gebrauch machen wollte. Da die Freiheit zum Wegzug nicht begrenzt sei, greife das britische Steuerrecht nicht in die Niederlassungsfreiheit ein. Diese Rechtsprechung bestätigte der EuGH zwei Jahrzehnte später im Cartesio-Urteil.[39]

---

[36] Zweite Richtlinie Nr. 77/91/EWG des Rates v. 13.12.1976 über die Vorschriften für die Gründung von Aktiengesellschaften sowie für die Erhaltung und Änderung ihres Kapitals, geändert durch die Richtlinie 92/101/EWG des Rates vom 23.11.1992 zur Änderung der RL 77/91/EWG, ABl. 1992, L 347/64.

[37] Elfte Richtlinie Nr. 89/666/EWG des Rates v. 21.12.1989 über die Offenlegung von Zweigniederlassungen, die in einem Mitgliedstaat von Gesellschaften bestimmter Rechtsform errichtet wurden, die dem Recht eines anderen Staates unterliegen, ABl. EG v. 30.12.1989, L 395, S. 36.

[38] EuGH, Urt. v. 27.09.1988 – Rs. C-81-87 („Daily Mail") = EuGHE 1988, 5483 = NJW 1989, 2186 = RIW 1989, 304 m. Bespr. *Sandrock/Austmann* S. 249 = IPRax 1989, 381 m. Anm. *Behrens* S. 354 = JZ 1989, 384 m. Anm. *Großfeld/Luttermann* = DB 1989, 269 m. Anm. *Ebenroth/Eyles* S. 363.

[39] EuGH, Urt. v. 16.12.2008 – Rs. C-210/06 („Cartesio") = DStR 2009, 121.

(2) Centros (1999)

Im Fall *Centros*[40] hatte der EuGH darüber zu entscheiden, inwieweit es zulässig sei, dass eine nach englischem Recht von einem dänischen Ehepaar gegründete *private company limited by shares* (die Centros Ltd.) über eine in Dänemark
eingetragene Zweitniederlassung ihre Geschäfte nur innerhalb Dänemarks betrieb.[41] Während der dänische Højesteret hierin einen Missbrauch der Zweigniederlassungsrichtlinie mit dem Ziel der Umgehung der dänischen Mindestkapital-
regelungen sah,[42] hielt der EuGH die Tatsache, dass dänische Staatsangehörige
die Gesellschaft für eine Tätigkeit innerhalb Dänemarks gegründet hatten, für
irrelevant. Dem Gläubigerschutz sei schon deswegen in ausreichendem Maße
nachgekommen, weil die Gläubiger anhand der Firmierung erkennen könnten,
dass dänisches Recht insoweit nicht zur Anwendung käme.[43] Deswegen stelle die
Verweigerung der Eintragung einer Zweigniederlassung in das dänische Register
einen Verstoß gegen die damaligen Artt. 52, 58 EGV – später Artt. 43, 48 EGV
und inzwischen Artt. 49, 54 AEUV – dar.[44]

Der Centros-Entscheidung wurde in der zeitgenössischen Literatur eine unterschiedliche Bedeutung für die Bundesrepublik Deutschland beigemessen. Das lag
nicht zuletzt darin begründet, dass Dänemark der Gründungstheorie[45] folgte,
sodass bereits fraglich war, ob die Ausführungen des EuGH überhaupt für Sitz-
theoriestaaten gelten sollten.

(3) Überseering (2002)

Mit dem Kern des kollisionsrechtlichen Fragenkreises, nämlich der Aufrecht-
erhaltung der Rechts- und Parteifähigkeit einer Auslandsgesellschaft in einem
Sitztheoriestaat, sollte sich der EuGH 2002 im Rahmen seiner Entscheidung
„Überseering"[46] befassen: Die niederländische Überseering B.V. war per *share
deal* komplett an deutsche Gesellschafter gegangen, die den Verwaltungssitz in
die Bundesrepublik verlegt hatten. Die B.V. befand sich zum Übergangzeitpunkt
in einem Rechtsstreit über einen Vertrag mit der deutschen Nordic Construction

---

[40] EuGH, Urt. v. 09.03.1999 – Rs. C-212/97 („Centros"), Slg. 1999, I-1459 =
EuGHE I 1999, 1459 = JZ 1999, 669 = DStR 1999, 772 = NJW 1999, 2027 = EWS
1999, 140.

[41] Ausführlich zum Sachverhalt *Ehmke,* Reform des Kapitalschutzes (2006), S. 4.

[42] Højesteret, beslutning af 03/06/1997 (402/95) = Ugeskrift for Retsvæsen 2000,
1079.

[43] Zum Gläubigerschutz durch Publizität vgl. oben 1. Teil, B. III. 2. c).

[44] EuGH, Urt. v. 27.09.1988 – Rs. C-81-87 („Daily Mail"), Ziff. 19 ff.

[45] 5. Teil, A. I. 1. a) bb).

[46] EuGH, Urt. v. 05.11.2002 – Rs. C-208/00 („Überseering") = EuGHE I 2002, 9919
= GmbHR 2002, 1137 = NJW 2002, 3614 = BB 2002, 2402 = ZIP 2002, 2037 m. Anm.
Eidenmüller S. 2233; dazu *Paefgen,* DB 2003, 487.

Company Baumanagement GmbH (NCC GmbH), in welchem es um möglicherweise mangelhaft erledigte Renovierungsarbeiten an einem im Eigentum der Überseering B.V. befindlichen Motel in Düsseldorf ging. Nach der Sitztheorie wäre für die Rechts- und Parteifähigkeit nach § 13 GmbHG eine entsprechende Gründung notwendig gewesen,[47] die das 1990 in den Niederlanden statuierte Unternehmen nicht vollzogen hatte. In konsequenter Umsetzung deutschen Rechts hätte die Gesellschaft mangels Parteifähigkeit keinen Rechtsstreit mehr führen können.[48] Diese Frage legte der BGH dem EuGH zur Entscheidung vor.[49] Während es also im Centros-Fall um ein anfängliches Auseinanderfallen von Satzungs- und Verwaltungssitz ging, hatte der EuGH hier über eine nachträgliche Verlegung des Verwaltungssitzes in einen Sitztheoriestaat zu befinden und führte dazu aus, der Verlust der Rechts- und Parteifähigkeit durch Sitzverlegung ins Ausland verstoße gegen die EU-Niederlassungsfreiheit.[50] Dasselbe gelte für das Erfordernis, eine innerhalb der EU vollzogene Gründung im Ausland zu wiederholen.[51]

Damit wurde auch und vor allem klargestellt, dass ein Sitzstaat kein Recht hat, das ausländische Gründungsstatut durch eigene Regulierung zu behindern,[52] die reine Sitztheorie somit als gemeinschaftsrechtswidrig anzusehen ist.[53] Da § 11 Abs. 1 S. 1 InsO die Insolvenzfähigkeit eines Vermögensträgers an seine Rechts- und Parteifähigkeit knüpft, war zumindest auch die grundsätzliche Insolvenzfähigkeit EU-ausländischer Kapitalgesellschaften in Deutschland geklärt.[54] Nicht jedoch wurde festgestellt, ob neben der bloßen Anerkennung der Rechtsfähigkeit als Kapitalgesellschaft noch weitere Regelungen des Gründungsstatus Anwendung finden könnten. Hierzu konnte der EuGH jedoch nicht einmal ein Jahr später ausführlich Stellung nehmen.

(4) Inspire Art (2003)

Das Urteil „Inspire Art" des EuGH vom 30.09.2003[55] betraf das niederländische Gesetz über formal ausländische Gesellschaften – *Wet op de formeel buiten-*

---

[47] Vgl. oben 5. Teil, A. I. 1. a) aa).

[48] So urteilten dann auch erstinstanzlich die 5. Zivilkammer des LG Düsseldorf in seiner nicht publizierten Entscheidung vom 05.11.1997 und in zweiter Instanz das OLG Düsseldorf, Urt. v. 10.09.1998 – 5 U 1/98 = JZ 2000, 203 m. Anm. *Ebke*.

[49] BGH, EuGH-Vorlage v. 30.03.2000 – VII ZR 370/98 = DB 2000, 1114 m. Anm. *Forsthoff* = ZIP 2000, 967 = WM 2000, 1257 = DStR 2000, 1061 m. Anm. *Altmeppen*.

[50] EuGH, Urt. v. 05.11.2002 – Rs. C-208/00 („Überseering"), Ziff. 82.

[51] EuGH, Urt. v. 05.11.2002 – Rs. C-208/00 („Überseering"), Ziff. 95.

[52] *H. P. Westermann,* in: Scholz, GmbHG, Einl. Rn. 104.

[53] *H. P. Westermann,* in: Scholz, GmbHG, Einl. Rn. 106.

[54] *Bäuml/Gageur* GmbHStB 2006, 362, 363 f.; *Riedemann,* GmbHR 2004, 345, 347.

[55] EuGH, Urt. v. 30.09.2003 – Rs. C-167/01 („Inspire Art"), Slg. 2003 = EuGHE I-10155 = ABl. EU 2003, Nr. C 275, 10 = BB 2003, 2195 m. Anm. *Bayer* S. 2357 = ZIP

landse vennootschappen (WFBV) –,[56] was insofern bemerkenswert ist, als die Niederlande grundsätzlich der Gründungstheorie folgen.[57]

Gerade deswegen allerdings sah das WFBV bestimmte Mindestanforderungen bezüglich Offenlegung von Unternehmensdaten sowie die Aufbringung eines Mindestkapitals bei Gründung von formal ausländischen Gesellschaften vor.

Hiergegen wandte sich erfolgreich die *Inspire Art Ltd.,* eine nach englischem Recht gegründete Kunsthandelsgesellschaft, deren alleiniger Gesellschafter aber in den Niederlanden wohnhaft war. Die Handelskammer der Stadt Amsterdam beantragte beim zuständigen Gericht die Ergänzung der Eintragung als Zweitniederlassung im dortigen Handelsregister um den Hinweis, dass es sich bei der Limited um eine „formal ausländische Gesellschaft" handele, sodass sie dem WFBV unterfalle. Nach dem Urteil des EuGH ist eine Auslandsgesellschaft indes stets anzuerkennen und nach dem Gründungsstatut des Herkunftslandes zu behandeln. Eine darüber hinausgehende Anwendung nationaler Publizitätsvorschriften stünde im Widerspruch zur Zweigniederlassungsrichtlinie.[58] Diese Richtlinie wird als Vollharmonisierung angesehen. Über- oder Unterschreitung durch nationale Gesetzgeber werden damit unzulässig.[59]

Hinsichtlich der Kapitalaufbringungs- und -erhaltungsvorschriften bezieht sich der EuGH erneut auf die damaligen Artt. 43, 48 EG. Das Wesen der europäischen Niederlassungsfreiheit erschöpfe sich nämlich nicht in der Anerkennung von Rechts- und Parteifähigkeit, sondern umfasse auch das Verbot, der englischen Limited Verpflichtungen aufzuerlegen, die für die niederländische *Besloten vennootschap met beperkte aansprakelijkheid* konzipiert sind.[60]

Die enorme Relevanz des Inspire-Art-Urteils zeigt sich bereits daran, dass der EuGH im Rahmen einer Plenarentscheidung durch alle 15 Richter befand.[61] Während die Fragen der Publizität im hier zu untersuchenden Kontext des Cash Pooling nur am Rande interessieren, ist es von entscheidender Bedeutung, dass der EuGH nicht nur die Rechts- und Parteifähigkeit der formal ausländischen Gesellschaft erneut bestätigt, sondern auch das nationale Gesellschaftsrecht für

---

2003, 2219 = WM 2003, 2042 = NJW 2003, 3331 m. Anm. *Zimmer* S. 3585 = Der Konzern 2003, 755 = NZG 2003, 1064 m. Anm. *Kindler* S. 1086 = BKR 2003, 903 = RIW 2003, 949 m. Anm. *Spindler/Berner* = GmbHR 2003, 1260 = AG 2003, 661 m. Anm. *Schanze/Jüttner* = NZI 2003, 676 = JZ 2004, 24 m. Anm. *Eidenmüller* = WuB II N Art 43 EG 2.04 m. Anm. *Paefgen* = EWiR 2003, 1029 m. Anm. *Drygala*; weitere Beiträge aus der breit gefächerten Literatur: *Altmeppen*, NJW 2004, 97; *Eidenmüller/Rehm*, ZGR 2004, 159; *Hirte*, EWS 2003, 521; *K. Schmidt*, ZHR 168 (2004), 493 alle m.w.N.

[56] Staatsblad 1997, S. 697, dazu *Timmermann*, ZGR 1999, 147, 148 f.

[57] Vgl. 5. Teil, A. I. 1. a) bb).

[58] EuGH, Urt. v. 30.09.2003 – Rs. C-167/01, („Inspire Art"), Slg. 2003, Ziff. 71.

[59] EuGH, Urt. v. 30.09.2003 – Rs. C-167/01, („Inspire Art"), Slg. 2003, Ziff. 65–72.

[60] EuGH, Urt. v. 30.09.2003 – Rs. C-167/01, („Inspire Art"), Slg. 2003, Ziff. 100 ff.

[61] *Schanze/Jüttner,* AG 2003, 661.

unanwendbar erklärt. Sämtliche gesellschaftlichen Rechtsverhältnisse sind damit auch in Deutschland nach dem Gründungsstatut der Gesellschaft zu beurteilen.

(5) SEVIC Systems AG (2005)

Der *causa* SEVIC Systems AG[62] lag wiederum ein deutsches Problem zu Grunde. Die SEVIC Systems AG mit Sitz in Neuwied hatte die luxemburgische *Security Vision Concept SA* unter vollständiger Aufgabe von deren Rechtspersönlichkeit auf sich verschmelzen wollen. Ein entsprechende Registereintrag wurde ihr vom Amtsgericht Neuwied versagt, da das deutsche Recht in § 1 Abs. 1 Nr. 1 UmwG nur die Verschmelzung zweier deutscher Gesellschaften vorsehe. Das Landgericht Koblenz[63] legte die Frage dem EuGH vor. Der entschied, dass es gegen die europäische Niederlassungsfreiheit verstoße, wenn die Eintragung der Verschmelzung nur aus dem Grund verweigert werde, dass eine Auslandsgesellschaft beteiligt sei. Vielmehr sei die Verschmelzung unter denselben Auflagen zuzulassen, die auch gegenüber natioalen Gesellschaftsformen gälten. Damit stellte das Gericht klar, dass seine in *Inspire Art* entwickelten Grundsätze nicht nur beim gewöhnlichen Zuzug von Gesellschaften zu respektieren seien, sondern selbst dann, wenn die „zuziehende" Gesellschaft wie im Falle der Verschmelzung im Zuzugsstaat gar keine Rechtspersönlichkeit zu entfalten plant. Dies trage dem Bedürfnis nach grenzüberschreitender Zusammenarbeit und Umstrukturierung von Gesellschaften Rechnung.[64]

(6) Cartesio (2008)

Das viel beachtete Cartesio-Urteil[65] hatte erneut die Wegzugsfreiheit von Gesellschaften zum Gegenstand: Die im Handelsregister der Stadt Baja eingetragene ungarische Kommanditgesellschaft *Cartesio* plante, ihren Geschäftssitz nach Italien zu verlegen und beantragte hierzu im November 2005 die in Ungarn obligatorische Eintragung der Sitzverlegung in das Handelsregister. Diese wurde ihr jedoch mit der Begründung verweigert, eine ungarische Gesellschaft könne nicht unter Beibehaltung des Gesellschaftsstatuts ins Ausland verlegt werden.

---

[62] EuGH-Urt. v. 13.12.2006 – Rs. C-411/03, („SEVIC"), Slg. Slg 2005, I-10805-10836 = NJW 2006, 424 = DB 2005, 2804 = ZIP 2005, 2311 = AG 2006, 80 = IStR 2005, 32 = WM 2006, 92 = EuZW 2006, 81 = GmbHR 2006, 140; ausf. dazu *Drygala,* ZIP 2005, 1995.

[63] LG Koblenz, Vorlagebeschluss v. 16.09.2003 – 4 HK T 1/03 = NZG 2003, 1124 = WM 2003, 1990 = GmbHR 2003, 1213 = Der Konzern 2003, 706 = DB 2003, 2428.

[64] EuGH-Urt. v. 13.12.2006 – Rs. C-411/03, („SEVIC") Rn. 19, Slg 2005, I-10805-10836 = NJW 2006, 424, 425.

[65] EuGH, Urt. v. 16.12.2008 – Rs. C-210/06 („Cartesio"), Slg 2008, I-96419704 = ABl. EU 2009, Nr. C 44, 3 = DB 2009, 52 = DStR 2009, 121 = RIW 2009, 70 = EuZW 2009, 75 = AG 2009, 79 = WM 2009, 223 = Der Konzern 2009, 40.

Stattdessen sei eine Auflösung und formale Neugründung im Zuzugsstaat notwendig.

Cartesio sah hierin eine Verletzung der Niederlassungsfreiheit und zog vor den EuGH. Dieser jedoch bestätigte seine zwanzig Jahre alte *Daily-Mail*-Rechtsprechung, indem er die Wegzugsbeschränkung eines Staats nicht zum Gegenstand der Niederlassungsfreiheit erklärte, sondern davon ausging, dass es sich dabei um eine nach nationalem Recht zu beantwortende Vorfrage handelte. Auch wenn diese Auffassung prinzipiell eine konsequente Festhaltung an der bestehenden Rechtsprechung darstellte, überraschte sie weite Teile der Fachwelt.[66] Diese hatte stattdessen vor dem Hintergrund der Entscheidungen *Inspire-Art-* und *SEVIC* eine Aufgabe der *Daily-Mail*-Doktrin erwartet,[67] zumal an beiden Stellen die Notwendigkeit einer europaweiten Freizügigkeit von Gesellschaften betont worden war.

(7) Zwischenergebnis zur Rechtsprechung des EuGH

Auch wenn man die EuGH-Rechtsprechung insoweit als inkonsequent kritisieren mag, dass jeder EU-Staat das Gründungsstatut einer zugezogenen EU-Auslandsgesellschaft zu respektieren hat, andererseits aber der Wegzug durch das Herkunftsland beschränkt werden darf, bleibt das Gericht dennoch in gewisser Weise stringent. Seine Position lässt sich wie folgt zusammenfassen: Sämtliche Vorbereitungen eines Wegzugs unterliegen dem nationalen Recht des Gründungsstaats, können damit auch behindert oder gar unterbunden werden. Ist der Wegzug jedoch einmal erfolgt, so darf der Zuzugsstaat keine nationalen Vorschriften gegenüber der Gesellschaft anwenden, die faktisch Regelungen des Gesellschaftsstatuts beschränken.

Probleme der Wegzugsfreiheit werden sich aber nach gegenwärtigem deutschen Recht wenigstens hierzulande nicht mehr stellen, da das MoMiG diese jetzt mit den §§ 4a GmbHG und 5 AktG inzwischen – sicherlich auch in vorauseilendem Gehorsam nach den Urteilen *Inspire Art* und *SEVIC* – für deutsche Kapitalgesellschaften festgesetzt hat.

c) Zwischenergebnis zum Gesellschaftsstatut

Häufig wird die Entwicklung der EuGH-Rechtsprechung dahingehend interpretiert, dieser habe die Gründungstheorie EU-weit für verbindlich erklärt. Weder ist der EuGH jedoch für nationales Kollisionsrecht zuständig, noch greift er

---

[66] *Knof/Mock,* ZIP 2009, 30; *Kindler,* NZG 2009, 130; *Zimmer/Naendrup,* NJW 2009, 545; alle m.w.N.

[67] Dahingehend auch der Schlussantrag des Generalanwalts *Maduro* vom 22.05.2008, NZG 2008, 498 Rn. 35.

unbefugt in diesen Bereich ein. In einer gewachsenen Rechtsprechung stellt er lediglich klar, wann nationales (Kollisions-)Recht gegen die EU-Niederlassungsfreiheit verstößt und insofern zurückzutreten hat.[68] Teile der Literatur sprechen insofern von einer „europarechtlich moderierten Kontrolltheorie".[69] Unabhängig von der Terminologie folgt aus der durch EuGH-Rechtsprechung konkretisierten Europäischen Niederlassungsfreiheit der Artt. 49, 54 AEUV jedenfalls, dass sich die Anwendung deutschen Gründungsrechts auf ausländische Kapitalgesellschaften – auch im Wege der Analogie – verbietet.[70] Jede Modifikation durch Gesetz oder Rechtsprechung des Zuzugsstaats, die als Folge einer Sitzverlegung eintreten soll, stellt also eine Beschränkung des Rechtes einer Gesellschaft dar, sich als Gesellschaft ihres Herkunftsstaats im Zuzugsstaat nieder zu lassen.[71] Eine solche Beschränkung der Niederlassungsfreiheit kann nur unter engen Voraussetzungen ausnahmsweise gerechtfertigt sein.[72]

Insofern ist dem häufig zu lesenden Satz, dass der Wettbewerb der Rechtsordnungen in Europa eröffnet sei, zuzustimmen:[73] Neben Deutschland haben vor diesem Hintergrund auch Frankreich,[74] Spanien,[75] Italien[76] und zahlreiche osteuropäische Staaten in den letzten Jahren ihre Gesellschaftsrechte reformiert oder befinden sich noch im Reformprozess.

Die hier interessierenden Vorschriften der Aufbringung des Entgelts für Geschäftsanteile bei Gründung sowie der Erhaltung bilanziellen Mindestkapitals unterliegen der Finanzverfassung einer jeden Gesellschaft, welche Teil ihres Gesellschaftsstatus ist. Die Rechtsprechung zur europäischen Niederlassungsfreiheit

---

[68] *Schanze/Jüttner,* AG 2003, 661, 665.

[69] *Schanze/Jüttner,* AG 2003, 30, 36; *Schanze/Jüttner,* AG 2003, 661, 665; *krit.* gegenüber dieser Begrifflichkeit *Kindler,* in: MünchKomm BGB IntGesR Rn. 334.

[70] *Fischer,* ZIP 2004, 1477, 1479; *Franz,* BB 2009, 1250, 1252.

[71] *U. Huber,* in: Lutter, Europäische Auslandsgesellschaften, 130, 147.

[72] Dazu unten 5. Teil, A. II. 3. b) bb) (10).

[73] Derzeit existieren im EU-Raum bereits rund dreißig unterschiedliche Formen kleiner Kapitalgesellschaften: *Belgien:* SPRLU, EVBA; *Bulgarien:* OOD/EOOD; *Großbritannien:* Ltd.; *Dänemark:* ApS; *Deutschland:* GmbH; *Estland:* OÜ; *Finnland:* Oy; *Frankreich:* SARL; *Griechenland:* EPE; *Irland:* Ltd./Teo; *Italien:* SRL; *Lettland:* SIA; *Litauen:* UAB (hierbei handelt es sich um eine Sonderform der AG, da das litauische Recht keine „echte" GmbH kennt); *Luxemburg:* SARL; *Malta:* ltd.; *Niederlande:* B.V.; *Österreich:* GmbH; *Polen:* z.o.o.; *Portugal:* Lda; *Rumänien:* S.R.L.; *Schweden:* AB; *Slowakei:* s.r.o.; *Slowenien:* d.o.o.; *Spanien:* SLNE; *Tschechien:* s.r.o.; *Ungarn:* Kft.; *Zypern:* IBC. Ob die geplante Einführung der Europäischen Privatgesellschaft („SPE") dieser Entwicklung entgegenwirken oder lediglich eine weitere Gesellschaftsform unter vielen schaffen wird, bleibt abzuwarten.

[74] Dazu *Meyer/Ludwig,* GmbHR 2005, 346 ff.

[75] Ley No. 7/2003 v. 01.04.2003, Boletin Oficial des Estado No. 79; in Kraft getreten am 02.06.2003.

[76] Ital. VO v. 17.01.2003, Gaz. Uff. No 17 v. 22.01.2003, Supp. Ord. No. 8; in Kraft getreten am 01.01.2004, dazu *Buenger,* RIW 2004, 249; *Hartl,* NZG 2003, 667; *Steinhauer,* EuZW 2004, 364.

führt damit dazu, dass in Deutschland ansässige Auslandsgesellschaften grundsätzlich ausschließlich nach ihrem Gründungsstatut zu behandeln sind. Weder ist deutsches Gesellschaftsrecht analog anwendbar, noch käme eine Umgehung durch die Schaffung eines neuen, Rechtsform neutral ausgestalteten Gesetzes in Betracht.

2. Ergebnis zur Kapitalerhaltung bei Auslandsgesellschaften

Es konnte festgestellt werden, dass hinsichtlich der Konzerntöchter innerhalb der EU ihr Gründungsrecht greift. Dies gilt auch in Bezug auf ihre Muttergesellschaft: Erlegt das GmbH-Recht dem GmbH-Gesellschafter Pflichten auf, so sind diese im Konzern – auch bei Konzernmüttern ausländischer Rechtsform – voll gültig. Die Konzernmutter haftet also ihrer Tochtergesellschaft und ggf. deren Gläubigern dann nach dem deutschen GmbH-Recht.[77] Ihr eigenes Gesellschaftsstatut bleibt davon freilich unberührt.

Ist die herrschende Gesellschaft nach deutschem Recht konstituiert, die abhängige dagegen ausländisch (z. B. eine Limited), so greift für die Tochter das ausländische Gesellschaftsrecht, ergänzend sind aber für ihre Beziehung zu der deutschen Muttergesellschaft auch die im AktG geregelten Normen des Konzernorganisationsrechts einschlägig.[78] Eine Anwendbarkeit der deutschen Kapitalerhaltungsvorschriften der §§ 30 ff. GmbHG, 57 ff. AktG auf abhängige Konzerntöchter ausländischer Rechtsform scheidet dagegen aus.[79]

3. Bedeutung für das Cash Pooling

Sofern in einen Konzern, der Cash Pooling betreibt, eine in Deutschland ansässige EU-Auslandsgesellschaft einbezogen ist, haben in Bezug auf sie die im

---

[77] *Liebscher,* GmbH-Konzernrecht, Rn. 991 m.w.N.

[78] *Liebscher,* GmbH-Konzernrecht, Rn. 992 m.w.N.

[79] G.h.M., *Bayer,* in: Lutter/Hommelhoff, GmbHG § 4a Rn. 8, 15; *Drygala* ZEuP 2004, 337, 347 f.; *Ebert/Levedag,* GmbHR 2003, 1337, 1343; *Eidenmüller/Rehm,* ZGR 2004, 159, 181; *Fischer,* ZIP 2004, 1477, 1479 f.; *Geyrhalter/Gänßler,* DStR 2003, 2167, 2171; *Hirsch/Britain,* NZG 2003, 1100, 1102; *Horn,* NJW 2004, 893, 896; *Huber,* in: Lutter, Europäische Auslandsgesellschaften, 131, 150; *Kleinert/Probst,* DB 2003, 2217, 2218; *Meilicke,* GmbHR 2003, 793, 805; *Riedemann,* GmbHR 2004, 345, 349; *Riegger,* ZGR 2004, 510, 522 ff.; *Sandrock* ZVglRWiss 102 (2003), 447, 477; *Sandrock,* BB 2003, 2588, 2589; *Schanze/Jüttner,* AG 2003, 661, 670; *Schumann,* DB 2004, 743, 745; *Wachter,* GmbHR 2004, 88, 91 f.; *Ziemons,* ZIP 2003, 1913, 1917; *Zimmer,* NJW 2003, 3585, 3591; a.A. die „Überlagerungstheorie" von *Altmeppen/Wilhelm,* DB 2004, 1083, 1088 f. und *Ulmer,* NJW 2004, 1201, 1208 f., die das Kapitalerhaltungsrecht losgelöst von einem Mindestkapitalerfordernis sehen und deswegen von Europarechtskonformität ausgehen. Der Ansatz vermag nicht zu überzeugen, da es verfehlt ist, eine Europarechtskonformität pauschal anzunehmen, nur weil ein bekanntes Hindernis eliminiert wird. Ausführlich zu weiteren Ablehnungsgründen *Huber,* in: Lutter, Europäische Auslandsgesellschaften, 131, 154 ff.

2. Teil dieser Arbeit entwickelten Grundsätze der Kapitalerhaltung und -aufbringung keine Gültigkeit.

Der dadurch u. U. porös gewordene Gläubigerschutz wird durch die Anwendbarkeit Gläubiger schützender Normen des korporativen Gründungsrechts wieder gestärkt, über die deutsche Gerichte in diesem Fall zu befinden haben.[80] Ob sich auf dem Hintergrund dieser Bewertung eine bestimmte ausländische Rechtsform als besonders vorteilhaft für das Cash Pooling erweist, muss also anhand sämtlicher relevanten Merkmale des Auslandsstatuts ermittelt werden. Dabei wird man häufig zu dem Ergebnis gelangen, dass der Vorteil einer Befreiung von deutschen Mindestkapitalvorschriften mit dem Risiko eines weniger vertrauten und oftmals strengeren Haftungsrechts erkauft wird.[81] Deswegen ist unwahrscheinlich, dass Gesellschaften ausländischen Rechts speziell gegründet werden, um innerhalb Deutschlands die Konzerninnenfinanzierung zu vereinfachen. Eine Bedeutung ergibt sich aber dort, wo die Auslandstöchter eines deutschen Konzerns über die Grenzen hinweg in den Liquiditätsaustausch mit einbezogen werden oder durch Sitzverlegung aus anderen Gründen bereits in Deutschland tätig sind.

Das Gründungsrecht ist sodann bei der Ausgestaltung der Cash-Pooling-Verträge zu berücksichtigen. Als schwierig können sich hier Form-[82] und Zustimmungserfordernisse,[83] Publizitätsauflagen[84] oder die Unzulässigkeit von Beherrschungsverträgen des deutschen Rechts[85] erweisen.

II. Recht der Gesellschafterdarlehen

Das deutsche Recht der Gesellschafterkredite ist heute abschließend in der neu gefassten Insolvenzordnung verortet.[86] Um über eine Übertragbarkeit der obigen Ausführungen auch auf ausländische Kapitalgesellschaften urteilen zu können, ist daher zunächst festzustellen, wie Insolvenzrecht kollisionsrechtlich behandelt wird.

---

[80] Bisher ist dies vor allem in Bezug auf die britische *wrongful trading rule* erfolgt, dazu unten 5. Teil, A. II. 3. b) bb) (1).

[81] Vgl. oben 1. Teil, B. III. 2.

[82] In manchen Staaten wäre für jedes einzelne Darlehen im Cash Pool die Schriftform erforderlich, *Ammelung/Kaeser,* DStR 2003, 655, 659.

[83] So ist in Österreich die Zustimmung des Aufsichtsrats einzuholen, *Kalss,* in: MünchKomm AktG § 111 Rn. 160.

[84] Vgl. zu den Publizitätsvorschriften einer englischen Limited in Deutschland *Schall,* ZIP 2005, 965 ff.

[85] So in Großbritannien, *Prentice,* in: Wymeersch, Groups of Companies in the EEC, 279, 298 Fn. 66.

[86] Vgl. oben 3. Teil, B.

1. Das Insolvenzstatut

Das internationale Insolvenzrecht wurde innerhalb der Europäischen Union teilweise durch die Europäische Insolvenzverordnung (EuInsVO)[87] vereinheitlicht.[88] Anders als für das Gesellschaftsstatut gilt im Bereich der Insolvenzordnungen nun die *lex fori concursus,* d.h. es greift das Insolvenzstatut desjenigen Staates, in dessen Hoheitsbereich und vor dessen Gerichten das Insolvenzverfahren eröffnet wird (Art. 4 EuInsVO).[89] Diese Eröffnung wiederum richtet sich gemäß Art. 3 Abs. 1 S. 1 EuInsVO nach dem Mittelpunkt der hauptsächlichen Interessen des Schuldners (so genanntes *centre of main interests* oder COMI).[90] Art. 3 Abs. 1 S. 2 EuInsVO spricht diesbezüglich die Vermutung aus, dass es sich hierbei um den Satzungssitz handelt. Diese Vermutung gilt als widerlegt, wenn Satzungs- und Verwaltungssitz auseinander fallen. In dieser Konstellation soll der Sitz der Verwaltung der maßgebliche sein.[91] Im viel beachteten Parmalat-Urteil[92] führt der EuGH aus, das Auseinanderfallen sei durch objektiv feststellbare Anzeichen zu belegen. Eine Präzisierung dieser Anzeichen bleibt er indes schuldig. Unklar bleibt damit, was bei den hier vor allem interessierenden Konzernen gelten soll, wenn etwa die Konzernspitze im Satzungsland verbleibt und die Tochter von dort aus steuert, diese aber wiederum kein eigenes operatives Geschäft im Satzungsstaat betreibt.

Für in Deutschland ansässige Gesellschaften ausländischen Rechts gilt dessen ungeachtet, dass grundsätzlich die Normen der deutschen InsO anzuwenden sind, und zwar so es sich um eine Kapitalgesellschaft handelt, in Konsequenz der Anerkennung der Gründungstheorie diejenigen Normen, die sich auf Kapitalgesell-

---

[87] Verordnung (EG) Nr. 1346/2000 des Rates über Insolvenzverfahren, ABl. L 160 vom 30. Juni 2000, S. 1 ff.; in Kraft getreten am 31.05.2002.

[88] *Just,* Die englische Limited, Rn. 340; eine Ausnahme stellt derzeit noch Dänemark dar, gegenüber dem die §§ 335 ff. der deutschen InsO einschlägig sind, *Liersch,* in: Braun, InsO, Vor §§ 335–358, Rn. 23; *Pentz,* in: Ebenroth/Boujong/Joost/Strohn, HGB § 13 d Rn. 26.

[89] *Fischer,* ZIP 2004, 1477, 1478; *Riegger,* ZGR 2004, 510, 526; *Schumann,* DB 2004, 743, 746; *Vallender,* ZGR 2006, 425, 427; *Haas,* in: v. Gerkan/Hommelhoff, § 15 Rn. 15.7; *Bicker,* Gläubigerschutz in der grenzüberschreitenden Konzerngesellschaft, S. 47; *Just,* Die englische Limited, Rn. 340.

[90] *Eidenmüller* RabelsZ 70 (2006), 474, 476; *Riegger,* ZGR 2004, 510, 526; *Schumann,* DB 2004, 743, 746; *Vallender,* ZGR 2006, 425, 429; *Just,* Die englische Limited, Rn. 340; *Bicker,* Gläubigerschutz in der grenzüberschreitenden Konzerngesellschaft, S. 47 f.

[91] *Fischer,* ZIP 2004, 1477, 1478; *Riegger,* ZGR 2004, 510, 526; *Schumann,* ZIP 2007, 1189, 1195; *Schumann,* DB 2004, 743, 746; *Vallender,* ZGR 2006, 425, 429; *Bicker,* Gläubigerschutz in der grenzüberschreitenden Konzerngesellschaft, S. 47.

[92] EuGH, Urt. v. 02.05.2006 – C-341/04 („Parmalat") = EuGHE I 2006, 3813 = ZIP 2006, 907 m. Anm. *Knof/Mock* = EuGRZ 2006, 263 = NZG 2006, 633 m. Bespr. *Paulus* = DZWiR 2006, 329 m. Bespr. *Smid* = LRE 53, 151 = NJW 2006, 2682 = DVBl 2006, 1121 = EuZW 2006, 337 = NZI 2006, 360 = IPRax 2007, 120.

schaften beziehen. Eine frühere Lösung, nach der hier auf die Normen betreffend OHG und GbR zurückgegriffen wurde,[93] ist nach den oben besprochenen EuGH-Entscheidungen[94] nicht mehr europarechtskonform.[95] Damit ist klar, dass sich auch das Vorliegen eines Insolvenzgrundes nach deutschem Recht bestimmt, in Frage kämen mithin vorrangig Zahlungsunfähigkeit (§ 17 Abs. 1 InsO), drohende Zahlungsunfähigkeit bei Eröffnungsantrag durch einen Schuldner (§ 18 Abs. 1 InsO) und Überschuldung (§ 19 InsO).[96]

2. Auseinanderfallen von Gesellschafts- und Insolvenzstatut

Eine Konsequenz der Ausführungen zum Gesellschafts- und Insolvenzstatut ist, dass diese innerhalb der Europäischen Union, somit auch in Deutschland, auseinander fallen können.[97] In diesem in der Praxis nicht selten anzutreffenden Fall muss vor der Anwendung einer Norm zunächst festgestellt werden, ob sie insolvenz- oder gesellschaftsrechtlicher Natur ist. Nur so kann darüber befunden werden, ob Gründungs- oder Zuzugsrecht relevant ist. Im Kontext dieser Arbeit gewinnt dieses Problem im Zusammenhang mit den im 3. Teil, B. behandelten Normen (§§ 39 Abs. 1 Nr. 5 und 135 InsO) Bedeutung: Wären sie gesellschaftsrechtlich, so beschränkte sich eine Anwendbarkeit vor dem Hintergrund der europäischen Niederlassungsfreiheit zunächst auf Gesellschaften deutschen Rechts, weil die grundsätzliche Nachrangigkeit von Fremdkapital einen bedeutenden Aspekt bei der Entscheidung über einen Markteintritt darstellen kann.[98] Könnte dagegen eine insolvenzrechtliche Qualifikation erkannt werden, wären die Normen zusätzlich Rechtsform unabhängig auf alle hierzulande anzutreffenden Auslandsgesellschaften anwendbar.[99]

---

[93] So noch AG Hamburg, Urt. v. 14.05.2003 – 67g IN 359/02 = BB 2003, 1457, 1458 = NZI 2003, 442, 444 m. krit. Anm. *Mock/Schildt.*

[94] 5. Teil, A. I. 1. b) cc).

[95] Vgl. aber BGH, Urt. v. 27.10.2008 – II ZR 158/06 („Trabrennbahn") = DStR 2009, 59 m. Anm. *Goette* in Bezug auf eine *schweizerische* Aktiengesellschaft, die ihren Verwaltungssitz nach Deutschland verlegte.

[96] *Schumann,* ZIP 2007, 1189, 11995.

[97] *Vetter,* ZGR 2005, 788, 795 f.

[98] *Eidenmüller,* Europäische Auslandsgesellschaften, § 9 Rn. 44; zust. *Tschauner/ Desch,* Bucerius Law Journal 2008, 75, 79; a. A. *Paefgen,* in: Westermann, Hdb. Personengesellschaften Rn. 4168, der – wenig überzeugend – argumentiert, die Subordination würde erst beim Marktaustritt relevant und könne daher nicht diskriminierend wirken.

[99] Übersicht über den Streitstand zum früheren Eigenkapitalersatzrecht bei *Tschauner/Desch,* Bucerius Law Journal 2008, 75, 76 ff.

3. Rechtsnatur der §§ 39 Abs. 1 Nr. 5, 135 n. F. InsO

Unstrittig führt die bloße Umhängung von gesellschaftsrechtlichen Normen in die InsO nicht dazu, dass sich Gesellschaftsrecht urplötzlich in Insolvenzrecht verwandelt.[100] Die Literatur zu Art. 4 EuInsVO möchte die Qualifikation einer Norm als insolvenzrechtlich anhand der Frage treffen, ob die Insolvenz lediglich Tatbestandsvoraussetzung ist oder ob die Norm unmittelbar insolvenzpolitischen Zielen wie etwa der Gläubigergleichbehandlung dient.[101] In diesem Zusammenhang könnte es erkenntnisreich sein, zu überprüfen, ob die gesamte EuInsVO, jedenfalls soweit das enthaltene Sekundärrecht den Nationalstaaten Regelungskompetenzen zuweist, mit europäischem Primärrecht konform geht. Selbstverständlich kann eine derartige Untersuchung im Rahmen dieser Arbeit nicht geleistet werden. Sie wäre indes bezogen auf die Frage nach der Anwendbarkeit der §§ 39 Abs. 1 Nr. 5 und 135 InsO auf Auslandsgesellschaften auch nicht notwendig, wenn sich die genannten Normen gar nicht unter die EuInsVO subsumieren ließen.

a) Rechtsnatur des § 135 n. F. InsO

Da Art. 4 Abs. 2 litt. m) EuInsVO Regeln der Anfechtung ausdrücklich als insolvenzrechtlich qualifiziert, besteht zumindest hinsichtlich § 135 InsO kein diesbezüglicher Zweifel:[102] Die bloße Anfechtbarkeit einer Rückzahlung führt zunächst nur dazu, dass die abgeführten Mittel zur Insolvenzmasse zurückgezogen werden. Etwaige „Insidergeschäfte" im Vorfeld der Insolvenz können damit rückgängig gemacht werden, was unmittelbar der Gleichbehandlung der Gläubiger und somit einem der Grundgedanken des Insolvenzrechts (vgl. § 1 InsO) dient.[103] Auch die Rechtsprechung hat die Norm daher unlängst ohne zu zögern auf eine in Hamburg tätige englische Limited angewandt.[104]

---

[100] So bereits BGH, Urt. v. 19.12.1958 – IV ZR 87/58 = BGHZ 29, 137, 139 = NJW 1959, 717, 718 = MDR 1959, 378; aus der neueren Literatur: *Altmeppen*, NJW 2005, 1911, 1913; *Haas*, NZI 2001, 1, 10; *Spindler/Berner* RIW 2004, 7, 10; *Kindler*, in: FS Jayme (2004), 408; *Meilicke*, GmbHR 2007, 225, 231 f.; *K. Schmidt*, ZHR 168 (2004), 493, 502; *Tschauner/Desch*, Bucerius Law Journal 2008, 75, 79; *Haas*, in: v. Gerkan/Hommelhoff, § 15 Rn. 15.10; alle m.w.N.

[101] *Haas*, NZI 2001, 1, 10; *Haß/Herweg*, in: Haß/Huber/Gruber/Heiderhoff, EuInsVO Art. 4 Rn. 11 m.w.N.

[102] *Fischer*, ZIP 2004, 1477, 1480; *Müller*, NZG 2003, 414, 417; *Riedemann*, GmbHR 2004, 345, 349; *Ulmer*, NJW 2004, 1201, 1207; *Zimmer*, NJW 2003, 3589, 3585; *Haas*, in: v. Gerkan/Hommelhoff, § 15 Rn. 15.8 ff.; *U. Huber*, in: Lutter, Europäische Auslandsgesellschaften, 131, 166; früher vereinzelt vertretene Gegenauffassungen wurden regelmäßig mit dem damals noch im Gesetzeswortlaut enthaltenen Eigenkapital ersetzenden Charakter der Darlehen nach § 32a GmbHG begründet, so etwa *Meilicke*, GmbHR 2003, 1271, 1272; offenbar auch *Wachter*, GmbHR 2004, 88, 101 Fn. 99.

[103] *Eidenmüller*, in: FS Canaris (2007), 49, 50.

b) Rechtsnatur des § 39 Abs. 1 Nr. 5 n. F. InsO

Fraglich bleibt jedoch, was für die Subordination von Gesellschafterdarlehen gemäß § 39 Abs. 1 Nr. 5 n. F. InsO gelten soll. Ausdrücklich werden Normen, die den Rang von Forderungen in der Insolvenz regeln, in Art 4 Abs. 2 litt. i 2. Alt. angeführt. Das bedeutet aber noch nicht, dass eine jede entsprechende Regelung vor dem Europarecht zwangsläufig als Insolvenzrecht betrachtet wird. Zwar wird das Insolvenzrecht des Mitgliedsstaats für anwendbar erklärt, was aber mitgliedstaatliches Insolvenzrecht ist, entscheidet sich nicht nach dem Ermessen des betreffenden EU-Mitgliedstaats, sondern ist seinerseits nach europarechtlichen Grundsätzen zu ermitteln. Daraus ergibt sich, dass die Katalogtatbestände des Art. 4 EuInsVO lediglich Beispiele liefern, die einen Ausschluss des Vorrangs des EU-Rechts vor nationalem Recht begründen können. Ob das im Einzelfall zutrifft, ist weiterhin festzustellen.

Es spräche viel für eine insolvenzrechtliche Einordnung, wenn § 39 Abs. 1 Nr. 5 n. F. ausschließlich dem Zweck diente, eine gleichmäßige Befriedigung aller Gläubiger in der Insolvenz herbeizuführen. Darlehensaufnahmen stellen jedoch stets Risiken für sämtliche Gläubiger dar, unabhängig von der Person des Darleihenden. Das mit der Aufnahme zusätzlicher Fremdmittel verbundene Risiko der Gläubiger unterscheidet sich also nicht danach, ob Darlehensgeber ein Gesellschafter oder ein Dritter ist.[105] Insofern wäre eine Gläubigergleichbehandlung objektiv bereits durch eine anteilige Einreihung der Gesellschafterdarlehen unter die externen Darlehen erreicht, da § 135 n. F. InsO als zusätzlicher Schutzmechanismus gegen den Abzug von Aktiva aus der Haftungsmasse wirkt.[106] § 39 Abs. 1 Nr. 5 InsO dient an dieser Stelle damit gerade nicht der Gleichbehandlung, sondern stellt ein wertendes Korrektiv dar,[107] sodass für die Beantwortung der Frage nach der Rechtsnatur der Norm eine wesentlich tiefer gehende Betrachtung notwendig erscheint.

aa) Einschätzung aus deutscher Sicht

Zunächst ist der Betrachtung eine deutsche Perspektive zu Grunde zu legen. Ergibt sich bereits hier, dass es bei § 39 Abs. 1 Nr. 5 n. F. InsO sich um Gesellschaftsrecht handelt, so wäre davon auszugehen, dass deutsche Gerichte es nach entsprechender Prüfung gar nicht erst auf Auslandsgesellschaften anwendeten.

---

[104] AG Hamburg, Beschl. v. 26.11.2008 – 67g IN 352/08 = NZG 2009, 197 = NJW-Spezial 2009, 55.

[105] So auch *Haas*, NZI 2001, 1, 3.

[106] *Spliedt*, ZIP 2009, 149, 153.

[107] Ähnlich *Haas*, in: FS Konzen (2006), 157, 177.

(1) Historisch: Rechtsnatur der §§ 32a, b GmbHG

§ 39 Abs. 1 Nr. 5 InsO kann als Nachfolgeregelung des § 39 Abs. 1 Nr. 5 a. F. InsO sowie des § 32a GmbHG betrachtet werden. Die insolvenzrechtliche Natur von § 39 Abs. 1 Nr. 5 a. F. InsO war von der herrschenden Meinung anerkannt.[108]

Indes war der Charakter von § 32a GmbHG zwischen Gesellschafts- und Insolvenzrecht sehr umstritten. Im Folgenden wird zunächst auf den bisherigen Streit eingegangen, um anschließend entscheiden zu können, ob diese Einordnung heute noch gelten kann. Um festzustellen, ob die §§ 32a, b GmbHG dem Gesellschafts- oder Insolvenzrecht zuzuordnen waren, kann auf ihre Entstehungsgeschichte geschaut werden. Wie oben dargestellt, entstand das Eigenkapitalersatzrecht erstmals aus richterrechtlicher Fortbildung des § 30 GmbHG.[109] Letzterer regelt die Erhaltung des Eigenkapitalstocks speziell der GmbH und findet seine Anwendung nicht etwa im Insolvenzfall, sondern als präventiver Gläubigerschutz bereits im Fall der Unterbilanzsituation. Diese ist kein Insolvenzgrund. Insofern fehlt dem Ursprung des Eigenkapitalersatzrechts noch jeglicher insolvenzrechtliche Bezug.[110] Diese Einschätzung kann für die Rechtsprechungsregeln auch in vollem Umfang aufrecht erhalten werden. Allerdings funktionierten die Novellenregeln reaktiv und entfalteten ihre Wirkung erst im Insolvenzfall.[111] Deswegen wurden sie in der Literatur bereits oft als insolvenzrechtlich qualifiziert.[112]

Die überzeugende Gegenposition wollte allerdings dennoch von einer rein gesellschaftsrechtlichen Natur des Eigenkapitalersatzrechts ausgehen, da der Grund für die Umqualifizierung in der Gesellschafterstellung lag.[113] Nur der Anlass für die Anwendung der gesellschaftsrechtlichen Regelungen war die Insolvenz, An-

---

[108] *Kindler*, in: MünchKomm BGB IntGesR Rn. 708; *Kindler*, NZG 2003, 1086, 1090; *Fischer*, ZIP 2004, 1477, 1480; *Paulus*, ZIP 2002, 729, 734; *Ulmer*, NJW 2004, 1201, 1207; *Eidenmüller*, Europäische Auslandsgesellschaften, § 9 Rn. 42; *Haas*, in: v. Gerkan/Hommelhoff, § 15 Rn. 15.8 ff.; *U. Huber*, in: Lutter, Europäische Auslandsgesellschaften, 131, 166; alle m.w.N.

[109] 3. Teil, A. I. 1.

[110] So auch BGH, Urt. v. 25.06.2001 – II ZR 38/99 = BGHZ 148, 167, 168 = NJW 2001, 3123 = NZI 2002, 38 (39) = LM H. 11/2001 § 30 GmbHG Nr. 75; *Hommelhoff/ Kleindiek*, in: FS 100 Jahre GmbHG (1992), 421, 429; *Fleischer*, in: Lutter, Europäische Auslandsgesellschaften, 70, 81.

[111] Vgl. oben 3. Teil, A. II.

[112] Sehr ausführlich *Haas*, NZI 2001, 1 ff.; ebenso *Kindler*, in: MünchKomm BGB IntGesR Rn. 709; *Heidinger*, in: Michalski, GmbHG §§ 32a, 32b Rn. 7; Stodolkowitz/ Bergmann, in: MünchKomm InsO § 135 Rn. 5; *T. Bezzenberger*, in: FS G. Bezzenberger (2000), 23, 31; *Hommelhoff/Kleindiek*, in: FS 100 Jahre GmbHG (1992), 421, 433; *Huber/Habersack*, BB 2006, 1, 4; *Huber*, in: Lutter, Europäische Auslandsgesellschaften, 131, 168; *Kindler*, AG 2007, 721, 727; *Paulus*, ZIP 2002, 729, 734; *Schücking*, ZIP 1994, 1156, 1162; *Ulmer*, NJW 2004, 1201, 1207; offenbar geht auch der BGH in Urt. II ZR 14/84 = BGHZ 90, 370, 378 von einer insolvenzrechtlichen Natur aus: „[...] die konkurs- und anfechtungsrechtliche Lösung der Novelle [...]".

lass für die Schaffung der gesellschaftsrechtlichen Norm die Stärkung des Gläubigerschutzes in der Insolvenz.[114] Andernfalls wäre es – trotz der Entstehungsgeschichte des Eigenkapitalersatzrechts – durchaus möglich gewesen, die §§ 32a, b GmbHG von vorneherein in der Insolvenzordnung anzusiedeln. Tatsächlich ging die Verortung im Gesellschaftsrecht entgegen zahlreicher Stimmen aus der Literatur aber mit der Funktion der Vorschriften konform. Das spezifische Insolvenzrecht erfuhr eine Modifikation erst *in Folge* der Umqualifizierung. Genau an dieser Stelle war deswegen richtigerweise die Grenze zwischen Gesellschafts- und Insolvenzrecht zu sehen. Während die tatbestandliche Umqualifizierung gemäß § 32a GmbHG noch vollständig gesellschaftsrechtlich war, knüpften daran auf der Rechtsfolgenseite vollständig insolvenzrechtliche Normen an.[115] Dies wird auch deutlich durch das Tatbestandsmerkmal der Krise: Das rein materielle Eigenkapitalersatzrecht kam hinsichtlich der Umqualifizierung auch dann zu Stande, wenn die Insolvenz abgewehrt werden konnte.[116] Die §§ 32a, b, GmbHG hatten somit zwar eine Rechtsfolge mit stark insolvenzrechtlichem Bezug, waren aber in ihrem eigenen Wesen Gesellschaftsrecht.[117]

(2) Systematische Einordnung

Mit der soeben getroffenen Einordnung ist die Betrachtung jedoch nicht abgeschlossen. Unabhängig davon, ob man sich der hier vertretenen tatbestandlich gesellschaftsrechtlichen Qualifikation der §§ 32a, b GmbHG anschließen möchte, kann der Streit zum alten Recht aus mehreren Gründen nur Indizwirkung haben. Zunächst deswegen weil sich die „Nachfolgenormen" von den Tatbestandsvoraussetzungen her unterscheiden. Dadurch, dass das Merkmal „eigenkapitalersetzend" entfällt, entfällt auch ein wichtiger Verweis auf den Bezug zum Gesellschaftsrecht. Verstärkt wird dieser Eindruck durch die Verortung innerhalb der neu gefassten Insolvenzordnung. Der Verzicht auf den Begriff des Eigenkapitalersatzes und die rechtsformneutrale Formulierung der neuen Norm stützen inso-

---

[113] *Haß/Herweg,* in: Haß/Huber/Gruber/Heiderhoff, EuInsVO Art. 4 Rn. 15; *Habersack,* ZIP 2008, 2385, 2386; *Müller,* NZG 2003, 414, 416; *Riedemann,* GmbHR 2004, 345, 349; *K. Schmidt,* GmbHR 2005, 797, 805; *Tschauner/Desch,* Bucerius Law Journal 2008, 75, 76 ff.; *Zimmer,* NJW 2003, 3585, 3589.

[114] *K. Schmidt,* in: Scholz, GmbHG §§ 32a, 32b Rn. 8; *K. Schmidt,* ZIP 1981, 690 ff.; *Ullrich,* GmbHR 1983, 142.

[115] BGH, Urt. v. 25.06.2001 – II ZR 38/99 = BGHZ 148, 167, 168; *Ehmcke,* Kapitalschutz, S. 36; *Haß/Herweg,* in: Haß/Huber/Gruber/Heiderhoff, EuInsVO Art. 4 Rn. 41; *Müller,* NZG 2003, 414, 417; *Eidenmüller,* Ausländische Kapitalgesellschaften (2004), § 9 Rn. 42 f.

[116] *K. Schmidt,* in: Scholz, GmbHG §§ 32a, 32b Rn. 256; *K. Schmidt,* GmbHR 2005, 797, 804 f.; ebenso *Krieger,* in: Lutter/Scheffler/Schneider, Hdb. Konzernfinanzierung, §4 Rn. 4.17.

[117] Wie hier *K. Schmidt,* GmbHR 2005, 797, 805; *Tschauner/Desch,* Bucerius Law Journal 2008, 75, 76 ff.

fern die Vermutung, dass sie – entsprechend der Intention des Gesetzgebers – insolvenzrechtlicher Natur ist. Wohl aus diesem Grund sowie aus der unproblematischen Zuordnung des § 39 Abs. 1 Nr. 5 a. F. InsO wird dies auch in der Literatur überwiegend – und häufig ohne detaillierte Untersuchung – akzeptiert.[118] Richtiger Weise wird man den bisherigen Meinungsstreit über die Anwendbarkeit der Eigenkapitalersatzregeln auf Auslandsgesellschaften aber keineswegs als „obsolet" ansehen dürfen.[119]

(3) Teleologische Einordnung

Solange das Gesetz einen grundsätzlichen Nachrang auch außerhalb der Krise unabhängig von der Frage nach dem Motiv für die Darlehensausgabe und ohne eine Exkulpationsmöglichkeit des darlehensgebenden Gesellschafters vorsieht, ist der Hauptanknüpfungspunkt offensichtlich nicht die Insolvenznähe der Gesellschaft, sondern die Gesellschafterstellung des Darlehensgläubigers. Abgesehen davon, dass die Frage, *wer* Gesellschafter ist, ganz offensichtlich nur das Gesellschaftsrecht beantworten kann,[120] ließe sich eine Schlechterstellung einfach auf Grund der Tatsache, dass jemand *auch* Gesellschafter ist, jedenfalls nicht insolvenzrechtlich begründen.

Die neuen Regeln greifen – anders auch als § 39 Abs. 1 Nr. 5 a. F. InsO – bereits dann, wenn eine Krise u. U. noch nicht absehbar ist. Jedes Gesellschafterdarlehen unterliegt also schon bei Gewährung vollumfänglich dem Nachrang. Dabei ist peripher, ob der Wegfall des Merkmals der „Krise" lediglich bedeutet, es werde fortan unwiderleglich vermutet.[121] Vielmehr muss auf das Ergebnis der neuen Regelung geschaut werden. Ein gesetzlicher Rangrücktritt hat zur Folge, dass eine „normale" Darlehensfinanzierung durch Gesellschafter *de facto* nicht mehr möglich ist. Ein gesetzlich nachrangiges Gesellschafterdarlehen entspricht – wirtschaftlich betrachtet – Mezzaninekapital.[122] Schriebe das Gesetz nun einem Gesellschafter vor, bei der Finanzierung seiner Gesellschaft entweder auf

---

[118] So bei *Bork,* ZGR 2007, 250, 268; *Gehrlein,* BB 2008, 846, 849; *Habersack,* ZIP 2007, 2145, 2147; *Hirte,* ZInsO 2009, 689, 694; *Hirte,* WM 2008, 1429, 1432; *Kindler,* AG 2007, 721, 727; *Kindler,* NJW 2008, 3249, 3253; *Knof,* ZInsO 2007, 125, 131; *Meyer,* DB 2008, 1742, 1745; *Schiffer,* BB-Beil. 7, 2006, 14, 17; *Seibert,* ZIP 2006, 1157, 1161 f.; *Wälzholz,* DStR 2007, 1914, 1918; *Just,* Die englische Limited (2008), Rn. 344; *Haack/Campos Nave,* Die neue GmbH, Rn. 113; *vorsichtiger,* i. E. aber offen lassend *Altmeppen,* in: Roth/Altmeppen, GmbHG, Anh §§ 32a, b Gesellschafterdarlehen, Rn. 74 f.; *Desch,* in: Bunnemann/Zirngibl, § 8 Rn. 69; *Mock,* DStR 2008, 1645, 1646.

[119] So aber AG Hamburg, Beschl. v. 26.11.2008 – 67g IN 352/08 = NZG 2009, 197 = NJW-Spezial 2009, 55.

[120] *Schücking,* ZIP 1994, 1156, 1158; *Tschauner/Desch,* Bucerius Law Journal 2008, 75, 78.

[121] So *Bork,* ZGR 2007, 250, 257; *Altmeppen,* in: Roth/Altmeppen, GmbHG, Anh §§ 32a, b Gesellschafterdarlehen, Rn. 21; *Altmeppen,* NJW 2008, 3601, 3602 f.

Eigen- oder auf Mezzaninekapital zurückzugreifen, würde wohl niemand die betreffende Norm spontan als insolvenzrechtlich verorten. Wesentlich näher läge es, darin einen Teil der Finanzverfassung der Gesellschaft zu sehen. Auch der Deutsche Rat für Internationales Privatrecht hält die Frage, „[w]elche Finanzierungsinstrumente während des Lebens einer Gesellschaft zulässig sind und wie sie zu behandeln sind", für „eine typische Angelegenheit der Finanzverfassung".[123] Fragen der Finanzverfassung werden aber im Schrifttum – wie bereits ausgeführt[124] – nahezu einhellig dem Gesellschaftsstatut zugerechnet.[125] Insofern regelt das neue Recht nicht etwa das „Ob" einer Finanzierung, sondern in erster Linie das „Wie"[126] und stellt damit einen nachhaltigen Eingriff in die Finanzverfassung der Gesellschaft dar.[127] Dieser lässt sich ohne einen weiteren tatbestandlichen Anknüpfungspunkt nicht mehr mit dem Insolvenzrisiko einer Gesellschaft rechtfertigen.

(4) Zwischenergebnis zur Bewertung aus deutscher Sicht

Aus deutscher Sicht sprechen die besseren Argumente dafür, in der unflexiblen Subordinationsnorm einen Teil des Gesellschaftsrechts zu sehen. Dieses Ergebnis ist aber nicht derart eindeutig, dass die Betrachtung damit zu Ende wäre.

bb) Einschätzung aus europäischer Sicht – Rechtsvergleich

Praktisch von wesentlich größerer Relevanz als die deutsche Perspektive ist die bisher noch nicht erfolgte Bewertung durch den EuGH,[128] welcher eine andere Betrachtung zu Grunde liegen muss: Als supranationale Norm ist Art. 4 Abs. 1 EuInsVO autonom auszulegen.[129] Der Frage, was Insolvenzstatut ist und was

---

[122] Ähnlich *Krolop*, ZIP 2007, 1738; ein verbreitetes Mezzanine-Instrument ist etwa das *„Junior Debt"* oder *„Subordinated Debt"*, welches sich von einem „normalen" Darlehen lediglich dadurch unterscheidet, dass der Rückzahlungsanspruch bei Tilgung oder Insolvenz nachrangig bedient wird, vgl. *Hofert/Arends*, GmbHR 2005, 1381, 1382; *Häger/Elkemann-Reusch*, Mezzanine Finanzierungsinstrumente (2007), Rn. 452.

[123] Vorschlag der Spezialkommission für die Neugestaltung des Internationalen Gesellschaftsrechts auf europäischer/deutscher Ebene, abgedruckt bei *Sonnenberger*, Vorschläge und Berichte (2007), 3, 33.

[124] Oben 5. Teil, A. I.

[125] *H. P. Westermann*, in: Scholz, GmbHG Einl. Rn. 96; *H. F. Müller*, in: Spindler/Stilz, AktG IntGesR Rn. 33; *Eidenmüller* RabelsZ 70 (2006), *Rotheimer*, NZG 2008, 181; *Spahlinger/Wegen*, Internationales Gesellschaftsrecht in der Praxis, Rn. 312; *Fleischer*, in: Lutter, Europäische Auslandsgesellschaften, 70, 80 m.w.N.; vgl. auch bereits die Ausführungen unter 5. Teil, A. I.

[126] *Borges*, ZIP 2004, 733, 743.

[127] *Kindler*, in: MünchKomm BGB IntGesR Rn. 593; *Borges*, ZIP 2004, 733, 743; *Eidenmüller*, in: FS Canaris (2007), 49, 68; *Müller*, NZG 2003, 414, 417.

[128] Übersehen etwa bei *Fedke*, NZG 2009, 928, 932.

[129] *Eidenmüller* RabelsZ 70 (2006), 474, 482.

gesellschaftsrechtlicher Natur, ist sich deswegen rechtsvergleichend anzunähern. Einschränkungen hiervon können sich allenfalls durch die primärrechtlichen Artt. 49, 54 AEUV ergeben.[130] Gegenstand des folgenden Rechtsvergleichs sollen die wirtschaftlich betrachtet wichtigsten Rechtssysteme innerhalb der EU, namentlich diejenigen Großbritanniens, Frankreichs, Italiens, Spaniens, der Niederlande, Portugals, Österreichs und Polens sein,[131] womit 78 % der Bevölkerung[132] und 83 % des BIP in jeweiligen Marktpreisen[133] der EU repräsentiert sind. Zusätzlich soll das US-amerikanische System betrachtet werden. Letzteres vermag zwar keinen Aufschluss über eine Üblichkeit in Europa zu geben, besitzt jedoch auf Grund seiner weltweiten Präsenz eine Ausstrahlungswirkung, die einen kurzen Blick über den Atlantik zu rechtfertigen scheint.

(1) Vereinigtes Königreich – Die Wrongful trading Rule

Traditionell wehrt sich das englische Recht gegen die Umqualifizierung von Fremd- in Eigenkapital.[134] Trotzdem werden Gesellschafterdarlehen unter Umständen anders bewertet als sonstige Verbindlichkeiten: Der Insolvency Act 1986[135] normiert in S. 215 die Möglichkeit britischer Insolvenzgerichte, den Nachrang von Gesellschafterforderungen anzuordnen:

(4) Where the court makes a declaration under either section in relation to a person who is a creditor of the company, it may direct that the whole or any part of any debt owed by the company to that person and any interest thereon shall rank in priority after all other debts owed by the company and after any interest on those debts.

Voraussetzung hierfür ist zunächst ein Verstoß gegen die in S. 214 normierte Wrongful-Trading-Rule,[136] die den Direktor einer Gesellschaft zur persönlichen Haftung zwingt, wenn er weiß oder wissen muss, dass es keine vernünftigen Aus-

---

[130] Vgl. *Haß/Herweg*, in: Haß/Huber/Gruber/Heiderhoff, EuInsVO Art. 4 Rn. 14; *Bitter*, WM 2004, 2190, 2192; *Eidenmüller* RabelsZ 70 (2006), 474, 482; *U. Huber*, in: Lutter, Europäische Auslandsgesellschaften, 307, 346.

[131] Problematisch ist in diesem Zusammenhang die Sprachbarriere. Soweit sich auf die Rechtssysteme Spaniens, Portugals und Italiens bezogen wird, konnten nur Arbeiten auf Deutsch, Englisch oder Französisch als Beleg herangezogen werden, da „Weiterzitierungen" auf nicht rezipierte, fremdsprachige Quellen wissenschaftlich nicht tragbar sind. Sofern sich auf Gesetzestexte bezogen wird, hat sich der Verfasser diese von Muttersprachlern übersetzen lassen. Normen werden, soweit es für notwendig erachtet wird, im Originaltext zitiert.

[132] Nach Europa in Zahlen, Eurostat Jahrbuch 2010, S. 163; online verfügbar unter: http://www.eds-destatis.de/downloads/publ/KS-CD-10-220-EN-N.pdf [07.10.2010].

[133] Nach Europa in Zahlen, Eurostat Jahrbuch 2010, S. 98.

[134] Vgl. bereits die Entscheidung A.C.22 (Salomon v. Salomon) des House of Lords aus dem Jahr 1897.

[135] Online abrufbar unter: http://www.insolvency.gov.uk/insolvencyprofessionandlegislation/legislation/uk/insolvencyact.pdf [07.10.2010].

sichten („*reasonable prospects*") mehr gibt, einer Insolvenz wegen Überschuldung zu entgehen (s. 214 (2) IA). Um eine solche Eigenhaftung zu vermeiden, muss der Direktor ab Erkennbarkeit der unvermeidlichen Insolvenz alles zur Verlustminimierung Erforderliche getan haben (s. 214 (3) IA).[137] Dies gilt gemäß S. 214 (7) IA auch für die „*shadow directors*". Nach der Legaldefinition der S. 215 handelt es sich dabei insbesondere um solche Personen, die – auch ohne fehlerhaft zum Geschäftsführer bestellt worden zu sein – wie ein Geschäftsführer die Geschäfte der Gesellschaft leiten. Insbesondere umfasst dies auch Gesellschafter.[138]

Wird durch eine Gesellschaft innerhalb von zwei Jahren vor Insolvenzeintritt eine Leistung erbracht, so ist das zu Grunde liegende Rechtsgeschäft unter den Voraussetzungen der s. 240 (1) (a) anfechtbar. Wichtigste Voraussetzung ist hier die fehlende Gleichwertigkeit von Leistung und Gegenleistung.[139]

Der Unterschied des britischen Systems zu § 39 Abs. 1 Nr. 5 InsO ist offensichtlich: Tatbestandsvoraussetzung des Nachrangs ist ein vorwerfbares Verhalten des Gesellschafters (*fraudulent* oder *wrongful trading*).[140] Selbst wenn dies angenommen wird, steht es immer noch im Ermessen des Gerichts, ob es neben der Anfechtbarkeit nach Abwägung aller Umstände den Rangrücktritt anordnet. Unabhängig davon, ob man diese britischen Normen als insolvenz- oder gesellschaftsrechtlich klassifizieren möchte,[141] wird ersichtlich, dass sie sich tatbestandlich und hinsichtlich ihrer Rechtsfolgen ganz erheblich vom deutschen System unterscheiden, indem eine bloße Gesellschafterstellung gerade nicht *per se* eine Ungleichbehandlung von Forderungen auslöst.

(2) Frankreich – Action en comblement du passif

Auch das französische Recht kennt keine generelle Subordination von Gesellschafterdarlehen.[142] Art L651-2 des französischen Code de Commerce[143] besagt, dass

---

[136] *Cheffins*, Company Law, S. 540 f.; aus der deutschen Literatur ausführlich dazu *Habersack/Verse*, ZHR 168 (2004), 174 ff.; *Schillig*, in: Kindler/Nachmann, Hdb. Insolvenzrecht in Europa, Rn. 501.

[137] *Cheffins*, Company Law, S. 542.

[138] *Cheffins*, Company Law, S. 504 ff.; *Haas*, Gutachten E zum 66. DJT, S. 45; *Hirt* ECFR 2004, 71, 75; *Huber/Habersack*, in: Lutter, Das Kapital der Aktiengesellschaft in Europa, 370, 386.

[139] Re MC Bacon Ltd. (1990), BCLC 324, 340.

[140] *Eidenmüller*, in: FS Canaris (2007) Bd. II, 49, 52; *Vervessos*, Eigenkapitalersatzrecht, S. 78.

[141] Die deutsche Rechtsprechung und Literatur geht zumeist von Gesellschaftsrecht aus, um sodann über das Gründungsrecht Haftungslücken zu schließen; vgl. AG Bad Segeberg, Urt. v. 24.3.2005 – 17 C 289/04 (n. rkr.) = NZI 2005, 411, 412 m. Anm. *Pannen/Riedemann* = ZIP 2005, 812; *Just*, Die englische Limited, Rn. 341.

Lorsque la résolution d'un plan de sauvegarde ou de redressement judiciaire ou la liquidation judiciaire d'une personne morale fait apparaître une insuffisance d'actif, le tribunal peut, en cas de faute de gestion ayant contribué à cette insuffisance d'actif, décider que les dettes de la personne morale seront supportées, en tout ou partie, par tous les dirigeants de droit ou de fait ou par certains d'entre eux, ayant contribué à la faute de gestion. En cas de pluralité de dirigeants, le tribunal peut, par décision motivée, les déclarer solidairement responsables.

In Frankreich existiert demnach keine grundsätzliche Gesellschafterhaftung. Gesellschafterdarlehen können in der Krise der Gesellschaft zurückgezogen werden, sofern kein Treuepflichtverstoß oder Rechtsmissbrauch erkennbar ist.[144] Indes kann es häufig vorkommen, dass der Einfluss eines *dirigeant de fait* („faktischer Geschäftsführer"[145]) durch Anteilsbesitz vermittelt wurde.[146] Die Haftung eines solchen Gesellschafters wird dann aber nicht durch einen Nachrang von Gesellschafterdarlehen erzeugt, sondern das Insolvenzgericht kann den faktischen Geschäftsführer bei unzureichendem Gesellschaftsvermögen einzeln oder mit anderen als Gesamtheit zur Haftung auf die Differenz verurteilen. Anknüpfungspunkt ist in diesen Fällen ausschließlich die Stellung als (faktischer) Geschäftsführer, die regelmäßig durch aktives Tun begründet wird.[147] In Ausübung dieser Funktion muss der *dirigeant de fait* gegen die allgemeinen Leistungspflichten eines gewissenhaften Geschäftsführers verstoßen haben. Das bloße Halten von Unternehmensanteilen stellt dagegen nach ständiger französischer Rechtsprechung keine ausreichende Grundlage für eine Haftung dar.[148]

---

[142] *Eidenmüller*, in: FS Canaris (2007) Bd. II, 49, 52.

[143] Durch Inkrafttreten des Loi n° 2005-845 du 26 juillet 2005 – art. 1 (V) JORF 27 juillet 2005 en vigueur le 1er janvier 2006 sous réserve art. 190 hervorgegangen aus dem früheren Art. L624-3 Code de Commerce.

[144] Cour d'appel Aix-en-Provence v. 26.05.1981 – D 1983, IR, 60 = Rev. Soc. 1982, 308; *Eidenmüller*, in: FS Canaris (2007) Bd. II, 49, 52; *Vervessos,* Eigenkapitalersatzrecht, S. 79.

[145] Dies kann im französischen Recht auch eine juristische Person sein, *Habersack/Verse,* ZHR 2004, 174, 204; *Haas,* Gutachten E 66. DJT, S. E 47.

[146] Cour d'appel Paris v. 7.5.1975, D. 1975, somm. 121; *Dedessus-le-Moustier,* Rev. Soc. 1997, 499, 507.

[147] Vgl. das Urteil des Cour d'appel Paris v. 17.3.1978, D. 1978,1. R., 420: *„Le dirigeant de fait est celui qui exerce une activité de direction ou de gestion en toute liberté et independence. ";* siehe auch *Marquardt/Hau* RlW 1998, 441, 442.

[148] Grundlegend das Urteil des Cour d'appel Aix-en-Provence v. 26.05.1981 – D 1983, IR, 60 = Rev. Soc. 1982, 308; im zu entscheidenden Fall war aber das Verhalten des Gesellschafters, nämlich der Abzug von Darlehen in der Krise, als treuwidrig eingestuft worden, sodass es letztlich doch zu einer Haftung kam. Allerdings wurde dieses Konstrukt viel kritisiert. Nach in Frankreich wohl herrschender Meinung ist der Abzug von Gesellschafterdarlehen selbst in der Krise grundsätzlich zulässig, vgl. Nachw. bei *Vervessos,* Eigenkapitalersatzrecht, S. 79.

(3) Italien – Art. 2467 CC

Das italienische Recht kennt seit Inkrafttreten der Rechtsverordnung Nr. 6 vom 17. Januar 2003[149] ein dem früheren deutschen Eigenkapitalersatzrecht ähnliches Schutzsystem:[150] Gemäß Art. 2467 CC dürfen Gesellschafterhilfen aus dem Vermögen der *società a responsabilita limitata* nur nachrangig befriedigt werden. Auch die Erstattungspflicht von innerhalb eines Jahres vor Insolvenzeröffnung zurückgezahlten Darlehen kopiert das italienische Recht. Beides soll jedoch nicht immer greifen, sondern das Gesetz sieht eine Einzelfallabwägung vor. An dieser Stelle erübrigt sich eine tiefer gehende Darstellung, denn ein klarer Fall der Subordination ist jedenfalls dann gegeben, wenn entweder ein übermäßiges Missverhältnis zwischen Überschuldung und Reinvermögen („*[...] eccessivo squilibrio dell'indebitamento rispetto al patrimonio netto [...]*") vorliegt oder ein ordentlicher Kaufmann der Gesellschaft zu diesem Zeitpunkt kein Darlehen mehr gewährt hätte („*[...] in considerazione del tipo di attività esercitata dalla società [...]*").[151] Diese Regelungen siedelt der italienische Gesetzgeber im gesellschaftsrechtlichen Abschnitt des *Codice Civile* an.[152]

Der zusätzliche insolvenzrechtliche Schutz italienischer Gesellschaftsgläubiger zeigt sich flexibler: Unentgeltliche Verfügungen und Zahlungen auf nicht fällige Forderungen, die innerhalb von zwei Jahren vor Eröffnung des Insolvenzverfahrens erfolgten, sind gem. Artt. 64, 65 der *Legge Fallimentare* unwirksam. Allen anderen Verfügungen kann im Wege der allgemeinen Anfechtung („*revocatoria giudiziale*") oder der Konkursanfechtung („*revocatoria fallimentare*") mit einjähriger Rückwirkung begegnet werden.[153] Hierzu ist notwendig, dass ein Missverhältnis von mehr als 25% zwischen Leistung und Gegenleistung vorliegt.[154]

Weder das italienische Eigenkapitalersatz- noch das Konkursrecht können damit als Referenzsysteme für eine deutsche Subordination aller Gesellschafterdarlehen herhalten: Italien trennt sehr systematisch die aus der Gesellschafterstellung resultierende Umqualifizierung von Fremd- in Eigenkapital von den an vor-

---

[149] Dazu *Hartl*, NZG 2003, 667 ff.; *Lorenzetti/Strnad*, GmbHR 2004, 731 ff.; *Magelli/Masotto* RIW 2003, 575 ff.; *Sangiovanni*, ZInsO 2008, 298 ff.

[150] *Balp*, ZInsO 2007, 1020 ff.; *Haas*, GmbHR 2004, 557 ff.; *Kalss/Adensamer/Oelkers*, in: Lutter, Das Kapital der Aktiengesellschaft in Europa, 134, 180; alle m.w.N. aus dem italienischen Schrifttum; deutsch zum früheren Recht in Italien *Kronke*, in: Behrens, Int.GmbHR Rn. I 20; *Vervessos*, Eigenkapitalersatzrecht, S. 86.

[151] *Kalss/Adensamer/Oelkers*, in: Lutter, Das Kapital der Aktiengesellschaft in Europa, 134, 180; *Vervessos*, Eigenkapitalersatzrecht, S. 87.

[152] *Haas*, GmbHR 2004, 561 f.; *Kalss/Adensamer/Oelkers*, in: Lutter, Das Kapital der Aktiengesellschaft in Europa, 134, 179; *Lorenzetti/Strnad*, GmbHR 2004, 731.

[153] *Kindler/Conow*, in: Kindler/Nachmann, Hdb. Insolvenzrecht in Europa Rn. 207 f.

[154] Dieser Betrag wird in der ständigen italienischen Rechtsprechung als Indiz für ein „unterwertiges Geschäft" angesehen, vgl. Cass., 4 marzo 1985, n. 1798, Giur. comm. 1985, II, 727; Cass., 26 settembre 1996, n. 8500.

werfbares Verhalten anknüpfenden konkursrechtlichen Anfechtungsmöglichkeiten. Dass die gesellschaftsrechtliche Einordnung des Eigenkapitalersatzrechts auch nicht etwa nur ein Versehen war, ergibt sich bereits aus dem Blick auf die Entstehungsgeschichte der betreffenden Vorschriften: Hätte der italienische Gesetzgeber bei der Adaption des deutschen Eigenkapitalersatzrechts im Jahr 2003 die Schaffung neuen italienischen Insolvenzrechts beabsichtigt, so hätte er es gewiss schon deswegen auch entsprechend verortet, weil die EuInsVO zu diesem Zeitpunkt bereits in Kraft getreten war und Italien als klassisches Sitztheorie-Land kurz nach der Überseering-Entscheidung[155] ein Interesse an der Regulierbarkeit von Auslandsgesellschaften gehabt haben dürfte.

(4) Spanien – Artt. 92 f. LC

Die am 01.09.2004 in Kraft getretene *Ley Concursal*[156] vereinheitlichte das bis dahin über verschiedene Gesetzeswerke und rechtliche Anknüpfungspunkte verstreute spanische Insolvenzrecht.[157] Jetzt kennt das spanische Recht vier Arten von Forderungen in der Insolvenz, die sich hinsichtlich ihrer Qualität unterscheiden in besonders privilegierte, allgemein privilegierte, gewöhnliche und untergeordnete Forderungen. Rückzahlungsansprüche aus Darlehen von konzernverbundenen Unternehmen oder deren Gesellschaftern werden dabei grundsätzlich den untergeordneten Forderungen („*créditos subordinados*") gemäß Art. 92 LC zugeordnet (Art. 93 Abs. 2 Nr. 3 LC).[158] Es kommt für diese Subordination insbesondere nicht darauf an, ob die jeweiligen Mittel im Stadium einer Krise gewährt wurden.[159] Wurden die Darlehen bereits vor Insolvenzeröffnung zurückgezahlt, so kommt innerhalb von zwei Jahren ab Rückzahlung eine Insolvenzanfechtung nach Art. 71 LC in Betracht.[160] Insofern weist das spanische Recht große Ähnlichkeit mit der jetzigen deutschen Regelung auf. Es unterscheidet sich jedoch gerade in einem hier sehr relevanten Punkt: Die insolvenzrechtliche Anfechtung

---

[155] EuGH, Urt. v. 05.11.2002 – Rs. C-208/00 („Überseering") = EuGHE I 2002, 9919 = ZGS 2002, 427 = NJW 2002, 3614 = ZAP EN-Nr 170/2003 = ZIP 2002, 2037 m. Anm. *Eidenmüller* S. 2233; dazu *Paefgen,* DB 2003, 487.

[156] Veröffentlicht im Bolétin Oficial des Estado [BOE] Nr. 164 v. 10.07.2003, 26901 ff., online abrufbar unter http://www.boe.es/boe/dias/2003/07/10/pdfs/A26905-26965.pdf [07.10.2010].

[157] *Embid Irujo,* RIW 2004, 760; *Lincke,* NZI 2004, 69, 70; *Schröder,* RIW 2004, 610 f.; eine umfangreiche Liste mit Quellen zum spanischen Insolvenzrecht findet sich zudem bei *Fries/Steinmetz,* in: Kindler/Nachmann, Hdb. Insolvenzrecht in Europa unter „Länderberichte: Spanien".

[158] *Volz/Oliver,* in: MünchKomm InsO, Länderberichte: Spanien Rn. 71; *Kalss/Adensamer/Oelkers,* in: Lutter, Das Kapital der Aktiengesellschaft in Europa, 134, 180 f.

[159] *Huber/Habersack,* in: Lutter, Das Kapital der Aktiengesellschaft in Europa, 370, 384.

[160] Ausführlich dazu *Fries/Steinmetz,* in: Kindler/Nachmann, Hdb. Insolvenzrecht in Europa Rn. 138 ff.

kann nur wirksam werden, wenn durch den vorangehenden Abzug der Darlehens-valuta eine Gläubigerbenachteiligung vorliegt. Diese wird bei Gesellschafterdar-lehen zwar gem. Art. 71 Abs. 3 Ziff. 1 LC vermutet, jedoch lässt das spanische Recht dem Gesellschafter Raum für einen Entlastungsbeweis.[161] Dieser ist etwa erbracht, wenn der Gesellschafter die Gleichwertigkeit von Leistung und Gegen-leistung glaubhaft machen kann[162] oder *ex ante* vor Kriseneintritt klar definierte Rückzahlungsmodalitäten dokumentiert sind. Folglich muss ein spanischer Ge-sellschafter – anders als ein Deutscher – bei der Gewährung eines Darlehens an seine Gesellschaft nicht grundsätzlich davon ausgehen, im Insolvenzfall seiner Mittel verlustig zu gehen.

(5) Niederlande – Art. 2:248 BW

Auf das niederländische Recht kann in diesem Zusammenhang nur äußerst kurz eingegangen werden, da es ein dem Eigenkapitalersatzrecht verwandtes Instrument schlichtweg nicht gibt.[163] Zum Schutz der Gläubiger einer *besloten vennootschap met beperkte aansprakelijkheid* (B.V.) wird stattdessen bei den Ge-schäftsführern angesetzt. Diese haften nach Art. 2:248 des *Burgerlijk Wetboek*[164] im Insolvenzfall gesamtschuldnerisch, sofern zu vermuten ist, dass eine Insol-venz auf eine pflichtwidrige Geschäftsführungsmaßnahme zurückgeht.[165]

(6) Portugal – Art. 245 (3) CSC

Tatsächlich aber findet sich innerhalb Europas durch Artigo 245 (3) des portu-giesischen *Código das Sociedades Comerciais* (CSC) zumindest eine Rechtsord-nung, in der ein genereller Rangrücktritt von Gesellschafterdarlehen bekannt ist:[166]

3 – Decretada a falência ou dissolvida por qualquer causa a sociedade:

a) Os suprimentos só podem ser reembolsados aos seus credores depois de inteira-mente satisfeitas as dívidas daquela para com terceiros;

b) Não é admissível compensação de créditos da sociedade com créditos de supri-mentos.

---

[161] SAP Valladolid v. 23.3.2009, no. 82/2009, EDJ 2009/61717; *Vila Florensa* in: Sala/Mercadal/Alonso-Cuevillas/Salvatela Badiella, Art. 71 IV, b); *Fries/Steinmetz,* in: Kindler/Nachmann, Hdb. Insolvenzrecht in Europa Rn. 140; *Huber/Habersack,* in: Lut-ter, Das Kapital der Aktiengesellschaft in Europa, 370, 385.

[162] *Fries/Steinmetz,* in: Kindler/Nachmann, Hdb. Insolvenzrecht in Europa Rn. 140.

[163] *Richter,* GmbHR 2007, 1316, 1318.

[164] Vom Abdruck der sehr langen Norm wird abgesehen. Sie ist online abrufbar un-ter http://wetboek.net/BW2/248.html.

[165] Hoge Raad, Urt. v. 23.11.2001 = NJ 2002, 95; *Richter,* GmbHR 2007, 1316, 1318.

[166] *Engrácia Antunes,* ECFR 2005, 323, 346; *Rau,* in: Behrens, Int.GmbH, P 41; *Vervessos,* Eigenkapitalersatzrecht, S. 89.

Geschlossen wird also ein Zuschussvertrag mit Dauercharakter, durch welchen ein Gesellschafter vertretbare Sachen, in aller Regel Geld, an die Gesellschaft verleiht oder eine Stundung entsprechender Forderungen gegen sich zustimmt. Bei Insolvenz oder Auflösung der Gesellschaft kommt eine Befriedigung nur nachrangig in Betracht.[167] Die Anfechtbarkeit von Darlehensrückzahlungen an Gesellschafter innerhalb Jahresfrist vor Eröffnung des Insolvenzverfahrens kennt das portugiesische Recht ebenfalls (Art. 245 (5) CSC i.V.m. Artt. 1200, 1203 CPC):[168]

> 5 – O reembolso de suprimentos efectuado no ano anterior à sentença declaratória da falência é resolúvel nos termos dos artigos 1200.°, 1203.° e 1204.° do Código de Processo Civil.

Damit sind große Ähnlichkeiten zur jetzigen Rechtslage in Deutschland erkennbar. Gegen einen Beleg für die Üblichkeit des deutschen Rechts spricht aber, dass der insolvenzrechtliche Nachrang des portugiesischen Systems nominell im Gesellschaftsrecht geregelt ist und nicht wie zu erwarten gewesen wäre im *Código da Insolvência e da Recuperação de Empresas* (CIRE).

(7) Österreich – EKEG

Das österreichische Eigenkapitalersatzrecht wurde vor einigen Jahren durch das am 01.01.2004 in Kraft getretene Eigenkapitalersatz-Gesetz (EKEG)[169] auf eine neue Grundlage gestellt.[170] Vorangegangen war dem eine langjährige Entwicklung von Richterrecht, die sich in großen Teilen an der deutschen Rechtsprechung orientierte:[171] Am 08.05.1991 hatte der OGH entschieden, dass sämtliche in Deutschland zum Eigenkapitalersatz entwickelten Rechtsprechungsregeln auch für Österreich gelten sollten.[172] Als Anknüpfungspunkt im österreichischen GmbHG wurde jedoch nicht der dem § 30 des deutschen GmbHG entsprechende § 82 öGmbHG, sondern die im Dritten Abschnitt des II. Hauptstücks (§§ 72 ff.) öGmbHG beschriebenen Regeln über Nachschüsse genannt.[173] Die Zurverfügungstellung von Nachschüssen ist in Österreich an verschiedene Bedingungen geknüpft und unterliegt weitestgehend der Zuständigkeit der Gesellschafter. Eine

---

[167] *Rau,* in: Behrens, Int.GmbH, P 41.

[168] *Rau,* in: Behrens, Int.GmbH, P 41; *Vervessos,* Eigenkapitalersatzrecht, S. 89 m.w.N.

[169] Erlassen im Rahmen des Gesellschafts- und Insolvenzrechtsänderungsgesetz (GIRÄG) 2003, öBGBl I 2003/92.

[170] Eine ausführliche Würdigung aus deutscher Sicht liefert *K. Schmidt,* GesRZ 2004, 75 ff.

[171] Dazu *Karollus,* in: FS Huber (2006), 801, 802 f.

[172] OGH, Urt. v. 08.05.1991 – Ob 9/91 = GesRZ 1991, 162 = RdW 1991, 290 = wbl 1991, 398 = ecolex 1991, 697; sehr krit. dazu *Koppensteiner,* wbl 1997, 489 ff.

[173] *Koppensteiner/Rüffler,* öGmbHG Anh § 74 Rn. 1 ff. m.w.N.

Umgehung der Nachschussregeln dadurch, dass dem Unternehmen in der Krise statt solcher Nachschüsse Gesellschafterdarlehen gewährt werden, sollte zur Folge haben, dass die Regeln über Nachschüsse zur analogen Anwendung kämen.[174] Problematisch an dieser Übernahme war, dass dem österreichischen Recht eine dem § 32a GmbHG vergleichbare geschriebene Norm fehlte, sodass die stetige Weiterentwicklung des Eigenkapitalersatzrechts dort weitgehend *contra legem* erfolgte. Das EKEG sollte – ähnlich wie in Deutschland die GmbHG-Novelle 1980 – dem entgegenwirken und unter Verdrängung sämtlicher Rechtsprechungsregeln ein gesetzliches Fundament schaffen. Es geht aber insoweit über die damalige deutsche Novelle hinaus, als es ein Rechtsform übergreifendes Werk ist (§ 4),[175] bei dem auch tatsächlich von einer Verdrängung aller Rechtsprechungsregeln auszugehen ist.[176] Bei der Entwicklung wurde als Rechtsgrund für die Sonderbehandlung von Gesellschafterkrediten auf die Finanzierungsfolgenverantwortung hingewiesen.[177] Anders als das MoMiG stellt das EKEG Kredite verbundener Unternehmen ausdrücklich den Gesellschafterdarlehen gleich (§ 8: Mehrstufige vertikale Konzernverbindungen, § 9: Schwesternkredite),[178] sodass es insoweit eine größere Rechtssicherheit liefert.

In der Insolvenz sollen eigenkapitalersetzende Leistungen nachrangig befriedigt werden (§ 57 Abs. 2 KO).[179] Auch Österreich setzt demnach auf einen insolvenzrechtlichen Nachrang von Gesellschafterdarlehen. Allerdings klammert das EKEG stehen gelassene Kredite vom Eigenkapitalersatzrecht ausdrücklich aus (§ 3 Abs. 1 Z. 3 EKEG).[180]

Entscheidendes Fazit im Bereich des hier durchgeführten Rechtsvergleichs ist, dass das EKEG die Sonderregelungen für Gesellschafter an das Bestehen einer Krise (§ 2) knüpft, die gesetzlich definiert ist als Zustand der Überschuldung, Zahlungsunfähigkeit oder wenn die Eigenmittelquote der Gesellschaft weniger als 8% und die fiktive Schuldentilgungsdauer mehr als 15 Jahre (§§ 22 ff. URG) beträgt.

Es zeigt sich also, dass Österreich die Gesellschafterfremdfinanzierung weitgehend gesellschaftsrechtlich löst, indem auch der Bezugspunkt für die insolvenzrechtliche Nachrangigkeit im Gesellschaftsrecht liegt. Darüber hinaus konnte

---

[174] OGH, Urt. v. 08.05.1991 – Ob 9/91 = GesRZ 1991, 162, 163; *Karollus,* in: FS Huber (2006), 801, 802 f.; *Koppensteiner/Rüffler,* öGmbHG Anh § 74 Rn. 1 ff. m.w.N.

[175] Anwendbar auf alle österreichischen Gesellschaftsformen, bei denen keine natürliche Person unbeschränkt haftet.

[176] *Karollus,* in: FS Huber (2006), 801, 803; vgl. auch *K. Schmidt,* GmbHR 2005, 797, 802.

[177] *Koppensteiner/Rüffler,* öGmbHG Anh § 74 Rn. 4.

[178] Dazu *Karollus,* in: FS Huber (2006), 801, 806 f.; *Koppensteiner/Rüffler,* öGmbHG Anh § 74 Rn. 16 f.

[179] *Koppensteiner/Rüffler,* öGmbHG Anh § 74 Rn. 30.

[180] *Karollus,* in: FS Huber (2006), 801, 811 f.

festgestellt werden, dass sich die Alpenrepublik keines starren, sondern eines sehr flexiblen Instruments bedient, das auch Exkulpationsregeln für Gesellschafter beinhaltet,[181] vor allem aber vor Entstehung der Krise gewährte Gesellschafterkredite grundsätzlich und ausdrücklich ausnimmt. Damit unterscheidet es sich geradezu diametral von der insolvenzrechtlichen Lösung in Deutschland.

(8) Polen – Art. 14 § 3 Kodeks spółek handlowych

Auch in den neuen EU-Staaten Osteuropas waren viele Insolvenzrechte in den letzten eineinhalb Jahrzehnten in Bewegung.[182] Dem limitierten Raum dieser Arbeit sei es geschuldet, dass hier nur auf das polnische Recht eingegangen wird. Grundlage dieser Auswahl bildet die Tatsache, dass unser Nachbarland zum Einen das bevölkerungsreichste neue EU-Mitglied ist und zum Anderen vielfältige Wirtschaftsbeziehungen zur Bundesrepublik unterhält, die eine zukünftig wachsende Relevanz der Grenzüberschreitung von Kapitalgesellschaften wahrscheinlich erscheinen lassen.[183]

Nicht in der Insolvenzordnung, sondern im Allgemeinen Teil des Polnischen Gesetzes über Kapitalgesellschaften („*Kodeks spółek handlowych*")[184] findet sich mit Art. 14 § 3 eine Regelung, die besagt, dass Darlehen von Gesellschaftern, die innerhalb von zwei Jahren vor Insolvenzanmeldung ausgegeben wurden, als Eigenkapital zu betrachten sein sollen.[185] Inspiriert war dies durch die früheren deutschen §§ 32a, b GmbHG.[186] Von einer Übernahme 1:1 hatte der polnische Gesetzgeber allerdings Abstand genommen, da er in der Unbestimmtheit der Rechtsbegriffe „Krise" und „ordentliche Kaufleute", welche das polnische Recht in dieser Weise nicht kannte, für problematisch hielt.[187] Im Ergebnis wurde dadurch eine Regelung geschaffen, die unabhängig von einem vorwerfbaren Verhalten des Gesellschafters auch solche Darlehen erfasst, die der Gesellschaft außerhalb der Krise zugeführt wurden.[188] Diese Lösung weist damit mit dem jetzigen deutschen Recht größere Parallelen auf als mit dem früheren. Das starre

---

[181] Hierzu *Koppensteiner/Rüffler*, öGmbHG Anh § 74 Rn. 19.

[182] Vgl. die Nachweise bei *Zahrte*, ZInsO 2009, 223, 228, dort Fn. 81; die vorerst letzte Insolvenzrechtsreform in Polen erfolgte 2009 durch das Dziennik Ustaw Nr. 53, Poz. 434; ausführlich hierzu *Barłowski*, in: Kindler/Nachmann, Hdb. Insolvenzrecht in Europa Rn. 541 ff.

[183] *Schmidt/Liebscher*, ZInsO 2008, 393.

[184] Dziennik Ustaw Nr. 94 (2000), poz. 1037.

[185] Ausführlich dazu *Miedzijko*, WIRO 2010, 41, 42; *Kidyba/Sołtysiński/Szumański*, in: Lutter, Das Kapital der Aktiengesellschaft in Europa, 694, 710 ff.

[186] *Miedzijko*, WIRO 2010, 41, 42; *Hommelhoff/Oplustil*, in: FS Konzen (2006), 309, 314 m.w.N. aus der polnischen Literatur (dort Fn. 16).

[187] *Kidyba/Sołtysiński/Szumański*, in: Lutter, Das Kapital der Aktiengesellschaft in Europa, 694, 710.

[188] *Hommelhoff/Oplustil*, in: FS Konzen (2006), 309, 314.

Reglement, das sowohl für die polnische Aktiengesellschaft *(spólka akcyjna, S.A.)* als auch für die GmbH *(spólka z ograniczon odpowiedzialnoscia, z.o.o.)* gilt, ist allerdings in Polen nicht ohne heftige Kritik geblieben.[189]

Insolvenzrechtlich flankiert wird der Gläubigerschutz in Polen durch eine Regelung des Insolvenz- und Sanierungsrechts (*„Prawo Upadłościowe i Naprawcze"*[190]), nach der alle Rechtsgeschäfte im Verhältnis zur Insolvenzmasse unwirksam sein sollen, die innerhalb eines Jahres vor Stellung eines Insolvenzantrags unentgeltlich oder bei erkennbarem Missverhältnis zwischen Leistung und Gegenleistung erfolgten.[191]

Erneut fällt damit auf, dass die starren Regelungen der Gesellschafterfremdfinanzierung gesellschaftsrechtlich verortet sind, während die insolvenzrechtlichen Vorschriften an ein vorwerfbares Verhalten, nämlich die Weggabe unter Wert anknüpfen. Insofern liefert auch das polnische Recht keinen Beleg für die Üblichkeit statischen insolvenzrechtlichen Nachrangs von Gesellschafterdarlehen.

(9) USA – Section 510 (c) Bankruptcy Code

Zwar kann das US-amerikanische Recht nicht als Beleg für eine Üblichkeit gesetzlicher Regelungen im EU-Raum dienen, jedoch wird in der Literatur häufig als internationale Referenznorm zu § 39 Abs. 1 Nr. 5 InsO auch die Sec. 510 (c) des US-amerikanischen *Bankruptcy Code* angeführt.[192] Aus diesem Grund soll sie in gebotener Kürze auch hier untersucht werden. Dort heißt es:

(c) Notwithstanding subsections (a) and (b) of this section, after notice and a hearing, the court may

(1) under principles of equitable subordination, subordinate for purposes of distribution all or part of an allowed claim to all or part of another allowed claim or all or part of an allowed interest to all or part of another allowed interest; or

(2) order that any lien securing such a subordinated claim be transferred to the estate.

Die Norm kodifiziert die *equitable subordination*, eine Rechtsprechungstradition, die bis ins Jahr 1938 zurückreicht.[193] Im damaligen Urteil wurde erstmals

---

[189] *Hommelhoff/Oplustil,* in: FS Konzen (2006), 309, 314 m.w.N. aus der polnischen Literatur (dort Fn. 17 u. 18).

[190] Dziennik Ustaw Nr. 60 (2003), Poz. 535.

[191] *Barłowski,* in: Kindler/Nachmann, Hdb. Insolvenzrecht in Europa Rn. 140.

[192] *Hirte,* ZInsO 2008, 689, 692, (dort Fn. 32); *U. Huber,* in: Lutter, Europäische Auslandsgesellschaften, 131, 184 f.; *Fleischer,* in: v. Gerkan/Hommelhoff, § 12 Rn. 12.8; *Fleischer,* in: Lutter, Europäische Auslandsgesellschaften, 49, 73 f.

[193] Taylor v. Standard Gas & Electric Co., 306 U.S. 307, 310 f. (1939); auffallend ist die zeitliche Nähe zu den ersten Versuchen des deutschen Eigenkapitalersatzrechts in RG, Urt. v. 16.11.1937 – II 70/37 = JW 1938, 862, 864, (auf § 826 BGB gestützt) und RG, Urt. v. 22.10.1938 – II 58/38 = JW 1939, 229, 231 (wegen „Formenmissbrauchs").

dem Insolvenzgericht die Macht zugesprochen, über einen Rangrücktritt von Gesellschafterdarlehen zu befinden, um damit ggf. gerechtere Verteilungsergebnisse zu erzielen.[194] Diese stetig fortgeführte Rechtsprechung[195] übernimmt das Gesetz.[196] Nach wie vor stellt es dabei die Anordnung der Subordination des Gesellschafterdarlehens in das Ermessen des Insolvenzrichters.[197] Dafür kommt nicht jedes Darlehen in Betracht. Vielmehr muss der darleihende Gesellschafter über besonderen anteilsvermittelten Einfluss oder besondere Informationsvorteile verfügen. Dies müsste er ausgenutzt haben, um der Gesellschaft oder anderen Gläubigern einen Schaden zuzufügen.[198] Insbesondere wurde die Subordination in den Vereinigten Staaten abgelehnt, wenn der Gesellschafter *in good faith* handelte.[199] Auch die Subordination von Gesellschafterdarlehen im amerikanischen Recht entpuppt sich also bei genauer Betrachtung als wenig vergleichbar mit § 39 Abs. 1 Nr. 5 n. F. InsO. Anders als die unflexible deutsche Regelung knüpft das amerikanische Modell tatbestandlich an ein vorwerfbares Verhalten an und sieht als Rechtsfolge keine automatische Subordination, sondern richterliches Ermessen vor.

(10) Ergebnis des Rechtsvergleichs

Insgesamt kann ein Ergebnis des Rechtsvergleichs sein, dass in Europa zwei Konzepte zur Behandlung von Gesellschafterdarlehen konkurrieren. Das erste Modell (Großbritannien,[200] Frankreich,[201] Niederlande[202]) begegnet der Hybridstellung von Gesellschafter-Gläubigern gänzlich im Verhältnis handelnder Akteur – Gesellschaft und sanktioniert rechtlich missbilligtes Verhalten. Soweit hier als Sanktion oder Ausgleichsmechanismus zusätzlich die Subordination von Gesellschafterdarlehen vorgesehen ist, wird diese in das Ermessen des Insolvenzgerichts gestellt. Damit geben diese Rechtsordnungen dem Insolvenzrichter ein

---

[194] *Merkt/Spindler,* in: Lutter, Das Kapital der Aktiengesellschaft in Europa, 207, 270.

[195] Pepper Litton, 380 U.S. 295 (1938); In re Mobill Streel, 563 f. 2d 692, 696–697 (5th Cir. 1977).

[196] H.R.Rep. 595, S. 359, 95th Cong. 1st Sess.

[197] Die Gesetzesentwürfe aus dem Jahre 1975 H. R. 31, S. 236, 94th Cong. 1st Sess. (Bankruptcy Commissinon's Bill) und H. R. 32. S. 235, 94th Cong., 1st Sess. (Bankruptcy Judges's Bill), die dies zu Gunsten eines rechtlichen Automatismus ändern sollten, konnten sich nicht durchsetzen, vgl. *Clark,* Corporate Law (1986), S. 69; *Cahn,* AG 2005, 217, 224.

[198] *Huber/Habersack,* in: Lutter (Hrsg.), Das Kapital der Aktiengesellschaft in Europa (2006), 370, 381 ff.; *Cahn,* AG 2005, 217, 224.

[199] Comstock v. Group of Institutional Investors, 355 U.S. 211 (1948).

[200] 5. Teil, A. II. 3. b) bb) (1).

[201] 5. Teil, A. II. 3. b) bb) (2).

[202] 5. Teil, A. II. 3. b) bb) (5).

flexibles Instrument zur Behandlung von Gesellschafterdarlehen an die Hand, das geradezu das Gegenmodell zu den starren Regeln des § 39 Abs. 1 Nr. 5 InsO darstellt.

Das zweite Modell setzt auf Eigenkapitalersatz bzw. auf insolvenzrechtlichen Nachrang (Italien,[203] Spanien,[204] Portugal,[205] Österreich,[206] Polen[207]). Dabei können Gesellschafts- und Insolvenzrecht wie im früheren deutschen Eigenkapitalersatzrecht auch in Kombination auftreten (v. a. Italien und Österreich). Hier ist festzustellen, dass die in den jeweiligen Konkurs-/Insolvenzordnungen angesiedelten Normen in der Regel flexibler ausgestaltet sind als die gesellschaftsrechtlichen. Dies dürfte dem Grundsatz geschuldet sein, dass nur dann ein Anlass für die Andersbehandlung von Gesellschafterdarlehen in der Insolvenz besteht, wenn der Gesellschafter im Vorfeld seine Sonderstellung gegenüber anderen Gläubigern missbraucht hat. Handelt ein darlehensgebender Gesellschafter dagegen ganz offensichtlich nur so, wie es übrige Kreditgeber ebenfalls tun oder täten, so wird er von keiner der untersuchten Insolvenzordnungen stärker belastet als externe Gläubiger.

Wenn ein nationales Recht dies für nicht ausreichend erachtet, um opportunem Gesellschafterverhalten vorzubeugen, so werden die zusätzlichen starren Mechanismen – wie in Italien, Österreich und Portugal – entsprechend folgerichtig auch gesellschaftsrechtlich verortet. Richtigerweise trennen also auch die insolvenzrechtlichen Referenzsysteme des zweiten Modells die Hybris des Gesellschafter-Gläubigers und unterscheiden explizit das Verhältnis Gesellschafter – Gesellschaft vom Verhältnis Gläubiger – Gesellschaft.

Gemein ist damit allen untersuchten Insolvenzordnungen, dass – freilich mit unterschiedlicher Intensität – die Frage der Kausalität zwischen Insolvenz und Darlehensgewährung relevant wird. Hier liegt der Hauptunterschied zur deutschen Regelung, die nicht an ein Kausalitätserfordernis, sondern mangels einer Exkulpationsmöglichkeit einzig an die Gesellschafterstellung anknüpft. Insgesamt spricht der Rechtsvergleich somit eindeutig gegen eine Üblichkeit von dem § 39 Abs. 1 Nr. 5 InsO entsprechenden Regelungen im europäischen Insolvenzrecht[208] und damit auch gegen eine insolvenzrechtliche Einordnung der Norm und für deren gesellschaftsrechtlichen Charakter.

---

[203] 5. Teil, A. II. 3. b) bb) (3).
[204] 5. Teil, A. II. 3. b) bb) (4).
[205] 5. Teil, A. II. 3. b) bb) (6).
[206] 5. Teil, A. II. 3. b) bb) (7).
[207] 5. Teil, A. II. 3. b) bb) (8).
[208] Ähnlich *K. Schmidt,* GmbHR 2009, 1009, 1014.

cc) Ergebnis zur Rechtsnatur des § 39 Abs. 1 Nr. 5 n. F. InsO

Dass eine den Nachrang von Darlehen regelnde Norm insolvenzrechtlicher Natur sein kann, ist nicht zu bezweifeln und wird auch in Art. 4 Abs. 2 lit. i) der EuInsVO vorausgesetzt. Jedoch wäre es aus den dargestellten Gründen verfehlt, deswegen jede in der InsO befindliche und den Rangrücktritt regelnde Norm automatisch als Insolvenzrecht zu qualifizieren. Einzig die Verlagerung des Rechts der Gesellschafterdarlehen in die InsO spricht – aus deutscher Sicht – für die vom Gesetzgeber intendierte insolvenzrechtliche Einordnung.[209] Dem steht aber bereits entgegen, dass sich der gleichzeitige Eingriff in die Finanzverfassung der Gesellschaft nur schwerlich insolvenzrechtlich begründen lässt.[210] Für die Beurteilung durch den EuGH ist indes einzig die im zweiten Prüfungsschritt durchgeführte europarechtliche Einordnung relevant. Der Rechtsvergleich hat hier gezeigt, dass keine der untersuchten Rechtsordnungen eine insolvenzrechtliche Referenznorm aufweist, die eine Benachteiligung von Gesellschaftergläubigern unabhängig von ihrem Verhalten bei Darlehensgewährung und -abzug kennt.[211] Die Summe dieser Indizien spricht dafür, dass der EuGH in § 39 Abs. 1 Nr. 5 n. F. InsO eine Norm des Gesellschaftsrechts sehen würde, deren Eingriff in die europäische Niederlassungsfreiheit nicht bereits durch Art. 4 Abs. 2 lit. i) EuInsVO gedeckt wäre.[212] Zu diesem Blickwinkel könnte er sich im Übrigen bereits dadurch besonders inspiriert sehen, dass die Verlegung des früheren Eigenkapitalersatzrechts in die Insolvenzordnung gerade zu dem Zweck getätigt wurde, auch Auslandsgesellschaften zu erfassen. Es ist insofern durchaus möglich, dass der EuGH hierin einen plumpen Umgehungsversuch erkennte,[213] den es schon deswegen zu unterbinden gelte.

c) Ausnahmsweise Anwendbarkeit nach der „Gebhard-Formel"?

Die Anwendbarkeit auf Auslandsgesellschaften wäre dann indes nicht bereits *per se* ausgeschlossen, sondern hinge vom Bestehen des als „Gebhard-Formel"[214]

---

[209] 5. Teil, A. II. 3. b) aa) (2).

[210] 5. Teil, A. II. 3. b) aa) (3).

[211] 5. Teil, A. II. 3. b) bb) (10); fehlgehend insofern die – nicht näher begründete – Einschätzung *Fedkes,* die InsO beruhe „nunmehr [...] auf einem europaweit weitgehend vereinheitlichten Regelungssystem", NZG 2009, 928, 929.

[212] Ähnlich zum RefE-MoMiG *Ehricke*, in: MünchKomm InsO § 39 Rn. 59; vgl. auch die Einwände von *H. P. Westermann* und *Behrens* im Rahmen einer Diskussion auf der Tagung der Gesellschaftsrechtlichen Vereinigung 2006 in Frankfurt, abgedruckt bei *Drenckhan*, in: Die GmbH-Reform in der Diskussion (2006), 137, 138 f.

[213] *Altmeppen*, NJW 2006, 1911, 1913 vergleicht dieses Vorgehen mit dem Hakenschlagen eines gejagten Hasen.

[214] EuGH, Urt. v. 30.11.1995 – Rs. C-55/94 („Reinhard Gebhard/Consiglio dell'ordine degli avvocati e procurati di Milano") = Slg. 1995, I-4165 Rn. 37 = ABl. EG 1996, Nr. C 31, 4 = DVBl. 1996, 145 = NJW 1996, 579 = WiB 1996, 186 m. Bespr. *Nehrlich*.

bekannt gewordenen Vier-Konditionen-Tests des EuGH ab. Da § 39 Abs. 1 Nr. 5 n. F. InsO mit der hier vertretenen Ansicht nicht über Art. 4 II 2 lit. i und m InsO Anwendung auf Auslandsgesellschaften findet, ist zu prüfen, ob eine Anwendung ausnahmsweise trotzdem mit der europäischen Niederlassungsfreiheit vereinbar ist.

Dieser Prüfung hat die Frage voranzugehen, ob das ausländische Recht des Gründungsstaates etwas den Regeln Vergleichbares kennt. Befindet sich der ausländische Gläubigerschutz auf gleichem oder gar strengerem Niveau, so ist das Auslandsstatut vorrangig, weswegen die deutsche Norm vor dem Hintergrund der Niederlassungsfreiheit gar keine diskriminierende Wirkung entfalten kann. Nur wenn das ausländische Recht hinter dem deutschen zurück bleibt, klafft eine Lücke, die eventuell durch nationales Recht gefüllt werden darf.[215] Dies zu untersuchen würde eine wesentlich detailliertere Betrachtung der ausländischen Rechtsordnungen erfordern, als es eine Arbeit vorliegenden Umfangs zu leisten vermag.[216] Deswegen wird bewusst auf eine eingehende Betrachtung verschiedener ausländischer Gesellschaftsformen verzichtet.

Unterstellt, deutsches Recht sei strenger als das des Gründungsstaats von Auslandsgesellschaften, muss untersucht werden, ob die daraus resultierende Schlechterstellung der Auslandsgesellschaften in Deutschland, die dann zweifelsfrei einen Eingriff in die europäische Niederlassungsfreiheit darstellt, dennoch gerechtfertigt ist.

In „Centros",[217] „Überseering",[218] „Inspire Art",[219] „SEVIC"[220] und „Cartesio"[221] erwähnt der EuGH regelmäßig die Möglichkeit einer Rechtfertigung von Niederlassungsbeschränkungen aus zwingenden Gründen des Allgemeininteresses. Dazu hat er an anderer Stelle die so genannte „Gebhard-Formel"[222] entwickelt. Sie überprüft die Europarechtsverträglichkeit nationalen (Gesellschafts-) Rechts anhand vierer Kriterien, namentlich der Anwendung in nicht diskriminierender Weise, aus zwingenden Gründen des Allgemeinwohls sowie Geeignetheit

---

[215] AG Bad Segeberg, Urt. v. 24.03.2005 (n. rkr.) – 17 C 289/04 = NZG 2005, 762, 264.

[216] Man erinnere sich der Gesamtzahl von rund dreißig europäischen Varianten der GmbH, Aufzählung in Fn. 73.

[217] Dort Rn. 34.

[218] Dort Rn. 83, 92.

[219] Dort Rn. 133.

[220] Dort Rn. 28.

[221] Dort Rn. 113.

[222] Dies erfolgte im Rahmen der Entscheidung EuGH, Urt. v. 30.11.1995 – Rs. C-55/94 („Reinhard Gebhard/Consiglio dell'ordine degli avvocati e procurati di Milano") = Slg. 1995, I-4165 Rn. 37 = ABl. EG 1996, Nr. C 31, 4 = DVBl. 1996, 145 = NJW 1996, 579 = WiB 1996, 186 m. Bespr. *Nehrlich*.

und Erforderlichkeit zur Erreichung des angestrebten Ziels. Diese Überprüfung soll sogleich in Bezug auf § 39 Abs. 1 Nr. 5 n. F. InsO unternommen werden.

aa) Anwendung in nicht diskriminierender Weise

Eine Anwendung in nicht diskriminierender Weise ist bei § 39 Abs. 5 n. F. InsO insofern gegeben, als dass die Vorschrift für inländische Rechtssubjekte in gleicher Weise gilt wie für ausländische.

bb) Zwingender Grund des Allgemeininteresses

Der EuGH hat eine Vielzahl von zwingenden Gründen des Allgemeininteresses im Zusammenhang mit Regelungen des Gesellschafts- und angrenzenden Insolvenzrechts diskutiert und zumeist auch anerkannt. Entscheidend war dabei stets, dass es sich nicht um rein wirtschaftliche Gründe handelte.[223] Es mag dahingestellt bleiben, ob sich gar das gesamte Gesellschafts-, Zivil- und Insolvenzrecht abstrakt unter das Kriterium eines zwingenden Grundes des Allgemeininteresses subsumieren lässt.[224] Jedenfalls hat der Gerichtshof den Gläubigerschutz in mehreren Entscheidungen ausdrücklich als zwingenden Grund bestätigt.[225] Dies verdient uneingeschränkte Zustimmung, denn Gläubiger schützende Normen korrigieren, wie oben ausgeführt, die Probleme unvollkommener Märkte, bilden somit die Grundlage für ein Vertrauen der einzelnen Marktteilnehmer in diese Märkte und lassen den Gläubigerschutz damit zur Basis eines jeden freien Wirtschaftssystems werden.[226] Insofern liegt eine Norm, deren Ziel die Stärkung bzw. Sicherstellung effektiven Gläubigerschutzes ist, auf jeden Fall im allgemeinen Interesse.

cc) Geeignetheit

Weiterhin müsste § 39 Abs. 1 Nr. 5 n. F. InsO geeignet sein, das Ziel des effektiven Gläubigerschutzes auch zu erreichen. In diesem Punkt belässt der EuGH den nationalen Gesetzgebern einen gewissen Prognosespielraum.[227] Angesichts

---

[223] EuGH, Urt. v. 5.6.1997 (Vorabentscheidung) – Rs C-398/95 = EuZW 2001, 759; EuGH v. 25.7.1991 – Rs C-288/89 = ABl. EG 1991 Nr. C 224, 3 = Slg. 1991, I-4007.

[224] So *Kindler*, in: MünchKomm BGB, IntGesR, Rn. 425.

[225] EuGH, Urt. v. 09.03.1999 – Rs. C-212/97 („Centros"), Slg. 1999, I-1459 = EuGHE 1999, I-1459 = NJW 1999, 2027 Nr. 35 ff.; EuGH, Urt. v. 05.11.2002 – Rs. C-208/00 („Überseering") = EuGHE 2002, I-9919 = NJW 2002, 3614 Nr. 92; EuGH, Urt. v. 30.09.2003 – Rs. C-167/01 („Inspire Art"), Slg. 2003 = EuGHE 2003, I-10155 = NJW 2003, 3331 Nr. 135.

[226] Vgl. oben 1. Teil, B. III.

[227] *Kindler*, in: MünchKomm BGB, IntGesR, Rn. 426.

der Erkenntnisse aus 1. Teil, B. III. und 3. Teil, B. V. kann aber bereits die Geeignetheit eines gesetzlichen Rangrücktritts von Gesellschafterforderungen zur Sicherstellung eines effektiven Gläubigerschutzes bezweifelt werden. Zwar hilft das Instrument, die Befriedigungsaussichten externer Gläubiger zu verbessern, indes lässt es jedwede *ex-ante*-Wirkung vermissen, indem es nach statischen Grundsätzen greift und wenig dazu taugt, die Gesellschafter zu einer soliden Unternehmensfinanzierung zu ermutigen oder auf der anderen Seite von riskanten Strategien durch effektive Sanktionen abzuhalten.[228]

Insofern kann festgestellt werden, dass es vermutlich geeignete Mittel gibt, einen ebenso effektiven Gläubigerschutz sicherzustellen. Jedoch ist nach EuGH-Rechtsprechung nicht erforderlich, dass das angestrebte Ziel auch vollständig erreicht wird.[229] Die Zielerreichung darf lediglich nicht „sehr ungewiss" sein,[230] und das Ziel muss vom Mitgliedsstaat „kohärent und systematisch" verfolgt werden.[231] Trotz der oben angesprochenen Bedenken ist von einer grundsätzlichen Möglichkeit der Optimierung des Gläubigerschutzes durch die gesetzliche Subordination auszugehen. Dieses Ziel verfolgt die Bundesrepublik Deutschland auch kohärent und systematisch im Sinne des EuGH.

Also ist die Norm unter Berücksichtigung der bisherigen EuGH-Rechtsprechung auch als geeignet anzusehen.

dd) Erforderlichkeit

Neben der hier schon oben behandelten Vorfrage nach einem adäquaten Schutz durch das Gründungsrecht standen im Rahmen der Erforderlichkeitsprüfung durch den EuGH in der Vergangenheit zwei weitere Kriterien im Vordergrund. Erstens wurde überprüft, ob den Gläubigern Möglichkeiten des Selbstschutzes zur Verfügung stünden, zweitens ob dem Zuzugsstaat mildere Mittel zur Verfügung gestanden hätten.

(1) Möglichkeit des Selbstschutzes

Traditionell bürdet der EuGH Gesellschaftsgläubigern ein hohes Maß an Eigenverantwortung auf: In „Centros"[232] wie „Inspire Art"[233] verneinte er die

---

[228] Vgl. oben 3. Teil, B. V. 4.

[229] EuGH, Urt. v. 18.03.1980 – Rs. 52/80 („Debauve") = EuGHE 1980, 833 = NJW 1980, 2010 = RIW 1980, 784.

[230] EuGH, Urt. v. 15.12.1995 – Rs. C-415/93 („Bosman") = EuGHE 1995, I-4921 = ABl. EG 1996, Nr. C 64, 6 = NJW 1996, 505.

[231] EuGH, Urt. v. 06.11.2003 – Rs. C-243/01(„Gambelli") = EuGHE I 2003, 13031 = ABl. EU 2004, Nr. C 7, 7 = NJW 2004, 139.

[232] EuGH, Urt. v. 09.03.1999 – Rs. C-212/97 („Centros") = EuGHE I 1999, 1459 = Slg. 1999, I-1459, I-1495, Ziff. 36 f.

Erforderlichkeit nationaler Mindestkapitalvorschriften, da die Publizitätserfordernisse der gesellschaftsrechtlichen Richtlinien[234] bzw. deren Umsetzungsgesetze bereits einen ausreichenden Gläubigerschutz gewährleisteten.[235] Die Konzern externen Gläubiger einer Gesellschaft ausländischen Rechts würden bereits durch deren fremdländischen Rechtsformzusatz (vgl. Art. 2 Abs. 1 lit. d Zweigniederlassungsrichtlinie) darüber informiert, dass mit der Einhaltung inländischer Standards nicht zu rechnen sei.[236] (Haben zwei Gesellschaftsformen dieselbe Bezeichnung – z.B. deutsche und österreichische GmbH, englische, irische und maltesische Ltd. – wird daher zumindest die zusätzliche Angabe des Landes gefordert sein.)[237] Es ist insoweit davon auszugehen, dass er den insolvenzrechtlichen Rangrücktritt ebenfalls für nicht erforderlich halten wird, da auch hier aus dem Firmenzusatz ersichtlich wird, dass inländisches Gesellschaftsrecht (auch mit insolvenzrechtlichem Anknüpfungspunkt) unter Umständen nicht zur Anwendung kommen wird.

Zwar sagt dies noch nichts darüber aus, ob die Gesellschaft auf Eigen- oder Fremdkapitalbasis wirtschaftet, also ob überhaupt ein erhöhtes Risiko besteht, jedoch sind Gesellschafterdarlehen hierzulande derart gebräuchlich, dass ein Gläubiger von einem hohen Anteil solcher Kredite an der Gesamtfinanzierung ausgehen muss.[238]

Vor diesem Hintergrund kann vermutet werden, dass der EuGH bereits die Möglichkeiten des Selbstschutzes der (potenziellen) Gesellschaftsgläubiger für ausreichend erachten wird.

(2) Milderes Mittel

Es liegt auf der Hand, dass etwa die Zulassung eines Entlastungsbeweises bereits ein milderes Mittel als ein grundsätzlicher Rangrücktritt der Gesellschafterforderung darstellen würde. Insbesondere sei aber noch auf die Möglichkeit eines deliktisch ausgestalteten Schutzes in Form einer Verursachungshaftung zu ver-

---

[233] EuGH, Urt. v. 30.09.2003 – Rs. C-167/01 („Inspire Art"), Slg. 2003 = EuGHE 2003, I-10155 = NJW 2003, 3331 Nr. 135.

[234] Elfte „Richtlinie 89/666/EWG über die Offenlegung von Zweigniederlassungen, die in einem Mitgliedstaat von Gesellschaften bestimmter Rechtsformen errichtet wurden, die dem Recht eines anderen Staates unterliegen, ABl. EG Nr. L. 395 v. 30.12. 1989, S. 36 ff.

[235] Zur Kritik an dieser Annahme *Spindler/Berner* RIW 2003, 949, 954.

[236] EuGH, Urt. v. 30.09.2003 – Rs. C-167/01 („Inspire Art"), Slg. 2003 = EuGHE 2003, I-10155 = NJW 2003, 3331 Nr. 135; zustimmend *Leible/Hoffmann*, EuZW 2003, 677, 680; zu den Grenzen dieses Schutzes vgl. 1. Teil, B. III. 2. c).

[237] *Eidenmüller/Rehm*, ZGR 2004, 159, 183; *Leible/Hoffmann*, EuZW 2003, 677, 681; *K. Schmidt*, in: Lutter, Europäische Auslandsgesellschaften, 15, 36.

[238] So bereits *T. Bezzenberger*, in: FS G. Bezzenberger (2000), 23, 35; *Zahrte*, ZInsO 2009, 223, 231; vgl. auch oben 3. Teil.

weisen. Ein solcher wäre nicht nur effektiver, da ihm eine größere Präventivwirkung innewohnt, sondern das Instrument wäre auch flexibler. Zahlreiche Autoren präferieren deswegen haftungsdurchgriffliche Ansätze.

Grundsätzlich ist auch festzustellen, dass eine Haftung des Geschäftsleiters ein milderes Mittel darstellen kann, da dieser in aller Regel einen wesentlich besseren Einblick in die Angelegenheiten des Unternehmens hat – insbesondere wenn es sich bei der Gesellschaft um eine AG handelt – und damit die Folgen seines Handelns besser abschätzen können wird. Je geringer der anteilsbedingte Einfluss eines Gesellschafters ausfällt, desto ineffektiver ist es, zur Sicherstellung angemessenen Gläubigerschutzes bei ihm anzusetzen. Der Einfluss eines Geschäftsführers/Vorstandes wird indes vom Gesetz definiert und hat einen Umfang, der eine Haftung immer rechtfertigen wird. Dem Geschäftsführer stehen auch weiter gehende Möglichkeiten zur Hand, eine Insolvenz durch Geschäftsführungsmaßnahmen abzuwenden, als dies im Regelfall bei Gesellschaftern der Fall ist.[239]

Dies bedeutet freilich nicht, dass eine Geschäftsführerhaftung der Gesellschafterhaftung immer vorzuziehen ist. Im Regelfall kann dennoch eine größere Effektivität bei gleich einschneidendem Mittel unterstellt werden. Führt dies im Einzelfall zu unbilligen Ergebnissen, kann immer noch, etwa nach dem Vorbild der *shadow directors* im englischen Recht, die Geschäftsführerhaftung auf einflussreiche Gesellschafter ausgedehnt werden.

Ohne dass an dieser Stelle konkretere Alternativen vorgestellt werden müssten, ist also zu konstatieren, dass die derzeitige Ausgestaltung des § 39 Abs. 1 Nr. 5 InsO nicht das mildeste Mittel zur Durchsetzung eines effektiven Gläubigerschutzes ist.

(3) Zwischenergebnis zur Erforderlichkeit

Vor dem Hintergrund der bisherigen EuGH-Rechtsprechung zur Niederlassungsfreiheit kann davon ausgegangen werden, dass der EuGH einen über die geltenden europäischen Publizitätsvorschriften hinausgehenden nationalen Gläubigerschutz in Form eines insolvenzrechtlichen Rangrücktritts von Gesellschafterforderungen für nicht erforderlich und damit unvereinbar mit den Grundsätzen der europäischen Niederlassungsfreiheit halten wird.

ee) Zwischenergebnis zur Anwendbarkeit nach der Gebhard-Formel

Sollte der EuGH in § 39 Abs. 1 Nr. 5 InsO mit der hier vertretenen Ansicht eine Norm sehen, die nicht gemäß Art. 4 Abs. 2 lit. i) EuInsVO auf in Deutschland ansässige Auslandsgesellschaften Anwendung finden könnte, so ist davon

---

[239] Vgl. oben 4. Teil.

auszugehen, dass er auch einer ausnahmsweisen Anwendbarkeit nach der Gebhard-Formel eine Absage erteilen würde.[240] Die Prüfung unter Zugrundelegung der im Rahmen der Gebhard-Rechtsprechung entwickelten Kriterien hat nämlich gezeigt, dass der EuGH zumindest die Erforderlichkeit eines in vorliegender Form geregelten Gläubigerschutzes ablehnen wird.

4. Bedeutung für am Cash Pool teilnehmende Auslandsgesellschaften

Gewährt eine Pool führende Gesellschaft einer Konzerngesellschaft mit ausländischem Gesellschaftsstatut also ein Darlehen, so verbleibt aus heutiger Sicht eine erhebliche Rechtsunsicherheit in Bezug auf die Frage, ob dieses dem insolvenzrechtlichen Nachrang unterfällt. Es wäre insofern wünschenswert gewesen, wenn sich die Bundesregierung vor Verabschiedung des MoMiG Gewissheit über die Position des EuGH in Bezug auf die generelle Subordination von Gesellschafterkrediten eingeholt hätte.

Von der Frage der Subordination gänzlich zu trennen ist die Anfechtbarkeit einer innerhalb der Jahresfrist vor Inkrafttreten einer Insolvenz erfolgten Darlehensrückzahlung. Gründe, die dafür sprächen, § 135 n. F. InsO nicht über Art 4 Abs. 2 lit. m) EuInsVO auch auf Auslandsgesellschaften anzuwenden, sind nicht ersichtlich.[241] Die Darlehenssumme wird sodann zur Insolvenzmasse zurückgezogen. Sofern eine Subordination ausschiede, erführe die darlehensgewährende verbundene Gesellschaft in diesem Fall also Befriedigung in Höhe der Insolvenzquote.

Bis zu einer Äußerung durch den EuGH wird eine Pool führende Gesellschaft allerdings gut beraten sein, auch gegenüber Auslandsgesellschaften – insbesondere bei sich abzeichnender Zahlungsunfähigkeit – von einem Totalausfall der Forderung auszugehen.

III. Geschäftsführerhaftung, § 64 S. 3 GmbHG

Auch der Geschäftsführerhaftung gemäß § 64 S. 3 n. F. GmbHG[242] wird von der Gesetzesbegründung zum MoMiG-Regierungsentwurf ein „starker insolvenzrechtlicher Bezug" zugesprochen. Dies erleichtere es, „§ 64 als insolvenzrechtliche Norm zu qualifizieren und gemäß Artikel 3 Abs. 1, 4 Abs. 1 und 2 S. 1 EuInsVO auch in Insolvenzverfahren über das Vermögen ausländischer Gesell-

---

[240] Ebenso bereits *Zahrte*, ZInsO 2009, 223, 230 f.; sympathisierend offenbar jetzt *Kleindiek*, in: Lutter/Hommelhoff, GmbHG Anh § 64 Rn. 103.

[241] Vgl. oben 5. Teil, A. II. 3. a).

[242] Die folgenden Ausführungen gelten für die Parallelnorm des § 92 Abs. 2 S. 3 AktG entsprechend.

schaften anzuwenden".[243] Dieser Hinweis verblüfft aus dreierlei Gründen. Neben erstens seiner Kürze ist zweitens evident, dass Normen des Aktien- oder GmbH-Gesetzes, sofern nicht ausdrücklich etwas anderes angeordnet wird, jeweils nur für diese eine Rechtsform gelten.[244] Wenn überhaupt, wäre daher nur eine analoge Anwendbarkeit auf Auslandsgesellschaften denkbar. Drittens erwähnt keines der Katalogbeispiele aus Art. 4 Abs. 2 EuInsVO entsprechende Haftungsregelungen für Geschäftsführer.[245] Das überrascht auch nicht, weil sie systematisch überhaupt nicht hierhin passen würden. Art. 4 EuInsVO erklärt nationales Verfahrensrecht *nach* der Insolvenzeröffnung und zur Ermittlung der *Voraussetzungen* der Eröffnung für anwendbar.[246] Die Geschäftsführerhaftung des § 64 S. 3 GmbHG greift aber völlig unabhängig davon, ob überhaupt ein Verfahren eröffnet wird. Eine Anwendbarkeit auf Auslandsgesellschaften direkt über die *lex fori concursus,* die der deutsche Gesetzgeber offensichtlich im Sinn hatte, scheidet damit jedenfalls aus. Deswegen muss erneut auf die Rechtsnatur der Norm geschaut werden. Wenn es sich um reines Deliktsrecht ohne gesellschaftsrechtlichen Bezug handelte, wäre eine direkte Anwendbarkeit auf Auslandsgesellschaften zumindest über Art. 40 EGBGB gegeben.

1. Rechtsnatur der Norm

§ 64 S. 3 GmbHG weist nicht nur auf Grund seiner Position im Gesetz eine gewisse Ähnlichkeit mit der Insolvenzverschleppungshaftung der Geschäftsführer auf. Konsentiert war hier lediglich, dass § 64 Abs. 1 a. F. GmbHG Schutzgesetz i. S. d. § 823 Abs. 2 BGB war.[247] Ansonsten bestand über seiner Rechtsnatur heftiger Streit zwischen Insolvenzrecht,[248] Deliktsrecht[249] und Gesellschafts-

---

[243] Begr. RegE MoMiG, BT-Drucks. 16/6140, S. 47 liSp; ebenso bereits Begr. RefE MoMiG S. 65; zustimmend offenbar *Wicke,* GmbHG § 64 Rn. 25; *Heckschen,* Das MoMiG in der notariellen Praxis, Rn. 790 f.; zu Recht zweifelnd *Gehrlein,* WM 2008, 761, 769.

[244] Vgl. *Borges,* ZIP 2004, 733, 737, 740; *Huber,* in: Lutter, Europäische Auslandsgesellschaften, 307, 309; *Zimmer,* NJW 2003, 3585, 3590 (jeweils zur Insolvenzverschleppungshaftung).

[245] *Spindler/Berner,* RIW 2004, 7, 12 (in Bezug auf die Insolvenzverschleppungshaftung).

[246] *Eidenmüller,* RabelsZ 70 (2006), 474, 495; *Huber,* in: Lutter, Europäische Auslandsgesellschaften, 307, 322 ff.

[247] BGH, Urt. v. 16.12.1958 – VI ZR 245/57 = BGHZ 29, 100 ff.; BGH, Urt. v. 09.07.1979 – II ZR 118/77 = BGHZ 75, 96, 106; BGH, Urt. v. 03.02.1987 – VI ZR 268/85 = BGHZ 100, 19, 21; BGH, Urt. v. 06.06.1994 – II ZR 292/91 = BGHZ 126, 181, 190.

[248] KG, Urt. v. 24.9.2009 – 8 U 250/08 = ZInsO 2009, 2010 = DStR 2009, 2266; LG Kiel, Urt. v. 20.04.2006 – 10 S 44/05 = BB 2006, 1466 = EuZW 2006, 478 m. Anm. *Mock,* NZI 2006, 484; *Eidenmüller,* NJW 2005, 1618, 1621; *Kuntz,* NZI 2005, 424, 428; *Lieder,* DZWiR 2005, 399, 404; *Reinhart,* in: MünchKomm InsO, EuInsVO Art. 4 Rn. 7 m. w. N.

recht.[250] Auch bezüglich § 64 S. 3 n. F. GmbHG kommen diese drei Möglichkeiten in Frage.

a) Insolvenzrecht

§ 64 S. 3 GmbHG erfüllt – wenigstens auch – den typisch insolvenzrechtlichen Zweck, das Vermögen der Gesellschaft, welches zugleich den Haftungsstock der Gläubiger darstellt, zu schützen. Wenn Art. 4 Abs. 2 lit. i) EuInsVO es als Regelungsgegenstand nationalen Insolvenzrechts klassifiziert, wie der Erlös aus der Verwertung des Vermögens in der Insolvenz an die Gläubiger zu erfolgen hat, mag man es als zeitliche Vorverlegung ansehen, wenn eine Norm zu verhindern sucht, dass es überhaupt zur Insolvenz kommt.[251] Dass Haftungsregeln für Handeln vor der Insolvenzeröffnung Insolvenzrecht darstellen können, setzt auch die – freilich nationale – Begründung zu Art. 10 Abs. 2 Nr. 8 des Referentenentwurfs zum EGBGB voraus. Während Art. 10 Abs. 2 Nr. 8 EGBGB-E die Regelungen der Organhaftung einer Gesellschaft als grundsätzlich dem Gesellschaftsrecht zugehörig anordnet, soll eine explizite Ausnahme für die Insolvenzverschleppungshaftung gemacht werden.[252] Zwar handelt es sich bei § 64 S. 3 GmbHG nicht um eine solche, aber die systematische Einordnung im Gesetz, die ähnliche Rechtsfolge (Geschäftsführerhaftung) und der sich weitgehend überlappende Schutzbereich weisen auf eine Verwandtschaft der Tatbestände hin. In der Literatur wird dazu angemerkt, dass es einer insolvenzrechtlichen Einordnung auch nicht entgegen spräche, dass Art. 10 Abs. 2 Nr. 8 EGBGB-E den § 64 S. 3 GmbHG nicht ausdrücklich mit der Insolvenzverschleppungshaftung erwähnt. Dies könne ebenso gut ein Redaktionsversehen sein bzw. der Tatsache geschuldet, dass zum Zeitpunkt der Schaffung des RefE EGBGB noch nicht abschließend über das MoMiG entschieden war.[253]

b) Deliktsrecht

Für das Deliktsrecht könnte die Überlegung sprechen, dass der durch § 64 S. 3 GmbHG erreichte Vermögensschutz genereller Natur ist und eben nicht speziell die Integrität der Insolvenzmasse schützt.

---

[249] *Riedemann*, GmbHR 2004, 345, 348; *Schanze/Jüttner*, AG 2003, 661, 670; *Zöllner*, GmbHR 2006, 1, 7.

[250] AG Bad Segeberg, Urt. v. 24.3.2005 – 17 C 289/04 (n. rkr.) = NZG 2005, 762, 763; *Altmeppen*, in: MünchKomm AktG, Die Scheinauslandsgesellschaft, Rn. 50 ff.; *Kiethe* RIW 2005, 649, 655; *Mock/Schildt*, ZInsO 2003, 396, 399; *Ringe/Willemer*, EuZW 2006, 621, 623 f.; *Spindler/Berner*, RIW 2004, 7, 12; *Ulmer*, NJW 2004, 1201, 1207.

[251] Begr. RegE MoMiG, BT-Drucks. 16/6140, S. 46 ff.

[252] Art. 10 Abs. 2 Nr. 8 EGBGB-E, S. 12.

[253] So *Greulich/Rau*, NZG 2008, 565, 567.

c) Gesellschaftsrecht

Die Tatsache, dass Art. 10 Abs. 2 Nr. 8 EGBGB-E ausdrücklich nur die Insolvenzverschleppungshaftung als nicht gesellschaftsrechtlich hervorhebt, könnte aber auch belegen, dass § 64 S. 3 GmbHG als „gewöhnlicher" Haftungstatbestand jedenfalls nicht insolvenzrechtlich ist. Hierfür spricht bei genauer Betrachtung auch die Gesetzesbegründung, die lediglich eine *„Ähnlichkeit"* zum Insolvenzrecht betont und – anders als etwa bei § 39 Abs. 1 Nr. 5 n. F. InsO – nicht behauptet, es *wäre* Insolvenzrecht. Wenn es der Gesetzgeber als solches betrachtet hätte, so wäre auch nicht zu erklären, wieso er § 39 Abs. 1 Nr. 5 InsO rechtsformneutral gestaltet und in die Insolvenzordnung verlegt, für die Geschäftsführerhaftung dagegen im Aktien- und GmbH-Gesetz zwei neue Paralleltatbestände schafft.

d) Abwägung

Autoren, die in § 64 S. 3 GmbHG eine Norm des Insolvenzrechts sehen wollen, betreiben großen Aufwand zu begründen, warum dies nicht *per se* ausgeschlossen ist. Teilweise unterlassen sie es aber, in einem zweiten Schritt zu prüfen, ob nicht ein anderes Ergebnis plausibler ist.[254]

Es kann auch dahingestellt bleiben, ob man die Haftung für Insolvenzverschleppung – auch vor dem Europarecht – als insolvenzrechtlich klassifizieren will oder darf, weil die Verwandtschaft mit § 64 S. 3 GmbHG weit entfernter ist, als es zunächst scheinen mag: Der Unterschied liegt bereits in der tatbestandlichen Anknüpfung. Anders als bei der Insolvenzantragspflicht oder Insolvenzverschleppungshaftung ist das Erreichen des – materiellen – Insolvenzstadiums gerade keine Voraussetzung von § 64 S. 3 GmbHG. Im Gegenteil verbietet sich die Anwendung sogar, wenn bereits Insolvenzreife gemäß § 17 InsO vorliegt. In diesem Fall kann nämlich eine Zahlung der Gesellschaft an den Gesellschafter gar nicht mehr kausal für die Zahlungsunfähigkeit sein, weil diese bereits vorliegt. Umgekehrt würde § 64 S. 3 GmbHG in Fällen greifen, in denen mangels Masse gar kein Insolvenzverfahren eröffnet wird. Anders als die Insolvenzantragspflicht oder die Insolvenzverschleppungshaftung dient § 64 S. 3 GmbHG damit dem Gläubigerschutz nicht erst bei Erreichen der materiellen Insolvenzreife, sondern schützt generell das Vermögen der Gesellschaft als Haftungsstock sämtlicher und nicht nur der Insolvenzgläubiger. Daraus wird deutlich, dass die vom Gesetzgeber festgestellte „Ähnlichkeit zum Insolvenzrecht" eher gering ist. Ein genereller Vermögensschutz ist dagegen typisch für das Deliktsrecht. Trotzdem weist § 64 S. 3 GmbHG auch mit diesem ansonsten nicht allzu viele Gemein-

---

[254] So *Greulich/Rau,* NZG 2008, 565, 566 f., die allerdings im Ergebnis auch eine Prüfung anhand des Vier-Konditionen-Tests für nötig erachten.

samkeiten auf. Während das Deliktsrecht typischer Weise Verhaltenspflichten für jedermann kodifiziert,[255] konkretisiert § 64 S. 3 GmbHG, wie sich aus § 64 S. 4 GmbHG schließen lässt, die in § 43 GmbHG allgemein festgelegten Pflichten des Geschäftsführers einer Gesellschaft. Diese Geschäftsführerpflichten sind Gegenstand des Gesellschaftsstatuts, wie es auch Art. 10 Abs. 2 Nr. 8 EGBGB-E – ausdrücklich ebenso für drittschützende Geschäftsleiterpflichten[256] – vorsieht.

Daraus ergeben sich für die Anwendbarkeit des § 64 S. 3 GmbHG auf Auslandsgesellschaften zwei Folgen. Erstens kommt eine solche nie in Betracht, wenn das ausländische Gesellschaftsstatut einen ähnlichen oder höheren vergleichbaren Schutz kennt, so etwa die englische Haftung wegen *wrongful trading*.[257] Nur wenn das Auslandsstatut nichts dergleichen vorsieht, kann – zweitens – das deutsche Recht, wie oben erörtert,[258] diese Lücke füllen.[259] Erneut ist dann aber die Rechtfertigung des Eingriffs anhand der Gebhard-Formel zu überprüfen.

2. Rechtfertigung des Eingriffs

Der Rechtfertigungsprüfung ist die Vermutung voran zu stellen, dass es in der Praxis selten eine Notwendigkeit für diese Untersuchung geben wird, da kaum ein europäisches Gesellschaftsrecht es hinnehmen wird, wenn Geschäftsführer ihrer Gesellschaft wissentlich Liquidität zu Gunsten eines Gesellschafters in dem Maße entziehen, dass daraus die Insolvenz folgt. Nach dem oben Gesagten[260] ist nicht zu bezweifeln, dass auch § 64 S. 3 GmbHG nicht diskriminierend wirkt[261] und mit dem Gläubigerschutz einem zwingenden Grund des Allgemeininteresses dient.[262] Weiterhin ist zumindest nicht ausgeschlossen, dass die Norm die intendierte Gläubiger schützende Wirkung auch entfalten kann. Insbesondere wird sie dies über die Setzung eines Verhaltensanreizes *ex ante* erreichen: Zwar mag der Geschäftsführer, der vom Gesellschafter zu einer Zahlung gedrängt wird, sich diesem gegenüber verpflichtet fühlen, da er letztlich von ihm seinen Arbeitsplatz erhalten hat. Dieses Verpflichtungsgefühl wird jedoch dann enden, wenn die Gefahr einer persönlichen Haftung besteht, im Regelfall ebenfalls verbunden mit dem Verlust der Anstellung.

---

[255] *Schanze,* NZG 2007, 681, 685; *Spindler/Berner,* RIW 2004, 7, 12; *Eidenmüller,* Ausländische Kapitalgesellschaften, § 4 Rn. 8; *Eidenmüller,* in: Sonnenberger, Vorschläge und Berichte (2007), 469, 480.

[256] EGBGB-E S. 12.

[257] Dazu oben 5. Teil, A. II. 3. b) bb) (1).

[258] 5. Teil, A. II. 3. c) aa).

[259] *A. A.* – allerdings zur Insolvenzverschleppungshaftung – *Altmeppen,* NJW 2004, 97, 101.

[260] Vgl. oben 5. Teil, A. II. 3. b) bb) (10).

[261] Vgl. KG Berlin, Urt. v. 24.09.2009 – 8 U 250/08 (Rn. 36) = ZIP 2009, 2156, 2157 f. (allerdings zur Vorgängernorm).

[262] Ebenso *Greulich/Rau,* NZG 2008, 565, 567.

Fraglich bleibt also alleine die Verhältnismäßigkeit für den Fall, dass das ausländische Recht in seinem Umfang hinter dem deutschen zurücksteht.

a) Möglichkeit des Selbstschutzes

Mit der bisherigen EuGH-Rechtsprechung könnte man wieder darauf verweisen, dass die Gläubiger einer Gesellschaft durch die Firmierung als Auslandsgesellschafter bereits hinreichend dadurch geschützt werden, dass ihnen klar sein muss, dass deutsches Recht nicht zur Anwendung kommt.[263] Allerdings würde dieser Hinweis zu kurz greifen. Anders als in Bezug auf § 39 Abs. 1 Nr. 5 InsO geht es hier nicht um ein typisch deutsches Instrument zur Erhaltung oder Vergrößerung der Haftungsmasse, sondern um elementare Pflichten des Geschäftsführers einer Gesellschaft. Auch wenn eindeutig ist, dass deutsches Recht keine Anwendung findet, bedeutet das nicht, dass ein Gläubiger damit zu rechnen braucht, der Gesellschaft könnten durch ihr Handlungsorgan überlebenswichtige Mittel entzogen werden. Das Prinzip der Fremdorganschaft beinhaltet vielmehr rechtssystemübergreifend die Pflicht eines Organs, die Interessen seiner Gesellschaft zu wahren. Der Zweck der Gründung von Kapitalgesellschaften ist dabei in nahezu jedem Rechtskreis derselbe, nämlich der Wunsch, am Marktgeschehen mit begrenztem Haftungsrisiko und unter Fremdorganschaft teilzunehmen. Unabhängig davon, ob der Fortbestand der Gesellschaft selbst in deren Interesse liegt, ist eine Interessenwahrnehmung jedenfalls nur dann möglich, wenn der Bestand der Gesellschaft nicht durch Vermögensentziehung in Gefahr gebracht wird. Sollte es also eine europäische Rechtsordnung unterlassen, hiergegen Vorkehrungen zu treffen, so ist es deutschem Recht gestattet, diese Schutzlücke zu füllen. Nachdem die Frage des „Ob" eindeutig zu bejahen war, ist nun nach dem „Wie" zu fragen, denn das deutsche Recht müsste dazu auf das mildeste mögliche Mittel zurückgegriffen haben.

b) Milderes Mittel

Die Geschäftsführerhaftung setzt genau bei demjenigen an, der es in der Hand hat, die Insolvenz der Gesellschaft herbeizuführen. Eine „Bestrafung" des unmittelbaren Verursachers, verknüpft mit einem subjektiven Merkmal („führen musste") ist einerseits effektiv und belastet andererseits diejenigen Akteure nicht, die geringeren oder gar keinen Einfluss auf die Zahlung ausgeübt haben. Dem Geschäftsführer wird zudem mit dem zweiten Halbsatz eine Exkulpationsmöglichkeit gewährt. Im Ergebnis haftet er also nur dann, wenn ihm die Herbeiführung der Zahlungsunfähigkeit auch individuell vorwerfbar ist. Seine Einstandspflicht ist dabei nicht unbegrenzt, sondern auf die Summe des rechtswidrig weg-

---

[263] Vgl. oben 5. Teil, A. II. 3. c) dd).

gegebenen limitiert. Ein milderes Mittel, das einen gleich intensiven Gläubiger-schutz gewährleisten könnte, ist nicht ersichtlich.

3. Ergebnis zur Anwendbarkeit der Geschäftsführerhaftung auf Auslandsgesellschaften

Es konnte festgestellt werden, dass eine direkte Anwendbarkeit des § 64 S. 3 n. F. GmbHG auf Auslandsgesellschaften über das Einfallstor des Art. 4 EuIns-VO jedenfalls nicht besteht. Allerdings besteht die Möglichkeit einer analogen Anwendung der gesellschaftsrechtlichen Norm in dem unwahrscheinlichen Fall, dass im ausländischen Gründungsrecht hier eine Schutzlücke klafft.

IV. Deliktische Haftung von Auslandsgesellschaften

Wie bereits in Bezug auf deutsche Gesellschaften soll nachfolgend auch für die Auslandsgesellschaften in einem letzten Schritt untersucht werden, ob neben gesellschafts- und insolvenzrechtlichen Haftungstatbeständen auch deliktische in Frage kommen.

1. Das Deliktsstatut (Art. 40 EGBGB)

Das auf in Deutschland ansässige Rechtssubjekte anwendbare Deliktsrecht ist gemäß Art. 40 Abs. 1 EGBGB dasjenige, in dem der Ersatzpflichtige gehandelt hat *(lex loci delicti commissi)*. Dass dies auch für Gesellschaften gilt, bedürfte prinzipiell keiner Erwähnung, ergibt sich aber auch aus Abs. 2 der Norm. Alter-nativ kann der Verletzte nach dem Ubiquitätsprinzip auch das Recht des Erfolgs-orts wählen.[264] Eine Auslandsgesellschaft unterfällt damit grundsätzlich dem deutschen Deliktsrecht, wenn sie in Deutschland eine deliktische Handlung be-geht oder wenn eine im Ausland begangene Handlung in Deutschland einen Schaden verursacht.[265]

2. Existenz vernichtender Eingriff

Die Verortung des Existenz vernichtenden Eingriffs als Fall des § 826 BGB[266] hat in Bezug auf europäische Auslandsgesellschaften damit erhebliche Bedeu-tung.[267] Die bisher angenommene eigenständige Rechtsfigur wurde als dem Ge-sellschaftsrecht zugehörig erachtet, sodass eine Anwendbarkeit auf ausländische

---

[264] *v. Hoffmann,* in: Staudinger, EGBGB (2001) Art. 40 Rn. 3.

[265] *Just,* Die englische Limited, Rn. 93.

[266] Dazu oben 4. Teil, A. II.

[267] *Paefgen,* DB 2007, 1907, 1912.

Gesellschaften nach den obigen Ausführungen zur europäischen Niederlassungsfreiheit nicht in Betracht zu ziehen war.[268] Mit der Verlegung in das Deliktsrecht könnten heute einerseits in Deutschland ansässige Gesellschaften ausländischen Rechts gemäß § 826 BGB wegen Existenz vernichtenden Eingriffs haften.[269] Gleiches gilt andererseits auch für ausländische Konzernmütter, die die Existenz ihrer hierzulande ansässigen Tochterunternehmen vernichten, gleich ob diese deutsch oder ausländisch verfasst sind.

Dann müsste es sich beim Existenz vernichtenden Eingriff in der heutigen Form als Fallgruppe von § 826 BGB um reines Deliktsrecht handeln.[270] In Art. 10 Abs. 2 Nr. 8 und 8 EGBGB-E hält es der Gesetzgeber wenigstens für möglich, dass auch eine solche, dem Gesellschaftsrecht nahe stehende Haftungsnorm deliktsrechtlich zu qualifizieren sein kann. Zwar stellt er die endgültige Entscheidung über diese Frage in das Ermessen der Rechtsprechung,[271] die jedoch tendiert in den ersten Entscheidungen ebenfalls dazu, von Deliktsrecht und damit von einer Anwendbarkeit auf formal ausländische Gesellschaften auszugehen.[272] Erneut wird die Einschätzung deutscher Gerichte weniger relevant sein, als diejenige des EuGH, der seit der dogmatischen Kehrtwende des BGH zum Existenz vernichtenden Eingriff keine Veranlassung hatte, zu der Neuverortung im Deliktsrecht Stellung zu nehmen.[273]

Dass er sich nicht einfach mit dem Hinweis auf die *lex fori delicti* abspeisen lassen wird, dürfte indes feststehen.[274] Die Existenzvernichtungshaftung stand während ihrer gesamten Entwicklung stets in Konkordanz mit den Kapitalerhaltungsvorschriften der §§ 30, 31 GmbHG. Wie dargestellt, diente sie damit von Anfang an (auch) dem Zweck, Lücken des deutschen Gesellschaftsrechts zu kompensieren.[275] Daran scheint sich nichts geändert zu haben, wenn man be-

---

[268] Wohl h. M.; AG Bad Segeberg, Urt. v. 24.03.2005 (n. rkr.) – 17 C 289/04 = NZG 2005, 762; *Spindler/Berner*, RIW 2004, 7, 11; *Kiethe*, RIW 2005, 649; *Eidenmüller*, NJW 2005, 1618, 1620; *Paefgen*, DB 2007, 1907, 1912; *Pannen/Riedemann*, NZI 2005, 213, 214; *a. A. (Deliktsrecht) Kindler*, in: MünchKomm BGB IntGesR Rn. 671; *Altmeppen*, NJW 2004, 97, 101.

[269] So LG Berlin, Urt. v. 27.11.2008 – 20 O 52/08 = ZInsO 2009, 157; *Franz*, BB 2009, 1250, 1253; *Just*, Die englische Limited, Rn. 93, 346; vgl. auch bereits *Vetter*, ZGR 2005, 788, 814; vorsichtiger aber *Vetter*, BB 2007, 1965, 1969.

[270] Das vertreten *Weller*, ZIP 2007, 1681, 1688 f.; *Vetter*, BB 2007, 1965, 1969 f., die aber dennoch beide i. E. eine unproblematische Übertragbarkeit auf Auslandsgesellschaften anzweifeln; *a. A. Schanze*, NZG 2007, 681, 685 f., der von vorneherein weiterhin von einer gesellschaftsrechtlichen Qualifikation ausgeht; skeptisch aber i. E. unentschlossen auch *Gehrlein*, WM 2008, 761, 769.

[271] Begr. RefE EGBGB S. 12.

[272] LG Berlin, Urt. v. 27.11.2008 – 20 O 52/08 = ZInsO 2009, 157.

[273] *Paefgen*, DB 2007, 1907, 1912.

[274] *Greulich/Rau*, NZG 2008, 565, 569; *a. A.* offenbar *Heitsch*, ZInsO 2007, 961, 963.

[275] *Vetter*, DB 2007, 1965, 1969; skeptisch auch *Noack*, LM 2007, 240706.

denkt, dass der BGH seit der TRIHOTEL-Entscheidung die Existenzvernichtungshaftung als reine Innenhaftung konzipiert, also ganz offenbar bemüht war, insoweit einen Gleichlauf mit dem Kapitalerhaltungsrecht zu erreichen.[276]

Zwar werden auch Luxemburger Richter nicht bestreiten können, dass die Entziehung notwendiger Mittel einer Gesellschaft durch ihren Gesellschafter gegen die guten Sitten verstößt, wenn sie nur dem Ziel dient, dem Gesellschafter oder ihm nahe stehenden Dritten zu Lasten der Gesellschaftsgläubiger Vorteile einzuräumen. Aber genau hier könnten sie auch ein Problem sehen. Schlechterdings wird es nämlich nicht möglich sein, den Vorsatz bezüglich eines sittenwidrigen Verhaltens ohne eine Konkretisierung der „guten Sitten" festzustellen. Das im Rahmen des § 826 BGB bestehende normative Element der Sittenwidrigkeit kann aber schwerlich ohne einen Blick in das Gesellschaftsrecht ausgelegt werden,[277] dem die Regeln der Gesellschafterfinanzierung ebenso angehören, wie die richterrechtlich entwickelten vertikalen und horizontalen gesellschafterlichen Treuepflichten. Sofern der EuGH deswegen auch in der Anwendbarkeit des Existenz vernichtenden Eingriffs in seiner jetzigen Form einen Eingriff in die Europäische Niederlassungsfreiheit sähe, ist davon auszugehen, dass er erneut eine Rechtfertigungsprüfung mittels der Gebhard-Formel durchführen würde. Ein entsprechender Test erübrigt sich hier jedoch, da für den Existenz vernichtenden Eingriff insoweit dasselbe gilt wie bezüglich § 64 S. 3 GmbHG:[278] Sollte es tatsächlich eine europäische Rechtsordnung unterlassen, die vorsätzliche Zerstörung einer Gesellschaft zum Zwecke der eigenen Bereicherung zu sanktionieren, ist davon auszugehen, dass diese Schutzlücke durch deutsches Recht gefüllt werden darf.

3. § 823 Abs. 2 BGB i.V.m. einer strafrechtlichen Norm

Oben[279] wurde gezeigt, dass in besonders krassen Fällen ein rigide betriebenes Cash-Management-System eine strafrechtliche Verantwortlichkeit von Gesellschaften und den sie vertretenen Organen nach sich ziehen kann. International ist anerkannt, dass ein Staat im Rahmen des Territorialprinzips das Recht hat, alle Straftaten, die auf seinem Staatsgebiet begangen werden, auch seiner Strafgewalt zu unterwerfen.[280] Das deutsche Strafrecht kodifiziert diesen Grundsatz in § 3 StGB. Daraus folgt problemlos, dass auch ausländische juristische Personen ge-

---

[276] Ähnlich *Dauner-Lieb,* ZGR 2008, 34, 42.

[277] Ebenso *Dauner-Lieb,* ZGR 2008, 34, 42 f.; *Gehrlein,* WM 2008, 761, 769; *Greulich/Rau,* NZG 2008, 565, 569 f.; *K. Schmidt,* GmbHR 2008, 449, 458; *Vetter,* BB 2007; 1965, 1966.

[278] Oben 5. Teil, A. III.

[279] 4. Teil, D.

[280] *Fischer* StGB § 3 Rn. 1.

mäß §§ 3, 14 StGB dem Deutschen Strafrecht unterfallen, soweit sie die Tat in Deutschland begangen haben.

Folglich besteht gemäß § 823 Abs. 2 BGB ein Schadensersatzanspruch auch gegen Auslandsgesellschaften, sofern diese ein Cash-Pooling-System derart betreiben, dass strafrechtlich auf Untreue oder Betrug zu erkennen ist.[281]

4. Zwischenergebnis zur deliktischen Haftung

Durch die dogmatische Kehrtwende des BGH bezüglich seiner Rechtsprechung zum Existenz vernichtenden Eingriff hat sich nichts daran geändert, dass diese ihrem Grund nach Anknüpfungspunkte im Gesellschaftsrecht findet.[282] Daher wäre es zu kurz gedacht, eine Anwendbarkeit auf alle in Deutschland tätigen Auslandsgesellschaften im Rahmen der *lex fori delicti* über Art. 40 EGBGB anzunehmen.

Jedoch ist wahrscheinlich, dass jedes europäische Recht ein Instrument kennt, welches der Existenzvernichtungshaftung ähnelt und deswegen über das Gründungsstatut einer Gesellschaft zur Anwendung kommen kann.[283] Bleibt das Schutzniveau im Einzelfall dennoch hinter dem deutschen zurück, so kann davon ausgegangen werden, dass der EuGH gegen eine Füllung der Schutzlücke durch die Anwendbarkeit des § 826 BGB nichts einzuwenden haben wird.

Den Fällen, in denen ausländische Gesellschaften innerhalb Deutschlands strafrechtliche Normen verletzen, ist über die *lex fori delicti* gemäß § 40 EGBGB zu begegnen und eine Haftung nach § 823 Abs. 2 anzunehmen.

V. Ergebnis der Betrachtung von EU-Auslandsgesellschaften

Jede Gesellschaftsform eines EU-Mitgliedstaats ist in Deutschland rechts- und parteifähig. Sofern sie ihren Sitz ins Inland verlegt, bleibt ihre innere Verfassung nach dem Korporationsrecht des Gründungsstaats erhalten. Hierzu zählen auch etwaige Mindestkapitalvorschriften, sodass die in Bezug auf § 30 Abs. 1 GmbHG und § 57 Abs. 1 AktG herausgearbeiteten Grundsätze niemals auf Auslandsgesellschaften anwendbar sind.[284] Für das Cash Pooling bedeutet dies, dass der

---

[281] Vgl. LG Kiel, Urt. v. 20.04.2006 – 10 S 44/05 = GmbHR 2006, 710; AG Bad Segeberg, Urt. v. 24.03.2005 – 17 C 289/04 (n. rkr.) = NZG 2005, 762, 763; *Forsthoff/ Schulz*, in: Hirte/Bücker, Grenzüberschreitende Gesellschaften, § 16 Rn. 81; *Mock*, NZI 2006, 485; *Ringe/Willemer*, EuZW 2006, 621, 624; *Haack/Campos Nave,* Die neue GmbH, Rn. 374.

[282] 5. Teil, A. IV. 2.

[283] *Vetter,* BB 2007, 1965, 1970.

[284] 5. Teil, A. I. 2.

deutsche bilanzielle Gläubigerschutz nicht zu beachten ist. Wohl aber ist bei der Einbindung in den Pool auf das Gründungsrecht Rücksicht zu nehmen.[285]

Das anzuwendende Insolvenzrecht richtet sich gemäß EuInsVO grundsätzlich nach dem Staat, in welchem das Verfahren eröffnet wird. Häufig ist deswegen auch über eine Auslandsgesellschaft mit inländischem Tätigkeitsschwerpunkt das deutsche Insolvenzverfahren zu eröffnen,[286] was dazu führen kann, dass bei grenzüberschreitender Sitzverlegung Gesellschafts- und Insolvenzstatut einer Gesellschaft auseinanderfallen.[287]

Bewegt sich eine Norm, die der Regulierung von Auslandsgesellschaften dient, also an der Grenze von Insolvenz- und Gesellschaftsrecht, so ist das genaue Wesen festzustellen. Da die EuInsVO eine supranationale Norm ist, erschöpft sich eine solche Prüfung nicht in der Beurteilung nach inländischen Maßstäben.[288] Für § 39 Abs. 1 Nr. 5 n. F. InsO hat die entsprechende Untersuchung ergeben, dass eine insolvenzrechtliche Qualifikation nicht vorliegt.[289] Da auch eine Rechtfertigung vor dem Hintergrund der EuGH-Rechtsprechung nach hier vertretener Ansicht nicht gegeben ist,[290] muss davon ausgegangen werden, dass auch das neue Recht der Gesellschafterdarlehen gegenüber Auslandsgesellschaften in Deutschland nicht zur Anwendung kommen kann.

Entgegen entsprechender Andeutungen in den Gesetzesmaterialien kann auch in § 64 S. 3 GmbHG und der aktienrechtlichen Parallelnorm des § 92 Abs. 2 S. 3 AktG kein Insolvenzrecht gesehen werden.[291] Allerdings wäre eine Übertragbarkeit auf EU-Auslandsgesellschaften vor dem Hintergrund der Europäischen Niederlassungsfreiheit gerechtfertigt.[292] Dies gilt auch für die nunmehr in § 826 BGB verortete Haftung wegen Existenzvernichtung.[293]

Das deutsche Strafrecht ist gemäß dem Territorialitätsprinzip auf Auslandsgesellschaften anwendbar. Wird hiergegen verstoßen, so führt die Schutzgesetzverletzung über § 823 Abs. 2 BGB gemäß der *lex fori delicti* zu einer Haftung der Gesellschaft. Damit kommt dieser Haftung – anders als gegenüber inländischen Gesellschaften – bei Auslandsgesellschaften ein eigener Anwendungsbereich zu.

Insgesamt konnten keine Anhaltspunkte dafür gefunden werden, dass die Ausgestaltung des Cash Pools mit in Deutschland ansässigen EU-Auslandsgesellschaften im gesunden Konzern Vorteile brächte. Die Nichtanwendbarkeit deut-

---

[285] 5. Teil, A. I. 3.
[286] 5. Teil, A. II. 1.
[287] 5. Teil, A. II. 2.
[288] 5. Teil, A. II. 3. b) bb).
[289] 5. Teil, A. II. 3. b) cc).
[290] 5. Teil, A. II. 3. c) ee).
[291] 5. Teil, A. III. 1. d).
[292] 5. Teil, A. III. 3.
[293] 5. Teil, A. IV. 2.

schen Gesellschaftsrechts würde teuer erkauft, da der Cash-Pooling-Rahmenvertrag auf das Gründungsrecht von Auslandsgesellschaften hin anzupassen ist, was zu einer hohen und damit kostenintensiven Ausdifferenzierung des Vertragswerks führen muss.

Soll eine im Ausland liegende EU-Auslandsgesellschaft in das Cash Pooling mit einbezogen werden, stellen sich die kollisionsrechtlichen Probleme solange nicht, wie ihre Geschäftstätigkeit im Ausland bleibt, sodass Insolvenz- und Organisationsstatut wieder zusammenfallen. Dies gilt selbstverständlich nur für EU-Auslandsgesellschaften, die in ihrem Gründungsstaat verbleiben. Besonders diffizil wird die Feststellung der jeweils anzuwendenden Normen dagegen aus deutscher Sicht, wenn ein Bezug zu zwei ausländischen Rechtsordnungen besteht, etwa weil eine deutsche Konzernmutter eine in Frankreich sitzende englische Limited in ihren Cash-Pooling-Verbund aufnimmt. In diesen Fällen ist genau zu prüfen, ob ein solches Vorgehen unter Berücksichtigung aller Rechtsunsicherheiten ökonomisch noch sinnvoll wäre.

B. Nicht-EU-Auslandsgesellschaften

Weder die Kodifizierung der Europäischen Niederlassungsfreiheit noch die hierzu ergangene Rechtsprechung ist direkt auf Gesellschaften aus Nicht-EU-Staaten übertragbar, da ihnen gegenüber nach wie vor an der Sitztheorie festgehalten wird.[294]

I. US-amerikanische Gesellschaften

Neben den EU-Auslandsgesellschaften genießen in der Bundesrepublik Deutschland allerdings US-amerikanische Gesellschaften einen Sonderstatus. Ihre Anerkennung regelt grundlegend Art. XXV Abs. 5 des „Freundschafts-, Handels- und Schifffahrtsvertrag zwischen der Bundesrepublik Deutschland und den Vereinigten Staaten von Amerika" vom 29.10.1954. Dieser Artikel schafft eine staatsvertragliche Kollisionsnorm.[295] Nach einhelliger Auffassung in Rechtsprechung[296]

---

[294] BGH, Beschl. v. 08.10.2009 – IX ZR 227/06 = GWR 2009, 417; BGH, Urt. v. 27.10.2008 – II ZR 158/06 („Trabrennbahn") = DStR 2009, 59; BGH, Versäumnisurt. v. 27.10.2008 – II ZR 290/07 = ZInsO 2009, 149; OLG Hamburg, Zwischenurt. v. 30.03. 2007 – 11 U 231/04 = DStR 2007, 868; *Werner,* GmbHR 2009, 191, 195 f.

[295] BGH, ZIP 2004, 2230, 2231; *Spahlinger,* in: Spahlinger/Wegen, Int. GesR, B IV 3 Rn. 232 ff.

[296] Grundlegend BGH, Urt. v. 29.01.2003 – VIII ZR 155/02 = BGHZ 153, 353 = BB 2003, 810 m. Anm. *Kindler* = RIW 2003, 473 m. Bespr. *Merkt* S. 458; BGH, Urt. v. 05.07.2004 – II ZR 389/02 = NJW-RR 2004, 1618; BGH, Urt. v. 13.10.1004 = ZIP 2004, 2230; vgl. auch bereits OLG Zweibrücken, Urt. v. 13.10.1986 – 4 U 98/85 = NJW 1987, 2168; OLG Düsseldorf, Urt. v. 15.12.1994 – 6 U 59/94 = NJW-RR 1995, 1124; OLG Naumburg, Urt. v. 19.12.1995 – 7U 146/95; *a.A.* noch OLG Düsseldorf,

und Literatur[297] können auf diese Weise auch US-amerikanische Gesellschaften unter Beibehaltung ihrer Rechtsform überwiegend oder ausschließlich in Deutschland tätig werden, wenn sie in den USA wirksam gegründet worden sind.[298] Grundsätzlich kann auf die Ausführungen zu EU-Auslandsgesellschaften verwiesen werden,[299] da der BGH die in Art. VII des Vertrags geregelte Niederlassungsfreiheit hervorhebt[300] und betont, „insofern" gelte „Ähnliches" wie im Geltungsbereich der Niederlassungsfreiheit gemäß Artt. 49, 54 AEUV.[301]

II. Schweizerische Gesellschaften

Vereinzelt wurde vertreten, auch gegenüber der Schweiz käme die Gründungstheorie zur Anwendung, da diese zwar kein EU-Mitgliedstaat sei, jedoch über eine solche Vielzahl von Vertragsbeziehungen zu Deutschland und zur EU verfüge,[302] dass auf Grund der Rechtssicherheit und Rechtsklarheit davon ausgegangen werden müsse, die EuGH-Rechtsprechung zur Niederlassungsfreiheit gelte auch ihr gegenüber.[303] Indes wurde anders als im Verhältnis zu den USA die reziproke Anerkennung von Kapitalgesellschaften niemals explizit vertraglich vereinbart, und die Schweiz hat vor dem Hintergrund allgemeiner Europa-Skepsis innerhalb ihrer Bevölkerung bisher keine EU-Beitrittsverhandlungen aufgenommen, obwohl bereits 1992 ein offizielles Beitrittsgesuch eingereicht wurde.[304] Eine vertragliche Basis für eine Anerkennung schweizerischer Gesellschaften in Deutschland existiert damit nicht. *Jung* weist darauf hin, dass eine Anerkennung trotzdem in Betracht zu ziehen sei, da die Sitztheorie als Schutztheorie zu begreifen und gegenüber schweizerischen Gesellschaften kein Schutzbedürfnis erkennbar sei.[305] In seinem grundsätzlichen „Trabrennbahn-Urteil"[306] hat sich der BGH jedoch gegen ein Sonderrecht für schweizerische Gesellschaften ausgesprochen. Weder bestünde eine vertragliche Grundlage für ein solches,

---

Urt. v. 01.10.1997 – 15 U 173/96; OLG Hamm, Urt. v. 24.04.2002 – 8 U 87/01 = OLGR Hamm 2003, 9 = GmbHR 2003, 302.

[297] *Spahlinger/Wegen,* Int.GesR, Einl. Rn. 4; *Wiedemann,* GesR § 14 II 2.

[298] Diskutiert werden als Ausnahmen von diesem Prinzip vor allem das Erfordernis eines *genuine link* und die Schranke des deutschen Ordre Public; sehr ausführlich besprochen bei *Spahlinger/Wegen,* Int. GesR, B IV 3 Rn. 235 ff.

[299] Oben 5. Teil, A.

[300] BGH, Urt. v. 29.01.2003 – VIII ZR 155/02 = BGHZ 153, 353, 357 f.

[301] Vgl. BGH, Urt. v. 05.07.2004 – II ZR 389/02 = NJW-RR 2004, 1618.

[302] Vgl. zuletzt den Beitritt zum Übereinkommen von Schengen am 12.12.2008; weiterhin existieren z.B. das Luftverkehrsabkommen (LVA), das gemischte Freizügigkeitsabkommen (FZA), die gemeinsame Mitgliedschaft in EFTA und GATS sowie die gemeinsame Unterzeichnung der EMRK.

[303] OLG Hamm, Urt. v. 26.05.2006 – 30 U 166/05 = ZIP 2006, 1822 = BB 2006, 2487; OLG Hamm, Urt. v. 12.09.2007 – 30 U 43/07, nicht veröffentlicht (beide n. rkr.).

[304] Beitrittsgesuch der Schweiz vom 20.5.1992, BBl 1992 III, 1185.

[305] *Jung,* NZG 2008, 681, 684.

noch sei es vor dem Hintergrund der Rechtssicherheit sinnvoll, schweizerischen Gesellschaften in Deutschland ihr Statut zu belassen, nur weil es derzeit ein vergleichbares Schutzniveau aufweise. Davon abgesehen stünde es der Schweiz frei, der EU beizutreten und auf diese Weise eine Anerkennung ihrer Gesellschaften auch in europäischen Sitztheorie-Staaten zu bewirken.

Deswegen gelangt der BGH unter Beibehaltung seiner modifizierten Sitztheorie zu dem Ergebnis, dass eine schweizerische Aktiengesellschaft in Deutschland, sofern sie in kaufmännischer Weise am Rechtsverkehr teilnimmt, als OHG zu behandeln sei – mit der Konsequenz der persönlichen Haftung der Gesellschafter.

Es ist nicht unwahrscheinlich, dass es mittelfristig in Deutschland zu einer Änderung des Gesellschaftskollisionsrechts dahingehend kommen wird, dass die Gründungstheorie als allgemeinverbindlich festgeschrieben würde. Hierfür sprechen nicht zuletzt auch die Änderungen, die das MoMiG in den § 4a GmbHG und 5 AktG vollzieht. Deutsche Gesellschaften können danach ihren Verwaltungssitz ins Ausland verlegen, und zwar *unabhängig* davon, ob es sich dabei um EU-Ausland, die USA oder einen Drittstaat handelt. Wenn die Unterscheidung aber beim Wegzug irrelevant sein soll, wäre es trotz des selbstverständlich anders gelagerten Risikos aus Sicht deutscher Gläubiger zumindest konsequent, zukünftig auch beim Zuzug nicht zu differenzieren.[307] Bis dahin ist der BGH-Ansicht allerdings Folge zu leisten und in Bezug auf Auslandsgesellschaften in Ermangelung gegenteiliger völkerrechtlicher Vereinbarungen ausnahmslos von der Geltung der Sitztheorie auszugehen. Dies gilt uneingeschränkt auch gegenüber schweizerischen Kapitalgesellschaften.[308]

III. Sonstige Auslandsgesellschaften

Solange sich die Bundesrepublik Deutschland nicht grundsätzlich und abschließend zur Gründungstheorie bekennt, ist von der Fortbestehung der Sitztheorie auszugehen.[309] Staatsvertraglich kann zwar grundsätzlich Gegenteiliges vereinbart werden, jedoch ist das – außer im Verhältnis zu den USA – bisher gegenüber keinem Nicht-EU-Staat[310] erfolgt.[311] Daher kommt in Bezug auf sonstige

---

[306] BGH, Urt. v. 27.10.2008 – II ZR 158/06 („Trabrennbahn") = ZIP 2008, 2411 = DB 2008, 2825 = BB 2009, 14 = DStR 2009, 59 m. Anm. *Goette*; ebenso BGH, Versäumnisurt. v. 27.10.2008 – II ZR 290/07 = ZInsO 2009, 149.

[307] *Koch/Eickmann,* AG 2009, 73, 74 f.

[308] Wie hier: *Franz,* BB 2009, 1250, 1252; *Werner,* GmbHR 2009, 191, 195 f.

[309] BGH, Beschl. v. 08.10.2009 – IX ZR 227/06 = GWR 2009, 417 (zur Singapur-Limited); BGH, Urt. v. 27.10.2008 – II ZR 158/06 (Trabrennbahn) = DStR 2009, 59; BGH, Versäumnisurt. v. 27.10.2008 – II ZR 290/07 = ZInsO 2009, 149 (beide zur schweizerischen AG); OLG Hamburg, Zwischenurt. v. 30.03.2007 – 11 U 231/04 = DStR 2007, 868 (zur Gesellschaft der Isle of Man); *Werner,* GmbHR 2009, 191, 195 f.

[310] Frühere entsprechende Staatsverträge mit heutigen EU-Staaten werden insoweit durch das europäische Kollisionsrecht überlagert (Art. 3 Abs. 2 S. 2 EBGBG), vgl.

Auslandsgesellschaften die Konstellation einer Ansässigkeit in Deutschland nicht in Betracht.

Sofern ein deutscher Konzern dennoch solche Auslandsgesellschaften in sein grenzüberschreitendes Liquiditätsmanagement einbindet, folgt aus dem Gesagten, dass die nationalen Vorschriften auch dort zu beachten sind, wo sie bei in Deutschland ansässigen Gesellschaften durch deutsches Kollisionsrecht verdrängt würden. Neben den bereits genannten Rechtsproblemen können hier Kapitalimport-/exportverbote[312] oder die generelle Unzulässigkeit von Cash Pooling in mehreren Staaten[313] einer Teilnahme am Cash Pooling im Wege stehen.

C. Cash-Pooling-Teilnehmer im anderen Währungsgebiet

Selbstverständlich können Tochterunternehmen deutscher Konzerne etwa in Großbritannien den USA auch in den konzerninternen Liquiditätsaustausch eingebunden sein. Ihre Geschäfte werden sie dann regelmäßig in Britischem Pfund bzw. US-Dollar abwickeln. Das Phänomen unterschiedlicher Währungen in den verschiedenen Wirtschaftsräumen der Welt bestimmt den grenzüberschreitenden Handel maßgeblich. Auch für die Konzerninnenfinanzierung ergeben sich hierdurch gleichermaßen ökonomische Chancen und Risiken.[314] Hierzu wird auf die betriebswirtschaftliche Literatur verwiesen.

I. Konstruktion von Mehrwährungs-Cash-Pools

Die Ausgestaltungsvarianten von Mehrwährungs-Cash-Pooling-Systemen werden in der deutschsprachigen juristischen Literatur wenig behandelt. Einen sehr guten Überblick liefert hier zumindest die Arbeit von *Hormuth*.[315]

Rehm, in: Eidenmüller, Ausländische Kapitalgesellschaften, § 2 Rn. 12; *Spahlinger,* in: Spahlinger/Wegen, Int.GesR, B IV 6 Rn. 254.

[311] Die teilweise zu lesende Ansicht, aus Art. 5 Abs. 1 des Niederlassungsabkommens zwischen dem Deutschen Reich und der Türkischen Republik vom 12.1.1927, RGBl. 1927 II, 76, wieder in Kraft getreten aufgrund Bekanntmachung vom 29.5.1952, BGBl. 1952 II, 608, ließe sich die Vereinbarung der Gründungstheorie zwischen den beiden Staaten folgern, ist jedenfalls äußerst abwegig, zumal beide damals wie heute grundsätzlich der Sitztheorie anhängen. Wie hier: *Spahlinger,* in: Spahlinger/Wegen, Int. GesR, B IV 6 Rn. 254 ff.; *a.A. Rehm,* in: Eidenmüller, Ausländische Kapitalgesellschaften, § 2 Rn. 13, allerdings ohne Begründung.

[312] *Stein,* in: Lutter/Scheffler/Schneider, Hdb. Konzernfinanzierung, § 34 Rn. 34.48.

[313] So etwa in der VR China.

[314] Dazu oben 1. Teil, B. I. 1. g).

[315] *Hormuth,* Recht und Praxis des konzernweiten Cash Managements, S. 60 ff.

1. Single Currency Pooling

International tätige Konzerne betreiben vielfach mehrere Cash Pools in unterschiedlicher Landeswährung (Single Currency Pooling). Diese können auch dazu genutzt werden, alle für den Konzern anfallenden Zahlungsströme in dieser Währung abzuwickeln.[316] Eine deutsche Konzerntochter, die etwa eine Dienstleistung in den USA erbringt, kann so ihrem Auftraggeber anbieten, in seiner Landeswährung an eine US-amerikanische Konzernschwester zu zahlen. Die Konzernmutter betreibt dann eine zentrale Verrechnung und veranlasst ggf. den Transfer der Verrechnungsspitzen. Dieses Verfahren wird in der Literatur auch bisweilen als „Devisen-Netting" bezeichnet.[317] Ziel des Devisen-Nettings ist die Reduzierung grenzüberschreitender Zahlungsströme, was eine Minimierung der aus dem Unterschied zwischen Geld- und Briefkurs einer Währung resultierenden Kosten bewirkt.[318] Bestehen zwei oder mehr Cash Pools in unterschiedlicher Währung, so erfolgt eine Verrechnung nur in Ausnahmefällen, etwa wenn in einem Wirtschaftsraum akuter Finanzbedarf besteht oder Inflation droht.[319]

2. Cross Border Offsetting

Beim Cross-Border-Offsetting unterhalten alle Tochtergesellschaften eigene Fremdwährungskonten, die zu Gunsten jeweils eines zentralen Fremdwährungskontos bei einer international tätigen Bank verrechnet werden. Hier nimmt also jede Konzerntochter an einem Cash Pool für jede Währung teil, in der sie handelt.[320]

3. Multi Currency Cash Pooling

Hinsichtlich der Zentralisierung am weitesten geht das Multi Currency Cash Pooling, bei dem wie beim nationalen Cash Pooling alle liquiden Mittel – unter Umwechslung in die Konzernwährung – an zentraler Stelle zusammengezogen werden.[321] Hier sehen sich internationale Konzerne seit dem Zusammenbruch des Bretton-Woods-Systems fixer Wechselkurse in den frühen 1970er Jahren mit Problemen konfrontiert. Lässt ein deutscher Konzern ausländische Tochterunternehmen an seinem Liquiditätsmanagement teilnehmen, entstehen verschiedene

---

[316] *Hormuth*, Recht und Praxis des konzernweiten Cash Managements, S. 60.

[317] *Bonn*, FB 2007, 73, 77; *Matschke/Hering/Klingelhöfer*, Finanzanalyse und Finanzplanung, S. 163 f.

[318] *Ammelung/Kaeser*, DStR 2003, 655, 658.

[319] *Kinnear*, in: McArdle, Cash Management, 55, 61 f.; *Hormuth*, Recht und Praxis des konzernweiten Cash Managements, S. 60.

[320] *Hormuth*, Recht und Praxis des konzernweiten Cash Managements, S. 61.

[321] *Hormuth*, Recht und Praxis des konzernweiten Cash Managements, S. 61.

Arten von Währungsrisiken, die sich kurzfristig aus schwankenden Wechselkursen *(transaction exposure)* und Umrechnungskosten *(translation exposure)* ergeben. Hinzu kommen die langfristigen ökonomischen Risiken einer jeden Anlageform *(economic exposure)*.[322] Zur Minimierung dieser Risiken greift die Praxis im Rahmen des Multi Currency Cash Pooling häufig auf spezielle – recht kostenintensive – Finanzinstrumente oder Versicherungen zurück. Bei der Frage nach der Umlage dieser Kosten ist das ausländische Gesellschaftsstatut zu berücksichtigen. Kennt es womöglich ein dem aus § 30 Abs. 1 GmbHG vergleichbares Marktzinsgebot, werden sich Sicherungsprämien häufig nicht abwälzen lassen.

Weitere Kosten können sich aus dem erhöhten *Float*[323] und dem *Spread*, also der Differenz von Geld- und Briefkurs der Fremdwährung ergeben.[324]

II. Problem eines Rückzahlungsanspruchs in Fremdwährung

Die genannten Währungsrisiken werden in Bezug auf deutsche Kapitalerhaltungsvorschriften relevant, wenn ein Rückzahlungsanspruch in Fremdwährung erfolgt. Gewährt eine deutsche Gesellschaft ein Darlehen z. B. lautend auf Britische Pfund, so erwirbt sie einen entsprechenden Rückzahlungsanspruch, der nach den Grundsätzen ordnungsgemäßer Buchführung unter Berücksichtigung seines Werts in Euro zu bilanzieren ist. Erfolgte die Darlehensausgabe zu Lasten des gebundenen Vermögens, so ist bei der Frage nach der Vollwertigkeit deswegen nicht nur eine Prognose bezüglich der Bonität der Darlehensempfängerin, sondern auch bezüglich der Währungsentwicklung anzustellen. Entwickeln sich im genannten Beispiel die Kurse von Euro und Pfund in der Weise auseinander, dass entweder der Euro im Wert steigt, das Pfund fällt oder beides zusammen eintritt, so ist eine Wertberichtigung auf den Rückzahlungsanspruch auch dann vorzunehmen, wenn an der Zahlungsfähigkeit der Zielgesellschaft kein Zweifel besteht.[325] Allerdings muss auch hierbei der Grundsatz gelten, dass nachträgliche, nicht vorhersehbare Entwicklungen die Auszahlung nicht nachträglich unzulässig werden lassen. Weiterhin wird man die Auszahlung für zulässig erachten müssen, wenn zwar *ex ante* eine inflationäre Tendenz der Währung feststeht, dies aber bei der Zinsgestaltung eingepreist wurde und von einem Ausfall *des Schuldners* nicht auszugehen ist.

---

[322] *Glaum/Brunner*, in: FS Welge (2003), 307, 310 ff.
[323] Vgl. oben 1. Teil, B. I. 1. e).
[324] *Glaum/Brunner*, in: FS Welge (2003), 307, 317.
[325] Ähnlich *Markwardt*, BB 2008, 2414, 2420.

D. Ausländisches Target Account

Wie mehrfach betont, klammert die vorliegende Arbeit steuerliche Erwägungen grundsätzlich aus. Trotzdem muss darauf hingewiesen werden, dass es für einen Konzern wirtschaftlich gesehen sehr vorteilhaft sein kann, diejenige Gesellschaft, die letztlich den Konzerngewinn zu versteuern hat, in einen günstigen Steuerraum zu verlegen, etwa auf (teil)autonome Kanalinseln, in die Schweiz, nach Irland, nach Luxemburg usw.

Dies wird zumeist die Konzernspitze (= Holding), oft aber auch die Finanzierungsgesellschaft sein, so diese ausgelagert ist.[326] Die deutschen Vorschriften über die Kapitalerhaltung greifen selbstverständlich auch dann, wenn verfügbare Liquidität von Inlandskonten deutscher Kapitalgesellschaften zu Gunsten eines im Ausland geführten Zielkontos abgezogen wird.[327] Ist eine Auslandsgesellschaft Zahlungsempfängerin, ist sie bei Verstoß gegen deutsche Kapitalerhaltungsvorschriften also ebenso erstattungspflichtig wie eine deutsche Gesellschaft.[328] Dass ein vollwertiger Rückzahlungsanspruch immer auch die Durchsetzbarkeit der Forderung voraussetzt, versteht sich im Prinzip von selbst. Trotzdem betont es auch die Begründung zum MoMiG-Entwurf noch einmal.[329] Der Teilnahme an einem Cash Pool mit ausländischem Target Account darf der Geschäftsführer einer deutschen Gesellschaft deswegen von vorneherein nur zustimmen, wenn die Vollstreckung in das im Ausland befindliche Vermögen der ausländischen Konzernmutter rechtlich und faktisch möglich ist.

Ist dies sichergestellt, so kann die Rückzahlung auf diese Weise gewährter Darlehen prinzipiell sowohl in Euro als auch in Fremdwährung erfolgen. Jedenfalls ergibt sich aus dem deutschen Recht kein grundsätzliches Verbot zur Vergabe von Darlehen in Fremdwährung. Allerdings können hieraus besondere Überwachungspflichten erwachsen. Auf die Risiken einer Inflation der Fremdwährung wurde bereits hingewiesen.[330] Aber auch wenn ein Rückzahlungsanspruch auf Euro lautet, ist die Währungsentwicklung zu beobachten. Hier ist sicherzustellen, dass dem Mutterunternehmen weiterhin die Mittel zur Verfügung stehen, auch zu den aus seiner Sicht verteuerten Konditionen ausreichend Euro ankaufen zu können, um seine Verbindlichkeiten zu tilgen. Zwar mag es sich dabei um eine spätere, nicht vorhergesehene Entwicklung handeln, die keine ver-

---

[326] Zur steuerlichen Nachteiligkeit des Betriebs von Finanzierungsgesellschaften in Deutschland vgl. *Körner*, IStR 2009, 1, 2 ff.

[327] *Grothaus/Halberkamp*, GmbHR 2005, 1317, 1320; *Zimmer*, NJW 2003, 3585, 3588 ff.

[328] OLG München, Urt. v. 24.11.2005 – 23 U 3480/05 (n. rkr.) = GmbHR 2006, 144 m. Anm. *Blöse* = BB 2006, 286 m. Anm. *Habersack* = ZIP 2006, 25 = DB 2005, 2811 = NZG 2006, 195 = NJW-Spezial 2006, 126 = Der Konzern 2006, 78.

[329] Begr. RegE MoMiG, BT-Drucks. 16/6140, S. 41.

[330] Vgl. 5. Teil, C. II.

botene Auszahlung begründet.[331] Trotzdem hat der Geschäftsführer der deutschen Tochtergesellschaft auch in dieser Konstellation ggf. die sprichwörtliche Notbremse zu ziehen und den Austritt aus dem Cash Pool zu erklären.[332] Insofern kommt im Falle einer auslandsbeherrschten deutschen GmbH dem Geschäftsführer eine gesteigerte Verantwortung zu. Selbstverständlich treffen ihn sämtliche Haftungsinstrumente des deutschen Rechts mit voller Härte, insbesondere gelten also auch die obigen Ausführungen zur Geschäftsführerhaftung.[333]

E. Ergebnis zum internationalen Konzern

Cash Pooling ist auch im Internationalen Konzern möglich. Oft sind aber zusätzliche Vorschriften zu beachten. Prinzipiell gilt, dass eine Auslandsgesellschaft in Deutschland sich nach deutschem Personengesellschaftsrecht behandeln lassen muss, da bisher keine grundsätzliche Abkehr von der Sitztheorie erfolgte. Etwas anderes gilt ausschließlich für EU-Auslandsgesellschaften und US-amerikanische Gesellschaften, welchen die Rechtsfähigkeit ihrem Gründungsstatut zuzubilligen ist.[334] Die rund dreißig in diesem Rahmen in Deutschland rechtsfähigen Arten kleiner Kapitalgesellschaften stellen allerdings nahezu alle hierzulande ansässigen Auslandsgesellschaften.

Als Faustregel kann gelten, dass auf solche Auslandsgesellschaften nur ihr Gesellschaftsrecht anwendbar ist. Insolvenz-, Delikts- und Strafrecht gilt nach deutschem Maßstab. Welcher dieser Gruppen eine Norm jedoch zuzuordnen ist, ist oftmals schwer zu ermitteln. Dem Gesetzeswerk, in dem sie niedergeschrieben ist, kommt diesbezüglich nur marginale Indizwirkung zu.

---

[331] Begr. RegE MoMiG, BT-Drucks. 16/6140, S. 41.
[332] 4. Teil, C. I. 1. b).
[333] Vgl. 4. Teil, C.
[334] 5. Teil, A. I. 1. b) cc) (5).

6. Teil

Zusammenfassung der Ergebnisse in Thesen

A. These I

Cash Pooling ist für herrschende wie für beherrschte Konzernunternehmen ökonomisch sinnvoll und dient auch dem Gläubigerschutz, indem es die finanzielle Kraft der beteiligten Unternehmen stärkt und potenzielle Haftungsmasse, die andernfalls als Bankmarge verloren ginge, im Konzern bindet. Dennoch birgt das Cash-Pooling-Verfahren auch rechtliche und wirtschaftliche Risiken. Diese sind dabei für die beherrschten Unternehmen und externe Gläubiger höher einzustufen als für die Konzernmutter.

B. These II

Der Schutz von Konzerngläubigern lässt sich nicht nur privatautonom regeln. Da im Konzern auch Mindestkapitalvorschriften häufig versagen, sollten externe Gläubiger verstärkt durch deliktische Instrumente geschützt werden. Ein solcher an vorwerfbares Verhalten gekoppelter Gläubigerschutz würde den Betrieb eines Cash-Pooling-Systems zugleich am wenigsten einschränken.

C. These III

Nach dem MoMiG ist die Darlehensvergabe an wirtschaftlich solide Gesellschafter im Rahmen des Cash Pooling problemlos möglich. Insbesondere gilt dies auch für nicht vertraglich konzernierte Unternehmen. Die Einschränkungen, die sich nach dem „Novemberurteil" des BGH (BGHZ 157, 72) ergeben hatten, werden zukünftig auch in Bezug auf Altfälle keine Rolle mehr spielen.

D. These IV

Durch das MoMiG hat sich der Gläubigerschutz teilweise von einem auf Kapitalerhaltung und Eigenkapitalersatz setzenden *ex-ante*-Instrument hin zu einem vorwerfbares Verhalten sanktionierenden *ex-post*-Instrument verlagert. Eine Stärkung der Position von Gläubigern, deren Schuldner am Cash Pooling partizipieren kann insgesamt nicht festgestellt werden.

E. These V

Durch die Neufassung des § 19 Abs. 5 GmbHG hat sich die Kapitalaufbringung im Cash Pool insofern erleichtert, als dass das früher verbotene Hin- und Herzahlen jetzt grundsätzlich erlaubt ist. Die ungerechtfertigte Differenzierung gegenüber der verdeckten Sacheinlage belässt jedoch Bedarf für weitere Reformen. Sinnvoll wäre die Schaffung eines abgestuften Systems, bei dem sämtliche Einlagen durch den Cash Pool, die nicht schon nach § 19 Abs. 5 GmbHG privilegiert sind, unabhängig vom Vorzeichen des Saldos auf dem Gesellschaftskonto zum Zeitpunkt der Weggabe als Sacheinlagen zu qualifizieren und sodann nicht erneut zu erbringen wären, sondern eine Haftung in Höhe der Wertdifferenz nach § 19 Abs. 4 GmbHG auslösen.

F. These VI

Die neu geschaffene UG (haftungsbeschränkt) ist vor allem für Existenzgründer attraktiv. Gründe für eine zukünftig große Bedeutung im Konzernverbund können dagegen nicht gesehen werden. Deswegen ist davon auszugehen, dass dieser neue GmbH-Typus auch selten Bestandteil von Cash-Pooling-Systemen werden wird.

G. These VII

Durch den Wegfall des Tatbestandsmerkmals der Krise in § 39 Abs. 1 Nr. 5 n. F. InsO treten erhebliche rechtliche Probleme auf. Auch dogmatisch lässt sich die Vorschrift nur überzeugend begründen, wenn man in der Krise auch zukünftig ein ungeschriebenes, unwiderleglich vermutetes Tatbestandsmerkmal sieht. Der konzernweite Liquiditätsaustausch wird hierdurch zukünftig in Fällen unvorhersehbarer externer Einflüsse belastet.

H. These VIII

Eine Einbeziehung Dritter in den Anwendungsbereich der Subordinationsregel des § 39 Abs. 1 Nr. 5 n. F. InsO sollte nicht über die zum früheren Eigenkapitalersatzrecht vertretene Verbundformel des BGH erfolgen, da dies in Ermangelung einer völligen Vergleichbarkeit zwischen altem und neuem Recht der Gesellschafterfremdfinanzierung zu ungerechten Ergebnissen führen würde. Eine Einbeziehung verbundener Unternehmen aus dem Cash-Pooling-System kommt deswegen nur noch in Betracht, soweit die Letzthaftung dasjenige Unternehmen trifft, welches auch in der Finanzierungsfolgenverantwortung für die darlehensnehmende Gesellschaft steht.

I. These IX

Durch die Reform des Eigenkapitalersatzrechts werden teilweise Verhaltensanreize gesetzt, die die Gesellschafter eines Unternehmens, das sich nach früheren Maßstäben in der Krise befindet, zu Gläubiger schädigenden Maßnahmen verleiten können. An dieser Stelle wäre es sinnvoller gewesen, eine noch umfassendere Verhaltenshaftung mit sich hieraus ergebender Schadensersatzpflicht und Exkulpationsmöglichkeit zu schaffen.

J. These X

Nach neuer Rechtslage verschärft sich beim Cash Pooling die so genannte Kontokorrentproblematik, indem durch multiple Anfechtungen von Darlehensrückzahlungen Mittel zur Insolvenzmasse gezogen werden können, die die Gesellschaft außerhalb der Krise im Rahmen eines gesunden Leistungsaustauschs an ihren Gesellschafter gewährte. Einer überschießenden Wirkung durch Aufaggregierung sollte hier dergestalt begegnet werden, dass eine Anfechtung von Darlehensrückzahlungen nur in Höhe der internen Kreditlinie in Betracht kommt.

K. These XI

Durch die dogmatische Kehrtwende des BGH in Bezug auf seine Rechtsprechung zum Existenz vernichtenden Eingriff wurden die Rechte der Gläubiger an dieser Stelle zurückgefahren. Die neue dogmatische Konstruktion beugt zwar Ausuferungen vor und fügt sich systematisch gut in das bestehende Regelungskonzept ein. Dennoch sollte über eine Ausweitung des deliktischen Gläubigerschutzes nachgedacht werden. Ein begrüßenswerter Schritt in diese Richtung ist die Geschäftsführerhaftung gemäß § 64 S. 3 GmbHG/§ 92 Abs. 2 S. 3 AktG verbunden mit der Einführung eines *solvency test*. Dieses Konzept könnte zukünftig noch ausgebaut werden. Bereits heute ist entgegen dem Wortlaut der Norm anzunehmen, dass es ebenso wie § 30 Abs. 1 GmbHG auch bei Auszahlungen an dem Gesellschafter nahe stehende Dritte greift und somit in den meisten Cash-Pooling-Systemen anwendbar sein wird.

L. These XII

Der Kapitalerhaltungskonflikt, den das frühere Eigenkapitalersatzrecht kannte, ist nach dem Wegfall der eigenkapitalersatzrechtlichen Verstrickung gelöst. Sofern ein Rückzahlungsanspruch aus § 31 GmbHG/§ 62 AktG nun mit dem neuen Auszahlungsverbot des Geschäftsführers gemäß § 64 S. 3 GmbHG/§ 92 Abs. 2 S. 3 AktG kollidiert, gehen § 31 GmbHG/§ 62 AktG diesen Normen vor.

M. These XIII

Die Bedeutung von grenzüberschreitendem Cash Pooling wird im europäischen Währungsraum zunehmen.

§ 39 Abs. 1 Nr. 5 n. F. InsO, der die Subordination von Gesellschafterdarlehen anordnet, kann dabei nicht über Artt. 3, 4 EuInsVO auf in Deutschland ansässige Auslandsgesellschaften angewendet werden, da die Norm dem Gesellschaftsrecht zuzuordnen ist. Dass sie vor dem Hintergrund der bisherigen Rechtsprechung des EuGH einen ausnahmsweise zulässigen Eingriff in die Europäische Niederlassungsfreiheit darstellte, ist in Zweifel zu ziehen.

N. These XIV

Durch die Neuausrichtung des BGH in Bezug auf seine Rechtsprechung zum Existenz vernichtenden Eingriff ist es nicht zu einer problemlosen Anwendbarkeit auf Auslandsgesellschaften über die *lex fori delicti* gemäß Art. 40 EGBGB gekommen. Sollte das ausländische Gründungsstatut einer Gesellschaft keinen ähnlichen Schutz liefern, ist unter Berücksichtigung des vom EuGH entwickelten Vier-Konditionen-Tests aber eine Anwendbarkeit gegeben.

Eine analoge Anwendung des § 64 S. 3 GmbHG auf Auslandsgesellschaften ist ebenfalls nur denkbar, wenn ausländisches Gründungsrecht keinen vergleichbaren Schutz liefert. Eine Anwendbarkeit über Art. 4 EuInsVO im Rahmen der *lex fori concursus* ist dagegen auch hier abzulehnen.

Sofern eine Auslandsgesellschaft in Deutschland ein strafrechtliches Schutzgesetz verletzt, haftet sie über § 823 Abs. 2 BGB gleich einer deutschen Gesellschaft.

O. These XV

Aus Konzernsicht sind derzeit keine Gründe ersichtlich, zum Zweck der Erleichterung des Cash Pooling in Deutschland auf formal ausländische Gesellschaften zurückzugreifen.

Literaturverzeichnis

Albach, Horst: Die Organisation des Entscheidungsprozesses nach dem Aktiengesetz 1965, NB 1966, S. 30–35.

Altmeppen, Holger: Cash Pooling und Kapitalaufbringung, NZG 2010, 441–446.

– Cash Pooling und Kapitalerhaltung im faktischen Konzern,NZG 2010, S. 401–407.

– Cash Pooling und Kapitalerhaltung bei bestehendem Beherrschungs- oder Gewinnabführungsvertrag, NZG 2010, S. 361–368.

– Cash-Pool, Kapitalaufbringungshaftung und Strafbarkeit des Geschäftsführers wegen falscher Versicherung, ZIP 2009, S. 1545–1551.

– „Upstream-loans", Cash Pooling und Kapitalerhaltung nach neuem Recht, ZIP 2009, S. 49–56.

– Zur vorsätzlichen Gläubigerschädigung, Existenzvernichtung und materiellen Unterkapitalisierung in der GmbH, ZIP 2008, S. 1201–1207.

– Das neue Recht der Gesellschafterdarlehen in der Praxis, NJW 2008, S. 3601–3607.

– Interessenkonflikte im Konzern, ZHR 171 (2007), S. 320–341.

– Keine Haftung des Geschäftsleiters der insolvenzreifen Gesellschaft bei Abführung von Sozialversicherungsbeiträgen, NJW 2007, S. 2121.

– Die Grenzen der Zulässigkeit des Cash Pooling, Zugleich Besprechung BGH v. 16.1. 2006 – II ZR 76/04, ZIP 2006, 665, ZIP 2006, S. 1025–1035.

– Änderungen der Kapitalersatz- und Insolvenzverschleppungshaftung aus „deutsch-europäischer" Sicht, NJW 2005, S. 1911–1915.

– Schutz vor internationalen Kapitalgesellschaften, NJW 2004, S. 97–104.

– Zum Fortbestand des Erstattungsanspruchs nach GmbHG § 31 Abs. 1 trotz nachhaltiger Wiederauffüllung des Stammkapitals, NZG 2000, S. 887–888.

– Parteifähigkeit, Sitztheorie und „Centros", DStR 2000, S. 1061–1063.

– Zur Entstehung, Fälligkeit und Höhe des Verlustausgleichsanspruchs nach § 302 AktG, DB 1999, S. 2453–2457.

– „Dritte" als Adressaten der Kapitalerhaltungs- und Kapitalersatzregeln in der GmbH, in: Forster, Karl-Heinz (Hrsg.), Aktien- und Bilanzrecht, Festschrift für Bruno Kropff, Düsseldorf 1997, S. 641–667.

– Verschlimmbesserung im Kapitalersatzrecht, ZIP 1996, S. 1455.

– Eigentumsvorbehalt und Eigenkapitalersatz, ZIP 1995, S. 26–28.

– Zur eigenkapitalersetzenden Nutzungsüberlassung und zum Eigentumsvorbehalt des die Gesellschaft beliefernden Gesellschafters, NJW 1994, S. 2353–2354.

- Setzt die Umqualifizierung vor der Krise der GmbH gewährter Gesellschafterleistungen in Eigenkapitalersatz voraus, daß der Gesellschafter die Krise kannte oder erkennen konnte?, ZIP 1994, S. 1939–1942.

- Der „atypische Pfandgläubiger" – ein neuer Fall des kapitalersetzenden Darlehens?, ZIP 1993, S. 1677–1684.

Altmeppen, Holger/*Wilhelm,* Jan: Gegen die Hysterie um die Niederlassungsfreiheit der Scheinauslandsgesellschaft, DB 2004 S. 1083–1089.

Ammelung, Ulrich/*Kaeser,* Christian: Cash-Management-Systeme in Konzernen, DStR 2003, S. 655–660.

Amt für amtliche Veröffentlichungen der Europäischen Gemeinschaften (Hrsg.): Europa in Zahlen. Eurostat Jahrbuch 2009, Luxemburg 2009.

Arbeitskreis Bilanzrecht der Hochschullehrer Rechtswissenschaft: Zur Fortentwicklung des deutschen Bilanzrechts, BB 2002, S. 2372–2381.

Assmann, Heinz-Dieter: Der faktische GmbH-Konzern, in: Lutter, Marcus/Ulmer, Peter/Zöllner, Wolfgang (Hrsg.), Festschrift 100 Jahre GmbH-Gesetz, Köln 1992, S. 657–735.

Autschbach, Heike: Cash Pool – Baden verboten! Banken und Konzerne grübeln noch über den Umgang mit BGH-Urteil, FINANCE 2004, S. 48–52.

Bähr, Biner/*Hoos,* Jan-Philipp: Kreditvergabe an Gesellschafter als verbotene Auszahlung von Stammkapital auch bei Vollwertigkeit eines Rückzahlungsanspruchs der GmbH, GmbHR 2004, S. 304–305.

Balp, Gaia: Das italienische Recht eigenkapitalersetzender GmbH-Gesellschafter- (und Konzern-)Darlehen: Licht und Schatten einer Neuerscheinung – eine vergleichende Betrachtung mit dem deutschen Recht, ZInsO 2007, S. 1020–1028.

Bamberger, Heinz Georg/*Roth,* Herbert (Hrsg.): Kommentar zum Bürgerlichen Gesetzbuch (2 Bände), 2. Aufl. München 2007.

Barnert, Thomas: Zur Kreditgewährung einer GmbH an ihre Gesellschafter, WuB II C § 30 GmbHG 1.05 (2005).

Bauder, Wolfgang: Zur Haftung im qualifiziert faktischen Konzern, BB 1993, S. 1103–1105.

Bauer, Brigitte: Untreue durch Cash-Pooling im Konzern, Jur. Diss. München 2008, Frankfurt a. M./Berlin/Bern/Brüssel/New York/Oxford/Wien 2008.

Baumbach, Adolf (Begr. †)/*Hueck,* Alfred (Hrsg.): GmbH-Gesetz (Kommentar), 19. Aufl., München 2010.

- GmbH-Gesetz (Kommentar), 18. Aufl., München 2006.

- GmbH-Gesetz (Kommentar), 17. Aufl., München 2000.

Bäuml, Oliver/*Gageur,* Patrick: Die Limited in der Insolvenz, GmbHStB 2006, S. 362–369.

Bayer, Walter: Moderner Kapitalschutz, ZGR 2007, S. 220–240.

- Die Gesamtverantwortung der Gesellschafter für das Stammkapital und die Existenz der GmbH, in: Crezelius, Georg/Hirte, Heribert/Vieweg, Klaus (Hrsg.), Festschrift für Volker Röhricht zum 65. Geburtstag, Köln 2005, S. 25–45.

- Die EuGH-Entscheidung „Inspire Art" und die deutsche GmbH im Wettbewerb der europäischen Rechtsordnungen, BB 2003, S. 2357–2366.

- Zentrale Konzernfinanzierung, Cash Management und Kapitalerhaltung, in: Schneider, Uwe H./Hommelhoff, Peter/Schmidt, Karsten/Timm, Wolfram, Grunewald, Barbara/Drygala, Tim (Hrsg.), Festschrift für Marcus Lutter zum 70. Geburtstag, Köln 2000, S. 1011–1032.

- Zur persönlichen Haftung von GmbH-Geschäftsführern und zur Entwicklung der Rechtsprechung zur Konzernhaftung, WuB II C § 13 GmbHG 1.95.

Bayer, Walter/*Graff,* Simone: Einlagezahlung aus (dem Gesellschafter von der GmbH) als Darlehen überlassenen Mitteln – „Hin- und Herzahlen", WuB II C § 55 GmbHG 1.07.

- Das neue Eigenkapitalersatzrecht nach dem MoMiG, DStR 2006, S. 1654–1659.

- Zur Kapitalaufbringung bei AG und GmbH – Darlehensabrede und Treuhandabrede im Zusammenhang mit „Hin- und Herzahlen" von Bareinlagebeträgen, WuB II A § 54 AktG 1.6.

Bayer, Walter/*Habersack,* Mathias (Hrsg.): Aktienrecht im Wandel, 2 Bände, Tübingen 2007.

Bayer, Walter/*Hoffmann,* Thomas: Erste Unternehmergesellschaften (haftungsbeschränkt) seit Inkrafttreten des MoMiG, GmbHR 2008, S. 1302.

Bayer, Walter/*Lieder,* Jan: Der Entwurf des „MoMiG" und die Auswirkungen auf das Cash Pooling, Zur Rechtslage de lege lata und Überlegungen de lege ferenda, GmbHR 2006, S. 1121–1129.

- Kapitalaufbringung im Cash Pool, Besprechung der Entscheidungen BGH v. 16.1. 2006 – II ZR 75/04 und II ZR 76/04, GmbHR 2006, S. 449–454.

- Darlehen der GmbH an Gesellschafter und Sicherheiten aus dem GmbH-Vermögen für die Gesellschaftsverbindlichkeiten, ZGR 2005, S. 133–153.

Bayer, Walter/*Schmidt,* Jessica: Darlehen der GmbH an Gesellschafter und Sicherheiten aus dem GmbH-Vermögen für die Gesellschaftsverbindlichkeiten, ZGR 2005, S. 133–153.

Bea, Franz Xaver/*Dichtl,* Erwin/*Schweitzer,* Marcell (Hrsg.): Allgemeine Betriebswirtschaftslehre. Band 3: Der Leistungsprozess, 8. Aufl., Stuttgart 2002.

Becker, Ralph: Cash-Management in der Unternehmenskrise, DStR 1998, 1528–1532.

Behrens, Peter: Gemeinschaftliche Grenzen der Anwendung inländischen Gesellschaftsrechts auf Auslandsgesellschaften nach Inspire Art, IPRax 2004, S. 20–26.

Behrens, Peter (Hrsg.): Die Gesellschaft mit beschränkter Haftung im internationalen und europäischen Recht, 2. Aufl., Berlin/New York 1997.

Beiner, Torsten/*Lanzius,* Tim: Zur Frage der Untreue durch AG-Vorstandsmitglieder zum Nachteil abhängiger GmbH – Bremer Vulkan, NZI 2004, 687–690.

Bender, Hans-Udo: Das Ende klassischer Konzernfinanzierung durch die jüngere BGH-Rechtsprechung?, BB 2005, S. 1492–1496.

Berg, Hans-Georg/*Schmich,* Rolf: Kreditgewährung unter Verstoß gegen § 30 GmbHG als verdeckte Gewinnausschüttung?, FR 2005, S. 190–193.

Berger, Göran/*Herbst,* Christoph: Pflicht zur Abführung von Sozialversicherungsbeiträgen: zwischen Scylla und Charybdis – § 266a StGB versus § 64 Abs. 2 GmbHG, BB 2006, S. 437–440.

Bezzenberger, Tilman: Kapitalersetzende Gesellschafterdarlehen im Recht der GmbH, in: Westermann, Harm Peter/Mock, Klaus (Hrsg.), Festschrift für Gerold Bezzenberger zum 70. Geburtstag am 13. März 2000, Berlin/New York 2000, S. 23–58.

Bicker, Eike Thomas: Gläubigerschutz in der grenzüberschreitenden Konzerngesellschaft, München 2007.

Biebinger, Gerd: MoMiG und Gesellschafterforderungen in der Insolvenz, GmbHR 2008, S. R305–R306.

Billek, Clemens: Cash Pooling im Konzern, Wien 2008.

Binz, Hans-Bert: Darlehen an Gesellschafter als verbotene Auszahlung i. S. von § 30 GmbHG und Folgen für die Bilanzierung und Berichterstattung, DB 2004, S. 1273–1275.

Bitter, Georg: Rechtsperson und Kapitalerhaltung, ZHR 168 (2004), S. 302–351.

– Flurschäden im Gläubigerschutzrecht durch „Centros & Co"?, WM 2004, S. 2190–2200.

– Zur Haftung der Gesellschafter bei unzulässigen Ausschüttungen, WuB II C § 13 GmbHG 2.02.

Bittmann, Folker: Strafrechtliche Folgen des MoMiG, NStZ 2009, S. 113–120.

– Reform des GmbHG und Strafrecht, wistra 2007, S. 321–326.

Blasche, Sebastian/*König,* Mirko: Upstream-Darlehen vor dem Hintergrund des neuen § 30 Abs. 1 GmbHG, GmbHR 2009, S. 897–902.

Blaurock, Uwe: Mindestkapital und Haftung bei der GmbH, in: Damm, Reinhard/Heermann, Peter W./Veil, Rüdiger (Hrsg.), Festschrift für Thomas Raiser zum 70. Geburtstag am 20. Februar 2005, Berlin 2005, S. 3–22.

Blaurock, Uwe/*Berninger,* Axel: Unterbeteiligung an einem GmbH-Anteil in zivilrechtlicher und steuerrechtlicher Sicht (I), GmbHR 1990, S. 11–16.

Bloching, Micha/*Kettinger,* Alexandra: Kapitalerhaltung oder Kapitalquelle? – Eine Analyse des §§ 33 Abs. 2 GmbHG im Lichte der Rechtsprechung zum Kapitalschutz, BB 2006, S. 172–175.

– Stellt die BGH-Entscheidung vom 24.11.2003 das Kapitalschutzsystem der GmbH wieder auf die Füße?, GmbHR 2005, S. 1098–1102.

Blöse, Jochen: Kapitalerhaltung: Finanzierung und Liquiditätsausgleich zwischen verbundenen Unternehmen (Cash Pool Management), GmbHR 2006, S. 144–148.

– Das schwierige Nebeneinander der geschriebenen und ungeschriebenen Regelungen des Eigenkapitalersatzrechts, GmbHR 2005, S. 234–235.

– Die Voraussetzungen und der Umfang der Ausfallhaftung nach § 31 Abs. 3 GmbHG, GmbHR 2003, S. 1424–1426.

– Cash-Management-Systeme als Problem des Eigenkapitalersatzes, GmbHR 2002, S. 675–678.

– Der Umfang der Ausfallhaftung bei Verstoß gegen das Auszahlungsverbot, GmbHR 2002, S. 1107–1111.

Böcker, Philipp: §§ 30, 31 GmbHG im Wandel. Zwei Jahre nach BGHZ 157, 72 – auch positive Impulse?, ZGR 2006, S. 213–239.

Bode, Christoph/*Herzing,* Erwin: Praxiserfahrungen zur Kapitalaufbringung und -erhaltung nach der GmbH-Reform, BRZ 2009, S. 227–232.

Boettger, Ulrich: Strategien für das Cash Management unter Berücksichtigung der Verhältnisse bei internationalen Konzernen, Jur. Diss. St. Gallen 1993, Wiesbaden 1994.

Bohne, Jochen: Teilwertabschreibungen auf eine unverzinsliche Darlehensforderung gegen den Gesellschafter im Kontext der vGA-Grundsätze, DStR 2008, S. 2444–2447.

Böhringer, Walter: Das neue GmbH-Recht in der Notarpraxis, BWNotZ 2008, S. 104–113.

Bonn, Rainer: Status Quo und Entwicklungstendenzen im betrieblichen Cash Management, FB 2007, S. 73–79.

Borges, Georg: Gläubigerschutz bei ausländischen Gesellschaften mit inländischem Sitz, ZIP 2004, S. 733–744.

Bork, Reinhard: Abschaffung des Eigenkapitalersatzrechts zugunsten des Insolvenzrechts, ZGR 2007, S. 250–270.

– Zur Inanspruchnahme des faktischen Geschäftsführers nach GmbHG § 64 Abs. 2, EWiR 2005, 731–732.

Bormann, Michael: Zur Einordnung von Einzahlungen von Einlagebeträgen auf ein in einen Cash-Pool einbezogenes Konto als verdeckte Sacheinlage – Anm. zu BGH II ZR 273/07, GmbHR 2009, S. 930–931.

– Die Kapitalaufbringung nach dem Regierungsentwurf des MoMiG, GmbHR 2007, S. 897–904.

– Umdenken im Kapitalersatzrecht? Die Auswirkungen der „Balsam/Procedo"-Entscheidungen auf eigenkapitalersetzende Gesellschafterdarlehen, DB 2001, S. 907–910.

Bormann, Michael/*Kauka,* Ralf/*Ockelmann,* Jan (Hrsg.): Handbuch GmbH-Recht, München 2008.

Bormann, Michael/*Urlichs,* Marc: Kapitalerhöhungen im Cash Pooling – welche Erleichterungen bringt das MoMiG tatsächlich?, DStR 2009, S. 641–645.

– Der Entwurf des MoMiG zur Regelung des Hin- und Herzahlens – ein Fremdkörper im GmbH-Gesetz, GmbHR 2008, S. 119–120.

Börner, Andreas: Beschränkung des Cashpoolings von Konzerngesellschaften im Interesse des Gläubigerschutzes, BGHReport, 2004, S. 534–535.

Bösl, Konrad/*Sommer,* Michael: Mezzanine Finanzierung, München 2006.

Brandes, Stephan: Zur Verpflichtung eines Dritten, das unter Verstoß gegen GmbHG § 30 Erhaltene zurückzugewähren, LM Nr. 13 zu § 30 GmbHG.

Braun, Eberhard (Hrsg.): Insolvenzordnung (InsO). Kommentar., 3. Aufl. München 2007.

Breuninger, Gottfried E.: Debt-Push-Down-Gestaltungen und § 8a Abs. 6 KStG, in: Kirchhof u. a. (Hrsg.), Festschrift für Arndt Raupach zum 70. Geburtstag: Steuer- und Gesellschaftsrecht zwischen Unternehmerfreiheit und Gemeinwohl, Köln 2006, S. 437–459.

Brinkmeier, Thomas: Darlehen an Gesellschafter als verbotene Ausschüttung – Zum Beitrag von Prof. Dr. Carsten Schäfer in GmbHR 2005, 133, GmbHStB 2005, S. 89.

Brocker, Moritz/*Rockstroh,* Maria: Upstream-Darlehen und Cash-Pooling in der GmbH nach der Rückkehr zur bilanziellen Betrachtungsweise, BB 2009, S. 730–733.

Brodmann, Erich: GmbH-Gesetz. Kommentar, 2. Aufl., Berlin 1930.

Bruckhoff, Holger-René: Anmerkung zum BGH-Urteil vom 20.7.2007 – II ZR 273/07 („Cash-Pool-II"), NZI 2009, S. 620–621.

Büchel, Helmut: Kapitalaufbringung, insbesondere Regelung der verdeckten Sacheinlage nach dem Regierungsentwurf des MoMiG, GmbHR 2007, S. 1065–1071.

Buenger, Florian: Die Reform des italienischen Gesellschaftsrechts – Geschäftsführung und Kontrolle in der Gesellschaft mit beschränkter Haftung, RIW 2004, S. 249–255.

Bunnemann, Jan/*Zirngibl,* Nikolas (Hrsg.): Die Auswirkungen des MoMiG auf bestehende GmbHs, München 2008.

Burg, Michael/*Poertzgen,* Christoph: Notwendige insolvenzrechtliche Modifizierungen des MoMiG, ZInsO 2008, S. 473–477.

Burg, Michael/*Westerheide,* Stefan: Praktische Auswirkungen des MoMiG auf die Finanzierung von Konzernen, BB 2008, S. 62–65.

Burgard, Ulrich: Rechtsfragen der Konzernfinanzierung, AG 2006, S. 527–536.

– Cash Pooling und Existenzgefährdung, in: Burgard, Ulrich/Kleindiek, Detlef/Röhricht, Volker (Hrsg.), Gesellschaftsrecht in der Diskussion, Köln 2002, S. 45–68.

Büschgen, Hans E.: In-house banking, WM 1995, S. 733–743.

Butzke, Volker: Eigenkapitalersetzende Leistungen mittelbarer Gesellschafter, WuB II C § 32a GmbHG 2.97.

Cahn, Andreas: Kredite an Gesellschafter – zugleich Anmerkung zur MPS-Entscheidung des BGH, Working Paper Series No. 98, Frankfurt 2009.

– Kredite an Gesellschafter – zugleich Anmerkung zur MPS-Entscheidung des BGH, Der Konzern 2009, S. 67–80.

– Das Zahlungsverbot nach § 92 Abs. 2 Satz 3 AktG – aktien- und konzernrechtliche Aspekte des neuen Liquiditätsschutzes, Der Konzern 2009, S. 7–17.

- Gesellschafterfremdfinanzierung und Eigenkapitalersatz, AG 2005, S. 217–227.

- Das richterliche Verbot der Kreditvergabe an Gesellschafter und seine Folgen, Der Konzern 2004, S. 235–245.

- Die Ausfallhaftung des GmbH-Gesellschafters, ZGR 2003, S, 298–315.

- Kapitalaufbringung im Cash Pool, ZHR 166 (2002), S. 278–306.

- Kapitalerhaltung im Konzern, Jur. Habil. Frankfurt/Main 1995, Köln/Berlin/Bonn/ München 1998.

Calliess, Christian/*Ruffert,* Matthias (Hrsg.): EUV. EGV. Kommentar, 3. Aufl., München 2007.

Calman, Robert F.: Linear Programming and Cash Management, Cambridge 1968.

Canaris, Claus-Wilhelm: Die Rückgewähr von Gesellschaftereinlagen durch Zuwendungen an Dritte, in: Lutter, Marcus/Stimpel, Walter/Wiedemann, Herbert (Hrsg.), Festschrift für Robert Fischer, Berlin 1979, S. 31–64.

- Die Vertrauenshaftung im deutschen Privatrecht, Jur. Habil. München 1967, München 1971 (Nachdruck 1995).

Cheffins, Brian R.: Company Law. Theory, Structure and Operation, Oxford 1997.

Claussen, Carsten P.: Gedanken und Erinnerungen an das Kapitalersatzrecht, in: Aderhold, Lutz/Grunewald, Barbara/Klingberg, Dietgard/Paefgen, Walter G. (Hrsg.), Festschrift für Harm-Peter Westermann zum 70. Geburtstag, Köln 2008, S. 861–872.

- Betriebswirtschaft und Kapitalersatzrecht, in: Moxter, Adolf/Müller, Hans-Peter/ Windmöller, Rolf/v. Wysocki, Klaus (Hrsg.), Rechnungslegung – Entwicklungen bei der Bilanzierung und Prüfung von Kapitalgesellschaften, Festschrift zum 65. Geburtstag von Prof. Dr. Dr. h. c. Karl-Heinz Forster, Düsseldorf 1992, S. 139–154.

Coase, Ronald H.: The Problem of Social Cost, Journal of Law and Economics Vol. 3 (1960), S. 1–44.

Creifelds, Carl (Begr. †)/*Weber,* Claus (Hrsg.): Wörterbuch der Rechtssprache, 19. Aufl., München 2007.

Dahl, Michael/*Schmitz,* Jan: Eigenkapitalersatz nach dem MoMiG aus insolvenzrechtlicher Sicht, NZG 2009, S. 325–331.

Dampf, Peter: Die Gewährung von upstream-Sicherheiten im Konzern, Der Konzern 2007, S. 157–173.

Dauner-Lieb, Barbara: Die Auswirkungen des MoMiG auf die Behandlung verdeckter Sacheinlagen im Aktienrecht, AG 2009, S. 217–227.

- Die Existenzvernichtungshaftung als deliktische Innenhaftung gemäß § 826 BGB – Besprechung der Entscheidung BGH DStR 2007, 1586 (TRIHOTEL), ZGR 2008, S. 34–47.

- Die Existenzvernichtungshaftung – Schluss der Debatte?, DStR 2006, S. 2034– 2041.

- Das Sanierungsprivileg des § 32a Abs. 3 Satz 3 GmbHG – Ein Eingriff in den harten Kern des Kapitalersatzrechts?, DStR 1998, S. 1517–1523.

Dauses, Manfred A. (Hrsg.): Handbuch des EU-Wirtschaftsrechts, Losebl.-Ausg., München, Stand 2008.

Deckart, Christian: Kapitalerhaltung als Grenze des Cash Pooling, Jur. Diss. Augsburg 2005, Hamburg 2006.

Dedessus-Le-Moustier, Nathalie: La Responsabilité du Dirigeant de Fait, Revue Sociétés 1997, S. 499–522.

Deilmann, Barbara: Kreditgewährung an Vorstands-Aktionäre, AG 2006, S. 62–65.

Diekmann, Sabine/*Knebel,* Andreas: Zur Übertragung der Grundsätze der Cash-Pooling-Entscheidung auf die Aktiengesellschaft, EWiR 2007, S. 483–484.

Diem, Andreas: Besicherung von Gesellschafterverbindlichkeiten als existenzvernichtender Eingriff des Gesellschafters?, ZIP 2003, S. 1283–1289.

Diers, Philipp: Konzerninnenfinanzierung durch Darlehen zwischen Rechtsprechung des Bundesgerichtshofs und Reform des GmbHG, Jur. Diss. Münster 2007, Aachen 2007.

Drenckhan, Helke: Bericht über die Diskussion des Referats Hommelhoff, in: Gesellschaftsrechtliche Vereinigung (Hrsg.), Die GmbH-Reform in der Diskussion, Köln 2006, S. 137–142.

Drygala, Tim: Zweifelsfragen im Regierungsentwurf zum MoMiG, NZG 2007, S. 561–565.

– Stammkapital heute – Zum veränderten Verständnis vom System des festen Kapitals und seinen Konsequenzen, ZGR 2006, S. 587–637.

– Die Mauer bröckelt – Bemerkungen zur Bewegungsfreiheit deutscher Unternehmen in Europa, ZIP 2005, S. 1995–2000.

– Stand und Entwicklung des europäischen Gesellschaftsrechts, ZEuP 2004, S. 337–365.

– Zur Anwendung der Sitztheorie auf zuziehende Gesellschaften, EWiR 2003, S. 1029–1030.

Drygala, Tim/*Kremer,* Thomas: Alles neu macht der Mai – Zur Neuregelung der Kapitalerhaltungsvorschriften im Regierungsentwurf zum MoMiG, ZIP 2007, S. 1289–1296.

Easterbrook, Frank H./*Fishel,* Daniel R.: The Economic Structure of Corporate Law, Harvard 1991.

– Limited Liability and the Corporation, The University of Chicago Law Review Vol. 52, No. 1 (Winter, 1985), pp. 89–117.

Ebenroth, Carsten/*Boujong,* Karlheinz (†)/*Joost,* Detlev (Begr.)/*Strohn,* Lutz (Hrsg.): Handelsgesetzbuch,
– Band 1, München 2008
– Band 2, München 2001
– Aktualisierungsband, München 2003.

Ebenroth, Carsten Thomas/*Willburger,* Andreas: Voraussetzung der Anerkennung einer in den USA wirksam gegründeten Gesellschaft in der Bundesrepublik, EWiR 1995, S. 583–584.

Ebert, Sabine/*Levedag,* Christian: Die zugezogene private company limited by shares (Ltd.) nach dem Recht von England und Wales als Rechtsformalternative für in- und ausländische Investoren in Deutschland, GmbHR 2003, S. 1337–1346.

Ebke, Werner F.: Zur Entwicklung eines europäischen Gesellschaftsrechts, JZ 2000, S. 203–205.

Ehmke, Christine: Reform des Kapitalschutzes bei der GmbH nach dem Beispiel der Ltd. Vor dem Hintergrund der Inspire Art-Rechtsprechung, Jur. Diss. Göttingen 2006, Berlin 2006.

Ehrenberg, Viktor (Hrsg.): Handbuch des gesamten Handelsrechts, Dritter Band, III. Abteilung, 1929.

Ehricke, Ulrich: Das abhängige Konzernunternehmen in der Insolvenz. Jur. Habil. Berlin 1997, Tübingen 1998.

Eichholz, Reiner: Das Recht konzerninterner Darlehen in der Praxis, Jur. Diss. Darmstadt 1992, Berlin 1993.

Eidenmüller, Horst: Gesellschafterdarlehen in der Insolvenz, in: Heldrich, Andreas/ Prölls, Jürgen/Koller, Ingo (Hrsg.), Festschrift für Claus-Wilhelm Canaris zum 70. Geburtstag, Band II, München 2007, S. 49–70.

– Die GmbH im Wettbewerb der Rechtsformen, ZGR 2007, S. 168–211.

– Gesellschaftsstatut und Insolvenzstatut, RabelsZ 70 (2006), S. 474–504.

– Wettbewerb der Insolvenzrechte, ZGR 2006, S. 467–488.

– Geschäftsleiter- und Gesellschafterhaftung bei europäischen Auslandsgesellschaften mit tatsächlichem Inlandssitz, NJW 2005, S. 1618–1621.

– Beurteilung der Rechtsfähigkeit einer ausländischen Gesellschaft nach dem Recht des Gründungsstaats, JZ 2003, S. 526–529.

– Wettbewerb der Gesellschaftsrechte in Europa, ZIP 2002, S. 2233–2245.

– Kapitalgesellschaftsrecht im Spiegel der ökonomischen Theorie, JZ 2001, S. 1401– 1051.

– Unternehmenssanierung zwischen Markt und Gesetz: Mechanismen der Unternehmensreorganisation und Kooperationspflichten, Jur. Habil. 1998, Köln 1999.

Eidenmüller, Horst (Hrsg.): Ausländische Kapitalgesellschaften im deutschen Recht, München 2004.

Eidenmüller, Horst/*Engert,* Andreas: Die angemessene Höhe des Grundkapitals der Aktiengesellschaft, AG 2005, S. 97–108.

– Rechtsökonomik des Mindestkapitals im GmbH-Recht, GmbHR 2005, S. 433–438.

Eidenmüller, Horst/*Rehm,* Gebhard M.: Niederlassungsfreiheit versus Schutz des inländischen Rechtsverkehrs: Konturen des Europäischen Internationalen Gesellschaftsrechts, ZGR 2004, S. 159–188.

Eisner, Helmut: Zur Strafbarkeit wegen Untreue im Fall Bremer Vulkan, EWiR 2004, S. 723–724.

Embid Irujo, José Miguel: Eine spanische Erfindung im Gesellschaftsrecht: Die Sociedad limitada nueva empresa – die neue unternehmerische GmbH, RIW 2004, S. 760–767.

Emmerich, Falk: Konzernweite Cash-Pool-Finanzierung im Lichte der neuen BGH-Rechtsprechung und des Gesetzesentwurfs zur Modernisierung des GmbH-Rechts und der Bekämpfung von Missbräuchen (MoMiG). Diskussionspapier, Berlin 2007.

Emmerich, Volker: Anmerkungen zu der Vulkan-Doktrin, AG 2004, S. 423–428.

–   Nachteilszufügung durch Gewerbesteuerumlage im faktischen Konzern, JuS 1999, S. 1132–1133.

–   Haftung im qualifizierten faktischen GmbH-Konzern – „TBB-Urteil", JuS 1993, S. 695–696.

Emmerich, Volker/*Habersack,* Mathias: Aktien- und GmbH-Konzernrecht, 5. Aufl., München 2008.

–   Aktien- und GmbH-Konzernrecht, 4. Aufl., München 2005.

Engert, Andreas: Kreditgewährung an GmbH-Gesellschafter und bilanzorientierter Kapitalschutz, BB 2005, S. 1951–1958.

–   Die Ökonomische Begründung der Grundsätze ordnungsgemäßer Unternehmensfinanzierung, ZGR 2004, S. 813–841.

Engrácia Antunes, José: „Law and Economics" Perspectives of Portuguese Corporation Law – System and Current Developments, ECFR 2005, S. 323–377.

Erman, Walter (Begr. †)/*Westermann,* Harm Peter (Hrsg.): Handkommentar zum BGB (2 Bände), 12. Aufl., Köln 2008.

Eucken, Walter: Grundsätze der Wirtschaftspolitik, 1. Aufl., Tübingen 1952.

Eusani, Guido: Darlehensverzinsung und Kapitalerhaltung beim Cash Pooling nach dem MoMiG, GmbHR 2009, S. 795–800.

–   Das neue Deckungsgebot und Leistungen causa societatis nach § 30 Abs. 1 GmbHG, GmbHR 2009, S. 512–518.

Faßbender, Karl-Josef: Cash Pooling und Kapitalersatzrecht im Konzern, Jur. Diss. Düsseldorf 2004, Berlin 2004.

Fedke, Tibor: Konzerninnenfinanzierung nach dem MoMiG in insolvenznahen Szenarien, NZG 2009, S. 928–932.

Fischer, Gero: Aufrechnung und Verrechnung in der Insolvenz, WM 2008, S. 1–7.

–   Krisenbewältigung durch Insolvenzrecht, ZGR 2006, S. 403–418.

Fischer, Michael: Die Verlagerung des Gläubigerschutzes vom Gesellschafts- in das Insolvenzrecht nach „Inspire Art", ZIP 2004, S. 1477–1486.

Fischer, Thomas: Strafgesetzbuch und Nebengesetze, 57. Aufl., München 2010.

Fleck, Hans-Joachim: Zur Frage des eigenkapitalersetzenden Charakters der – wiederholten und längerfristigen – Stundung von Forderungen, EWiR 1995, S. 367–368.

– Zur eigenkapitalersetzenden Gebrauchsüberlassung, EWiR 1993, S. 155–156.

– Der Grundsatz der Kapitalerhaltung – seine Auswirkungen und seine Grenzen, in: Lutter, Marcus/Ulmer, Peter/Zöllner, Wolfgang (Hrsg.), Festschrift 100 Jahre GmbH-Gesetz, Köln 1992, S. 391–419.

– Zur Zuordnung von Bankkrediten als kapitalersetzende Darlehen im Rahmen mehrstufiger Gesellschaftsverbindungen, EWiR 1989, S. 1207–1208.

– Zur Verlustausgleichspflicht des herrschenden Unternehmens, EWiR 1989, S. 431–432.

– Zur eigenkapitalersetzenden Funktion von Gesellschafterbürgschaften, EWiR 1988, S. 67–68.

– Kapitalersetzende Gesellschafterdarlehen – Zum Verhältnis von Dienstvertrag und Organstellung, LM Nr. 14a zu § 30 GmbHRSG.

– Kapitalersetzende Gesellschafterdarlehen im Aktienrecht, LM Nr 5 zu § 17 AktG 1965.

– Abtretbarkeit des Erstattungsanspruchs nach GmbHG § 31 Abs. 1, LM Nr. 5 zu § 31 GmbHG.

– Haftung des Gesellschafters einer Komplementär-GmbH gegenüber der Kommanditgesellschaft, LM Nr. 8 zu § 43 GmbHRSG.

Fleischer, Holger: Aktuelle Entwicklungen der Managerhaftung, NJW 2009, S. 2337–2343.

– Kapitalschutz und Durchgriffshaftung bei Auslandsgesellschaften, in: Lutter, Marcus (Hrsg.), Europäische Auslandsgesellschaften in Deutschland, Köln 2005, S. 49–129.

– Grundfragen der ökonomischen Theorie im Gesellschafts- und Kapitalmarktrecht, ZGR 2000, S. 1–32.

– Convenants und Kapitalersatz, ZIP 1998, S. 313–321.

Fleischer, Holger (Hrsg.): Handbuch Vorstandsrecht, München 2006.

Fleischer, Holger/*Rentsch,* Klaus: Zur Beendigung eines fehlerhaften Unternehmensvertrages mit einer GmbH, NZG 2000, S. 1141.

Flitsch, Michael: Der Eigenkapitalersatz vor dem Aus?, DZWIR 2006, S. 397–401.

Flitsch, Michael/*Schellenberger,* Michael: Zur Frage der wirksamen Kapitalaufbringung innerhalb eines Cash-Pool-Systems, BB 2006, S. 850–851.

Flume, Werner: Allgemeiner Teil des Bürgerlichen Rechts.
– Band 1 Teil 2: Die juristische Person, 1983.

– Der Gesellschafter und das Vermögen der Gesellschaft und die Problematik der verdeckten Gewinnausschüttung, ZHR 144 (1980), S. 18–33.

Forsthoff, Ulrich: Die Rechts- und Parteifähigkeit ausländischer Gesellschaften mit Verwaltungssitz in Deutschland? Die Sitztheorie vor dem EuGH, DB 2000, S. 1109–1114.

Fränkel, Franz: Die Gesellschaft mit beschränkter Haftung – Eine volkswirtschaftliche Studie, Tübingen 1915.

Franz, Alexander: Internationales Gesellschaftsrecht und deutsche Kapitalgesellschaften im In- bzw. Ausland, BB 2009, S. 1250–1259.

Frege, Michael C.: OLG Düsseldorf – Gebrauchsüberlassung im Finanzierungsleasing als Eigenkapitalersatz, WiB 1997, S. 1031–1033.

Freitag, Robert/*Riemenschneider,* Markus: Die Unternehmergesellschaft – „GmbH light" als Konkurrenz für die Limited?, ZIP 2007, S. 1485–1492.

Frotscher, Gerrit: Verdeckte Gewinnausschüttung und Grundsatz der Kapitalerhaltung, in: Kirchhof u. a. (Hrsg.), Festschrift für Arndt Raupach zum 70. Geburtstag: Steuer- und Gesellschaftsrecht zwischen Unternehmerfreiheit und Gemeinwohl, Köln 2006, S. 363–374.

Früh, Andreas: Kreditsicherung und Mithaftung bei Krediten an Konzernunternehmen, GmbHR 2000, S. 105–110.

Fuchs, Ingo: Die Neuregelung zur verdeckten Sacheinlage durch das MoMiG und ihre Rückwirkung, BB 2009, S. 170–176.

Fuchs, Markus/*Stibi,* Bernd: Solvenztests als Grundlage der Ausschüttungsbemessung – Anforderungen und betriebswirtschaftliche Gestaltungsmöglichkeiten, BB-Beilage 5/2007, S. 19–24.

Fuhrmann, Lambertus: Kreditgewährung an Gesellschafter – Ende des konzernweiten Cash Managements?, NZG 2004, S. 552–555.

Gehrlein, Markus: Die Existenzvernichtungshaftung im Wandel der Rechtsprechung, WM 2008, S. 761–769.

– Die Behandlung von Gesellschafterdarlehen durch das MoMiG, BB 2008, S. 846–854.

– Der aktuelle Stand des neuen GmbH-Rechts, Der Konzern 2007, S. 771–796.

– Einvernehmliche verdeckte Gewinnentnahmen der Gesellschafter als Untreue (§ 266 StGB) zu Lasten der GmbH, NJW 2000, S. 1089–1090.

Geimer, Reinhold: Anmerkung zum BGH-Urteil VII ZR 284/94, EWiR 1995, S. 188.

Gerhardt, Walter: Zur Insolvenzanfechtung eines Vergleichs iS des § 779 BGB, KTS 2004, S. 195–203.

Gerkan, Hartwin von: Zum Eigenkapitalersatzrecht, EWiR 2005, S. 883–884.

– Das Kleingesellschafterprivileg des GmbHG § 32a Abs. 3 S. 2, EWiR 2001, S. 379–380.

– Zum eigenkapitalersetzenden Darlehen, EWiR 2001, S. 19–20.

– Eigenkapitalersatz, Kapitalmarkt und Wettbewerbsordnung, in: Schneider, Uwe H./ Hommelhoff, Peter/Schmidt, Karsten/Timm, Wolfram, Grunewald, Barbara/Drygala, Tim (Hrsg.), Festschrift für Marcus Lutter zum 70. Geburtstag, Köln 2000/S. 1317–1327.

– Eigenkapitalersatzcharakter von Darlehen eines Unternehmens, das formal nicht am Schuldnerunternehmen beteiligt ist, WuB II C § 30 GmbHG 1.99.

– Der Entwurf eines „Kapitalaufnahmeerleichterungsgesetzes" und das Recht des Eigenkapitalersatzes, GmbHR 1997, S. 677–682.

– Das Recht des Eigenkapitalersatzes in der Diskussion, ZGR 1997, S. 173–205.

– Klage des Konkursverwalters bei kapitalersetzenden Gesellschafterdarlehen und Bewilligung von Prozeßkostenhilfe, WuB II C § 32a GmbHG 6.97.

– Stehenlassen von Gesellschafterdarlehen als kapitalersetzende Kredithilfe, WuB II C § 32a GmbHG 2.95.

– Zur eigenkapitalersetzenden Gebrauchsüberlassung, WuB II C § 32a GmbHG 3.93.

– Zur Wahrung der Konkursanfechtungsfrist im Mahnverfahren sowie zur Erstattung von Haftkapital bei verbundenen Unternehmen, EWiR 1991, S. 67–68.

– Schwerpunkte und Entwicklungen im Recht der kapitalersetzenden Gesellschafterleistungen, GmbHR 1986, S. 218–225.

Gerkan, Hartwin von/*Hommelhoff,* Peter (Hrsg.): Handbuch des Kapitalersatzrechts, 2. Aufl., Köln 2002.

Gesell, Harald: Verdeckte Sacheinlage & Co. Im Lichte des MoMiG – Das „Hin- und Herzahlen" de lege lata und de lege ferenda, BB 2007 S. 2241–2247.

Gesmann-Nuissl, Dagmar: Quo vadis GmbH – zum Entwurf des Gesetzes zur Modernisierung des GmbH-Rechts und zur Bekämpfung von Missbräuchen (MoMiG), WM 2006, S. 1756–1764.

Geßler, Ernst: Bestandsschutz der herrschenden Gesellschaft im Vertragskonzern, ZHR 140 (1976), S. 433–441.

Geyrhalter, Volker/*Gänßler,* Peggy: Inspire Art – Briefkastengesellschaften on the Move, DStR 2003, S. 2167–2172.

Glaum, Martin/*Brunner,* Marko: Finanz- und Währungsmanagement in multinationalen Unternehmungen, in: Holtbrügge, Dirk (Hrsg.) Management multinationaler Unternehmungen: Festschrift zum 60. Geburtstag von Martin K. Welge, Heidelberg 2003, S. 307–326.

Göb, Marc Alexander: Aktuelle gesellschaftsrechtliche Fragen in Krise und Insolvenz – Juni/Juli 2009, NZI 2009, S. 636–638.

Göbel, Siegbert: Elektronisches Geld zwischen Zahlungsmittel und Verrechnungssystem. Eine ökonomische Analyse, Berlin 2005.

Godin, Reinhard Frh. v./*Wilhelmi,* Hans (Begr. †)/*Wilhelmi,* Sylvester (Hrsg.): Aktiengesetz vom 6. September 1965. Kommentar., 4. Aufl., Berlin et al. 1971.

Goette, Wulf: „Cash Pool II" – Kapitalaufbringung in der GmbH nach dem MoMiG, GWR 2009, S. 333.

– Anmerkung zu BGH Urteil II ZR 158/06 vom 27.10.2008 – „Trabrennbahn", DStR 2009, S. 63.

– Einführung in das neue GmbH-Recht, München 2008.

378 Literaturverzeichnis

- Chancen und Risiken der GmbH-Novelle, WPg 2008, S. 231–238.

- Stellungnahme im Rahmen der öffentlichen Anhörung zum MoMiG (BT-Drs. 16/6140) am 23. Januar 2008, Ettlingen, 2008.

- Anmerkung zu BGH, 2007-05-14, II ZR 48/06, DStR 2007, 1174-1176, DStR 2007, S. 1176–1177.

- Das Kapitalschutzsystem auf der neuen Grundlage der Existenzvernichtungshaftung, DStR 2007, S. 1593–1594.

- Cash Pooling bei der Kapitalaufbringung – verdeckte Sacheinlage, DStR 2006, S. 767–768.

- Aktuelle Rechtsprechung des II. Zivilsenats zum Aktienrecht, DStR 2006, S. 2132–2140.

- Hin- und Herzahlen und Erfüllung der Einlageschuld, DStR 2006, S. 106.

- Anmerkung zu BGH Urt. V. 9.1.2006 – II ZR 72/05, DStR 2006, S. 383–384.

- Krisenvermeidung und Krisenbewältigung in der GmbH – Überblick, ZGR 2006, S. 261–280.

- Aus der neueren Rechtsprechung des BGH zum Zivilrecht, ZIP 2005, S. 1481–1489.

- Wo steht der BGH nach Centros und Inspire Art?, DStR 2005, S. 197–201.

- Ausfallhaftung der Mitgesellschafter einer GmbH für verbotene Auszahlung, DStR 2003, S. 2131.

- Die GmbH, 2. Aufl., München 2002.

- Zurechnung eines von einem Dritten gewährten Darlehen als eigenkapitalersetzende Gesellschafterleistung, DStR 2000, S. 1525.

- Rechtsfolgen eines Verstoßes gegen das Kapitalerhaltungsgebot, DStR 2000, S. 1236.

- Erstreckung der Eigenkapitalersatzregeln auf Komplementär der Gesellschafterin, DStR 1999, S. 511.

- Die höchstrichterliche Rechtsprechung zur Behandlung eigenkapitalersetzender Leistungen im GmbH-Recht, DStR 1997, S. 2027–2035.

- Der Stand der höchstrichterlichen Rechtsprechung zur Kapitalerhaltung und zum Rückgewährverbot im GmbH-Recht, DStR 1997, S. 1495–1500.

- Zur Erweiterung der Haftung für Eigenkapitalersatz auf Dritte, DStR 1997, S. 173–174.

- Zur Haftung des Geschäftsführers einer GmbH für die Abführung von Sozialversicherungsabgaben sowie zu dessen trotz Aufgabenteilung und Delegation von Aufgaben fortbestehender Gesamtverantwortung, DStR 1996, S. 2031.

- Zur verdeckten Gewinnausschüttung an ein verbundenes Unternehmen, DStR 1996, S. 272–273.

- Erkennbarkeit der den Eintritt der Krise begründenden Umstände – Voraussetzung für die Umqualifizierung in Eigenkapitalersatz, DStR 1995, S. 190–191.

- Setzt die Umqualifizierung vor der Krise seitens eines Gesellschafters der GmbH gewährter Darlehen oder sonstiger Kredithilfen in funktionales Eigenkapital voraus, daß der Gesellschafter die Krise der GmbH erkennt oder zumindest erkennen kann?, DStR 1994, S. 1905.

Gößmann, Wolfgang: Zur Anwendbarkeit der Eigenkapitalersatzregeln auf Darlehen von verbundenen Unternehmen und zum Kleinbeteiligungsprivileg, WuB II G § 32 a GmbHG 1.01.

Götte, Tilman: Stellungnahme im Rahmen der Sachverständigenanhörung zum Regierungsentwurf für ein Gesetz zur Modernisierung des GmbH-Rechts und zur Beseitigung von Missbräuchen (MoMiG), BT-Drucks. 16/6140, Berlin 2008.

Gottwald, Peter (Hrsg.): Insolvenzrechts-Handbuch, 3. Aufl., München 2006.

Götz, Alexander: Juristische und ökonomische Analyse des Eigenkapitalersatzrechts, Jur. Diss. Tübingen 1999, Baden-Baden 2001.

Götze, Thomas: Grenzen der Konzernfinanzierung nach dem Kreditwesengesetz, WM 2005, S. 727–735.

Greulich, Sven: Auswirkung des MoMiG auf das Cash Pooling, sj 2009, Nr. 1, S. 42–47.

- Wirksamkeit der Kapitalaufbringung im Rahmen eines Cash Pools, sj 2006, Nr. 12, S. 40–45.

Greulich, Sven/*Bunnemann*, Jan: Geschäftsführerhaftung für zur Zahlungsunfähigkeit führende Zahlungen an die Gesellschafter nach § 64 II 3 GmbHG-RefE – Solvenztest im deutschen Recht?, NZG 2006, S. 681–687.

Greulich, Sven/*Rau*, Thomas: Zur partiellen Insolvenzverursachungshaftung des GmbH-Geschäftsführers nach § 64 S. 3 GmbHG-RegE, NZG 2008, S. 284–289.

- Zur Insolvenzverursachungshaftung des Geschäftsleiters einer Auslandsgesellschaft mit Inlandsverwaltungssitz, NZG 2008, S. 565–569.

Groß, Wolfgang: Umqualifizierung von Lieferantenkrediten in ein kapitalersetzendes Gesellschafterdarlehen, WuB II C § 32 a GmbHG 3.95.

Grothaus, Achim/*Halberkamp*: Thomas: Probleme des Cash Pooling nach der neuen Rechtsprechung des BGH zur Stammkapitalrückgewähr, GmbHR 2005, S. 1317–1323.

Grundlach, Ulf/*Frenzel*, Volkhard/*Strandmann*, Uwe: Die Insolvenzverwaltung nach den Änderungen durch das MoMiG, NZI 2008, S. 647–652.

Grunewald, Barbara: Gesellschaftsrecht, 7. Aufl., Tübingen 2008.

- Stellungnahme zum Gesetz zur Modernisierung des GmbH-Rechts und zur Bekämpfung von Missbräuchen (MoMiG), Köln 2007.

- Cash-Pooling und Sacheinlagen: Was bringt das MoMiG, was könnte es bringen?, WM 2006, S. 2333–2336.

- Plädoyer für eine Abschaffung der Rechtsregeln für eigenkapitalersetzende Gesellschafterdarlehen, GmbHR 1997, S. 7–10.

Grunewald, Barbara/*Noack,* Ulrich: Zur Zukunft des Kapitalsystems der GmbH – Die Ein-Euro-GmbH in Deutschland, GmbHR 2005, S. 189–195.

Gundlach, Ulf/*Frenzel,* Volkhard/*Strandmann,* Uwe: Die Insolvenzverwaltung nach den Änderungen durch das MoMiG, NZI 2008, S. 647–652.

Haack, Hansjörg/*Campos Nave,* José A.: Die neue GmbH, Herne 2008.

Haas, Ulrich: Das neue Kapitalersatzrecht nach dem RegE-MoMiG, ZInsO 2007, S. 617–629.

– Gutachterliche Stellungnahme für den VID zu insolvenzrechtlichen Aspekten des RegE MoMiG, Mainz 2007.

– Der GmbH-Gesellschafter in der Unternehmensinsolvenz, in: Dauner-Lieb, Barbara/ Hommelhoff, Peter/Jacobs, Matthias (Hrsg.), Festschrift für Horst Konzen zum siebzigsten Geburtstag, S. 157–178.

– Reform des gesellschaftsrechtlichen Gläubigerschutzes, Gutachten E zum 66. Deutschen Juristentag Stuttgart 2006, München 2006.

– Kapitalerhaltung, Insolvenzanfechtung, Schadensersatz und Existenzvernichtung – wann wächst zusammen, was zusammen gehört?, ZIP 2006, S. 1373–1382.

– Mindestkapital und Gläubigerschutz in der GmbH, DStR 2006, S. 993–1000.

– Aktuelle Rechtsprechung zum Kapitalersatzrecht, NZI 2002, S. 457–466.

– Die Subordination von Gesellschafterdarlehen im deutschen und italienischen GmbH-Recht, GmbHR 2004, S. 557–563.

– Der Normzweck des Eigenkapitalersatzrechts, NZI 2001, S. 1–10.

Habersack, Mathias: Verdeckte Sacheinlage und Hin- und Herzahlen nach dem ARUG – gemeinschaftsrechtlich betrachtet, AG 2009, S. 557–563.

– Aufsteigende Kredite im Lichte des MoMiG und des „Dezember"-Urteils des BGH, ZGR 2009, S. 347–365.

– Neues zur verdeckten Sacheinlage und zum Hin- und Herzahlen – das „Qivive"-Urteil des BGH, GWR 2009, S. 129–131.

– Die Erstreckung des Rechts der Gesellschafterdarlehen auf Dritte, insbesondere im Unternehmensverbund, ZIP 2008, S. 2385–2392.

– Trihotel – Das Ende der Debatte? Überlegungen zur Haftung für schädigende Einflussnahme im Aktien- und GmbH-Recht, ZGR 2008, S. 533–559.

Habersack, Mathias/*Schürnbrand,* Jan: Keine Privilegierung des Cash-Pool-Verfahrens im Hinblick auf die Anwendbarkeit des § 30 GmbHG bei unzureichender Absicherung der Erhaltung des Stammkapitals, BB 2006, S. 288–289.

– Cash Management und Sicherheitenbestellung bei AG und GmbH im Lichte des richterrechtlichen Verbots der Kreditvergabe an Gesellschafter, NZG 2004, S. 68–696.

Habersack, Mathias/*Verse,* Dirk A.: Wrongful Trading – Grundlage einer europäischen Insolvenzverschleppungshaftung?, ZHR 168 (2004), S. 174–215.

Hachenburg, Max (Hrsg.): Gesetz betreffend die Gesellschaften mit beschränkter Haftung (GmbHG). Großkommentar, 8. Aufl.,
– Bd. 1: Berlin/New York 1992
– Bd. 2: Berlin/New York 1997
– Bd. 3: Berlin/New York 1997.

Häger, Michael/*Elkemann-Reusch,* Manfred: Mezzanine Finanzierungsinstrumente: Stille Gesellschaft – Nachrangdarlehen – Genussrechte – Wandelanleihen, 2. Aufl., Berlin 2007.

Hahn, Volker: Zum Spannungsverhältnis von Kapitalerhaltung und Cash Pool im Konzern, Der Konzern 2004, S. 641–646.

Halpern, Paul/*Treblicock,* Michael/*Turnbull,* Stuart: An Economic Analysis of Limited Liability in Corporation Law, Vol. 30, No. 2, (Spring 1980) University of Toronto Law Journal, pp. 117–150.

Hamann, Hanjo: Aufsteigende Darlehen im Cash Pool im System des § 135 InsO, NZI 2008, S. 667–669.

Handelsrechtsausschuss des Deutschen Anwaltvereins: Stellungnahme zum Regierungsentwurf eines Gesetzes zur Modernisierung des GmbH-Rechts und zur Bekämpfung von Missbräuchen (MoMiG), NZG 2007, S. 735–743.

Hangebrauck, Ralf: Kapitalaufbringung, Kapitalerhaltung und Existenzschutz bei konzernweiten Cash-Pooling-Systemen, Jur. Diss. Hamburg 2007, Hamburg 2008.

– Zur Geltung der Kapitalaufbringungsvorschriften des GmbHG und der dazu entwickelten Rechtsprechungsgrundsätze bei Gründung und Kapitalerhöhung einer in ein Cash-Pool-System einbezogenen Gesellschaft, WuB II C § 19 GmbHG 2.06.

Hartl, Martin: Reform des italienischen Gesellschaftsrechts, NZG 2003, S. 667–669.

Hartmann, Peter: Kostengesetze, 37. Aufl., München 2007.

Hartmann-Wendels, Thomas/*Pfingsten,* Andreas/*Weber,* Martin: Bankbetriebslehre, 2. Aufl., Berlin 2000.

Haß, Detlef/*Huber,* Peter/*Gruber,* Urs/*Heiderhoff,* Bettina (Hrsg.): EU-Insolvenzverordnung (EuInsVO) – Kommentar, München 2005.

Heckschen, Heribert: Das MoMiG in der notariellen Praxis, München 2009.

– Gründungserleichterungen nach dem MoMiG, DStR 2009, S. 166–174.

– Die GmbH-Reform – Wege und Irrwege, DStR 2007, S. 1442–1451.

– MoMiG – Ein Überblick über den aktuellen Diskussionsstand, NotBZ 2006, S. 381–390.

Heckschen, Heribert/*Heidinger,* Andreas: Die GmbH in der Gestaltungs- und Beratungspraxis, Köln 2009.

Heidenhain, Martin: Katastrophale Rechtsfolgen verdeckter Sacheinlagen, GmbHR 2006, S. 455–459.

– Unklare Rechtsfortbildung zu Gesellschafterdarlehen – Darlehensgewährung im Interesse der Gesellschaft, LM 2004, S. 68–69.

- Anmerkung zu BGH Urt. v. 19.09.1994 – II ZR 237/93, LM AktG 1965 § 302 Nr. 8 (1994).

- Anmerkung zu BGH Urt. v. 29.03.1993 – II ZR 265/91, LM AktG 1965 § 302 Nr. 6 (1993).

Heidinger, Andreas: Der Kapitalschutz der GmbH auf dem Prüfstand, DNotZ 2005, S. 97–119.

Heinze, Harald: Verdeckte Sacheinlagen und verdeckte Finanzierungen nach dem Mo-MiG, GmbHR 2008, S. 1065–1074.

Heitsch, Joachim: Zur Bedeutung des Urt. Des BGH v. 16.7.2007 – II ZR 3/04 (TRI-HOTEL) für die Organhaftung unter Einbeziehung der Englischen Ltd., ZInsO 2007, S. 961–965.

Hellwig, Hans-Jürgen: Kapitalerhöhung im Cash-Pool, in Lutter, Marcus/Scholz, Manfred/Sigle, Walter (Hrsg.), Festschrift für Martin Peltzer zum 70. Geburtstag, Köln 2001, S. 163–179.

Helmreich, Klian: Die Gewährung von Darlehen durch die GmbH in der Situation der Unterbilanz an ihre Gesellschafter nach der aktuellen Rechtsprechung des BGH, GmbHR 2004, S. 457–462.

Hennrichs, Joachim: Kapitalschutz bei GmbH, UG (haftungsbeschränkt) und SPE, NZG 2009, S. 921–928.

- Bilanzgestützte Kapitalerhaltung, HGB-Jahresabschluß und Maßgeblichkeitsprinzip – Dinosaurier der Rechtsgeschichte?, StuW 2005, S. 256–262.

Hennrichs, Joachim/*Schubert,* Daniela: Zur Bestimmung der Höhe des nach AktG § 302 auszugleichenden Jahresfehlbetrags, WuB II A § 302 AktG 1.05.

Hentzen, Matthias: Die Abgrenzung von Kapitalerhaltung und Kapitalaufbringung im Cash-Pool, DStR 2006, S. 948–956.

- Konzerninnenfinanzierung nach BGHZ 157, 72, ZGR 2005, S. 480–527.

Henze, Hartwig: Konzernfinanzierung und Besicherung – Das Upstream-Risiko aus Gesellschafter- und Banksicht, WM 2005, S. 717–727.

Hermanns, Marc: Dispositionskredite als kapitalersetzende Darlehen, BB 1994, S. 2363–2366.

Herrler, Sebastian: Aktuelles zur Kapitalerhöhung bei der GmbH, DnotZ 2008, S. 903–916.

- Kapitalaufbringung nach dem MoMiG, DB 2008, S. 2347–2352.

Heublein, Gerrit: Gutschriften in der Krise – insolvenzfester Glücksfall oder anfechtbare Scheindeckung?, ZIP 2000, S. 161–173.

Hirsch, Alexander/*Britain,* Richard: Artfully Inspired – Werden deutsche Gesellschaften englisch?, NZG 2003, S. 1100–1104.

Hirt, Hans C.: The Wrongful Trading Remedy in UK Law: Classification, Application and Practical Significance, ECFR 1 (2004), S. 71–120.

Hirte, Heribert: Vorschläge für die Kodifikation eines Konzerninsolvenzrechts, ZIP 2008, S. 444–449.

– Die Unternehmergesellschaft (UG) nach dem Gesetz zur Modernisierung des GmbH-Rechts und zur Bekämpfung von Missbräuchen (MoMiG), ZInsO 2008, S. 933–937.

– Neuregelungen mit Bezug zum gesellschaftsrechtlichen Gläubigerschutz und im Insolvenzrecht durch das „Gesetz zur Modernisierung des GmbH-Rechts und zur Bekämpfung von Missbräuchen" (MoMiG), ZInsO 2008, S. 689–702.

– Die Neuregelung des Rechts der (früher: kapitalersetzenden) Gesellschafterdarlehen durch das „Gesetz zur Modernisierung des GmbH-Rechts und zur Bekämpfung von Missbräuchen" (MoMiG), WM 2008, S. 1429–1435.

– Stellungnahme zum Regierungsentwurf eines Gesetzes zur Modernisierung des GmbH-Rechts und zur Bekämpfung von Missbräuchen (MoMiG) für den Deutschen Bundestag, Mainz 2008.

– Zur Eintragung einer Zweitniederlassung einer in einem anderen Mitgliedstaat gegründeten Gesellschaft – Inspire Art, EWS 2003, S. 521–522.

– Rechte des Konkursverwalters bei eigenkapitalersetzender Nutzungsüberlassung, WuB II C § 32a GmbHG 1.95.

– Zur Haftung des Einmanngesellschafters nach den Haftungsregeln im qualifiziert faktischen GmbH-Konzern, WuB II C § 13 GmbHG 1.92.

Hirte, Heribert/*Bücker,* Thomas (Hrsg.): Grenzüberschreitende Gesellschaften: Praxishandbuch für ausländische Kapitalgesellschaften mit Sitz im Inland, 2. Aufl., Köln 2006.

Hofert, Sebastian/*Arends,* Volker: Mezzanine-Finanzierung in der GmbH, GmbHR 2005, S. 1381–1386.

Hoffmann, Jochen: Das GmbH-Konzernrecht nach dem „Bremer Vulkan"-Urteil, NZG 2002, S. 68–74.

Hoffmann-Becking, Michael: Gesetz zur Modernisierung des GmbH-Rechts und zur Bekämpfung von Missbräuchen (MoMiG) – Stellungnahme zur Anhörung des Rechtsausschusses am 23. Januar 2008, Düsseldorf 2008.

Hoffmann-Becking, Michael (Hrsg.): Münchener Handbuch des Gesellschaftsrechts, Band 4: Aktiengesellschaft, 3. Aufl. 2007.

Hölzle, Gerrit: Gibt es noch eine Finanzierungsfolgenverantwortung im MoMiG?, ZIP 2009, S. 1939–1948.

– Gesellschafterinnenfinanzierung und Kapitalerhaltung im Regierungsentwurf des MoMiG, GmbHR 2007, S. 729–736.

Hommelhoff, Peter: Für eine minimalintensive und dennoch höchst effektive Reform des Eigenkapitalersatzrechts, in: Gesellschaftsrechtliche Vereinigung (Hrsg.), Die GmbH-Reform in der Diskussion, Köln 2006, S. 115–135.

– Das Gesellschafterdarlehen als Beispiel institutioneller Rechtsfortbildung, ZGR 1988, S. 460–493.

– Zum revidierten Vorschlag für eine EG-Konzernrichtlinie, in Goerdeler, Reinhard/ Lutter, Marcus/Odersky, Walter/Wiedemann, Herbert (Hrsg.), Festschrift für Hans-Joachim Fleck, ZGR Sonderheft 7 (1988), S. 125–150.

– Eigenkapitalersatz im Konzern und in Beteiligungsverhältnissen, WM 1984, S. 1105–1118.

– Die Konzernleitungspflicht, Köln 1982.

Hommelhoff, Peter (Hrsg.): Der qualifizierte faktische GmbH-Konzern: Analyse der Rechtsprechung, Folgerungen für die Praxis, Köln 1992.

Hommelhoff, Peter/*Helms,* Dietmar (Hrsg.): Neue Wege in die Europäische Privatgesellschaft, Köln 2001.

Hommelhoff, Peter/*Kleindiek,* Detlef: Flexible Finanzierungsinstrumente im GmbH-Recht. Das eigenkapitalersetzende Gesellschafterdarlehen zwischen Nachschußkapital und Finanzplankredit, in: Lutter, Marcus/Ulmer, Peter/Zöllner, Wolfgang (Hrsg.), Festschrift 100 Jahre GmbH-Gesetz, Köln 1992, S. 421–445.

Hommelhoff, Peter/*Oplustil,* Krzysztof: Deutsche Einflüsse auf das polnische Recht der Kapitalgesellschaften: Vorgesellschaft, Eigenkapitalersatz und dualistische Organstruktur in Aktiengesellschaften, in: Dauner-Lieb, Barbara/Hommelhoff, Peter/ Jacobs, Matthias (Hrsg.), Festschrift für Horst Konzen zum siebzigsten Geburtstag, S. 309–319.

Hopfenbeck, Waldemar: Allgemeine Betriebswirtschafts- und Managementlehre, 14. Aufl., München 2002.

Hopt, Klaus J.: Konzernrecht für Europa, in: Basedow, Jürgen/Drobnig, Ulrich/Ellger, Reinhard/Hopt, Klaus J./Kötz, Hein/Kulms, Rainer/Mestmäcker, Ernst-Joachim (Hrsg.), Aufbruch nach Europa: 75 Jahre Max-Planck-Institut für Privatrecht, 2001, S. 17–38.

Hopt, Klaus J./*Wiedemann,* Herbert (Hrsg.): AktG Großkommentar, 10. Lieferung, §§ 15–22, 4. Aufl., Berlin 1999.

Horath, Ralf/*Kauter,* Oliver: Darlehen einer GmbH an ihren Gesellschafter, StuB 2005, S. 437–442.

Hormuth, Mark W.: Recht und Praxis des konzernweiten Cash Managements. Ein Beitrag zur Konzernfinanzierung, Oec. Diss. Darmstadt 1997, Berlin 1998.

Horn, Norbert: Deutsches und europäisches Gesellschaftsrecht und die EuGH-Rechtsprechung zur Niederlassungsfreiheit – Inspire Art, NJW 2004, S. 893–901.

Huber, Ulrich: Finanzierungsfolgenverantwortung de lege lata und de lege ferenda, in: Hommelhoff, Peter/Rawert, Peter/Schmidt, Karsten (Hrsg.), Festschrift für Hans-Joachim Priester zum 70. Geburtstag, Köln 2007, S. 245–257.

– Gesellschafterdarlehen in der Inlandsinsolvenz von Auslandsgesellschaften, in: Lutter, Marcus (Hrsg.), Europäische Auslandsgesellschaften in Deutschland, Köln 2005, S. 131–221.

– Die Insolvenzantragspflicht der Geschäftsführer von Auslandsgesellschaften, in: Lutter, Marcus (Hrsg.), Europäische Auslandsgesellschaften in Deutschland, Köln 2005, S. 307–377.

Huber, Ulrich/*Habersack,* Mathias: GmbH-Reform: Zwölf Thesen zu einer möglichen Reform des Rechts der kapitalersetzenden Gesellschafterdarlehen, BB 2006, S. 1–7.

– Zur Reform des Rechts der kapitalersetzenden Gesellschafterdarlehen, in: Lutter, Marcus (Hrsg.), Das Kapital der Aktiengesellschaft in Europa, Berlin 2006, S. 370–433.

Hübner, Ulrich: Mindestkapital und alternativer Gläubigerschutz – rechtsvergleichende Anmerkungen zur Entwicklung des GmbH-Rechts, in: Heldrich, Andreas/Prölss, Jürgen/Koller, Ingo et al., Festschrift für Claus-Wilhelm Canaris zum siebzigsten Geburtstag, Band II, S. 129–145, München 2007.

Hüffer, Uwe: Aktiengesetz, 8. Aufl., München 2008.

– Probleme des Cash Managements im faktischen Aktienkonzern, AG 2004, S. 416–422.

– Kapitalersatz durch Gesellschafterdarlehen einer Landesbank und durch Landesbürgschaft im Konkurs der illiquiden GmbH, ZHR 153 (1989), S. 322–341.

Hunecke, Heinrich: Zum Begriff der Auszahlung im Sinne von GmbHG § 30 Abs. 1, WuB II C § 30 GmbHG 1.93

Ihrig, Hans-Christoph: Kritik an der Rechtsprechung zur Gesellschafterhaftung der GmbH – Holzweg oder Konzept mit Zukunftsperspektive?, in: Henze, Hartwig/Hoffmann-Becking, Michael (Hrsg.), Gesellschaftsrecht 2003, Tagungsband zum RWS-Forum, Köln 2004, S. 27–56.

– BGH – Inanspruchnahme für Bürgschaft nach Eigenkapitalersatzregeln, WiB 1997, S. 246–247.

– BGH – Abrede als Voraussetzung für die Grundsätze der verdeckten Sacheinlage, WiB 1996, S. 479–481.

Immenga, Ulrich: Zum Erstattungsanspruch einer GmbH gegen ihre Gesellschafter nach zuvor erfolgten Auszahlungen unter Mißachtung des GmbHG § 30 Abs. 1, WuB II C § 31 GmbHG 2.87.

– Kapitalersetzende Aktionärsdarlehen als Haftkapital?, ZIP 1983, S. 1405–1412.

– Bestandsschutz der beherrschten Gesellschaft im Vertragskonzern?, ZHR 140 (1976), S. 301–316.

– Die personalistische Kapitalgesellschaft: eine rechtsvergleichende Untersuchung nach deutschem GmbH-Recht und dem Recht der Corporations in den Vereinigten Staaten, Jur. Habil. Bielefeld 1970, Bad Homburg 1970.

Institut für Notarrecht Würzburg (Hrsg.): Aktuelle Tendenzen und Entwicklungen im Gesellschaftsrecht – Symposium des Instituts für Notarrecht der Universität Würzburg, Würzburg 2004.

Jackson, Thomas H.: The Logic and Limits of Bankruptcy Law, Cambridge et al., 1986.

Jäger, Axel: Kapitalaufbringung und Haftungsrisiken in Cash-Management-Systemen von GmbH-Konzernen, DStR 2000, S. 1653–1658.

Janssen, Jördis: Situative Ausschüttungssperren, Jur. Diss. Hamburg 2009 (noch nicht veröffentlicht).

Janzen, Dietmar: Kreditvergaben der GmbH & Co KG an ihre Gesellschafter nach der neueren Rechtsprechung des BGH, DB 2006, S. 2108–2113.

Jensen, Michael C./*Meckling,* William: Theory of the Firm: Managerial Behavior, Agency Costs and Ownership Structure, 3 J. Fin. Econ. 305 (1976).

Jetter, Thomas: Cash-Management-Systeme. Ein Entscheidungsproblem der Marketingpolitik im Firmenkundengeschäft der Kreditinstitute, oec. Diss. Saarbrücken 1987, Wiesbaden, 1988.

Joost, Detlev: Unternehmergesellschaft, Unterbilanz und Verlustanzeige, ZIP 2007, S. 2242–2248.

– Der Eigenkapitalschutz vor neuen Herausforderungen – Cash-Pool-Systeme, International Financial Reporting Standards, Solvency Test, in: Gesellschaftsrechtliche Vereinigung (Hrsg.), Die GmbH-Reform in der Diskussion, Köln 2006, S. 31–49.

– Eigenkapitalersetzende Darlehen – Kreditgewährung einer Bank-Kommanditgesellschaft an über einheitliche Leitung des Komplementärs mit ihr verbundenes Unternehmen, EWiR 1992, S. 279–280.

– Grundlagen und Rechtsfolgen der Kapitalerhaltungsregeln in der GmbH, ZHR 148 (1984), S. 27–55.

– Kapitalbegriff und Reichweite der Bindung des aufgebrachten Vermögens in der GmbH, GmbHR 1983, S. 285–290.

Jula, Rocco/*Breitbarth,* Carmen: Liquiditätsausgleich im Konzern durch konzerninterne Darlehen, AG 1997, S. 265.

Jung, Peter: Anwendung der Gründungstheorie auf Gesellschaften schweizerischen Rechts?, NZG 2008, S. 681–685.

– Stellungnahme zum Regierungsentwurf betreffend das Gesetz zur Modernisierung des GmbH-Rechts und zur Bekämpfung von Missbräuchen (MoMiG), BT-Drucks. 16/6140, Basel 2008.

Just, Clemens: Die englische Limited in der Praxis, 2. Aufl., München 2006.

Kallmeyer, Harald: Bereinigung der Finanzverfassung der GmbH – Vorschlag für eine GmbH-Reform, GmbHR 2004, S. 377–383.

Kalss, Susanne/*Adensamer,* Nikolaus/*Oelkers,* Janine: Die Rechtspflichten der Geschäftsleiter in der Krise der Gesellschaft sowie damit verbundene Rechtsfolgen im Rechtsvergleich, in: Lutter, Marcus (Hrsg.), Das Kapital der Aktiengesellschaft in Europa, Berlin 2006, S. 134–186.

Kammel, Volker: Voraussetzungen und Rechtsfolgen des eigenkapitalersetzenden Gesellschafterdarlehens, WuB II C § 32a GmbHG 1.97.

Kammeter, Roland/*Geißelmeier,* Werner: Der Rangrücktritt – Bestandsaufnahme und Auswirkungen des MoMiG im Handelsbilanz- und Steuerrecht, NZI 2007, S. 214–220.

Karollus, Martin: Das neue österreichische Eigenkapitalersatzrecht – ein Vorbild auch für Deutschland?, in: Baums, Theodor/Lutter, Marcus/Wertenbruch, Johannes/ Schmidt, Karsten (Hrsg.), Festschrift für Ulrich Huber zum siebzigsten Geburtstag, Tübingen 2006, S. 801–819.

– Probleme der Finanzierung im Konzern: Kapitalersatz und Treuepflicht, in: Martens, Peter/Westermann, Harm Peter/Zöllner, Wolfgang (Hrsg.), Festschrift für Carsten Peter Claussen zum 70. Geburtstag, Köln 1997, S. 199–212.

Keck, Kristina: Nationale und internationale Gleichordnungskonzerne im deutschen Konzern- und Kollisionsrecht, Jur. Diss. Berlin 1997, Frankfurt a. M./Berlin/Bern/ New York/Paris/Wien 1998.

Keller, Bernd/*Rödl,* Bernd: Neuere BGH-Rechtsprechung zur Kapitalerhaltung in der GmbH und ihre Auswirkung auf die Jahresabschlussprüfung, BB-Beilage Nr. 3 (2005), S. 16–19.

Kerber, Markus C.: Die Beurteilung von Cash-Pool-Verträgen im Lichte höchstrichterlicher Rechtsprechung, ZGR 2005, S. 437–449.

Kersting, Cristian/*Schindler,* Clemens Philipp: Die EuGH-Entscheidung „Inspire Art" und ihre Auswirkungen auf die Praxis, RdW 2003, S. 621–625.

Keßler, Jürgen: Die Durchgriffshaftung der GmbH-Gesellschafter wegen existenzgefährdender Eingriffe – Zur dogmatischen Konzeption des Gläubigerschutzes in der GmbH. Besprechung der Entscheidung BGH v. 24.6.2002 – II ZR 300/00 – KBV, GmbHR 2002, 902, mit Komm. Schröder, S. 945–951.

Ketzer, Axel: Eigenkapitalersetzende Aktionärsdarlehen, Jur. Diss. Bonn 1987, Köln, Berlin, Bonn, München 1989.

Kidyba, Andrzej/*Soltynski,* Stanislaw/*Szumanski,* Andrzej: A Report on Selected Aspects of Legal Capital under Polish Code of Commercial Companies, in: Lutter, Marcus (Hrsg.), Das Kapital der Aktiengesellschaft in Europa, Berlin 2006, S. 694–716.

Kiefner, Alexander/*Theusinger,* Ingo: Aufsteigende Darlehen und Sicherheitenbegebung im Aktienrecht nach dem MoMiG, NZG 2008, S. 801–806.

Kiethe, Kurt: Abwehrfunktion des nationalen Deliktsrechts im Internationalen Gesellschaftsrecht?, RIW 2005, S. 649–655.

– Haftungs- und Ausfallrisiken beim Cash Pooling, DStR 2005, S. 1573–1578.

Kind, Thomas: Insolvenzrechtliche Änderungen durch das MoMiG, NZI 2008, S. 475–477.

Kindler, Peter: Ende der Diskussion um die so genannte Wegzugsfreiheit, NZG 2009, S. 130–132.

– Grundzüge des neuen Kapitalgesellschaftsrechts – Das Gesetz zur Modernisierung des GmbH-Rechts und zur Bekämpfung von Missbräuchen (MoMiG), NJW 2008, S. 3249–3256.

– GmbH-Reform und internationales Gesellschaftsrecht, AG 2007, S. 721–731.

– Die „Aschenputtel"-Limited und andere Fälle der Mehrfachqualifikation im Schnittfeld des internationalen Gesellschafts-, Delikts- und Insolvenzrechts, in Mansel, Hans-Peter/Pfeiffer, Thomas/Kronke, Herbert/Kohler, Christian/Hausmann, Rainer (Hrsg.), Festschrift für Erik Jayme, Band I, München 2004, S. 409–418.

– „Inspire Art" – Aus Luxemburg nichts Neues zum internationalen Gesellschaftsrecht, NZG 2003, S. 1086–1090.

Kindler, Peter/*Nachmann,* Josef: Handbuch Insolvenzrecht in Europa, München 2010.

Kirchhof, Hans-Peter/*Lwowski,* Hans-Jürgen/*Stürner,* Rolf (Hrsg.): Münchener Kommentar zur Insolvenzordnung
- Band 1, 2. Aufl., München 2007
- Band 2, 2. Aufl., München 2008
- Band 3, München 2003.

Kirchner, Christian: Zur ökonomischen Theorie der juristischen Person – Die juristische Person im Gesellschaftsrecht im Lichte der Institutioncnökonomik, in: Damm, Reinhard/Heermann, Peter W./Veil, Rüdiger (Hrsg.), Festschrift für Thomas Raiser zum 70. Geburtstag am 20. Februar 2005, Berlin 2005, S. 181–202.

Klasmeyer, Bernd: Gesellschafterdarlehen als haftendes Stammkapital einer GmbH, ZIP 1980, S. 117.

Klein, Jochen: Cash Pooling auf dem Prüfstand, r + s 2005, S. 69–71.

Kleindiek, Detlef: Geschäftsführerhaftung nach der GmbH-Reform, in Bitter, Georg/Lutter, Marcus/Priester, Hans-Joachim/Schön, Wolfgang/Ulmer, Peter (Hrsg.), Festschrift für Karsten Schmidt zum 70. Geburtstag, Köln 2009, S. 893–907.

- Krisenvermeidung in der GmbH: Gesetzliches Mindestkapital, Kapitalschutz und Eigenkapitalersatz, ZGR 2006, S. 335–365.

- Zur Grundschuldbestellung als Leistung einer GmbH an ihren Gesellschafter, zum Zeitpunkt für die Beurteilung der Gesellschaftereigenschaft und zur Herbeiführung einer Unterbilanz, NZG 2000, S. 483–485.

- Strukturvielfalt im Personengesellschafts-Konzern, Iur. Diss. Bielefeld 1990, Köln, Berlin, Bonn, München 1991.

Kleinert, Jens/*Probst,* Peter: Endgültiges Aus für Sonderanknüpfungen bei (Schein-) Auslandsgesellschaften. Anmerkung zu dem EuGH-Urteil vom 30.9.2003 – Rs. C-167/01 – Inspire Art, DB 2003, S. 2217–2218.

Klinck, Fabian/*Gärtner,* Matthias: Versetzt das MoMiG dem Cash Pooling den Todesstoß?, NZI 2008, S. 457–461.

Kluiver, Harm-Jan De (Hrsg.): The European private company?, Antwerpen et al., 1995.

Knapp, Christoph: Auswirkungen des MoMiG auf Aktiengesellschaften und ihre Organmitglieder, DStR 2008, S. 2371–2375.

Knof, Béla: Die neue Insolvenzverursachungshaftung nach § 64 Satz 3 RegE-GmbHG,
- Teil I: DStR 2007, S. 1536–1542.
- Teil II: DStR 2007, S. 1580–1586.

Knof, Béla/*Mock,* Sebastian: Niederlassungsfreiheit und Wegzugsbeschränkungen, ZIP 2009, S. 30.

- Zur Anerkennung der internationalen Zuständigkeit des Insolvenzgerichts nach der EGV 1346/2000, ZIP 2006, S. 911–915.

Koch, Raphael/*Eickmann,* Marco: Gründungs- oder Sitztheorie? Eine „never ending story"?, AG 2009, S. 73–75.

Kollmorgen, Alexander/*Santelmann,* Matthias/*Weiß,* Olaf: Upstream-Besicherung um Limitation Language nach Inkrafttreten des MoMiG, BB 2009, S. 1818–1822.

König, Wolfgang: Anmerkung zu BGH, U. v. 17.03.2008 – II ZR 24/07 – (Verbotswidrige Weggabe eines Vermögensgegenstandes durch GmbH-Gesellschafter. Rückgewähr und generelle Ersatzpflicht bei Wertverlust), BB 2008, S. 1193–1194.

Koppensteiner, Hans-Georg: Kritik des „Eigenkapitalersatzrechts", wbl 1997, S. 489–499.

– GmbH-rechtliche Probleme des Management Buy-Out, ZHR 155 (1991), S. 97–119.

Koppensteiner, Hans-Georg/*Rüffler,* Friedrich: (Österreichisches) GmbHG. Kommentar. 3. Aufl., Wien 2007.

Korintenberg, Werner (Begr.)/*Lappe,* Friedrich (Hrsg.): Kostenordnung. Kommentar, 17. Aufl. München 2008.

Kornblum, Michael: Die UG hat die Ltd. überholt!, GmbHR 2010, R54–R54.

– Bundesweite Rechtstatsachen zum Unternehmens- und Gesellschaftsrecht, GmbHR 2008, S. 19–26.

Körner, Andreas: Auf- und Umbau von Holdingstrukturen, IStR 2009, S. 1–16.

Kort, Michael: Gemischte Sacheinlage als Verbindung von Sacheinlage und Sachübernahme, LM 2007, I, S. 55–56.

– Das Verhältnis von Auszahlungsverbot (§ 30 Abs. 1 GmbHG) und Erstattungsanspruch (§ 31 GmbHG), ZGR 2001, S. 615–643.

Korts, Sebastian: Heidelberger Musterverträge, Heft 122: Cash Pooling, Heidelberg 2005.

Kraakman, Reinier R./*Davies,* Paul/*Hansmann,* Henry/*Hertig,* Gerard/*Hopt,* Klaus J./ *Kanda,* Hideki/*Rock,* Edward: The Anatomy of Corporate Law – A Comparative and Functional Approach, Oxford 2004.

Krämer, Hans: Die Finanzpolitik westdeutscher Konzerne der Elektroindustrie, der chemischen Industrie und des Kohle-Eisen-Stahlbereichs von 1950–1959, Berlin 1961.

Krause, Daniel M.: Konzerninternes Cash-Management – der Fall Bremer Vulkan – Neue Ansätze bei der Untreue (§ 266 StGB) und ihre Konsequenzen für die Praxis, JR 2006, S. 51–57.

Krause, Nils: Zur verdeckten gemischten Sacheinlage bei insolventen Unternehmen, BB 2008, S. 1029–1030.

Krieger, Gerd: Verlustausgleich und Jahresabschluss, NZG 2005, S. 787–791.

– Wiederaufleben der Kommanditistenhaftung aufgrund von Entnahmen, WuB II F § 172 HGB 1.90.

– Kann die Praxis mit TBB leben?, ZGR 1994, S. 375–394.

Krolop, Kaspar: Zur Anwendung der MoMiG-Regelungen zu Gesellschafterdarlehen auf gesellschaftsfremde Dritte. Von der Finanzierungsfolgenverantwortung des Gesellschafters zur Risikoübernahmeverantwortung des Risikokapitalgebers?, GmbHR 2009, S. 397–405.

- Mit dem MoMiG vom Eigenkapitalersatz zu einem insolvenzrechtlichen Haftungs-kapitalerhaltungsrecht?, ZIP 2007, S. 1738–1745.

Kropff, Bruno: Einlagenrückgewähr und Nachteilsausgleich im faktischen Konzern, NJW 2009, S. 814–817.

- Das Konzernrecht des Aktiengesetzes 1965, BB 1965, S. 1281–1289.

- Das Aktiengesetz vom 6.9.1965 (BGBl. I, S. 1089) und das Einführungsgesetz zum Aktiengesetz vom 6.9.1965 (BGBl. I, S. 1155) mit Begründung des Regierungsent-wurfes, Bericht des Rechtsausschusses des Deutschen Bundestages, Verweisungen und Sachverzeichnis, Düsseldorf 1965.

Kübler, Bruno M.: Zur Durchsetzung konzernmäßiger Sanierungsziele an den Beispiels-fällen AEG und Korf, ZGR 1984, S. 560–593.

Kübler, Friedrich: Einführung zu AG 1998, Heft 8, AG 1998, 345.

- Haftungstrennung und Gläubigerschutz im Recht der Kapitalgesellschaften – Zur Kritik der „Autokran"-Doktrin des Bundesgerichtshofes, in: Festschrift für Theodor Heinsius zum 65. Geburtstag am 25. September 1991, Berlin et al. 1991, S. 397–424.

Kühbacher, Uli: Darlehen an Konzernunternehmen, Jur. Diss. Darmstadt 1992, Berlin 1993.

Kuhner, Christoph: Zur Zukunft der Kapitalerhaltung durch bilanzielle Ausschüttungs-sperren in den Staaten Europas, ZGR 2005, S. 753–787.

Kull, Thomas M.: Cash Pool – Crash Pool?, in Riemer, Hans Michael; Kuhn, Moritz; Vock, Dominik; Gehri, Myriam A (Hg): Schweizerisches und Internationales Zwangsvollstreckungsrecht. Festschrift für Karl Spühler zum 70. Geburtstag, Zü-rich/Basel/Genf 2005, S. 179–193.

Kunkel, Carsten/*Lanzius,* Tim: Zum Verhältnis der Darlehensgewahrung der Komple-mentär-GmbH an ihre KG und der Leistung der Stammeinlage, NZG 2007, S. 527–530.

Kuntz, Thilo: Die Insolvenz der Limited mit deutschem Verwaltungssitz – EU-Kapital-gesellschaften in Deutschland nach Inspire Art, NZI 2005, S. 424–432.

Kurth, Thomas/*Delhaes,* Wolfgang: Die Entsperrung kapitalersetzender Darlehen, DB 2000, S. 2577–2585.

Lange, Oliver: Das Verbot der Aufrechnung gegen den Erstattungsanspruch aus § 31 I GmbHG, NJW 2002, S. 2293–2296.

Langner, Olaf: Cash Pooling Systeme auf dem Prüfstand der BGH-Rechtsprechung zum Ausschüttungsverbot gemäß § 30 GmbHG, GmbHR 2005, S. 1017–1023.

Langner, Olaf/*Mentgen,* Judith: Aufsteigende Darlehen im physischen Cash Pooling und die neue Rechtsprechung des BGH, GmbHR 2004, S. 1121–1127.

Larenz, Karl/*Canaris,* Claus-Wilhelm: Lehrbuch des Schuldrechts, München
   - Band I: Allgemeiner Teil, 14. Aufl. 1987
   - Band II/1: Besonderer Teil 1, 13. Auf. 1986
   - Band II/2: Besonderer Teil 2, 13. Aufl. 1994.

Larenz, Karl/*Wolf,* Manfred: Allgemeiner Teil des Bürgerlichen Rechts, 9. Aufl. München 2004.

Lehmann, Michael: Das Privileg der beschränkten Haftung und der Durchgriff im Gesellschafts- und Konzernrecht, ZGR 1986, S. 345–370.

Leible, Stefan: Überseering und das (vermeintliche) Ende der Sitztheorie, RIW 2002, S. 925–936.

Leible, Stefan/*Hoffmann,* Jochen: Wie inspiriert ist Inspire Art, EuZW 2003, S. 677–683.

Leuering, Dieter: Die Unternehmergesellschaft als Alternative zur Limited, NJW-Spezial 2007, S. 315–316.

Leyendecker, Benjamin E.: Rechtsökonomische Überlegungen zur Einführung der Unternehmergesellschaft (haftungsbeschränkt), GmbHR 2008, S. 302–306.

Liebscher, Thomas (Hrsg.): GmbH-Konzernrecht, München 2006.

Lieder, Jan: Kapitalaufbringung im Cash Pool nach neuem Recht, GmbHR 2009, S. 1177–1185.

– Die Haftung der Geschäftsführer und Gesellschafter von EU-Auslandsgesellschaften mit tatsächlichem Verwaltungssitz in Deutschland, DZWIR 2005, S. 399–410.

Lincke, Karl H.: Das neue Konkursrecht für Spanien, NZI 2004, S. 69–72.

Lingl, Markus: Eigenkapitalersetzende Finanzierungshilfen in der Insolvenz, DZWIR 2006, S. 276–280.

Lips, Jörg/*Randel,* Thierry/*Werwigk,* Claudius: Das neue GmbH-Recht – Ein Überblick, DStR 2008, S. 2220–2227.

Lorenzetti, Diego/*Strnad,* Oliver: Umfassende Reform des GmbH-Rechts in Italien, GmbHR 2004, S. 731–733.

Löwisch, Gottfried: Eigenkapitalersatzrecht: Kommentar zu §§ 32a, 32b GmbHG, München 2007.

Lüke, Wolfgang: Schadensersatzanspruch des Konkursverwalters einer GmbH bei Konkursverschleppung durch Dritte mit Geschäftsführungsbefugnis, EWiR 1986, S. 369–370.

Lutter, Marcus: Stellungnahme zum Entwurf eines Gesetzes zur Modernisierung des GmbH-Rechts und zur Bekämpfung von Missbräuchen (MoMiG) zur Vorbereitung der öffentlichen Anhörung vor dem Rechtsausschuß des Deutschen Bundestages am 23. Januar 2008, Bonn 2008.

– Konzernrecht: Schutzrecht oder Organisationsrecht?, in: Reichert, Klaus (Hrsg.), Recht, Geist und Kunst: liber amicorum für Rüdiger Volhard 1996, S. 105–113.

– Zur analogen Anwendung der AktG §§ 302, 303 gegenüber einem eine GmbH beherrschenden Gesellschafter bei unangemessener Benachteiligung der abhängigen Gesellschaft im Konzernverbund, JZ 1993, S. 580–582.

– Der qualifizierte faktische Konzern, AG 1990, S. 179–185.

– Neues zum Gesellschafterdarlehen? Zur Entscheidung „Hamburger Stahlwerke" HSW) des BGH, ZIP 1989, S. 477–484.

– Verdeckte Gewinnausschüttung aufgrund eines Austauschvertrages, der keine gleichwertige Leistung des Gesellschafters im Verhältnis zur GmbH vorsieht, WuB II C § 30 GmbHG 3.87.

– Verdeckte Leistungen und Kapitalschutz, in Lutter, Marcus (Hrsg.), Festschrift für Ernst C. Stiefel zum 80. Geburtstag, München 1987, S. 505–534.

– Organisationszuständigkeiten im Konzern, in Lutter, Marcus (Hrsg.), Festschrift für Walter Stimpel zum 68. Geburtstag am 29. November 1985, Berlin u. a. 1985, S. 825–853.

– Vom formellen Mindestkapital zu materiellen Finanzierungsregeln im Recht der Kapitalgesellschaften, in: Jayme, Erik (Hrsg.), Ius inter nationes – Festschrift für Stefan Riesenfeld aus Anlaß seines 75. Geburtstages, Heidelberg 1983, S. 165–185.

Lutter, Marcus (Hrsg.): Holding-Handbuch. Recht, Management, Steuern, 4. Aufl., Köln 2004

Lutter, Marcus/*Banerjea*, Robert Nirmal: Die Haftung wegen Existenzvernichtung, ZGR 2003, S. 402–440.

Lutter, Marcus/*Drygala*, Tim: Grenzen der Personalverflechtung und Haftung im Gleichordnungskonzern, ZGR 1995, S. 557–577.

Lutter, Marcus/*Hommelhoff*, Peter: Nachrangiges Kapital und Unterkapitalisierung in der GmbH, ZGR 1979, S. 31–66.

Lutter, Marcus/*Hommelhoff*, Peter (Hrsg.): SE-Kommentar, Köln 2008.

– GmbH-Gesetz Kommentar, 17. Aufl., Köln 2009.

– GmbH-Gesetz Kommentar, 16. Aufl., Köln 2004.

Lutter, Marcus/*Overrath*, Hans-Peter: Das portugiesische Konzernrecht von 1986, ZGR 1991, S. 394–411.

Lutter, Marcus/*Scheffler*, Eberhard/*Schneider*, Uwe H. (Hrsg.): Handbuch Konzernfinanzierung, Köln 1998.

Lutter, Marcus/*Timm*, Wolfram: Konzernrechtlicher Präventivschutz im GmbH-Recht, NJW 1982, S. 409–420.

Lutter, Marcus/*Wahlers*, Henning W.: Der Buyout – Amerikanische Fälle und die Regeln des deutschen Rechts, AG 1989, S. 1–17.

Lux, Jochen: Unzulässigkeit der Darlehensvergabe an Gesellschafter aus gebundenem Vermögen der GmbH, MDR 2004, S. 342–343.

Magelli, Lucia/*Masotto*, Simone: Reform des italienischen Gesellschaftsrechts: Kapitalmaßnahmen in italienischen Gesellschaften mit beschränkter Haftung, RIW 2003, S. 575–581.

Maier-Reimer, Georg: Kreditsicherung und Kapitalersatz in der GmbH, in: Pfeiffer, Gerd/Wiese, Günther/Zimmermann, Klaus (Hrsg.), Festschrift für Heinz Rowedder zum 75. Geburtstag, München 1994, 245–276.

Maier-Reimer, Georg/*Wenzel,* Axel: Kapitalaufbringung in der GmbH nach dem Mo-MiG, ZIP 2008, S. 1449–1455.

Makowski, Valerie Julia: Cash Management in Unternehmensgruppen: Zulässigkeitsvoraussetzungen und Grenzen der zentralen Konzernfinanzierung, Jur. Diss. Berlin 1999, Berlin 2000.

Markwardt, Karsten: Kapitalaufbringung nach dem MoMiG, BB 2008, S. 2414–2422.

Marquardt, Alexander/*Hau,* Wolfgang: Risiken für die Muttergesellschaft nach französischem Insolvenz- und Haftungsrecht, RIW 1998, S. 441–445.

Marsch-Barner, Reinhard: Eigenkapitalersetzendes Darlehen in einer Aktiengesellschaft, LM 2005, II, S. 128–129.

Martens, Klaus-Peter: Der vormalige Treugeber eines GmbH-Anteils als Darlehensgeber, EWiR 1989, S. 369–370.

Martin, Thomas: Cash-Pool: Frühwarnsystem und Insolvenzanfechtung, ZInsO 2007, S. 77–79.

Marx, Philip: Der Solvenztest als Alternative zur Kapitalerhaltung in der Aktiengesellschaft, 2006.

Mäsch, Gerald: Zur Anwendung der Sitztheorie bei der Gründung von Zweigniederlassungen von ausländischen Kapitalgesellschaften in Österreich, JZ 2000, S. 201–202.

- Eine Lehrstunde aus Karlsruhe zum Internationalen Privatrecht, NJW 1996, S. 1453–1455.

Matschke, Manfred Jürgen/*Hering,* Thomas/*Klingelhöfer,* Heinz Eckart: Finanzanalyse und Finanzplanung, München 2002.

McArdle, Gerard V. (Hrsg.): Conquering European Cash Management, London 1992.

Meilicke, Wienand: Das Eigenkapitalersatzrecht – eine deutsche Fehlentwicklung, GmbHR 2007, S. 225–236.

- Errichtung einer Zweigniederlassung einer ausländischen GmbH in einem anderen EU-Mitgliedstaat, GmbHR 2003, S. 1271–1273.

- Die Niederlassungsfreiheit nach Überseering. Rückblick und Ausblick nach Handelsrecht und Steuerrecht, GmbHR 2003, S. 793–809.

Meister, Burkhardt W.: Sicherheitsleistung der GmbH für Gesellschafterverbindlichkeiten, WM 1980, S. 390–401.

Mellert, Christofer: Das MindestkapG – Hoffentlich aufgehoben und nicht aufgeschoben, BB 2005, S. 1809–1810.

Merkner, Andreas/*Schmidt-Bendun,* Rüdiger: Verdeckte Sacheinlage und/oder unzulässiges Hin- und Herzahlen? Cash Pooling in der Rechtsprechung des BGH nach Inkrafttreten des MoMiG, NJW 2009, S. 3072–3074.

Merkt, Hanno/*Spindler,* Gerald: Fallgruppen der Durchgriffshaftung und verwandte Rechtsfiguren, in: Lutter, Marcus (Hrsg.), Das Kapital der Aktiengesellschaft in Europa, Berlin 2006, S. 207–275.

Mertens, Hans-Joachim: Zur Anwendung der Haftungsregeln im qualifizierten faktischen Konzern auf die GmbH, AG 1991, S. 434.

Meyer, Justus/*Ludwig,* Sören: Französische GmbH-Reform 2003/2004: Hintergründe und „Ein-Euro-GmbH", GmbHR 2005, S. 346–351.

Michalski, Lutz: Ungeklärte Fragen bei der Einlagenrückgewähr im Aktienrecht, AG 1980, S. 261–269.

Michalski, Lutz (Hrsg.): Kommentar zum Gesetz betreffend die Gesellschaften mit beschränkter Haftung (GmbH-Gesetz), Band I + II, München 2002.

Michalski, Lutz/*Barth,* Wolfgang: Feststellung der Überschuldung bei eigenkapitalersetzenden Gesellschafterleistungen, NZG 1999, S. 348–349.

Michalski, Lutz/*De Vries,* Kolja: Eigenkapitalersatz in verbundenen Unternehmen, NZG 1998, S. 859–860.

Micheler, Eva: Gläubigerschutz im englischen Gesellschaftsrecht. Reformvorschläge mit Implikationen für Europa, ZGR 2004, 324–347.

Miedziejko, Maciej: Gesellschafterdarlehen im polnischen Gesellschaftsrecht, WIRO 2010, S. 41–44.

Miegel, Meinhard: Der Unternehmensbegriff des Aktiengesetzes 1965, Jur. Diss. Frankfurt a. M. 1969, Bad Homburg v.d.H./Berlin/Zürich 1970.

Mock, Sebastian: Anmerkungen zum Urteil des LG Kiel – 10 S 44/05, NZI 2006, S. 484–485.

Mock, Sebastian/*Schildt,* Charlotte: Insolvenzfähigkeit der englischen Limited in Deutschland, NZI 2003, S. 444–445.

– Insolvenz ausländischer Kapitalgesellschaften mit Sitz in Deutschland, ZInsO 2003, S. 396–402.

Morsch, Stephan: Probleme der Kapitalaufbringung und Kapitalerhaltung im Cash Pool, NZG 2003, S. 97–107.

Mülbert, Peter O.: A Synthetic View of Different Concepts of Creditor Protection, or: A High-Level framework for Corporate Creditor Protection, EBOR 2006, S. 357–408.

– Zukunft der Kapitalaufbringung/Kapitalerhaltung, Der Konzern 2004, S. 151–162.

– Abschied von der „TBB"-Haftungsregel für den qualifiziertfaktischen GmbH-Konzern, DStR 2001, S. 1937–1947.

– Unternehmensbegriff und Konzernorganisationsrecht, ZHR 163 (1999), S. 1–53.

– Sicherheiten einer Kapitalgesellschaft für Verbindlichkeiten ihres Gesellschafters, ZGR 1995, S. 578–612.

– Konsensualvertrag statt Realkontrakt – oder – synallagmatisches Entgelt statt akzessorischer Zinsen, AcP 192 (1992), S. 447–515.

– Das „Magische Dreieck der Barkapitalaufbringung", ZHR 154 (1990), S. 145–195.

Mülbert, Peter O./*Leuschner,* Lars: Aufsteigende Darlehen im Kapitalerhaltungs- und Konzernrecht – Gesetzgeber und BGH haben gesprochen, NZG 2009, S. 281 288.

Mülbert, Peter O./*Tauber,* Carsten: Voraussetzungen, Rechtsfolgen und Heilung bei verdeckten Sacheinlagen, WuB II C § 19 GmbHG 1.04.

Müller, Gerd: Eigenkapitalersetzendes Darlehen eines mittelbaren Gesellschafters, EWiR 1990, S. 1211–1212.

Müller, Hans-Friedrich: Insolvenz ausländischer Kapitalgesellschaften mit inländischem Verwaltungssitz, NZG 2003, S. 414–418.

Müller, Klaus J.: Darlehensgewährung der GmbH an ihre Gesellschafter, BB 1998, S. 1804–1807.

– Kapitalerhaltung und Bilanzierung: zur Ermittlung der Unterbilanz bei § 30 Abs. 1 GmbHG, DStR 1997, S. 1577–1581.

– Zu den Auswirkungen einer Forderungsabtretung durch die notleidende GmbH an einen ihrer Gesellschafter, EWiR 1987, S. 1099–1100.

Nassall, Wendt: Zur persönlichen Haftung der für eine so genannte Delaware Corporation Handelnden, WuB IV B zu Art. 37 EGBGB 1.95.

Nehrlich, Jörg: EuGH – Freier Dienstleistungsverkehr trotz Errichtung einer Kanzlei, WiB 1996, S. 186–187.

Neuhaus, Jürgen: Die Grenzen der Konzernleitungsgewalt im faktischen Konzern und der Nachteilsbegriff des § 311 AktG 65, DB 1970, S. 1913–1919.

Niemann, Katia: Darlehensgewährung der Gesellschaft an einen Gesellschafter und das Erfordernis eines vollwertigen Rückzahlungsanspruchs, NZI 2004, S. 397–399.

Niemeier, Wilhelm: Die „Mini-GmbH" (UG) trotz Marktwende bei der Limited?, ZIP 2007, S. 1794–1801.

Niesert, Burkhard/*Hohler,* Anne: Die Haftung des Geschäftsführers für die Rückzahlung von Gesellschafterdarlehen und ähnliche Leistungen – Zugleich ein Beitrag zur Auslegung des § 64 S. 3 GmbHG, NZI 2009, S. 345–351.

Nitsch, Rolf/*Niebel,* Franz: Praxis des Cash Managements – Mehr Rendite durch optimal gesteuerte Liquidität, Wiesbaden 1997.

Noack, Ulrich: Der Regierungsentwurf des MoMiG – Die Reform des GmbH-Rechts geht in die Endrunde, DB 2007, S. 1395–1400.

– BGH: Neue Konzeption der Existenzvernichtungshaftung – „TRIHOTEL", LM 2007, 240726.

– Reform des deutschen Kapitalgesellschaftsrechts: Das Gesetz zur Modernisierung des GmbH-Rechts und zur Bekämpfung von Missbräuchen, DB 2006, S. 1475–1483.

– Kapitalersatz bei verbundenen Unternehmen, GmbHR 1996, S. 153–157.

Notthoff, Martin: Zur Widerlegung der Abhängigkeitsvermutung und Konzernvermutung, DZWiR 1998, S. 293–294.

Ochynski, Walter: Internationales Cash Management mit Lotus 1-2-3 auf dem IBM-PC, Wiesbaden 1986.

Oechsler, Jürgen: Das Finanzierungsverbot des § 71a Abs. 1 S. 1 AktG bei Erwerb eigener Aktien – Schutzzweck und praktische Anwendung, ZIP 2006, S. 1661–1666.

Oepen, Klaus: Maßgabe im Übermaß – Korrekturbedarf im neuen 44a InsO, NZI 2009, S. 300–302.

Oetker, Hartmut: Keine Geltung der Konzernvermutung des AktG § 18 Abs. 1 S. 3 im Anwendungsbereich des BetrVG § 76 Abs. 4, EWiR 1996, S. 151–152.

Oho, Wolfgang/*Eberbach*, Christian: Konzernfinanzierung durch Cash Pooling, DB 2001, S. 825–830.

Oppenländer, Frank/*Trölitzsch*, Thomas (Hrsg.): Praxishandbuch der GmbH-Geschäftsführung, München 2004.

Paefgen, Walter G.: Existenzvernichtungshaftung nach Gesellschaftsdeliktsrecht, DB 2007, S. 1907–1912.

– Zur Rechtsstellung von Auslandsgesellschaften unter Berücksichtigung der Niederlassungsfreiheit, WuB II N Art 43 EG 2.04.

– „Deutsche" Corporations im System des Gesellschaftskollisionsrechts, DZWiR 2003, S. 441–447.

– Zu Fragen der Niederlassungsfreiheit, EWiR 2003, S. 571–572.

– Auslandsgesellschaften und Durchsetzung deutscher Schutzinteressen nach „Überseering", DB 2003, S. 487–492.

Palandt, Otto (Begr. †): Bürgerliches Gesetzbuch (BGB), 69. Aufl., München 2010.

Pannen, Klaus/*Riedemann*, Susanne: Zur Frage von Gläubigeransprüchen bei einer englischen Limited mit Geschäftstätigkeit in Deutschland, NZI 2005, S. 413–414.

Paulus, Christoph G.: Der EuGH und das moderne Insolvenzrecht, NZG 2006, S. 609–613.

– Änderungen des deutschen Insolvenzrechts durch die Europäische Insolvenzverordnung, ZIP 2002, S. 729–737.

Pelka, Jürgen/*Niemann*, Walter: Beck'sches Steuerberaterhandbuch 2008/2009, Auszug „Jahres- und Konzernabschluss nach Handels- und Steuerrecht", München 2008.

Pelka, Jürgen/*Niemann*, Walter (Hrsg.): Jahres- und Konzernabschluss nach Handels- und Steuerrecht, in: Beck'sches Steuerberaterhandbuch 2008/2009, München 2008.

Pellens, Bernhard/*Jödicke*, Dirk/*Richard*, Marc: Solvenztests als Alternative zur bilanziellen Kapitalerhaltung?, DB 2005, S. 1393–1401.

Pellens, Bernhard/*Jödicke*, Dirk/*Schmidt*, André: Reformbestrebungen zum Gläubigerschutz, Der Konzern 2007, S. 427–435.

Pellens, Bernhard/*Kemper*, Thomas/*Schmidt*, André: Geplante Reformen im Recht der GmbH: Konsequenzen für den Gläubigerschutz, ZGR 2008, S. 381–430.

Peltzer, Martin: Besicherte Darlehen von Dritten an Konzerngesellschaften und Kapitalerhaltungsvorschriften, GmbHR 1995, S. 15–23.

Pennington, Robert A.: Company Law, 8. ed., London 2001.

Pentz, Andreas: Die verdeckte Sacheinlage im GmbH-Recht nach dem MoMiG, in Bitter, Georg/Lutter, Marcus/Priester, Hans-Joachim/Schön, Wolfgang/Ulmer, Peter

(Hrsg.), Festschrift für Karsten Schmidt zum 70. Geburtstag, Köln 2009, S. 1265–1286.

- Die Bedeutung der Sacheinlagefähigkeit für die verdeckte Sacheinlage und den Kapitalersatz sowie erste höchstrichterliche Aussagen zum Hin- und Herzahlen nach MoMiG, GmbHR 2009, S. 505–512.

- Verdeckte Sacheinlagen nach dem MoMiG und prozessuale Folgen des Übergangsrechts, GmbHR 2009, S. 126–132.

- Zu den GmbH-rechtlichen Änderungsvorschlägen des MoMiG aus Sicht eines Praktikers, in Gesellschaftsrechtliche Vereinigung (Hrsg.), Gesellschaftsrecht in der Diskussion 2006, Bd. 12, 2007, S. 115–138.

- Einzelfragen zu Cash Management und Kapitalerhaltung, ZIP 2006, S. 781–789.

- Die Änderungen und Ergänzungen der Kapitalersatzregeln im GmbH-Gesetz, GmbHR 1999, S. 437–451.

- Die Rechtsstellung der Enkel-AG in einer mehrstufigen Unternehmensverbindung, Jur. Diss. Frankfurt 1994.

Pfister, Bernhard/*Hohl*, Michael: Auflösung der Geschäftsbeziehung zwischen öffentlich-rechtlicher Sparkasse und ihrem Kunden (SparkAGB Nr. 13 Abs. 1); EWiR 1991, S. 557–558.

Piepenburg, Horst: Faktisches Konzerninsolvenzrecht am Beispiel Babcock Borsig, NZI 2004, S. 231–238.

Podewils, Felix: Risiken verdeckter Gewinnausschüttungen bei Darlehensgewährung und „Cash Management" im Konzernverbund, GmbHR 2009, S. 803–808.

- Anmerkung zu BGH U. v. 17.03.2008 – II ZR 24/07, GmbHR 2008, S. 657–658.

Poepping, Melanie: Die Auswirkungen des MoMiG auf die insolvenzrechtliche Behandlung von Gesellschafterdarlehen ab dem 1.11.2008, BKR 2009, S. 150–156.

Poertzgen, Christoph: Neues zur Insolvenzverschleppungshaftung – der Regierungsentwurf des MoMiG, NZI 2008, S. 9–12.

- Die künftige Insolvenzverschleppungshaftung nach dem MoMiG, NZI 2007, S. 15–17.

- Die künftige Insolvenzverschleppungshaftung nach dem MoMiG, GmbHR 2007, S. 1258–1263.

Pohl, Dirk/*Raupach*, Arndt: Kapitalerhaltung nach § 30 GmbHG bei up stream loans und down stream Verschmelzungen, JbFfSt 2007, S. 409–424.

Priester, Hans-Joachim: Zur Kapitalaufbringung und Kapitalerhaltung bei der Komplementär-GmbH, EWiR 2006, S. 497–498.

- Kapitalaufbringung beim Cash Pool – Kurswechsel durch das MoMiG?, ZIP 2006, S. 1557–1561.

- Eigenkapitalersetzende Landesbankkredite – Konsolidierung der Rechtsprechung und neue Aspekte, ZBB 1989, S. 30–36.

Priester, Hans-Joachim/*Mayer,* Dieter (Hrsg.): Münchener Handbuch des Gesellschafts-rechts, Band 3: Die Gesellschaft mit beschränkter Haftung, München 2003.

Raiser, Thomas: Die Haftungsbeschränkung ist kein Wesensmerkmal der juristischen Person, in: Schneider, Uwe H./Hommelhoff, Peter/Schmidt, Karsten/Timm, Wolf-ram, Grunewald, Barbara/Drygala, Tim (Hrsg.), Festschrift für Marcus Lutter zum 70. Geburtstag, Köln 2000, S. 637–650.

Raiser, Thomas/*Veil,* Rüdiger: Recht der Kapitalgesellschaften, 4. Aufl., München 2006.

Ränsch, Ulrich: Rechtliche und steuerliche Fragen der Implementierung eines konzern-internen Cash-Pooling-Systems, in: Kübler, Friedrich/Scherer, Joachim/Treeck, Joa-chim (Hrsg.), The International Lawyer, Freundesgabe für Wulf H. Döser, Baden-Baden 1999, S. 557–578.

Rebmann, Kurt/*Säcker,* Franz Jürgen/*Rixecker,* Roland (Hrsg.): Münchener Kommentar zum Bürgerlichen Gesetzbuch,
– Band 1/1, München 2006
– Band 1/2, München 2007
– Band 2, München 2007
– Band 3, München 2008
– Band 4, München 2005
– Band 6, München 2004.

Reichling, Peter/*Bietke,* Daniela/*Henne,* Antje: Praxishandbuch Risikomanagement und Rating, 2. Aufl., Wiesbaden 2007.

Reidenbach, Dirk: Cash Pooling und Kapitalerhalt nach neuer höchstrichterlicher Recht-sprechung, WM 2004, S. 1421–1429.

Reiner, Günter/*Brakemeier,* Sabine: Darlehen der GmbH an ihre Gesellschafter als ver-botene Einlagenrückgewähr?, BB 2005, S. 1458–1466.

Rendels, Dietmar: Ist die Aufrechnungsbefugnis kraft einer Konzern-Netting-Abrede in-solvenzfest?, ZIP 2003, S. 1583–1592.

Richter, Manfred: Die Haftung der Geschäftsführer und Gründer der niederländischen B.V., GmbHR 2007, S. 1316–1318.

Riedemann, Susanne: Das Auseinanderfallen von Gesellschaftsstatut und Insolvenz-statut nach „Inspire Art" und die Insolvenz über das Vermögen der englischen „limited" in Deutschland, GmbHR 2004, S. 345–349.

Rieger, Stefan: Eigenkapitalersatz in mehrstufigen und mehrfachen Beteiligungsverhält-nissen, Jur. Diss. Göttingen 2006, Frankfurt a.M./Bern/Brüssel/New York/Oxford/ Wien 2008.

Riegger, Bodo: Centros – Überseering – Inspire Art: Folgen für die Praxis, ZGR 2004, S. 510–530.

– Die Begrenzung der Finanzierungsfolgenverantwortung in § 32a Abs. 3 Satz 2 GmbHG, in: Hommelhoff, Peter (Hrsg.), Familiengesellschaften: Festschrift für Wal-ter Sigle zum 70. Geburtstag, Köln 2000, S. 229–249.

Ries, Stephan: § 96 Abs. 1 Nr. 3 InsO – ein Trojanisches Pferd? Rücktritt statt Fortschritt, ZInsO 2004, S. 1231–1236.

Ringe, Wolf-Georg/*Willemer,* Charlotte: Die „deutsche Limited" in der Insolvenz, EuZW 2006, S. 621–624.

Rittscher, Hauke: Cash-Management-Systeme in der Insolvenz, Jur. Diss. Köln 2006, Baden-Baden 2007.

Rohde, Andreas/*Schmidt,* Christina: Das Cash-Pooling auf dem Prüfstand – Chancen und Risiken der Cash-Management-Systeme in Konzernen heute und nach Inkrafttreten des MoMiG, NWB 2008, S. 3783–3792.

Röhricht, Volker: Insolvenzrechtliche Aspekte im Gesellschaftsrecht, ZIP 2005, S. 505–516.

– Die GmbH im Spannungsfeld zwischen wirtschaftlicher Dispositionsfreiheit ihrer Gesellschafter und Gläubigerschutz, in Geiß, Karlmann/Nehm, Kay/Brandner, Hans Erich/Hagen, Horst (Hrsg.), Festschrift aus Anlaß der fünfzigjährigen Bestehens von Bundesgerichtshof, Bundesanwaltschaft und Rechtsanwaltschaft am Bundesgerichtshof, Köln/Berlin/Bonn/München 2000, S. 83–121.

Römermann, Volker: Insolvenzrecht im MoMiG, NZI 2008, S. 641–646.

Römermann, Volker/*Schröder,* Henning: Aufgabe des qualifiziert faktischen GmbH-Konzerns, GmbHR 2001, S. 1015–1020.

Roth, Günther H.: Neue Fallstricke zum Hin- und Herzahlen – Cash Pool, NJW 2009, S. 3397–3401.

– Anmerkung zu BGHZ 133, 298, LM GmbHG § 32a Nr 26.

Roth, Günther H./*Altmeppen,* Holger: Gesetz betreffend die Gesellschaften mit beschränkter Haftung – GmbHG, 6. Aufl., München 2009.

– Gesetz betreffend die Gesellschaften mit beschränkter Haftung – GmbHG, 5. Aufl., München 2005 (zum alten Recht).

Roth, Jürg: Reform des Kapitalersatzrechts durch das MoMiG, GmbHR 2008, S. 1184–1192.

Rotheimer, Marietje: Referentenentwurf zum Internationalen Gesellschaftsrecht, NZG 2008, S. 181–182.

Rowedder, Heinz/*Schmidt-Leithoff,* Christian (Hrsg.): Gesetz betreffend die Gesellschaften mit beschränkter Haftung (GmbHG), 4. Aufl., München 2002.

Rümker, Dietrich: Gestaltungsfragen des Cash Pooling und die Rechtsprechung des BGH, in: Festschrift für Ulrich Huber zum siebzigsten Geburtstag, S. 919–930, Tübingen 2006.

– Zur Beweislage bei Rückzahlungsansprüchen aus Gesellschafterdarlehen wegen Beendigung der Gesellschafterstellung vor Eintritt der kapitalersetzenden Funktion, WuB II C § 30 GmbHG 1.89.

– Kapitalersetzende Funktion einer Gesellschafterbürgschaft – Erstattungsanspruch der Gesellschaft bei vorrangiger Inanspruchnahme aus eigener Sicherheit, WuB II G § 30 GmbHG 1.88.

Ruppe, Hans G./*Swoboda,* Peter/*Nitsche,* Gunter (Hrsg.):Die Abgrenzung von Eigen- und Fremdkapital, Wien 1985.

Sala Reixachs/Mercadal Vidal/Alonso-Cuevillas y Sayrol (Hrsg.): Nueva Ley Concursal, Barcelona, 2004.

Saenger, Ingo: Gegenwart und Zukunft des Cash Pooling, in Aderhold, Lutz/Grunewald, Barbara/Klingberg Dietgard (Hrsg.), Festschrift für Harm Peter Westermann zum 70. Geburtstag, Köln 2008, S. 1381–1400.

Saenger, Ingo/*Koch,* Raphael: Kreditgewährung an Gesellschafter aus gebundenem Vermögen als verbotene Auszahlung auch bei vollwertigem Rückzahlungsanspruch, NZG 2004, S. 271–273.

Sandrock, Otto: Die Schrumpfung der Überlagerungstheorie. Zu den zwingenden Vorschriften des deutschen Sitzrechts, die ein fremdes Gründungsstatut überlagern können, ZVglRWiss 102 (2003), S. 447–504.

– BB-Forum – Nach Inspire Art – Was bleibt vom deutschen Sitzrecht übrig?, BB 2003, S. 2588–2589.

Sangiovanni, Valerio: Darlehen der Gesellschafter und Insolvenz der GmbH im italienischen Recht, ZInsO 2008, S. 298–304.

Schäfer, Carsten: Problem des Cash-Poolings bei Kapitalaufbringung und -erhaltung – Welche Lösung bringt das MoMiG?, BB-Special 2006, Nr. 7, S. 5–9.

– Darlehensgewährung an Gesellschafter als verbotene Ausschüttung i. S. v. § 30 GmbHG – Todesstoß für das konzernweite Cash Pooling?, GmbHR 2005, S. 133–138.

Schäfer, Hans-Bernd/*Ott,* Claus: Lehrbuch der ökonomischen Analyse des Zivilrechts, 4. Aufl., Berlin/Heidelberg/New York 2005.

– Entstehung und Bau von effizienten Regeln, International Review of Law and Economics (1993) Bd. 13, S. 285–302.

Schall, Alexander: Die Zurechnung von Dritten im neuen Recht der Gesellschafterdarlehen, ZIP 2010, S. 205–212.

– Kapitalaufbringung nach dem MoMiG, ZGR 2009, S. 126–155.

– Englischer Gläubigerschutz bei der Limited in Deutschland, ZIP 2005, S. 965–975.

Schanze, Erich: Gesellschafterhaftung für unlautere Einflussnahme nach § 826 BGB: Die Trihotel-Doktrin des BGH, NZG 2007, S. 681–686.

Schanze, Erich/*Jüttner,* Andreas: Anerkennung und Kontrolle ausländischer Gesellschaften – Rechtslage und Perspektiven nach der Überseering-Entscheidung des EuGH, AG 2003, S. 30–36.

– Die Entscheidung für Pluralität – Kollisionsrecht und Gesellschaftsrecht nach der Entscheidung „Inspire Art", AG 2003, S. 661–671.

Schärtl, Christoph: Die Doppelfunktion des Stammkapitals im europäischen Wettbewerb, Baden-Baden 2006.

Scheffler, Eberhard: Konzernmanagement: betriebswirtschaftliche und rechtliche Grundlagen der Konzernführungspraxis, 2. Aufl., München 2005.

– Zur Problematik der Konzernleitung, in: Havermann, Hans (Hrsg.), Bilanz- und Konzernrecht – Festschrift zum 65. Geburtstag von Dr. Dr. h.c. für Reinhard Goerdeler, Düsseldorf 1987, S. 469–485.

Schiffer, K. Jan: Alea jacta est? Praxisanmerkungen zur vorgesehenen Deregulierung des Eigenkapitalersatzrechts, BB-Beilage 7, 2006, S. 14–18.

Schilmar, Boris: Kapitalschutz beim Cash Management, DStR 2006, S. 568–574.

– Verlustausgleich im GmbH-Vertragskonzern, ZIP 2006, S. 2346–2351.

– Kapitalerhaltung versus Konzernfinanzierung? – Cash Pooling und Upstream-Besicherung im Lichte der neuesten BGH-Rechtsprechung, DB 2004, S. 1411–1416.

Schimansky, Herbert/*Bunte,* Hermann-Josef/*Lwowski,* Hans-Jürgen (Hrsg.): Bankrechtshandbuch, München 2007.

Schluck-Amend, Alexandra/*Penke,* Christoph: Kapitalaufbringung nach dem MoMiG und der „Qivive"-Entscheidung des BGH, DStR 2009, S. 1433–1439.

Schmelz, Christoph: Cash-Management, quo vadis?, NZG 2006, S. 456–458.

Schmidsberger, Gerald: Eigenkapitalersatz versus Einlagenrückgewähr, GesRZ 1997, S. 14–31.

– Eigenkapitalersatz im Konzern, Jur. Diss. Linz 1995, Wien 1996.

Schmidt, Karsten: Normzwecke und Zurechnungsfragen im Recht der Gesellschafter-Fremdfinanzierung, GmbHR 2009, S. 1009–1019.

– GmbH-Reform, Solvenzgewährleistung und Insolvenzpraxis, GmbHR 2007, S. 1–11.

– Eigenkapitalersatz, oder: Gesetzesrecht versus Rechtsprechungsrecht? Überlegungen zum Referentenentwurf eines GmbH-Reformgesetzes (MoMiG) von 2006, ZIP 2006, S. 1925–1934.

– Publizität von „Schein-Auslandsgesellschaften" durch Firmenrecht und durch Angaben auf Geschäftsbriefen, in: Lutter, Marcus (Hrsg.), Europäische Auslandsgesellschaften in Deutschland, Köln 2005, S. 15–48.

– Vom Eigenkapitalersatz in der Krise zur Krise des Eigenkapitalersatzrechts?, GmbHR 2005, S. 797–807.

– Die begrenzte Ausfallhaftung nach §§ 24, 31 Abs. 3 GmbHG im System des GmbH-Haftungsrechts – Neuerliches Plädoyer für ein systemstimmiges Haftungsmodell, in: Damm, Reinhard/Heermann, Peter W./Veil, Rüdiger, Festschrift für Thomas Raiser zum 70. Geburtstag am 20. Februar 2005, S. 311–340.

– Zur Zukunft des Eigenkapitalersatzrechts in Österreich – Eine kritische Analyse des EKEG von 2003, GesRZ 2004, S. 75–84.

– Verlust der Mitte durch „Inspire Art"? – Verwerfungen im Unternehmensrecht durch Schreckreaktionen der Literatur, ZHR 168 (2004), S. 493–502.

– Bremer Vulkan, JbFfSt 2002/2003, S. 257–269.

– Gesellschaftsrecht, 4. Aufl., Köln/Berlin/Bonn/München 2002.

– Unternehmensbegriff und Vertragskonzern – Zum Funktionswandel des § 291 AktG, in: Kramer, Ernst A./Schuhmacher, Wolfgang (Hrsg.), Beiträge zum Unternehmensrecht: Festschrift für Hans-Georg Koppensteiner, Wien 2001, S. 191–210.

– Gesellschafterhaftung und „Konzernhaftung" bei der GmbH. Bemerkungen zum „Bremer Vulkan"-Urteil des BGH vom 17-9-2001, NJW 2001, S. 3577–3581.

– Summenmäßige Begrenzung der Ausfallhaftung nach § 31 Abs. 3 GmbHG, BB 1995, S. 529–533.

– Die wundersame Karriere des Unternehmensbegriffs im Reich der Konzernhaftung, AG 1994, S. 189–195.

– Konzernhaftung von freiberuflichen Mehrfachgesellschaftern, ZIP 1994, S. 1741–1746.

– Nutzungsüberlassung, Eigenkapitalersatz und materielle Unterkapitalisierung, ZIP 1993, S. 161–162.

– Abhängigkeit und faktischer Konzern als Aufgaben der Rechtspolitik, JZ 1992, S. 856–867.

– Gleichordnung im Konzern – terra incognita?, ZHR 155 (1991), S. 417–446.

– § 32a GmbHG – ein Allheilmittel gegen unerwünschten Eigenkapitalersatz?, ZIP 1990, S. 69–79.

– Kapitalsicherung in der GmbH & Co KG – Schlußbilanz oder Zwischenbilanz einer Rechtsfortbildung?, GmbHR 1989, S. 141–145.

– Zwingend gesamtschuldnerischer Verlustausgleich bei der Mehrmütterorganschaft?, DB 1984, S. 1181–1184.

– Die konzernrechtliche Verlustübernahmepflicht als gesetzliches Dauerschuldverhältnis – Eine rechtsdogmatische Problemskizze zu § 302 AktG, ZGR 1983, S. 513–534.

– Fortschritte und Abstimmungsprobleme im Recht der kapitalersetzenden Gesellschafterdarlehen – Bemerkungen zur BGH-Praxis am Vorabend der GmbH-Novelle, ZGR 1980, S. 567–582.

– Konkursgründe und präventiver Gläubigerschutz – Ein Beitrag zur Diskussion um den Konkursgrund der Überschuldung, AG 1978, S. 334.

Schmidt, Karsten (Hrsg.): Münchener Kommentar zum Handelsgesetzbuch, Band 1–7, München 2005.

Schmidt, Karsten/*Lutter,* Marcus (Hrsg.): Aktiengesetz. Kommentar, Köln 2008.

Schmidt, Nikolaus/*Liebscher,* Marc: Der Wirtschaftsstandort Polen heute – Der Insolvenzstandort von morgen? Gegenüberstellung von deutschem und polnischem Insolvenzrecht, ZInsO 2007, S. 393–405.

Schmidt, Reinhard H./*Spindler,* Gerald: Finanzinvestoren aus ökonomischer und juristischer Perspektive, Baden-Baden 2008.

Schneider, Sven H.: Eigenkapitalersetzendes Darlehen – Zur Dauer der Durchsetzungssperre und zur unveränderten Rechtsnatur des Darlehens, wenn der Darlehensgeber als Gesellschafter ausgeschieden ist, WuB II C § 30 GmbHG 1.06.

Schneider, Uwe H.: Zur Zulässigkeit einer Universalversammlung und zur Haftung der Geschäftsführer und Gesellschafter bei Entnahmen aus dem Vermögen einer GmbH, WuB II C § 31 GmbHG 1.99.

– Anmerkung zu BGHZ 122, 123 – „TBB", WuB II C § 13 GmbHG 1.93.

– Neues zum qualifizierten faktischen GmbH-Konzern – Das „TBB"-Urteil, WM 1993, S. 782–784.

– Zu den Voraussetzungen und Wirkungen von Beherrschungs- und Gewinnabführungsverträgen mit einer GmbH, WuB II C § 54 GmbHG 1.89.

– „Kapitalmindernde Darlehen" der GmbH an ihre Gesellschafter – Zugleich ein Beitrag zu den rechtlichen Grenzen der Finanzierung des Leveraged/Management Buy out, in: Knobbe-Keuk, Brigitte/Klein, Franz/Moxter, Adolf (Hrsg.) Handelsrecht und Steuerrecht. Festschrift für Georg Döllerer, Düsseldorf 1988, S. 537–552.

– Mittelbare verdeckte Gewinnausschüttungen im GmbH-Konzern, ZGR 1985, S. 279–306.

– Das Recht der Konzernfinanzierung, ZGR 1984, S. 497–537.

Schneider, Uwe H./*Singhof,* Bernd: AktG § 317 – Gewerbesteuerumlage als Nachteilszufügung, WuB II A § 317 AktG 1.99.

Scholz, Franz (Begr. †): GmbHG, Kommentar, 10. Aufl., Köln 2006.

Schön, Wolfgang: Vermögensbindung und Kapitalschutz in der AG – Versuch einer Differenzierung, in: Crezelius, Georg/Hirte, Heribert/Vieweg, Klaus (Hrsg.), Festschrift für Volker Röhricht zum 65. Geburtstag: Gesellschaftsrecht, Rechnungslegung, Sportrecht, Köln 2005, S. 559–570.

– Die Zukunft der Kapitalaufbringung/-erhaltung, Der Konzern 2004, S. 162–170.

– Zur „Existenzvernichtung" der juristischen Person, ZHR 168 (2004), S. 268–297.

– Kreditbesicherung durch abhängige Kapitalgesellschaften, ZHR 159 (1995), S. 351–374.

Schöne, Torsten/*Stolze,* Jenny-Katrin: Zur Haftung nach dem GmbHG § 30 Abs. 1 bei Kreditgewährung an einen Gesellschafter, EWiR 2004, S. 911–912.

Schönfelder, Matthias: Gesellschafterdarlehen in der Insolvenz auch ohne Krise in die Krise?, WM 2009, S. 1401–1407.

Schrell, Thomas K./*Kirchner,* Andreas: Fremdfinanzierte Unternehmenskäufe nach der KBV-Entscheidung des BGH – Sicherheitenpakete als existenzvernichtender Eingriff?, BB 2003, S. 1451–1456.

Schröder, Amrei: Das neue spanische Konkursgesetz im Überblick, RIW 2004, S. 610–615.

Schröder, Henning: Existenzvernichtender Eingriff und Voraussetzungen einer verbotenen Einlagenrückgewähr nach § 30 GmbHG, GmbHR 2005, S. 1489–1490.

Schröder, Rainer (Hrsg.): Die GmbH im europäischen Vergleich, Berlin 2005.

Schubert, Werner (Hrsg.): Entwurf des Reichsministeriums zu einem Gesetz über Gesellschaften mit beschränkter Haftung von 1939, Heidelberg 1985.

Schubert, Werner/*Schmiedel,* Burkhard/*Krampe,* Christoph (Hrsg.): Quellen zum Handelsgesetzbuch von 1897, Frankfurt a. M., 1988.

Schücking, Christoph: Kapitalersetzende Gesellschafterdarlehen im Internationalen Privatrecht, ZIP 1994, S. 1156–1162.

Schulze-Osterloh, Joachim: Bilanzielle Voraussetzungen und bilanzielle Folgen unzulässiger Darlehensgewährung an GmbH-Gesellschafter, in: FS für Ulrich Eisenhardt zum 70. Geburtstag 2007, S. 505–514.

– Zuständigkcit dcs Konkursverwalteis der GmbH für Bilanz, nicht aber für Verfahren über die Abschlußprüfung, EWiR 1985, S. 507–508.

Schumann, Alexander: Die englische Limited mit Verwaltungssitz in Deutschland: Buchführung, Rechnungslegung und Strafbarkeit wegen Bankrotts, ZIP 2007, S. 1189–1196.

– Die englische Limited mit Verwaltungssitz in Deutschland: Kapitalaufbringung, Kapitalerhaltung und Haftung bei Insolvenz, DB 2004, S. 743–749.

Schürnbrand, Jan: „Verdeckte" und „atypische" Beherrschungsverträge im Aktien- und GmbH-Recht, ZHR 169 (2005), S. 35–60.

Schwark, Eberhard: Prospekthaftung und Kapitalerhaltung in der AG, in: Schmidt, Karsten (Hrsg.), Unternehmen, Recht und Wirtschaftsordnung. Festschrift für Peter Raisch zum 70. Geburtstag, Köln 1995, S. 275–290.

– Zur Frage kapitalersetzender Darlehen bei der AG, JZ 1984, S. 1036–1038.

Seibert, Ulrich: GmbH-Reform – Der Referentenentwurf eines Gesetzes zur Modernisierung des GmbH-Rechts und zur Bekämpfung von Missbräuchen – MoMiG, ZIP 2006, S. 1157–1168.

– Entwurf eines Mindestkapitalgesetzes (MindestkapG) – Substanzielle Absenkung des Mindestkapitals, BB 2005, S. 1061–1062.

Seibert, Ulrich/*Decker,* Daniela: GmbH-Reform kommt! Zur Verabschiedung des Gesetzes zur Modernisierung des GmbH-Rechts und zur Bekämpfung von Missbräuchen (MoMiG) im Deutschen Bundestag, ZIP 2008, S. 1208–1212.

Seibt, Christoph: Zentrales Cash Management im GmbH-Konzern, NJW-Spezial, 2004, S. 219–224.

Seidel, Wolfgang: Cash-Pooling nur noch im Vertragskonzern?, DStR 2004, S. 1130–1136.

Seitz, Stefan: BAG – Unterordnungskonzern als Gemeinschaftsunternehmen, WiB 1996, S. 352–353.

Servatius, Wolfgang: Die besondere Bindung des Stammkapitals bei Drittgeschäften mit Gesellschaften, DStR 2004, S. 1176–1138.

Sieger, Jürgen J./*Hasselbach,* Kai: Konzernfinanzierung durch Cash Pools und Kapitalerhöhung – Im Blickpunkt: Probleme der Kapitalaufbringung im Lichte internationaler betrieblicher Liquiditäts-Management-Systeme, BB 1999, S. 645–651.

Sieger, Jürgen J./*Wirtz,* Johannes: Cash Pool – Fehlgeschlagene Kapitalmaßnahmen und Heilung im Recht der GmbH, ZIP 2005, S. 2277–2284.

Smid, Stefan: EuGH zu „Eurofood", BGH zur internationalen Zuständigkeit: Neueste Judikatur zur EuInsVO, DZWiR 2006, S. 325–329.

Soergel, Hans Theodor (Begr. †): Bürgerliches Gesetzbuch mit Einführungsgesetz und Nebengesetzen, 12. Aufl., Stuttgart u. a. 2007

Sonnenberger, Hans Jürgen (Hrsg.): Vorschläge und Berichte zur Reform des deutschen und internationalen Gesellschaftsrechts, Vorgelegt im Auftrag der zweiten Kommission des deutschen Rates für internationales Privatrecht, Tübingen 2007.

Sonnenhol, Jürgen/*Groß,* Wolfgang: Besicherung von Krediten Dritter an Konzernunternehmen, ZHR 159 (1995), S. 388–417.

Sotiropoulos, Georgios: Fragen der Darlehnsgewährung der GmbH an ihre Gesellschafter, insbesondere im Gründungs- und Liquidationsstadium, GmbHR 1996, S. 653–658.

Spahlinger, Andreas/*Wegen,* Gerhard (Hrsg.): Internationales Gesellschaftsrecht in der Praxis, München 2005.

Spindler, Gerald: Zur Kontroverse zwischen der Rechtsprechung des II. Zivilsenats und dem 5. Strafsenat des Bundesgerichtshofs hinsichtlich der Schadensersatzpflicht eines Vorstandsmitglieds bei der Abführung von Sozialversicherungsbeiträgen bei insolvenzreifer Gesellschaft, WuB II A § 92 AktG 1.07.

– Konzernfinanzierung, ZHR 171 (2007), S. 245–281.

– Prognosen im Gesellschaftsrecht, AG 2006, S. 677–689.

– Der Gläubigerschutz zwischen Gesellschafts- und Insolvenzrecht, JZ 2006, S. 839–850.

– Anmerkung zu BGH Urteil vom 10.11.1999 – II ZR 120/98, LM Nr. 12 zu § 302 AktG 1965.

Spindler, Gerald/*Berner,* Olaf: Der Gläubigerschutz im Gesellschaftsrecht nach Inspire Art, RIW 2004, S. 7–16.

– Inspire Art – Der europäische Wettbewerb um das Gesellschaftsrecht ist endgültig eröffnet, RIW 2003, S. 949–957.

Spindler, Gerald/*Klöhn,* Lars: Verlustausgleichspflicht und Jahresfehlbetrag (§ 302 AktG), NZG 2005, S. 584–586.

Spindler, Gerald/*Stilz,* Eberhard (Hrsg.): Kommentar zum Aktiengesetz, München 2007.

Spliedt, Jürgen D.: MoMiG in der Insolvenz – ein Sanierungsversuch, ZIP 2009, S. 149–161.

Staudinger, Julius von (Begr. †): Kommentar zum Bürgerlichen Gesetzbuch (BGB), Berlin/New York, 1993–2008.

Stein, Michael: Kapitalerhaltung bei GmbH und AG, DZWiR 2004, S. 493–499.

Steinhauer, Carsten: Die Reform des Gesellschaftsrechts in Italien, EuZW 2004, S. 364–367.

Stimpel, Walter: Zum Auszahlungsverbot des § 30 Abs. 1 GmbHG, in: Lutter, Marcus/ Ulmer, Peter/Zöllner, Wolfgang (Hrsg.), Festschrift 100 Jahre GmbH-Gesetz, Köln 1992, S. 335–361.

– Haftung im qualifizierten faktischen Konzern, ZGR 1991, S. 144–161.

– „Durchgriffshaftung" bei der GmbH: Tatbestände, Verlustausgleich, Ausfallhaftung, in: Havermann, Hans (Hrsg.), Bilanz- und Konzernrecht – Festschrift zum 65. Geburtstag von Dr. Dr. h. c. Reinhard Goerdeler, Düsseldorf 1987, S. 601–621.

Streit, Georg/*Bürk,* Fabian: Keine Entwarnung bei der Geschäftsführerhaftung im Insolvenzfall. Entwicklung der Rechtsprechung von BGH, BFH und BAG im Jahr 2007 sowie Ausblick auf das MoMiG, DB 2008, S. 742–750.

Suchanek, Markus/*Herbst,* Christian: Die tatsächliche Durchführung von Gewinnabführungsverträgen im Sinne des § 14 Abs. 1 S. 1 Nr. 3 S. 1 KStG, FR 2005, S. 665–676.

Theiselmann, Rüdiger: Die Existenzvernichtungshaftung im Wandel, GmbHR 2007, S. 904–907.

Theisen, Manuel René: Der Konzern, 2. Aufl., Stuttgart 2000.

– Controlling und Konzernrecht, AG 1991, S. 262–268.

Theusinger, Ingo: Barkapitalerhöhung im Cash Pool nach MoMiG, NZG 2009, S. 1017–1019.

Thiessen, Jan: Eigenkapitalersatz ohne Analogieverbot – eine Alternativlösung zum MoMiG-Entwurf, ZIP 2007, S. 253–260.

Thole, Christoph: Die US-amerikanische Neuschöpfung des „Tort of Deepening Insolvency" – ein Vorbild für den deutschen Gläubigerschutz?, ZIP 2007, S. 1590–1594.

Thomas, Martin: Cash-Pool – Frühwarnsystem und Insolvenzanfechtung, ZInsO 2007, S. 77–79.

Thümmel, Roderich: Erstattungsanspruch entfällt nicht bei Wiederherstellung des Gesellschaftskapitals, DB 2000, S. 1485–1486.

Thüsing, Gregor: Deutsche Unternehmensmitbestimmung und europäische Niederlassungsfreiheit, ZIP 2004, S. 381–388.

Tielmann, Jörgen: Zur Zulässigkeit von aufsteigenden Gesellschafterdarlehen einer Aktiengesellschaft, in: Hoffmann-Becking, Michael/Ludwig, Rüdiger (Hrsg.), Liber amicorum Wilhelm Happ zum 70. Geburtstag am 30. April 2006, Köln 2006, S. 311–324.

Tillmann, Tobias: Upstream-Sicherheiten der GmbH im Lichte der Kapitalerhaltung – Ausblick auf das MoMiG, NZG 2008, S. 401–405.

– Der Entwurf des MoMiG und die Auswirkungen auf die Gesellschafterfremdfinanzierung – Verstrickte und privilegierte Darlehen, GmbHR 2006, S. 1289–1295.

Timmermann, Levinus: Sitzverlegung von Kapitalgesellschaften nach niederländischem Recht und die 14. EU-Richtlinie, ZGR 1999, S. 147–156.

Trendelenburg, Hortense: Keine Anwendung der Eigenkapitalersatzregeln bei gesellschaftsrechtlicher Verbindung über weisungsfreie Aktiengesellschaften, BB 2008, S. 1421–1422.

Triebel, Volker/*Otte,* Sabine: 20 Vorschläge für eine GmbH-Reform – Welche Lektion kann der deutsche Gesetzgeber vom englischen lernen?, ZIP 2006, S. 311–316.

– Reform des GmbH-Rechts – MoMiG – ein vernünftiger Schritt zur Stärkung der GmbH im Wettbewerb oder Kompromiss auf halber Strecke?, ZIP 2006, S. 1321–1327.

Tschauner, Heiko/*Desch,* Wolfram: Mangelnde Anwendbarkeit deutschen Eigenkapitalersatzrechts auf eine niederländische B.V. in deutschem Sekundärinsolvenzverfahren, Bucerius Law Journal 2008, S. 75–81.

Ullrich, Hanns: Gesellschafterdarlehen der Banken in der Finanzkrise der GmbH, GmbHR 1983, S. 142–146.

Ulmer, Peter: Der „Federstrich des Gesetzgebers" und die Anforderungen der Rechtsdogmatik – Kritische Anmerkungen aus rechtssystematischer Sicht zur Ausgestaltung bestimmter Deregulierungsvorschläge im RegE MoMiG, ZIP 2008, S. 45–55.

– Vom Umgang mit rechtsfortbildenden BGH-Urteilen, ZHR 169 (2005), S. 1–5.

– Gläubigerschutz bei Scheinauslandsgesellschaften – Zum Verhältnis zwischen gläubigerschützendem nationalem Gesellschafts-, Delikts- und Insolvenzrecht und der EG-Niederlassungsfreiheit, NJW 2004, S. 1201–1210.

– Gesellschafterhaftung gegenüber der GmbH bei Vorteilsgewährung unter Verstoß gegen § 30 Abs. 1 GmbHG, in: Lutter, Marcus/Ulmer, Peter/Zöllner, Wolfgang (Hrsg.), Festschrift 100 Jahre GmbH-Gesetz, Köln 1992, S. 363–389.

– Verdeckte Sacheinlagen im Aktien- und GmbH-Recht, ZHR 154 (1990), S. 128–144.

– Schutz der GmbH gegen Schädigung zu Gunsten ihrer Gesellschafter? Zur Relevanz der Rechtsprechung zu § 266 StGB für das Gesellschaftsrecht, in: Freiherr v. Gamm, Otto Friedrich/Raisch, Peter/Tiedemann, Klaus J. (Hrsg.), Strafrecht, Unternehmensrecht, Anwaltsrecht: Festschrift für Gerd Pfeiffer zum Abschied aus dem Amt als Präsident des Bundesgerichtshofes, Köln/Berlin/Bonn/München 1988, S. 853–871.

Ulmer, Peter/*Habersack,* Mathias/*Winter,* Martin (Hrsg.): Gesetz betreffend die Gesellschaften mit beschränkter Haftung (GmbHG). Großkommentar,
– Band I (§§ 1 bis 28), Tübingen 2005
– Band II (§§ 29 bis 52), Tübingen 2006.

Ulrich, Stephan: Durchbrechung der Haftungsbeschränkung im GmbH-Unternehmensverbund und ihre Grenzen, GmbHR 2007, S. 1289–1296.

Vallender, Heinz: Die Insolvenz von Scheinauslandsgesellschaften, ZGR 2006, S. 425–460.

Veil, Rüdiger: Die Unternehmergesellschaft im Recht der Kapitalgesellschaften, ZGR 2009, S. 623–643.

– Gesellschafterhaftung wegen existenzvernichtenden Eingriffs und materieller Unterkapitalisierung, NJW 2008, S. 3264–3266.

– Die Unternehmergesellschaft nach dem Regierungsentwurf des MoMiG, GmbHR 2007, S. 1080–1086.

– Krisenbewältigung durch Gesellschaftsrecht. Verlust des halben Kapitals, Pflicht zu ordnungsgemäßer Liquidation und Unterkapitalisierung, ZGR 2006, S. 374–397.

– Eigenkapitalersetzende Aktionärsdarlehen, ZGR 2000, S. 223–257.

Verhoeven, Thomas/*Heck,* Axel: Zur Rückgewähr von Einlagen durch Verpfändung von Vermögensteilen an einzelne Aktionäre – §§ 57, 62 AktG, AG 1977, S. 232.

Verse, Dirk A.: Aufrechnung gegen Verlustansprüche im Vertragskonzern, ZIP 2005, S. 1627–1633.

Vervessos, Nikolaos: Das Eigenkapitalersatzrecht, iur. Diss. Köln 2000, Baden-Baden 2001.

Vetter, Jochen: Die neue dogmatische Grundlage des BGH zur Existenzvernichtungshaftung, BB 2007, S. 1965–1970.

– Grundlinien der GmbH-Gesellschafterhaftung, ZGR 2005, S. 788–831.

– Darlehen der GmbH an ihre Gesellschafter und Erhaltung des Stammkapitals, BB 2004, S. 1509–1517.

– Rechtsfolgen existenzvernichtender Eingriffe, ZIP 2003, S. 601–612.

– Rechtliche Grenzen und praktische Ausgestaltung von Cash Management-Systemen, in: Burgard, Ulrich/Kleindiek, Detlef/Röhricht, Volker (Hrsg.), Gesellschaftsrecht in der Diskussion, Köln 2002, S. 70–107.

Vetter, Jochen/*Stadler,* Christoph: Haftungsrisiken beim konzernweiten Cash Pooling, Köln 2003.

Vuia, Mihai: Die Verantwortlichkeit von Banken in der Krise von Unternehmen, Berlin 2007.

Wachter, Thomas: Der Entwurf des „MoMiG" und die Auswirkungen auf inländische Zweigniederlassungen von Auslandsgesellschaften, GmbHR 2006, S. 793–801.

– Verschlankung des Registerverfahrens bei der GmbH-Gründung – Zwölf Vorschläge aus der Praxis, in: Gesellschaftsrechtliche Vereinigung (Hrsg.), Die GmbH-Reform in der Diskussion, Köln 2006, S. 55–109.

– Auswirkungen des EuGH-Urteils in Sachen Inspire Art Ltd. auf Beratungspraxis und Gesetzgebung, GmbHR 2004, S. 88–105.

– Kreditvergabe und Kapitalschutz bei der GmbH & Co KG, GmbHR 2004, S. 1249–1257.

Waclawik, Erich: Konturierung der Upstream-Finanzierung im faktischen Konzern, Status:Recht 2009, S. 50–51.

– Die Verantwortlichkeit für existenzvernichtendes Unterlassen – Besprechung des BGH-Urteils vom 28.4.2008, II ZR 264/06, DStR 2008, 1293, Gamma, DStR 2008, S. 1486–1492.

Waldens, Stefan: Grenzüberschreitendes Cash Pooling im Spannungsfeld sich ändernder Rahmenbedingungen – eine ertragssteuerliche Analyse, IStR 2003, S. 497–504.

Wälzholz, Eckhard: Die Reform des GmbH-Rechts, MittBayNot 2008, S. 425–437.

- Die „Unternehmergesellschaft (haftungsbeschränkt)" als Alternative zur GmbH? Problempunkte und Einsatzmöglichkeiten der Rechtsformvariante nach dem MoMiG, GmbHStB 2007, S. 319–322.

- Die insolvenzrechtliche Behandlung haftungsbeschränkter Gesellschaften nach der Reform durch das MoMiG, DStR 2007, 1914–1921.

Wand, Peter/*Tillmann*, Tobias/*Heckenthaler*, Stephan: Aufsteigende Darlehen und Sicherheiten bei Aktiengesellschaften nach dem MoMiG und der MPS-Entscheidung des BGH, AG 2009, S. 148–161.

Weber, Robert: Einlagenrückgewähr (GmbHG § 30) – Sanierungsversuch – Begriff des existenzvernichtenden Eingriffs, WuB II C § 30 GmbHG 2.06

Weitnauer, Wolfgang: Die Gesellschafterfremdfinanzierung aus Sicht von Finanzinvestoren – ein Resümee der Änderungen des MoMiG und der derzeitigen rechtlichen Rahmenbedingungen vor dem Hintergrund der Finanzkrise, BKR 2009, S. 18–25.

- Die Akquisitionsfinanzierung auf dem Prüfstand der Kapitalerhaltungsregeln, ZIP 2005, S. 790–797.

Weitzel, Mike/*Socher*, Oliver: Cash-Pooling-Risiken für die GmbH-Geschäftsführung und ihre Vermeidung, ZIP 2010, S. 1069–1071.

Weller, Marc-Phillipe: Die Neuausrichtung der Existenzvernichtungshaftung durch den BGH und ihre Implikationen durch die Praxis, ZIP 2007, S. 1681–1689.

- Die Existenzvernichtungshaftung im modernisierten GmbH-Recht – eine Außenhaftung für Forderungsvereitelung (§ 826 BGB), DStR 2007, S. 1166–1170.

- Solvenztests und Existenzvernichtungshaftung – Zwei grundverschiedene Gläubigerschutzfiguren, DStR 2007, S. 116–122.

- „Inspire Art": Weitgehende Freiheiten beim Einsatz ausländischer Briefkastengesellschaften, DStR 2003, S. 1800–1804.

Werner, Rüdiger: Das deutsche Internationale Gesellschaftsrecht nach „Cartesio" und „Trabrennbahn", GmbHR 2009, S. 191–196.

- Zur Frage der Erfüllung der Bareinlageverpflichtung durch Zahlung auf eine vermeintliche Darlehensschuld, GmbHR 2006, S. 45–46.

Werner, Winfried: Fälligkeit des Erstattungsanspruchs aus GmbHG § 31 mit dem Zeitpunkt seiner Entstehung, WuB II C § 31 GmbHG 1.87.

Wessels, Peter: Cash Pooling und Upstream-Sicherheiten – Gestaltungspraxis im Lichte aktueller BGH-Rechtsprechung und anstehender GmbH-Novelle, ZIP 2006, S. 1701–1709.

- Aufsteigende Finanzhilfen in GmbH und AG, ZIP 2004, S. 793–797.

Westermann, Harm Peter: Kapitalschutz als Gestaltungsmöglichkeit, ZHR 172 (2008), S. 144–169.

- Die GmbH in der nationalen und internationalen Konkurrenz der Rechtsformen, GmbHR 2005, S. 4–16.

- Haftungsrisiken eines „beherrschenden" GmbH-Gesellschafters, NZG 2002, S. 1129–1138.

- Erkennbarkeit der Krise für den Gesellschafter, Voraussetzung der Umqualifizierung einer Gesellschafterbürgschaft in Eigenkapitalersatz – „Früchte GmbH", EWiR 1995, S. 157–158.

- GmbH – Haftung im qualifizierten faktischen Konzern – Begründung der Unternehmereigenschaft auch in Ausübung einer freiberuflichen Tätigkeit, EWiR 1995, S. 15–16.

- Kapitalersetzende Gesellschafterdarlehen im Konkurs einer „doppelstöckigen" GmbH, WuB II C zu § 30 GmbHG 1.91.

- Kapitalersetzende Darlehen bei Publikums-Sondergesellschaften – Skizze eines Sonderrechts im Sonderrecht, in: Goerdeler, Reinhard/Lutter, Marcus/Odersky, Walter/ Wiedemann, Herbert (Hrsg.), Festschrift für Hans-Joachim Fleck, ZGR Sonderheft 7 (1988), S. 423–446.

- Zum Erlöschen des Stammkapitalrückerstattungsanspruches einer GmbH, wenn Gesellschaftskapital durch andere Zuflüsse nachträglich wiederhergestellt wird – zum Ausschluß des Verjährungseinwandes nach GmbHG § 31 Abs. 5, ZIP 1987, S. 1115–1117.

- Sofortige Fälligkeit des Anspruchs einer GmbH auf Erstattung des zur Stammkapitalerhaltung erforderlichen Vermögens, EWiR 1987, S. 163–164.

Westermann, Harm Peter (Hrsg.): Handbuch der Personengesellschaften, 47. EL, Köln 2010.

Westhoff, André O.: Die Gründung einer britischen Kapitalgesellschaft mit Verwaltungssitz im Inland und die Pflichten ihrer laufenden Geschäftstätigkeit – „How to set up a Limited", ZInsO 2004, S. 289–295.

Weyand, Raimund: Strafrechtliche Gefahren bei Cash-Management-Systemen, INF 2005, S. 198.

Wicke, Hartmut: GmbHG. Kommentar. München 2008.

Wiedemann, Herbert: Reflexionen zur Durchgriffshaftung, ZGR 2003, S. 283, 297.

- Gesellschaftsrecht,
  - Bd. 1: Allgemeine Grundlagen, 1980,
  - Bd. 2: Recht der Personengesellschaften, 2004.

Wiedemann, Herbert/*Hirte,* Heribert: Konzernrecht, in: Canaris, Wilhelm (Hrsg.), 50 Jahre Bundesgerichtshof, Festgabe aus der Wissenschaft, Bd. 2 (2000), S. 337–386.

Wilhelm, Jan: Unternehmergesellschaft (haftungsbeschränkt) – Der neue § 5a GmbHG in dem RegE zum MoMiG, DB 2007, S. 1510–1513.

- Cash-Pooling, Garantiekapital der GmbH und die GmbH-Reform, DB 2006, S. 2729–2733.

Wilhelmi, Rüdiger: Upstream-Darlehen nach dem MoMiG, WM 2009, S. 1917–1923.

- Das Mindestkapital als Mindestschutz – eine Apologie im Hinblick auf die Diskussion um eine Reform der GmbH angesichts der englischen Limited, GmbHR 2006, S. 13–24.

– Der Grundsatz der Kapitalerhaltung im System des GmbH-Rechts. Eine Untersuchung anhand des Auszahlungsverbots des § 30 I GmbHG, Jur. Diss. Tübingen 1998, München 2001.

Willemsen, Reinhard/*Coenen*, Tilman: Kapitalersetzende Gesellschafterleistungen nach den Procedo-Urteilen des BGH, DB 2001, S. 910–913.

Willemsen, Reinhard/*Rechel*, Janine: Cash-Pooling und die insolvenzrechtliche Anfechtbarkeit absteigender Darlehen – Unterschätzte Risiken für Gesellschafter, BB 2009, S. 2215–2221.

Winter, Michael: Der BGH und das Cash Pooling: Alles nur ein Missverständnis?, NJW-Spezial 2006, S. 267–268.

– Upstream-Finanzierungen nach dem MoMiG-Regierungsentwurf – Rückkehr zum bilanziellen Denken, DStR 2007, S. 1484–1491.

Wirsch, Stefan: Kapitalaufbringung und Cash Pooling in der GmbH, Jur. Diss. Konstanz 2009, Berlin 2009.

– Die Vollwertigkeit des Rückgewähranspruchs – Kapitalaufbringung und Kapitalerhaltung im Cash Pool, Der Konzern 2009, S. 443–450.

– Die Legalisierung verdeckter Sacheinlagen – Das Ende der präventiven Wertkontrolle?, GmbHR 2007, S. 736–741.

Witte, Jürgen Johannes/*Mehrbrey*, Kim Lars: Zulässigkeit aufsteigender Darlehen im GmbH-Konzern – Zwischenbilanz der aktuellen Rechtsprechung, MDR 2007, S. 7–12.

Wöhe, Günter (Begr. †)/*Döring*, Ulrich: Einführung in die allgemeine Betriebswirtschaftslehre, 23. Aufl., München 2008.

Wolf, Martin: Inhalt und Fälligkeit des Gewinnabführungsanspruchs im Vertragskonzern, NZG 2007, S. 641–645.

Wunderlich, Nils-Christian: Warnpflichtender Bank beim Cash-Management, BKR 2005, S. 387–394.

Wymeersch, Eddy (Hrsg.): Groups of Companies in the EEC, Berlin 1993.

Zahrte, Kai: Die insolvenzrechtliche Anfechtung im Cash Pool – Untersuchung zur Behandlung revolvierender Kredite, NZI 2010, S. 596–598.

– § 39 Abs. 1 Nr. 5 InsO – Auf seine Art inspirierend?, ZInsO 2009, S. 223–231.

Zeidler, Finn: Zur Strafbarkeit des Geschäftsführers einer abhängigen GmbH wegen Untreue bei treuwidriger Zustimmung der Gesellschafter zu schädigenden Maßnahmen, NZG 2000, S. 309.

– Ausgewählte Probleme des GmbH-Vertragskonzernrechts, NZG 1999, S. 692–698.

– Zentrales Cash Management in faktischen Aktienkonzernen, Jur. Diss. Bayreuth 1998, Köln/Berlin/Bonn/München 1999.

Zenker, Wolfgang: Zur Frage der Rückwirkung des § 96 I Nr. 3 InsO, NZI 2006, S. 16–20.

Ziemons, Hildegard: Freie Bahn für den Umzug von Gesellschaften nach Inspire Art?! – Zugleich Besprechung EuGH, Urt v 30-9-2003 – Rs C-167/01, ZIP 2003, S. 1913–1920.

Ziemons, Hildegard/*Jaeger,* Carsten: GmbHG. Kommentar, Edition 2, München 2009.

Zimmer, Daniel: Nach „Inspire Art" – Grenzenlose Gestaltungsfreiheit für Unternehmen?, NJW 2003, S. 3585–3592.

Zimmer, Daniel/*Naendrup,* Christoph: Das Cartesio-Urteil des EuGH: Rück- oder Fortschritt für das internationale Gesellschaftsrecht?, NJW 2009, S. 545–550.

Zöllner, Wolfgang: Konkurrenz für inländische Kapitalgesellschaften durch ausländische Rechtsträger, insbesondere durch die englische Private Limited Company, GmbHR 2006, S. 1–12.

– Gläubigerschutz durch Gesellschafterhaftung bei der GmbH, in: Dauner-Lieb, Barbara/Hommelhoff, Peter/Jacobs, Matthias (Hrsg.), Festschrift für Horst Konzen zum siebzigsten Geburtstag, Tübingen 2006, S. 999–1022.

Zöllner, Wolfgang/*Noack,* Ulrich (Hrsg.): Kölner Kommentar zum Aktiengesetz, Bd. 6, §§ 15–22 AktG, §§ 291–328 AktG, 3. Auflage, München 2004.

Sachwortverzeichnis

Kapitalaufbringung und Cash Pooling in der GmbH

Von

Stefan Wirsch

Abhandlungen zum Deutschen und Europäischen
Gesellschafts- und Kapitalmarktrecht, Band 26

Abb.; 261 S. 2009

Print: ⟨978-3-428-13141-9⟩ € 78,–
E-Book: ⟨978-3-428-53141-7⟩ € 70,–
Print & E-Book: ⟨978-3-428-83141-8⟩ € 94,–

Konzernweites Cash Management ist aus der Konzernfinanzierung nicht mehr wegzudenken. Insbesondere das Cash Pooling hat dabei erheblich an Bedeutung gewonnen. Die daraus resultierenden finanziellen Transaktionen bringen allerdings erhebliche konzern- und gesellschaftsrechtliche Probleme mit sich.

Stefan Wirsch untersucht die Voraussetzungen einer wirksamen Kapitalaufbringung in einer GmbH bei bestehendem Cash Pool sowohl im Stadium der Gesellschaftsgründung als auch im Rahmen von Kapitalerhöhungen. Dazu wird zunächst der Zweck des Stammkapitals näher beleuchtet und der Auslegung der Kapitalaufbringungsregeln zu Grunde gelegt. Schließlich zeigt der Autor die Anforderungen auf, die an die Ausgestaltung des Cash Pool zu stellen sind, um eine wirksame Kapitalaufbringung sicherzustellen. Dabei ergeben sich erhebliche Unterschiede je nachdem, ob die Kapitalaufbringung nach den allgemeinen Regeln erfolgen soll oder nach der „Sonderregelung" des mit dem MoMiG neu eingeführten § 19 Abs. 5 GmbHG.

Internet: http://www.duncker-humblot.de

Duncker & Humblot · Berlin

■ Abhandlungen zum Deutschen und Europäischen ■ Gesellschafts- und Kapitalmarktrecht

Internet: http://www.duncker-humblot.de